Für Corvin

Es versteht sich von selbst,

dass ich ein Buch über Lithos,

den „Stein der Weisen"

(The Philosopher's Stone),

einem Philosophen

und Freund im gemeinsamen

und ewig währenden Kampf

um die Wahrheit widme.

Die Deutsche Bibliothek verzeichnet diese Publikation
in der Deutschen Nationalbibliografie. Detaillierte bibliografische
Daten sind im Internet unter www.d-nb.de abrufbar.

In dem sagenumwobenen Ornament der Blume des Lebens,
das den Ursprung, den *Kreislauf* und die *Einheit
allen Seins* symbolisiert, bilden sieben Kreise das Zentrum.
Ganz ähnlich verhält es sich mit den
sieben Kernbausteinen des Lithiums,
das ebenfalls im Zentrum der biologischen *Entstehung* und
Entwicklung steht und – vollkommen *einheitlich* – bei allen
Lebewesen eine unverzichtbare Rolle spielt.

FSC www.fsc.org
MIX
Papier | Fördert gute Waldnutzung
FSC® C010328

Originalausgabe 15. Mai 2025

Umschlag- und Buchgestaltung: Michael Kossowski
Lektorat und redaktionelle Beratung: Corvin P. Rabenstein
Korrektorat: Grit Graefe
Druck und Bindung: Alföldi Druckerei, Debrecen, Ungarn

ISBN: 978-3981404890

www.michael-nehls.de

Zur Aussprache von Lithium

Das Wort Lithium leitet sich von griechisch *líthos* ab. Daher gehen Chemiker davon aus, dass es – in den Lautschriftzeichen des internationalen phonetischen Alphabets (IPA) dargestellt – [ˈliːti̯ʊm] ausgesprochen wird. Ebenso erlaubt ist [ˈliːt͡si̯ʊm]. Ähnlich verhält es sich im Fall des Elements Strontium, das Chemiker [ˈʃtʁɔnt͡si̯ʊm] aussprechen.

Um beim Zuhörer keine Irritationen auszulösen, habe ich mich für das umgangssprachlich gängigere [ˈlitsium] entschieden. Die chemische Fachwelt möge es mir verzeihen, zumal wir nicht wirklich wissen, wie Wörter im alten Griechenland tatsächlich ausgesprochen wurden.

Allgemeine Hinweise

Das generische Maskulinum wird im üblichen geschlechtsneutralen Sinn verwendet.

Der Einfachheit halber spreche ich meist nur von Lithium und nicht vom Lithiumion, auch wenn es sich, wissenschaftlich strenggenommen, bei Lithium in der Natur und deshalb auch im biologischen Kontext immer um ein Ion oder eine salzartige Ionenverbindung handelt.

Haftungsausschluss

Verlag und Autor haben nach bestem Wissen und Gewissen geprüft, dass die Angaben in diesem Werk richtig und für eine sachgemäße Auslegung vollständig sind. Eine Haftung für den Inhalt des Werkes sowie für eventuelle Fehler wird jedoch ausdrücklich weder vom Verlag noch vom Autor übernommen. Die in diesem Buch enthaltenen Informationen basieren, sofern sie nicht erkennbar auf indizienbasierten Spekulationen beruhen oder logisch deduziert sind, auf öffentlich zugänglichen Dokumenten und Studien, die über die nach Möglichkeit angegebenen Internetadressen abrufbar sind. Der Autor macht sich die Inhalte der zitierten Webseiten nicht zu eigen. Da das Internet jedoch vergesslich und zunehmender Zensur unterworfen ist, wird auf den Stand zum Zeitpunkt der Erstveröffentlichung verwiesen. Den Quellenangaben beigestellt ist in der Regel das Datum des letzten Zugriffs auf die jeweilige Webseite.

Aus Gründen des gesetzlichen Verbraucherschutzes dürfen keine Versprechungen über Wirkungen von Medizinprodukten gemacht werden, die nicht durch Studien belegt sind. Dies gilt auch für Nahrungs(ergänzungs)mittel. Daher sind alle Hinweise in diesem Buch bzgl. der Wirkungen von Lithium stets unter Vorbehalt zu betrachten: Sofern sie nicht direkt aus den jeweils genannten Studien ersichtlich sind, basieren sie auf logischen Schlussfolgerungen und stellen letztlich eine freie Meinungsäußerung auf deren Basis dar. Weder der Autor noch der Verlag übernehmen hierfür eine Haftung. Das gilt auch für Mengenangaben. Diese beziehen sich in der Regel auf den vermuteten Bedarf eines durchschnittlichen Erwachsenen. Abweichungen in der Dosierung können sich unter anderem ergeben durch Lebensweise, Geschlecht, Alter, Körpergröße und eventuelle Vorerkrankungen. Die Ausführungen in diesem Buch sind ausdrücklich nicht als medizinische Beratung zu verstehen. Deshalb sollte man eine Supplementierung in jedem Fall eigenverantwortlich und nach Rücksprache mit dem Arzt seines Vertrauens durchführen – dieses Buch ersetzt keine medizinische Beratung. Dieser Haftungsausschluss gilt auch für eventuelle Wechselwirkungen mit anderen Wirkstoffen (dazu mehr in Kap. 3).

Lithium ist in den meisten Ländern der Welt und auch in der gesamten EU selbst in essentiellen Mikrodosierungen nicht als Nahrungsergänzungsmittel zugelassen. Es darf laut Gesetz nur nach ärztlicher Verschreibung in Apotheken hergestellt und verkauft werden. Als in Deutschland approbierter Arzt folgt der Autor dem juristischen Rat, keine alternativen lithiumhaltigen Nahrungsergänzungsmittel zu empfehlen. Der Autor kann auch keine Aussagen über deren Qualität machen – was aber nicht zwangsläufig bedeutet, dass diese von schlechterer Qualität sein müssen als z.B. Apothekenware aus der DACH-Region. Allerdings müssen Apothekenprodukte aufgrund einer EU-Gesetzgebung GMP-zertifiziert sein; GMP steht für *Good Manufacturing Practice*, was gleichbleibende Qualitätsstandards bei der Produktion und Prüfung von Arzneimitteln oder Wirkstoffen sicherstellen soll.

Bildnachweise

Umschlag) www.freepik.com @stickerside; 1) https://pixabay.com/de/illustrations/lithium-atom-freigestellt-atomar-2784853/, "Saat des Lebens" Nehls, mod.; 2) Nehls: https://commons.wikimedia.org/wiki/User:DooFi, mod.; 3) https://de.freepik.com/vektoren-kostenlos/schiesssport_23807144.htm, mod.: 4-6) Nehls; 7) https://www.shotshop.com/stockphoto/dp59529179, mod.; 8-9) Nehls; 10) https://link.springer.com/article/10.1007/s00232-017-9998-2, mod.; 11-14) Nehls; 15) doi: 10.1038/srep40726, mod.; 16) https://link.springer.com/article/10.1007/s00232-017-9998-2, mod.; 17-18) Nehls; 19) @brgfx, https://de.freepik.com/vektoren-kostenlos/medizinische-hand-veranschaulichung_221749881.htm, https://pixabay.com/de/illustrations/lithium-atom-freigestellt-atomar-2784853/, mod.; 20) Nehls; 21-22) Nehls; 23) https://commons.wikimedia.org/wiki/File:BurjKhalifaHeight.svg, mod.; Frau mit Kind, Designed by kjpargeter / Freepik; mouse, https://de.freepik.com/autor/freepik; 24) Nehls, https://de.freepik.com/freie-psd/erstaunliches-blaues-dna-helix-3d-modell-genetischer-code-wissenschaft-biologie_410549674.htm, mod., https://www.shotshop.com/stockphoto/dp59529179, mod. 25) Nehls; 26 u. 27) Nehls, mod. nach https://publichealthpolicyjournal.com/vaccination-and-neurodevelopmental-disorders-a-study-of-nine-year-old-children-enrolled-in-medicaid/; 28) doi: 10.2174/1567205011310010014. mod.; 29) https://de.freepik.com/vektoren-kostenlos/tornado-himmel-illustration_3886432.htm mod.; 30 u. 31) Nehls; 32) https://wellcomecollection.org/works/tqd6fp3r; 33) https://science.howstuffworks.com/environmental/earth/geology/lithium.htm; 34) doi: 10.3390/ijms19072143;

Abkürzungsverzeichnis

AD(H)S	Aufmerksamkeitsdefizit-(Hyperaktivitäts-)Syndrom
ALS	Amyotrophe Lateralsklerose
ASS	Autismus-Spektrum-Störung
BDNF	*Brain-Derived Neurotrophic Factor*, Gehirnwachstumshormon
BPS	Borderline-Persönlichkeitsstörung
CDC	*Centers of Disease Control and Prevention*, US-amerikanische Seuchenschutzbehörde (Pendant des deutschen Robert-Koch-Instituts)
DAMP	*Danger-Associated Molecular Pattern*, Gefahren-assoziierte molekulare Muster
DGE	Deutsche Gesellschaft für Ernährung e.V.
EFSA	*European Food Safety Authority*, Europäische Behörde für Lebensmittelsicherheit
FTD	Frontotemporale Demenz
GSK-3	Glykogen-Synthase-Kinase 3
IMD	Institut für Medizinische Diagnostik, Berlin
IMPase	Inositol-Monophosphatase
IL-1	Interleukin 1
IL-6	Interleukin 6
MCI	*Mild Cognitive Impairment*, leichte kognitive Beeinträchtigung (Vorstufe zu Alzheimer)
MMSE	*Mini Mental Status Examination*, Alzheimer-Test
MS	Multiple Sklerose
NEM	Nahrungsergänzungsmittel
NGO	*Non-Governmental Organisation*, Nichtregierungsorganisation
PAMP	*Pathogen-Associated Molecular Pattern*, Pathogen-assoziierte molekulare Muster
PTBS	Posttraumatische Belastungsstörung
RDA	*Recommended Daily Allowance*, empfohlene Tagesdosis
SARS-CoV	*Severe acute respiratory syndrome coronavirus*
TNFα	Tumor-Nekrose-Faktor α
TS	Tourette-Syndrom
WHO	*World Health Organization*, Weltgesundheitsorganisation

Inhaltsverzeichnis

Kapitel 3

Kapitel 4

A Guide to Health (1921)[1]
Mahatma Gandhi (1869–1948)

~~~

Unwissenheit ist eine der Hauptursachen von Krankheit.
Unsere Unkenntnis der grundlegendsten Gesundheitsgesetze
führt uns dazu, falsche Heilmittel anzuwenden oder uns in die
Hände der schlimmsten Quacksalber zu begeben.

Nichts ist so eng mit uns verbunden wie unser Körper,
aber es gibt auch nichts,
worüber wir so wenig wissen oder was uns so gleichgültig ist.
Es ist die Pflicht eines jeden von uns,
diese Gleichgültigkeit zu überwinden.

Jeder sollte es als seine Pflicht ansehen,
etwas über die grundlegenden Fakten
seines Körpers zu wissen.

Diese Art von Unterricht sollte in unseren Schulen
tatsächlich verpflichtend sein.

Wenn wir uns die Tiefe unserer Unwissenheit
in solchen Angelegenheiten vor Augen führen,
müssen wir in der Tat beschämt den Kopf senken.

Zu behaupten, dass man vom Durchschnittsmenschen nicht
erwarten kann, diese Dinge zu wissen, ist einfach absurd.

....

Die folgenden Seiten richten sich an diejenigen,
die bereit sind zu lernen.
~~~

Essentielle Vorbemerkungen

And I'm looking for the silver lining,
silver lining in the clouds
And I'm searching for,
searching for The Philosopher's Stone.
Van Morrison (The Philosopher's Stone)

Während ich im Frühjahr 2024 damit beschäftigt war, die fundamentale Rolle von Lithium in lebenden Organismen zu ergründen, bekam ich eine Einladung auf die griechische Insel Kos. Dort wurde mir die Ehre zuteil, als Gastreferent an einem Naturheilkunde-Kongress teilzunehmen – in der Heimat von Hippokrates (ca. 460–370 v. Chr.), des wohl berühmtesten Arztes der Antike. Der Kongress gipfelte in einer feierlichen Zeremonie im weltberühmten Asklepieion. An diesem historischen Ort, wo schon im 4. Jahrhundert v. Chr. medizinische Behandlungen nach den Lehren des Hippokrates durchgeführt wurden, sollten die Kongressteilnehmer zwischen den noch erhaltenen Säulen und Statuen ihre Teilnahmebescheinigungen entgegennehmen, so wie die Mediziner vor über zweitausend Jahren ihre Diplome, wenn sie ihre Ausbildung zum ganzheitlich praktizierenden Arzt abgeschlossen hatten.

Als ich die historische Stätte an jenem Tag zum ersten Mal in meinem Leben betrat, ergriff mich unmittelbar ein überwältigendes, körperliches Empfinden, das mir bis dahin völlig unbekannt gewesen war und sich kaum in Worte fassen lässt. Frühere Erlebnisse kamen mir in den Sinn. So sah ich mich wieder am Rand des gewaltigen Grand Canyon, und auch der mystisch anmutende Gipfel des Kilimandscharo erschien vor meinem geistigen Auge. Dies waren zweifellos großartige, bewegende Erlebnisse gewesen. Aber die Empfindung, die das Asklepieion in mir hervorrief, war in gewisser Weise ganz außergewöhnlich. Ich empfand eine tiefe Verbundenheit mit der Geschichte dieses Ortes, die kraftvoll bis in die Gegenwart hineinwirkt. Eine unglaubliche Energie erfüllte mich, und ich spürte das überwältigende Bedürfnis, an der Wiederbelebung dieses alten medizinischen Wissens, das dieser besondere Ort repräsentiert, mitzuwirken. Mir wurde klar, dass Lithium, mit dem ich mich sehr beschäftigte, hierbei ein probates Mittel zum Zweck sein und womöglich die Grundlage für die längst überfällige Renaissance einer systemischen Medizin sein könnte. Für mich schloss sich gedanklich ein Kreis. Ich hatte das Gefühl, die Bedeutung des poetischen Sinnspruchs der deutschen Ärztin Gerlinde Nyncke (1925–2007) „Der Stein der Weisen ist nicht mit dem Verstand zu finden", erkannt zu haben.[1] Meine früheren, rein auf Logik basierenden Bestrebungen, den alles entscheidenden Faktor für ein langes und gesundes Leben durch analytisches Forschen zu entdecken, hatten mich in die Irre geführt. Lithium schien mir nun, wenn auch nur symbolisch, dieser seit jeher gesuchte „Stein der Weisen" zu sein – „symbolisch" deshalb, weil ich aufgrund meiner bisherigen Arbeiten wusste, dass es diesen einen Faktor für ein gesundes und langes Leben prinzipiell nicht geben kann. Doch in jenem Moment dieses emotionalen Erkenntnisdurchbruchs bekamen die mysteriösen Beschreibungen dieses für mich bis dahin völlig rätselhaften Steins der Weisen plötzlich eine ganz neue, praktische Bedeutung: Lithium kann der gesuchte Stein der Weisen sein, aber nur, weil dieses Spurenelement genau das ist, was den meisten Menschen noch fehlt. Dabei erschien mir auch die Koinzidenz bemerkenswert, dass die Bezeichnung für Lithium vom griechischen Wort *líthos* für Stein abgeleitet ist. In der Tat leiden, erkranken und sterben viele Menschen schon seit sehr vielen Generationen unter Bedingungen eines oft schwerwiegenden und unentdeckten Lithiummangels. Daher könnte Lithium für zahllose Menschen in der Tat Wirkungen entfalten, wie man sie von einem Stein der Weisen erwarten würde, und unter anderem ungeahnte Gesundheit, Klarheit, Resilienz, Neugier oder Mut zur Selbstreflexion verleihen – und, wie ich in diesem Buch aufzeigen werde, sogar ein längeres Leben und sogar größere Chancen auf Weisheit bescheren!

Nun kann sich aber auch der Geist aufgrund seiner wechselseitigen Abhängigkeit vom Körper nur dann optimal entwickeln, wenn der Körper an keinem einzigen elementaren Mangel leidet. Das gilt auch für Lithium. Lithium alleine vermag nicht, auf magische Weise andere essentielle Mängel auszugleichen. Möchte man jedoch eine realweltliche Entsprechung des Steins der Weisen finden, um an diesem Symbol festzuhalten, verliert er seine konkrete Form. Der Legende nach dient er zur Heilung und Vorbeugung von Krankheiten und müsste das Prinzip verkörpern, das wahrer Gesundheit nachweislich zugrunde liegt: die Behebung *aller* verschiedenartigen Mangelzustände. So gesehen kann man diesem vielgestaltigen „Stein der Weisen" auch eine verjüngende Wirkung zusprechen – schließlich altert man schneller unter chronischem Mangel an essentiellen Vitalstoffen, wie auch am Mangel nichtstofflicher Art, wenn es unserer Seele z.B. an menschlicher Wärme mangelt. Die wachsende Weisheit, die der Stein verleiht, besteht in dieser Deutung also darin, zu erkennen, was uns im jeweiligen Moment fehlt, und im Anschluss Wege zu finden, den jeweiligen Mangelzustand zu beheben. Das, was uns fehlt und unserer Gesundheit deshalb besonders zuträglich ist, erschließt uns im Falle des Ausgleichs immer das erreichbare, aber bislang unerreichte Gesundheitspotential. Eine frühe und in dieser Hinsicht weniger rätselhafte Umschreibung dieses mystischen Steines, die sich mit der hier vorgestellten Deutung auf beachtliche Weise verträglich zeigt, wird dem griechischen Alchemisten Zosimos von Panopolis (460–520 n. Chr.) zugeschrieben:

Dieser Stein, der kein Stein ist,
dieses kostbare Ding, das ohne Wert ist,
dieses mehrgestaltige Ding, das keine Form besitzt,
dieses unbekannte Ding, das jeder kennt.[2]

Es sollte uns nicht verwundern, dass gewisse Konzepte, die einem tiefen intuitiven Verständnis natürlicher Zusammenhänge und menschlicher Hoffnungen entspringen und seit Anbeginn der kulturellen Aufzeichnungen in Form von Begriffen oder Symbolen existieren, aufgrund neuer wissenschaftlicher Erkenntnisse immer wieder neue Interpretationen erfahren. So auch hier: Aus systembiologischer Sicht betrachtet – wonach biologisches Leben für optimale Gesundheit sowohl verschiedene essentielle Vitalstoffe als auch nichtstoffliche Faktoren benötigt – ist es logisch, dass es *den* einen, immer gleichen „Stein der Weisen“ gar nicht geben kann („Dieser Stein, der kein Stein ist“). Als Metapher kann dieser immer nur für die jeweils knappste essentielle Ressource stehen („dieses mehrgestaltige Ding, das keine [eigene] Form besitzt“). Das Fehlen einer essentiellen Ressource lässt unsere körperliche und vor allem mentale Entwicklung hinter unserem Potential zurückbleiben. Erst, wenn wir in Kontakt zu unserem ganz persönlichen „Stein der Weisen“ kommen und alle Mängel beheben, können wir unseren Körper heilen und unseren Geist befreien.

Die dargestellten Parallelen zwischen Lithium (chemisches Zeichen Li) und dem legendären Stein der Weisen haben mich also zu einer tiefgründigen Erkenntnis über wahre Gesundheit geleitet. Doch erstaunliche Übereinstimmungen dieser Symbolik reichen noch weiter und unterstreichen weitere fundamentale Erkenntnisse über Lithium symbolisch: Der Atomkern von Lithium – neben Wasserstoff und Helium eines der ältesten Elemente des Universums – besteht aus sieben Nukleonen (3 Protonen und 4 Neutronen). Versucht man sich an einer stilisierten symmetrischen Darstellung, kann man leicht zur Grundstruktur des mythischen Ornaments der „Blume des Lebens“ gelangen, der so genannten „Saat des Lebens“, die dadurch auch zum Symbol für Lithium werden könnte (siehe Buchumschlag und Abbildung 1). Interessanterweise steht die Sieben in vielen spirituellen Lehren und Glaubensrichtungen für Vollkommenheit, Erleuchtung und das Erreichen höherer Bewusstseinsebenen.

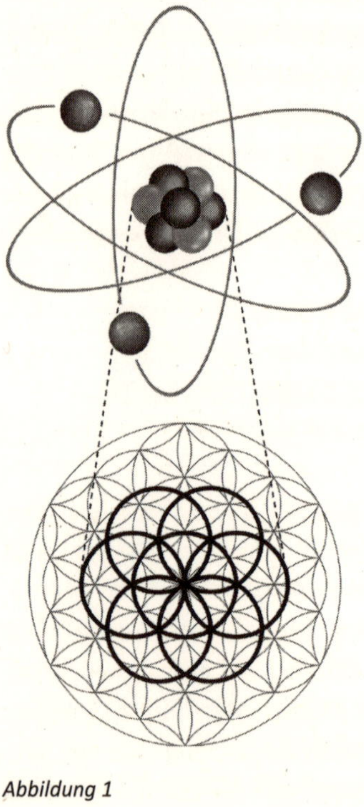

Abbildung 1

Als Teil der „Heiligen Geometrie“ verkörpert die Blume des Lebens neben der Lebensenergie und eines Schlüssels zur Erleuchtung unter anderem auch eine universelle Harmonie. Übertragen auf biologische Prozesse, wird Harmonie als Homöostase bezeichnet. Die Parallele, an die wir anknüpfen können: Als Teil eines offenen dynamischen Systems, das sich in ständigem Austausch mit der Umwelt befindet, kann sich ein gesundes Gleichgewicht unserer physiologischen Körperfunktionen bei einem Mangel an essentiellem Lithium schlicht nicht einstellen. Insbesondere die Entwicklung und Aufrechterhaltung unseres „mentalen Immunsystems“ ist bei chronischem Lithiummangel beeinträchtigt. Unsere soziale Anpassungs- und Lernfähigkeit, unsere natürliche Neugier, unsere psychische Belastbarkeit und unsere Denkfähigkeit, die auch für die Planung und Umsetzung selbst hochkomplexer Aufgaben notwendig ist, also alles, was uns menschlich macht, wie auch unsere Fähigkeit zur Selbst- und Welterkenntnis, wird durch Lithiummangel behindert und ist umgekehrt ein Potential, das der Ausgleich eines Lithiummangels erschließen kann. So phantastisch die Wiederentdeckung des essentiellen Lithiums als fehlender „Schlussstein“ für unsere geistige Gesundheit auch sein mag, es ist der unnatürliche Mangel, der diesem Spurenelement seine Kraft verleiht. Ist es auch kein Wundermittel, so kann essentielles Lithium doch gerade deshalb für viele Menschen wie ein wiederentdeckter Stein der Weisen wirken, also als fehlendes Schlüsselelement für bisher ungeahnte natürliche körperliche und geistige Gesundheit, weil es ihnen jetzt gerade fehlt. Vom Augenblick dieser neuen Erkenntnis an gab es für mich kein Halten mehr. Mit dem gleichen Enthusiasmus, mit dem ich jahrzehntelang den Stein der Weisen völlig vergeblich durch rein analytisches bzw. experimentelles Arbeiten suchte, also durch das immer weitere Zerlegen molekularbiologischer Prozesse und Funktionen in immer kleinere Bruchstücke bzw. Puzzleteile bis hin zu ihrer Auflösung (altgriechisch: *análysis*), machte ich eine erkenntnistheoretische Kehrtwende – und die war absolut erforderlich. Zwar bringt uns die analytische Forschung unendlich viele Einzelinformationen, aber kein Verständnis der Lebensprozesse, mit denen es der Natur gelungen ist, unbelebte Materie zu etwas Lebendem zusammenzusetzen. Mit anderen Worten, kein isoliertes Gen, kein einzelnes Protein oder irgendein Vitalstoff repräsentiert das Leben selbst. Keines dieser Puzzleteile liefert uns ein zusammenhängendes Bild. Doch das Zerstückeln der Natur in immer kleinere Puzzleteilchen war das wesentliche Merkmal meiner bisherigen Forschung gewesen. Um die Natur besser verstehen zu können, musste ich also anfangen, nicht nur rein analytisch, sondern vor allem systemisch zu denken. Dies hieß, auf der bestehenden Forschung aufzubauen und die bereits in Hülle und Fülle vorhandenen Puzzleteile, deren fortwährende Entdeckung und Zerlegung in immer kleinere Puzzleteilchen durch die Gemeinschaft aller Wissenschaftler ständig vorangetrieben wird, wieder zusammenzusetzen und zu einem stimmigen Gesamtbild des Lebens zu verknüpfen (altgriechisch: *sýnthesis*). Auch wenn das Ergebnis immer nur ein Bild und niemals das Leben selbst sein wird, so hoffte ich doch, dass durch die Umkehrung des analytischen Prozesses der Datengenerierung ein synthetischer Prozess der Erkenntnis entsteht. Dies war allerdings nicht das erste Mal, dass ich diesen Weg einschlug. Meine wissenschaftlich publizierte Theorie zur Entstehung, Prävention und Therapie der Alzheimer-Krankheit[3] basiert auf dem gleichen Ansatz, aber erst auf Kos wurde mir so richtig bewusst, wie entscheidend ein solcher erkenntnistheoretischer Richtungswechsel für unser Leben ist.

Aber nicht alle Puzzleteile, die ich fand, passten ins Bild. Bei einigen hatte ich den Eindruck, ohne dass ich Absicht unterstellen möchte, dass sie entweder auf eine mangelhafte Datenerhebung oder auf eine fehlerhafte Interpretation der Daten zurückzuführen waren. Ich habe sie aber nicht einfach ignoriert, sondern mich entschieden, immer wieder darauf hinzuweisen, welche Puzzleteile aus welchen Gründen entfernt werden mussten. Das war nicht nur notwendig, um der Kritik an der Essentialität des Lithiums, die sich auf solche fragwürdige Puzzleteile bzw. Studien stützt, von vornherein den Wind aus den Segeln zu nehmen, sondern auch, um Ihnen einen tieferen Einblick in die Natur der durch Lithium bewirkten molekularen Wunder zu ermöglichen. Aus Fehlern lernt man bekanntlich am meisten.

Jede wissenschaftliche Beweisführung ist eine Reise ins Unbekannte, die beste Ausrüstung dafür ist ein Grundverständnis des bisher Bekannten, um die Reise ins Neuland optimal zu meistern. Diese Grundlagen werden in Kap. 1 gelegt. Um die vielfältigen Funktionen des essentiellen Spurenelements Lithium systemisch einordnen zu können, wird dort eine gemeinsame Begriffsbasis geschaffen. Dabei wird ein Bogen von der Kulturgeschichte und den Irrwegen der Medizin über die problematische Entdeckung essentieller Vitalstoffe bis hin zu den Gesetzen von Minimum und Maximum gespannt, die der Aufrechterhaltung der lebensnotwendigen Homöostase aller biologischen Systeme dienen. Deren evolutionsbiologischer Sinn und Zweck ist die Fortpflanzung, die es von Natur aus zu schützen gilt. Zu diesem Zweck entwickelte sich zunächst das körperliche Immunsystem, das jede Lebensform vom Einzeller bis zum Vielzeller in irgendeiner Form besitzt, und später, als „höhere" bzw. übergeordnete Funktion, das mentale Immunsystem. Insbesondere Letzteres zeichnet uns Menschen aus und evolvierte – wie zwei Seiten einer Medaille – zusammen mit unserer außergewöhnlichen Langlebigkeit. Es ist aber nicht nur ein Schutzsystem, was der Begriff „immun" impliziert. Durch die damit verbundene Fähigkeit, sich in andere hineinzuversetzen und deren Absichten erkennen zu können, liefert uns das mentale Immunsystem auch die Möglichkeit, sich die eigene Zukunft vorzustellen, Pläne zu schmieden und bewusst zu handeln. Wie ich aufzeigen werde, hat jedes biologische System sich seit Anbeginn des Lebens in der Anwesenheit von Lithium entwickelt und seine Eigenschaften inkorporiert, aber kein System ist, abgesehen von Langlebigkeit und Fortpflanzung, so anfällig für einen Mangel an diesem essentiellen Spurenelement wie unser mentales Immunsystem. Dieses bildet als Wesensmerkmal des Menschen somit einen höchst interessanten Ausgangspunkt für den spannenden Nachweis der Essentialität von Lithium.

Diesen Nachweis erbringe ich in Kap. 2 anhand von sechs Argumenten. Jedes dieser Argumente für sich genommen würde meines Erachtens ausreichen, um die Essentialität von Lithium zu belegen. Alle sechs Argumente zusammen ergeben jedoch nicht nur ein umfassendes Bild der Essentialität von Lithium, sondern ermöglichen auch ein tieferes Verständnis der Biologie des Menschen und des Menschseins. Sie werden sehen, dass zwischen Vernunft und Wahn oft nur die Spur eines Elements liegt. Nebenbei vertiefen wir unser Wissen über das breite Krankheitsspektrum des Mentalen Immundefizienz-Syndroms, bei dessen Entstehung essentielles Lithium bzw. Lithiummangel eine entscheidende Rolle spielt.

In Kap. 3 werden die essentiellen Bedarfsmengen an Lithium diskutiert. Auch hier betreten wir Neuland, dem wir uns behutsam nähern werden. Aufgrund seiner Verwendung als hochdosiertes Medikament mit zahlreichen Nebenwirkungen ist es wichtig zu verstehen, wie sich therapeutisches Lithium von essentiellem Lithium unterscheidet.

In Kap. 4 wird das Zusammenspiel von körperlichem und mentalem Immunsystem anhand mehrerer, medizinisch hochrelevanter Themen praktisch untersucht. Das Konzept der Neuroinflammation als pathologisches Bindeglied zwischen den beiden Systemen wird uns zu einem tieferen Verständnis der Rolle von Lithium bei der Prävention und der ursächlichen Wiederherstellung des biologischen Gleichgewichts, d.h. der Homöostase im Krankheitsfall, verhelfen. Dabei wird ein Bogen vom Autismus, der uns zur Erarbeitung eines systemischen Grundverständnisses dient, über viele andere neurologische und psychische Erkrankungen, bis hin zu neurodegenerativen Erkrankungen gespannt. Ein weiteres Thema ist der chronische Schmerz, der ebenfalls meist Ausdruck eines dysfunktionalen oder fehlgeleiteten körpereigenen Immunsystems ist. Auch hier könnte das essentielle Lithium helfen, diesen schmerzhaften Teufelskreis zu durchbrechen. Nicht zuletzt liefert dieses Kapitel auf der Basis dieser Erkenntnisse und der Grundgesetze des Lebens (Kap. 1). einen systemischen und damit revolutionären Ansatz für eine neue Medizin chronischer Erkrankungen – sowohl für deren Prävention als auch für deren kausale Therapie.

Kap. 5 behandelt den Themenkomplex des Zytokinsturms als Extrembeispiel eines durch Lithiummangel dysregulierten und hyperaktiven Immunsystems mit lebensbedrohlichen Folgen bei traumatischen, infektiösen und autoimmunen Erkrankungen. Hier werden wir auch die vielfältigen Wirkungen von Lithium gegen virale

Krankheitserreger besprechen, was uns Einblicke in die generelle Funktionsweise des körperlichen Immunsystems liefern wird.

In Kap. 6 befassen wir uns mit der Langlebigkeit und den vielfältigen körperlichen Auswirkungen eines Lithiummangels. Hier wird z.B. das scheinbare Paradoxon aufgeklärt, dass Niereninsuffizienz zu den problematischsten Nebenwirkungen einer hochdosierten Lithiumtherapie gehört, obwohl Lithium in essentiellen Dosen für die Erhaltung der Nierengesundheit relevant ist. Lithium hat aber auch eine wichtige Bedeutung für die Funktion und den Erhalt eines leistungsfähigen Herz-Kreislauf-Systems, dessen Funktionsverlust in unserer modernen Welt am häufigsten die Lebenserwartung begrenzt. Nicht zuletzt wird das Thema Krebsentstehung und -therapie und die mögliche unterstützende Funktion von essentiellem Lithium angesprochen.

Zuletzt werde ich in Kap. 7 versuchen, Antworten auf einige grundsätzliche Fragen zu finden, die dieses Buch aufwirft: Wer maßt es sich an, sich über die Natur zu stellen und einem Vitalstoff, der schon seit langem alle Voraussetzungen für ein essentielles Spurenelement in zahlreichen Studien unter Beweis gestellt hat und in der Praxis jahrzehntelang konstant erstaunliche, bestätigende Erfolge in zahllosen Anwendungsfällen hervorgebracht hat, die Essentialität abzusprechen? Warum ist es als Nahrungsergänzung sogar verboten? Was könnten die Beweggründe dafür sein? Und was können wir dem entgegensetzen?

Lithium könnte tatsächlich zum Schlussstein im Gebäude einer naturheilkundlichen oder art- bzw. menschengerechten Medizin werden. Darüber hinaus könnte es aber auch durch seine Wirkung auf das mentale Immunsystem des Menschen, quasi als „Element der rationalen Friedfertigkeit", eine Transformation der gesamten Menschheit hin zu mehr sozialem Zusammenhalt auslösen. Es wäre somit auch der Neubeginn einer Ära mental und psychisch gesünderer Menschen, die nicht mehr (so leicht) fremdgesteuert zu Hass und Krieg aufgestachelt werden können, sondern eigenverantwortlich friedliche Konfliktlösungen erarbeiten. Wir alle könnten dann in einer stabileren, gesünderen und lebenswerteren Welt leben. So schreiben die Autoren in der wissenschaftlichen Publikation ihrer klinischen Studie, in der sie aufzeigen, wie das Leben schwerkranker COVID-19-Patienten durch Lithium gerettet werden konnte, wunderbar prosaisch:

Vom „Urknall" über sein Vorkommen in allen Lebewesen
bis hin zu seiner Verwendung in der Medizin
und als Stromspeicher
ist das dritte Element des Periodensystems
das vielleicht wichtigste Element im Leben [„Life"],
das ohne Li nicht buchstabiert werden kann.[4]

Was einer neuen Epoche einer mental gesunden, psychisch stabilen, geistig offenen und damit auch friedensfähigen Menschheit noch im Wege steht, ist nun der endgültige Beweis für die Essentialität des Spurenelements Lithium für das menschliche Leben, den Sie nun in den Händen halten. Damit Lithium jedoch den Stellenwert eines essentiellen Spurenelements erhält, der ihm von Natur aus zukommt, gilt es aber insbesondere auch Fachleute zu gewinnen, mich in dem Bemühen, die Menschheit aufzuklären, zu unterstützen. Dies ist schon deshalb von enormer Bedeutung, weil davon auszugehen ist, dass es einflussreiche Gruppierungen gibt, die aus Gründen, die Sie durch die Lektüre des Buches verstehen werden, ein perfides Interesse daran haben, dass Lithium nicht als essentielles Spurenelement anerkannt wird.

Dieses Buch ist daher ein Spagat zwischen der Aufklärung medizinisch und gesundheitspolitisch interessierter Laien und der Überzeugung von Wissenschaftlern, damit sie die hier zusammengetragenen neuen Erkenntnisse erweitern helfen, und insbesondere von Ärzten, damit sie diese zum Wohle ihrer Patienten in der täglichen Praxis umsetzen. Dennoch habe ich versucht, die Sachverhalte so allgemeinverständlich wie möglich darzustellen. Eine zu starke Vereinfachung – ohne die wesentlichen Argumente ausführlich darzustellen – würde es Ihnen als interessiertem Leser erschweren, die Herleitung bestimmter Schlussfolgerungen vollständig nachzuvollziehen, und gleichzeitig die Chance verringern, kritische Wissenschaftler oder Ärzte zu überzeugen. Aus diesem Grund habe ich mich, wie schon in einigen anderen Büchern zuvor, in denen es auch darum ging, die Grenzen des allgemeinen Wissens zu erweitern, dazu entschlossen, weiterführende Erläuterungen sowie Inhalte, die ich für wissenswert halte, die aber vom Haupttext abweichen, als „Zusatzinfo" zu kennzeichnen und grau unterlegt darzustellen. Sie können diese nach Belieben überspringen und dem Haupt- bzw. Fließtext folgen – es ist aber sicher kein Fehler, sich darauf einzulassen, um etwas tiefer in die Materie einzudringen.

Evolution des Wissens. Dieses Buch ist erst der Anfang. Der Nachweis, dass Lithium ein essentielles Spurenelement ist, wird die Welt verändern. Ich gehe davon aus, dass, sobald die ganze Menschheit oder zumindest ein großer Teil davon weiß, wie wichtig Lithium für die psychische Gesundheit und die geistige Leistungsfähigkeit ist, es noch mehr Forschung und noch mehr Erfahrungsberichte geben wird. Auch wenn sich die Behörden vielleicht noch eine Weile sträuben, werden viele Menschen die Vorteile für sich entdecken. Noch viel mehr Wissenschaftler, so hoffe ich, werden sich, inspiriert von den hier dargestellten Beweisen, intensiv mit der Funktion von Lithium in essentiellen Mengen beschäftigen, was zu einer Flut neuer Entdeckungen führen könnte. Ich werde ver-suchen, die aus meiner Sicht wichtigsten Erkenntnisse so zeit-nah wie möglich sowohl auf meiner deutschen als auch aufmeiner englischen Internetseite in allgemein verständlicherForm zu veröffentlichen (siehe: https://michael-nehls.de/lithium-aktuelles bzw. QR-Code). Von Zeit zu Zeit sollen diese neuen Erkenntnisse in Neuauflagen einfließen.

KAPITEL 1

Grundgesetze des Lebens und das mentale Immunsystem

Ich suchte an allen Stränden meiner Welt,
schaute alle Wege entlang, ihn am Rand zu entdecken.
Ich klopfte in den Steinbrüchen herum,
untersuchte sogar die Steine, mit denen man nach mir warf.
Beinahe jeden Stein hebe ich auf,
betrachte ihn von allen Seiten.
Währenddessen lachen die Weisen mich aus.[1]
Kristiane Allert-Wybranietz (1955–2017)

Wissenschaft auf Abwegen

In der ärztlichen Praxis hört man häufig die Frage „Was fehlt Ihnen?". Sie wird im Sinne von „Welche gesundheitlichen Probleme haben Sie?" gestellt. Auch wenn wir diese Fragen als gleichbedeutend wahrnehmen, weist nur die erste Frage auf das empirische Verständnis hin, dass Gesundheit nicht möglich ist, wenn etwas Lebensnotwendiges fehlt. Es ist die Frage nach der primären Ursache der Krankheit, nicht nur nach dem symptomatischen Grund des Arztbesuches. Die ärztliche Einsicht, dass grundlegende menschliche Bedürfnisse, wie Ernährung, Schlaf, körperliche und soziale Aktivität entscheidend für die Gesundheit sind, geht zurück bis zu den Lehren des Hippokrates von Kos. Er betonte die Bedeutung einer Lebensweise in Harmonie mit der (eigenen) Natur. Bereits vor rund zweieinhalbtausend Jahren verfolgte er auf dieser Grundlage einen primär präventiven, systemischen und zutiefst naturverbundenen medizinischen Ansatz. Der Begründer des nach ihm benannten Hippokratischen Eides erkannte, dass die Lebensweise einen enormen Einfluss auf das menschliche Befinden hat – zum Guten oder zum Schlechten. Defizite bei den menschlichen Grundbedürfnissen wurden als wesentliche Ursache für Entwicklungsstörungen und Krankheiten erkannt; die Frage nach dem, was uns fehlen könnte, ergibt sich aus einem solchen Verständnis. Damit kam Hippokrates sowohl den natürlichen Bedürfnissen des Menschen als auch den Ursachen vieler Krankheiten auch aus heutiger Sicht schon erstaunlich nahe.[2] Zusammen mit seinen Schülern legte er auf diese Weise den Grundstein für eine naturorientierte Medizin als Erfahrungswissenschaft: Gesundheit oder Krankheit waren keine zufälligen oder schicksalhaften Entwicklungen, sondern hatten natürliche Ursachen, die – einmal verstanden – auch auf natürliche Weise beeinflusst werden konnten. Der Mensch war somit nicht Spielball göttlicher Launen, sondern wie alles Leben Teil der Natur und ihren Gesetzen unterworfen. Mit dieser revolutionären Sicht untergrub er die bis dahin in Krankheitsfragen meist unumschränkte Macht des priesterlichen Wortes und befreite die Medizin vom Glauben: Nicht im Olymp oder anderswo angenommene Götter verursachen Krankheit und Leid, sondern eine Lebensweise, die nicht im Einklang mit den natürlichen Bedürfnissen steht.

Allerdings gewann in medizinischen Fragen im Verlauf der Zeit langsam wieder der verhängnisvolle Glaube die Oberhand, Gesundheit sei Glückssache und Krankheit unser genetisches Schicksal, auf das wir durch unsere Lebensweise so gut wie keinen Einfluss hätten. Es ist denkbar, dass diese folgenreiche Entwicklung durch bestimmte Interpretationen des Schöpfungsmythos aus dem Buch Genesis begünstigt wurde. Dieser wurde im 3. Jahrhundert v. Chr. von jüdischen Gelehrten im Rahmen der Übersetzung der Thora ins Griechische (Septuaginta) überführt. Über die römisch-katholische Kirche, die diesen Schöpfungsmythos in den biblischen Kanon übernommen hat, und deren Glaubenslehre auch die säkulare westliche Kultur prägt, wird entsprechenden Interpretationen bis heute – meist unbewusst – Vorschub geleistet. Demnach schuf Gott den Menschen nach seinem Ebenbild, was Anlass dafür bieten kann, dass dieser sich außerhalb der Natur wähnt, über die er im Auftrag seines Schöpfers herrschen soll. Auch wenn dies heutzutage nur wenige Menschen wörtlich glauben, hat diese Vorstellung über mehr als zwei Jahrtausende einen wesentlichen Teil unseres kollektiven Selbstverständnisses geprägt. Sie mag auf subtile Weise zu der Fehleinschätzung beigetragen haben, dass diese Naturprinzipien der „biologischen Bedingtheit", wie sie Albert von Haller (1903–2000) in seinem sehr empfehlenswerten Buch *Macht und Geheimnis der Nahrung* beschreibt, nur für die Tierwelt, nicht aber für den Menschen gelten.[3] So schreibt von Haller, dass „die mit den Problemen der praktischen Landwirtschaft befassten Chemiker ihren Kollegen, denen die menschliche Ernährung anvertraut war, weit voraus waren". Dabei spielte insbesondere „ein psychologisches Moment" keine „unbedeutende Rolle", das meines Erachtens mit hoher Wahrscheinlichkeit auf diese kulturell prägende Erzählung zurückgeführt werden kann.[4] Tatsächlich hatte auch ich lange Zeit ein gewisses Unbehagen, das Wort „artgerecht" auf den Menschen zu beziehen – war es doch meist ausschließlich für Konzepte der Tierhaltung reserviert.

„Jeder Bauer wusste", so von Haller, „dass Wachstum und Gesundheit seines Viehs von der Qualität des Futters abhängig waren. Aber man scheute sich, diese Erfahrung auch für den Menschen gelten zu lassen." Im Gegensatz dazu glaubte man Ende des 19. Jahrhunderts, als man die metabolische Energie unserer Nahrung entdeckte, dass nur die Kalorien zählten und dass „ein zwar angenehmer, aber doch untergeordneter Vorgang wie die Nahrungsaufnahme" keinen Einfluss „auf die Entwicklung eines geistigen Wesens", wie wir es seien, haben dürfe. „Diese Annahme", so von Haller, „ließ den Schluss zu, dass es mehr oder weniger gleichgültig wäre, womit man sich sättige". Folglich wurde die Ursache für ernährungsbedingte Krankheiten überall gesucht, nur nicht in der Ernährung. Diese Vorstellung prägt auch heute noch so manchen Mediziner, insbesondere im Bereich der psychischen Erkrankungen; diese sind oft auf einen systemrelevanten Mangel zurückzuführen, was den Versuch, sie ausschließlich durch Gesprächstherapien zu heilen *ad absurdum* führt – gleichermaßen absurd ist es natürlich, diesen fehlgeleiteten Ansatz durch Medikamentengabe zu unterstützen. Die ebenfalls gegen Ende des 19. Jahrhunderts vom Mediziner, Mikrobiologen und späteren Nobelpreisträger Robert Koch (1843–1910) entdeckte Welt der krankheitserregenden Mikroben, darunter die Erreger der Pest, der Cholera oder der Tuberkulose – um nur einige zu nennen – hielt die meisten Forscher auf Abwegen. Darauf aufbauend wurden die gesundheitsschädlichen Auswirkungen von Nährstoffmängeln wie Skorbut (Vitamin-C-Mangel), Beriberi (Vitamin-B1-Mangel) und schließlich fast alle anderen Vitaminmangelzustände fälschlicherweise als Folge von Infektionen mit noch unbekannten Erregern angesehen. Der Glaube an die Sonderstellung des Menschen sowie „wissenschaftliche Vorurteile hatten", so von Haller, „die Tür zum Fortschritt verstellt" und verzögerten die Entdeckung der lebenswichtigen Vitalstoffe um viele Jahrzehnte, was unzählige Millionen Menschen das Leben kostete.[5]

Wie schwerwiegend diese Fehlannahme ist, ist daran erkennbar, dass die Ausbreitung und der tödliche Verlauf vieler Infektionskrankheiten, wie auch der Pest im Mittelalter oder der Spanischen Grippe Ende des Ersten Weltkriegs, höchstwahrscheinlich auf Ernährungsmängel zurückzuführen sind, die das Immunsystem schwächten: „Die Mikrobe ist nichts, das Milieu ist alles!", vermutete auch damals schon der französische Arzt, Chemiker und Pharmazeut Antoine Béchamp (1816–1908).[6] Béchamp war ein erbitterter Gegner des französischen Chemikers, Physikers und Biochemikers Louis Pasteur (1822–1895), der wie sein deutscher Kollege Robert Koch auf dem Erreger als Hauptursache von Krankheiten beharrte. Damit sollte Béchamp nicht nur im Hinblick auf die Infektionskrankheiten recht behalten, die eigentlich auf Fehlernährung und Fehlsteuerung des Immunsystems beruhen (siehe mein Buch *Herdengesundheit*)[7], sondern die Ursache aller modernen Zivilisationskrankheiten früh korrekt ausgewiesen haben; schon deren Bezeichnung führt in die Irre, denn auch unter zivilisierten Bedingungen lassen diese sich mit einer artgerechten Lebensweise verhindern.

Gesetz des Minimums

In diesem Fall spielt die Zeit erfreulicherweise im Team der Wahrheit. Dass sich die wahren Ursachen früher oder später regelrecht aufdrängen würden, war unvermeidlich. Schließlich konnte kein Krankheitserreger gefunden werden, den man beispielsweise für Skorbut hätte verantwortlich machen können. Ein Mangel an einem bestimmten Nährstoff (der die Bezeichnung Vitamin C erhalten sollte) ließ sich als Ursache jedoch einfach nachweisen und bald nicht mehr leugnen – auch wenn bis dahin unzählige Menschenleben dieser Krankheit völlig unnötig aufgrund der ignoranten Lehrmeinung von Dogmatikern geopfert wurden. Am Anfang des 20. Jahrhunderts entdeckte man in relativ kurzer Zeit die ersten Vitamine und viele essentielle Spurenelemente. Doch letztendlich lag es in der Macht der pharmazeutischen Industrie, diese Erkenntnisse wieder aus den Lehrplänen entweder zu verbannen oder dort deren Bedeutung zu minimieren. Der Vereinheitlichung und Strukturierung der medizinischen Lehrpläne, die den umfassenden pharmaindustriellen Interessen dienen sollten, ist es sehr wahrscheinlich zuzuschreiben, dass mir während meines Medizinstudiums in den 1980er Jahren die grundlegende Bedeutung eines artgerechten Lebens, zu dem auch zwingend eine an essentiellen Vitalstoffen ausreichende Ernährung gehört, gar nicht vermittelt wurde (an dem Missstand hat sich auch bisher nichts geändert, Stand Frühjahr 2025). Insbesondere erfuhr ich in meinem Medizinstudium nichts über das *alles* Leben auf unserem Planeten beherrschende Gesetz des Minimums, das seit seiner Veröffentlichung durch den Agrarwissenschaftler Carl Sprengel (1787–1859) schon seit dem Jahr 1828 jeder Landwirt kennen muss, wenn er seine Pflanzen optimal gedeihen lassen will.[8] Sprengel formulierte es selbst sehr anschaulich:

Wenn eine Pflanze zwölf Stoffe zu ihrer Ausbildung bedarf,
so wird sie nimmer aufkommen [keimen],
wenn nur ein einziger an dieser Zahl fehlt,
und stets kümmerlich wird sie wachsen,
wenn einer derselben nicht in derjenigen Menge vorhanden ist,
als es die Natur der Pflanze erheischt [erfordert].

Natürlich haben verschiedene Pflanzenarten und letztlich auch alle anderen Lebewesen individuelle Bedürfnisse, die ihre evolutionäre Entwicklung bzw. ihre genetische Anpassung an die Lebensbedingungen ihrer Herkunft widerspiegeln. Das Gesetz des Minimums bleibt davon unberührt: Individuelle Bedürfnisse begrenzen immer die Entfaltungsmöglichkeiten und bestimmen damit grundlegend das jeweilige Wohlbefinden. Dementsprechend können auch wir uns – als Teil der Natur – nur so gut entwickeln und gesund bleiben, wie es die jeweils knappsten Ressourcen zulassen, die Teil unserer artgemäßen Bedürfnisse sind. Das bedeutet: Jeder Mangel an lebenswichtigen Vitaminen und Spurenelementen führt unweigerlich zu Entwicklungsstörungen und Krankheiten. Unsere mentale Leistungsfähigkeit und psychische Gesundheit im Allgemeinen leiden in der Regel am stärksten unter solchen Mangelzuständen. Das mag daran liegen, dass unser Gehirn in Aufbau und Funktion so komplex ist wie kein anderes Organ. Defizite in seiner Funktionsfähigkeit machen sich in der sozial komplexen Lebenswelt des Menschen entsprechend sehr schnell bemerkbar.

Unsere mentale (und natürlich auch körperliche) Leistungsfähigkeit ist dann am höchsten, wenn das in Abbildung 2 zur Veranschaulichung des Gesetzes des Minimums dargestellte metaphorische Fass vollständig gefüllt ist, d.h. wenn uns nichts Grundlegendem fehlt. Jede Daube, also jedes Längsholz des Fasses, steht in diesem Beispiel für eine andere essentielle Ressource, vom Lebenssinn über körperliche und soziale Aktivitäten bis hin zu essentiellen Vitalstoffen, die in dieses Fass hineinfließen. Die Höhe der jeweiligen Daube wird durch die Zusammensetzung der Tropfen bestimmt, fehlt etwas, sind die kürzer. Wird der Mangel behoben, wächst die Daube auf magische Art nach oben. Unter artgerechten Lebensbedingungen ist das Fass vollständig intakt, da wir über alles, was wir zur Entwicklung und Erhaltung unserer mentalen Leistungsfähigkeit benötigen, ausreichend verfügen – dann und nur dann schöpfen wir unser mentales Entwicklungs- und Gesundheitspotential voll aus. In unserer heutigen Welt hat dieses metaphorische (magische) Fass jedoch ein Problem: Viele Dauben reichen nicht bis zum oberen Rand. Abhängig von den individuellen Defiziten, die sich aus einer heutzutage üblichen und meist artfremden Lebensweise ergeben, wird das Fass unserer mentalen (und jeglicher anderer) Leistungsfähigkeit nicht vollständig gefüllt.

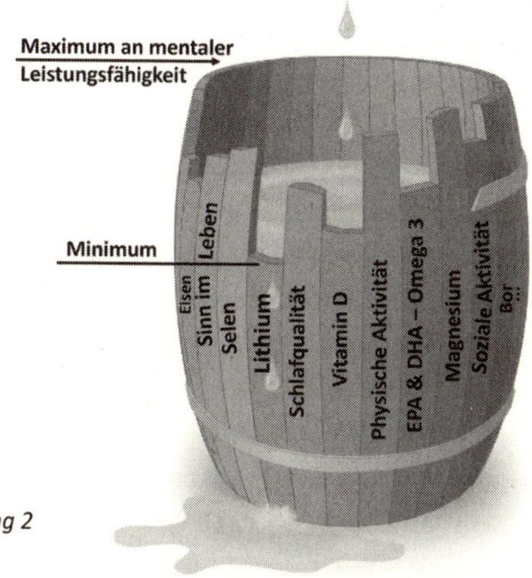

Abbildung 2

Nach dem Gesetz des Minimums erreicht die Füllung immer nur das Niveau der kürzesten Daube. Das wäre in diesem Beispiel die Daube für Lithium. Ist Lithium also das wichtigste Spurenelement? In diesem Beispiel wäre es das, aber natürlich nicht in jedem Fall. Schließlich können bei anderen Menschen ganz andere Mangelzustände die primär limitierenden Faktoren für die Füllung des metaphorischen Fasses ihrer mentalen Leistungsfähigkeit sein. Und auch in diesem Beispiel gilt, dass sobald die Lithiumzufuhr bspw. durch eine Nahrungsergänzung ansteigt (was die entsprechende Daube nach oben verlängert), der Mangel an Vitamin D (also die nun kürzeste Daube in diesem Beispiel) die Entwicklung und Aufrechterhaltung der mentalen Leistungsfähigkeit im Vergleich zum theoretischen Potential weiterhin begrenzt. Vielleicht auf einem höheren Niveau, aber dennoch wäre bei ausreichender Lithiumzufuhr in diesem Fall also der Vitamin-D-Mangel die nächste, leistungslimitierende Ressource. Es erscheint logisch, dass die alleinige Zufuhr von Lithium zur Behebung eines multiplen Mangelzustandes nicht in der Lage ist, das vollständige Potential mentaler (und eben auch der körperlichen) Leistungsfähigkeit zu erschließen, solange die anderen Mangelzustände nicht vollständig behoben sind. Sie können zwar davon ausgehen, dass eine Supplementierung zur Bedarfsgrenze unter allen Umständen sinnvoll ist und auch bei weiterhin bestehenden Mangelzuständen anderer Nährstoffe positive gesundheitliche Effekte mit sich bringt. Wichtig zu verstehen ist aber, dass auch Lithium kein Wundermittel ist! Es kann heutzutage nur deswegen der „Schlussstein" einer artgerechten Lebensweise sein, weil seine essentielle Bedeutung in der Regel nicht bekannt oder völlig ignoriert wird und durch dessen Zufuhr tatsächlich auch der letzte bestehende Mangel behoben wird.

Es gibt also nicht *das* wichtigste Element oder *die* lebenswichtigste Verhaltensweise (soziale oder körperliche Aktivität, ausreichend Schlaf etc.), denn alle sind notwendig. Außerdem wird hier deutlich, dass der Mangel an einem lebenswichtigen Faktor niemals durch einen anderen kompensiert werden kann: Jede Daube repräsentiert einen essentiellen Faktor und nur alle Faktoren zusammen stellen die volle mentale Leistungsfähigkeit sicher. Es ist offensichtlich, dass eine Pflanze, die durch Stickstoffmangel einzugehen droht, nicht durch die Zugabe von mehr Kalium, Phosphat oder Magnesium am Leben erhalten werden kann. Und auch bei uns hilft gegen das Verdursten bekanntlich nur Wasser. Um das zu wissen, muss man weder Medizin noch Molekulargenetik studiert haben, da genügt der vielzitierte gesunde Menschenverstand. Diese einfache, aber dennoch fundamentale Erkenntnis bedeutet jedoch auch, dass ein Medikament niemals eine Krankheit heilen kann, die auf dem Mangel eines essentiellen Faktors beruht (was jedoch für die meisten, wenn nicht sogar alle Zivilisationskrankheiten gilt); ein Medikament kann immer nur die Symptome der fortlaufenden Erkrankung lindern – wenn auch meist nur nebenwirkungsreich und dennoch oder gerade deshalb höchst lukrativ (schließlich müssen auch die Nebenwirkungen medikamentös gelindert werden). Das dürfte der Grund sein, warum man an den pharmafinanzierten Universitäten tunlichst vermeidet, Medizinstudenten auf dieses Grundgesetz der Natur hinzuweisen. Ausgenommen von dieser Kritik an der Verabreichung von Medikamenten sind natürlich kompensatorische Interventionen, wenn also eine nicht mehr vorhandene körpereigene Fähigkeit durch eine entsprechende externe Zufuhr ersetzt wird; Beispiele dafür sind unter anderem Insulin-Gaben bei Typ-1-Diabetes, oder Schilddrüsenhormone bei einer organischen Schilddrüsenunterfunktion.

Vitamin-D-Mangel – Tödliches Beispiel für die Ignoranz des Gesetzes des Minimums. Laut Hippokrates gilt: „Wer die Heilkunst richtig studieren will, muss folgendes tun: zuerst ermessen, welchen Einfluss die Jahreszeiten haben können.“ Diese weisen Worte missachtend ignoriert die pharmazeutisch orientierte Schulmedizin den sonnenstandbedingten winterlichen Abfall des 25-Hydroxyvitamin-D-Spiegels (vereinfacht Vitamin-D-Spiegel genannt) einer Mehrheit der Bevölkerung nördlicher Breiten als eigentliche Ursache des saisonalen Auftretens von Atemwegserkrankungen. Sie interessiert sich auch nicht für die zahllosen Studien, die belegen, dass an Atemwegsinfektionen wie COVID-19 oder Influenza so gut wie niemand sterben müsste, wenn der meist zu niedrige winterliche Vitamin-D-Spiegel auf Werte von 110 bis 140 nmol/l (wie sie bei Naturvölkern Ostafrikas gemessen werden und somit als natürliche Spiegel gelten können)[9] angehoben würde.[10] Die Notwendigkeit eines natürlichen Vitamin-D-Spiegels anzuerkennen, wäre gleichbedeutend mit der Anerkennung des Sprengel'schen Gesetzes des Minimums (was nicht sein kann) und der Vitamin-D-Supplementierung als kostengünstige und natürliche Lösung des Problems (was nicht sein darf) – allen Belegen zum Trotz.[11] Stattdessen propagierte man im Fall von COVID-19 den höchst lukrativen, jedoch auch lebensgefährlichen gentechnischen Eingriff über mRNA-Injektionen, den man perfiderweise als "Impfung" deklarierte. Man zeigt sich bis heute von der Tatsache unbeeindruckt, dass das modifizierte virale Genmaterial, welches für das lebensgefährliche, gentechnisch veränderte SARS-CoV-2 Spike-Protein kodiert, das Immunsystem lahmlegt und schädigt.[12] Entsprechende Injektionskampagnen werden weiter fortgesetzt – mit katastrophalen Folgen für die gesamte Weltbevölkerung. Leidtragend ist dabei insbesondere das mentale Immunsystem, das durch das COVID-19-Programm, wie ich in meinem Buch *Das indoktrinierte Gehirn* ausführlich nachweise, auf vielfältige Weise geschädigt wurde.[13] Aber auch sinkende Geburtenraten[14] und steigende Übersterblichkeit[15] sind zwei weitere der vielen Konsequenzen der Ignoranz des Gesetzes des Minimums und Auswirkungen einer menschenverachtenden Ideologie, mit der einige Wenige die gesamte Menschheit beherrschen wollen.

In der heutigen, meist von den Interessen der Pharmaindustrie geprägten Schulmedizin, spielt Prävention auf der Basis des Gesetzes des Minimums nur eine geringe Rolle in Lehre und Praxis. Eine kausale Therapie chronischer Krankheiten gibt es so gut wie nicht, was viele erst zu chronischen Krankheiten macht. Dem umsatzorientierten Geschäftsmodell folgend, wird uns Patienten bzw. zukünftigen Kunden erklärt: Eine artgerechte Lebensweise und die Beseitigung krankmachender Lebensstilfaktoren sowie ernährungsbedingter Mangelzustände wird uns vor dem Schicksal, an Zivilisationskrankheiten zu leiden und vorzeitig zu sterben, nicht bewahren können. Dagegen helfen, so das verführerische Versprechen, einzig pharmazeutische Innovationen (dazu mehr in Kap. 7). Bei Medikamenten ist gerne die Rede von sogenannten *„Magic Bullets“*. Diese „magischen Kugeln“ sind allerdings nur dem Konzept nach hochpräzise Pharmazeutika, die wie in der folgenden Abbildung 3 bildlich dargestellt, zielsicher und ausschließlich auf die vorbestimmten Zielproteine einwirken. Sie „schießen“ sozusagen auf körpereigene „Targets“, die zuvor als fehlerhaft deklariert wurden oder von Natur aus fehlerhaft funktionierende Signalwege regulieren, und gaukeln uns damit eine kausale Therapie vor.

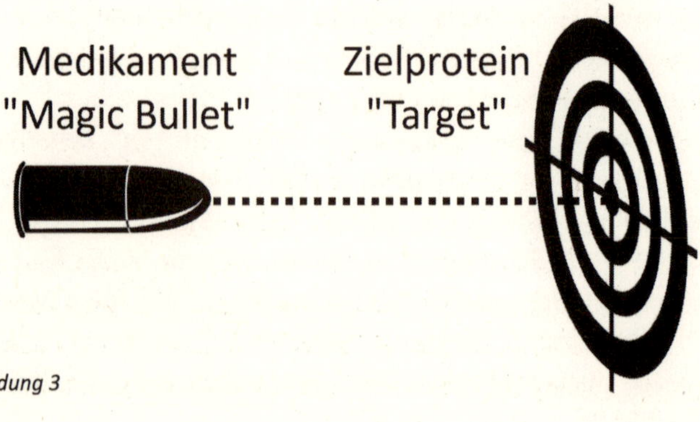

Abbildung 3

Um diesen anmaßenden Anspruch und zum Scheitern verurteilten Versuch richtig einordnen zu können, muss man wissen: *Homo sapiens*, der weise Mensch, besitzt mit etwa 19.500 Genen verblüffenderweise nur wenige hundert Gene mehr als bspw. ein etwa einen Millimeter großer Fadenwurm namens *Caenorhabditis elegans.*[16] Das zieht eine problematische Frage nach sich: Wie kann in unserem, mit vier Basenpaaren gewissermaßen „wortkargen" Erbgut die Entstehung des hochkomplexen menschlichen Gehirns aus Abermilliarden von Nervenzellen kodiert sein? Immerhin stehen dafür nur wenige hundert Gene mehr zur Verfügung als für diesen kleinen Wurm, dessen Leben von nur 302 Nervenzellen gesteuert wird. Ganz zu schweigen von einer Reihe überlebenswichtiger Instinkte des Menschen, also von angeborenen, im Erbgut kodierten Verhaltensmustern, die er im Laufe seines Lebens in einer weitaus komplexeren Umwelt als der eines Wurms anwenden kann. Des Rätsels Lösung liegt darin begründet, dass alle unsere Proteine, die nach der Anleitung unserer Gene im Körper hergestellt werden, nicht nur eine einzige Aufgabe haben. Durch ihr kombinatorisches Zusammenspiel mit vielen anderen Proteinen können sie sogar sehr viele verschiedene biologische Funktionen steuern. Dazu zählt die Funktionsvielfalt der einzelnen Proteine unter anderem durch ihre bedarfsgerechte, zeitliche und zellspezifische Aktivierung. Hier kommt auch die Epigenetik ins Spiel, also der Einfluss der Umwelt, unseres Lebensstils und nicht zuletzt selbst unserer Gedanken und Gefühle auf die Regulation unserer Gene. Auf diese Weise erhält unser relativ kleines Erbgut unsere Gesundheit – ein wahres Wunderwerk, welches das Ergebnis eines mehre Milliarden Jahre dauernden Evolutionsprozesses darstellt, dessen schöpferische Kreativität unsere Vorstellungskraft übersteigt.

Wendet man dieses Wissen auf pharmazeutische *Magic Bullets* an, so müssten diese, um wirklich vorbeugend und heilend wirken zu können, wahrhaft magische Kräfte entfalten. Sie müssten ihr Zielprotein so beeinflussen, dass dadurch das von ihm direkt und indirekt gesteuerte Zusammenspiel von Tausenden und Abertausenden anderer Proteine so geschickt verändert wird, dass Krankheiten verhindert oder sogar geheilt werden - und zwar auch dann, wenn man weiterhin einen artfremden, die Gesetze des Minimums missachtenden und damit krankmachenden Lebensstil pflegt. Dies ist aber, wie der Name schon sagt, magisches Wunschdenken und in der Realität nicht möglich, weshalb es einen pharmakologischen „Stein der Weisen" auch in Zukunft nicht geben kann. Oder um es etwas einfacher auszudrücken: Es kann keine hochpräzise und kontrollierbare

Arzneimittelwirkung geben, die die eigentlichen Ursachen von Krankheiten beseitigt, schließlich können Medikamente den Mangel an einem lebenswichtigen Vitalstoff nicht ausgleichen. Auch gegen Durst hilft bekanntlich keine Pille. Und so gehen selbst die rein symptomatischen Wirkungen (also bspw. das Reduzieren von Schmerzen) mit einer langen Liste unerwünschter Wirkungen einher, die gemeinhin als Nebenwirkungen bezeichnet werden. Die Ignoranz des Gesetzes des Minimums und damit einer wahrhaft kausalen Präventions- und Therapiestrategie führt zu einer chronischen, rein medikamentösen Symptombehandlung mit chronischen Nebenwirkungen und in Folge ebenso dauerhaft steigenden Umsätzen. Nach dem Motto „Ein geheilter Patient ist ein verlorener Kunde" wird zudem nahezu alles, was der Aufklärung über natürliche Krankheitsprävention dient, nicht nur ignoriert, sondern sogar angegriffen oder lächerlich gemacht, wie beispielsweise die orthomolekulare Medizin.

Der Begriff „orthomolekular" leitet sich ab von dem altgriechischen Wort *orthós* für „richtige" und damit optimale Versorgung mit allen essentiellen molekularen Wirkstoffen sowie vom lateinischen Wort *molecula* für „kleine Masse". Er bezieht sich auf die ausreichende Zufuhr essentieller Moleküle wie Vitamine und Spurenelemente. Teil der medizinischen Ausbildung ist dieses Wissen jedoch nicht. Bis heute sind Ärzte, die orthomolekular denken und kausal, logisch, präventiv und therapeutisch auf der Basis des Minimalgesetzes tätig sind, die Ausnahme. Zum einen muss man sich das dafür notwendige medizinische Grundverständnis selbst aneignen, zum anderen benötigt es aber auch einen gewissen Mut, sich zum Wohl der Patienten gegen das mächtige Establishment zu stellen. Dies bedeutet auch, die Inhalte der oft wenig hilfreichen oder in vielen Fällen sogar lebensgefährlichen medizinischen Leitlinien zu hinterfragen. Das ist mit gewissen Hürden verbunden, denn für den

Arzt bedeutet die Einhaltung der Leitlinien auch eine Absicherung: Solange er diese korrekt befolgt und dabei keine grobe Fahrlässigkeit vorliegt, ist er in der Regel gegen rechtliche Konsequenzen geschützt, wenn sich die Behandlung tatsächlich als schädlich für den Patienten erweisen sollte (oder auch nur ein solcher Eindruck entsteht) – und tatsächlich dienen die Leitlinien effektiv meist nur den pharmazeutischen Interessen und nicht dem größtmöglichen Wohl des Patienten (auch wenn dieser durch entsprechende Propaganda oft glaubt, dass das Zücken eines Rezeptblocks genügt, um ohne selbstverantwortliches Handeln Linderung zu erfahren). Nicht zuletzt steht einer auf den natürlichen, systemrelevanten Bedürfnissen basierenden Behandlung im Weg, dass der Arzt mit geringeren Einnahmen rechnen muss. Das liegt daran, dass eine Prävention oder gar Heilung durch Beseitigung der eigentlichen Krankheitsursache in der Leitlinie nicht vorgesehen ist und daher von den Krankenkassen, unter Berufung auf diese, in der Regel nicht honoriert wird. Typisches Beispiel ist eine kausale Prävention saisonaler respiratorischer Infektionskrankheiten durch Anheben des im Winter abfallenden 25-Hydroxyvitamin-D-Spiegels. So fällte beispielsweise das renommierte *New England Journal of Medicine* im Juli 2022 ein „Entscheidendes Urteil zur Vitamin-D-Supplementierung". Danach haben Vitaminpräparate „in der Allgemeinbevölkerung älterer Erwachsener keinen wichtigen gesundheitlichen Nutzen, auch nicht für diejenigen mit niedrigen 25-Hydroxyvitamin-D-Spiegeln". Deshalb sollten Gesundheitsdienstleister „aufhören, den 25-Hydroxyvitamin-D-Spiegel zu messen oder Vitamin-D-Präparate zu empfehlen, und die Menschen sollten aufhören, Vitamin-D-Präparate einzunehmen, um schwere Krankheiten zu verhindern oder ihr Leben zu verlängern".[17] Die zumindest lebensgefährliche Ignoranz systembiologischen Grundsätzen der menschlichen Natur gegenüber – wenn nicht sogar von menschenverachtender Profitgier zu reden ist –, die zu solchen Aussagen verleitet, ist mit Händen zu greifen.

Nahrungsergänzung versus Medikament: Selbst bei einer vollwertigen und vitalstoffreichen Ernährung leiden die meisten Menschen an einem Mangel an aquatischen Omega-3-Fettsäuren sowie an Jod, Zink, Selen und – zumindest im Winter – auch an Vitamin D3. Wie ich hier zeigen werde, trifft dies in besonderem Maße auch auf das Spurenelement Lithium zu, dessen Essentialität seit jeher geleugnet wird. Nahrungsergänzung ist der rationale Weg, Defizite an lebenswichtigen Vitalstoffen auszugleichen, die über die Nahrung nicht ausreichend zugeführt werden können. Auch wenn man sich aufgrund des Vitalstoffmangels nicht unbedingt krank fühlt (man hat sich an den Zustand gewöhnt), ist man körperlich und geistig nicht so fit, wie man sein könnte. Ein Mangel kann sowohl akute (siehe oben: *Vitamin-D-Mangel – Tödliches Beispiel für die Ignoranz des Gesetzes des Minimums*) als auch chronische Gesundheitsprobleme (vermeidbare Zivilisationskrankheiten wie z.B. Alzheimer-Demenz)[18] verursachen. Deswegen bringt eine Nahrungsergänzung, wie z.B. die Jodierung von Speisesalz, in der Regel nur Vorteile und keine Nachteile mit sich. Medikamente sind aber in den meisten Fällen nur künstliche Moleküle, die unter natürlichen Umständen nicht im Körper vorkommen. Sie greifen auf unnatürliche Weise in biologische Prozesse ein, können deren Fehlfunktion (oft aufgrund eines Mangels an essentiellen Vitalstoffen) aber nicht korrigieren: Im Gegensatz zur Korrektur eines Mangels handelt es sich um eine reine Symptombehandlung. In klinischen Studien sehen die Protokolle in der Regel daher vor, das Medikament gegen ein Scheinmedikament (Placebo) zu testen. Das Ziel besteht darin, zu erkennen, ob eine tatsächlich substanzbedingte Wirkung eintritt oder nicht. Man erhofft sich, einen symptomatischen Vorteil nachzuweisen und nimmt dafür symptomatische Nachteile bzw. unerwünschte Wirkungen als mögliche Nebenwirkungen in Kauf – bis zu einem gewissen, als tolerierbar betrachteten Ausmaß. (Nicht selten wird das Studiendesign allerdings so angepasst, dass ein Auftreten nicht tolerierbarer Nebenwirkungen weitgehend ausgeschlossen bzw. einfach übersehen werden kann oder durch die statistische Methodik geschönt wird, bis es auf den Markt kommt).

Die gleiche Vorgehensweise wird aber auch in klinischen Studien mit Vitalstoffen angewandt, um z.B. herauszufinden, ob die Einnahme von Vitalstoffen tatsächlich Krankheiten vorbeugt, die durch deren Mangel verursacht werden könnten. Während dies auf den ersten Blick vernünftig klingen mag, liegt dem Design tatsächlich ein schwerwiegender konzeptueller Fehler zugrunde: Wie in der allgemeinen Bevölkerung weisen auch die meisten Probanden in solchen Studien, bei denen es um die Therapie oder Prävention multikausaler Zivilisationskrankheiten geht, multiple Vitalstoff- und oft auch noch weitere lebensstilbedingte Defizite auf, die alle für sich genommen schon die Erkrankungswahrscheinlichkeit erhöhen (vom Gesetz des Maximums, siehe unten, ganz zu schweigen). Das Gesetz des Minimums verlangt aber einen multikausalen Ansatz, um einen vollständigen oder, je nach Problematik, überhaupt einen Gesundheitseffekt zu erzielen. Die Behebung von krankheitsfördernden Mängeln ist somit etwas völlig anderes als die künstliche Behandlung von Symptomen – es scheint, als würde dies meist gezielt ignoriert, obwohl es so einleuchtend ist. Studien, die die gesundheitlichen Auswirkungen der gleichzeitigen Behebung mehrerer krankheitsverursachender Mängel untersuchen, sind daher leider die Ausnahme. Wenn sie aber durchgeführt werden, zeigen sie eine synergistische Wirkung der kombinierten Einzelmaßnahmen und damit meist einen enormen Erfolg („meist“ deshalb, weil dennoch nur wenige und nicht alle Mängel behoben werden).[19]

Gesetz des Maximums

Durch kommerzielle Interessen wird jedoch nicht nur das Gesetz des Minimums ignoriert, sondern auch das sogenannte Gesetz des Maximums – ebenfalls zum Schaden der allgemeinen Gesundheit. Es besagt, dass auch ein Zuviel schädlich ist für das Erreichen und die Aufrechterhaltung einer gesunden Homöostase – auch um das zu verstehen, muss man nicht Medizin studiert haben, der gesunde Menschenverstand genügt hierfür völlig. So ist auch chronischer Disstress für uns ebenso ungesund wie bestimmte Strahlungsarten und -intensitäten oder zu viel Feinstaub in der Atemluft und vieles mehr. Unter das Gesetz des Maximums fallen natürlich alle Gifte, die oft schon in geringen Mengen schädlich sind. Ein schädliches Zuviel umfasst aber selbst Vitalstoffe, die bekanntlich überdosiert werden können. So gilt nach dem schweizerisch-österreichischen Arzt Theophrastus Bombast von Hohenheim (1493–1541), der unter dem Namen Paracelsus bekannt wurde:

Alle Dinge sind Gift,
und nichts ist ohne Gift;
allein die Dosis macht,
dass ein Ding kein Gift ist.

Entsprechend steht bei der Anwendung aller Medikamente – da es sich um körperfremde Produkte handelt, die auf unnatürliche Weise in unsere Körperfunktionen eingreifen – die Frage der Toxizität wie der sprichwörtliche Elefant im Raum. So gibt es ernstzunehmende Hinweise, Analysen und Studien, die aufzeigen, dass verschreibungspflichtige Medikamente, die vermeintlichen Heilsbringer, mittlerweile die häufigste Todesursache weltweit stellen – und das gilt nicht nur für die gentechnischen Eingriffe seit COVID-19.[20] Dazu kommt eine stetige Zunahme chronischer, vermeintlich zivilisationsbedingter Krankheiten aufgrund einer zunehmend prekären Gesundheitsfürsorge, die sich infolge der Ignoranz des Gesetzes des Minimums mehr und mehr einstellt. Der damit einhergehende, steigende Medikamentenkonsum führt z.B. in den USA zu der beängstigenden Prognose, dass Menschen, die im Jahr 2019 geboren wurden, etwa die Hälfte ihres Lebens verschreibungspflichtige Medikamente einnehmen werden.[21] Perfiderweise ziehen deren Nebenwirkungen die Verschreibung weiterer Medikamente nach sich, um diese zu behandeln, was wiederum weitere Nebenwirkungen verursacht. Damit wird der Teufelskreis der Polypharmazie, also der gleichzeitigen Verschreibung vieler Medikamente an eine Person, weiter angetrieben. Wahre Gesundheit wird dadurch natürlich nie erreicht, vielmehr gerät der Körper nur immer mehr ins Ungleichgewicht. Die Wiederherstellung des körperlichen, geistigen und seelischen Gleichgewichts des Patienten sollte einem echten Heilungsinteresse jedoch immer zugrunde liegen.

Homöostase – bewegte Stabilität zwischen Extremen

Homöostase leitet sich von den altgriechischen Wörtern *homoios* für „gleich" und *stásis* für „Stillstand" ab und bedeutet „Gleichstand". Wirklich still ist dieser Zustand aber nur scheinbar, denn in der Natur gibt es nichts Statisches, sondern vielmehr ein dynamisches Gleichgewicht der Kräfte, weshalb „Gleichgewicht" die bessere Übersetzung ist und sich so auch etabliert hat. Wie beim Fahrradfahren wird ein stabiler Zustand nur durch Bewegung erreicht. Dem griechischen Philosophen Heraklit (520–460 v. Chr.) wird die Erkenntnis *panta rhei*, altgriechisch für „alles fließt", zugeschrieben, die auch unserem heutigen physikalischen Verständnis des Universums gerecht wird. Insbesondere jede Form von Leben existiert nur im ständigen Austausch mit der Umwelt. Mit anderen Worten: Ohne Dynamik kein Leben, aber auch ohne Gleichgewicht kein Leben. Wir leben also im Spannungsfeld zwischen dem Gesetz des Minimums und dem Gesetz des Maximums, wie es in der folgenden Abbildung 4 dargestellt ist.

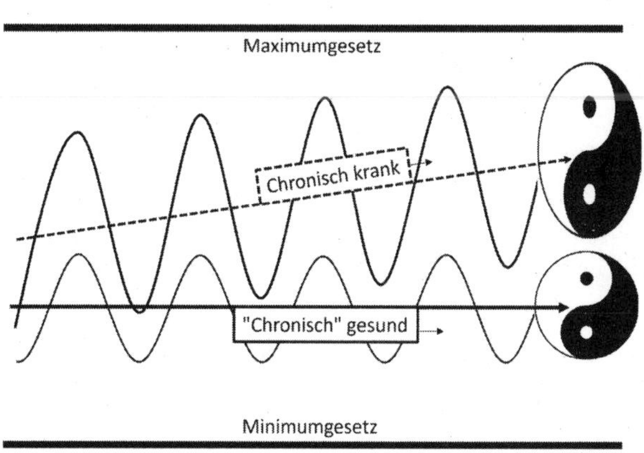

Abbildung 4

Im Idealfall ist das „Fass des Minimums“ voll und unsere Systeme müssen nicht vergeblich versuchen, Mangelzustände auszugleichen. Dann hielte sich auch die Belastung durch toxische Einflüsse in Grenzen, sodass das Wechselspiel der Kräfte, in der Abbildung 4 als wellenförmige Dynamik dargestellt, um eine stabile horizontale Linie schwingt. Verantwortlich für eine sich derartig stabilisierende Dynamik sind Rückkopplungsmechanismen im Körper, bestehend aus Netzwerken hemmender sowie aktivierender Signale und Botenstoffe, Rezeptoren und intrazellulären informationsverarbeitenden Netzwerken (siehe auch Zusatzinfo: *Körperzellen sind biologische Informationsprozessoren* in Kap. 2, Argument 2). Entfernt man die zeitliche Dimension aus der Grafik, so wird diese Welle grafisch zum Yin- und Yang-Symbol – zwei Begriffe der chinesischen Philosophie, die für polar einander entgegengesetzte und sich gleichzeitig ergänzende Kräfte stehen.

Ein Mangel an lebensnotwendigen Ressourcen (Verletzung des Gesetzes des Minimums) sowie ein Übermaß an Belastungen (Verletzung des Gesetzes des Maximums), die nicht mehr kompensiert werden können, verändern die Dynamik. Unsere Systeme, die sich u.a. komplexer Rückkopplungsmechanismen bedienen, werden weiterhin versuchen, eine Homöostase zu erreichen, wie die gestrichelte, aufsteigende Linie in der Abbildung 4 zeigt: Im Yin- und Yang-Symbol sind die ausgleichenden Kräfte symbolisch erhalten geblieben, aber die Verhältnisse haben sich geändert, und das System läuft gewissermaßen „aus dem Ruder“. Es wird an dieser Grafik offensichtlich, dass eine derartige Lebensweise auf Dauer nicht funktionieren kann und in chronischen Erkrankungen enden muss. Diese bekommen heutzutage gerne den Titel „Zivilisationskrankheiten“ angeheftet, als wären sie eine logische Folge des für sich genommen glücklichen Umstands, dass immer mehr Menschen ein hohes Alter erreichen. Allerdings im Vergleich zu Naturvölkern, fernab des medizinischen Fortschritts, erreichen heutzutage nicht deshalb prozentual mehr Neugeborene ein höheres Lebensalter, weil sie gesünder geboren werden und dann gesünder leben, sondern weil sie die Kindheit dank besserer Hygiene mit höherer Wahrscheinlichkeit überleben (siehe unten: *Evolution der Großmutter*). Dann sind sie aber, ebenfalls im Vergleich, länger krank und hängen trotz Schlaganfällen, Herzinfarkten oder anderen lebensstilbedingten Vorfällen dieser Art, dank einer hocheffizienten Akutmedizin und Chirurgie, den Rest des künstlich verlängerten Lebens am Tropf der Pharmaindustrie. Dies endet erst, wenn sie entweder an der zugrunde liegenden Krankheit oder an den Nebenwirkungen ihrer Medikamente sterben, was in vielen Fällen nur schwer zu unterscheiden ist. Das Problem liegt darin, dass viele Menschen in ihrem Leben – mangels ausreichender Aufklärung gegen die pharmazeutischen Interessen, die sich über entsprechende Lobbyarbeit in Gesetzestexten, medizinischen Lehrplänen und Leitfäden für Ärzte niederschlagen – die biologischen Gesetze des Minimums und des Maximums weitgehend missachten. In diesem Zusammenhang ist es interessant festzustellen, dass schon Mahatma Gandhi, obwohl er kein Arzt war, sich der Bedeutung des Gesetzes des Minimums für die menschliche Gesundheit bewusst war. In seinem im Jahr 1921 veröffentlichten Gesundheitsratgeber *A Guide to Health* schreibt er seine Version in hinduistischen Metaphern:

Die Welt besteht aus den fünf Elementen
Erde, Wasser, Luft, Feuer und Äther.
Das gilt auch für unseren Körper.
Er ist eine Art Miniaturwelt.
Deshalb braucht der Körper
alle Elemente im richtigen Verhältnis:
reine Erde, reines Wasser, reines Feuer oder Sonnenlicht,
reine Luft und freien Raum.
Wenn eines dieser Elemente nicht im
richtigen Verhältnis vorhanden ist, wird der Körper krank.[22]

Unsere geistige Gesundheit leidet mehr als jedes andere System unseres Organismus unter einer Missachtung dieses Verständnisses der Funktionsweise der Natur und damit auch unter einem chronischen Mangel an essentiellem Lithium, wie wir in den folgenden Kapiteln ausführlich sehen werden. Wir sollten daher wissen, wie insbesondere unser mentales Immunsystem ganz grundsätzlich funktioniert, um dann, mit diesem Wissen ausgestattet, zu verstehen, wie der Mangel an Lithium seine Funktion beeinträchtigt und welche Konsequenzen dies für uns, unsere Kinder und letztlich für die gesamte Menschheit hat.

Immunologische Lernfähigkeit – körperlich wie mental

Jeder Mensch ist ein einzigartiges Wesen – in diesem Punkt sind sich die Lehren des Hippokrates und die darauf basierende *Traditionelle Europäische Medizin* (TEM) als auch die *Traditionelle Chinesische Medizin* (TCM), das indische Ayurveda und auch die Tibetische Medizin einig. Dennoch haben all diese Medizinsysteme auch Eigenheiten, die der jeweiligen Typenlehre in diesen Systemen zugrunde liegt, wodurch man sich entscheiden kann, welche präventiven und therapeutischen Maßnahmen je nach Typ mit größerer Wahrscheinlichkeit erfolgreich sein könnten. Doch jenseits aller Individualität und Typenzugehörigkeit gibt es noch etwas Grundlegendes, das *uns allen* gemeinsam ist. Dazu gehören sämtliche essentiellen physiologischen Funktionen unserer Organe, die biochemischen Grundfunktionen unserer Zellen und damit auch eine lange Liste essentieller Bedürfnisse aufgrund unserer Biologie; darauf aufbauend die entscheidenden Funktionen unseres Gehirns, die ich unter dem Begriff „mentales Immunsystem" zusammenfasse und das ebenfalls alle Menschen besitzen.

Was genau aber zeichnet das mentale Immunsystem aus? Wie das körperliche Immunsystem mag es sich zunächst als reiner Schutzmechanismus entwickelt haben. Die damit gewonnene Fähigkeit, sich in andere hineinzuversetzen und deren Absichten zu erkennen, ermöglicht es uns aber auch, uns in uns selbst hineinzuversetzen und unsere eigene Zukunft in verschiedenen Handlungsoptionen zu sehen, entsprechend zu planen und bewusst umzusetzen. Das ist eine zutiefst menschliche Eigenschaft. Dass Sie dieses Buch lesen und seinen Inhalt verstehen können, ist daher aus evolutionärer Sicht keine Selbstverständlichkeit, sondern etwas Besonderes: Keine andere heute lebende Spezies außer uns Menschen hat die Fähigkeit, sich einer symbolisierten Sprache zu bedienen, in abstrakten Begriffen zu denken und diese zu kommunizieren, komplexe Zusammenhänge zu erfassen und das so gewonnene Wissen für sich und andere nutzbar zu machen. Diese besonderen Fähigkeiten verdanken wir also einer außergewöhnlichen Entwicklungsrichtung des menschlichen Geistes. Aber auch die Tatsache, dass gerade Sie dieses Buch in den Händen halten und nicht jemand anderes, ist nicht selbstverständlich. Denn Sie verdanken Ihre Existenz nicht nur Ihren Eltern, sondern auch Ihren Großeltern und schließlich Millionen und Abermillionen, ja vielen Milliarden Generationen direkter Vorfahren vor Ihnen, bis zurück zur ersten lebenden Zelle auf unserem Planeten. Wenn Sie also dieses Buch in den Händen halten und diese Zeilen lesen, dann nur deshalb, weil alle Ihre Vorfahren dem evolutionären Imperativ erfolgreich gefolgt sind: Seid fruchtbar und mehret euch.

Wir müssen ein gewisses Alter erreichen, um fruchtbar zu sein und uns erfolgreich fortzupflanzen. Beim Menschen ist dies ein viele Jahre langer Entwicklungsprozess, der mit unzähligen Risiken verbunden ist. Letztlich regiert der Zufall die Welt, in der wir leben. Gott würfelt in der Mikrowelt mit Quanten, und auch in der Makrowelt kommt es oft anders, als man denkt. Dennoch besteht die „Magie“ des menschlichen Geistes darin, im natürlichen Chaos Strukturen zu erkennen, Pläne zu schmieden und diese umzusetzen. Zwei eng miteinander verbundene physiologische Funktionen sind von besonderer Bedeutung, wenn es darum geht, sich im Sinne des evolutionären Imperativs zu behaupten: das körperliche Immunsystem sowie das mentale Immunsystem. Wie diese beiden Immunsysteme im Sinne des evolutionären Imperativs zusammenarbeiten, illustriert schematisch Abbildung 5.

Alle Organismen verfügen über ein körpereigenes Immunsystem. Selbst Bakterien sind in der Lage, sich beispielsweise gegen Viren (sogenannte Bakteriophagen, auf Deutsch: Bakterienfresser) zu schützen.[23] Dennoch gelingt es immer wieder neuen Viren durch Anpassung (zufällige Mutation) ihrer Gene, die Abwehrmechanismen bzw. das Immunsystem ihrer Wirtszellen zu überwinden

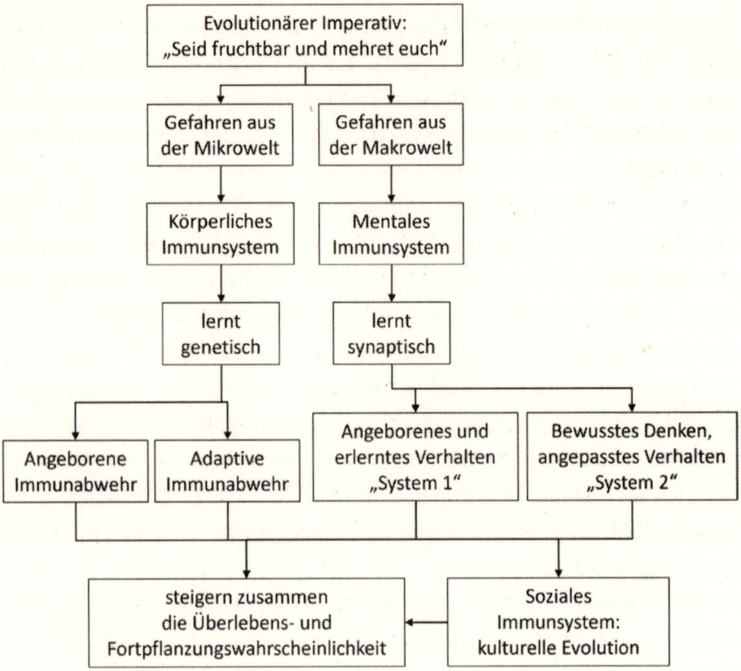

Abbildung 5

und sich in ihnen zu vermehren. Dies gilt nicht nur für die Infektion von Bakterien, sondern für alle Zellen, also auch für unsere eigenen, weshalb auch das körperliche Immunsystem des menschlichen Körpers in der Lage sein muss, sich ständig an sich verändernde pathogene *Mikro*organismen anzupassen.[24] Entsprechend muss auch unser mentales Immunsystem Gefahren erkennen und abwehren, die von pathogenen *Makro*organismen ausgehen. Diese haben meist menschliche Gestalt. Wobei die Bedrohung meist nicht eine direkte körperliche ist, sondern eine indirekte, mentale durch sogenannte Meme. In meinem Buch *Die Methusalem-Strategie* erkläre ich die Konzepte der Meme und Gene folgendermaßen: „Unser Erbgut besteht aus Informationseinheiten, aus Genen, unser Kulturgut entsprechend aus Worten und Ideen, also auch aus Informationseinheiten. Wir nennen diese Meme. Erst durch das Wirken beider, Gene und Meme, werden wir zu dem, was wir sind."[25] Gene, die zusammen als eine Einheit wirken und entsprechend weitergegeben werden, bezeichnen wir als Erbgut. Meme, die zusammen ein Narrativ bilden und ebenfalls weitergegeben werden, verstehen wir als Kulturgut. Das Erbgut steuert unsere Zellen, während Meme bzw. Narrative unser Gehirn – also unser Denken und Verhalten – beeinflussen. Auch Meme können eine virale Natur haben, sowohl zum Positiven als auch zum Negativen: Viral leitet sich ab von *virus*, dem lateinischen Wort für „Gift". Das unterstreicht, dass Narrative durchaus schädlich für uns sein können, aber auch, dass sie eine virusähnliche, schnelle Verbreitung aufweisen können, da wir soziale Lernmaschinen sind. Es ist unser mentales Immunsystem, dem die entscheidende Aufgabe zukommt, zwischen hilfreichen und schädlichen Memen zu unterscheiden.

Viren übernehmen aus reinem Selbstzweck die Kontrolle über fremde Zellen und zwingen sie, ihr eigenes virales Erbgut zu vermehren, damit dieses wiederum weitere Zellen infizieren kann. Virale Meme bzw. Narrative hingegen übernehmen – ein dysfunktionales mentales Immunsystem vorausgesetzt – mittels Propaganda die Kontrolle über unser Gehirn, damit wir die Botschaft weitergeben und andere Gehirne mit ihr infizieren. Die Hauptaufgabe des mentalen Immunsystems ist es daher, lebensbedrohliche Meme bzw. gefährliche Narrative zu erkennen, abzuwehren und unschädlich zu machen. Ohne ein funktionierendes mentales Immunsystem wären wir lebensbedrohlichen viralen (schädlichen) Memen ebenso schutzlos ausgeliefert, wie wir es ohne ein funktionierendes körperliches Immunsystem lebensgefährlichen viralen (schädlichen) Genen gegenüber wären. Sowohl das körperliche als auch das mentale Immunsystem sind gleichermaßen lebenswichtig und benötigen, wie wir noch ausführlich besprechen werden, Lithium in essentiellen Mengen, um optimal zu funktionieren. Wenn aber unser mentales Immunsystem lebensnotwendig ist – was ich nun zuerst nachweisen möchte – dann ist jeder Mangel an einem Vitalstoff, der unser mentales Immunsystem in seiner Funktion beeinträchtigt – wie ich zu einem späteren Zeitpunkt für Lithium nachweisen werde –, auch ein Beweis für seine Lebensnotwendigkeit!

Virale Meme versus virale Gene. Meme können sich heutzutage über Soziale Medien und Massenmedien schneller verbreiten als virale Gene über Ansteckung von Mensch zu Mensch. Deshalb sind sie unter anderem meist auch gefährlicher, wie man an der Entwicklung ab 2020 eindrücklich beobachten konnte: Das Mem bzw. Narrativ einer tödlichen Pandemie verbreitete sich schneller als SARS-CoV-2. Irrationale Angst regierte die Welt, obwohl uns ein gesundes körperliches Immunsystem problemlos vor dieser Bedrohung hätte schützen können. Dieses Mem jedoch durfte nicht viral gehen, da es für einflussreiche Minderheiten eine Bedrohung ihrer Absichten darstellte – und so wurde es zensiert, wie ich in meinem Buch „Das indoktrinierte Gehirn" ausführlich belege.[26] Mühevoll wurde ein anderes toxisches Narrativ in den Umlauf gezwungen: Nur eine Spritze mit einem viralen Gen (mRNA), welches jede unserer Körperzellen veranlasst, lebensgefährliche virale Spike-Proteine zu produzieren, sei die einzige Möglichkeit, den viralen Angriff zu überleben. Aufgrund der Unterdrückung einerseits und der Förderung gewisser viraler Meme andererseits starben Menschen unnötigerweise an einem Virus, das bei gesundem Immunsystem an sich harmlos war. Noch mehr Menschen starben aus Angst und schließlich an genetischer Manipulation durch eine als Impfung getarnte Vergiftung mit viralem Genmaterial. Dadurch wird ersichtlich, dass virale (toxische) Meme gefährlicher sein können als virale Gene – und nur ein gesundes mentales Immunsystem uns davor schützen kann.

Diese beiden Immunsysteme sichern unser Überleben auf ähnliche Weise, nämlich indem sie aus Erfahrungen lernen. Das körperliche Immunsystem erinnert sich genetisch an Erfahrungen mit pathogenen Mikroorganismen (Viren, Bakterien usw.). Einige dieser Erinnerungen stammen von unseren Vorfahren und unsere angeborene Immunabwehr besitzt das entsprechende genetische Wissen darüber. Zum Beispiel erkennen unsere Immunzellen das Spike-Protein von

Coronaviren, ohne es je selbst zuvor gesehen zu haben, weil unsere Vorfahren schon vor Jahrmillionen immer wieder mit dieser Virusart in Kontakt gekommen sein müssen; offensichtlich hatte es einen evolutionären Überlebensvorteil zur Folge, die Erinnerung an diese Kontakte weiterzuvererben. Das körperliche Immunsystem war aber auch in der Lage, durch eigene Erfahrungen zu lernen. Zellen der sogenannten adaptiven Immunabwehr können durch Rekombination ihres Erbguts und nachfolgender Selektion lebenslang spezifische Antikörper gegen Eindringlinge bilden, die weder sie selbst noch die Immunzellen unserer Vorfahren je gesehen haben. Das mentale Immunsystem hingegen erinnert synaptisch, also über eine veränderte neuronale Vernetzung im Gehirn. Es verfügt über nützliche Erfahrungen unserer prähistorischen Vorfahren. Diese bestehen in Form von angeborenen instinktiven Verhaltensweisen sowie anerzogenen Denk- und Verhaltensmustern unserer direkten Vorfahren – Eltern und Großeltern –, die wir ebenso meist unbewusst abspulen. Seit Daniel Kahnemans (1934–2024) Entdeckung zweier kooperierender Systeme im Denken des Menschen fasst man diese angeborenen wie auch erlernten Verhaltensmuster unter dem Begriff des System-1-Denkens zusammen. Das mentale Immunsystem erinnert sich aber auch an neue Erfahrungen aus der Makrowelt – zumindest ab dem Zeitpunkt, wenn unsere autobiografische Gedächtniszentrale gegen Ende des zweiten Lebensjahres ausgereift ist. Sie erlaubt uns, bewusst zu reflektieren und neue Denk- und Verhaltensmuster zu etablieren. Man fasst dieses bewusste Denken und Handeln unter dem Begriff System 2 zusammen. Für die Entdeckung dieser beiden Systeme des mentalen Immunsystems hat Kahneman im Jahre 2002 den Nobelpreis erhalten.[27] Die beiden Bewusstseinsforscher Christof Koch und der Nobelpreisträger Francis Crick (1916–2004) schrieben dazu in einem im Jahr 2003 durch *Nature Neuroscience* publizierten Artikel, in dem sie ein *Rahmenwerk zur Erforschung des neuronalen Korrelats des Bewusstseins* vorstellten: „Es scheint ein großer evolutionärer Vorteil zu sein, über Zombie-Modi [unbewusstes System 1] zu verfügen, die schnell und stereotyp reagieren, sowie über ein etwas langsameres System [bewusstes System 2], das Zeit zum Denken und zur Planung komplexerer Verhaltensweisen lässt."[28]

Auf gesellschaftlicher Ebene verfügen wir als soziale Wesen zusätzlich über ein soziales Immunsystem. Es entsteht durch das effektive Zusammenwirken der einzelnen mentalen Immunsysteme vieler Individuen, um die Gesellschaft vor schädlichen Narrativen zu schützen, indem für eine Vielfalt alternativer Gedanken, Ideen und Erklärungen gesorgt wird, die dann in gesunde Konkurrenz miteinander treten. Oft genügt ein guter Gedanke. Deshalb ist es auch bei globalen Herausforderungen besser, wenn die Menschheit als System nach Lösungen sucht, das aus vielen echten Individuen mit einzigartigen mentalen Immunsystemen besteht. Ich habe dies in meinem Buch *Das indoktrinierte Gehirn* mathematisch zu formulieren versucht: „Die Summe aller Individuen multipliziert mit ihrem Individualitätsgrad ergibt den Grad der Innovationsfähigkeit einer Gesellschaft.“[29] Denn die Wahrscheinlichkeit, dass zumindest ein Mitglied einer Gesellschaft eine Lösung für ein Problem findet, das alle bedrohen könnte, steigt mit der Anzahl der Mitglieder, die sich aufgrund ihrer individuellen Lebenserfahrungen maximal unterscheiden und somit einen einzigartigen Beitrag leisten können. So bildet das mentale Immunsystem des Individuums in der Summe aller Individuen das soziale Immunsystem einer Gesellschaft, das deren Überlebenschancen erhöht. Aber es sind nicht nur die zündenden Ideen eines Einzelnen, die einer bestimmten Gruppe einen Vorteil im Überlebenskampf verschaffen, sondern viel häufiger ist es wohl die mit einem funktionierenden mentalen Immunsystem einhergehende Fähigkeit der Mitglieder einer Gemeinschaft, friedlich zu kooperieren, Konflikte zu lösen und gemeinsam zu bestehen, um einander zu schützen.

Auch das soziale Immunsystem lernt. Im Rahmen dieses Lernprozesses entstehen unsere künstlerischen, wissenschaftlichen und technologischen Errungenschaften und nicht zuletzt unsere jeweiligen kulturellen Eigenheiten. Dieses soziale Immunsystem findet seine nächste Entsprechung im Familienkreis in der Großmutter. Ihre Existenz hat nachgewiesenermaßen weitreichende Konsequenzen für die Überlebensfähigkeit der zugehörigen Sippe. Dies soll im Folgenden näher betrachtet werden, um den sozialen Einfluss des System-2-Denkens klarer herauszustellen. Welch weitreichende

Rolle eine ausreichende Lithiumversorgung spielt, wird deutlich, sobald wir uns dieser im nächsten Kapitel widmen. Dabei gilt grundsätzlich: Der Übergang von der individuellen Lernfähigkeit auf die soziale Ebene ist die Grundlage für die kulturelle Evolution der Menschheit, die für eine friedliche und damit gesunde Entwicklung essentielles Lithium benötigt.

Evolution der Großmutter

Das mentale Immunsystem umfasst beides, System 1 und 2. Es ist jedoch System 2, das unsere Spezies einzigartig macht. Insbesondere reflektiertes Erfahrungswissen wurde zur treibenden Kraft der Eroberung der Erde durch die menschliche Spezies, potenziert im Verbund mit unserer sozialen Kompetenz: Wir lernen durch eigene Erfahrung und lernen von den Erfahrungen anderer. Auf Basis des individuellen mentalen Immunsystems entwickelte der Mensch zudem die Fähigkeit, den Fortpflanzungserfolg auch über Generationen hinweg über ein soziales Immunsystem positiv zu beeinflussen. Aufzeichnungen in Kirchenbüchern und Geburtsregistern zufolge war es das Vorhandensein einer Großmutter, was noch bis zum Ende des 19. Jahrhunderts die Überlebenswahrscheinlichkeit ihrer Enkel erhöhte. Mit jedem Lebensjahrzehnt, das sie länger in ihrer Familie lebte, erreichten durchschnittlich zwei Enkel mehr das Erwachsenenalter als in Familien ohne Großmutter.[30]

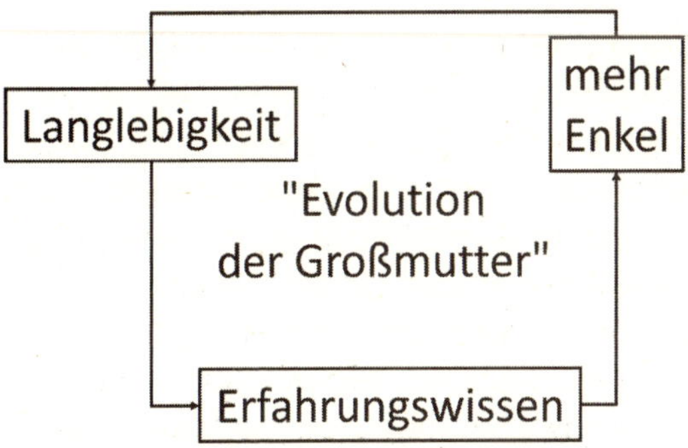

Abbildung 6

Wie Abbildung 6 illustriert, sammelt die Großmutter dadurch, dass sie länger lebt, mehr Erfahrungswissen. Außerdem kann sie die Familie ganz generell durch ihre Anwesenheit unterstützen. Sowohl ihre Tatkraft als auch ihr Erfahrungswissen kommen der Familie zugute. Je mehr Enkel dadurch überleben und erwachsen werden, desto größer ist wiederum die Wahrscheinlichkeit, dass sie die (zufällige) genetische Ausstattung für Langlebigkeit und geistige Fitness der Großmutter weitergeben. Daraus leitet sich folgende Annahme ab: Wenn bestimmte Gene Langlebigkeit und geistige Gesundheit bewirken, erhöht sich die Wahrscheinlichkeit, dass durch diese Gene eine Großmuttergeneration entsteht. Dadurch wird der positive Effekt der Gene zusätzlich verstärkt, da das Erfahrungswissen der Großmutter zu einer nichtgenetisch bedingten höheren Überlebenswahrscheinlichkeit des Nachwuchses führt; der daraus resultierende zusätzliche Selektionsvorteil von Genen, die Langlebigkeit und geistige Gesundheit bewirken, wird in der Wissenschaft als Großmutterhypothese bezeichnet. Sie ist inzwischen Schulwissen. Die „Evolution der Großmutter“, wie ich dieses den Menschen und damit die gesamte Menschheit prägende Phänomen gerne nenne, erklärt die außergewöhnliche Langlebigkeit des Menschen bei voller geistiger Fitness bis ins hohe Alter, selbst wenn dieses weit jenseits der weiblichen Reproduktionsfähigkeit liegt.[31] Beispielsweise wurde die Französin Jeanne Calment (1875–1997) als bisher älteste Frau der Welt 122 Jahre alt. Sie lebte also noch etwa über sieben Jahrzehnte nach ihrer Menopause und erkrankte nicht an Alzheimer.[32] Schimpansen dagegen, genetisch unsere nächsten Verwandten im Tierreich, sterben schon wenige Jahre, nachdem die Weibchen wieder unfruchtbar geworden sind. Bei ihnen gibt es keine Großmütter, aber auch keine Großväter, denn schließlich erben sie dieselben Gene, die ihre Lebenserwartung bestimmen. Die Lebenserwartung ist für nahezu alle Lebewesen – in Übereinstimmung mit dem evolutionären Imperativ – durch die Zeit der Reproduktionsfähigkeit begrenzt. Eine Ausnahme bildet der Mensch, aber auch Orcas – die Herrscher der Meere. Sie haben eine ähnliche Entwicklung durchgemacht wie wir. In Folge des sozialen Faktors, den eine Großmutter-Generation mit sich bringt, setzen sich auch in ihrer Population Langlebigkeitsgene eher durch.[33] Auch bei dieser Spezies können Großmütter mehr als doppelt so alt werden, wie ihre eigene reproduktive Zeit es vorgeben würde und erhöhen durch ihr Erfahrungswissen die Chance, dass ihre Sippe in Notzeiten überlebt – und damit ihre Gene, die für Langlebigkeit und mentale Fitness bis ins hohe Alter sorgen.

Dies widerlegt übrigens auch frühere Einwände gegen die „Evolution der Großmutter“, laut denen unsere außergewöhnliche Langlebigkeit nur unserer modernen Lebenswelt zu verdanken sei. Dafür gibt es überdies auch Hinweise aus menschlichen Kulturen. So ist die vergleichsweise niedrige *durchschnittliche* Lebenserwartung von Jäger- und Sammlergesellschaften darauf zurückzuführen, dass sie eine hohe Kindersterblichkeit aufweisen – und nicht darauf, dass die *individuelle* Lebenserwartung niedrig wäre. Denn selbst in den vom modernen Leben weitgehend isolierten Wildbeuterkulturen, so die Ergebnisse einer entsprechenden Studie, erreichten etwa zwei Drittel der Menschen, wenn sie die Kindheit überlebten, ein Alter von 70 Jahren – und selbst 80-Jährige anzutreffen, so die Autoren, war keine Seltenheit.[34]

Das mentale Immunsystem des Menschen wächst und reift lebenslang

Die für die lebenslange Zunahme essentiellen Erfahrungswissens zuständige autobiographische Gedächtniszentrale liegt paarig angelegt im Bereich der beiden Schläfenlappen des Großhirns. Sie wird aufgrund ihrer anatomischen Struktur, die jeweils einem Seepferdchen ähnelt, als Hippocampus bezeichnet (siehe Abbildung 7). Die beiden etwa daumengroßen Hippocampi, im Folgenden vereinfacht Hippocampus genannt, speichern, was wir wann und wo bewusst erlebt oder uns vorgestellt oder erzählt bekommen haben und auch, welche Emotionen damit verbunden waren. So wissen wir stets, ob das erinnerte Erleben oder der erinnerte Gedanke eher vorteilhaft oder nachteilig war. Als unser persönliches Tagebuch dienend kann der Hippocampus bis ins hohe Alter neue Erfahrungen sammeln, denn er verfügt als einzige Struktur unseres Gehirns über die Fä-

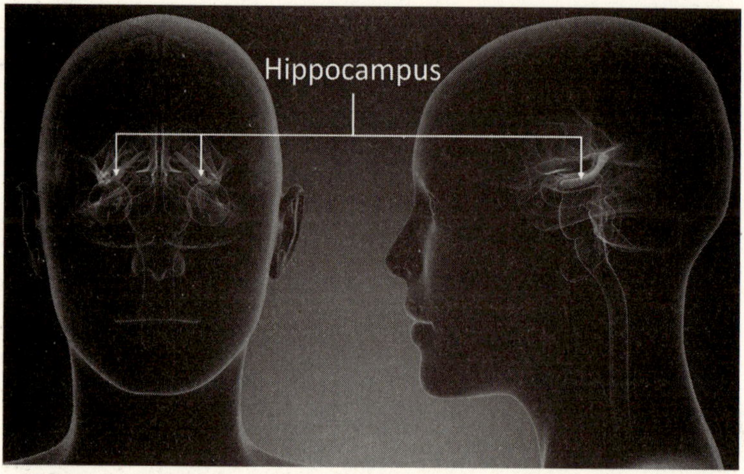

Abbildung 7

higkeit, lebenslang neue Nervenzellen bilden zu können. Nur so ist es möglich, trotz begrenzter hippocampaler Speicherkapazität täglich Neues zu lernen, zu erfahren oder zu denken, ohne frühere Gedächtnisinhalte zu überschreiben und damit zu vergessen. Mit Hilfe der so genannten adulten hippocampalen Neurogenese legt unser „Tagebuch des Lebens" jeden Tag eine neue Seite an, damit die vorherigen nicht überschrieben werden müssen und deren Inhalt bzw. unsere bisherigen Erfahrungen gelöscht würden. Im Einklang mit der „Evolution der Großmutter" erlaubt uns dieser einzigartige Prozess, unseren Erfahrungsschatz lebenslang zu vergrößern. Auch wenn sich Wissenschaft (Stand Frühjahr 2025) noch nicht ganz darüber einig sind, wie viele Nervenzellen im Hippocampus täglich neu gebildet werden bzw. werden können – je nach Methodik und abhängig von dem Gesundheitszustand des Menschen, dessen Hippocampus untersucht wird, sind es mehrere Tausend oder vielleicht auch nur einige Hundert –, spielen sie eine entscheidende, wenn nicht sogar die zentrale Rolle für das Funktionieren unseres mentalen Immunsystems. „Im Gegensatz zum übrigen Netzwerk des Hippocampus", schreibt eine Gruppe von Neurogenese-Spezialisten im Jahr 2018 in einem Übersichtsartikel, „konzentriert sich die synaptische Plastizität [Lern- und Anpassungsfähigkeit] im *Gyrus dentatus* [bzw. im Eingangsbereich des Hippocampus, wo die Neurogenese lebenslang stattfindet] auf eine definierte, funktionell naive [frische und noch ungenutzte] Untergruppe von (neuen) Neuronen".[35] Dieser einzigartige Mechanismus der Fokussierung von Plastizität unterscheide dieses neuronale Netzwerk von allen bisher untersuchten, woraus sie schließen, dass „die Anzahl neuer Zellen, die für einen funktionellen Effekt notwendig ist, sehr gering ist".

Eine mit modernsten Methoden durchgeführte Studie, die im Oktober 2024 publiziert wurde, kam zu dem eindeutigen Schluss: „Unsere Ergebnisse deuten auf eine sehr geringe Neurogenese im Hippocampus während des gesamten Lebens und auf die Existenz einer lokalen Reserve der Plastizität im Hippocampus des erwachsenen Menschen hin."[36] Auch ein Ende Februar 2024 veröffentlichter Expertenbericht mit dem Titel „Auswirkungen adulter Neurogenese auf emotionale Funktionen: bei Mäusen und Menschen" kommt zu dem Schluss: „Zusammenfassend lässt sich sagen, dass es immer mehr anatomische, biochemische und genomische Belege für das Vorhandensein unreifer Neuronen im Hippocampus gesunder Probanden während des gesamten Lebens gibt."[37] Das Schlüsselwort ist „gesund". Tatsächlich wurden in einer spanischen Studie im Hippocampus gesunder Probanden unterschiedlichen Alters (sogar bis zu 90 Jahren!) Tausende unreifer und heranreifender Neuronen identifiziert: „Im Gegensatz dazu nahmen die Anzahl und die Reifung dieser Neuronen mit dem Fortschreiten der Alzheimer-Krankheit ab. Diese Ergebnisse zeigen, dass die AHN [adulte hippocampale Neurogenese] sowohl während des physiologischen als auch des pathologischen Alterungsprozesses beim Menschen anhält und liefern Beweise für eine beeinträchtigte Neurogenese als möglicherweise relevanten Mechanismus, der Gedächtnisdefiziten bei der Alzheimer-Krankheit zugrunde liegt und für neue therapeutische Strategien zugänglich sein könnte."[38] Aber auch methodisch ließ diese Studie keine Fragen mehr offen, wie die Autoren in einem nachfolgenden Review belegen, eine weitere Grundvoraussetzung für den eindeutigen Nachweis einer AHN: „Wir beschreiben hier ausführlich die Methoden, die in unserem Labor zum *eindeutigen* [Hervorhebung durch den Autor] Nachweis einer Population unreifer Neuronen im menschlichen Hippocampus bis zum 10. Lebensjahrzehnt verwendet werden. Zu den Kriterien, die zur Verfeinerung und Entwicklung des aktuellen Protokolls herangezogen wurden, gehören die Beschaffung postmortaler menschlicher Proben von bemerkenswerter Qualität und unter streng kontrollierten Bedingungen für immunhistochemische (IHC) Studien, die Optimierung der Gewebeverarbeitung und histologischer Verfahren, die Festlegung von Kriterien zur zuverlässigen Validierung des Antikörpersignals und die Durchführung unvoreingenommener stereologischer Zellzählungen."[39] Dass Gewebematerial von gesunden Verstorbenen entscheidend ist, um die AHN gut nachweisen zu können, ist mittlerweile von vielen AHN-Experten anerkannt.[40] Und dass die Anzahl heranreifender Nervenzellen im Verlauf der Alzheimer-Krankheit, die ich nach ihrem Entstehungsort als hippocampale Demenz bezeichne, erwartungsgemäß drastisch abnimmt, wurde in einer weiteren unabhängigen, in Chicago durchgeführten Studie an Verstorbenen im Alter von 43 bis 87 Jahren bestätigt: Bei geistig gesunden Menschen wurden Tausende neuer Nervenzellen identifiziert, bei verstorbenen Alzheimer-Patienten jedoch umso weniger, je weiter die Demenz fortgeschritten war.[41] Laut den Autoren der zuvor zitierten spanischen Studie liefern ihre Ergebnisse „Beweise für eine beeinträchtigte Neurogenese als möglicherweise relevanten Mechanismus, der Gedächtnisdefiziten bei der Alzheimer-Krankheit zugrunde liegt und für neue therapeutische Strategien zugänglich sein könnte".[42] Dies entspricht auch meiner 2016 publizierten umfassenden Systemtheorie der Alzheimer-Entstehung, in der ich als einer der ersten Wissenschaftler weltweit eine durch artfremde (ungesunde) Lebensweise gestörte AHN als Kernproblem der Alzheimer-Demenz identifiziert habe.[43] Dieser Denkansatz liefert aber auch einen praktikablen Lösungsansatz in der Prävention. Meine Auffassung, dass eine gestörte AHN Ursache und nicht Folge der Alzheimer-Demenz sein könnte, wird mittlerweile von immer mehr Forschern geteilt. So fragen sich Gerontologen der einflussreichen *Harvard University* in Boston, USA, in einem im Jahr 2019 publizierten Kommentar zu diesen neuesten Erkenntnissen – und meiner Ansicht nach zu Recht: *Ist Alzheimer eine Neurogenese-Erkrankung?* [44]

Eine wesentliche Aufgabe dieser neu entstehenden hippocampalen Nervenzellen ist es, als Orts- und Zeitgedächtnis alle autobiographischen Gedächtnisinhalte im vierdimensionalen Raum-Zeit-Kontinuum unserer Existenz abzubilden und zu verankern. Indem sie für jede Erfahrung, jeden Gedanken und jeden unserer Pläne, Träume und Hoffnungen einen spezifischen Index anlegen, ermöglichen sie uns, Erinnerungen jederzeit gezielt abzurufen. Sie bilden damit die Grundvoraussetzung für die Entwicklung von Selbstbewusstsein, für die Fähigkeit zur Reflexion und für die kreative Planung und Visualisierung zukünftiger Aufgaben und deren Umsetzung. Diese Orts- und Zeitneuronen, die ich wegen ihrer funktionellen Kombinatorik auch als Indexneuronen bezeichnen möchte, ermöglichen uns die Unterscheidung zwischen Vergangenheit, gegenwärtigem Erleben und unseren Zukunftsplänen, die ebenfalls im Hippocampus gespeichert sind.[45] Nur so wissen wir genau, was wir tatsächlich selbst erlebt haben, was wir uns nur eingebildet haben oder was wir von anderen erfahren haben. Sie sind also instrumentell, um zwischen fremder und eigener Erfahrung zu unterscheiden und so zu einem autonomen Individuum zu werden.[46] Ohne diese funktionellen Eigenschaften der Indexneuronen käme es zu dem, was Neurologen (und mittlerweile auch KI-Forscher) als katastrophale Interferenz bezeichnen: Tagträume und echtes Erleben kollidieren und werden ununterscheidbar wahrgenommen. Bei Menschen mit Schizophrenie, die ursächlich auf einer Entwicklungs- oder Reifestörung des Hippocampus beruht, könnte dies ein wesentliches Problem ihrer Erkrankung darstellen (mehr dazu in Kap. 4 über psychiatrische Erkrankungen).[47]

Die Hauptaufgabe der adulten hippocampalen Neurogenese ist die Stärkung unseres mentalen Immunsystems durch selbstreflektierte Lebenserfahrung, ganz im Sinne der Evolution der Großmutter. Dazu gehört zunächst die lebensnotwendige Bereitschaft, Neues zu lernen. Diese Eigenschaft wird als natürliche Neugier bezeichnet und hängt eng mit der Funktion dieser neuen hippocampalen Nervenzellen zusammen, wie tierexperimentell eindeutig nachgewiesen werden konnte.[48] Diese sind „hungrig“ nach neuen Erfahrungen, ganz so, als hinge ihr Leben davon ab.[49] Das ist allerdings auch tatsächlich so, denn werden sie nicht gebraucht, weil wir nichts Neues erleben oder erfahren, „verhungern“ sie bzw. begehen eine genetisch vorprogrammierte Selbsttötung (Apoptose).[50] Damit wir unsere natürliche Neugier ausleben und uns neuen Erfahrungen nicht aus ungerechtfertigter Angst heraus verweigern, haben die neuen hippocampalen Nervenzellen die Fähigkeit, unsere psychische Belastbarkeit zu steuern. Wie das funktioniert, erklären die Neurowissenschaftler Antoine Besnard und Amar Sahay von der Harvard University in Boston, USA, in ihrem 2015 erschienenen Artikel *Adulte Hippocampale Neurogenese, Angstverallgemeinerung und Stress*: „Um Angst nur dann zu empfinden, wenn es angemessen ist, müssen wir ständig Vergleiche zwischen zuvor gemachten Erfahrungen und dem, was tatsächlich geschieht, anstellen. Ein solcher Mechanismus ist insofern anpassungsfähig, als er es einem Individuum ermöglicht, eine potentielle Bedrohung zu antizipieren, indem es relevante Hinweise in der Umgebung erkennt.“[51]

Die neuen Indexneuronen sind bestens dafür positioniert, um den anfänglichen Stressimpuls (und das damit verbundene Angstgefühl) zu bewerten, der mit jeder neuen Situation aktiviert wird. Schließlich gilt in der Natur: Vorsicht ist besser als Nachsicht, d.h. lieber mit einer Gefahr rechnen, als blindlings in Gefahr geraten. Durch die Wahrnehmung der neuen Situation und den gleichzeitigen Abgleich mit Indexneuronen in ihrer hippocampalen Umgebung, die bereits ähnliche Erfahrungen gespeichert haben (eigene oder fremde, die uns erzählt wurden), reduzieren sie nach Entwarnung den Stress- und Angstpegel. Auf diese Weise nimmt die adulte hippocampale Neurogenese entscheidend Einfluss auf unsere Fähigkeit und Bereitschaft, tatsächlich Neues zu lernen, Neues zu wagen und damit neue Erfahrungen zu machen. Diese außergewöhnliche funktionelle Kombinatorik ist eine Grundvoraussetzung für die individuelle Reifung. Als soziale Lernmaschinen, die wir aufgrund unseres mentalen Immunsystems sind, verbreiten sich vorteilhafte Innovationen, die ein Einzelner oder eine Gruppe von Menschen macht, schnell und sorgen auf gesellschaftlicher Ebene für die kulturelle Evolution unseres sozialen Immunsystems.

Die adulte hippocampale Neurogenese ermöglicht es uns, ein Leben lang sowohl von den Erfahrungen anderer – unser Hippocampus liebt Geschichten – als auch von unseren eigenen Erfahrungen, ja sogar von unseren eigenen Gedanken und Vorstellungen zu lernen. Unser autobiographisches Gedächtniszentrum ist jedoch weit mehr als ein passiver Erinnerungsspeicher, wie inzwischen klar geworden sein sollte. Der Hippocampus ist das aktive Zentrum unserer Kreativität, Individualität und unseres Selbstverständnisses und Selbstbewusstseins auf Basis der dort täglich neu entstehenden, lernbegierigen und stressregulierenden Nervenzellen. Er ermöglicht es uns aber auch, uns bewusst zu machen, wie unsere Pläne und möglichen Handlungen das Leben anderer Menschen beeinflussen, selbst wenn sie sich nicht in unserer unmittelbaren (zeitlichen oder räumlichen) Nähe befinden. Ich bezeichne diese Fähigkeit als „rationales Mitgefühl", im Gegensatz zur rein lokal hervorgerufenen und wirksamen emotionalen Empathie, die uns trotz ihrer Bedeutung im Alltag nicht immer zu guten Entscheidungen führt, da sie mögliche negative Auswirkungen auf Menschen außerhalb unseres Blickfeldes nicht berücksichtigt. Rationales Mitgefühl ermöglicht es uns, die Auswirkungen unserer Pläne auf andere Menschen, die sich nicht in unserer unmittelbaren Nähe befinden, abzuschätzen, indem wir uns bewusst in andere Menschen hineinversetzen und deren Perspektive einnehmen. Diese hippocampale Fähigkeit ist somit eine entscheidende Voraussetzung für friedliche Konfliktlösung und soziale Kompetenz.

Essentielle Funktionen des mentalen Immunsystems

Wie wir nun gesehen haben, bilden diese vielfältigen Funktionen der durch die adulte hippocampale Neurogenese neu gebildeten Indexneurone den Kern unseres mentalen Immunsystems, das meines Erachtens alle elementaren Eigenschaften umfasst, die in unserer Vorstellung einen idealen Menschen ausmachen, wie in Abbildung 8 dargestellt.

Ein funktionsfähiges mentales Immunsystem, basierend auf einer produktiven adulten hippocampalen Neurogenese, macht uns

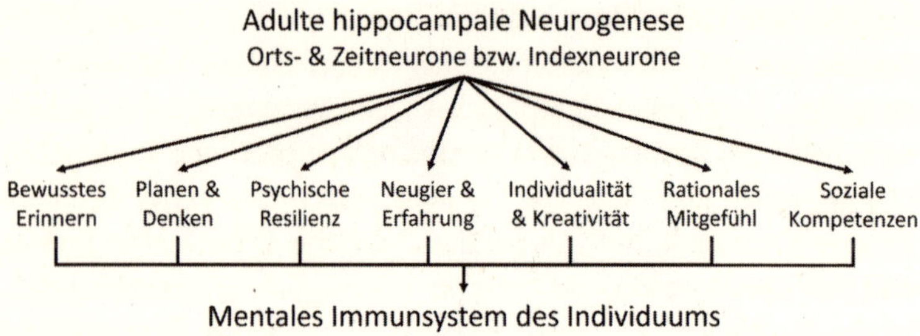

Abbildung 8

somit zu sozial kompetenten Mitgliedern unserer jeweiligen Gemeinschaften. Individualität und Kreativität jedes Einzelnen kommt dabei der ganzen Gruppe zugute. Zugleich ist das autobiographische Gedächtnis als zentraler Speicher unserer zwischenmenschlichen Erfahrungen, und damit unserer Beziehungen, auch das Zentrum unseres sozialen Gewissens.

Paradoxerweise ist das mentale Immunsystem, das uns vor den Gefahren des Lebens schützen soll, aufgrund des Umstandes, dass seine Funktion auf die lebenslange Produktion neuer Nervenzellen angewiesen ist, zugleich die am meisten gefährdete bzw. empfindlichste Struktur unseres Gehirns. Es gibt keine Gehirn- und vermutlich auch keine Körperfunktion, die mehr darunter leidet, wenn wir die Gesetze des Minimums und des Maximums ignorieren. Essentielles Lithium ist daher nicht der einzige Vitalstoff, den wir bzw. unser mentales Immunsystem benötigen. Aber wenn es an diesem mangelt, dann haben wir ein (funda)mentales Problem, das sogar schon vor unserer Geburt beginnt, wenn sich unser einzigartiges menschliches Gehirn entwickelt.

KAPITEL 2

Essentiell oder nicht essentiell – das ist die essentielle Frage

We share the same biology,
regardless of ideology.
Sting *(Russians 1985)*

Wie beweist man Essentialität?

Essentielle Spurenelemente beeinflussen eine Vielzahl von Körperfunktionen. Sie sind in ihrer Wirkung derart lebenswichtig, dass Abweichungen vom Bedarf unweigerlich zu Mangelerkrankungen führen. Dies verdeutlicht ihre Unverzichtbarkeit und rechtfertigt ihre Definition als essentielle Spurenelemente, die in geringen Mengen mit der Nahrung aufgenommen werden sollten. In einem ganze 343 Seiten umfassenden Buch *Spurenelemente in der menschlichen Ernährung und Gesundheit* der WHO aus dem Jahr 2016 finden sich unter der Rubrik „essentiell" die sechs Elemente Jod, Zink, Selen, Kupfer, Molybdän und Chrom.[1]

Zuvor wurden die beiden Elemente Kobalt und Eisen bereits als essentiell ausgewiesen. Unter der Rubrik „potentiell essentiell" werden die Spurenelemente Mangan, Silizium, Nickel, Bor und Vanadium aufgelistet. Als „potentiell toxische Elemente, einige mit möglicherweise essentiellen Funktionen" werden hingegen Fluor, Blei, Cadmium, Quecksilber, Arsen, Aluminium, Zinn und Lithium klassifiziert.

Lithium taucht hier also in derselben Kategorie auf wie tatsächlich schon in geringen Mengen hochgiftiges Blei, Cadmium, Quecksilber, Aluminium oder Arsen. Dennoch findet sich in dem ausführlichen Kapitel über Lithium der Hinweis, dass das Spurenelement aufgrund tierexperimenteller Studien als essentiell für Tiere eingestuft wurde. Auch wird im Hinblick auf die Toxizität eingeräumt, dass diese nur für Mengen gelte, die man kaum über die Nahrung zuführen könne – eine solche sei bislang auch nie dokumentiert worden, „da die Aufnahme aus Nahrungsquellen bei etwa 100 µg/Tag oder darunter liegt und in der Regel weniger als 0,1 % der therapeutischen oder potentiell toxischen Dosen ausmacht". Und nicht nur das; man kann dort sogar lesen, dass im Zuge von WHO-Recherchen – dieses vermeintlich giftige Spurenelement betreffend – ermittelt werden konnte, dass „epidemiologische Studien in den USA eine inverse Korrelation zwischen Lithium im Trinkwasser und der Sterblichkeit, insbesondere durch Herzerkrankungen [2], sowie der Einweisungsrate in psychiatrische Kliniken [3]" ergeben haben".[4] Um es auf den Punkt zu bringen: Diese Erkenntnisse legen bereits nahe, dass Lithium eine essentielle Funktion auch beim Menschen zukommt. Dennoch schließt das Kapitel über das „potentiell toxische Element" mit der atemberaubend inkonsistenten Schlussfolgerung: „Lithium kann bei Versuchstieren lebenswichtige Funktionen haben, aber es ist nicht bekannt, ob es auch für den Menschen einen Bedarf gibt." Diese Bewertung ist nicht nachvollziehbar: Warum wird es als potentiell toxisch eingestuft (was nach Paracelsus schließlich für alle Substanzen gilt, wenn man sie nur hoch genug dosiert – selbst für Wasser), wenn es nach tierexperimentellen Befunden essentiell sein könnte und beim Menschen in natürlichen Zufuhrmengen sogar gesundheitsfördernde Effekte beobachtet wurden? Wäre es da nicht viel sinnvoller gewesen, Lithium auf Grundlage der damaligen Datenlage zumindest als „potentiell essentiell" einzustufen? Ein Fehler wäre dies keineswegs gewesen, denn es gab schon genügend Hinweise, dass ein Mangel an diesem Spurenelement bei Menschen und Tieren negative Auswirkungen hat. Dies hätte den Weg dafür geebnet, dieses Wissen direkt zu nutzen und eine Substitution der breiten Bevölkerung in die Wege zu leiten – mit sofortigen positiven Auswirkungen für alle, denen dadurch plötzlich eine ausreichende Lithiumzufuhr ermöglicht worden wäre.

Der schicksalsträchtige Weg, für den man sich entschied, führt Forscher bis heute in die Irre. So geht der derzeit (Frühjahr 2025) meist zitierte Artikel über die Essentialität von Spurenelementen in der menschlichen Ernährung einen weiteren Schritt in die falsche Richtung. Es handelt sich um eine im Januar 2020 von Aliasgharpour Mehri, Mitglied der iranischen Fakultät des Referenzlabor-Forschungszentrums des Ministeriums für Gesundheit und medizinische Ausbildung, Teheran, veröffentlichte Arbeit.[5] Mehri geht weder auf die wissenschaftliche Datenlage des WHO-Berichts von 1996 ein, welche die Essentialität von Lithium zumindest andeutet, noch auf die seither in über zwei Jahrzehnten enorm angewachsene Studienlage zur essentiellen Bedeutung des Spurenelements für die geistige Entwicklung und mentale Leistungsfähigkeit sowie die psychische Stabilität unter einer höheren natürlichen Zufuhr. Auch auf die gesamte tierexperimentelle Evidenz hinsichtlich der Essentialität von Lithium wird kein Bezug mehr genommen. Stattdessen wird im Zuge der Bewertung von Lithium für den Menschen nur vor dessen Toxizität gewarnt, obwohl diese unbestrittenermaßen ausschließlich im Hochdosisbereich, also bspw. bei der Behandlung der bipolaren Störung bzw. der manisch-depressiven Erkrankung, erreicht wird. Diese pharmazeutische Anwendung unterscheidet sich jedoch in Zielsetzung und Dosierung deutlich von dem, was wir mit der Zufuhr von Spurenelementen erreichen wollen. Spurenelemente gilt es schlicht auf natürlichem – oder den natürlichen Bedingungen nachempfundenem – Weg und in Mengen einzunehmen, wie sie vom Körper auch benötigt werden.

Dabei wies schon der australische Psychiater John Cade (1912–1980), der die Hochdosis-Behandlungsmethode mit Lithium etablierte und als deren Vater gilt, obwohl er nicht tatsächlich der erste war, in die richtige Richtung, als er sich in seiner am 3. September 1949 publizierten einflussreichen klinischen Studie erstaunt über die außergewöhnliche Wirksamkeit von Lithium äußerte: „Die Wirkungen auf Patienten mit psychotischer Erregung, d.h. mit echten manischen Episoden, sind so spezifisch, dass sie unweigerlich zu Spekulationen über die mögliche ätiologische Bedeutung eines Mangels an Lithiumionen im Körper bei der Entstehung dieser Störung führen."[6] Wenn aber, wie Cade spekulierte, Lithiummangel die Ursache für die Entwicklung einer psychischen Erkrankung sein kann oder zumindest das Risiko dafür erhöht, dann folgerte er natürlich zu Recht: „Lithium könnte durchaus ein essentielles Spurenelement sein.“ Diese spekulative Schlussfolgerung von Cade wurde jedoch nicht einfach nur ignoriert. Verdächtig zeitnah mit Cades wegweisender Veröffentlichung verbot die US-Behörde für Lebens- und Arzneimittel (FDA, *Food and Drug Administration*) die Verwendung auch nur geringer Mengen von Lithium in Limonaden – in denen es, als Stimmungsaufheller vermarktet, enthalten war – unter Bezugnahme auf dessen Toxizität. Auf welch perfide Weise dieses Verbot erwirkt wurde, besprechen wir im letzten Kapitel. Doch nach diesem „Erfolg“ bestimmter Interessengruppen wurde es jedenfalls für eine ganze Weile ruhig um essentielles Lithium, während die Hochdosis-Behandlungsmethode – trotz starker dosisbedingter Nebenwirkungen – immer mehr propagiert wurde. 65 Jahre nach Cades erstem Verdacht, Lithium könnte essentiell sein, veröffentlichte Anna Fels, eine einflussreiche Psychiaterin und Fakultätsmitglied des Weill Cornell Medical College, in *The New York Times* am 13. September 2014 ihre persönliche Meinung zur Thematik.[7] Die Titelfrage *Sollten wir alle ein bisschen Lithium nehmen?*, beantwortete Fels folgendermaßen: „Lithium ist seit Jahrhunderten, wenn nicht Jahrtausenden, für seine heilende Wirkung bekannt. Lithia Springs, Georgia, zum Beispiel, mit seinem natürlichen lithiumhaltigen Wasser, scheint eine heilige Stätte der amerikanischen Ureinwohner gewesen zu sein. Im späten 19. Jahrhundert war Lithia Springs ein berühmter Kurort, der von Mark Twain und den Präsidenten Grover Cleveland, William Howard Taft, William McKinley und Theodore Roosevelt besucht wurde.“ Obwohl Fels es erstaunlich findet, „dass mikroskopisch kleine Mengen von Lithium [im Trinkwasser] eine signifikante medizinische Wirkung haben sollen, scheinen die Wissenschaftler immer mehr solcher Wirkungen zu entdecken, je mehr sie danach suchen“. In der Tat „gibt [es] immer mehr Beweise dafür, dass relativ geringe Dosen von Lithium positive Auswirkungen haben können. Sie scheinen die Selbstmordrate deutlich zu senken und können sogar die Gesundheit des Gehirns fördern und die Stimmung verbessern“, schreibt sie weiter. Fels weist auch darauf hin, dass

Wissenschaftler vorgeschlagen haben, Lithium als essentielles Spurenelement anzuerkennen. Und die Psychiaterin fragte sich damals, wie ich es heute wieder tue: „Wer weiß, welche Auswirkungen es auf unsere Gesellschaft hätte, wenn Lithium in Mikrodosen wieder Teil unserer Standardnahrung würde? Was wäre, wenn es wieder in Erfrischungsgetränken, in beliebten Vitaminpräparaten oder sogar in der Wasserversorgung enthalten wäre? Die bisherigen Forschungsergebnisse deuten stark darauf hin, dass die Selbstmordrate und vielleicht auch andere Gewalttaten zurückgehen würden. Vielleicht würde auch die Demenzrate zurückgehen. Wir wissen es nicht, weil die Forschung noch nicht abgeschlossen ist."

Obwohl die Forschung zum Thema seither weiterhin vorangetrieben worden ist, wird diese natürlich nie abgeschlossen sein. Jedes Ergebnis wird neue Fragen aufwerfen; das kenne ich aus meiner eigenen Zeit als analytisch forschender Wissenschaftler nur zu gut. Irgendwann wird es aber schwer zu ertragen, wenn Menschen unnötig an Lithiummangel oder einem defizitären mentalen Immunsystem leiden, nur weil manche nicht müde werden, immer noch nach einem weiteren Experiment zu verlangen, bevor man endlich praktisch an bereits vorhandene Ergebnisse anknüpft. „Allein schon wegen der Bedeutung der Suizidprävention für die öffentliche Gesundheit erscheint es unerlässlich", konstatiert Fels' im letzten Absatz ihres Artikels und weist damit auf den dringenden Handlungsbedarf hin, denn immerhin war im Jahr 2011 Suizid allein in den USA die zehnthäufigste Todesursache: „Die Erforschung eines einfachen Elements wie Lithium, das seit mehr als einem halben Jahrhundert als Medikament und seit Jahrtausenden als Getränk bekannt ist, mag nicht als Priorität erscheinen, sollte es aber." Seitdem sind wieder mehr als 10 Jahre vergangen, und wieder steht zu hoffen, dass die Zeit für eine Renaissance des Wissens um Lithium reif ist. Es gilt mehr denn je, die Essentialität von Lithium endgültig zu beweisen, wie ich es mit diesem Buch anstrebe. Doch zuerst gilt es zu fragen: Welche Kriterien müssen Spurenelemente üblicherweise erfüllen, um als essentiell anerkannt zu werden?

Ernährungsexperten des Wissenschaftsbereiches Chemie für Tierernährung an der Karl-Marx-Universität Leipzig haben eine

Antwort auf diese Frage erarbeitet. Unter Führung des renommierten Spurenelementexperten und Agrarwissenschaftlers Manfred Anke (1931–2010) veröffentlichten sie 1984 einen Artikel mit dem Titel „Bedeutung neuer essentieller Spurenelemente (wie Si, Ni, As, Li, V) für die Ernährung von Mensch und Tier".[8] Auf der Grundlage einer seit den 1970er Jahren stetig wachsenden Liste wissenschaftlicher Untersuchungen und Diskussionen stellten sie darin einen Kriterienkatalog für den Nachweis der Essentialität neuer Spurenelemente auf. Danach ist die Essentialität erfüllt, wenn folgende Bedingungen gleichermaßen erfüllt sind:

1. Ein Mangel führt zu Wachstumsstörungen, verminderter Reproduktionsleistung und verkürzter Lebenserwartung.
2. Das Spurenelement ist Bestandteil oder Regulator einer essentiellen Körpersubstanz (d.h. eines Targets).
3. Ein Mangel führt zu pathologischen Veränderungen. Entsprechende Ergebnisse müssen in mindestens drei verschiedenen Experimenten an unterschiedlichen Spezies reproduziert werden.
4. Die Mangelsymptome verschwinden nach Supplementierung des Elements (Intervention zur Behebung des Mangels).
5. Die Symptome treten erneut auf, sobald die Tiere das Spurenelement nicht mehr aufnehmen (Auslassversuch).

Die Argumente für Lithium als essentielles Spurenelement, die ich in diesem Buch vorstelle, zeigen in Summe, dass alle diese Kriterien erfüllt sind – das Spektrum guter Argumente geht aber sogar noch weit über diese Minimalkriterien hinaus. So führe ich auch ein Krankheitssyndrom ein, das durch Lithiummangel entsteht, und werde zusätzlich zu den Kriterien einen evolutionsgeschichtlichen Nachweis des hohen Konservierungsgrades der Wechselwirkung von Lithium mit seinen Lithium-Targets erbringen. Dieser Nachweis zielt darauf ab, Lithium einerseits in der Entstehung des Lebens selbst angemessen zu verorten und er wird uns darüber hinaus erlauben, die Essentialität nicht nur beim Menschen, sondern – wie von den Leipziger Ernährungsexperten gefordert – auch an anderen Spezies auf Grundlage von Tiermodellen aufzuzeigen.

Aus dem bisher gewonnenen Verständnis der Grundgesetze des Lebens und der für das Leben und eine gesunde Homöostase notwendigen biologischen Prozesse sowie auf Basis der Vorgaben der Leipziger Ernährungsexperten ergeben sich folgende Kernargumente für die Essentialität von Lithium als Spurenelement:

Argument 1: Durch einen Lithiummangel bedingte neuropsychiatrische Entwicklungsstörungen und Krankheiten lassen sich als Mentales Immundefizienz-Syndrom beschreiben.
Argument 2: Fehlregulation zellbiologischer Schlüsselregulatoren unter Lithiummangel erklärt die klinische Symptomatik des Mentalen Immundefizienz-Syndroms.
Argument 3: Die Lithiumverteilung wird selektiv reguliert, um trotz der natürlichen Schwankungen des Umsatzes durch die Ernährung eine relativ stabile Konzentration in den wichtigsten Organen, insbesondere im neurobiologischen Zentrum des mentalen Immunsystems, aufrechtzuerhalten.
Argument 4: Die Lithium-Targets sowie deren Regulation durch Lithium sind in allen Organismenreichen von Bakterien, Pilzen und Pflanzen bis hin zum Menschen nachweisbar und damit evolutionär hochkonserviert.
Argument 5: Ein Mangel an Lithium wirkt bei Tier und Mensch lebensverkürzend, und ein gravierender Mangel an Lithium ist mit dem Leben nicht vereinbar. Umgekehrt ist eine Verlängerung der Lebenszeit durch das Beheben eines Lithiummangels für mehrere Spezies, auch für den Menschen, nachgewiesen.
Argument 6: Lithium war in der für die Evolution des Menschen entscheidenden Phase in physiologisch relevanter Menge in der Nahrung vorhanden.

Im Folgenden werden diese sechs Argumente detailliert und gleichzeitig so verständlich wie möglich dargestellt, damit Fachleute nachvollziehen und interessierte Laien verstehen können, warum Lithium unverzichtbar ist – ohne es einfach glauben zu müssen. Auch wenn jedes einzelne Argument für sich genommen ausreichen sollte, um die Bedeutung von Lithium zu belegen, ist das Ganze bekanntlich mehr als die Summe seiner Teile. Meine Absicht war aber auch, Ihnen einen tieferen Einblick in die Molekularbiologie des Lebens zu liefern, das mit Lithium begann. Aber beginnen wir mit der Bedeutung von Lithium als essentielles Spurenelement für das mentale Immunsystem, das unser Menschsein am intensivsten prägt – und zugleich am stärksten unter einem Lithiummangel leidet.

ARGUMENT 1: Entwicklungsstörungen und Krankheiten: Das Mentale Immundefizienz-Syndrom durch Lithiummangel

Epidemiologie des Mentalen Immundefizienz-Syndroms (MIDS)
Wie schon im ersten Kapitel erläutert, ist das mentale Immunsystem, das uns als Individuum, aber auch als Gruppe unempfindlicher gegen äußere Störungen und Gefahren macht, zugleich die vielleicht störanfälligste und gefährdetste Funktion unseres Gehirns, weil es auf der hochsensiblen Produktion neuer Nervenzellen beruht. Das wird leicht verständlich, wenn wir uns die rhetorische Frage stellen, welche Pflanze bei Wassermangel mehr leidet: der junge Keimling oder der bereits ausgewachsene Baum? Wie kaum eine andere Hirnfunktion unterliegt die adulte hippocampale Neurogenese dem Gesetz von Maximum und Minimum: Ein Zuviel an Toxinen, Disstress sowie Reizüberflutung hemmt die Neuproduktion von Nervenzellen ebenso wie ein Zuwenig an essentiellen Vitalstoffen oder anderen Aspekten einer artgerechten Lebensweise; in meinem Buch *Das erschöpfte Gehirn* gehe ich ausführlich darauf ein.[9] Insbesondere ein Mangel an essentiellem Lithium führt, wie wir noch sehen werden, zu einem breiten Spektrum hippocampaler Entwicklungs- und Funktionsstörungen, die wiederum in all ihren unterschiedlichen Ausprägungen – von Autismus bis zur Alzheimer-Demenz – die Entwicklung und Funktion des mentalen Immunsystems beeinträchtigen.

Eine Vielzahl epidemiologischer Studien lieferten erste konkrete Hinweise auf die essentielle Bedeutung des Spurenelements Lithium für unsere mentale und psychische Fitness. Epidemiologie, zusammengesetzt aus den altgriechischen Wörtern *epidēmios* für „was über das Volk kommt" und *lógos* für „Wort" bzw. „Lehre", beschäftigt sich mit der Ursachenforschung von Volkskrankheiten. Was über ein Volk kommen kann, wenn es seine angestammte Heimat verlässt oder seine Ernährungsgewohnheiten ändert, ist ein Mangel an Lithium, dessen Auswirkungen mittels epidemiologischer Forschung ermittelt werden kann. Lithium wurde, ähnlich wie Jod oder Selen, über teils Jahrmilliarden aus den Böden herausgewaschen und ins Meer gespült. Es kommt daher nur in höheren Bodenkonzentrationen in meist jüngeren Regionen vor, die in der Regel vulkanischen Ursprungs sind (dazu mehr in Kap. 3). Aufgrund der dadurch oft geringen Lithiumzufuhr über die Nahrung stellt lithiumhaltiges Trink- und Leitungswasser, insbesondere aus Tiefenquellen in vulkanischen Regionen, für die meisten Menschen die wesentliche Lithiumquelle dar. Die regional oft sehr unterschiedlichen Lithiumkonzentrationen im Leitungs- bzw. lokalen Trinkwasser ermöglichen daher epidemiologische Untersuchungen zum Einfluss selbst geringer Mengen – im Mikrogrammbereich pro Liter (µg/l, das ist ein Millionstel Gramm pro Liter) – natürlich vorkommenden Lithiums auf die körperliche und vor allem auf die psychische und mentale Gesundheit der Bevölkerung.

Neuropsychiatrische Entwicklungsstörungen

Im Jahr 1970 wurde eine erste epidemiologische Studie in den USA durchgeführt mit dem Ziel, John Cades Vermutung, dass Lithiummangel zu psychiatrischen Entwicklungsstörungen führt, zu testen. Die Epidemiologen fanden heraus, dass „die Häufigkeit der Erstaufnahme von Patienten und die Prävalenz von Wiederaufnahmen sowie die Diagnose von Psychosen, Neurosen und Persönlichkeitsstörungen in staatlichen psychiatrischen Kliniken umgekehrt proportional waren zum Lithiumgehalt des Trinkwassers".[10] Auch wenn diese Studie nach Aussage der Wissenschaftler die Theorie von Cade, dass es sich bei Lithium um ein essentielles Element handeln könnte, weder bestätigt noch widerlegt, so „liefert sie jedoch überzeugende Beweise dafür, dass natürlich vorkommendes Lithium einen messbaren und statistisch signifikanten Einfluss auf die Häufigkeit hat, mit der Patienten in diesem Bundesstaat in psychiatrische Kliniken eingewiesen werden, sowie auf bestimmte diagnostische Kategorien psychischer Erkrankungen". Eine weitere Studie aus dem Jahr 1972 bestätigte den signifikanten Zusammenhang zwischen Lithiummangel im Trinkwasser und den wichtigsten Formen psychischer Erkrankungen, die zu dieser Zeit vom *Texas Department of Mental Health and Mental Disability* diagnostiziert, aufgezeichnet und gemeldet wurden, wie Schizophrenie, Psychosen, Neurosen und Persönlichkeitsstörungen.[11] Die Ergebnisse waren vergleichbar mit einer Studie aus North Carolina, die im selben Jahr publiziert wurde.[12] Aufgrund weiterer solcher Studien schlugen die Autoren einer im Jahr 2017 in *Schizophrenia Research* veröffentlichten japanische Studie vor, dass aufgrund des beobachteten inversen Zusammenhangs zwischen dem Lithiumgehalt im Leitungswasser und psychotischen Erfahrungen bei Jugendlichen, die Gabe von Lithium möglicherweise eine vorbeugende bzw. präventive Wirkung gegen solche Erkrankungen haben könnte.[13]

Eine im Jahr 2020 publizierte systematische Meta-Analyse, die insgesamt etwa 113 Millionen Personen umfasste, fand einen eindeutigen Zusammenhang zwischen Lithium im Trinkwasser und neuropsychiatrischen Erkrankungen: Höhere Lithiumkonzentrationen im Trinkwasser konnten insbesondere mit signifikant weniger psychiatrischen Krankenhauseinweisungen in Verbindung gebracht werden – und, wie schon bei der soeben genannten texanischen Studie, korrelierte dieser positive Effekt hinsichtlich der Entwicklung des mentalen Immunsystems erwartungsgemäß auch mit niedrigeren Selbsttötungsraten.[14] Das mentale Immunsystem, das uns vor den Gefahren des Lebens schützen soll, scheint unter Lithiummangel seine Aufgabe nicht nur weniger effektiv erfüllen zu können; psychische Widerstandskraft und der Selbstschutz, die durch ein gesundes mentales Immunsystem gewährleistet werden, können ihre Funktion vollständig verlieren: Betroffene werden infolgedessen für sich selbst zur Lebensgefahr.

Suizidrate

Selbsttötung ist zwar ein komplexes und multifaktorielles Phänomen, aber keine psychische Krankheit an sich. Dennoch zählt das

Vorliegen einer psychischen Entwicklungs- und Funktionsstörung mit abnormaler Stimmungslage zu einem der Hauptrisikofaktoren für Suizid; diese Gefahr ist etwa 20- bis 40-mal höher als bei Menschen mit einer eher ausgeglichenen Stimmungslage.[15] Ein Mangel an Lithium kann beides: zu einer psychischen Entwicklungs- und Funktionsstörung beitragen und auch unabhängig davon zu einem solchen lebensgefährlichen Ungleichgewicht in der Stimmungslage führen. Eine im Jahr 2011 publizierte österreichische Leitungswasser-Studie lieferte nach Angabe der Autoren „schlüssige Beweise" dafür, dass „eine Erhöhung der Lithiumkonzentration im Trinkwasser um nur 0,01 mg/l [d.h. 10 µg/l] mit einer Verringerung der SMR [standardisierte Mortalitätsrate; das Verhältnis der beobachteten Todesfälle in der Studiengruppe zu den erwarteten Todesfällen in der Allgemeinbevölkerung] für Suizid um 7,2 % verbunden ist".[16] Das ist unfassbar wenig (mehr zum Lithiumbedarf in Kap. 3) und zugleich absolut erstaunlich, wenn man bedenkt, dass bspw. die Suizidhotline vielerorts prominent beworben wird und beinahe jeden Artikel zu psychischen Problemen ein entsprechender Disclaimer mit Kontaktmöglichkeiten zu Seelsorgestellen ziert – und doch an keiner Stelle darauf hingewiesen wird, wie einfach die Rate an Selbstmorden durch ein Spurenelement verringert werden könnte. Besonders pikant: Es gibt längst zahlreiche Studien, die ähnliche Ergebnisse zutage gefördert haben. So konnte eine im Jahr 2020 veröffentlichte systematische Überprüfung und Meta-Analyse vorangegangener Suizid-Studien bestätigen, dass Lithium im Trinkwasser dosisabhängig mit einer geringeren Selbsttötungswahrscheinlichkeit verbunden ist.[17] Eine weitere Metastudie aus dem Jahr 2021 mit dem Titel *Konsistente Befunde weltweit: mehr Lithium im Trinkwasser, weniger Suizide* analysierte bspw. 15 vorangegangene epidemiologische Studien und kam zu dem Ergebnis, dass die „Assoziation zwischen einem höheren natürlichen Gehalt von Lithium im Trinkwasser und einer niedrigeren regionalen Suizidsterblichkeit als gesichert gelten kann".[18] Dabei ist zu beachten: „Gesichert" bedeutet, dass es keinen Zweifel mehr gibt, dass eine unzureichende Lithiumzufuhr für die Entwicklung psychischer Probleme oder Schwierigkeiten bei der Problemlösung mitverantwortlich ist.

Während epidemiologische Studien eine schützende Wirkung von Lithium-Mikrodosen im Trinkwasser gegen Suizid mit statistischer Methodik aufgezeigt haben, war der Zusammenhang zwischen dem Lithiumspiegel im Körper und Suizid auf individueller Ebene bis vor kurzem noch nicht bekannt. In einer japanischen Studie wurde die Lithiumkonzentration im Liquor (Gehirnflüssigkeit) von 12 Suizidopfern und 16 Nicht-Suizidopfern gemessen, die zwischen März 2018 und Juni 2021 in der Gerichtsmedizin von Tokyo obduziert wurden. Die Lithiumkonzentration war bei den Suizidopfern mit durchschnittlich 0,50 µg/l etwa um den Faktor 2 niedriger als bei den Nicht-Suizidopfern, die einen Durchschnittswert von etwa 0,92 µg/l aufwiesen. „Zusammenfassend kann man sagen", so die Autoren, „dass Lithium auch in Mikrodosen eine wichtige Rolle bei der Suizidalität spielt."[19]

Wer also das Glück hat, in einer Region zu leben, in der das Leitungswasser eine zufällig höhere Lithiumkonzentration aufweist, hat ein deutlich messbar geringeres Suizidrisiko – und generell bessere Voraussetzungen, psychisch stabil zu sein. Was hindert die für die Gesundheitsfürsorge verantwortlichen Behörden also daran, Lithium in offensichtlich essentiellen Mengen für die mentale und psychische Gesundheitsvorsorge der gesamten Gesellschaft und nicht zuletzt zur Suizidprävention einzusetzen? Eine elementare Frage, die ich versuche im letzten Kapitel zu beantworten – und die Antwort könnte uns nicht gefallen. Richtungsweisend möchte ich aber hier schon erwähnen, dass immer wieder recht wenig aussagekräftige Studien herangezogen werden, um mit deren Ergebnissen dieser wichtigen Frage auszuweichen. So wird bspw. auf eine Studie hingewiesen, die *keine Korrelation* zwischen dem Lithiumgehalt im Leitungswasser und einer verringerten Suizidwahrscheinlichkeit gefunden hat.[20] Bezeichnenderweise ist die Arbeit mit der Suggestivfrage betitelt: *Ist es zu früh, Lithium ins Trinkwasser zu geben?* Allerdings war, wie die Autoren dieser „Ausnahme-von-der-Regel-Studie" selbst anmerken, der mittlere Lithiumgehalt im Leitungswasser mit nur 3,72 µg/l zum einen extrem niedrig und zum anderen wiesen die verschiedenen Lithiumkonzentrationen nur sehr geringe regionale Schwankungen auf. Beide Einschränkungen lassen im Vergleich zu anderen internationalen Studien, in denen eindeutig antisuizidale Effekte gemessen wurden, keine aussagekräftige epidemiologische Berechnung zu. Warum also wird der vielfach gesicherte Zusammenhang zwischen signifikant reduzierter Suizidrate bei entsprechend signifikant erhöhter Lithiumkonzentration im Trinkwasser mit diesem nicht aussagekräftigen Ergebnis schon im Titel in Frage gestellt? Das ist zumindest fragwürdig, wenn nicht gar unverständlich, zumal diese Frage mit dieser Studie natürlich nicht beantwortet wird und auch nicht beantwortet werden kann. Vielmehr liefert diese Studie – im nicht mehr zu leugnenden Gesamtzusammenhang – den m.E. wichtigen Hinweis, dass es eine untere Schwelle für die gesundheitliche Wirkung von Lithium gibt, die überschritten werden muss, um einen klinischen Effekt beobachten zu können (dazu mehr in Kap. 3, wenn wir versuchen, den natürlichen Bedarf an Lithium zu berechnen). Dieses Teilergebnis spricht also keineswegs gegen, sondern sogar für die Zugabe von ausreichend Lithium zum Leitungswasser.

Advocatus Diaboli – Ursache für weniger Suizide oder Folge einer Suizidprävention? Wissenschaftler der Universität Heidelberg untersuchten die Daten der zuvor genannten österreichischen Studie. Sie bestätigten, dass Lithium im Trinkwasser „ein signifikanter Faktor für das geografische Muster der Suizidsterblichkeit" darstellte.[21] Sie nahmen sich aber der These an, dass es eine andere kausale Erklärung für die geringere Suizidrate geben könnte, wenn „die Verteilung von Lithium im Trinkwasser nicht nur auf natürliche Quellen, sondern auch auf verschriebenes Lithium zurückzuführen ist". Der Hintergrund ist, dass Lithium seit über 60 Jahren in der Medizin als Stimmungsstabilisator und – aber eben in sehr hohen Dosen – zur Suizidprävention eingesetzt wird. Dies könnte, so die Annahme, bedeuten, dass „das geografische Muster der Selbsttötungsraten nicht durch natürliche [niedrigdosierte] Lithiumeffekte, sondern durch das geografische Muster der [hochdosierten] Verschreibungspraxis bestimmt" sei. Die These lautet also, dass uns nicht das

Glück, mehr Lithium im Leitungswasser zu haben, vor Suizid schützt, sondern nur das Glück, dort zu leben, wo Ärzte viel Lithium verschreiben, was dazu führt, dass durch die Ausscheidung dieser Patienten mehr Lithium im aufbereiteten Leitungswasser zu finden ist. Die Kausalität wäre also die hohe Verschreibungsrate und nicht der natürliche Lithiumgehalt im Trinkwasser. Daraufhin wurde der Zusammenhang zwischen natürlichem Lithium im Trinkwasser, verschriebenen lithiumhaltigen Arzneimitteln und der Suizidrate in Österreich nochmals eingehend untersucht; das Ergebnis war eindeutig: „Die [statistischen] Modellrechnungen zeigen keinen Zusammenhang zwischen Lithium aus verschreibungspflichtigen Medikamenten, von dem angenommen wird, dass es sich im Trinkwasser anreichert […] und der Suizidrate."[22] Die natürlichen Lithiumgehalte im Trinkwasser liefern somit weiterhin eine Erklärung für die räumliche Verteilung der Suizidmortalität in Österreich, wobei höhere Werte mit einem geringeren Risiko einhergehen.

Aber wie genau kann Lithium etwas verhindern, das so multifaktoriell bedingt ist wie der Suizid? Die Antwort liegt in der Fähigkeit von Lithium, über seine Targets direkt und indirekt die adulte hippocampale Neurogenese zu aktivieren (siehe Kap. 4, Zusatzinfo: *Wie Lithiummangel zum Suizid führt*). Dadurch stärkt und stabilisiert es eine wesentliche Funktion des mentalen Immunsystems: unsere psychische Resilienz. Diese ist eine Grundvoraussetzung, um negative Erfahrungen bis hin zu bspw. schweren Schicksalsschlägen verarbeiten zu können, ohne eine klinische Depression zu entwickeln. Indirekt hemmt es eine hirnschädigende Neuroinflammation, wie sie durch extremen psychischen Stress ausgelöst werden kann. Derartige Entzündungsprozesse im Gehirn sind die Hauptursache für den neuropathologischen Teufelskreis einer depressiven Erkrankung (diese Zusammenhänge werden noch im Detail in Kap. 4 dargestellt). Erwartungsgemäß liefern zwei unabhängig voneinander durchgeführte japanische Studien weitere Hinweise für einen derartigen Zusammenhang: Höhere Lithium-Konzentrationen im

Trinkwasser reduzieren signifikant das Auftreten depressiver Stimmungswerte, so das einhellige Ergebnis.[23] Umgekehrt erklärt dies aber auch die erhöhte Suizidwahrscheinlichkeit bei Lithiummangel, denn dieser fatalen Entscheidung geht in der Regel eine schwere Depression oder eine bipolare bzw. manisch-depressive Störung voraus. Für beide psychischen Störungen gilt: Ihre Prävalenz (die Gesamtzahl der Erkrankungsfälle in einer Bevölkerungsgruppe in einem bestimmten Zeitraum) war in den lithiumreichen Wasserversorgungsgebieten der USA signifikant niedriger, wie eine große Studie anhand erhobener roher Prävalenzraten nachweisen konnte.[24]

Antisoziales Verhalten

Je höher der Lithiumgehalt im Leitungswasser, desto weniger kam es zu zwischenmenschlicher Gewalt bei Jugendlichen, war das Ergebnis einer großen japanischen Studie, die im Jahr 2017 veröffentlicht wurde. Die Autoren schließen daraus, dass Lithium nicht nur antidepressive, sondern auch „antiaggressive Wirkungen haben könnte".[25] Doch auch diese Erkenntnis war nicht wirklich neu; bereits in den 1990er Jahren konnte der bedeutende deutsche Lithiumforscher und damalige Direktor des *Biological Trace Element Research Institute* in San Diego, Kalifornien, Gerhard N. Schrauzer (1932–2014) zusammen mit Kollegen einen inversen Zusammenhang zwischen Lithium im Trinkwasser und der Häufigkeit von Straftaten wie Raub, Einbruch, Diebstahl und Besitz illegaler Drogen nachweisen, indem sie Daten für 27 texanische Wasserversorgungsgebiete aus den Jahren 1978-1987 auswerteten.[26] Auch die Häufigkeit von Mord, Selbstmord, Vergewaltigung und Gesamtkriminalität war, wie die Forscher zeigen konnten, in Wasserversorgungsgebieten mit wenig oder keinem Lithium im Trinkwasser (Mittelwert 5 µg/l) statistisch signifikant höher als in Wasserversorgungsgebieten mit höheren Lithiumgehalten im Trinkwasser (Mittelwert 123 µg/l). Interessant in dem Zusammenhang, dass Gerhard Schrauzer und Kollegen herausfanden, dass „der Lithiumgehalt im Haar [das als Lithiumgedächtnis fungiert, mehr dazu in Kap. 3, Zusatzinfo: *Das Lithiumlangzeitgedächtnis – (leider) eine haarige Angelegenheit.*] bei bestimmten pathologischen Zuständen niedrig ist, z.B. bei Herzerkrankungen, bei Menschen mit Lernbehinderungen und [eben auch] bei inhaftierten Gewalttätern".[27] Schrauzer und Kollegen schlussfolgerten aus der Fülle dieser Erkenntnisse, dass eine „Lithifizierung [Zugabe von Lithium zu] der kommunalen Trinkwasserversorgung ein simples, sicheres und kostengünstiges Mittel wäre, um Gewaltverbrechen, Selbsttötung und Drogenkonsum zu reduzieren."[28] Zum abermaligen Erstaunen wurde nichts dergleichen ernsthaft erwogen – trotz vieler weiterer Studien, die Jahr für Jahr immer wieder auf denselben Zusammenhang hinwiesen. So bewiesen Wissenschaftler auch in Griechenland eine inverse Korrelation zwischen der Lithium-Konzentration im Trinkwasser und der Häufigkeit von Tötungsdelikten.[29] „In Anbetracht der Ergebnisse unserer früheren Studie[[30]], die ebenfalls einen umgekehrten Zusammenhang zwischen dem Lithiumgehalt im Trinkwasser und der Häufigkeit von Selbsttötung, Mord, Vergewaltigung und Drogenmissbrauch aufzeigte", vermuteten die Forscher, „dass die natürliche Lithiumzufuhr die Impulsivität beeinflussen könnte, also einen Faktor, der bei der Manifestation von Suizidalität und Aggressivität eine Rolle spielt." Zu einem ähnlichen Ergebnis kamen *japanische* Forscher im Jahr 2020, als sie auf der Insel Kyushu den Lithiumgehalt des örtlichen Trinkwassers mit der jeweiligen Kriminalitätsrate in 274 Gemeinden verglichen. Auch sie waren erstaunt, wie bereits sehr geringe Lithiumkonzentrationen im Trinkwasser zu einer signifikanten Senkung der Kriminalitätsrate in der Bevölkerung führten.[31]

Lithiummangel ist somit nicht nur ein ursächliches Hindernis für die individuelle Entwicklung des mentalen Immunsystems, sondern wird damit auch zu einem gesellschaftlichen Problem für das soziale Immunsystem. Zu diesem Schluss kommt Timothy M. Marshall, Neurologe und Professor für Chemie und Pharmakologie in *Tucson, Arizona*, in seiner 2015 erschienenen Übersichtsarbeit *Lithium als Nahrungsmittel*: „Menschen, die zu wenig Lithium zu sich nehmen, sind schlechter gelaunt, leichter erregbar und aggressiver, was sich in Gebieten mit niedrigem Lithiumgehalt in der Wasserversorgung in erhöhten Selbsttötung-, Mord- und Gewaltraten niederschlägt."[32] Marshall geht nach Auswertung der damals vorliegenden Studienlage noch einen Schritt weiter: „Eine optimale Zufuhr von

Lithium über die Nahrung kann vielen neurologischen und psychiatrischen Erkrankungen vorbeugen oder sie lindern, da es den Stoffwechsel des Nervensystems beeinflusst und allgemein entzündungshemmend und antioxidativ wirkt. Medikamente überdecken oft die Symptome, ohne die zugrunde liegenden Probleme zu beheben. Eine Nahrungsergänzung ist sicher – mit weitreichenden neurologischen Vorteilen – und sollte der allgemeinen Gesundheit zugutekommen."
Zur allgemeinen Gesundheit gehört m.E. auch, dass man sich in seinem sozialen Umfeld sicher fühlt. Menschen, die (aufgrund eines Lithiummangels) zu Aggressivität und Gewalt neigen, tragen sicher nicht dazu bei, im Gegenteil.

Depression und Alzheimer-Demenz

Lithiummangel führt also, wie wir gesehen haben, zu vielen neuropsychiatrischen Entwicklungsstörungen, die wiederum mit erhöhten Depressionsraten und sogar suizidalen Tendenzen einhergehen. Eine Depression ist Hinweis auf eine gestörte Stressregulation aufgrund einer mangelhaften adulten hippocampalen Neurogenese und somit einer reduzierten psychischen Resilienz. Die daraus resultierende hohe Ausschüttung neurotoxischer Stresshormone (s. Kap. 4) reduziert die Funktion des Hippocampus und damit des mentalen Immunsystems weiter. Ein Teufelskreis, auf den wir in Kapitel 4 noch näher eingehen werden. Diese Zusammenhänge habe ich bereits in einer im Jahr 2016 veröffentlichten wissenschaftlichen Arbeit mit dem Titel *Einheitliche Theorie der Alzheimer-Krankheit (UTAD [Unified Theory of Alzheimer's Disease]): Implikationen für Prävention und kurative Therapie* dargestellt.[33] Auch in meinem Buch *Alzheimer ist heilbar: Rechtzeitig zurück in ein gesundes Leben*[34], das schon ein Jahr zuvor erschien, habe ich neben vielen ursächlichen Lebensstilfaktoren auf die Bedeutung von mikrodosiertem (essentiellem) Lithium in der Prävention und Therapie der Alzheimer-Demenz hingewiesen. Zwei Jahre später, im Jahr 2017, wurde im Rahmen einer dänischen Studie mit 73.731 Demenzpatienten und 733.653 Kontrollpersonen bestätigt, dass die Demenzdiagnose mit einer geringeren Lithiumzufuhr in Beziehung stand.[35] Ein Zusammenhang wurde nicht nur für Demenz im Allgemeinen, sondern auch speziell für die Alzheimer-Krankheit, die aufgrund ihres neuronalen Ursprungs im Gehirn auch als hippocampale Demenz bezeichnet werden kann, und die vaskuläre Demenz, die von den Blutgefäßen ausgeht (von lat. *vas sanguineum*, das Blutgefäß), festgestellt. Nach einer großen prospektiven (vorausschauenden) US-amerikanischen Studie zur Demenzentwicklung gehen depressive Symptome im späten Leben einem Gedächtnisverlust voraus; umgekehrt ist dies aber nicht der Fall, wie die UTAD korrekt voraussagt.[36] Darüber hinaus sagten höhere Werte bei den Depressionsmessungen einen stärkeren kognitiven Verfall voraus, selbst bei Personen, deren Kognition zu Studienbeginn nicht pathologisch verändert war – all das unabhängig von Alter, Geschlecht, Bildung und Krankheitslast, einschließlich Gefäßerkrankungen. Diese Beobachtung steht im Einklang mit den Ergebnissen früherer Studien, die zeigten, dass eine Komorbidität mit Depressionen mit einem größeren Ausmaß und Fortschreiten der Alzheimer-Pathologie verbunden ist.[37] Depressionen, auch wenn sie im Rahmen einer bipolaren Störung auftreten, erhöhen somit das Risiko, an einer Alzheimer-Demenz zu erkranken. Eine Erhöhung des Risikos, aufgrund eines Lithiummangels eine Depression zu entwickeln, bedingt somit auch ein erhöhtes Risiko, an einer Alzheimer-Demenz zu erkranken.

Mentales Immundefizienz-Syndrom (MIDS) – ein Lithiummangel-Syndrom

Lithium wäre nicht das erste essentielle Spurenelement, für das ein mangelbedingtes Krankheitssyndrom beschrieben und anerkannt würde. Beispielsweise wird Selenmangel für die in China endemische Keshan-Krankheit, eine Form der Herzerkrankung, verantwortlich gemacht.[38] Eisenmangel führt zum Krankheitsbild der hypochromen (Mangel an eisenabhängigem Blutfarbstoff), mikrozytären (kleine rote Blutkörperchen aufgrund erhöhter Produktionsrate zum Ausgleich des Sauerstoffmangels) Anämie (Blutarmut).[39] Das Jodmangelsyndrom umfasst auch ein breites Kontinuum geistiger Behinderungen bis hin zum Kretinismus, einer irreversiblen Hirnschädigung bzw. massiven Gehirnentwicklungsstörung.[40]

Bereits geringe Konzentrationsunterschiede von Lithium im Trinkwasser im Bereich von nur wenigen µg/l haben, wie wir sehen konnten, einen erheblichen Einfluss auf die Leistungsfähigkeit des mentalen Immunsystems, was auf ein massives Defizit hinweist (bei einer guten Grundversorgung wären diese geringen Schwankungen in der Zufuhr über das Trinkwasser unerheblich, dazu mehr in Kap. 3). Menschen mit einer derart unzureichenden Lithiumversorgung neigen zu erhöhter Unruhe, Stimmungsschwankungen, erhöhtem Drogenkonsum und Depressionen, aber auch zu pathologischer Aggressivität mit verminderter Impulskontrolle, sowohl gegen sich selbst (ersichtlich durch erhöhte Suizidraten) als auch gegen andere, mit einer messbar erhöhten Rate an Gewaltverbrechen, Vergewaltigungen und Tötungsdelikten. Zudem korreliert Lithiummangel in frühester Kindheit eng mit der Entwicklung einer Schizophrenie, von Psychosen, Neurosen und Persönlichkeitsstörungen, was mit einer erhöhten Einweisungsrate in psychiatrische Kliniken einhergeht. Unter Lithiummangel treffen wir schlechtere (Lebens-)Entscheidungen, weil unser mentales Immunsystem nur suboptimal funktioniert. Auch die bipolare Störung, ebenfalls eine Störung des mentalen Immunsystems, geht typischerweise mit einer Beeinträchtigung der Entscheidungsfindung einher, die sich jedoch unter Lithiumzufuhr verbessert.[41] Lithiummangel trägt langfristig zur Entwicklung neurodegenerativer Erkrankungen wie Alzheimer, Parkinson und Amyotrophe Lateralsklerose bei (mehr dazu in Kap. 4), die der „Evolution der Großmutter" eindeutig zuwiderlaufen und sich somit als alles andere als natürliche Konsequenzen des Älterwerdens entlarven.

Wenn für die Entwicklung und den Erhalt eines funktionsfähigen mentalen Immunsystems bis ins hohe Alter offensichtlich Mikromengen an Lithium benötigt werden, stellt sich im Umkehrschluss daher die Frage, weshalb bisher noch kein Lithiummangelsyndrom definiert wurde, das diese Problematik beschreibt. Dies irritiert auch Gerald Martone vom *Alaska Psychiatric Institute, Anchorage*, Alaska, USA. Er schreibt einleitend in seinem im Jahr 2017 wissenschaftlich publizierten Mini-Review zur Nahrungsergänzung mit Lithium: „Es gibt viele Mineralstoffe, die für den menschlichen Körper lebenswichtig sind. Gibt es auch lebenswichtige Elemente, die für die optimale Funktion des menschlichen Gehirns notwendig sind? Gehört Lithium zu diesen für das zentrale Nervensystem wichtigen Mineralien?"[42] James M. Greenblatt, leitender medizinischer Direktor von *Walden Behavioral Care in Waltham*, Massachusetts, und Ernährungsexpertin Kayla Grossmann geben in dem im Jahr 2016 erschienenen Buch *Nutritional Lithium* eine klare Antwort auf diese Frage. Für sie „zeigt die verfügbare wissenschaftliche Literatur die überragende Bedeutung von Lithium für die Hirngesundheit und mentale Erkrankungen" und daher sei „Lithium ein essentieller Nährstoff".[43] Allerdings ebenso mit der Einschränkung, dass es bislang „kein offiziell benanntes Mangelsyndrom" gibt. Dieses folgenschwere Versäumnis gilt es jetzt zu beheben: Gehirngesundheit ist so untrennbar mit Lithium als Spurenelement verbunden, dass ein entsprechendes Mangelsyndrom leicht zu definieren ist. Insofern schlage ich angesichts der sehr spezifischen Liste neuropsychiatrischer Entwicklungsstörungen und Erkrankungen, welche alle die Funktionalität unseres mentalen Immunsystems beeinträchtigen, das *Mentale Immundefizienz-Syndrom* als Sammelbegriff für die mentalen, psychischen und seelischen Auswirkungen eines chronischen Lithiummangels vor (siehe Abb. 9).

Neben den Mangelerscheinungen bzw. Erkrankungen, die unmittelbar das Individuum betreffen, erstrecken sich die Auswirkungen dieses Syndroms auch deutlich bis in den sozialen Bereich und sind somit von besonderer gesamtgesellschaftlicher Relevanz. Schließlich entsteht das soziale Immunsystem aus dem Zusammenwirken aller einzelnen mentalen Immunsysteme. Aber es ist mehr als die Summe dieser einzelnen Immunsysteme, denn es entstehen neue Eigenschaften und Fähigkeiten, über die seine einzelnen Mitglieder nicht verfügen. Besteht eine Gesellschaft aufgrund eines massiven Lithiummangels überwiegend aus Individuen mit dysfunktionalen mentalen Immunsystemen, d.h. mit defizitärem System-2-Denken, mangelnder Neugier und psychischer Resilienz bzw. Toleranz und rationalem Mitgefühl, ist ein demokratisches Miteinander nicht denkbar, da schlichtweg die Voraussetzungen dafür fehlen. Menschen mit einem geschwächten mentalen Immunsystem tragen nicht nur weniger zu kreativen Lösungen gesellschaftlicher Herausforderungen bei. Es besteht auch die Gefahr, dass sie in un-

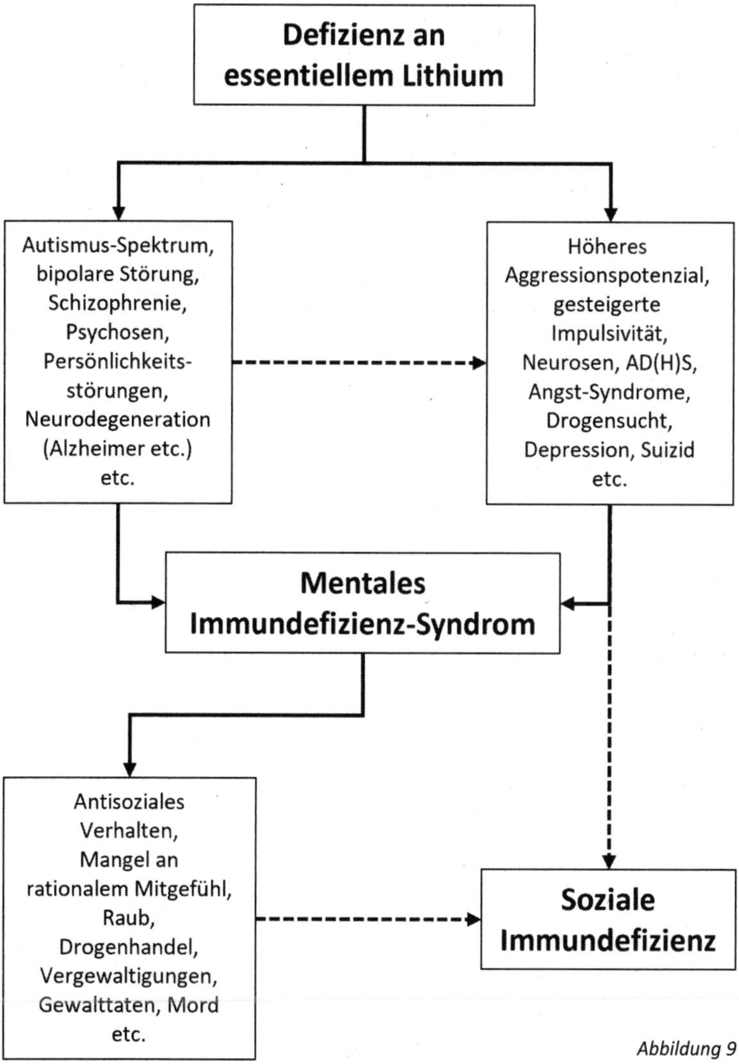

Abbildung 9

gerechtfertigte Angst und Panik verfallen und damit Probleme noch verschärfen. Hinzu kommt, dass die Betroffenen durch eine erhöhte Anfälligkeit für Manipulation von außen oder durch stereotypes, unangepasstes – im Extremfall auch antisoziales – Verhalten vielen ihrer Mitmenschen das Leben unangenehm oder sogar schwer machen. So wird aus der mentalen Immunschwäche vieler eine soziale Immunschwäche aller. Dies war z.B. deutlich zu beobachten, als im Jahr 2020 die Inszenierung einer Pandemie zu einer Spaltung der Gesellschaft führte: Die Dysfunktion des mentalen Immunsystems eines Großteils der Bevölkerung, der unreflektiert einem lebensgefährlichen Narrativ (den gesundheitsschädlichen Memen) folgte, war meines Erachtens gravierender, bedrohlicher und gefährlicher als das mit aller Medienmacht aufgebaute Schreckgespenst einer drohenden allgemeinen Dysfunktion des körperlichen Immunsystems (und damit der gesundheitsschädlichen Viren bzw. ihrer Gene) – praktische Lösungen gab es schließlich, doch wenige wollten sie überhaupt hören.

Wir werden dies noch weiter vertiefen, aber schon jetzt sollte deutlich geworden sein, welchen individuellen und gesellschaftlichen Schaden die Ignoranz gegenüber der Essentialität eines Spurenelements anrichten kann. Den zugrunde liegenden molekularen Mechanismen des Mentalen Immundefizienz-Syndroms werden wir uns im nächsten Unterkapitel widmen. Aber schon jetzt lässt sich festhalten, dass das Argument 1 für die Essentialität von Lithium durch die Ausführungen gut belegt ist. Man darf feststellen:

Je größer der Mangel an Lithium, desto wahrscheinlicher sind psychoneuronale Entwicklungsstörungen und Krankheiten.

ARGUMENT 2: Fehlregulation des Lithioms unter Lithiummangel erklärt die klinische Symptomatik des Mentalen Immundefizienz-Syndroms

Wie man auf dem falschen Weg das Lithiom entdeckte

Lithium wurde 1817 als neues Element entdeckt. Noch im selben Jahrhundert wurde Lithiumcarbonat erstmals zur Behandlung von Gicht eingesetzt, basierend auf der Entdeckung, dass dieses Lithiumsalz in der Lage ist, die für die Gichtsymptome verantwortlichen Harnsäurekristalle aufzulösen. Enttäuscht musste man jedoch feststellen, dass dies nur im Reagenzglas, nicht aber im Patienten funktionierte. Trotzdem wurde Lithiumcarbonat auch bei anderen, vermeintlich „gichtähnlichen" Erkrankungen erprobt. So empfahl Sir Alfred Baring Garrod 1859 erstmals Lithiumsalze zur Behandlung der Manie, die damals als „Gehirngicht" galt.[44] Doch auch das war, wie man heute weiß, eine Fehleinschätzung. Manische Phasen, die durch extreme Euphorie gekennzeichnet sind und mit für die Betroffenen oft schädlichem Tatendrang einhergehen, haben weder etwas mit Harnsäure noch mit Gicht zu tun. Dennoch ließen sie sich laut John Cade, der die Lithiumbehandlung der Manie nach Garrods ersten Versuchen wiederentdeckte und am 3. September 1949 zehn Fallberichte veröffentlichte, überraschend gut mit Lithiumcarbonat behandeln.[45] Dass auf dem völlig falschen Weg etwas Brauchbares gefunden wurde, wäre kaum zu glauben, wenn man sich nicht vor Augen führt, dass zuvor über einen langen Zeitraum alles Mögliche erfolglos therapeutisch ausprobiert wurde – man hat mit Lithium endlich einfach Glück gehabt. Auf jeden Fall ist Lithium in Form von Lithiumcarbonat – seltener auch in Form von Lithiumacetat, -citrat, -chlorid oder -sulfat – das Mittel der Wahl bei der Behandlung der bipolaren Störung, bei der sich manische und depressive Phasen abwechseln. Inzwischen wird es gelegentlich auch bei der Behandlung von (monopolaren) Depressionen eingesetzt.

Aufgrund der sehr hohen Dosierungen, die Cade damals für notwendig erachtete und die auch heute noch weitgehend als angemessen angesehen werden, klagen die meisten Patienten über unerwünschte Wirkungen aufgrund der geringen therapeutischen Breite: Der Bereich zwischen notwendiger Dosis infolge einer in der Regel rein medikamentösen Intervention und daher hohen Dosierung und toxischer Überdosierung ist schmal, weshalb eine Lithiumtherapie sogar tödlich enden kann. So schrieb Cade schon damals: „Es ist daher äußerst wichtig, dass ein Patient, der die Höchstdosis erhält, täglich untersucht wird und dass das Pflegepersonal angewiesen wird, auf frühe Anzeichen einer Überdosierung zu achten."[46] Die doch erheblichen Nebenwirkungen der medikamentösen Lithiumapplikation führen aber auch zu völlig unberechtigten Ängsten vor Vergiftungen bei der Einnahme der sehr geringen Mengen des essentiellen Lithiums, zumal trotz der hohen Lithiumkonzentrationen nur bei etwa einem Drittel der Patienten ein symptomatischer Behandlungserfolg erzielt wird (auf die Option einer systemischen kausalen Therapie mit wesentlich geringeren Dosierungen und potentiell höheren Erfolgsaussichten wird in Kap. 4 eingegangen). Aber auch im Erfolgsfall, wenn die manische Phase unter monotherapeutischem Lithium abklingt, ist die Erkrankung keineswegs geheilt, sondern eine lebenslange Dauermedikation zur Symptomkontrolle erforderlich.[47] Man spricht deshalb in der Regel nicht von einer Therapie der bipolaren Störung, sondern nur von einer Behandlung. Bei der unipolaren Depression (*Major Depression*) ist die Erfolgsrate trotz hochdosiertem Lithium noch geringer, die Nebenwirkungen sind aber ebenfalls immens.[48] Der Grund für das miserable Verhältnis zwischen „Nebenwirkungs*kosten*" und „Behandlungs*nutzen*" ist meines Erachtens darin begründet, dass nicht systemisch bzw. kausal therapiert wird. Dieses offensichtliche Problem führte bisher jedoch nicht zu einem grundsätzlichen Umdenken, sondern stattdessen zu einem regen wissenschaftlichen Interesse an den Wirkmechanismen von Lithium. Denn mit der Hoffnung auf die Entdeckung der Zielmoleküle bzw. molekularen Targets von Lithium ist stets auch die Hoffnung verbunden, gezielt neue patentierbare pharmazeutische Wundermittel – „Magic Bullets" – entwickeln zu können, und das nicht patentierbare und daher „viel zu preiswerte" Lithium durch ertragreichere Präparate ersetzen zu können, mit denen man dann die Behandlung lebenslang fortsetzen kann.

Auf den Spuren des Lithioms

Das zuerst entdeckte und deshalb auch eines der am besten erforschte Lithiumtarget ist die Glykogen-Synthase-Kinase 3 (GSK-3).[49] Es wurde als direktes Target für Lithium vorgeschlagen, nachdem man erkannt hatte, dass das Spurenelement wie Insulin die Synthese von Glykogen ankurbelt.[50] Glykogen ist der stärkeähnliche Speicher für Glukose in Leber- und Muskelzellen, in geringerem Maße auch in Fettzellen. Man wusste bereits, dass Insulin den Blutzuckerspiegel senkt, indem es GSK-3 inaktiviert, folglich musste auch Lithium GSK-3 inaktivieren. Aktives GSK-3 hingegen hemmt das Enzym, das aus Glucose Glykogen herstellt, indem es das Enzym „kinasiert“, daher der Name. Kinasierung ist der wissenschaftliche Ausdruck für das biochemische Koppeln einer sogenannten Phosphatgruppe an Proteine. Proteine werden durch Kinasierung aktiviert oder inaktiviert, je nachdem, wie die angehängte Phosphatgruppe die Struktur des enzymatischen Zentrums beeinflusst. Die Kinase GSK-3 übermittelt, wenn sie aktiv ist, durch Kinasierung somit ein Signal wie in diesem Beispiel: Stoppe die Produktion von Glykogen! In Stresssituationen ist das sinnvoll, um den Blutzuckerspiegel ansteigen zu lassen, schließlich benötigen wir die Energie, um reagieren zu können (Flucht oder Kampf).[51]

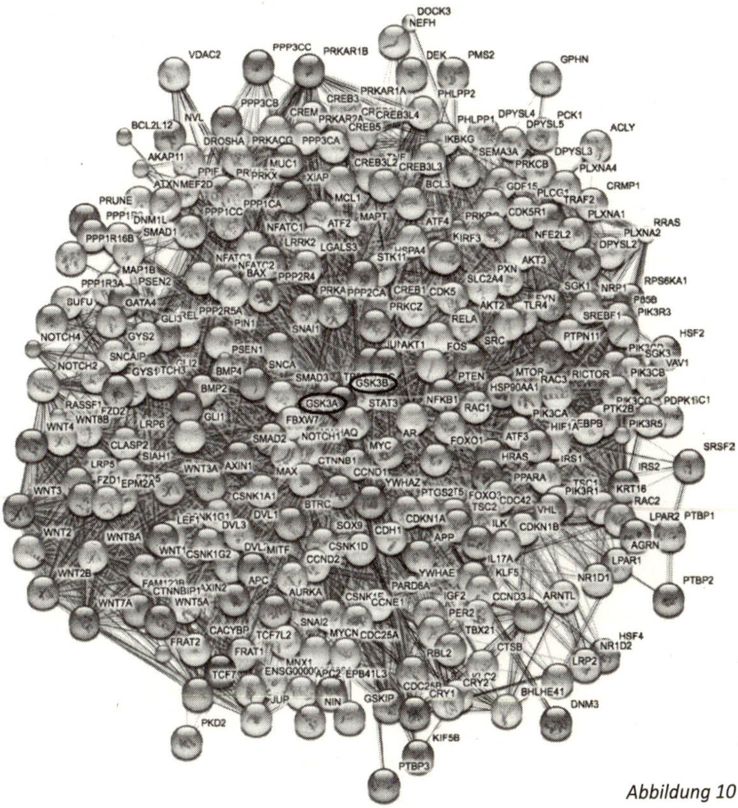

Abbildung 10

Chronischer Stress und chronisch hochaktives GSK-3 kann jedoch aufgrund eines chronisch erhöhten Blutzuckerspiegels eine Insulinresistenz verursachen, was die Entwicklung eines Typ-2-Diabetes begünstigt. Chronisch erhöhter Blutzucker schädigt wiederum das Gehirn und fördert neurodegenerative Erkrankungen wie z.B. Alzheimer – ein erster konkreter Hinweis darauf, wie chronisch hyperaktives GSK-3 (unter Lithiummangel) gleich mehrere Zivilisationskrankheiten begünstigt.[52] GSK-3 beeinflusst aber nicht nur den Blutzucker, sondern kinasiert auch sehr viele andere Proteine mit vielen verschiedenen zellulären Funktionen. „Die Glykogen-Synthase-Kinase 3 (GSK-3) ist wahrscheinlich die am meisten beschäftigte Kinase in den meisten Zellen mit mehr als 100 bekannten Zielproteinen, die sie regulieren muss", schreiben Wissenschaftler vom *Department of Psychiatry and Behavioral Sciences der Miller School of Medicine der University of Miami.*[53] Manche gehen sogar von weit über 200 GSK-3-Targets, also indirekt Lithiumtargets aus, wie in Abb. 10 illustriert.[54]

„Lithiumtargets sind für zahlreiche zelluläre Signalwege relevant, an denen eine Vielzahl von Molekülen beteiligt sind", bestätigen auch Systembiologin Magali Roux und Geochemiker Anthony Dosseto in einer Übersichtsarbeit aus dem Jahr 2017. In dieser zeigen sie auf, dass Lithium für eine Vielzahl von Prozessen auf allen Ebenen von entscheidender Bedeutung ist. Das reicht von der Neuroprotektion über den Schutz vor oxidativem Stress (Aktivierung antioxidativer Mechanismen)[55] bis hin zur mitochondrialen Energieproduktion, weshalb es „jedoch selten möglich ist, einen [einfachen] kausalen Zusammenhang zwischen Lithiumtargets auf molekularer Ebene und den daraus resultierenden Lithium-Effekten auf Systemebene herzustellen".[56] Das sind natürlich schlechte Voraussetzungen, wenn man die Wirkung von Lithium auf ein einziges Lithiumtarget reduzieren und das Spurenelement durch eine pharmazeutische „Magic Bullet" ersetzen will.

Es wird bereits deutlich, warum ein Lithiummangel vielfältige Auswirkungen haben muss: Erstens hat Lithium nicht nur GSK-3, sondern ein „Lithiom", wie ich es von nun an nennen möchte, an direkten Targets, zweitens noch mehr indirekte, die wiederum von diesen Targets reguliert werden, die drittens noch viele weitere Targets steuern. Daher ist es selbst mit sehr kreativen analytischen und molekularbiologischen Methoden nicht möglich, bestimmte Funktionen und Wirkungen von Lithium einem bestimmten Target zuzuordnen, wenn die Natur die Lithiumwirkung nach dem Multitarget-Prinzip entfaltet. Um Lithiumtargets als pharmazeutische Targets nutzen zu können, wird die Forschung jedoch weiter vorangetrieben. Die dabei gewonnenen Erkenntnisse spielen unserer Argumentation bezüglich der Essentialität von Lithium insofern stetig in die Hände, als wir viel über die Funktion von Lithium und noch mehr über die Essentialität der Targets lernen. Daraus lässt sich unter anderem eine sehr interessante These ableiten: Wenn durch Lithium regulierte Targets essentielle Funktionen besitzen, dann muss logischerweise auch Lithium essentiell sein.

Körperzellen sind biologische Informationsprozessoren. Man kann sich jede unserer Körperzellen als eine Art biologischen Computer vorstellen, der ständig Informationen verarbeitet. Dies geschieht aus eigenem „Überlebenswillen" der individuellen Körperzelle sowie zugunsten ihres koordinierten Zusammenspiels mit allen anderen Körperzellen, zum Wohle des gesamten Organismus – stets im Hinblick auf den evolutionären Imperativ. Jede Zelle empfängt Signale (Botenstoffe, Nahrungsbestandteile etc.) aus ihrem Inneren und aus ihrer Umgebung, verarbeitet diese und gibt ihre Auswertung wiederum mittels Signalmolekülen (quasi den Datenpaketen der Zellbiologie) an ihre Umgebung weiter. In diesem komplexen Netzwerk der Informationsanalyse und -weiterleitung gibt es einige Knotenpunkte, an denen viele Signale zusammenlaufen, biochemisch ausgewertet und die Ergebnisse weitergegeben werden. Diese Knoten- oder Schlüsselmoleküle sind daher von höchster biologischer Bedeutung, und eine Vielzahl von ihnen wird durch Lithium reguliert. Zu diesen funktional bedeutsamen Knotenpunkten gehören viele der bekannten Lithiumtargets, nicht zuletzt der „intrazelluläre Informationsprozessor" GSK-3.[57]

Allen Mitgliedern des Lithioms ist der wohl wesentlichste Aspekt gemeinsam: Lithiummangel führt zu deren Dysregulation. In der Folge ergeben sich stets negative Auswirkungen auf alle physiologischen Systeme, sodass es notgedungen zu Entwicklungsstörungen und Krankheiten kommt. Das gesamte Lithiom dient, wie wir noch sehen werden, dem evolutionären Imperativ und dem für den Menschen optimierten Mittel zum Zweck im Sinne der „Evolution der Großmutter", d.h. der Langlebigkeit und der Entwicklung und Erhaltung der Funktionsfähigkeit des mentalen Immunsystems bis ins hohe Alter.

Wir haben also gelernt: Das Lithiom umfasst ein großes Netzwerk von Lithiumtargets, die alle einem übergeordneten Ziel zu dienen scheinen: unser Gehirn aufzubauen und seine Funktion und Leistungsfähigkeit (und so auch die des restlichen Organismus, siehe Kap. 6) bis ins hohe Alter zu erhalten. Zu diesen gehören zelluläre Rezeptoren, Strukturproteine, Signalmoleküle, Genregulatoren und viele weitere. Daher könnte dieses Unterkapitel leicht tausende von Seiten messen, wenn der Anspruch bestünde, den gesamten heutigen Wissensstand über das Lithiom Target für Target darzustellen, inklusive der unendlich komplexen Interaktionen zwischen seinen Bestandteilen. Aber auch das wäre weder sinnvoll noch zielführend. Da Lithium auf alle seine Targets gleichzeitig wirkt, ist letztlich ohnehin eine systemische Betrachtung erforderlich. Der enorme Vorteil seiner evolutionsbiologisch optimierten Wirkung an mehreren Targets gleichzeitig liegt darin, dass bereits geringe Mengen ausreichen, um die von Natur aus „erwünschten" systemischen Gesundheitseffekte zu erzielen. Dies steht im Gegensatz zu einer notwendigerweise hochdosierten, weil – ungeachtet der Komplexität des Systems – in der Regel nur auf ein einziges Target wirkenden und damit nebenwirkungsreichen pharmazeutischen „Magic Bullet".

Die Magie des essentiellen Multitalents Lithium besteht also darin, das Zusammenspiel all dieser Targets so in Einklang zu bringen, wie sie artspezifisch aufeinander optimiert bzw. perfektioniert wurden – auch für uns Menschen. Dies betrifft insbesondere die Proteinstrukturen und deren Produktion, also unsere

Gene und deren Regulation, die in einem gnadenlosen Ausleseprozess über viele Milliarden Jahre durch kleine Optimierungsschritte (Zufallsmutationen) für alle heute existierenden Arten auf das Vorhandensein und die Regulation durch Lithium optimiert bzw. feinjustiert wurden. Und dieses Zusammenspiel erzeugt eine Gesamtfunktion, die durch kein einzelnes Target allein erklärt werden kann: Das Ganze ist eindeutig mehr als die Summe seiner Teile, viel mehr! Deshalb wird es niemals ein Medikament geben, das die Rolle des essentiellen Lithiums übernehmen kann. Selbst wenn es gelingen sollte, eine lithiumähnliche Chemikalie zu entwickeln, die ein bestimmtes Target in ähnlicher Weise reguliert wie Lithium, wird diese Chemikalie nicht gleichzeitig in der Lage sein, alle anderen Lithiumtargets in ähnlicher Weise zu regulieren wie Lithium; nur Lithium selbst ist dieses Multitalent. Lithium war zuerst da. Die Targets haben sich deshalb Lithium angepasst, nicht umgekehrt! Es gibt also keine unerwünschten Wirkungen von essentiellem Lithium, die den Versuch rechtfertigen könnten, eine isoliert ähnlich wirkende Chemikalie zu finden. Die Rechtfertigung für solche Versuche ist letztlich wieder einmal nur das schnöde Gewinnstreben großer Pharmakonzerne, die keine Rücksicht auf die natürliche Ordnung nehmen können, weil ihr Geschäftsmodell dem entgegensteht.

Die Komplexität des Lithioms

Obwohl das Lithiom aufgrund seiner Komplexität und den zahllosen Wechselwirkungen danach verlangt, stets systemisch betrachtet zu werden, möchte ich im Folgenden dennoch einige Lithiumtargets bzw. Klassen von Lithiumtargets vorstellen. Lassen Sie sich von deren komplizierten Namen jedoch nicht abschrecken; diese sind für die weitere Diskussion und ein tieferes Verständnis irrelevant. Ich nenne sie hier nur, um denjenigen Lesern, welche wissenschaftlich noch tiefer in das Lithiom eintauchen wollen, einen Einstiegspunkt zu bieten. Relevant ist jedoch, anhand einiger exemplarischer Beispiele ein grundlegendes Verständnis dafür zu entwickeln, wie Lithium als essentielles Spurenelement seine gesundheitskonstituierende Wirkung entfaltet – seit Anbeginn des Lebens auf unserem Planeten. So umfasst das Lithiom derzeit (Stand Frühjahr 2025) sechs molekularbiologisch unterschiedliche Kategorien mit jeweils einigen wenigen oder einer Vielzahl von Lithiumtargets (eine ausführliche Darstellung findet sich u.a. in dem Artikel *Von direkten zu indirekten Lithiumtargets: eine umfassende Überprüfung von Omics-Daten*)[58]:

1. Magnesiumabhängige, Lithium-sensitive Proteinkinasen (z.B. GSK-3)
2. Magnesiumabhängige, Lithium-sensitive Proteinphosphatasen (z.B. Inositol-Monophosphatase, IMPase)
3. Magnesiumabhängige, Lithium-sensitive G-Proteine und Adenylatcyclase
4. Magnesiumabhängige, Lithium-sensitive Phosphoglucomutase (PGM)
5. Allosterisch via Lithium regulierte Enzyme und Ionenkanäle (z.B. AMPA und NMDA-Rezeptoren)
6. Lithium-sensitive Genregulation: via DNA-Bindungsstellen-Modifikation (z.B. BCL-2) und Transkriptionsfaktor-Bindung (z.B. CRE und AP1)

Im Folgenden werden uns GSK-3 und andere Lithiumtargets wie bspw. die IMPase weiter begleiten, wenn wir die physiologischen Funktionen des Lithioms und die Auswirkungen eines Lithiummangels exemplarisch untersuchen. Lithiumabhängige und lithiumregulierende Ionenkanäle (siehe Punkt 5 der obigen Liste), die die Lithiumkonzentration in unseren Körperzellen regulieren, werden im nächsten Kapitel ausführlich besprochen. Dies soll jedoch nicht den Eindruck erwecken, diese Targets seien wichtiger als die anderen. Der wesentliche Grund, warum wir auf aussagekräftiges Material zu diesen Targets zurückgreifen können und nicht zu den anderen, ist der, dass sie viel früher als Lithiumtargets identifiziert wurden und bisher wesentlich mehr wissenschaftliche Erkenntnisse dazu gesammelt werden konnten. So ergab eine kombinatorische Suchabfrage (Lithium plus Name des jeweiligen Lithiumtargets Ende 2024) in PubMed, das den gesamten Bereich biomedizinischer Publikationen abdeckt, die in der nationalen medizinischen Bibliothek der USA gesammelt werden, folgende Zahlen von wissenschaftlichen Veröffentlichungen:

- Lithium & Glykogen-Syntase-Kinase 3 (GSK-3): 1.383
- Lithium & Inositol-Monophosphatase (IMPase): 270
- Lithium & Adenylatcyclase: 268
- Lithium & AMPA: 86
- Lithium & Phosphoglucomutase: 36

Die vergleichsweise hohe Anzahl an Publikationen zu GSK-3 und Lithium könnte darauf zurückzuführen sein, dass dieses Lithiumtarget, zusätzlich zu seiner frühen Entdeckung und seiner Multifunktionalität, auch als „*drugable*" gilt. Das bedeutet, dass die Erwartung besteht, es aufgrund seiner enzymatischen Funktion und Molekülstruktur mit speziell entwickelten Chemikalien (also Medikamenten, im Englischen *drugs*) in seiner Funktion beeinflussen bzw. in diesem Fall hemmen zu können. Die Hoffnung, dass sie mindestens so wirksam sein könnten wie der natürliche Hemmer dieses Targets, das essentielle Lithium, hat die GSK-3-Forschung enorm vorangetrieben. Hierin könnte ein Grund liegen, weshalb Lithium nicht als essentiell anerkannt werden darf und sogar als Nahrungsergänzungsmittel in vielen Ländern verboten ist – denn warum sollte man es sonst aufwendig zu ersetzen versuchen? Fatalerweise ist ein Ende nicht in Sicht, obwohl der Versuch prinzipiell zum Scheitern verurteilt ist. Da dies bislang niemand zugeben will, geht die absurde Suche nach einem Ersatz der bereits optimalen und ausreichend verfügbaren Lösung, die essentielles Lithium ist, immer weiter.[59]

Lithium reduziert die Aktivität einiger seiner Schlüssel-Targets

Lithium wirkt auf vielfältige Weise auf die verschiedenen Targets des Lithioms. Zwei der am besten untersuchten Lithiumtargets sind GSK-3 und die IMPase, wie man allein aufgrund der oben genannten Zahlen schon erkennen kann. Beide sind mittlerweile schon klassische Beispiele dafür, wie Lithium seine Aktivität in vier der sechs zuvor genannten Target-Klassen des Lithioms entfaltet. Sie alle haben folgende Gemeinsamkeiten (siehe Abb. 11):

1) Sie sind als Signalregulatoren aktiv, wenn sie in ihrem aktiven Zentrum ein Magnesiumion gebunden haben.[60] Dies macht Magnesium zu einem essentiellen Spurenelement.

2) Ein Lithiumion kann das Magnesiumion verdrängen, nicht nur weil es einen ähnlichen Ionenradius und damit eine vergleichbare Größe wie das Magnesiumion hat, sondern auch, weil es perfekt in die gleiche Bindungsstelle passt.[61] Diese Verdrängung reguliert auf natürliche Weise die ansonsten konstant hohe Aktivität des Lithiumtargets herunter, was Lithium ebenfalls zu einem essentiellen Spurenelement macht.

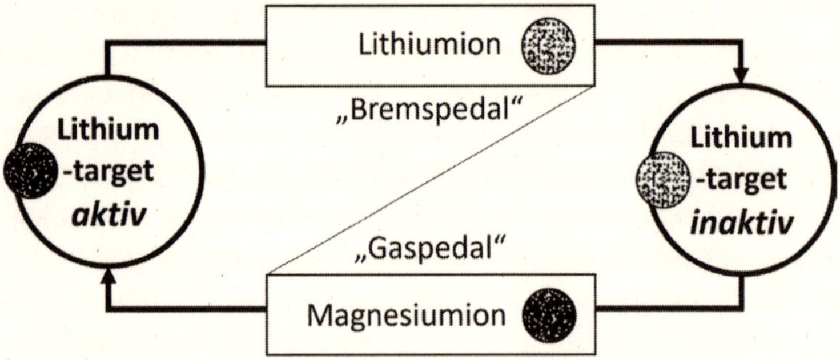

Abbildung 11

Um diese spezifische biochemische und zugleich essentielle Funktion des Spurenelements Lithium zu verstehen, möchte ich sie an einem „unpraktischen" Beispiel erläutern. Bekanntlich verläuft die kulturelle und technologische Entwicklung der Menschheit nach den gleichen Grundmechanismen wie die biologische Evolution des Lebens: Zufällige menschliche Ideen (Kultur) oder genetische Mutationen (Natur) werden auf ihre Nützlichkeit geprüft und entweder ausgewählt oder verworfen. Da wir aber nicht in einer Welt leben, in der Autos nur bergauf fahren, haben Erfinder Autos nicht nur mit einem Gaspedal, sondern auch mit einem Bremspedal ausgestattet. Autos, die nur beschleunigen, aber nicht bremsen können, sind so abwegig, dass sie von keinem vernünftigen Menschen auch nur in

Erwägung gezogen würden. Ähnlich verhält es sich mit der Evolution der Schlüsselproteine des Lebens, wie in der Abb. 11 illustriert: Hätten sie nur ein Gaspedal (Magnesiumionen) und keine Bremse (Lithiumionen), würden sie wie Autos ohne Bremsen nur gut unter Bedingungen funktionieren, die „Gas geben" erforderlich machen. Das Leben ist aber komplex – Lebewesen sind ständig wechselnden Einflüssen aus verschiedenen Richtungen ausgesetzt. Um das Gleichgewicht (Homöostase) zu erhalten, braucht es deshalb selbstverständlich Regulationsmöglichkeiten in beide Richtungen. Ideal ist dabei ein mittleres Aktivitätsniveau. Ein solches kann erreicht werden, weil in unseren Körperzellen nicht nur eine einzige Kopie des jeweiligen Lithiumtargets aktiv ist. Wäre dies der Fall, hätte ein Lithiumion, welches ein Magnesiumion verdrängt, ein Abschalten des Gesamtsystems zur Folge. Es verhält sich aber so, dass in den Zellen Tausende von Kopien eines jeweiligen Lithiumtargets existieren. Das Gesamtsystem kennt kein absolutes aktiv oder inaktiv, sondern einen variablen Mischzustand aus einem aktiven Teil (Magnesiumionen gebunden) und einem inaktiven Teil (Lithiumionen gebunden). In diesem Sinne möchte ich, um die Automobil-Metapher noch etwas weiter zu bemühen, von einer Regulation auf ein geringfügig aktives Niveau durch Lithium sprechen. Zum Vergleich: Ein typischer Automotor wird auf eine Leerlaufdrehzahl von etwa 800 Umdrehungen pro Minute eingestellt, damit er auch im Ruhezustand jederzeit fahrbereit bleibt, während der Kraftstoffverbrauch und der Verschleiß minimiert werden.

Bei Lithiumtargets wäre das System hyperaktiv, wenn im intrazellulären Milieu nur Magnesiumionen und praktisch keine Lithiumionen vorhanden wären. In diesem Fall würde das System auf voller Leistung arbeiten. Aber so, wie ein Motor überhitzt und auf Dauer Schaden nimmt, wenn er ständig überdreht, so nimmt auch der Organismus auf Dauer Schaden, wenn eine gesunde Homöostase aufgrund eines Lithiummangels nicht erreicht werden kann. Ein chronischer, gravierender Lithiummangel führt in der Folge zu Entwicklungsstörungen und lebensbedrohlichen Krankheiten oder – um beim Beispiel des Autos ohne Bremsen zu bleiben – zu unnötig erhöhtem Verschleiß (z.B. Neurodegeneration, Kap. 4) bis hin zu lebensbedrohlichen Unfällen (z.B. lebensbedrohliche Zytokinstürme, Kap. 5). Da wir für die meisten Menschen von einer standardmäßig relativ stabilen Magnesiumzufuhr ausgehen können (der Mineralstoff ist in vielen Lebensmitteln in ausreichender Menge enthalten), hängt die Gesamtaktivität des Systems fast vollständig von der täglichen Lithiumzufuhr ab. Doch seit wir den "Garten Eden" verlassen haben, in dem sich das mentale Immunsystem zu seiner vollen Stärke entwickeln konnte, ist die Grundversorgung mit Lithium meist nicht mehr gewährleistet (dazu mehr unter Argument 6).

Geringe Dosis, gewaltiger Effekt? Ein bisher nicht genannter, aber möglicher Einwand gegen die Anerkennung von Lithium als essentielles Spurenelement ist, dass biochemischen Studien zufolge Lithium seine Targets (wie GSK-3 oder IMPase) nur sehr ineffizient hemmt; das wird auch als eine Erklärung herangezogen, warum die Behandlung der bipolaren Störung so hohe Lithiumblutspiegel erfordere. Wenn dieser Einwand zuträfe, wäre allerdings nicht erklärbar, warum so geringe Konzentrationsunterschiede von Lithium, wie wir sie im Trinkwasser finden, nachweisbar so große Auswirkungen auf unsere mentale Gesundheit haben können. Dieser Widerspruch hat mich lange beschäftigt – bis ich tief genug in die Materie eingedrungen bin.

Die Effizienz der Hemmung eines Enzyms bzw. biochemischen Katalysators (was die meisten Lithiumtargets sind) durch einen Wirkstoff (wie in diesem Fall Lithium) wird durch den sogenannten IC50-Wert ausgedrückt. Die *inhibitory concentration*, also die Konzentration eines hemmenden Wirkstoffs, bei der ein Enzym nur noch 50 Prozent seiner ursprünglichen Aktivität entfaltet, wird mit biochemischen Methoden im Reagenzglas untersucht und gemessen. Die auf diese Weise ermittelte IC50 von Lithium für GSK-3 liegt bei etwa 1 bis 2 mmol/l (Millimol pro Liter), für die IMPase bei etwa 0,8 mmol/l.[62] Um eine Wirkung bei der bipolaren Störung zu erzielen, werden Lithiumkonzentrationen im Blut von etwa 0,6 bis 1,2 mmol/l empfohlen, wobei neuesten klinischen Studien zufolge auch schon 0,4 bis 0,8 mmol/l ausreichen.[63] Eine Lithiumkonzentration im Blut von 0,8 mmol/l entspricht etwa 40 bis 80 Prozent des IC50-Wertes von GSK-3 und etwa 100 Prozent des IC50-Wertes der IMPase. Dies resultiert in einer pharmakologischen Hemmung der beiden Targets um etwa 30 bzw. 50 Prozent. Diese Werte gelten allerdings nur für den Fall, dass die Ergebnisse aus dem Reagenzglas tatsächlich auf die Situation in einer lebenden Zelle übertragbar sind. (Eine Erläuterung der Maßeinheit „mol" findet sich als Zusatzinfo in Kap. 3: *Lithiumspiegel in molarer Größenordnung.*)

Um bei der Lithiumbehandlung einer bipolaren Störung eine Blutkonzentration von etwa 0,8 mmol/l zu erreichen, beträgt die übliche Tagesdosis 1 ½ bis 3 Retardtabletten Lithiumcarbonat, die etwa 18,3 bis 36,6 mmol bzw. 128 bis 256 mg reines Lithium enthalten. In den bereits diskutierten epidemiologischen Trinkwasserstudien zu den Auswirkungen eines Lithiummangels auf das mentale Immunsystem und die Gesamtmortalität lagen die Lithiumkonzentrationen jedoch nur im Bereich von etwa 10 µg/l bis zu einigen hundert µg/l. Das entspricht – eine Trinkmenge von etwa einem Liter pro Tag vorausgesetzt – einer Lithiumzufuhr von etwa einem Tausendstel dieser klinischen Dosen. Es zeigt sich an dieser Konkretisierung umso mehr, warum es erklärungsbedürftig ist, dass eine verhältnismäßig so geringe Menge überhaupt einen messbaren Effekt haben kann. Es gibt jedoch eine Reihe von Einzelerklärungen, die meines Erachtens in ihrer Gesamtheit dazu beitragen, die biochemische Wirkung von Lithium auch in vergleichsweise niedrigen Konzentrationen zu verstehen. Die Antwort ist leider komplex, wie das Lithiom selbst:

1. Die relativ hohen, im Reagenzglas gemessenen IC50-Werte für GSK-3 und IMPase spiegeln nicht die natürliche Situation im zellulären Milieu wider, da die bei der IC50-Bestimmung verwendeten Magnesiumionenkonzentrationen höher waren als die z.B. in Nervenzellen gemessenen.[64] Wenn man

sich dies, wie in Abb. 11 anhand einer Bremse (Lithiumionen) und eines Gaspedals (Magnesiumionen) bildlich vorstellt, ist es, als würde man die Bremsleistung bei Vollgas testen. Dies entspricht nicht der natürlichen Situation; in Folge wird die Bremsleistung unterschätzt und der IC50-Wert von Lithium überschätzt. Lithium ist in der zellulären Realität wesentlich potenter.

2. Lithiumionen werden in nervenzellproduzierenden Geweben nochmals um etwa Faktor 10 angereichert, wie wir unter Argument 3 noch sehen werden. Dieser Mechanismus würde das Verhältnis von Magnesiumionen zu Lithiumionen in diesen Zellen deutlich zugunsten von Lithium verschieben. Diese selektive Anreicherung sorgt dafür, dass ein ansonsten gravierender Mangel in bedarfsintensiven Geweben bestmöglich ausgeglichen wird.
3. Wie in Abb. 12 dargestellt, sind alle Lithiumtargets Teil eines komplexen Netzwerks direkter und indirekter Interaktionen (gestrichelte Pfeile), in dem einige Targets durch Lithium inaktiviert, andere aber wie z.B. Akt, ebenfalls eine Kinase, auch direkt aktiviert werden (Nummer 5).[65] Einige dieser Lithiumtargets wie Akt (Target D) haben ihrerseits im aktiven Zustand eine hemmende Wirkung auf Lithiumtargets wie GSK-3 (Nummer 6), wodurch die Gesamtwirkung (im Sinne eines Bremskraftverstärkers, um die Autometapher erneut zu bemühen) des Spurenelements noch gesteigert wird.[66]
4. Neben der im Reagenzglas untersuchten kompetitiven Hemmung blockiert Lithium in der lebenden Zelle zusätzlich die biochemische Selbstaktivierung von GSK-3 (siehe Abb. 12, Nummer 2).[67] Das führt ebenfalls dazu, dass in lebenden Zellen geringe Mengen an Lithium biologische Auswirkungen haben.
5. Manche GSK-3 reaktivierenden Enzyme wie bestimmte Phosphatasen werden ebenfalls durch Lithiumtargets direkt oder indirekt gehemmt, was die intrazelluläre Selbstinaktivierung dauerhafter gestaltet und damit die Lithiumwirkung nochmals weiter verstärkt (Abb. 12, die Nummern 3 und 4).[68]

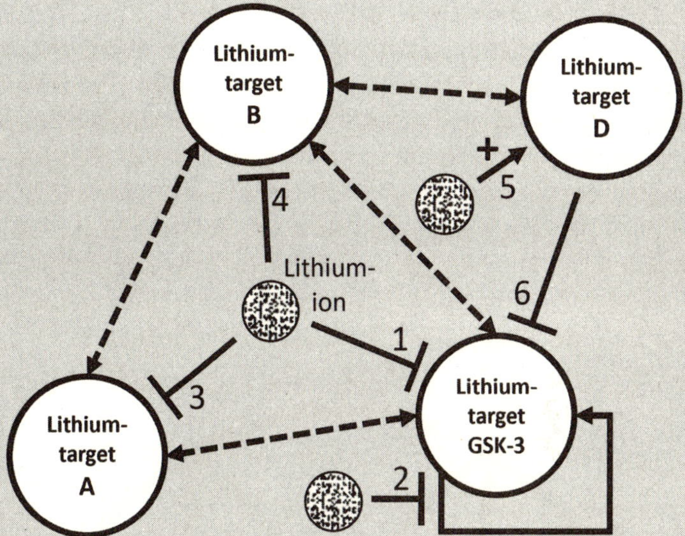

Abbildung 12

Der Einfluss von Lithium auf ein Lithiumtarget ist also kein Einzeleffekt, sondern ein Netzwerkeffekt im gesamten Lithiom, der zu einer enormen Wirkungsverstärkung führt.[69] Daher ist die intrazelluläre Hemmung bei therapeutischen Dosen wahrscheinlich um mindestens eine, wenn nicht sogar zwei Größenordnungen (Zehnerpotenzen) stärker ausgeprägt, als die im Reagenzglas ermittelten IC50-Werte vermuten lassen. Dies wiederum könnte auch die ständig drohende Toxizität bei der Lithiumbehandlung der bipolaren Störung erklären. Das molekulargenetische Ausschalten von Lithiumtargets wie GSK-3 oder IMPase im Tierversuch (man spricht von einem genetischen Knockout – im Gegensatz zu einem pharmakologischen Knockout wie z.B. durch hochdosiertes Lithium) ist jedenfalls nicht mit dem Leben vereinbar (dazu später mehr). Das konzertierte Zusammenwirken des gesamten Lithioms könnte erklären, warum der menschliche Organismus einerseits so empfindlich auf einen Lithiummangel und andererseits auf so geringe Konzentrationsunterschiede, wie sie in den Trinkwasserstudien gefunden wurden, reagiert.

Das Lithiom im Zentrum des Lebens

Lithium reguliert über das interaktive Lithiom netzwerkartig alle grundlegenden biologischen Funktionen, von denen einige exemplarisch in Abb. 13 dargestellt sind. Alle zusammen sind durch einen evolutionären Optimierungsprozess eng aufeinander abgestimmt. Alle spielen unter anderem in vielfältiger und synergetischer Weise eine zentrale Rolle bei der Regulation der adulten hippocampalen Neurogenese. Diese biologischen Funktionen – und damit auch Lithium selbst – sind somit essentiell für die Entwicklung und lebenslange Aufrechterhaltung des mentalen Immunsystems.

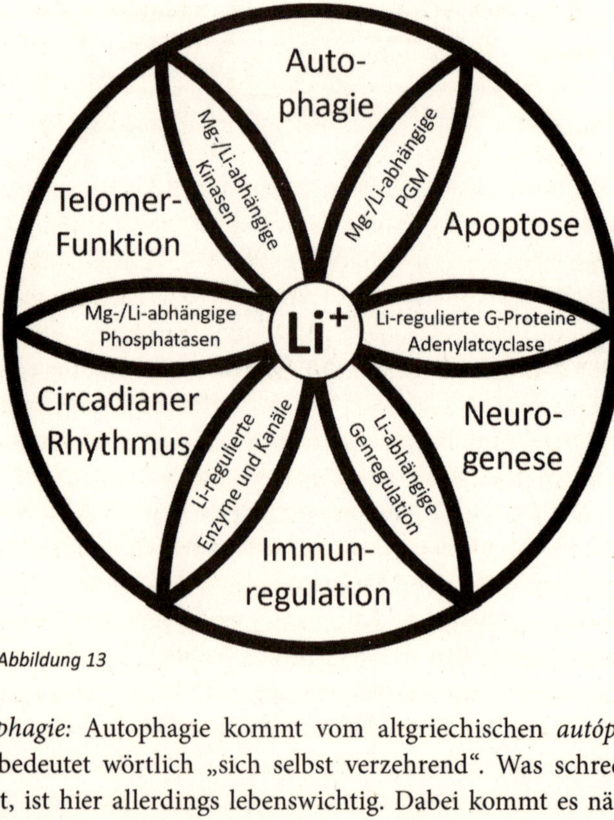

Abbildung 13

Autophagie: Autophagie kommt vom altgriechischen *autóphagos* und bedeutet wörtlich „sich selbst verzehrend". Was schrecklich klingt, ist hier allerdings lebenswichtig. Dabei kommt es nämlich zum Abbau fehlerhaft gefalteter und potentiell toxischer Proteine sowie überalterter Zellorganellen, wie z.B. Mitochondrien (die

Kraftwerke unserer Zellen), wenn diese nicht mehr optimal funktionieren. Die kontrollierte Zerstörung geschädigter Mitochondrien ist eng gekoppelt an die Produktion neuer Mitochondrien, die sogenannten Mitochondriogenese.[70] Die Mitochondriophagie und das Verhindern einer zellschädigenden Akkumulation dysfunktionaler Proteine in Verbindung mit der Mitochondriogenese sind entscheidend für die Aufrechterhaltung des neuronalen Energiestoffwechsels und der Zellfunktion; sie sind damit auch die Grundlage der psychischen und mentalen Leistungsfähigkeit. Diese Prozesse sind für alle Körperzellen wichtig, aber besonders für unsere Nervenzellen, denn sie sind unersetzbar; das liegt daran, dass diese oft mehrere tausend bis hunderttausend hochfunktionelle Kontakte (Synapsen) untereinander haben, und daher nicht ohne gravierenden Funktionsverlust gegen neue Nervenzellen ausgetauscht werden können. Dieses komplexe synaptische Netzwerk repräsentiert unsere Individualität, weshalb unsere Nervenzellen in der Lage sein müssen, so alt zu werden wie wir selbst. Dies ist nur durch den Prozess der intrazellulären Autophagie möglich. Wie wir in Kap. 4 noch im Detail sehen werden, spielt eine nicht optimal funktionierende Autophagie eine entscheidende Rolle bei den meisten neurodegenerativen Erkrankungen, wie bspw. Morbus Alzheimer oder Morbus Parkinson. Dies lässt sich letztlich zurückführen auf eine (ohne Lithiummangel gar nicht logisch erklärbare) Hyperaktivität der Lithiumtargets GSK-3[71] und IMPase[72] unter heutzutage „normalen" Bedingungen. Erst eine ausreichende Lithiumversorgung sorgt dafür, dass die Aktivität auf ein gesundes (homöostatisches) Maß reguliert wird. Eine unnatürliche und leider „normale" hohe Aktivität von GSK-3 und IMPase unter „normalem" Lithiummangel führt somit zur Blockade zweier sich gegenseitig ergänzender molekularer Signalwege, was den lebenswichtigen Prozess der Autophagie hemmt.

Essentielles Lithium würde auf natürliche Weise diese synergistischen Signalkaskaden freischalten, die diese lebenswichtigen zell-, gewebe- und gehirnverjüngenden Prozesse stimulieren.[73] Lithium fördert somit die zelluläre Selbstreinigung, die, wie oben erläutert, für unser mentales Immunsystem von entscheidender Bedeutung ist, da sie insbesondere unsere nicht austauschbaren Nervenzellen bis ins hohe Alter funktionsfähig hält. Zusammen mit dem Einfluss auf die adulte hippocampale Neurogenese erklärt dies, warum gerade das Gehirn so empfindlich auf Lithiummangel reagiert und warum die Trinkwasserstudien (Argument 1) das gesamte Krankheitsspektrum der mentalen Immundefizienz offenbaren.

Apoptose: Das in unserem Erbgut einprogrammierte Suizidprogramm für Zellen führt zur so genannten Apoptose, die ihre Bezeichnung dem altgriechischen Begriff *apóptosis*, zu Deutsch „abfallen“, verdankt. Der Prozess ist tatsächlich so unspektakulär wie das Fallen der Blätter im Herbstwind. Die suizidale Körperzelle verdaut sich selbst von innen heraus und verschwindet still und leise. Ähnlich wie die Autophagie intrazellulärer Organellen, wie z.B. dysfunktionaler Mitochondrien, sorgt die Apoptose dafür, dass der Organismus von funktionsgestörten Zellen befreit wird und deren Bestandteile in den Stoffwechsel zurückgeführt (recycelt) werden können. Eine mitochondriale Dysfunktion (u.a. aufgrund einer mangelhaften Mitochondriophagie bzw. gestörten Autophagie) ist eine der Ursachen für das Aktivieren des zellulären Selbstmordprogramms.[74] Dies demonstriert, dass diese beiden Systeme (Autophagie und Apoptose) über das Lithiom eine funktionelle Einheit bilden.[75] Auch Zellen, die nicht oder nicht mehr gebraucht werden, aktivieren das Apoptose-Programm, ganz im Sinne von *„use it or lose it“* („wer rastet, der rostet“ bzw. „wer rastet, baut ab“), denn unser Organismus ist auf Ökonomie optimiert.

In meinem Buch *Die Alzheimer-Lüge – Die Wahrheit über eine vermeidbare Krankheit* gehe ich gezielt darauf ein, welche Bedeutung die Apoptose für unsere Gehirnentwicklung und Selbstwerdung spielt: „Insgesamt werden in den ersten Lebensjahren etwa doppelt so viele Neurone und Synapsen gebildet, wie wir im späteren Leben benötigen. So wird sichergestellt, dass für alle lebensnotwendigen Anpassungen (alle möglichen Ausprägungen unseres zukünftigen Selbst) ausreichend Neurone zur Verfügung stehen. Der anfängliche Überschuss garantiert, dass wir theoretisch alles werden können, was wir wollen (oder müssen), dass wir zum Beispiel jede mögliche Sprache erlernen können, ebenso wie jeden Glauben. Egal, ob wir in der Steinzeit aufgewachsen wären oder heute, ob im Nahen Osten, in Afrika oder im modernen Nordamerika: Das menschliche Gehirn ist auf alles vorbereitet, es muss nur die jeweils genutzten Neuronen und Synapsen am Leben erhalten, wie in einem evolutionären Anpassungsprozess selektiert, während alle anderen durch Apoptose eliminiert werden. Es ist unsere individuelle Erfahrung, die Synapsen überleben oder verschwinden, stärker oder schwächer werden lässt. Welche das sind, entscheidet sich durch das, was unser Gehirn erlebt. Erst die daraus entstehende, einzigartige synaptische Kombinatorik macht uns letztendlich zu dem, was wir sind, und bestimmt, wie wir fühlen, denken und handeln. Ein wesentlicher Teil unserer Selbstwerdung besteht also darin, dass alle überflüssigen Neurone, die keine funktionellen Kontaktstellen mit anderen etablieren konnten, wieder entfernt werden – beziehungsweise sich selber entfernen."[76] Insbesondere die durch die adulte hippocampale Neurogenese neu gebildeten, hoch vulnerablen Nervenzellen müssen vor Apoptose geschützt werden, bis sie durch neue Erfahrungen, die sie durch synaptische Verbindungen mit anderen Nervenzellen speichern, abgesichert sind und damit ihre Existenzberechtigung erhalten.[77] Werden sie nicht gebraucht, verschwinden sie wieder.[78] Lithium hemmt über seine Zielmoleküle wie GSK-3 die Apoptose und erhöht so die Überlebenschancen dieser jungen Nervenzellen bis zu ihrer Integration in das hippocampale Netzwerk.[79]

Immunregulation: Infektionen hemmen die adulte hippocampale Neurogenese. Die dafür verantwortlichen Mediatoren sind proinflammatorische Botenstoffe, wie bspw. Interleukin-1β (IL-1β)[80], Interleukin-6 (IL-6)[81] oder der bei *akuter* Entzündung ebenfalls hochregulierte Tumor Nekosefaktor α (TNF-α)[82]. Die evolutionsbiologischen Vorteile dieser Hemmung des mentalen Immunsystems bei akuten Erkrankungen werden in Kap. 4 näher erläutert, ebenso die daraus resultierenden Nachteile bei chronischen Entzündungen, wenn diese Mechanismen die adulte hippocampale Neurogenese dauerhaft blockieren. Dann drohen neuropsychiatrische Entwicklungsstörungen, Depressionen bis hin zu fatalen Verläufen wie z.B. der Alzheimer-Demenz.[83]

Telomer-Funktion: Bakterienähnliche Einzeller waren sehr wahrscheinlich die ersten Lebewesen auf der Erde (siehe Abb. 17, Argument 4). Sie haben keinen Zellkern, und ihr Erbgut liegt in Form eines oder mehrerer ringförmiger Chromosomen vor. Im Gegensatz dazu besitzen die Eukaryoten (von altgriechisch *eu* für „richtig" und *karyon* für „Kern") einen Zellkern, der ihr Erbgut enthält. Zu ihnen gehören die anderen vier der insgesamt fünf großen Reiche des Lebens: Protisten (tierische Einzeller), Pflanzen, Pilze und alle Tiere. Das Erbgut aller Eukaryoten, also auch unser menschliches, besteht aus linearen Chromosomen, deren Enden Telomere genannt werden. Telomer leitet sich vom altgriechischen *télos* für „Ende" und *méros* für „Teil" ab. Letzteres bezieht sich auf deren repetitiven Charakter: Sie bestehen aus einer großen Anzahl von vielen identischen, sich wiederholenden Abschnitten oder Sequenzen der DNA. Diese haben eine spezielle Funktion, deren Notwendigkeit sich aus der Art und Weise, wie sich das eukaryotische Erbgut vor einer Zellteilung verdoppelt, ergibt. Da das dafür notwendige Enzym (eine DNA-Polymerase) nicht direkt am Ende mit dem Kopieren beginnen kann, kommt es bei jeder Zellteilung zu einer Verkürzung der Chromosomenenden (Bakterien mit ihrem zirkulär geschlossenen Chromosom haben dieses Problem nicht). Telomere schützen durch die hohe Anzahl sich wiederholender Sequenzen das zwischen ihnen liegende genetische Programm vor dem Abbau bei der Zellteilung. In den Keimzellen, aus denen seit Anbeginn des Lebens immer wieder neue Generationen hervorgehen, sorgt deshalb ein spezieller Enzymkomplex, die so genannte Telomerase, dafür, dass die Telomere immer ihre ursprüngliche Länge behalten, damit jedes neue Lebewesen mit möglichst langen Telomeren ins Leben startet. Ohne Telomerase käme es bei jeder Zellteilung zu einer sukzessiven Verkürzung der Telomere, bis diese schließlich das gesamte Erbgut destabilisiert hätte und zum Stillstand des Zellwachstums führen würde, was man als Seneszenz bezeichnet (von lateinisch *senescere* „alt werden, altern"), und letztendlich sogar zum Zelltod (Apoptose).[84] Nach etwa 50 bis 52 Zellteilungen wird das nach dem US-amerikanischen Gerontologen Leonard Hayflick (1928–2024) bezeichnete „Hayflick-Limit" erreicht.[85] Damit ist offensichtlich: Wären Keimzellen nicht in der Lage, ihre Telomerlänge durch die Aktivität der Telomerase zu erhalten, würde auch für sie das Hayflick-Limit gelten, und die

Evolution des eukaryotischen Lebens wäre bereits nach 50 bis 52 Generationen zu Ende gewesen.

Aber nicht nur Keimzellen, sondern auch die aus diesen entstehenden Körperzellen, die unseren Organismus bilden, benötigen die Telomerase. Die Theorie besagt, dass die Lebenserwartung umso höher ist, je länger die gesunden Telomere erhalten bleiben. Die Telomerlänge in unseren Körperzellen ist daher ein Maß für unser biologisches Alter, das durch unseren Lebensstil über die Aktivierung der Telomerase beeinflusst wird.[86] Die Abnahme der Telomerlänge wäre demnach kein Indikator für eine unvermeidbare chronologische Alterung, sondern in erster Linie für eine biologische Alterung, die wir selbst bis zu einem gewissen Grad – schließlich lebt niemand ewig – beeinflussen können.[87] Ab einer kritischen Telomerlänge sind wir schließlich weniger in der Lage, alte oder beschädigte Zellen zu ersetzen, was das Risiko für viele Krankheiten erhöht, für die wir bisher nur das Altern an sich, nicht aber die Art und Weise, wie wir altern, verantwortlich machen.[88] Eine vermeintlich unvermeidliche Verkürzung der Telomere in unseren Körperzellen mit jeder Zellteilung und damit ein schnelles biologisches Altern widerspricht auch dem Konzept der Evolution der Großmutter, wonach wir auch im Alter noch einen wertvollen Beitrag zum Überleben der Familie leisten können – was durch die vielen ebenso vermeintlich „altersbedingten" Krankheiten, die heute die unnatürliche Normalität darstellen, weitgehend verhindert wird. Auch der Vitalstoff Lithium reguliert über seine spezifischen Targets die Telomerase und sorgt so für eine Verlängerung der Telomere. Auf diese Weise schafft er eine Grundvoraussetzung für Langlebigkeit im Sinne der „Evolution der Großmutter".[89]

Die Seneszenz von Körperzellen führt zu einem sogenannten Seneszenz-assoziierten sekretorischen Phänotyp (SASP), gekennzeichnet durch eine erhöhte Freisetzung von proinflammatorischen Botenstoffen und vielen weiteren bioaktiven Stoffen; neben Krebserkrankungen fördert dieser Phänotyp auch neurodegenerative Prozesse. Tatsächlich wurde an menschlichen Gehirnzellen gezeigt, dass mikrodosiertes Lithium sowohl direkt die Seneszenz (über Aktivierung der Telomerase) als auch direkt den SASP unterdrückt.[90] Dies ist wichtig für die Aufrechterhaltung der Funktionen des mentalen Immunsystems, dessen Zentrum der Hippocampus bzw. eine produktive adulte hippocampale Neurogenese ist. Um daher kognitiv bis in höchste Alter leistungsfähig zu bleiben, muss der Hippocampus lebenslang neue Nervenzellen bilden können, weshalb er wenig überraschend die höchste Telomeraseaktivität im Gehirn aufweist.[91] Längere Telomere korrelieren auch mit dem Hippocampusvolumen. So zeigt eine Studie, dass die Verlängerung der Telomere die Teilungsfähigkeit menschlicher Hippocampus-Vorläuferzellen erhöht, was sich positiv auf die kognitiven Funktionen des Menschen auswirkt und dazu beiträgt, das mentale Immunsystem bis ins hohe Alter intakt zu halten – ebenfalls im Sinne der „Evolution der Großmutter".[92] In einem Tiermodell für Depression konnte gezeigt werden, dass eine Dysregulation der Telomere im Hippocampus die Wahrscheinlichkeit depressiven Verhaltens erhöht.[93] Beim Menschen konnte bestätigt werden, dass ein Funktionsverlust des mentalen Immunsystems die Folge eines Aktivitätsverlustes der hippocampalen Telomeraseaktivität infolge eines nicht artgerechten Lebensstils ist.[94] Aktuelle Längsschnittdaten stützen diesen fatalen Zusammenhang ebenfalls und zeigen, dass eine stärkere Verkürzung der Telomere bei älteren Menschen mit einem stärkeren Verlust des Hippocampusvolumens einhergeht.[95] In diesem Zusammenhang ist noch zu erwähnen, dass bspw. die bipolare Störung mit verkürzten Telomeren einhergeht und Lithium über eine Aktivierung der Telomerverlängerung einen positiven Einfluss auf diese Erkrankung hat.[96] Kürzere Telomerlängen korrelieren mit der Entwicklung von Anomalien der Hirnstruktur und sind funktional mitverantwortlich für Stimmungsstörungen.[97] Damit die adulte hippocampale Neurogenese und damit das mentale Immunsystem zumindest nicht unter einem kurzfristig ernährungsbedingten Lithiummangel leiden – und das unterstreicht die evolutionsbiologische Bedeutung dieser Funktionen –, besitzt diese nervenzellbildende Region die Fähigkeit, dieses Spurenelement selektiv anzureichern (siehe Argument 3).[98]

Circadianer Rhythmus: Lithium reguliert über sogenannte „Uhrenproteine" den circadianen Rhythmus, d.h. die Fähigkeit unseres Organismus, alle physiologischen Prozesse auf eine Periodenlänge von etwa 24 Stunden zu synchronisieren. Das Zentrum des circadianen Systems ist das suprachiasmatische Kerngebiet: Das ist eine Anhäufung von Nervenzellen, die direkt über (lateinisch *supra*) der Kreuzung (altgriechisch *chíasma*) der Sehnerven liegt. Über sie erhält der zentrale circadiane Regulator Informationen über das Tageslicht, um unsere innere Uhr mit dem Tag-Nacht-Rhythmus zu synchronisieren. Insbesondere das Lithiumtarget GSK-3 scheint dabei eine zentrale Rolle zu spielen, da es viele andere Uhrenproteine reguliert und somit für die Periodizität des inneren Uhrenmechanismus von grundlegender Bedeutung ist.[99] Fehlreguliertes GSK-3 führt zu Störungen im circadianen Rhythmus, was u.a. Schlafstörungen und in Folge hippocampale Störungen verursacht. Diese erhöhen z.B. das Risiko, an Alzheimer zu erkranken. Darüber hinaus wurden verschiedene Uhrenproteine, die an der Erzeugung des inneren Biorhythmus beteiligt sind, auch ursächlich mit der Entstehung der bipolaren Störung in Verbindung gebracht. Lithium nimmt auf diese Weise auch Einfluss auf die Qualität unseres Schlafs, der wiederum mit entscheidend ist für eine normale adulte hippocampale Neurogenese und somit für ein funktionierendes mentales Immunsystem, was wiederum vor Alzheimer schützt.[100] Der regulierende Einfluss von Lithium auf den circadianen Rhythmus könnte ebenfalls ein wesentlicher Aspekt der therapeutischen Wirkung bei Patienten mit bipolarer Störung sein; schließlich wird ein dysfunktionaler Schlaf-Wach-Rhythmus als eine zentrale Ursache dieser psychischen Erkrankung diskutiert.[101]

Neurogenese: Lithium steuert die Neubildung von Nervenzellen im Gehirn.[102] Dies sowohl indirekt über die Hemmung der Neuroinflammation (siehe oben und ausführlich in Kap. 4), aber auch direkt: Lithium aktiviert sowohl den *Nerve Growth Factor* (NGF)[103] als auch einen weiteren Master-Wachstumsfaktor für Nervenzellen im Gehirn, den *Brain-Derived Neurotrophic Factor* (BDNF)[104]. Beide sind nicht nur sehr wichtige hormonelle Aktivatoren der adulten hippocampalen Neurogenese, sondern zugleich Schutzfaktoren gegen Apoptose.[105] Dagegen blockiert GSK-3, wenn es hyperaktiv ist bzw. nicht auf natürliche Weise durch Lithium gehemmt wird, die Freisetzung von BDNF und damit über diesen Mechanismus auch die adulte hippocampale Neurogenese – mit der Folge, dass das mentale Immunsystem nicht mehr adäquat funktioniert und eine lange Liste an Zivilisationskrankheiten droht.[106] Ein durch Lithiummangel dysreguliertes Lithiom hemmt somit die adulte hippocampale Neurogenese und fördert den zellulären Suizid. Dies ist insbesondere für die neuen hippocampalen Nervenzellen höchst problematisch, solange sie noch nicht durch eine vollständige Integration ins hippocampale Netzwerk vor einer Aktivierung des Suizidprogramms geschützt sind.[107] Nervenzellen sind gewissermaßen „soziale Wesen“, die solange einen Überlebenswillen haben, wie sie mit anderen Nervenzellen synaptisch verbunden sind und über diese ein Signal erhalten im Sinne von: „Wir benötigen dich“.

Lithium im Zentrum des mentalen Immunsystems

Alle biologischen Funktionen des Lithioms schaffen die Grundvoraussetzungen für das Leben selbst, aber auch für eine gesunde Gehirnentwicklung und den Erhalt unserer geistigen Fähigkeiten bis ins höchste Lebensalter. Dies gilt insbesondere für eine lebenslang pro-

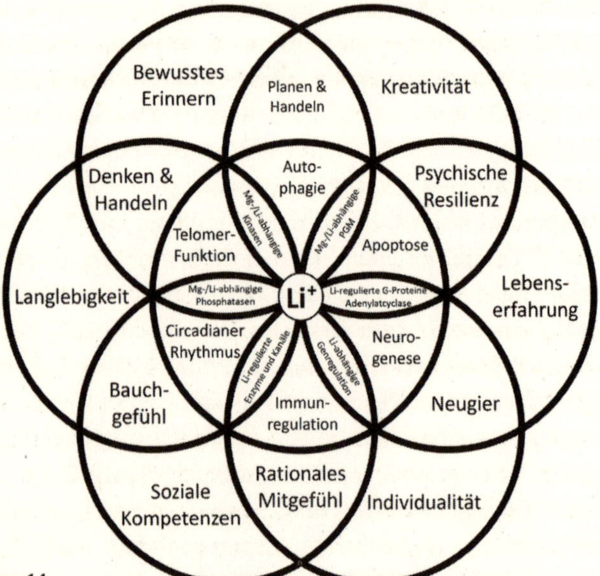

Abbildung 14

duktive adulte hippocampale Neurogenese. Somit hat Lithium letztendlich über das Lithiom und dessen Funktionen grundlegende Auswirkungen auf alle Aspekte eines effektiven und funktionierenden mentalen Immunsystems, wie in Abb. 14 schematisch anhand des Lithiumatomkerns (siehe *Essentielle Vorbemerkungen*) dargestellt.

Die Grundgesetze des Lebens sind natürlich auch hier zu beachten: Viele Mangelzustände und viele Schadstoffe können die hier genannten und viele weitere entscheidende Funktionen und damit das mentale Immunsystem beeinträchtigen. Aber selbst dann, wenn wir alle anerkannten natürlichen Bedürfnisse befriedigen und bekannte toxische Einflüsse minimieren, kann ein bestehender, fatalerweise meist auch unentdeckter Lithiummangel zu einer Dysregulation des Lithioms führen. Essentielles Lithium ist, und das möchte ich hier nochmals betonen, kein Allheilmittel und deshalb immer im Kontext eines systemischen Verständnisses der menschlichen Natur zu sehen. Dennoch wird heute gerade ein Lithiummangel, weil seine Bedeutung als essentielles Spurenelement nicht anerkannt wird, bei sehr vielen Menschen zum Hauptfaktor für eine Dysfunktion des mentalen Immunsystems. Der wesentliche Einfluss von Lithium auf seine Targets im Kontext eines bestehenden, oft gravierenden Mangels erklärt, warum bereits geringe Konzentrationsunterschiede von Lithium im Trinkwasser einen so enormen Einfluss auf unsere psychische Gesundheit haben, wie im vorherigen Unterkapitel anhand von epidemiologischen Studien ausführlich dargestellt wurde.

Somit besteht eine geschlossene Kausalkette vom essentiellen Lithium über das durch das Spurenelement regulierte Lithiom und seine vielfältigen Funktionen bis hin zur Entwicklung und Funktion des mentalen Immunsystems. Daraus lässt sich leicht erklären, warum ein chronischer Lithiummangel diese verheerenden Auswirkungen auf die psychische Gesundheit und die geistige Leistungsfähigkeit hat. Dies gilt auch für die zahlreichen pathophysiologischen Effekte, die je nach Zeitpunkt des Mangels entweder zu einer Störung der hippocampalen Entwicklung oder zu einer Desaktivierung der adulten hippocampalen Neurogenese – meist zu beidem – führen. Damit wird auch deutlich, wie die unter dem Begriff „Mentales Immundefizienz-Syndrom“ zusammengefasste Problematik nicht nur für die betroffenen Individuen, sondern als „soziale Immundefizienz“ auch für die Gesellschaft unangenehme Folgen hat.

Im Umkehrschluss bedeutet dies jedoch, dass all diese neuropsychiatrischen Entwicklungsstörungen, Verhaltensauffälligkeiten, neurologischen und neurodegenerativen Erkrankungen durch essentielles Lithium im Rahmen einer artgerechten Lebensweise mit hoher Wahrscheinlichkeit vermeidbar wären, wie wir in Kap. 4 noch ausführlich diskutieren werden. Damit ist auch Argument 2 für die essentielle Bedeutung von Lithium gut belegt. Wir können festhalten:

Eine durch einen Mangel an essentiellem Lithium verursachte Dysregulation des Lithioms steht in kausalem Zusammenhang mit neuropsychiatrischen Entwicklungsstörungen und psychischen bis hin zu neurodegenerativen Erkrankungen, die wir als Mentales Immundefizienz-Syndrom zusammenfassen.

ARGUMENT 3: Bedarfsgemäß regulierte Lithiumionenverteilung

Lithiumakkumulation in neurogenen Zonen

Essentielle Spurenelemente zeichnen sich dadurch aus, dass sie für biologisch lebenswichtige Funktionen zwingend benötigt werden. Daher muss es dem Organismus möglich sein, trotz tageszeitlicher und ernährungsbedingter Schwankungen des Umsatzes (durch eine erhöhte oder verminderte Aufnahme oder Ausscheidung), eine relativ stabile Konzentration in den lebenswichtigen Organen aufrechtzuerhalten. Entsprechend werden die Konzentrationen, z.B. von Natrium-, Kalium-, Calcium-, Eisen-, Chlorid- oder Magnesiumionen, im Blut und in der extrazellulären Flüssigkeit notwendigerweise durch hochselektive Kanalsysteme und aktive Transporter in den Zellmembranen streng reguliert. Es lässt sich aber zeigen, dass auch die Lithiumverteilung in Organismen selektiv reguliert wird. Dies ist eine Grundvoraussetzung für die essentielle Funktion dieses bislang verleugneten Spurenelements.

Bereits Ende des 19. Jahrhunderts war bekannt, dass es im menschlichen Embryonalgewebe zu einer natürlichen Lithiumanreicherung kommt. Gerhard Schrauzer vermutete schon in einem 2002 publizierten Artikel, dass dieses Phänomen als Hinweis auf die wesentliche Funktion von Lithium verstanden werden darf, als er schrieb: „Die Tatsache, dass die embryonalen Lithiumkonzentrationen während der frühen fetalen Entwicklung am höchsten sind, deutet auf einen spezifischen Bedarf hin."[108] Was könnte aber der Grund für den erhöhten Bedarf sein? Da embryonale und vor allem fetale Zellen eine hohe Zellteilungsrate aufweisen, benötigen sie von Natur aus eine hohe Telomeraseaktivität.[109] Lithium aktiviert die Telomerase über Proteine des Lithioms, z.B. durch Hemmung von GSK-3, wie wir im vorherigen Kapitel ausführlich besprochen haben.[110] Tierversuche haben entsprechend auch gezeigt, dass Lithium eine Rolle bei der Vergrößerung des Stammzellpools spielt (was nur mit hoher Telomerase-Aktivität machbar ist), aus dem sich alle Körperzellen entwickeln.[111] Bei Mäusen stimuliert Lithium auf diese Weise die Vermehrung von Stammzellen und Vorläuferzellen des blutbildenden Systems.[112] Ohne eine funktionierende Telomerase und ausreichend Lithium und die damit verbundene sofortige Reparatur der Chromosomenenden nach jeder Zellteilung würden immer weniger neue Zellen gebildet, die zum Organwachstum beitragen könnten, und kein Fötus könnte sich gesund entwickeln. Deshalb hatte ein künstlich erzeugter Lithiummangel im Tierexperiment fatale Konsequenzen: Es kamen bei trächtigen Ratten und Ziegen unter Lithiummangel (obwohl dieser noch nicht absolut war!) signifikant weniger Nachkommen zur Welt, und diese hatten erwartungsgemäß ein enorm reduziertes Geburtsgewicht, wie wir später noch ausführlicher diskutieren werden.[113]

In diesen Tierexperimenten wurde u.a. eine organspezifische Anreicherung der wenigen lebenden Nachkommen untersucht, die weiterhin unter der lithiumarmen Diät gehalten wurden. Dabei zeigten sich in der ersten Generation der lithiummangelernährten Tiere in einigen Organen aber nur vergleichsweise moderate Konzentrationsabnahmen. Im Hirngewebe (und in der Schilddrüse) dieser Tiere kam es sogar zu einer Überkompensation, d.h. die Lithiumkonzentrationen waren dort sogar etwas höher als bei Tieren, die nicht unter Lithiummangel aufgewachsen waren; schließlich kam es aufgrund der extremen Mangelsituation ab der zweiten Generation auch dort zu einem Konzentrationsabfall. Dies ist ein starker Hinweis darauf, dass die Funktion des Gehirns von Lithium abhängt und die Natur sich eines sehr effizienten aktiven Transportmechanismus bedient, der dafür sorgt, dass in diesen Geweben auch bei einem Mangel an Lithium in der Ernährung dessen regulativer Einfluss zumindest nicht sofort verlorengeht, bis die Mangelsituation überwunden ist. Es zeigt aber auch, dass unter Lithiummangel weniger an dem essentiellen Spurenelement ausgeschieden wird, ansonsten wären die organspezifischen Konzentrationsabnahmen wesentlich ausgeprägter gewesen. In den Nieren muss es daher einen aktiven Rücktransport von Lithium geben.

Die Lithiumkonzentration in Gesteinen, Böden und Süßwasser ist von Ort zu Ort sehr unterschiedlich.[114] Wenn Lithium also essentiell ist, wäre davon auszugehen, dass Organismen die Fähigkeit entwickelt haben, die Lithiumkonzentration in den Organen bzw. Zellen, in denen es seine Funktionen ausübt, auch bei schwankender Zufuhr einigermaßen stabil zu halten; Ziegen und Ratten gelang dies offensichtlich auch schon unter extremen experimentellen Bedingungen. Entscheidend für die Wirkung von Lithium aufgrund seines intrazellulären Wirkorts ist also nicht die Blutkonzentration (die bei Mangel relativ rasch absinkt), sondern die Zellkonzentration, die offensichtlich durch Regulation auf einem höheren Niveau gehalten wird – zumindest bis das Lithiumionen-Transportsystem aufgrund des anhaltenden Mangels im Blut an seine Grenzen stößt. Die Blutkonzentration, auf die wir im nächsten Kapitel näher eingehen werden, ist somit nur ein Surrogatparameter (von lat. *surrogatum* für Ersatz). Das bedeutet, sie ist eine leicht zu messende Ersatzgröße für die schwierig zu bestimmende Zellkonzentration, auf die es eigentlich ankommt – sagt aber aufgrund der beschriebenen Regulationsmechanismen nur bedingt etwas über die intrazelluläre Lithiumkonzentration aus.

Lithium hat im Vergleich zu den meisten anderen essentiellen Spurenelementen, wie z.B. Selen oder Zink, aufgrund dieser Regulation der zellulären Konzentration also eine sehr große „essentielle Breite“ (wir werden das noch ausführlicher besprechen). In der Tat können die Zufuhrmengen je nach Nahrungsangebot zwischen einigen µg und einigen mg Lithium schwanken, also um etwa das Tausendfache (das sind drei Zehnerpotenzen bzw. Größenordnungen). Innerhalb dieses relativ breiten Rahmens sorgen die Regulationssysteme zumindest kurzfristig dafür, dass sich die intrazellulären Konzentrationen nicht dramatisch ändern und sich damit deutliche Veränderungen in der Steuerung bedeutender Körperfunktionen ergeben, die nicht von tagtäglichen Schwankungen der nahrungsbedingten Lithiumzufuhr abhängen sollten. Zufuhrmengen im medikamentösen Bereich von mehreren hundert mg sind jedoch völlig unnatürlich und überfordern diese Systeme, was sogar in einer schweren Vergiftung resultieren kann.

Die Fähigkeit, Lithium im Gewebe anzureichern, hat die Evolution nicht erstmals in Ziegen und Ratten hervorgebracht; diese hat sich bereits mit dem Leben im Meer entwickelt, denn es sind auch Muscheln und Fische dazu in der Lage. Hier deutet sich bereits eine Antwort auf die Frage an, der wir später noch ausführlich nachgehen, wo und wann in der Evolution des Menschen und seines mentalen Immunsystems eine ausreichende Lithiumversorgung noch auf natürliche Weise gewährleistet war. Hier nur so viel: Während Lithium im Meerwasser durchschnittlich in einer Konzentration von etwa 0,175 mg/l gemessen wird, wurden bei Arten wie Sardinen und Sardellen in Kopf und Wirbelsäule (bzw. Gehirn und Rückenmark) sogar Werte von bis zu 2,8 mg/kg gefunden. Dies entspricht einer etwa 16-fachen selektiven Anreicherung im Vergleich zum Meerwasser und einer bis zu 20-fachen Anreicherung von Lithium im Vergleich zum Muskelgewebe – dort ist die Lithiumkonzentration im Vergleich zum Meerwasser sogar etwas geringer.[115] Das Nervengewebe scheint also schon bei Meereslebewesen einen erhöhten Lithiumbedarf zu haben, wodurch jene Ur-Fische einen Selektionsvorteil erfahren haben dürften, die durch zufällige Mutationen ein entsprechend leistungsfähiges Lithiumtransportsystem entwickelt haben. Man könnte sogar vermuten, dass erst durch die Entwicklung effizienter Lithiumtransportsysteme leistungsfähigere Gehirne entstehen konnten.

Eine im Jahr 2017 publizierte Studie an Mäusen zeigt zudem sehr eindrucksvoll, dass bei ihnen sogar eine hochselektive hirnregionsspezifische Lithiumakkumulation stattfindet. Die Anreicherung wurde insbesondere für jene Nervenzellareale nachgewiesen, in denen auch bei erwachsenen Tieren noch eine aktive Neurogenese stattfindet.[116] Zu diesen Regionen gehört bei der Maus, wie auch beim Menschen, der sogenannte *Gyrus dentatus* (deutsch: Zahnwindung) im Hippocampus. Bei der Maus gehört auch noch die sogenannte subventrikuläre Zone (SVZ) dazu. Dort werden auch noch bei erwachsenen Tieren neue Nervenzellen gebildet.[117] Von dort aus wandern sowohl neue, noch nicht integrierte Nervenzellen, als auch ihre Vorläuferzellen, die sich weiter teilen oder vermehren, über den sogenannten rostralen (nach vorne gerichteten) Migrationsstrom (RMS) ins Riechhirn, wo sie zum Geruchsgedächtnis beitragen. Nach Verabreichung von Lithium in Dosierungen, wie sie für die Behandlung der bipolaren Störung typisch sind, zeigt sich bei der Maus in allen diesen vier neurogenen Hirnregionen eine etwa zehnfach höhere – und damit selektive – Anreicherung des Spurenelements im Vergleich zu anderen Hirnregionen, wie z.B. dem Kleinhirn, in dem keine adulte Neurogenese stattfindet (siehe Abb. 15).

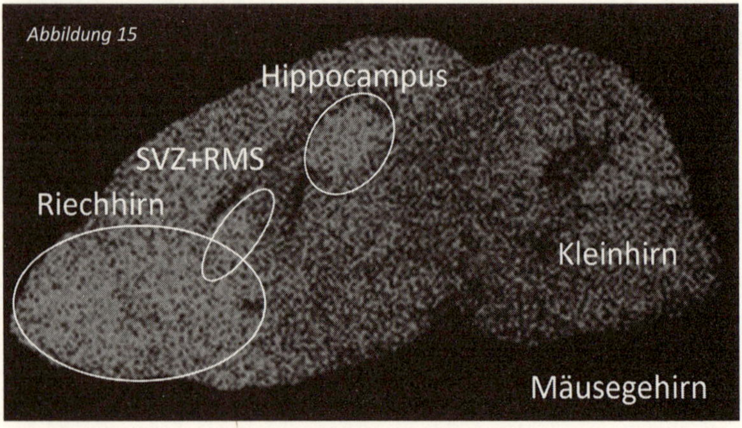

Die Hirnregionen, in denen die adulte hippocampale Neurogenese stattfindet, sind zugleich die zentralen Areale für Entwicklung und Aufrechterhaltung der Funktion des mentalen Immunsystems. Eine entsprechende Anreicherung von Lithium in dem bei uns Menschen relevanten Areal wurde im Jahr 2020 nachgewiesen.[118] Hier konnte sogar eine relativ höhere Anreicherung im linken im Vergleich zum rechten Hippocampus aufgezeigt werden. Warum das so ist, werden wir gleich noch sehen, aber jetzt schon können wir aus der Tatsache schlussfolgern: Die Anreicherung von Lithium in bestimmten Hirnarealen ist nicht zufällig. Die „Hypothese eines aktiven Lithiumtransports im Gehirn" wird durch diesen Befund also unterstützt, so auch die Autoren der Studie.[119] Das Schlüsselwort zum Verständnis der Tragweite des Befundes ist „aktiv", denn die selektive Anreicherung durch Ionentransport erfordert Energie. Eine Grundregel der Evolutionsbiologie besagt, dass ein Mechanismus, für den verschiedenste Organismen auf unterschiedlichen Evolutionsstufen seit Hunderten von Millionen Jahren kontinuierlich Energie aufwenden, sich nur dann über einen so langen Zeitraum erhalten kann, wenn keine Mutation ihn eliminieren kann, ohne die Überlebensfähigkeit der Organismen zu beeinträchtigen oder sie in ihrer Existenz zu gefährden. Da diese aktive Akkumulation nicht nur beim Menschen, sondern auch bei zahlreichen anderen Tierarten nachgewiesen wurde, ist entsprechend davon auszugehen, dass damit ein Selektionsvorteil einhergeht.

Die aktive Anreicherung von Lithium, insbesondere im linken Hippocampus, dient also offensichtlich einem evolutionsbiologischen Zweck. Einen Hinweis darauf, wozu dies gut sein könnte, erhält man, wenn man die Funktionen des linken Hippocampus im Vergleich zum rechten Hippocampus näher betrachtet, was wir im Folgenden tun werden.

Direktionale Lateralisierung eines leistungsfähigeren Gehirns

Eine „direktionale Lateralisierung bzw. Verseitlichung" liegt dann vor, wenn Organe, Funktionen oder Aktivitäten (z.B. sprachliche Prozesse im Gehirn) tendenziell oder komplett auf einer der beiden Körperseiten verortet werden. Obwohl der Mensch wie die meisten Tiere von außen symmetrisch erscheint, sind die inneren Organe wie Leber, Milz oder Darm „lateralisiert".[120] In dem Artikel *Hemisphärische Lateralisation und kognitive Fähigkeiten* beschreibt die emeritierte Professorin für Gehirn- und Verhaltensforschung, Lesley J. Rogers, dass man aufgrund des symmetrischen Aussehens des Gehirns lange Zeit davon ausging, dass die linke und die rechte Gehirnhälfte gleich seien und gleich funktionierten. Doch dies sei ein Fehlschluss gewesen, schreibt Rogers: „Von den kleinen Gehirnen der Insekten bis zu den unterschiedlich großen Gehirnen der Wirbeltiere, einschließlich des Menschen, verarbeiten die linke und die rechte Seite des Gehirns Informationen unterschiedlich und steuern unterschiedliche Verhaltensmuster."[121] Diese Lateralisierung vermeidet nach Rogers die Duplikation von Rechenvorgängen und erhöht damit die kognitive Gesamtkapazität.

Eigentlich wäre es unerheblich, welche Hirnhälfte welche Funktion übernimmt, und doch scheint sich beim Menschen eine „direktionale" Tendenz herausgebildet zu haben. Auch wenn das Gehirn jedes Menschen unterschiedlich ist und die vermeintlichen Regeln nur statistische Tendenzen wiedergeben, kann man doch grob davon ausgehen, dass bei den meisten Menschen die linke Gehirnhälfte eher bewusst rationale, sprachliche, analytische, zeitlich lineare und logische Prozesse verarbeitet. Die rechte Gehirnhälfte hingegen verarbeitet Reize ganzheitlich, bildhaft, intuitiv, zeitlos, dafür aber räumlich, emotional und stärker körperlich orientiert.[122] Diese Tendenz spiegelt sich statistisch auch in den Funktionen der beiden Hippocampi wider. Es wird deshalb vermutet, dass die Lateralisierung des menschlichen Hippocampus in erster Linie durch die funktionelle Lateralisierung der Gehirnhälften bedingt ist. Während die linke Hirnhälfte somit für die Sprachverarbeitung zuständig ist, leistet die rechte Hemisphäre einen größeren Beitrag zur visuellen Aufmerksamkeit. Werden semantische Informationen relevant, wird der linke Hippocampus aktiv. Sind räumliche Informationen von Bedeutung, unterstützt deren Verarbeitung der rechte Hippocampus.[123] Der rechte Hippocampus scheint vor allem am Ortsgedächtnis beteiligt zu sein, während der linke Hippocampus eher am situationsabhängigen episodischen oder autobiographischen Gedächtnis beteiligt ist. Somit wird der rechte Hippocampus als Speicher für räumliche Beziehungen angesehen, wohingegen der linke Hippocampus die Funktion hat, Beziehungen zwischen verschiedenen sprachlichen Inhalten in Form von Erzählungen zu speichern.[124] Dies bestätigen auch Studien an Patienten mit entweder einseitigen oder beidseitigen Läsionen des Hippocampus.[125] Entsprechend schreiben die Autoren in dem im Jahr 2023 publizierten Artikel *Lateralisation des Hippocampus: Eine Übersicht über molekulare, funktionelle und physiologische Eigenschaften bei Gesundheit und Krankheit*, „dass beide Seiten des Hippocampus unterschiedlich funktionieren und unterschiedlich von neuronalen Erkrankungen betroffen sind".[126]

Linker Hippocampus: Zentrum des mentalen Immunsystems?

Durch seinen Beitrag zum bewussten, rationalen und sprachlichen Denken scheint der linke Hippocampus (aufgrund der direktionalen Lateralisierung) für die Funktion des mentalen Immunsystems entscheidender zu sein als der rechte Hippocampus. Die Studiendaten zeigten zwar eine im Durchschnitt stärkere Lithiumanreicherung im linken Hippocampus, doch in seltenen Fällen – das möchte ich hier nochmals ausdrücklich betonen – kann der rechte Hippocampus diese Funktion übernehmen. Dies ist aber eher selten. Dazu passt die klinische Beobachtung, dass der linke Hippocampus bei neuropsychiatrischen Erkrankungen statistisch gesehen häufiger als der rechte Hippocampus Anomalien aufweist. Dies legt nahe, dass der linke Hippocampus – der, wie wir gesehen haben, am konsistentesten und am meisten Lithium akkumuliert – auch eine entscheidendere Rolle für ein funktionierendes mentales Immunsystem und damit einen bedeutenden Teil der kognitiven Kapazitäten von Menschen spielt. Wenn Lithium vom Körper aktiv in dieser für das mentale Immunsystem wichtigen Region angereichert wird, liefert dies im Umkehrschluss eine Erklärung, weshalb ein Lithiummangel ursächlich zum Mentalen Immundefizienz-Syndrom beiträgt.

Für die Frage eines kausalen Zusammenhangs zwischen Lithiummangel und den Erkrankungen, die ich unter dem Mentalen Immundefizienz-Syndrom zusammenfasse, ist interessant, dass die Autoren der Studie am Menschen darauf hinweisen, dass ihre funktionelle Bildgebung mit dem linken Hippocampus genau diejenige subkortikale (unter der Gehirnrinde befindliche) Struktur identifiziert hat, die in aktuellen neuronalen Modellen der emotionalen Dysregulation bei der bipolaren Störung eine zentrale Rolle spielt.[127] Zudem stellen die Autoren fest: „Die Identifizierung einer konstant hohen normalisierten [mit statistischer Methodik errechneten] Lithiumkonzentration speziell in einer Region [linker Hippocampus] ist daher ein interessantes Ergebnis und unterstützt die Hypothese, dass Lithium die Neurogenese fördert." Und auch die Autoren der entsprechenden Studie bei Mäusen schreiben: „Der Grund, warum sich Lithium bevorzugt in begrenzten Hirnregionen verteilt, ist unbekannt, aber [...] unsere Ergebnisse unterstützen die Hypothese, dass Lithium die Homöostase neurogener [nervenzell-produzierender] Regionen reguliert, was zu einem besseren Verständnis der schwer fassbaren Mechanismen der Lithiumwirkung im Gehirn beiträgt."[128]

Eine von vielen Lithiumfunktionen, die hierbei eine Rolle spielen, könnte, wie schon zuvor besprochen, die lithiumabhängige Aktivierung der Telomerase sein.[129] In dem 2019 publizierten Artikel *Die polygene Natur der Telomerlänge und die Anti-Aging-Eigenschaften von Lithium* vertreten die Autoren die Auffassung, „dass Lithium die Aktivität endogener [körpereigener] Mechanismen katalysieren könnte, die die Verlängerung der Telomere fördern".[130] Ein Review-Artikel aus dem Jahr 2020 liefert eine mechanistische Erklärung für diesen Zusammenhang: „Insgesamt deuten unsere Ergebnisse darauf hin, dass die Telomerverkürzung ein Mechanismus sein könnte, der die Vermehrungsfähigkeit menschlicher Hippocampus-Vorläuferzellen hemmt, was wiederum Auswirkungen auf die kognitive Funktion des Menschen und die Pathophysiologie [die krankhaften Veränderungen und deren Entstehung] psychiatrischer Störungen haben könnte."[131] Dies ist ein weiterer Hinweis darauf, warum die Lithiumanreicherung gerade in dieser Hirnregion funktionell bedeutsam ist für ein intaktes mentales Immunsystem.

Aufgrund bildgebender Verfahren weiß man schon seit einigen Jahren, dass die neuropathologischen Prozesse bei Patienten mit bipolarer Störung nicht symmetrisch ablaufen. So ist insbesondere das Volumen des linken Hippocampus im Mittel meist deutlich kleiner als bei gesunden Kontrollpersonen.[132] Diese Ergebnisse werden unterstützt durch die schon zuvor erwähnten Studien, die gezeigt haben, dass Patienten mit bipolarer Störung, die mit Lithium behandelt wurden, ein größeres Volumen des linken Hippocampus hatten als

Patienten, die keine oder eine andere Behandlung erhielten.[133] Dies ist von großer Bedeutung, da – wie ein deutsches multizentrisches Forschungsteam im Jahr 2022 feststellte – sehr wahrscheinlich nicht nur die bipolare Störung auf einer hippocampalen Reife- und Funktionsstörung basiert, die auf einen Lithiummangel zurückzuführen sein könnte; auch die schwere Depression (*Major Depressive Disorder*), die Schizophrenie bzw. die schizoaffektive Störung haben überschneidende Symptome, Risikofaktoren und biologische Merkmale, obwohl sie auf den ersten Blick unterschiedliche Krankheitsbilder sind.[134] Der gemeinsame Nenner auf neuropathologischer Ebene ist nach ihren Forschungsergebnissen ein selektiver Volumenverlust des linken Hippocampus im Vergleich zu gesunden Kontrollpersonen. Um die gemeinsame Ursache neuropsychiatrischer Störungen – wie der bipolaren Störung, der Depression und der Schizophrenie – besser zu verstehen gilt es jetzt, Gemeinsamkeiten dieser Erkrankungen statt der diagnostischen Unterscheidungen in den Fokus zu nehmen. So ist neben der selektiven Entwicklungsstörung und/oder Schrumpfung des linken Hippocampus die dort stattfindende selektive Lithiumakkumulation ein weiterer gemeinsamer Nenner. Wenn diese beiden Phänomene tatsächlich in einem kausalen Zusammenhang stehen – was aufgrund der Funktion des Lithioms der Fall zu sein scheint – würde dies eine weitere Erklärung dafür liefern, wie und warum ein Lithiummangel das Mentale Immundefizienz-Syndrom verursacht und auch auf den naheliegendsten therapeutischen Ansatz hindeuten. Die Liste an neuropsychiatrischen Entwicklungsstörungen und psychischen Erkrankungen aus dem Formenkreis des Mentalen Immundefizienz-Syndroms, bei denen der linke im Vergleich zum rechten Hippocampus stärker an Volumen verliert, ist indes deutlich länger. Zu diesen gehören:

- Autismus-Spektrum-Störungen (ASS)[135]
- Bipolare Störung
- Schizophrenie
- Störung des Sozialverhaltens[136]
- Schwere Depression (*Major Depressive Disorder*)
- Posttraumatische Belastungsstörung[137]

Wir werden einige dieser hippocampalen Funktionsstörungen ausführlicher in Kap. 4 im Kontext einer systemischen bzw. kausalen Prävention und Therapie besprechen. Die meines Erachtens hochinteressante Frage, die an dieser Stelle noch zu beantworten ist, lautet: Kennt man lithiumspezifische Transporter?

Lithiumtransporter und Lithiumkanäle

„Es scheint", so schreiben die Autoren des Übersichtsartikels *Auf dem Weg zu einem einheitlichen Verständnis der Lithiumwirkung in der Grundlagenbiologie und ihrer Bedeutung für die angewandte Biologie*, „dass Lithium zunächst die molekulare und dann die biologische Evolution des Lebens maßgeblich beeinflusst hat und dass wichtige Elemente des Lithiumtransports und der Modulation biochemischer Funktionen allen Klassen lebender Systeme gemeinsam sind".[138] Tatsächlich könnte Lithium eine wesentliche Rolle bei der Entstehung des Lebens gespielt haben. Voraussetzung dafür wäre, dass sich entsprechende Lithiumtransportmechanismen bereits zu Beginn der Evolution entwickelt haben. Ihre Entwicklung könnte sogar eine notwendige Voraussetzung für die Entstehung des Lebens gewesen sein. Kann man diese These auf Grundlage unseres Wissens über die Entstehung des Lebens glaubhaft darstellen? Mittlerweile festigt sich die These, dass die Vorstufe des Lebens aus Netzwerken sich selbst replizierender RNA-Moleküle bestand.[139] Dieser Gedanke ist aus molekularbiologischer Sicht insofern plausibel, als die RNA ein Multitalent ist. Während die DNA, aus der unser Erbgut besteht, nur Informationen speichert und Proteine, deren Baupläne in den Genen kodiert sind, meist nur strukturelle oder enzymatische Funktionen haben, aber keine Informationen kodieren, kann die RNA beides: Informationen speichern und enzymatische Funktionen ausüben. In einer derartigen uranfänglichen Welt würde zunächst nur biochemisch aktive, sich selbst reproduzierende und damit gewissermaßen „lebende" RNA vorkommen – sie wäre der Vorläufer des zellulären Lebens, wie wir es kennen. Entscheidend für die Entstehung einer derartigen vorbiotischen RNA-Welt wäre der Theorie zufolge die Selbstproduktion und Selbstreplikation ausreichend langer RNA-Moleküle. Simulationen einer solchen selbstkatalysierten

RNA-Produktion ergaben, dass Lithium als essentieller Co-Faktor besser geeignet ist als Natrium.[140] Lithium könnte also in der Tat schon zu Beginn der lebensformenden Prozesse eine entscheidende Rolle gespielt haben. Diese dürfte sich dann beim Entstehen zellulären Lebens mit der ersten Ur-Zelle (siehe Argument 4) fortgesetzt haben. Dazu aber musste Lithium Zellwände oder Zellmembranen durchdringen können, um an intrazellulären Prozessen mitwirken zu können. Und tatsächlich gibt es mittlerweile gute Hinweise, dass Bakterien Lithium aus einem wässrigen Medium aufnehmen können und somit über aktive Transportsysteme für dieses Spurenelement verfügen.[141]

Für einige dieser bakteriellen Lithiumtransporter wurden entsprechende orthologe Familienmitglieder auch beim Menschen identifiziert.[142] Orthologe Proteine bzw. ihre orthologen Gene stammen vom gemeinsamen Vorfahren beider Spezies ab. Sie besitzen in der Regel hochkonservierte Sequenzen und in der Regel noch die gleiche oder ähnliche Funktion, wie wir in Bezug auf das Lithiom an weiteren Beispielen im nächsten Argument 4 noch genauer sehen werden. Die Existenz orthologer Lithiumtransporter im gesamten Tierreich sollte uns nicht mehr überraschen, wenn man bedenkt, dass Lithium z.B. in neuronalem Gewebe von Fischen, Mäusen und Menschen aktiv konzentriert werden kann.

Diese Fähigkeit, Lithiumkonzentrationen gewebespezifisch zu regulieren ist, wie eingangs besprochen, aus evolutionsbiologischer Sicht vor allem in akuten, aber zeitlich begrenzten Mangelsituationen entscheidend. Nur unter dieser Voraussetzung können überlebenswichtige Lithiumfunktionen auch bei ernährungsbedingten Schwankungen der Lithiumzufuhr aufrechterhalten werden. Inwieweit Störungen des Lithiumtransports zu Krankheiten führen, ist noch nicht eindeutig geklärt, wäre aber möglich. In der Tat gibt es dafür Hinweise: So sprechen weit mehr als die Hälfte der Patienten mit bipolaren Störungen nicht oder nur teilweise auf eine Lithiumtherapie an, obwohl die Lithiumkonzentration im Serum im therapeutischen Bereich liegt. Nach Ansicht einer französischen Gruppe von Neuropsychopharmakologen könnte eine Veränderung der Lithiumverteilung, z.B. durch „regionale und variable Transportmechanismen von Lithium durch die Blut-Hirn-Schranke", die Ursache sein.[143] Die Blut-Hirn-Schranke besteht aus einer für viele Substanzen undurchdringlichen Innenauskleidung der Blutgefäße, die von so genannten Endothelzellen gebildet wird. Sie sorgt dafür, dass nur solche Stoffe in das Gehirn gelangen, die für die Aufrechterhaltung der Gehirnfunktionen notwendig sind, und solche es verlassen, die toxisch werden, wenn sie akkumulieren. In diesem Zusammenhang weisen die Wissenschaftler darauf hin, dass Lithium selbst die Eigenschaften z.B. der Blut-Hirn-Schranke moduliert, indem das Spurenelement die Produktion und Aktivität verschiedener Ionentransporter beeinflusst, möglichweise um seinen eigenen Transport zu veranlassen. Tatsächlich wurden im Jahr 2018 eine Reihe verschiedener Ionentransporter identifiziert, die eine wichtige Rolle beim Transport von Lithiumionen durch die Plasmamembran von (Hirn-)Endothelzellen zu spielen scheinen, wie in der Abb. 16 schematisch gezeigt.[144]

Auch wenn bis heute (Stand Frühjahr 2025) noch nicht bekannt ist, wie die Natur die selektive Lithiumanreicherung bewerkstelligt, gibt es mindestens acht verschiedene Typen von Ionenkanälen und Transportsystemen in Zellmembranen (a-h in der Abb. 16) mit vielen Familienmitgliedern, die für einen geregelten Lithiumionen-Transport in Frage kommen.[145] Alle sind, wie hier dargestellt, nachweislich in der Lage, die intrazelluläre Lithiumkonzentration aktiv zu beeinflussen. Diese Kanäle befinden sich in unterschiedlicher Dichte in den Membranen der verschiedenen Zelltypen, u.a. im Gehirn, aber auch im Nierengewebe oder in der Schilddrüse; daraus erklärt sich die Nieren- oder Schilddrüsentoxizität, wenn Lithium in unnatürlich hohen pharmakologischen Dosen verabreicht wird, die weit außerhalb des essentiellen Bereichs liegen (dazu mehr im folgenden Kapitel).

Der Name dieser Transportsysteme sagt jedoch nichts Endgültiges über alle ihre Fähigkeiten aus. Neben Natrium-, Kalium-, Calcium- und Wasserstoffionen, nach denen sie benannt sind, können sie auch Lithiumionen von einer Seite einer Zellmembran auf die andere manövrieren. Die Bezeichnung hat mitunter rein wissenschaftshistorische Gründe: Ionenkanäle und Ionentransporter wurden zuerst

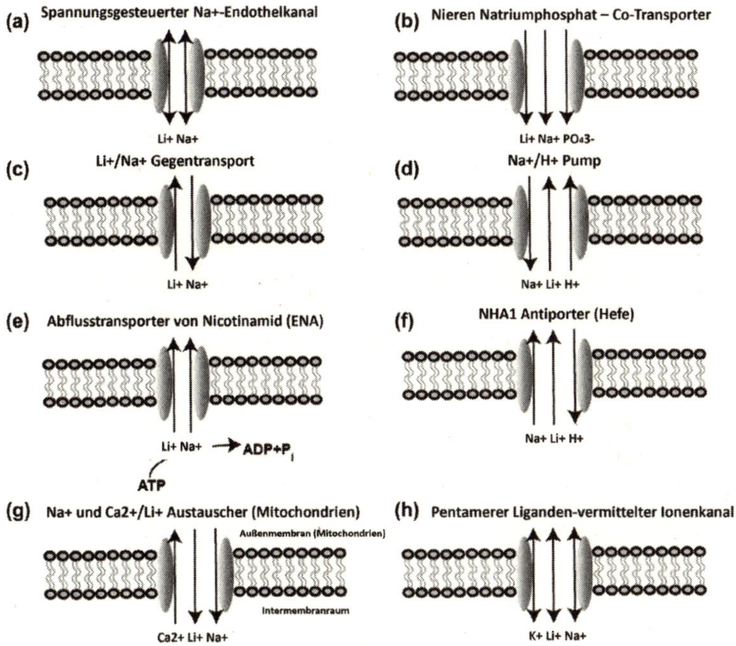

Abbildung 16

in ihrer Bedeutung für diese anderen Ionen entdeckt und deshalb nach ihnen benannt. Auch wenn ihre Fähigkeit, Lithiumionen zu kanalisieren bzw. zu transportieren, aus wissenschaftlicher Sicht relativ neu ist und noch nicht namensgebend werden konnte, ist damit keineswegs eine Aussage über die evolutionsbiologische Priorität getroffen, für welche Ionen sich der Kanal bzw. das Transportsystem ursprünglich entwickelt hat. Meist wird der Lithiumtransport (auch weil er nicht als essentiell erkannt wird) einem zufällig ähnlich großen Ionenradius zugeschrieben (der allerdings nur beim Magnesiumion tatsächlich sehr ähnlich ist: 134 versus 130 Picometer), nicht jedoch einem tieferen biologischen Zweck. Meines Erachtens ist es nicht nur möglich, sondern gerade aufgrund der vielen anderen Hinweise auf Lithiums Essentialität sogar sehr plausibel, dass sich einige von ihnen von Anfang an primär als Lithiumionentransporter oder Lithiumionenkanäle entwickelt haben. Dass sie aus den genannten Gründen nicht als Lithiumionentransporter oder Lithiumionenkanal bezeichnet werden, ist aber nicht nur eine semantische

Spitzfindigkeit, sondern hat ganz praktische Konsequenzen: Solange kein Transportsystem nach Lithium benannt ist, wird es der wissenschaftlichen Gemeinschaft deutlich schwerer fal-len, sich der Erkenntnis zu öffnen, dass der aktive Transport dieses Spurenelements nicht nur stattfindet, sondern ein wesentlicher Teil der evolutionsbiologisch orchestrierten Funktion des gesamten Lithioms ist.

Lithium wirkt sehr wahrscheinlich deshalb so vielfältig und grundlegend (vielleicht mehr als jedes andere Spurenelement), weil es seit Anbeginn des Lebens vorhanden war (Argument 4) und die Evolution dieses – in der damaligen Ernährung unserer prähistorischen Vorfahren (siehe Argument 6) stets präsente – Spurenelement gar nicht ignorieren konnte, sondern in allen Körperprozessen berücksichtigen musste und es auch aktiv genutzt hat! Lithium wirkt als Spurenelement nicht zufällig bei uns Menschen, sondern weil diese Wirkung eine biologische Notwendigkeit ist, die sich seit Anbeginn des Lebens entwickelt und bis zu uns fortgesetzt hat. Damit ist auch Argument 3 für die Essentialität von Lithium gut belegt:

Die Lithiumverteilung und gewebespezifische Lithiumkonzentration werden aktiv reguliert; dies deutet darauf hin, dass der Körper – auch unter Bedingungen schwankender Zufuhr über die Ernährung – eine relativ stabile Lithiumkonzentration insbesondere in lithiumabhängigen Organen aufrechtzuerhalten versucht. Besonders stark wird Lithium in den Arealen akkumuliert, die das neurologische Zentrum des mentalen Immunsystems darstellen.

ARGUMENT 4:
Lithiumtargets sind essentiell und deren Regulation durch Lithium ist evolutionär hochkonserviert

Evolution der Vielfalt des Lebens

Dieses Unterkapitel ist von immenser Bedeutung, sowohl für ein tieferes Verständnis der biologischen Funktion von Lithium als auch für den weiteren Nachweis der essentiellen Bedeutung dieses Spurenelements für den Menschen. Es bietet aber auch einen einzigartigen Einblick in die Evolution des Lebens, der für sich genommen schon beachtenswert ist. Meine Hoffnung ist, dass Argument 4 einen wichtigen Beitrag leisten wird, zu verhindern, dass die Unterdrückung von essentiellem Lithium weiterhin gelingt; zu eindeutig ist die Faktenlage, die für die Essentialität der Lithiumtargets spricht, insbesondere im Kontext einer Jahrmilliarden währenden Evolution, die eines nie erreicht hat, weil es mit dem Leben nicht vereinbar ist: Mutationen hervorzubringen, die Organismen von essentiellem Lithium unabhängig machen. Allerdings sind die folgenden Ausführungen notwendigerweise auch sehr wissenschaftlich und könnten auch in einer grau unterlegten „Zusatzinfo" für Experten stehen. Da ich sie aber für sehr wichtig halte, hoffe ich, dass auch Laien Interesse haben, hier etwas tiefer einzusteigen. Um jedoch sicherzustellen, dass auch diejenigen, die sich nicht durch die nun folgenden wissenschaftlichen Ausführungen hindurcharbeiten möchten, das Ergebnis derselben dennoch – auf vereinfachte Weise – erfahren können, habe ich die drei wichtigsten Erkenntnisse und Schlussfolgerungen am Ende zusammengefasst (siehe *Zusammenfassung* am Ende von Argument 4).

Einige der grundlegenden biologischen Mechanismen, die für das Leben unabdingbar sind und die wir somit in allen heute existierenden Lebensformen finden, müssen sich bereits vor mehr als einigen Milliarden Jahren in dem gemeinsamen Vorfahren aller heutigen Lebensformen entwickelt haben. Eine unvorstellbar lange Zeit, wenn man bedenkt, dass aus dem Erbgut dieses Urwesens in zahllosen voneinander unabhängigen Kopiervorgängen die 10 bis 15 Millionen (manche schätzen sogar 100 Millionen) verschiedenen Arten entstanden sind – Generation für Generation. Dabei selektierte die Natur zufällige Kopierfehler (Mutationen), Verdoppelungen von einzelnen Genen oder ganzer Chromosomenabschnitte des ursprünglichen Erbguts in der jeweiligen Keimbahn aus, die der daraus neu entstandenen Generation einen kleinen Vorteil verschafften, oder eliminierte gnadenlos, was von Nachteil war. Durch diesen Mechanismus kam es zu genetischen Anpassungen und damit zwangsläufig auch zu Veränderungen, aufgrund derer aus der damaligen Ur-Zelle all die verschiedenen Lebewesen entstanden sind (siehe Abb. 17), nicht nur die heute noch existierenden, sondern auch alle inzwischen ausgestorbenen – immer im Sinne des „survival of the fittest“.

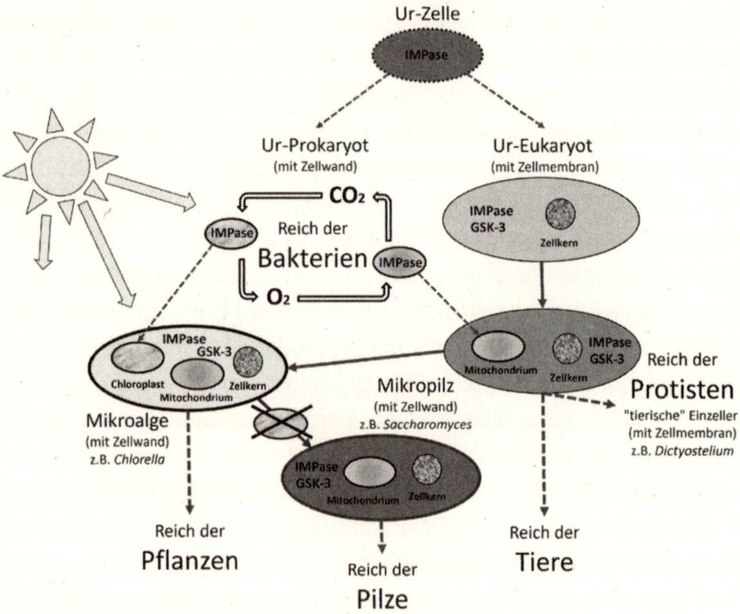

Abbildung 17

Betrachtet man die Natur, so richtet sich die Aufmerksamkeit meist auf die Veränderungen, die im Laufe der Evolution des Lebens stattgefunden haben und noch stattfinden: z.B. die Entstehung neuer Arten, die Ausbildung neuer Eigenschaften etc. Genauso interessant wie derartige Veränderungen sind meines Erachtens aber auch diejenigen Funktionen, die alle gemeinsam haben – diese sind repräsentiert durch die Teile (Sequenzen) ihres Erbguts, die sich über die lange Entwicklungsgeschichte des Lebens nicht verändert haben, weil sie sich nicht verändern dürfen! Warum diese Fälle so interessant sind? Weil jede zufällige Veränderung des genetischen Codes an diesen speziellen, bisher unveränderten Stellen im Erbgut sehr wahrscheinlich nicht mit dem Leben vereinbar wäre. Diese somit auch speziesübergreifend unveränderten genetischen Bereiche, die für bestimmte Proteinsequenzen kodieren oder selbst genregulierend aktiv sind, nennt man konserviert, vom lateinischen *conservare* für „erhalten“ oder „bewahren“. Von „hochkonserviert“ spricht man, wenn Gensequenzen über Hunderte von Millionen Jahren Evolution, vielleicht sogar seit Beginn des Lebens selbst, erhalten geblieben sind. Somit ist der Nachweis einer genetischen Konservierung in allen Lebensformen zugleich ein Hinweis auf etwas unverzichtbar Grundlegendes. Denn wenn diese biologischen Funktionen, die in den entsprechenden Genen kodiert sind, quasi fest in das Buch des Lebens eingraviert wurden – also die unzähligen Kopiervorgänge bis heute in einer unfassbaren Vielfalt unterschiedlicher Arten unbeschadet überstanden haben –, dann müssen diese Gene wirklich für alle Wesen essentiell sein – und somit auch für Sie, für mich, für alle Menschen; unabhängig von Individualität und Typenzugehörigkeit. Diese „Schlüsselgene des Lebens“ kodieren für „Schlüsselproteine des Lebens“, die aufgrund ihres frühen Ursprungs in der Evolution meist auch viele verschiedene Funktionen bei der Entwicklung immer komplexerer Lebensformen übernommen haben: Kein Körpersystem kann ohne sie funktionieren, ob Energiestoffwechsel, körperliches oder mentales Immunsystem; letztlich wird jede Organfunktion von ihnen entscheidend reguliert. Tatsächlich ist neben ihrer Beständigkeit ihre Multifunktionalität ein weiterer wichtiger Hinweis auf ihre unverzichtbare Bedeutung für das Leben selbst. Solche für das Leben unabdingbare, konservierte Gensequenzen und konservierte Schlüsselproteine entdeckt man, indem man das Erbgut verschiedener Arten miteinander vergleicht. Findet man dieselben Gensequenzen in mehreren Reichen des Lebens, z.B. im Reich der Pflanzen und im Reich der Tiere, so muss das Gen sehr alt sein. Einige dieser hochkonservierten Proteinsequenzen bzw. Schlüsselproteine finden sich sogar in allen fünf Reichen des Lebens (Bakterien, Protisten, Pflanzen, Pilze und Tiere, siehe Abb. 17). Ihre Entstehung geht also auf den Ursprung des Lebens selbst zurück. Wie die Ur-Zelle (im oberen Teil der Abbildung) aussah und welche Eigenschaften sie besaß, wissen wir nicht. Wir wissen nicht einmal, ob sie sich – und somit das Leben selbst – tatsächlich auf der Erde entwickelt hat.[146] Der Keim des Lebens könnte zum Beispiel durch einen Meteor aus einer anderen Region des Weltalls auf unseren Planeten gelangt sein; immerhin wurden alle Bausteine des Lebens in Meteoren nachgewiesen.[147] Wir können aber davon ausgehen, dass der erste Ur-Eukaryot und der erste Ur-Prokaryot (also Zellen mit und ohne echten Zellkern) einen gemeinsamen Vorfahren hatten, den wir als Ur-Zelle bezeichnen, da sie denselben genetischen Code nutzen. Es ist sehr unwahrscheinlich, dass sie sich mehrfach völlig unabhängig voneinander entwickelt haben. Dafür spricht auch, dass *alle* sehr unterschiedlichen Lebensformen die gleichen Gene besitzen, was auf einen gemeinsamen Ursprung in der Urzelle hindeutet. So kommt z.B. die IMPase in allen fünf Reichen des Lebens vor und müsste sich daher, wie in Abb. 17 dargestellt, in der Ur-Zelle entwickelt haben. GSK-3 kommt allerdings nur in den vier Reichen des Lebens vor, die sich aus dem Ur-Eukaryoten entwickelt haben, was auf ihren etwas späteren genetischen Ursprung hinweist.

Aus dem Ur-Prokaryoten hat sich, wie ebenfalls in Abb. 17 zu sehen, das große Reich der Bakterien entwickelt. Da sie sich durch eine stabile Zellwand und das Fehlen eines klar abgegrenzten Zellkerns auszeichnen, werden sie auch als Präkaryoten (wörtlich: Vorkernige) bezeichnet. Zu ihnen gehören die so genannten Cyanobakterien, die durch Photosynthese, also mit Hilfe von Sonnenlicht, Kohlendioxid abbauen und den Kohlenstoff in energiereiche Kohlenstoffverbindungen umwandeln, um damit ihre Zellen aufzubauen. Der dabei freiwerdende Sauerstoff wird an die Umgebung abgegeben. Andere Bakterien, die nicht zur Photosynthese fähig sind, können diesen Sauerstoff wiederum zur Energiegewinnung nutzen, indem sie energiereiche Kohlenstoffverbindungen wie Zucker oder Zellulose mit ihm „verbrennen" und dabei Kohlendioxid freisetzen. Damit schließt sich der Energiekreislauf, der durch das Sonnenlicht in Gang gehalten wird, wie in Abb. 17 dargestellt.

Durch eine symbiotische Einverleibung eines solchen sauerstoffverwertenden Urbakteriums in eine eukaryotische Urzelle (die eine flexible Zellmembran anstelle einer festen Zellwand aufwies) entstand zunächst das Reich der Protista. Aus einem Protista, vielleicht einem Vorfahren des amöboiden Einzellers Dictyostelium, hat sich sehr wahrscheinlich das große Reich der Tiere entwickelt (sie haben den gleichen Zellaufbau). Das in diesen eukaryotischen Zellen symbiotisch lebende

Ur-Bakterium bezeichnen wir als Mitochondrium. Dieses energiegenerierende Kraftwerk unserer Körperzellen besitzt immer noch sein eigenes bakterielles Erbgut und kann sich deshalb auch selbständig vermehren. Wir bezeichnen diesen Vorgang als Mitochondriogenese. Mitochondrien sind verantwortlich für die Fähigkeit aller unserer Zellen, mit Hilfe von Sauerstoff jene Energie freizusetzen, die ursprünglich durch Sonnenlicht in komplexen Kohlenstoffverbindungen wie Zucker oder Fettsäuren gespeichert wurde. Dies ist die effektivste Form der Energiegewinnung, die nicht nur für unsere Muskeln, sondern vor allem für unser energiehungriges Gehirn unverzichtbar ist. Ohne diese Symbiose vor einigen Milliarden Jahren hätte komplexes Leben, das sehr viel Energie benötigt, nicht entstehen können.

Die erste Ur-Pflanzenzelle entstand möglicherweise aus einem Protisten, wie in der Abbildung angedeutet, mit einer stabilisierenden Zellwand und einer symbiotischen Einverleibung eines primitiven Cyanobakteriums, das Sonnenlicht energetisch nutzen konnte. Vielleicht sind die heute noch existierenden Mikroalgen (z.B. Chlorella) dieser Ur-Pflanzenzelle sehr ähnlich. Im Laufe der weiteren Evolution entwickelte sich schließlich das gesamte Pflanzenreich. Das integrierte Ur-Cyanobakterium, das in allen Pflanzenzellen zu finden ist, nennen wir Chloroplast. Auch dieses grüne Sonnenkraftwerk besitzt (wie die Mitochondrien) noch Teile seines ursprünglichen bakteriellen Erbguts und kann sich in den Pflanzenzellen auch weiterhin selbstständig vermehren. Chloroplasten sind verantwortlich für das Blattgrün und die Fähigkeit der Pflanzen, mit Hilfe des Sonnenlichts Kohlendioxid in komplexe, energiereiche Moleküle wie Zucker oder Zellulose umzuwandeln. Pflanzen besitzen aber auch Mitochondrien, so dass sie wie tierische Zellen auch nachts bzw. ohne Licht die unter Sonneneinstrahlung in Zucker gespeicherte Energie mit Hilfe von Sauerstoff wieder freisetzen können.

Der erste einzellige Mikropilz entstand wahrscheinlich, wie auch in Abb. 17 dargestellt, aus einer primitiven Mikroalge, nachdem, wie angedeutet, deren Chloroplasten eliminiert worden waren. Aus einem solchen Mikropilz hat sich im Laufe der Evolution das komplexe Reich der Pilze entwickelt. Ein typischer, heute noch lebender Vertreter ist die Bäckerhefe (*Saccharomyces cerevisiae*). Sie besitzt wie alle Pflanzenzellen eine Zellwand, gleichzeitig aber – wie alle Protisten oder tierischen Zellen – nur Mitochondrien zur Energiegewinnung. Die Bäckerhefe verdaut also Zucker und lässt mit dem dabei freiwerdenden Kohlendioxid den Brotteig aufgehen.

IMPase, ein Lithium-reguliertes Ur-Gen

Dysfunktionale Proteine und Zellorganellen (wie Mitochondrien oder Chloroplasten) können durch den Prozess der Autophagie verdaut und ihre Bestandteile recycelt werden. Diese Funktion dient der Verjüngung der Zelle. Sie ist besonders wichtig für unsere Nervenzellen, die nicht ersetzt werden können. Daher reagiert das Gehirn besonders empfindlich auf einen Lithiummangel, wie wir in Argument 1 gesehen haben, es droht das Mentale Immundefizienz-Syndrom. Die Funktion des Recyclens als lebenswichtiger Bestandteil des Zellstoffwechsels wurde lange Zeit nur bei Eukaryoten vermutet, inzwischen aber auch bei Bakterien bzw. Prokaryoten identifiziert und als „Protophagie" bezeichnet. „Aus der Vogelperspektive betrachtet", schreiben die Entdecker dieser zellbiologischen Parallelen, „folgt der Prozess der Protophagie den gleichen Regeln wie die eukaryotische Autophagie, weist eine Reihe von Ähnlichkeiten mit ihr auf [...] und erreicht auch das gleiche Endziel (Überleben eines Biosystems unter Stressbedingungen und Aufrechterhaltung der Homöostase)".[148] Lithium fördert die Autophagie durch Hemmung der IMPase.[149] Inwieweit die in Bakterien ebenfalls vorhandene IMPase (siehe unten) an der Protophagie beteiligt ist, ist allerdings noch nicht geklärt.

Die IMPase spielt eine wesentliche Rolle im Zucker- und damit im Energiestoffwechsel sowie in vielen anderen lebenswichtigen Funktionen der Zelle.[150] Es ist daher nicht verwunderlich, dass mindestens ein Gen, das für eine IMPase kodiert, in Vertretern aller fünf Reiche des Lebens zu finden ist. Dies verortet den Ursprung des IMPase-Gens an den Anfang allen Lebens bzw. in die Ur-Zelle, wie in Abb. 17 schematisch dargestellt. GSK-3 existiert – mit Ausnahme des Bakterienreichs (zumindest war meine Genbank-Suche mit dem Ziel, ein bakterielles Ortholog zu identifizieren, erfolglos) in den anderen vier Reichen des Lebens. Dies bedeutet, dass GSK-3 nicht schon in der Ur-Zelle allen Lebens existierte, es sei denn, es wurde bei der

Entwicklung des ersten Prokaryoten aus dessen Erbgut eliminiert, was möglich, wenn auch unwahrscheinlich ist. Viel wahrscheinlicher ist, dass sich GSK-3 im ersten Ur-Eukaryoten entwickelt hat. Von dort aus wurde das GSK-3-Gen in alle vier eukaryotischen Reiche des Lebens weitervererbt, wie in Abb. 17 zu sehen. Erkennen kann man den gemeinsamen Ursprung daran, dass seine Proteinsequenz konserviert ist. Der am höchsten konservierte Sequenzbereich ist IMPase oder GSK-3 das jeweils aktive Zentrum dieser Enzyme. Zur Info: Enzyme sind biochemische Katalysatoren, die durch Absenken der Aktivierungsenergie dafür sorgen, dass biochemische Prozesse auch bei Körpertemperatur effizient ablaufen. Dies gibt diesen lebensnotwendigen Reaktionen zugleich eine Richtung, was diese beiden Lithiumtargets schon früh in der Evolution dazu prädestinierte, auch als Informationsprozessoren und Signalvermittler zu agieren. Sie regulieren also nicht nur den für alles Leben essentiellen Energiestoffwechsel, sondern sind, wie in Argument 2 besprochen, direkt oder indirekt an *allen* biologischen Prozessen beteiligt.

Die Multifunktionalität von GSK-3 oder IMPase hat aber auch ihren Preis: Jegliche Veränderungen in der Gensequenz, die zu Funktionsstörungen führen würden, sind damit ausgeschlossen, was der Evolution Grenzen setzt, wenn es darum geht, diesen Informationsprozessoren neue Aufgaben zu geben. Dies sorgt für eine so hohe funktionelle Konserviertheit, dass z.B. die Gene *aller* am Glucoseabbau beteiligten Proteine der Bäckerhefe *Saccharomyces cerevisiae ohne* Funktionsverlust gegen die entsprechenden Gene des Menschen ausgetauscht werden konnten, obwohl beide Spezies eine über eine Milliarde Jahre unabhängige evolutionäre Entwicklung hinter sich haben.[151] Es stellt sich daher die Frage, wie es dennoch möglich ist, dass Lithiumtargets wie IMPase oder GSK-3 in der Evolution vom Einzeller hin zu komplexen Lebensformen so viele neue Funktionen erwerben konnten, wie wir unter Argument 2 gesehen haben? Wie können sie die Autophagie und den Glucosestoffwechsel regulieren, zugleich aber auch die Apoptose oder die Neurogenese, um nur zwei weitere Funktionen zu nennen? Nicht zuletzt steht auch das gesamte mentale Immunsystem vollständig unter der Kontrolle des Lithioms. Die evolutionäre Funktionserweiterung, Masterregulatoren wie GSK-3 und IMPase rein durch genetische

Optimierungen, ist durch diese genspezifischen, aber auch vielen systemimmanenten Aspekte begrenzt: Ab einem bestimmten optimierten Ergebnis im evolutionären Prozess konnte jede weitere Funktionserweiterung hin zu noch komplexeren Wesen (wie zum Beispiel Menschen mit einem mentalen Immunsystem) sich nur noch nachteilig auf das Gesamtsystem auswirken. Die Funktionserweiterung von Masterregulatoren wie GSK-3 und IMPase war, um weitere Komplexität zu erreichen, nur durch einen weiteren Trick der Natur möglich: die Genduplikation. Bei dieser Form der genetischen Veränderung wird nicht das Gen für das Schlüsselprotein selbst durch punktuelle Mutationen verändert, sondern es wird durch einen viel größeren Kopierfehler bei der Produktion neuer Keimzellen zufällig verdoppelt, so dass von da an zwei Kopien weitergegeben werden: das ursprüngliche Gen (Gen #1) und die Kopie (Gen #2). Genduplikationen – oder die Verdopplung auch größerer chromosomaler Regionen mit vielen darin enthaltenen Genen – sind ein gewaltiger Motor genetischer Innovation.[152] Dieses neu erschaffene Gen #2 ist zunächst einmal überflüssig und kann daher im Gegensatz zu Gen #1, das viele essentielle Funktionen hat und nicht weiter verändert werden darf, durch Mutationen verändert werden. So kann Gen #2 neue Funktionen im Organismus übernehmen, was diesem erlaubt, weiter zu höherer Komplexität bzw. Leistungsfähigkeit zu evolvieren.[153]

Obwohl sich Gen #2 unabhängig von Gen #1 im Laufe der Evolution immer weiter verändert und weiterentwickelt, ist die Verwandtschaft der beiden Gene in der Regel dennoch gut erkennbar, da die Grundstruktur insbesondere im Bereich des aktiven Zentrums, wie bspw. die Lithium-Bindung bei den Lithiumtargets und die dadurch beeinflusste Regulation, erhalten bleibt (aber nicht unbedingt erhalten bleiben muss). So hat sich z.B. GSK-3 im Laufe der Evolution verdoppelt. Der Fadenwurm *Caenorhabditis elegans* und die Fruchtfliege *Drosophila melanogaster* werden nur von einer einzigen GSK-3 gesteuert, dasselbe gilt mit wenigen Ausnahmen auch noch für Fische, Amphibien und Reptilien. Bei allen Säugetieren hingegen und damit auch beim Menschen existiert GSK-3 in zwei Formen, GSK-3α und GSK-3β, die von zwei Genen auf unterschiedlichen Chromosomen kodiert werden (auch IMPase hat sich in IMPase-1 und IMPase-2 verdoppelt).[154] Ihre Proteinsequenz ist insgesamt noch zu etwa 85 Prozent identisch, der lithiumbindende Sequenzbereich sogar zu 97 Prozent. Und dies trotz der weit über 200 Millionen Jahre Evolution, die seit der Entstehung der Säugetiere und der Verdopplung vergangen sind. Dies ist ein weiterer Hinweis darauf, dass die Grundfunktion der Regulation durch Magnesium- und Lithiumionen auch für das duplizierte Protein in seinen neuen Funktionen erhalten bleiben musste.[155] Man kann auch spekulieren, dass eine solche Genverdoppelung erst die Evolution der Säugetiere mit ihrem komplexeren Gehirn, dem Neocortex, ermöglicht haben könnte. Tatsächlich haben GSK-3α und GSK-3β teilweise überlappende, aber auch sehr unterschiedliche Funktionen bei der Gehirnentwicklung, insbesondere im Bereich der Großhirnrinde und des Hippocampus.[156]

Der hohe Konservierungsgrad von 97 Prozent im lithiumbindenden Sequenzbereich zwischen GSK-3α und GSK-3β ist einerseits ein starkes Indiz für die Bedeutung dieses Funktionsbereichs, andererseits lässt uns dies nicht klar genug erkennen, auf welche Aminosäuren es im aktiven Zentrum funktional wirklich ankommt. Es könnten alle sein oder auch nur wenige, die sich bisher noch nicht herauskristallisiert haben, weil zur Mutation aller anderen, die nicht so entscheidend sind, auf der in Generationen tickenden Uhr der Evolution seit der Verdoppelung von GSK-3 einfach noch nicht genug Zeit vergangen ist. Um ein schärferes Bild zu erhalten, müssten wir deshalb weiter in die Vergangenheit zurückgehen. Da die IMPase, im Gegensatz zu GSK-3, bereits in der Ur-Zelle existiert haben muss, habe ich mich entschlossen, das aktive Zentrum des Enzyms, das ebenfalls wie GSK-3 durch ein Magnesiumion aktiviert und durch ein Lithiumion inaktiviert wird, unter die genetische Lupe zu nehmen.

Abb. 18 zeigt einen Vergleich der Proteinsequenzen des aktiven Zentrums der IMPase-1. Die 20 verschiedenen Aminosäuren bzw. Proteinbausteine sind in Form ihres internationalen Buchstabencodes dargestellt. Von den jeweiligen Proteinen in ihrer Gesamtlänge von ca. 280 Aminosäuren sind ein zentral gelegener Abschnitt des aktiven Zentrums von ca. 40 Aminosäuren Länge und ein weiter hinten gelegener Abschnitt von 21 Aminosäuren Länge zu sehen. Aufgrund der hohen Sequenzübereinstimmung (fettgedruckte Buchsta-

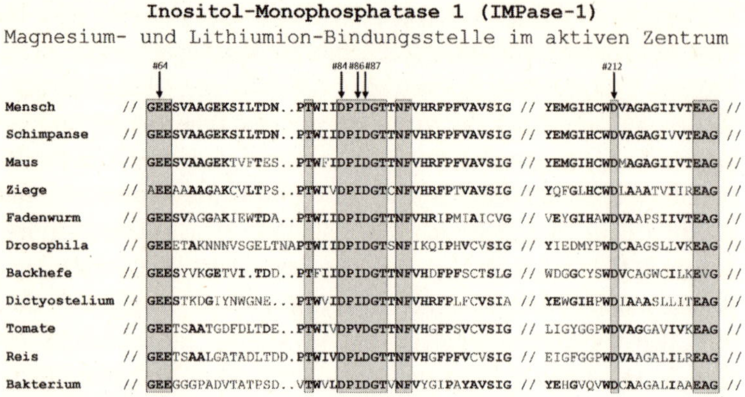

Abbildung 18

ben) ist zu erkennen, dass nur eine einzige Aminosäure, die sechste von hinten, zwischen Mensch und Schimpanse verändert ist, wobei der Unterschied zwischen Isoleucin (I) und Valin (V) biochemisch und damit auch funktionell keinen großen Unterschied macht. Allerdings lebte der gemeinsame Vorfahre vor vielleicht 10 Millionen Jahren, was evolutionsbiologisch gesehen noch nicht lange her ist. Um zu erkennen, welche Aminosäuren für die Grundfunktion der IMPase entscheidend sind, müssen wir noch weiter in der Zeit zurückreisen, sprich Information über Sequenz der IMPase älterer Vorfahren gewinnen. Im Vergleich zur menschlichen Sequenz sind bei den in Abb. 18 aufgelisteten IMPasen genetisch weiter vom Menschen entfernter Spezies die Aminosäuren hochkonserviert, die bei allen gleich sind und zur besseren Erkennbarkeit nicht nur fett gedruckt, sondern auch eingerahmt dargestellt sind. Hochkonservierte Aminosäuren findet man im aktiven Zentrum der IMPase, wie man sieht, bei Pflanzen, Pilzen, einzelligen Protista wie *Dictyostelium*. Selbst die IMPase von *Mycobacterium tuberculosis*, wie dargestellt, besitzt hochkonservierte Aminosäuren, die schon der gemeinsame Vorfahre des Menschen und dieses Bakteriums besaß und die sich somit über mehrere Milliarden Jahre erhalten haben und daher für die grundlegende Funktion der IMPase-1 entscheidend sein müssen. Dies stellt bildhaft dar, was oben bereits beschrieben wurde (sieh auch Abb. 17), nämlich dass die IMPase im gemeinsamen Vorfahren aller 5 Reiche des Lebens, der Urzelle, entstanden sein muss und über Billionen von Generationen teils vollständig erhalten geblieben ist. Eine Analyse der dreidimensionalen funktionellen Struktur der bakteriellen IMPase ergab, dass insbesondere fünf dieser hochkonservierten Aminosäuren für die Bindung des Magnesiumions im enzymatischen Zentrum beider Proteine entscheidend sind.[157] Es handelt sich um die zusätzlich grau unterlegte Glutaminsäure (E) an Position #64, zwei Asparaginsäuren D an den Positionen #84 und #87, die dazwischenliegende Aminosäure Isoleucin (I) an Position #86 sowie eine dritte Asparaginsäure (D) an Position #212.

Tatsächlich entsteht das enzymatische Zentrum der IMPase durch eine Faltung der Proteinkette, so dass die beiden in Abb. 18 gezeigten Sequenzabschnitte eine Tasche bilden. Diese kann man sich auch wie eine hohle Hand vorstellen, mit jedem dieser hochkonservierten 5 Aminosäuren als ein Finger, die gemeinsam ein Magnesiumion halten, welches deren räumliche Struktur wiederum fixiert, wie in Abb. 19 dargestellt. Allerdings hält die hier dargestellte Hand bzw. die IMPase-1 kein Magnesiumion, sondern ein Lithiumion, denn die Wissenschaftler, die diese Strukturanalyse durchführten, untersuchten nicht nur die Bindung des Magnesiumions im aktiven Zentrum der bakteriellen IMPase, sondern auch die des Lithiumions und verglichen ihre Ergebnisse mit dem Wissen um die humane IMPase-1:

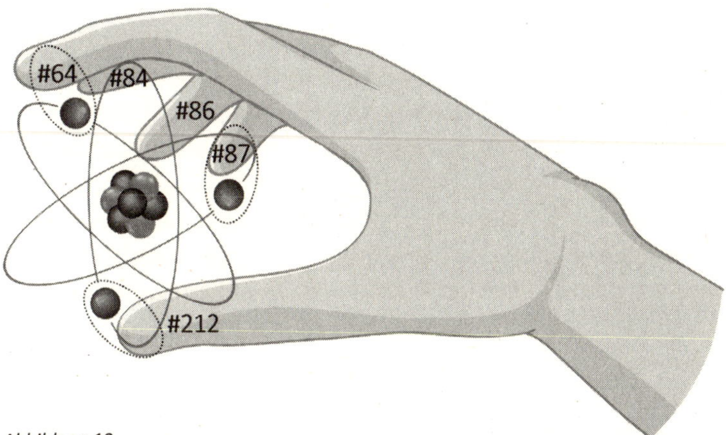

Abbildung 19

„Wie das menschliche Ortholog wird SuhB [das ist der Name der bakteriellen IMPase] durch ein Magnesiumion aktiviert und durch ein Lithiumion gehemmt."[158] IMPase-1 ist also nicht ständig (konstitutiv) aktiv, sondern abhängig davon, ob ein Magnesiumion im enzymatischen Zentrum gebunden ist, anstatt ein Lithiumion. Eine weitere Studie anhand der IMPase des Bakteriums *Staphylococcus aureus* kam zu demselben Ergebnis: „Die strukturelle Untersuchung der Lithiumion-Bindungsstelle in der Staphylokokken-IMPase (SaIMPase I) mittels Röntgenkristallographie", erklären die Wissenschaftler, „deutet auf gemeinsame bzw. überlappende Bindungsstellen für Magnesiumion und Lithiumion im aktiven Zentrum der SaIMPase I hin." Dies beweist, dass beide Ionen das aktive Zentrum mit unterschiedlichen Effekten binden – Magnesium aktiviert, Lithium hemmt – und dass dieser Mechanismus über Milliarden von Jahren der Evolution erhalten geblieben ist.[159]

Diese extrem hohe Konservierung der fünf Finger findet man neben Menschen und Bakterien in allen Reichen des Lebens, wie in Abb. 18 zu sehen, z.B. in Tomaten, Reis, amöboiden Schleimpilzen wie Dictyostelium, Würmern, Fruchtfliegen, Mäusen, Ziegen oder Schimpansen, was darauf hindeutet, dass jegliche Veränderung dieser Struktur und damit ihrer Funktion mit dem Leben nicht vereinbar wäre. Sie ist somit die Konsequenz einer biologischen Notwendigkeit, wie eine dritte experimentelle Studie noch klarer aufschlüsseln konnte. In diesem Fall untersuchten die Wissenschaftler die IMPase bzw. SuhB des Darmbakteriums *Escherichia coli*. Sie schreiben: „Das Genprodukt SuhB aus *Escherichia coli* besitzt IMPase-Aktivität, die ebenfalls stark durch ein Lithiumion gehemmt wird. Es weist eine signifikante Sequenzähnlichkeit mit der humanen IMPase-1 auf und besitzt die meisten ihrer wichtigsten aktiven Reste [bzw. die funktional entscheidenden Strukturen der jeweiligen Aminosäuren, die oben in fetter Schrift und mit einer Unterlegung hervorgehoben sind]. Hier zeigen wir, dass [...] die gebundene Form des Lithiumions im aktiven Zentrum [...] eindeutig nachgewiesen werden kann, und basierend auf unseren Daten und anderen biochemischen Daten bindet das Lithiumion [...] an die Asparaginsäuren #84, #87 und #212."[160] Somit sind drei der fünf Aminosäuren, die wie fünf Finger einer Hand ein funktionsaktivierendes Magnesiumion greifen, auch in der Lage, funktionshemmend ein Lithiumion „in die Hand zu nehmen", wie in Abb. 19 schematisch illustriert. Gezeigt ist allerdings ein Lithiumatom und nicht ein Lithiumion, wobei gemeinsame sogenannte Elektronenwolken zwischen Lithium und einem jeweiligen Finger bzw. einer Aminosäure die Bindung bzw. den „Griff", wie gezeigt, stabilisieren.

Zusammenfassung: Wie zu Beginn der Erläuterungen zu Argument 4 schon angekündigt, sind diese Zusammenhänge für den molekularbiologischen Laien nicht einfach zu verstehen. Deshalb möchte ich hier die faszinierenden Erkenntnisse, die wir aus diesen Zusammenhängen ableiten können, einfacher ausgedrückt zusammenfassen. Wir haben gelernt:

1. dass die Ur-Zelle (Abb. 17), der gemeinsame Vorfahre von Menschen, Bakterien und allen bekannten Lebens, schon vor etwa 4 Milliarden Jahren mit der IMPase ein essentielles Protein aus dem Lithiom besessen haben muss.[161] Dieses war aufgrund der vollständigen Konservierung der Lithiumbindungsstelle in allen Arten des Lebens sehr wahrscheinlich schon damals lithiumreguliert!
2. dass die funktionell relevanten Strukturen seit der Existenz dieser Ur-Zelle über Myriaden von Generationen in unterschiedlichste Richtungen evolvierender Spezies unverändert vererbt wurden, also Milliarden und Abermilliarden von zufälligen Mutationen diesen Proteinsequenzen nichts anhaben konnten, weil ihre Funktion so essentiell ist, dass jede strukturelle Veränderung mit dem Leben nicht mehr vereinbar wäre.
3. dass die gezielte funktionelle Bindung eines Lithiumions im aktiven Zentrum der IMPase die Bedeutung von Lithium für die Proteinklasse und damit auch den konkurrierenden Mechanismus zwischen Magnesiumion (aktivierend) und Lithiumion (hemmend) als essentiell beweist – und damit auch die Essentialität von Lithium!

Die Notwendigkeit der letzten Schlussfolgerung ergibt sich insbesondere vor dem Hintergrund, dass eine funktionelle Bindung von Magnesiumionen im aktiven Zentrum auch möglich wäre, ohne gleichzeitig eine funktionsfähige Lithiumionen-Bindungsstelle zu erlauben. Tatsächlich kodiert unser Erbgut für Tausende verschiedene Proteine, die alle funktionell darauf angewiesen sind, Magnesiumionen binden zu können, doch nur sehr wenige davon werden gleichzeitig durch Lithiumionen reguliert.[162] Mit anderen Worten: Das *Magnesiom*, also die Menge aller Proteine, die durch Magnesiumionen reguliert werden, und das *Lithiom*, also die Menge aller Proteine, die durch Lithiumionen reguliert werden, überlappen sich somit nur äußerst geringfügig. So gibt es im Vergleich zum großen Magnesiom nur eine relativ kleine Teilmenge von nicht einmal einem Dutzend Lithiumtargets (sie befinden sich in vier der sechs zuvor genannten Target-Klassen des Lithioms, siehe Argument 2), bei denen der kompetitive Mechanismus zwischen Magnesium- und Lithiumionen um dieselbe Bindungsstelle mit entgegengesetzten funktionellen Konsequenzen (Magnesiumion aktiviert, Lithiumion hemmt) hochkonserviert ist. Dies kann m. E. nur bedeuten, dass die Funktion von Lithiumtargets wie z.B. der IMPase tatsächlich wesentlich von der Möglichkeit der regulatorischen Bindung und Beeinflussung durch ein Lithiumion abhängt, was auf die essentielle Funktion von Lithium hinweist. Damit ist auch Argument 4 für die Essentialität von Lithium belegt. Es konnte gezeigt werden:

Lithiumtargets sind evolutionär hochkonservierte Schlüsselproteine allen Lebens, deren Regulation durch Lithium ebenfalls evolutionär vollständig konserviert ist, was ein eindeutiger Hinweis ist auf die Essentialität der Lithiumregulation. Damit muss das Spurenelement selbst ebenfalls von essentieller Bedeutung sein.

ARGUMENT 5: Lebensverkürzende und nachwuchsreduzierende Auswirkung eines Lithiummangels

Tierexperimentelle Evidenz der Essentialität

Lithium kommt zumindest in sehr geringen Spuren praktisch überall in der Natur und damit auch in Nahrungsmitteln und im Trinkwasser vor. Da dies aber in der Regel nicht ausreicht, um auch bei einer ansonsten ausgewogenen modernen Ernährung eine ausreichende Versorgung zu gewährleisten, gibt es zwar zahlreiche epidemiologische Studien zu gravierenden Mangelzuständen (siehe Argument 1), aber keine Vergleichs- oder Beobachtungsstudien zu den Folgen eines absoluten Lithiummangels beim Menschen. Ein experimentell gezielt herbeigeführter absoluter Lithiummangel beim Menschen ist wiederum aus ethischen Gründen kategorisch ausgeschlossen; wobei es geradezu ironisch anmutet, dies im Wissen um den gravierenden Mangel zu schreiben, der in der Realität milliardenfach geduldet wird und den Menschen das Leben in vielerlei Hinsicht nicht nur schwerer macht, als es sein müsste, sondern es sogar verkürzt. In diesem Sinne muss die Nichtanerkennung von Lithium als essentielles Spurenelement und – mindestens ebenso gravierend – das Verbot, es in weiten Teilen der Welt als Nahrungsergänzungsmittel anbieten zu dürfen (mehr dazu im letzten Kapitel), ebenfalls als unethisch angesehen werden. Entsprechende Versuche, Tieren durch eine spezielle Diät Lithium vorzuenthalten oder gar zu entziehen, halte ich zwar auch für ethisch problematisch, aber zur Beantwortung dieser Frage sind wir nicht mehr auf erneute Versuche angewiesen. Die schon bereits vor einigen Jahrzehnten durchgeführten Tierversuche haben längst aussagekräftige Ergebnisse geliefert.

Die Essentialität von Lithium bei Ratten

Um ein eindeutiges tierexperimentelles Ergebnis zur Frage der Essentialität bzw. Lebensnotwendigkeit eines Spurenelementes zu erhalten, wäre es aus wissenschaftlicher Sicht natürlich ideal, einen vollständigen Mangel zu erzeugen. Trotz der erwähnten Umstände, dass geringe Mengen an Lithium in nahezu allen Nahrungsmitteln zu finden sind, ist es Wissenschaftlern Mitte der 70er Jahre gelungen, ein immerhin lithiumreduziertes Futter für Laborratten zu entwickeln; statt der üblichen ca. 350 µg/kg lag dessen Lithiumgehalt nur noch bei ca. 15 µg/kg.[163] Das ist zwar deutlich weniger als üblich, aber von Lithiumfreiheit kann man nicht einmal annähernd sprechen. Das liegt insbesondere daran, dass wir aus den epidemiologischen Trinkwasserstudien wissen, dass schon geringste Mengen Lithium das mentale Immunsystem des Menschen nachweisbar beeinflussen, also Wirkungen erzeugen. Trotz dieser Einschränkung wurden aber dennoch einige hochinteressante Beobachtungen gemacht. So wurde bei Ratten, die unter diesem nahrungsbedingten Lithiummangel aufwuchsen, im Vergleich zu Kontrolltieren in fast allen Geweben ein um 20 bis 50 % reduzierter Lithiumgehalt gefunden. Das war überraschend, da die Lithiumzufuhr (gleiche Futtermenge angenommen) um den Faktor 22 reduziert wurde. Da Tiere kein Lithium produzieren können, muss es zwangsläufig einen, bisher zwar noch unbekannten, aber dennoch hocheffektiven Regulationsprozess geben, der dazu führt, dass bei einem Mangel weniger Lithium ausgeschieden wird. Die Hirnanhangdrüse und die Nebennieren waren unter diesen Mangelbedingungen erstaunlicherweise sogar in der Lage, die Lithiumkonzentration in ihren Geweben nahezu konstant zu halten. Dies ist ein deutlicher Hinweis darauf, dass Lithium in diesen hormonproduzierenden Organen gezielt und aktiv angereichert wird, vermutlich um deren lebenswichtige Funktionen auch unter zumindest zeitlich begrenzten Mangelbedingungen aufrechtzuerhalten. Doch trotz dieser regulatorischen Gegenmaßnahmen blieb der Lithiummangel keineswegs folgenlos. Er führte zu einer drastischen Reduktion der Wurfgröße mit bis zu 30 Prozent weniger Nachkommen, deren Überlebensrate zudem nur halb so hoch war wie bei den Würfen der Kontrollgruppe. Chronischer Lithiummangel vermindert bei Ratten also den Fortpflanzungserfolg und führt damit eindeutig zu einem verminderten Populationswachstum. Da wir wissen, dass z.B. die Telomerase lithiumabhängig ist und diese wiederum das Wachstumspotential von Stamm- und Körperzellen begrenzt – Stichwort: Hayflick-Limit (siehe Argument 2) – sind diese Ergebnisse nicht überraschend.

Im Jahr 1992 wurde eine weitere Studie publiziert, bei der Ratten mit einer noch stärker reduzierten Lithiumkonzentration im Tierfutter ernährt wurden: Eine Gruppe von Ratten erhielt fünf Generationen in Folge nur 2 µg/kg Lithium im Futter und drei Generationen einer weiteren Gruppe sogar nur 0,6 µg/kg.[164] Im Vergleich zur vorhergegangenen Studie führte dieser verschärfte Lithiummangel zu einer noch drastischer reduzierten Wurfgröße im Vergleich zu den mit 500 µg/kg Futter lithiumreich ernährten Kontrolltieren.

Darüber hinaus wurden ein noch stärker vermindertes Geburtsgewicht und eine noch weiter eingeschränkte Überlebenswahrscheinlichkeit der wenigen Neugeborenen dokumentiert. Auch die Milchproduktion war massiv beeinträchtigt. Das Gewicht der Ratten nach dem Abstillen sank von der ersten Generation unter Lithiummangel zur dritten von durchschnittlich 513 g auf 167 g, und der Prozentsatz, der bis dahin überhaupt überlebte, sank von 84 Prozent auf 36 Prozent. Die Autoren der Publikation fassen ihre Ergebnisse lapidar, aber dennoch recht eindeutig zusammen: „Die Beeinträchtigung des Fortpflanzungserfolgs und der Laktationsleistung weist darauf hin, dass Lithium ein essentielles Element ist."

Im Jahr 2005 berichteten Tierernährungsexperte Prof. Manfred Anke (1931–2010) und sein Team, dass „bei Ratten mit Lithiummangel abnormes Verhalten beobachtet wurde, das nach Lithiumergänzung verschwand".[165] Und bereits 1989 publizierten japanische Forscher, dass Ratten, die unter Lithiummangel gehalten wurden, erlerntes Verhalten unter psychischem Stress nicht mehr ausführen konnten, dies aber durch die Gabe von Mikrodosen Lithium dosisabhängig wieder gelang.[166] Damit leisteten die beiden Forscherteams zweierlei: Einerseits lieferten sie einen weiteren Baustein in der Beweisführung zur Essentialität, indem sie eine erfolgreiche Intervention zur Behebung des Mangels durchführten. Zweitens dokumentierten sie auch einen konkreten Hinweis auf die besondere Bedeutung von Lithium für „höhere" Funktionen, insbesondere die Hirnfunktionen und damit das Verhalten.

Die Essentialität von Lithium bei Ziegen

Dieselbe Arbeitsgruppe um Manfred Anke untersuchte und publizierte im Jahr 2005 auch die gesundheitlichen Auswirkungen einer lithiumarmen Fütterung bei Ziegen über 15 Generationen hinweg.[167] Die Kontrollziegen erhielten Futter mit einem Lithiumgehalt von 10 mg/kg, die Ziegen in der Gruppe mit lithiumarmer Diät Futter mit einem Lithiumgehalt von 1,7 mg/kg. Dies war zwar eine Reduktion um den Faktor 6, aber im Vergleich zu den Rattenstudien immer noch eine recht hohe Lithiummenge. Obwohl es sich also definitiv nicht um einen absoluten Lithiummangel handelte, hatte diese

Lithiumreduktion dennoch schwerwiegende Auswirkungen auf Wachstum, Reproduktionsleistung, Wohlbefinden und Mortalität: „Die Zicklein von Geißen mit Lithiummangel hatten ein um 9 % geringeres Geburtsgewicht als die Zicklein von Kontrollgeißen. Darüber hinaus führte eine lithiumarme Ernährung bei Ziegen wie auch bei Ratten zu Reproduktionsstörungen."

Die Lithiumreduktion führte aber nicht nur zu einer signifikant niedrigeren Trächtigkeitsrate, sondern auch zu einer 14-mal höheren Abortrate im Vergleich zu den Kontrolltieren (14 Prozent versus 1 Prozent). Zudem war die Lebenserwartung der Tiere drastisch reduziert: 41 Prozent der Ziegen mit Lithiummangel starben im ersten Lebensjahr, sehr wahrscheinlich an Infektionen, was auf eine Funktionsstörung des körperlichen Immunsystems hinweist (die Autoren berichten von auffälligen Hautveränderungen), während es bei den Kontrolltieren nur 7 Prozent waren. Die Sterblichkeit bei Lithiummangel war also um den Faktor sechs (!) erhöht – und dies, obwohl die Tiere noch nicht einmal an einem absoluten Mangel litten! Daraus lässt sich schließen, dass ein absoluter Lithiumentzug mit hoher Wahrscheinlichkeit für alle Tiere tödlich verlaufen wäre. „Zusammenfassend", so die Autoren, „zeigen die Ergebnisse einer lebenslangen lithiumarmen Ernährung über mehr als 15 Ziegengenerationen, dass Lithium für die Fauna [bzw. die Tierwelt] und damit auch für den Menschen lebensnotwendig sein kann".

Die Essentialität von Lithium beim Menschen

Gerhard Schrauzer schrieb im Jahr 2002 in seinem Meisterwerk *Lithium: Vorkommen, Aufnahme über die Nahrung, essentielle Bedeutung für die Ernährung*: Da „Lithiummangel beim Menschen wahrscheinlich nie den Schweregrad erreichen wird, der bei experimentell mit Lithium unterversorgten Tieren beobachtet wurde, werden die Symptome eines Lithiummangels beim Menschen, wenn sie überhaupt beobachtet werden, wahrscheinlich mild sein und sich eher in Verhaltensstörungen als in physiologischen Anomalien äußern".[168] Derartige Verhaltensstörungen beim Menschen in Folge der Beeinträchtigung „höherer" Funktionen durch Lithiummangel haben wir bereits ausführlich behandelt (Stichwort: Mentales Immundefizienz-

Syndrom). Sie fallen deutlich schwerer ins Gewicht, als Schrauzer angenommen hat, und sie als „mild“ zu bezeichnen, wird ihnen nicht gerecht. Menschsein bedeutet natürlich mehr als nur Überlebens- und Reproduktionsfähigkeit; der Mangel an Lithium muss gravierend sein, um derart schwerwiegende und fatale Folgen zu haben, wenn schon geringste Unterschiede in der Trinkwasserkonzentration so starke Auswirkungen zeigen, wie wir sie in Argument 1 besprochen haben. Gäbe es nicht die in Argument 3 beschriebene Fähigkeit, Lithium in den Hirnregionen, die für das „Menschsein“ relevant sind (insbesondere der Hippocampus) anreichern zu können, wären die Auswirkungen auf die menschliche Psyche mit Sicherheit sogar noch dramatischer, als sie es ohnehin schon sind.

Man sollte hier darauf hinweisen, dass wir zumindest noch nicht sicher ausschließen können, dass ein Lithiummangel nicht auch beim Menschen zu einer verminderten Fruchtbarkeit oder höheren Abortrate führt – immerhin sinken die Geburtenraten und die Fruchtbarkeit seit langem kontinuierlich, und ein ursächlicher Zusammenhang wäre funktionell über ein dysreguliertes Lithiom erklärbar. Das ist aber reine Spekulation. Was wir aber sicher wissen ist, dass sich in Folge eines Mangels, wie auch in den Tierversuchen, die Lebenserwartung reduziert. Eine ausreichende Lithiumzufuhr erhöht die Anzahl der gesunden Lebensjahre und die Lebensspanne im Vergleich zu Personen mit einer Unterversorgung. Umgekehrt verringert eine Unterversorgung die Zahl der gesunden Lebensjahre und die Lebenserwartung. Es ist daher davon auszugehen, dass dieser Befund mit zunehmender Mangelverschlechterung ebenfalls zunehmen würde, bis hin zur völligen Unverträglichkeit mit dem Leben aufgrund einer kompletten Dysregulation des Lithioms – wobei glücklicherweise ein absoluter Mangel aufgrund des ubiquitären Vorkommens von Lithium zumindest in Mikromengen in der Regel nicht erreicht wird. In der Tat ist es für mich sogar der dramatischste Hinweis auf die Essentialität von Lithium, dass mit einem chronischen Mangel eine erhöhte Rate von Gewalttaten gegen andere und gegen sich selbst, die das Leben vorzeitig beenden können, einhergeht. Insbesondere die deutlich erhöhte Suizidrate bei Lithiummangel ist ein klarer Beweis für die essentielle Abhängigkeit des mentalen Immunsystems von einer ausreichenden Versorgung mit diesem Spurenelement. Diese fatale Konsequenz ist unerträglich, wenn man bedenkt, wie leicht der Mangel zu beheben wäre. Jedes Opfer ist daher ein stummer Hilferuf.

Bereits im Jahr 1994 konnte Gerhard Schrauzer zusammen mit einem Mitarbeiter in einer kontrollierten klinischen Interventionsstudie einen kausalen Zusammenhang aufzeigen zwischen Stimmungslage und der Zufuhr selbst einer sehr geringen Lithiumdosis.[169] Alle Studienteilnehmer waren ehemalige Drogenkonsumenten (hauptsächlich Heroin und Methamphetamin), gewalttätige Straftäter oder hatten eine Vorgeschichte häuslicher Gewalt, also eine Vorgeschichte, die nicht gerade für eine ausgeglichene Stimmungslage spricht. Für die Studie wurden sie nach dem Zufallsprinzip in zwei Gruppen eingeteilt, von denen die eine täglich 400 µg Lithium (eine Kapsel Hefe, die mit Lithium angereichert war) und die andere ein identisch aussehendes Scheinmedikament (Placebo bzw. eine identische Kapsel Hefe ohne Lithium) erhielt. Nach vier Wochen wurden die Gruppen umgekehrt. Die Probanden füllten wöchentlich Selbstbeurteilungsbögen aus, die 29 Fragen u.a. zu Parametern wie geistige und körperliche Aktivität, Denk- und Arbeitsfähigkeit, Stimmung und Emotionalität enthielten. In der Lithiumgruppe – im Gegensatz zur Kontrollgruppe – stiegen die Gesamtwerte des Stimmungstests während der Behandlung kontinuierlich und signifikant an. Noch interessanter als die Statistiken sind jedoch die Kommentare derjenigen, die – und das sollte man sich nochmals klar machen – gerade einmal 0,4 mg Lithium pro Tag zuführten. So sagte ein ehemaliger Crystal-Meth- und Alkoholkonsument mit einer Vorgeschichte häuslicher Gewalt: „Ich spüre einen großen Unterschied darin, dass ich nicht mehr so schnell aus der Haut fahre." Andere Probanden äußerten sich 1 bis 2 Wochen nach dem Ausgleich ihres Lithiummangels: „Meine Stimmung ist stabil und ich kann jetzt klarer denken. Ich fühle mich ziemlich gut" oder „Ich war früher gereizt, aber seit ich diese Vitamine nehme, hat sich das drastisch geändert". Eine Person, die vor der Einnahme von Lithium suizidgefährdet war, sagte nach vier Wochen: „Ich bin nicht mehr depressiv. Ich sehe Licht am Ende des Tunnels." Dies sind auch in etwa die

Rückmeldungen, die ich mittlerweile täglich von Menschen erhalte, die aufgrund meiner Informationen begannen, essentielle Mengen an Lithium zuzuführen. Auch Dr. med. Christian Schellenberg, ein Kinderarzt, der in Potsdam praktiziert, berichtet von vergleichbaren enormen Verbesserungen der Stimmung, der Konzentrationsfähigkeit und der Lebenseinstellung bei seinen jungen Patienten.[170] Interessant ist auch der Kommentar einer Person, die ihre Hefe-Kapsel mit Lithium entgegen der Anweisung nur unregelmäßig einnahm (sie wusste allerdings nicht, dass es kein Placebo war): „Wenn ich diese Vitamine regelmäßig einnehme, scheint meine Stimmung besser zu sein." Diese Beobachtung deckt sich mit den Ergebnissen von Auslassversuchen in einer Potsdamer Kinderarztpraxis – auch hier traten die psychischen Auffälligkeiten sofort wieder auf, wenn die Zufuhr wesentlicher Mengen Lithium auf ärztliche Anweisung hin unterbrochen wurde (Dr. Christian Schellenberg, persönliche Mitteilung). Ein ehemaliger Heroinsüchtiger, Alkoholiker und Gewalttäter hatte während der Placebobehandlung angegeben: „Ich bin immer extrem launisch und streite mich oft mit meiner Freundin." Nach der Umstellung auf Lithium gab er nach einer Woche an: „Ich habe Veränderungen in meinem Verhalten bemerkt." Nach vier Wochen: „Ich rege mich nicht mehr so über Kleinigkeiten auf wie früher" und „Ich bin meistens viel besser gelaunt". „Aufgrund dieser Ergebnisse und der Analyse der freiwilligen schriftlichen Kommentare der Studienteilnehmer kann geschlossen werden", fassen die beiden Studienautoren zusammen, „dass Lithium in der gewählten Dosierung [die mit 0,4 mg/Tag etwa 300- bis 500-mal niedriger ist als bei der Behandlung der biopolaren Störung] eine stimmungsaufhellende und stabilisierende Wirkung hat".

Die antisuizidale Wirkung von Lithium ist kausal. Ein erster Hinweis darauf, dass Lithiummangel tatsächlich das Suizidrisiko erhöht – und nicht nur eine zufällige Korrelation besteht, wie sie die Trinkwasserstudien aufzeigten –, ist die folgende klinische Beobachtung: Im Gegensatz zu allen anderen Therapien, sowohl bei unipolaren (schweren Depressionen) als auch bei bipolaren Störungen (manisch-depressiven Erkrankungen), reduziert die Lithiumtherapie das Suizidrisiko.[171] Lithium unterscheidet sich somit qualitativ erheblich von anderen häufig verschriebenen Antidepressiva (wie Carbamazepin, Olanzapin oder Amitriptylin etc.), die – obwohl sie die depressive Symptomatik verringern können – den Patienten nicht vor Handlungen gegen das eigene Leben schützen; ganz im Gegenteil: Tatsächlich besteht die Gefahr zur Selbsttötung insbesondere dann, wenn Menschen durch eine derartige medikamentöse Therapie gerade wieder handlungsfähig werden, ihre depressive Stimmungslage aber noch nicht überwunden haben. Eine große Überlebensanalyse mithilfe von anonymen Patientendaten der UK Biobank ergab sogar, dass therapeutisches Lithium im Vergleich zu anderen Antipsychotika mit einer fast vierfach höheren Überlebenswahrscheinlichkeit einhergeht.[172] Die neuroinflammatorische Ursache der Suizidalität und die antiinflammatorische Funktion von Lithium liefern eine mechanistische Erklärung für die beobachtete Kausalität hinter der Suizidreduktion durch dieses Spurenelement, die wir in Kap. 4 ausführlich diskutieren werden.[173]

Die Lebenserwartung von Menschen mit psychischen Störungen, die ein Resultat eines chronischen Lithiummangels sein können, wird aber nicht nur durch Selbstmord, sondern in weitaus höherem Maße auch durch andere Ursachen verkürzt. Gründe für ein viel zu frühes Lebensende sind z.B. die häufig mit psychischen Problemen einhergehenden Essstörungen von Magersucht bis Adipositas, die wiederum aufgrund zahlreicher Folgeerkrankungen das Leben um durchschnittlich mehr als 16 Jahre verkürzen, wie eine Metastudie aus dem Jahr 2023 aufzeigte, die insgesamt mehr als 12 Millionen Menschen mit psychischen Störungen umfasste.[174] Drogenkonsum, der häufig mit psychischen und sozialen Problemen einhergeht, verkürzt die Lebenserwartung durchschnittlich sogar um mehr als 20 Jahre. Die Ergebnisse einer im Jahr 2019 veröffentlichten australischen Studie fasst die Pressemitteilung der *University of Queensland* folgendermaßen zusammen: „Das Risiko eines vorzeitigen Todes war bei Menschen mit psychischen Störungen in allen Altersgruppen erhöht – neben einem erhöhten Risiko, durch Suizid zu sterben, bestätigte sich auch ein erhöhtes Risiko, an Krankheiten wie Krebs, Atemwegserkrankungen und Typ-2-Diabetes zu sterben."[175] Auch der vorzeitige Tod durch Alzheimer-Demenz stand in direktem Zusammenhang mit dem Lithiumgehalt des Trinkwassers, wie man anhand einer Studie aus Texas herausfand.[176] Nicht zuletzt müssen wir an dieser Stelle festhalten, dass, wenn sich unter Lithiummangel das mentale Immunsystem nicht gesund entwickelt oder im Laufe des Lebens zunehmend dysfunktional wird, die Wahrscheinlichkeit steigt, keine gesunden Lebensentscheidungen zu treffen.

Diese Beziehung zwischen Lithiummangel und verkürzter Lebenserwartung lässt sich jedoch umkehren: Bei chronischer Unterversorgung weiter Teile der Bevölkerung müsste eine höhere Lithiumzufuhr die Lebenserwartung steigern. Tatsächlich kann „die regelmäßige Zufuhr des Spurenelements Lithium [...] die Lebenserwartung deutlich verlängern", fasste 2011 ein Pressebericht mit dem metaphorischen Titel *Lithium – Jungbrunnen aus der Wasserleitung* die Ergebnisse einer Studie zusammen, die Ernährungswissenschaftler der Friedrich-Schiller-Universität Jena gemeinsam mit japanischen Epidemiologen durchgeführt hatten.[177] Studienleiter und damaliger Inhaber des Jenaer Lehrstuhls für Humanernährung, Michael Ristow, konnte mit japanischen Kollegen an über 1,2 Millionen Einwohnern von 18 benachbarten Gemeinden der Präfektur Oita nachweisen, dass Lithium bereits in geringer Trinkwasserkonzentration (59 µg/l versus 0,7 µg/l) die Gesamtmortalität senkt und so zu einem längeren Leben führt.[178] Dieser Schutzeffekt war auch dann noch deutlich zu erkennen, wenn die Forscher Selbsttötung als Todesursache herausrechneten.

„In der Tat sind die Auswirkungen von Lithiumspuren auf die Lebenserwartung beeindruckend", schrieb auch ein Team kanadischer Forscher, die in Texas eine ähnliche Studie folgen ließen (siehe unten), mit Blick auf die japanische Studie von Ristow und Kollegen. Besonders beeindruckt waren die Forscher allerdings von der extrem geringen Dosis, die ausreichte, einen Effekt zu erzielen, und offensichtlich dafür „die Lithiumkonzentrationen im Wasser um den Faktor 1000 niedriger sein können als die therapeutischen Dosen, die bei bipolaren Störungen eingesetzt werden."[179] Zu diesem Zeitpunkt war dies jedoch die einzige Studie, die den lebensverlängernden Effekt einer geringen Lithiumzufuhr beim Menschen untersucht hatte. Daher hielt das kanadische Team es für unerlässlich, den negativen Zusammenhang zwischen Lithiumspuren im Trinkwasser und der Gesamtsterblichkeit auch in anderen Bevölkerungsgruppen zu untersuchen. Nur so könnten die Ergebnisse verallgemeinert werden. Deshalb untersuchten sie den Zusammenhang zwischen Lithiumspuren und der Gesamtsterblichkeit, ausgedrückt in verlorenen Lebensjahren, anhand eines viel größeren Datensatzes; dieser wurde aus leicht zugänglichen Daten von 234 Landkreisen in Texas, USA, gewonnen. Der Datensatz war nicht nur größer als der aus Oita, Japan, und umfasste wesentlich mehr Datenpunkte, sondern war auch wesentlich breiter gestreut, was die Lithiumkonzentrationen in den einzelnen Landkreisen betraf: Die durchschnittlichen Lithiumwerte in den texanischen Landkreisen lagen zwischen 3 µg/l und 539 µg/l. In Oita dagegen lagen sie nur zwischen 0,7 µg/l und 59 µg/l. Das Ergebnis war eindeutig, wie die Autoren schreiben: „Somit erweitern und bekräftigen unsere aktuellen Ergebnisse die [aufgrund der japanischen Studie] postulierte lebensverlängernde Wirkung von Lithium beim Menschen." Sie zeigen auch, dass in Japan eine noch höhere Lebensdauer erreicht werden könnte, wenn auch dort mehr Lithium aufgenommen würde, worauf im folgenden Kapitel näher eingegangen wird, wenn wir versuchen abzuschätzen, wie hoch die optimale Zufuhr sein sollte.

Epidemiologische Studien liefern aber nur Hinweise auf mögliche Zusammenhänge, keine Beweise. „Es ist jedoch zu beachten", schrieben deshalb die Wissenschaftler der japanischen Studie, „dass die Ergebnisse beim Menschen beobachtender Natur sind und daher keinen ursächlichen Zusammenhang zwischen einer hohen Lithiumzufuhr und einer verringerten Sterblichkeit herstellen können. Theoretisch wäre eine lebenslange Interventionsstudie am Menschen erforderlich, um einen kausalen Nachweis für die mortalitätsreduzierenden Effekte einer niedrig dosierten Lithiumsupplementierung zu erbringen. Eine solche Studie kann aus offensichtlichen Gründen nicht durchgeführt werden."[180]

Auf den Menschen übertragbare Tierversuche

Deshalb führten sie den Kausalitätsnachweis mithilfe einer anderen Spezies durch, nämlich dem klassischen Modellorganismus für Anti-Aging-Studien und uns inzwischen wohlbekannten Fadenwurm *Caenorhabditis elegans*. Die weitverbreitete evolutionsbiologische Konservierung des Lithioms, wie sie auch zwischen Wurm und Mensch besteht (siehe Kap. 1), ermöglicht es, viele tierexperimentelle Erkenntnisse als begründete Indizien zur Klärung der gleichen Frage auf den Menschen zu übertragen. Daher werden hier auch Tierversuche einbezogen, die einen lebensverkürzenden Effekt eines Lithiummangels beim Menschen tierexperimentell zu demonstrieren versuchten.

Schon eine frühere Studie mit sehr hoher Konzentration an Lithium, wie sie auf das höhere Körpergewicht umgerechnet typisch wäre für die Behandlung der bipolaren Störung beim Menschen, verlängerte die Lebensspanne von *C. elegans* um 46 Prozent.[181] Aber auch bei einer 1000-fach niedrigeren Lithiumkonzentration, wie sie im Leitungswasser der japanischen Präfektur Oita vorkommt und die laut Studienergebnissen mit der höchsten Lebenserwartung einhergeht, lebten die Fadenwürmer länger, was laut den Autoren noch „ungeklärte molekulare Effekte auf die menschliche Sterblichkeit widerspiegelt".[182] Vor dem Hintergrund der obigen Ausführungen zur Lithiumwirkung auf das gesamte Lithiom sind diese molekularen Effekte aber nicht mehr ungeklärt, sondern es gibt sehr gute Hinweise auf die molekularen Zusammenhänge, die dies erklären können. Diese reichen von einer geringen Inflammationsneigung über eine verbesserte Autophagie bis hin zu einer gesteigerten Telomerase-Aktivität[183], um nur einige verjüngende Effekte zu nennen, die wir schon besprochen haben – Prozesse, die bei vielen Tieren und dem Menschen mithilfe derselben Lithiumtargets reguliert werden, was Rückschlüsse vom Tierversuch auf den Menschen erlaubt. So verringert sich bei älteren Fadenwürmern unter Lithiumgabe zwar die Zahl der Mitochondrien, da das Spurenelement die Autophagie und damit die Mitochondriophagie, also den Abbau dysfunktionaler Mitochondrien, anregt.[184] Diese Beobachtung geht jedoch zugleich mit einer Verbesserung der Energieproduktion einher, da Lithium durch Stimulierung der Mitochondriogenese die Anzahl der gut funktionierenden Mitochondrien auch bei einer insgesamt reduzierten Gesamtzahl erhöht und damit zu einer Lebensverlängerung beiträgt. Der altersbedingten Abnahme der mitochondrialen Energieproduktion kann auch beim Menschen gezielt entgegengewirkt werden, z.B. durch körperliche Aktivität.[185] Diese steigert unter anderem die Aktivität des mitochondrialen Masterregulators PGC-1α, der aber ebenfalls durch Lithium aktiviert wird.[186] Mittlerweile wurde der lebensverlängernde Effekt von Lithium in vielen weiteren Organismen entdeckt, wie bspw. in der Fruchtfliege *Drosophila melanogaster* und sogar in einfachen Hefezellen.[187] Dies deutet bereits darauf hin, dass die molekularen Prozesse, die bei ausreichender Lithiumversorgung zu einer Verlängerung der Lebensspanne führen, über sehr lange evolutionäre Zeiträume hochkonserviert geblieben sind. Da sie in evolutionär sehr unterschiedlichen Spezies (Säugetiere, Würmer und Insekten) konserviert sind, ist auch beim Menschen mit ähnlichen Effekten wie bei den untersuchten Tierarten zu rechnen, wie die japanische und die texanische Studie gezeigt haben.

Bei Fruchtfliegen konnte zudem gezeigt werden, dass die Verlängerung der Lebensspanne auf die lithiumabhängige Hemmung von GSK-3 zurückzuführen ist.[188] So verkürzte eine genetische Hochregulation von GSK-3 oder eine konstitutiv aktive Mutation von GSK-3 die Lebensdauer der Fruchtfliegen um 30 Prozent bzw. um 50 Prozent. „Konstitutiv" bedeutet in diesem Zusammenhang dauerhaft. Dies ist auch die Situation des Lithiummangels beim Menschen. Da die natürliche „Bremse" fehlt (siehe Argument 2), ist diese konstitutive Aktivität von GSK-3 (auch ohne künstlich herbeigeführte Mutation) ein gewaltiges gesundheitliches Problem, wie wir im letzten Kapitel noch etwas ausführlicher diskutieren müssen. Nur so viel vorweg: Dieser unnatürliche Zustand eines konstitutiv aktiven GSK-3 gilt als natürlich, weil Lithium nicht als essentiell gilt und ein Mangel an diesem Spurenelement, der für die ständige Aktivität von GSK-3 (aber auch der IMPase, siehe oben) verantwortlich ist, daher unsinnigerweise auch keine Rolle spielen kann. Folglich sind aus Sicht der Pharmaindustrie auch alle chronischen Krankheiten eine „natürliche" Folge des Menschseins (und nicht u.a. eines Lithiummangels) – zumindest will man uns das glauben machen –, weshalb als weitere Konsequenz dieser fehlerhaften Annahme (Lithium sei nicht essentiell) ein langes und gesundes Leben nur mit ihren Medikamenten möglich sein kann. Aber heben wir uns diese Debatte für das letzte Kapitel auf, wenn alle Beweise auf dem Tisch liegen, wie z.B. der aus dem Fruchtfliegenexperiment: Diese durch Mutation künstlich herbeigeführte GSK-3-Aktivierung und damit verursachte Verkürzung der Lebensspanne wurde durch die Behandlung mit Lithium fast vollständig aufgehoben. Zudem verlängert Lithium in geringer Dosierung in genetisch unveränderten Fruchtfliegen die Lebensspanne um bis zu 20 Prozent gegenüber einem Lithiummangel, wohingegen sehr hohe (toxische) Dosierungen das Leben gravierend verkürzen – also genau das, was auch beim Menschen beobachtet wird, aber aus pharmaindustrieller Sicht nicht sein darf. Auch in dem Kommentar der Autoren geht es am Ende nicht darum, die Bedeutung von Lithium für die menschliche Langlebigkeit hervorzuheben, sondern nur die von GSK-3 als pharmakologisches Target: „Die Entdeckung von GSK-3 als therapeutisches Ziel im Alterungsprozess wird wahrscheinlich zu wirksameren Behandlungen führen", schreiben die Autoren dazu, „die den Alterungsprozess bei Säugetieren modulieren und die Gesundheit im späteren Leben weiter verbessern können."

Bei Mäusen, die jedoch typischerweise experimentell völlig artfremd in Käfigen gehalten wurden, konnte zwar keine statistisch signifikante, aber immerhin eine graphisch sichtbare Verlängerung der Lebensdauer festgestellt werden; darüber hinaus fand man eine statistisch signifikante Verlängerung des Zeitraums, in dem die Mäuse gesund lebten.[189] Diese Studie kann als Beispiel herangezogen werden, um zu verdeutlichen, dass Lithium allein nicht ausreicht, um ein artfremdes Leben signifikant zu verlängern. Wie bereits mehrfach erwähnt, ist Lithium kein Wundermittel. Es wirkt aber insofern, als ein Mangel das Leben auf vielfältige Weise verkürzt. Ristow und Kollegen gehen daher davon aus, „dass diese lebensverlängernden Eigenschaften von niedrigdosiertem Lithium auf der Basis von Beobachtungen [im Tiermodell] in eine geringere Gesamtsterblichkeit bei Menschen übertragen werden können, die vergleichbaren Mengen von Lithium auf ähnliche Weise über einen längeren Zeitraum ausgesetzt sind".[190] Entsprechend kam ein internationales Team von Altersforschern im Rahmen einer tierexperimentellen Studie zur konservierten Funktion von Lithium, z.B. gegen die Alzheimer-Pathologie, zu dem Schluss: „Die weitreichenden lebensverlängernden Effekte von Lithium in verschiedenen Modellorganismen deuten darauf hin, dass es evolutionär konservierte Mechanismen ausübt, die ein gesundes Altern fördern."[191]

Evidenz der Essentialität in drei verschiedenen Spezies

Damit ist auch eine weitere Forderung des Kriterienkatalogs für den Nachweis der Essentialität neuer Spurenelemente erfüllt, der von den Forschern der Karl-Marx-Universität Leipzig zusammengestellt und zum Kapitelbeginn vorgestellt wurde: Der Nachweis wurde an drei verschiedenen Spezies erbracht, einschließlich des Menschen als dritter – auch wenn wir in diesem Fall auf tierexperimentelle Studien mit hoher Aussagekraft für den Menschen zurückgreifen mussten, um die Kausalität hinter den korrelativen Ergebnissen der epidemiologischen Studien zu belegen. Selbst wenn einige Tiere mit relativem Lithiummangel lebensfähig sind, zeigen die Versuche eindeutig, dass die Mangelversorgung zu einer massiven Reduktion der Fortpflanzungsfähigkeit und zu einer hohen Sterblichkeitsrate im ersten Lebensjahr führt. Wenn derart offensichtlich ist, dass ein Lithiummangel mit der Arterhaltung und dem evolutionären Imperativ „Seid fruchtbar und mehret euch" nicht vereinbar ist, sollte auch die Feststellung der Essentialität von Lithium eigentlich keine Hürde darstellen.

Die Ursachen für die Verlängerung der Lebensspanne durch Lithium ergeben sich aus den vielfältigen Funktionen des durch das Spurenelement regulierten Lithioms, die wir zum Teil bereits im Zusammenhang mit dem mentalen Immunsystem betrachtet haben. Auf viele weitere Funktionen von Lithium, die in der Abb. 20 dargestellt sind, werden wir in späteren Kapiteln noch ausführlich eingehen. An dieser Stelle möchte ich hiermit nur festhalten, dass diesen epidemiologisch identifizierten Zusammenhängen kausale biochemische, physiologische und klinisch überprüfbare Ursachen zugrunde liegen. Das zeigt, dass Lithium eindeutig ein essentielles Spurenelement ist. Da es seine evolutionär konservierten essentiellen Funktionen, die in allen Modellorganismen nachweisbar sind, über das Lithiom ausübt, gibt es m.E. keinen plausiblen wissen-

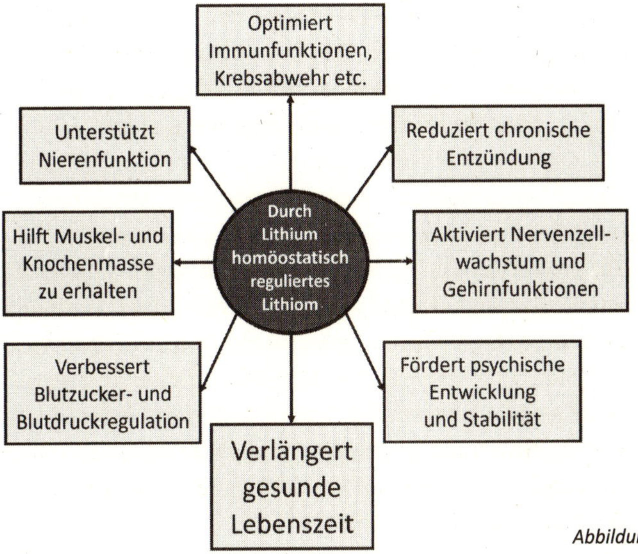

Abbildung 20

schaftlichen Grund anzunehmen, dass ausgerechnet der Mensch eine Ausnahme dieser evolutionsbiologischen Entwicklung sein soll. Wie wir anhand des Mentalen Immundefizienz-Syndroms schon erkennen konnten, ist genau das nicht der Fall.

Die Entwicklung der Arten, die über ein evolutionsbiologisch konserviertes Lithiom verfügen, muss unter der Bedingung eines stabilen und ausreichenden Lithiumangebotes über einen längeren Entwicklungszeitraum erfolgt sein. Die Frage ist also im Folgenden nicht mehr, ob der Mensch einen natürlichen Lithiumbedarf hat – den haben alle Spezies, wie wir unter Argument 4 erfahren haben –, sondern wann und wo der *Homo sapiens* ohne Lithiummangel sein einzigartiges geistiges Immunsystem entwickeln konnte. Das wird uns gleich im nächsten Unterkapitel beschäftigen. Es ist das letzte Glied in der Beweiskette für die Essentialität von Lithium. An dieser Stelle sei jedoch abschließend festgehalten, dass auch das Argument 5 für die Essentialität von Lithium bewiesen werden konnte:

Ein Mangel an Lithium wirkt bei Tier und Mensch lebensverkürzend, ein Ausgleich des Mangels geht hingegen mit einer Lebensverlängerung einher.

ARGUMENT 6:
Lithium war in der für die Evolution des Menschen entscheidenden Phase in physiologisch relevanter Menge in der Nahrung vorhanden

Die Evolution des mentalen Immunsystems des Menschen

Vitalstoffe wie Vitamine und Spurenelemente sind für den Menschen lebensnotwendig. Aufgefallen ist das allerdings nur aufgrund der hohen kulturellen Wandlungs- und mentalen Anpassungsfähigkeit des Menschen an neue Lebensräume. Denn immer, wenn der Mensch seine Ernährungsgewohnheiten drastisch veränderte oder in neue Lebensräume vordrang, wo aufgrund der lokalen Bedingungen ein Mangel an einem dieser essentiellen Vitalstoffe herrschte, kam es zu einem Anstieg an Entwicklungsstörungen und Krankheiten. Beispielsweise führten lange Seefahrten ohne Obst und Gemüse an Bord unweigerlich zu Skorbut, den eine ausreichende Zufuhr von Vitamin C bzw. Ascorbinsäure verhindert hätte.[192] Geschälter und dadurch nahezu vitaminloser Reis als Hauptnahrung kann Beriberi zur Folge haben, wenn keine anderen Quellen für das Vitamin B1 vorhanden sind. Ohne Beheben des ursächlichen Vitaminmangels kann die Krankheit – wie auch Skorbut – tödlich verlaufen und geht mit Lähmungen, Krämpfen und Angstzuständen einher.[193] In den Alpenländern wiederum ist Jodmangel endemisch. Dort kommt es neben einer Kropfbildung im Extremfall zum Kretinismus (abgeleitet von frz. *Crétin* für Schwachkopf), einer extremen Form der mentalen Entwicklungsstörung. Genauso unterliegt auch die Lithium-Zufuhr enormen lokalen Schwankungen – es entstehen mitunter Defizite, die der menschliche Organismus ebenfalls nicht kompensieren kann. In Folge entwickelt sich das Mentale Immundefizienz-Syndrom, das ich in diesem Buch erstmals beschreibe. Es basiert auf einer Schädigung derjenigen mentalen und psychischen Fähigkeiten, die uns als Menschen auszeichnen. Die Möglichkeit, uns entsprechend unseres natürlichen Potentials zu entwickeln, beruht auf der Verfügbarkeit einer Vielzahl von artgerechten Umgebungsbedingungen und essentiellen Nährstoffen, deren Vorhandensein heutzutage nicht mehr durchweg selbstverständlich ist. Umgekehrt muss es an einem bestimmten Ort genügend Zeit gegeben haben, damit sich das Erbgut unserer Vorfahren an die Bedingungen anpassen konnte, die den entscheidenden Selektionsvorteil brachten. Dort konnte sich über einen langen Zeitraum ein Erbgut entwickeln, dessen Grundfunktionen wir mit allen anderen Menschen teilen und das auch heute noch unser geistiges Potential für höhere intellektuelle und soziale Leistungen kodiert. Als Folge dieser Anpassung müssen aber auch heute noch die damaligen Bedingungen erfüllt sein, wenn wir dieses Potential voll entfalten und erhalten wollen. Die Frage, die wir uns nun stellen müssen, ist, wo das evolutionsbiologische Äquivalent zum biblischen Garten Eden zu finden ist – der Ort, an dem alle Aspekte der natürlichen Bedürfnisse des Menschen über einen langen, stabilen Zeitraum ausreichend vorhanden waren. Die Antwort würde uns auch zu einem tieferen Verständnis der lebensnotwendigen Eigenschaften des für den Menschen relevanten „Fasses des Minimums“ (Kap. 1) führen. Kurz, wir würden besser verstehen, warum wir was brauchen, um unsere angeborenen Potentiale voll zu entwickeln und auszuschöpfen.

Die lithiumabhängige Evolution der menschlichen Langlebigkeit einerseits und die Evolution des mentalen Immunsystems andererseits sind zwei Seiten derselben Medaille, die im Konzept der Evolution der Großmutter zusammenlaufen, schließlich vermindert ein Mangel an essentiellem Lithium die Erfolgschancen im evolutionären Überlebens- und Fortpflanzungswettbewerb. Deshalb stellt sich die zentrale Frage: Wann und über welchen Zeitraum der menschlichen Evolution hinweg konnte sich unser mentales Immunsystem auf eine ausreichende Lithiumversorgung verlassen, die seine lebenserhaltende Funktion gewährleistet? Da heute ca. 1.300 Ethnien die Erde bevölkern, die trotz unterschiedlicher äußerer Erscheinung das gleiche genetische Potential zur Entwicklung eines hochleistungsfähigen mentalen Immunsystems besitzen, und nicht anzunehmen ist, dass sich dieses mehrfach unabhängig auf das gleiche Niveau entwickelt hat, muss es eine solche für die gesamte Menschheit prägende Phase gegeben haben. Es ist also an der Zeit für uns, einen Blick darauf zu werfen, wann und wo in der Evolution des Menschen die Entwicklung insbesondere seines mentalen Immunsystems ihren

Höhepunkt erreicht hat und uns zu dem gemacht hat, was wir heute alle sein können: eine geistig, psychisch und mental stärkere, aufgeschlossenere und damit auch friedensfähigere Menschheit.

Auf der archäologischen Suche nach diesem entwicklungsgeschichtlichen "Garten Eden" wurde man Ende des 20. Jahrhunderts fündig. Er liegt an der Südküste Afrikas. Die Grenzen bildeten das Meer auf der einen und eine unwirtliche Wüste auf der anderen Seite. Dank ihrer Forschungen wissen wir auch ziemlich genau, wie lange dieser menschheitsprägende Lebensraum mindestens existiert haben muss. Eine Eiszeit, die vor etwa 194.000 Jahren begann und insgesamt etwa 70.000 Jahre dauerte, ließ an den Polen der Erde die Eisberge in den Himmel wachsen und die zentralen Regionen Afrikas austrocknen und lebensfeindlich werden. Nur die wenigen unserer Vorfahren, die zu dieser Zeit den Weg an die Küsten Afrikas fanden oder zufällig bereits dort lebten, überlebten diese einschneidende Phase.[194] Genetische Analysen zeigen, dass die rund 1.300 verschiedenen Ethnien, aus denen sich die gesamte Menschheit derzeit zusammensetzt, von dieser Gruppe Menschen abstammen.[195] Sie haben diese Phase nicht nur überlebt, sondern auch das genetische Potential für die geistigen Fähigkeiten entwickelt, über die somit alle Menschen weltweit bis heute noch verfügen. Dafür waren die Lebensbedingungen in der afrikanischen Küstenregion optimal, den Menschen fehlte es an nichts. Eine für unsere Fragestellung bedeutende Besonderheit liegt darin, dass es hier schier unerschöpfliche Muschelbänke gab, die eine maritime Grundnahrung sicherten und dazu noch die Entwicklung der Gehirnleistung förderten, wie der Archäologe Curtis W. Marean vom *Institute of Human Origins* der *Arizona State University* herausfand.[196] Die auf Ur- und Frühgeschichte spezialisierte Wissenschaftsjournalistin Ann Gibbons erklärte daraufhin in ihrem Artikel *Humans' head start: new views of brain evolution* (zu Deutsch: Vorsprung des Menschen: Neue Ansichten über die Evolution des Gehirns), der im Jahr 2002 im renommierten US-amerikanischen Wissenschaftsmagazin *Science* erschienen ist: Unser bis heute noch prägendes kulturelles Selbstbild, das den Menschen als „stämmige Jäger, die wilde Tiere nach Hause bringen, ihr Fleisch mit Steinwerkzeugen zerteilen" zeigt, ist fehlerhaft.[197] Die davon abgeleitete und damit ebenso fehlerhafte Vorstellung der Paläoernährung wird dennoch weiterhin gerne bemüht, um unsere moderne Ernährung mit Fleischprodukten auch aus Massentierhaltung als völlig natürlich zu rechtfertigen.[198] Doch diese Art der Ernährung sorgt für Mängel, die sich nachteilig auf die mentale Gesundheit auswirken – davon sind aufgrund evolutionsbiologischer Überlegungen auch Gehirnforscher wie z.B. Michael A. Crawford vom *Imperial College London* überzeugt. Crawford äußerte sich in einem *Scientific American* Artikel, in dem der Frage nachgegangen wird, woher unsere Vorfahren die für die Gehirnentwicklung entscheidenden Vitalstoffe bezogen: „Das Gehirn von Tieren hat sich vor 600 Millionen Jahren im Meer entwickelt und war auf DHA essentielle Elemente wie z.B. Jod angewiesen, die auch an Land Mangelware sind."[199] Zur Info: DHA (Docosahexaenoic acid) steht für Docosahexaensäure, die komplexeste aller Omega-3-Fettsäuren, die unser Organismus so gut wie nicht selbst herstellen kann, und deshalb essentiell ist. Laut Crawford benötigt man, „um ein Gehirn aufzubauen Bausteine, die im Meer und an felsigen Küsten reichlich vorhanden sind". Die Entdeckungen von Marean und Kollegen bestätigen dies, wie Crawford weiter erklärt: „Der Zugang zur marinen Nahrungskette könnte enorme Auswirkungen auf Fruchtbarkeit, Überleben und allgemeine Gesundheit, einschließlich der Gehirngesundheit gehabt haben."[200] Entsprechend zeichnete Gibbons in ihrem *Science*-Artikel ein wesentlich zutreffenderes Bild der letzten, entscheidenden Schritte in der menschlichen Evolution, nämlich „das von Fischern – und Fischerinnen –, die […] Ufer nach Fischen, Seevogeleiern, Muscheln und anderen Meeresfrüchten absuchten".[201] Dies bestätigt auch Stephen Cunnane von der *Sherbrooke University* in Quebec, Kanada: „Sobald unsere Vorfahren begannen, die Nahrungskette an der afrikanischen Küste zu nutzen – viel reichhaltiger und zuverlässiger als die inländischen Fischquellen – explodierten die Gehirnentwicklung und die kulturelle Evolution."[202] Nach umfangreichen Untersuchungen von Ernährungswissenschaftlern des *Imperial College* in London wird die neue Erkenntnis, dass „die menschliche Evolution von der marinen [aquatischen] Nahrungskette profitierte, durch fossile Beweise unwiderlegbar gestützt".[203] Tatsächlich erreichte das menschliche Gehirn in den folgenden vierzig- bis fünfundvierzigtausend

Jahren (also vor etwa 150.000 Jahren) ein historisches Maximum mit einem durchschnittlich 10% größeren Volumen im Vergleich zu heute lebenden Menschen.[204] Ob das vergleichsweise größere Volumen auch eine höhere mentale Leistungsfähigkeit mit sich brachte, kann natürlich nicht mehr nachvollzogen werden. Aber es gibt Indizien, dass dem so ist: Unsere Vorfahren mussten immerhin in einer komplexen Welt überleben – und das ohne technologische Hilfsmittel, wie sie uns heute zur Verfügung stehen. Sie waren z.B. bereits in der Lage, in komplizierten Verfahren feuergehärtete Steinwerkzeuge herzustellen.[205] Und sie waren nach neuesten Erkenntnissen schon vor 130.000 Jahren dazu fähig, mit Booten über das offene Meer zu navigieren.[206] „Umfangreiche Feldforschung und archäologische Belege aus vielen Teilen der Welt zeigen, dass auch moderne Küstenbewohner häufiger auf marine Nahrungsquellen zurückgriffen und soziale und technologische Merkmale entwickelten, die für Jäger und Sammler ungewöhnlich sind", schreibt dazu Marean.[207] Welche Eigenschaften sind dies und wie kamen sie zustande?

Die Entwicklung der kreativen Fähigkeiten des menschlichen Gehirns war das Ergebnis eines genetischen Anpassungsprozesses, der jedoch nicht ausschließlich auf einem reichhaltigen Angebot an hirngesunder Nahrung beruhte. Auch andere Faktoren trugen zur geistigen Entwicklung des *Homo sapiens* bei, denn das Leben in küstennahen Höhlen veränderte nicht nur die Ernährung, sondern führte zu einschneidenden Veränderungen in allen Lebensbereichen. So wissen wir, dass Gemeinschaften immer dann größer werden konnten, sobald sie sich überwiegend von aquatischen statt von terrestrischen Nahrungsquellen ernährten, also als Fischer und Sammler statt als Jäger und Sammler lebten.[208] Und je größer die eng zusammenlebenden sozialen Gruppen waren, desto mehr interne Konflikte kamen auf und mussten gelöst werden – sich unter diesen Umständen zu behaupten, war keine Frage körperlicher Stärke, sondern der sozialen Intelligenz. Mit der Sesshaftigkeit wuchs also nicht nur im sozialen Wettbewerb die Notwendigkeit, sich in einer zunehmend größeren und dichteren Gemeinschaft erfolgreich zu behaupten, sondern auch im fortpflanzungsrelevanten Wettbewerb. Besonders bevorzugt wurde ein Wesen, das durch Freundlichkeit und soziale Kompetenz hervorstach: Weitsicht, friedliche Konfliktlösung und emotionale Intelligenz stellten in solchen Umgebungen einen Selektionsvorteil dar. Der niederländische Historiker Rutger Bregman hat den Begriff *Homo puppy* für Menschen mit diesen Eigenschaften geprägt.[209] In seinem Buch *Im Grunde gut* berichtet Bregman über ein historisches Tierexperiment Ende der 1950er Jahre, das ihn dazu inspirierte. Das Experiment spielte sich auf einer sibirischen Tierfarm ab und hatte zum Ziel, von Natur aus höchst aggressive Silberfüchse durch Selektion in freundliche Tiere zu verwandeln.[210] Schon in der vierten Generation wedelten die ersten Tiere mit dem Schwanz, und mit jeder weiteren selektierten Generation behielten auch ausgewachsene Tiere ihr kindliches („*puppy-like*") Aussehen. „Die freundlichen Füchse produzierten weitaus weniger Stresshormone, dafür mehr „Glückshormon" (Serotonin) und mehr „Kuschelhormon" (Oxytocin)."[211] Also genau die Kombination von Botenstoffen, die den Hippocampus wachsen lassen.[212] Jahrzehnte später fand der US-Amerikaner Brian Hare, mittlerweile Professor für evolutionäre Anthropologie, heraus, dass die freundlichen Silberfüchse deutlich intelligenter waren als ihre aggressiven, wilden Vorfahren. „Wenn man einen intelligenten Fuchs will", so sein revolutionäres Fazit, „selektiert man nicht nach Schlauheit, sondern nach Freundlichkeit."[213] Der dieser Regel zugrundeliegende Prozess ist sogar nachvollziehbar und somit aller Wahrscheinlichkeit nach auf andere Säugetiere übertragbar: Wer mit Freundlichkeit überleben will, muss das Verhalten anderer in seiner Umgebung gut deuten können. Schon zum Zeitpunkt der Durchführung des ungewöhnlichen Projekts war sich laut Bregman dessen Initiator, der russische Genetiker Dimitri Beljajew (1917–1985), sicher, dass sich diese Erkenntnisse auch auf den Menschen anwenden lassen.[214] Es ist meines Erachtens anzunehmen, dass auch in den prähistorischen Sippen an den Küsten Afrikas auf Freundlichkeit selektiert wurde. Unsoziale, aggressive Nachkommen dürften aus dem Kollektiv verstoßen worden sein oder zumindest Schwierigkeiten bei der Partnersuche und Fortpflanzung gehabt haben. Diese Auswahl brachte zunehmend mehr soziale Intelligenz, Empathiefähigkeit und nicht zuletzt rationales Mitgefühl mit sich – alles Eigenschaften des mentalen Immunsystems des modernen Menschen.

Evolution des lebenslang lernenden mentalen Immunsystems – ein Baldwin-Effekt? Der Mensch zeichnet sich durch sein hocheffizientes mentales Immunsystem aus und dessen Fähigkeit – ganz im Sinne der Evolution der Großmutter –, ihn auf der Basis einer lebenslangen adulten hippocampalen Neurogenese (AHN) bis ins hohe Alter immer weiser (*sapiens*), also zum *Homo sapiens,* werden zu lassen. Kritiker, die der AHN jegliche tiefere mentale Bedeutung absprechen wollen, behaupten, sie sei nur ein rudimentäres Überbleibsel aus der Evolution ursprünglich primitiverer Gehirne und diene nur der Reparatur vergleichsweise simpler und konstanter Nervenbahnen auch im erwachsenen Organismus – eine Eigenschaft, die unser Gehirn zwar noch beherrsche, von der es aber nicht mehr profitiere.[215] Welche Hinweise können also angeführt werden um zu zeigen, dass die AHN sehr wohl eine damals neu erworbene höhere Funktion mit sich brachte?[216] Eine Gruppe von Neurowissenschaftlern aus Bordeaux, Frankreich, könnte die Antwort gefunden haben. Der nach dem US-amerikanischen Philosophen und Psychologen James Mark Baldwin (1861–1934) benannte Baldwin-Effekt[217] beschreibt einen Mechanismus der „ontogenetischen Anpassung“: Ein in der individuellen Entwicklung (Ontogenese) erworbenes Verhalten wird zunächst durch Nachahmung an die nächste Generation weitergegeben, verändert damit aber nachhaltig die soziale Umwelt für die nachfolgenden Generationen. Mit der Zeit werden die Lerneffekte (oder Lernfähigkeiten) möglicherweise durch genetisch verankerte Fähigkeiten optimiert. Neue sozio-kulturelle Entwicklungen, wie sie erst das Leben im reichhaltigen "Garten Eden" an der afrikanischen Küste ermöglichte, können also jenen Menschen einen Selektionsvorteil verschafft haben, die über zufällige genetische Anpassungen verfügten, was wiederum einen besseren Umgang mit ebendiesen sozio-kulturellen Umständen mit sich brachte. Der Baldwin-Effekt unterscheidet sich daher vom Lamarck-Effekt, benannt nach Jean-Baptiste de Lamarck (1744–1829), bei dem durch Verhalten erworbene Eigenschaften für wenige

Generationen epigenetisch vererbt werden.[218] Es handelt sich aber auch nicht um reinen Darwinismus, dessen Entdeckung auf Charles Robert Darwin (1809–1882) zurückgeht, bei dem zufällige, aber vorteilhafte Mutationen durch verbesserte Fortpflanzungschancen selektiert werden. Und hier kommt für unsere Fragestellung der entscheidende Punkt: Der Baldwin-Effekt ermöglicht es dem Einzelnen, mit Hilfe einer lebenslang aktiven hippocampalen Neurogenese überlebenswichtige oder sehr nützliche neue Verhaltensweisen zu erlernen oder auch neu zu entwickeln, die nicht als Automatismen oder Instinkte vererbbar sind. Daher gehen die französischen Neurowissenschaftler davon aus, dass die erste Funktion der adulten Neurogenese höchstwahrscheinlich tatsächlich in der Reparatur von Gewebe in einfachen Gehirnen begründet war, in denen Neuronen mit relativ wenigen Verbindungen leichter zu ersetzen sind. Je komplexer ein Gehirn jedoch wird, desto schwieriger wird es, es durch neue Nervenzellen zu reparieren.[219] Sie vermuten auf dieser Grundlage – meines Erachtens zu Recht –, „dass es also einen Punkt in der Evolution gegeben haben könnte, an dem die Vorteile der Komplexität die Vorteile der Reparierbarkeit in bestimmten Bereichen des Gehirns überwogen haben". Und die Forscher aus Bordeaux erklären weiter: „Zu diesem Zeitpunkt muss [die Neurogenese] ihre Funktion der Gewebereparatur verloren haben. Dies bedeutet jedoch nicht, dass sie alle ihre Funktionen verloren hat. In der Tat kann sie sich in fast allen Teilen des Gehirns zurückgebildet haben, mit Ausnahme bestimmter bevorzugter Bereiche, in denen ihre Aufrechterhaltung auf einem bestimmten niedrigen Niveau [der täglichen Produktionsrate neuer Nervenzellen] die Fitness des Individuums trotz der mit der Aufrechterhaltung der Neurogenese verbundenen Kosten erhöht hat. Dies ist der Fall im *Gyrus dentatus* des Hippocampus."[220]

Der Vorgang dieser Küstenanpassung in Afrika markiert somit laut Marean einen Wendepunkt. Dabei sei es „wichtig, die gelegentliche Nutzung mariner Nahrung, die bei mehreren Primatenarten vorkommt, von der systematischen und dauerhaften Küstenanpassung zu unterscheiden".[221] Deshalb entstand damals – vielleicht zum ersten Mal in der Menschheitsgeschichte – so etwas wie Besitzdenken, denn die lebenswichtige Nahrungsquelle musste für die eigene Sippe gesichert werden. Der Umstand, dass das gemeinsame Territorium gegen das Eindringen fremder Gruppen verteidigt werden musste, erforderte und förderte die Evolution kooperativen Verhaltens innerhalb der eigenen Gruppe – eine weitere Grundvoraussetzung für die „soziale Eroberung der Erde" durch den *Homo sapiens*, wie es der Soziobiologe Edward Osborne Wilson (1929–2021) nannte.[222]

Die hier grob zusammengefasste Entwicklung basiert auf archäologischen Studien und sollte nicht romantisiert werden. Es geht hier nicht darum, ob der Mensch zu dieser Zeit bestimmte moralische Standards entwickelt hat oder ob er an sich gut oder böse war. Allerdings ist etwas Besonderes im Hinblick auf seine mentale Konstitution geschehen: Das mentale Immunsystem, das sich in dieser Epoche herausbildete, ermöglicht es dem Menschen, effizient zu kooperieren und in sozialen Konfliktsituationen zunehmend friedliche Lösungen in Betracht zu ziehen. Ein durchweg paradiesischer Zustand universellen Friedens stellte sich in der Hinsicht aber sicher nicht ein, denn gewalttätige Auseinandersetzungen gab es in allen Epochen der Menschheitsgeschichte, und daran hat sich bis heute nichts geändert. Unsere Fähigkeit, die langfristigen Folgen unseres gegenwärtigen Denkens und Handelns zu berücksichtigen, bedeutet nicht, dass wir immer Entscheidungen treffen, die für alle Beteiligten vorteilhaft sind. Aber die Wahrscheinlichkeit, dass ein durch hohe Intelligenz und Freundlichkeit gekennzeichneter „*Homo puppy*" in friedlichen Kompromissen und kooperativem Verhalten einen langfristigen Vorteil gegenüber affektgetriebenen gewaltsamen Konflikten erkennt, wird durch die Datenlage gestützt: Ein Mangel an Lithium beeinträchtigt die Funktion unseres mentalen Immunsystems, erhöht die Aggressionsbereitschaft und fördert antisoziales Verhalten (siehe Argument 1).[223] Mediziner und Psychiater James Greenblatt beschreibt die Kombination aus Reizbarkeit, Wut und Zorn sogar als ein Lithiummangel-Syndrom.[224] Es könnte also sein – und darauf werden wir im letzten Kapitel thematisch zurückkommen –, dass die aufgezeichnete Geschichte menschlicher Gewalt auch eine Geschichte lithiumarm ernährter Gesellschaften ist.

Die "Vertreibung" aus dem "Garten Eden"

Damals, an der afrikanischen Küste, waren unsere direkten Vorfahren also durch ihre Umgebungsbedingungen bereits dazu gezwungen, jene geistigen Fähigkeiten zu entwickeln, die das mentale Immunsystem umfasst: natürliche Neugier, gepaart mit hoher psychischer Belastbarkeit und sozialem Einfühlungsvermögen (emotionale Intelligenz), enormer Gedächtnisleistung, Kreativität und Erfindungsreichtum sowie planerischem Denken. Nach und nach jedoch kam es zu der metaphorischen Vertreibung aus dem "Garten Eden", die möglicherweise schon allein aufgrund des stetigen Bevölkerungswachstums erzwungen wurde. Vielleicht wollte ihr mentales Immunsystem aber auch einfach nur wissen, was hinter dem Horizont liegt. Was auch immer die Beweggründe waren, unsere Vorfahren breiteten sich entlang der Küsten und irgendwann auch im Landesinneren aus und gelangten so in weniger vitalstoffreiche Gebiete, wodurch die Nahrungsbeschaffung mit immer mehr Arbeit verbunden war – und, um den biblischen Bezug aufrechtzuerhalten, auch immer häufiger ein Leben in Mangel und damit Krankheit mit sich brachte. Die Folgen der „Vertreibung“ aus dem irdischen Paradies könnten somit als Sinnbild für die gesundheitlichen Probleme verstanden werden, die sich aus der veränderten Lebenssituation ergaben, insbesondere ernährungsbedingte Mangelerscheinungen. Im Kampf ums Überleben gab es grundsätzlich vier Möglichkeiten:

1) die genetische Anpassung an Mangelsituationen

Hierfür möchte ich zwei Beispiele liefern: Die dunkle Haut, die unsere Vorfahren in der afrikanischen Wiege der Menschheit vor intensiver Sonneneinstrahlung schützte, ist in nördlicheren Gefilden ein Hindernis für die körpereigene Vitamin-D-Produktion. Dieses Problem wurde auf dem Weg in den hohen Norden dadurch überwunden, dass langfristig nur diejenigen überlebten, deren Haut durch zufällige Mutation von Pigmentgenen heller wurde. Dieser Prozess war gnadenlos, denn schließlich führt Vitamin-D-Mangel bei rachitisch krankhaft verengtem Becken zu lebensbedrohlichen Geburtsschwierigkeiten. Je weiter man also nach Norden blickt, desto heller und blonder ist die indigene Bevölkerung. Die körpereigene Vitamin-D-Produktion funktioniert jedoch nur in den Sommermonaten optimal. In prähistorischer Zeit, als sich die Menschen fast ausschließlich im Freien aufhielten, reichte das wahrscheinlich noch weitgehend aus, um im Winter aus den körpereigenen Speichern des fettlöslichen Vitamins versorgt zu werden. In unserer modernen Welt, in der wir kulturbedingt weniger Sonneneinstrahlung ausgesetzt sind oder diese gar gezielt meiden, werden diese Speicher im Sommer nicht ausreichend gefüllt, und in den Wintermonaten sinkt der 25-Hydroxy-Vitamin-D-Spiegel dann weiter ab. Es drohen die saisonalen Erkältungskrankheiten, die aufgrund ihrer Ursache eigentlich als „Erdunkelungskrankheiten" bezeichnet werden müssten.[225]

Auch Sauerstoff ist bekanntlich lebensnotwendig; in den Hochgebirgen, insbesondere im Himalaya, ist er jedoch knapp. Inzwischen weiß man, wie Menschen in den Hochlagen Nepals oder Tibets dieses Problem durch genetische Anpassung gelöst haben und die Selektion auch heute noch immer weiter voranschreitet: Beispielsweise besitzen Tibeterinnen, die in Regionen über 3.500 m leben, genetische Veränderungen, die ihnen trotz des Sauerstoffmangels einen weitgehend normalen Fortpflanzungserfolg ermöglichen, was wiederum dazu führt, dass diese für ein Leben in der Höhe optimierten Gene auch mit größerer Wahrscheinlichkeit weitergegeben werden.[226] Die genetische Optimierung der Eigensynthese von Vitamin D oder die genetische Anpassung an sauerstoffarme Luft haben jedoch ihre Grenzen. An den Polen der Erde oder in extremen Höhenlagen findet unsere genetische Anpassungsfähigkeit der jeweiligen Systeme ein Ende.

2) die Aufrechterhaltung der ursprünglichen, essentiellen Ernährungsweise

Dies ist, was unsere Vorfahren versuchten. Zunächst breiteten sie sich vor allem entlang von Wasserläufen aus, um sich weiterhin vorwiegend aquatisch zu ernähren: entlang der afrikanischen Küsten, entlang des Nils oder entlang der Gewässer des Großen Afrikanischen Grabenbruchs, der sich über rund 6.000 km vom heutigen Mosambik im Süden bis nach Syrien im Norden erstreckt.[227] Knochenanalysen belegen, dass sich die europäischen Nachfahren südafrikanischer Fischer und Sammler noch bis vor etwa 12.000 Jahren überwiegend aquatisch, also von Muscheln und Fischen, ernährten.[228] Im Gegensatz übrigens zum *Homo neanderthalensis*, der sich als prototypischer Jäger und Sammler vorwiegend terrestrisch, also von Fleisch und Pflanzen ernährte. Bekanntlich überlebte er den Konkurrenzkampf mit dem *Homo sapiens* nicht und starb aus.[229] Ob hier ein Zusammenhang besteht, ist unklar, klar ist aber, dass Fisch auch eine gute Quelle von Vitamin D3 darstellt. Tatsächlich kann eine ausreichende Versorgung mit Vitamin D auch über die Nahrung sichergestellt werden, wie es die Inuit in Grönland das ganze Jahr über tun müssen. Aus der dort immer sehr schräg einfallenden Sonnenstrahlung wird durch den längeren Weg durch die Atmosphäre der UV-B-Anteil herausgefiltert. Da eine Eigensynthese von Vitamin D in diesen Breitengraden also grundsätzlich ausgeschlossen ist, muss das essentielle Vitamin, das der Körper dringend benötigt, mit der Nahrung aufgenommen werden. Obwohl die Inuit zu den nördlichsten Völkern gehören, haben sie sich die dunkle Haut und das dunkle Haar unserer gemeinsamen afrikanischen Vorfahren bewahrt. Dies ist darauf zurückzuführen, dass diese Volksgruppe während ihrer gesamten Wanderung in den hohen Norden dieses Problem einfach dadurch gelöst hat, dass sie sich ständig aus aquatischen Quellen ernährten.

3) Gewöhnung an einen Zustand suboptimaler Gesundheit

Die biblisch berichtete Vertreibung aus dem Paradies hatte zur Folge, dass der Mensch sterblich wurde. Die menschheitsgeschichtlich tatsächlich auch dokumentierte Vertreibung aus dem küstennahen "Garten Eden" führte tatsächlich zu Mangelkrankheiten und früherem Tod in Folge suboptimaler Lebensbedingungen. Unter unzureichenden Bedingungen zu leben ist jedoch nur dort denkbar, wo noch kein absoluter Mangel an einem lebensnotwendigen Stoff besteht. Beim lebenswichtigen Sauerstoff ist das leicht nachvollziehbar: Oberhalb von 8.000 Metern Höhe, der sogenannten Todeszone, überlebt kein Mensch ohne technische Hilfsmittel. Aber auch in der Grauzone, die ab etwa 5.000 Metern Höhe beginnt, wird das Leben so beschwerlich, dass sich auch dort nur wenige Menschen dauerhaft aufhalten. Der Mensch dringt also nur in solche Lebensräume vor, in denen die Fortpflanzung für eine noch ausreichende Zahl von Mitgliedern der Gesellschaft möglich ist. Das mag nicht ideal sein, aber in diesen Grenzbereichen wird ein relativer Mangel an lebensnotwendigen Vitalstoffen nicht unbedingt mit den entsprechenden gesundheitlichen Folgen in Verbindung gebracht. Der ungesunde Mangelzustand ist schließlich nicht von heute auf morgen entstanden, sondern die Folge einer langsamen Ausbreitung des Menschen in diese Gebiete über viele Generationen hinweg und wurde daher vermutlich als Normalzustand oder schicksalhaft angesehen oder gar nicht erst hinterfragt.

Ein gutes Beispiel für die unhinterfragte Akzeptanz suboptimaler Gesundheitszustände über lange Zeiträume ist der chronische Jodmangel, der neuropathologisch und medizinhistorisch sehr viele Parallelen zum weithin akzeptierten Lithiummangel aufweist. Jod ist bekanntlich ein wesentlicher Bestandteil der Schilddrüsenhormone, deren Funktion wiederum für die Entwicklung unseres Gehirns unerlässlich ist.[230] In der Schweiz z.B. gibt es aber so gut wie keine verfügbaren Jodquellen. So schreiben Elisabeth Pacher Wiedmer und Dr. med. Ulrich Joseph Woermann vom Schweizer Institut für Medizinische Lehre in ihrer *Erinnerung an ein vergessen gegangenes Krankheitsbild*: „Bis Anfang des 20. Jahrhunderts war die als Kretinismus bezeichnete Krankheit in der Schweiz weit verbreitet. Die davon betroffenen Menschen litten aufgrund eines Jodmangels an einer Entwicklungsstörung, die zu Kleinwuchs und geistiger Behinderung führte." Viele der Betroffenen entwickelten einen Kropf bzw. eine vergrößerte Schilddrüse. In ihrem so gut wie vergeblichen Versuch, trotz des Mangels Schilddrüsenhormon zu produzieren, nahm dies „zum Teil groteske Dimensionen" an. In manchen Gebieten, „in denen mehr als 10% der Bevölkerung einen Kropf hatten, sprach man von endemischem Kropf".[231] Der Schweizer Arzt Otto

Bayard beobachtete im Jahr 1918, dass der dafür ursächliche Jodmangel einfach mit jodiertem Salz und völlig ohne unerwünschte Nebeneffekte behoben werden konnte. Daraus entstand vermutlich bald die Redensart „überflüssig wie ein Kropf" für Dinge, die vollkommen vermeidbar sind und vermieden werden sollten. Allerdings schaffte es der Schweizer Arzt Hans Eggenberger erst vier Jahre nach Bayards Erkenntnis mittels einer Volksinitiative, dass im Kanton Appenzell das Speisesalz jodiert wurde. Der Erfolg dieser Maßnahme konnte den anfänglichen Widerstand brechen, der von Seiten der Medizin in der gesamten Schweiz und in Österreich ausging – nicht jedoch den Widerstand in Deutschland. Dort hatte, so die beiden Autoren, „Jod hingegen den Ruf, giftig zu sein und kam deshalb weiterhin gar nicht zum Einsatz", obwohl damals immerhin etwa 30 Prozent der deutschen Bevölkerung einen völlig überflüssigen Jodmangelkropf entwickelten. Interessanterweise wurde der Kropf zum Symbol des Mangels und nicht die viel problematischere gehemmte geistige Entwicklung. Laut der historischen Analyse mit dem Titel *Einführung und Umsetzung der Jodmangelprophylaxe* wurde in Deutschland das rettende Jodsalz ab etwa 1959 verfügbar, also erst mehrere Jahrzehnte (!) nach den bahnbrechenden Erkenntnissen aus den beiden Nachbarländern. Doch „zunächst ausschließlich als diätetisches Lebensmittel" zur Behandlung einer bereits eingetretenen, jodmangelbedingten Schädigung des Gehirns. Danach dauerte es noch gut zwei weitere Jahrzehnte, bis 1981 endlich auch in Deutschland eine flächendeckende Jodmangelprophylaxe eingeführt wurde.[232] Dadurch wurde zwar der Kretinismus durch extremen Jodmangel seltener, aber die immer noch suboptimale Jodversorgung in der breiten Bevölkerung wird bis heute weiterhin nicht wahrgenommen. So wird in Deutschland laut ärztlicher Leitlinie bei der Diagnose einer Schilddrüsenunterfunktion weder der Jodspiegel untersucht noch eine Jodsupplementierung empfohlen, sondern immer gleich ein Medikament.[233]

Mentale Gesundheit unerwünscht? Jodmangel gilt immer noch als die häufigste Ursache für vermeidbare Hirnschäden und eine geistige Behinderung.[234] Doch trotz der Möglichkeit, dieses enorme Problem leicht zu lösen, lebten im Jahr 2017 weltweit immer noch mindestens 1,5 Milliarden Menschen in Jodmangelgebieten, davon schätzungsweise 300 Millionen Kinder, die niemals ihr volles geistiges Potential werden entfalten können.[235] Die Leidtragenden dieser globalen „Gesundheitspolitik" sind vor allem in Afrika zu finden – einem Kontinent, der den Ländern des globalen Nordens vor allem als Rohstoffquelle dient. So wiesen nach den Ergebnissen einer 2018 veröffentlichten Studie bis zu zwei Drittel der dort untersuchten Schwangeren suboptimale Jodwerte auf, mit tragischen Folgen für den Nachwuchs.[236] Forscher wiesen darauf hin, dass die „derzeit von der WHO empfohlene Methode zur Beurteilung des Jodversorgungsstatus eine unzureichende Jodversorgung in der Schwangerschaft verdeckt".[237]

Was lehrt uns das? Erstens: Ein Mangel an einem essentiellen Spurenelement führt nicht zwangsläufig zum Tod. Zweitens, solange er noch mit dem Leben vereinbar ist, werden Entwicklungsstörungen und Gesundheitsschäden mitunter toleriert. Drittens: Selbst das Wissen um einen Mangel an einem essentiellen Spurenelement führt nicht zwangsläufig zu einer umfassenden Behebung des Mangels – trotz oder vielleicht zynischerweise gerade aufgrund der nachgewiesenen schädlichen Auswirkungen auf die geistige Leistungsfähigkeit. Und damit kommen wir zum letzten, vierten Punkt der Anpassungsmöglichkeiten, der allerdings aufgrund dieser Problematik ein radikales Umdenken – und ein erhebliches Maß an Eigenverantwortung – erfordert.

4) Erkennen und Beheben der Ursachen für suboptimale Gesundheit

Wir können und müssen die Kapazitäten unseres mentalen Immunsystems nutzen, um ein tieferes Verständnis dieser Zusammenhänge zu entwickeln. Sobald wir den Schicksalsglauben oder die Hoffnung auf einstige Einlösung pharmazeutischer Versprechungen ablegen und in letzter Konsequenz akzeptieren, dass wir natürliche Wesen auch natürliche Bedürfnisse haben, können wir die gesundheitsschädlichen Mangelzustände beseitigen. Das gilt für einen Mangel an Jod, an aquatischen Omega-3-Fettsäuren oder an Lithium, welche die Menschheit bisher vor allem über eine pescetarische (fisch- und meeresfrüchtebasierte) Ernährung zugeführt hat. Nachweislich ging dies mit bester Gesundheit und einer hohen Lebenserwartung einher; aufgrund der Überfischung der Meere und deren Giftbelastung ist diese Ernährung allerdings nicht mehr empfehlenswert und auch gar nicht mehr für alle Menschen möglich.[238] Ein Omega-3-Index (prozentualer Anteil aquatischer Omega-3-Fettsäuren in den Membranen unserer Zellen) von unter 2 Prozent ist nicht mit dem Leben vereinbar. Ideal wären 11 Prozent, aber der globale Durchschnitt liegt schon heutzutage nur noch bei etwa 5 Prozent – Tendenz fallend, mit katastrophalen Folgen insbesondere für die psychische Gesundheit; dies lege ich in meinem Buch *Die Algenöl-Revolution* ausführlich dar, inklusive des aus meiner Sicht einzig sinnvollen Auswegs aus der selbstverschuldeten Bredouille.[239] Wir müssen also weder in die Steinzeit noch an die Küsten Afrikas zurückkehren, um uns wieder den Bedingungen unseres artgerechten "Garten Edens" auszusetzen. Gefragt ist vielmehr ein „Vorwärts zu unseren Wurzeln", in der wir alle Mangelzustände kennen und kreative Wege finden, sie zu beheben – eine Zukunft mit bewusster Herkunft.

Meeresfrüchte der Erkenntnis?

Über Tausende von Generationen hinweg hat sich das Erbgut der Menschen, die an den Küsten Afrikas überlebt und sich dort weiterentwickelt haben, an den damaligen "Garten Eden" angepasst; dazu gehörten nicht nur die neuen Lebensbedingungen, sondern auch die Ernährung aus Meeresfrüchten und Wurzelgemüse, die optimale Voraussetzungen für eine Entwicklung des Geistes lieferten. Mitunter wird jedoch in Zweifel gezogen, ob es tatsächlich die essentiellen aquatischen Omega-3-Fettsäuren waren, die entscheidend zur Entwicklung unseres leistungsfähigen Gehirns beigetragen haben. Der Physiologe Cunnane argumentiert, dass man diese Gehirnbausteine z.B. auch in hoher Konzentration in Süßwasserfischen findet. Der Naturwissenschaftler Crawford ist auch der Ansicht, dass es eine Kombination vorteilhafter Nahrungsbestandteile war: „Ich glaube, dass DHA für unsere Entwicklung und die Gesundheit unseres Gehirns sehr wichtig war, aber ich glaube nicht, dass es allein die *Magic Bullet* war.“ Cunnane vermutet, dass eine ganze Reihe von Nährstoffen in Meeresfrüchten und -fischen (darunter Jod, Eisen, Zink, Kupfer und Selen) zu unserem großen Gehirn beigetragen haben“, die bei inländischen Nahrungsmitteln meist nicht in physiologisch relevanten Mengen zu finden sind.[240] Lithium zählte er nicht auf, vermutlich, weil es bisher noch nicht zu den essentiellen Spurenelementen gezählt wird, doch es gehört in die Liste, denn es ist – wie wir nun wissen – nicht nur essentiell und besonders relevant für das mentale Immunsystem, sondern im Meer höher konzentriert als im Süßwasser.

Der Grund für den Mangel an vielen essentiellen Spurenelementen im Inland ist geologischer Natur. Über die Jahrmilliarden der Erdgeschichte wurden sie durch den Regen aus den Böden und über das Grundwasser ins Meer gespült. Inländische Nahrungsmittel weisen deshalb oft nur sehr niedrige Konzentrationen an Spurenelementen wie bspw. Jod, Selen oder Lithium auf. In den Ozeanen ist die Konzentration in der Regel um das 10- bis 100-Fache höher als in Seen und Flussläufen; der Jodgehalt im Meerwasser liegt bei durchschnittlich 50 µg/l. Bei einem Salzgehalt von 35 Gramm pro Liter sind in nicht jodiertem Meersalz dennoch nur etwa 1,4 mg Jod pro kg enthalten.[241] Da Fische und insbesondere Muscheln Jod aber um das 30- bis 60-Fache im Vergleich zur Konzentration im Meerwasser anreichern, genügen schon wenige 100 Gramm dieser Nahrungsquellen, um den täglichen Jodbedarf eines Erwachsenen von 150 bis 250 µg zu decken (eine Alternative ist jodiertes Kochsalz).[242] So kehren die Spurenelemente wieder zu den Landbewohnern zurück – allerdings natürlich nur zu denen, die sich weiterhin aus diesen Quellen ernähren (können). Ansonsten droht, wie wir am Beispiel Jod gesehen haben, insbesondere in bergigen Regionen wie den Alpen der endemische Jodmangelkropf.

Die Lithiumkonzentration im Meerwasser ist etwa 100-mal höher als im Süßwasser. Mit durchschnittlich etwa ca. 175 µg/l Lithium bei einem Salzgehalt von etwa 35 g enthält 1 kg Meersalz dementsprechend ca. 5 mg Lithium. Mit 10 g Meersalz nimmt man also etwa 50 µg

Lithium zu sich. Die essbaren Weichteile von acht verschiedenen Muschelarten, die in einer Küstenlagune um *Ria de Aveiro* in Portugal gesammelt wurden, hatten Lithiumkonzentrationen von durchschnittlich 3,3 mg/kg.[243] Dieser Wert entspricht einer Anreicherung im Gewebe um etwa das 11-Fache, wenn man von einer Lithiumkonzentration in der Lagune von etwa 0,3 mg/l ausgeht. Eine weitere experimentelle Studie an Miesmuscheln errechnete etwa 0,43 mg Lithium pro kg Muschelgewebe, was somit nur einer Anreicherung um etwa das 2,5-Fache entspricht.[244] „Schalentiere könnten für das Überleben dieser frühen Menschen von entscheidender Bedeutung gewesen sein", schreiben Marean und Kollegen, und listen auch gleich eine große Zahl unterschiedlicher Spezies auf, deren Schalen unsere damaligen Vorfahren in den küstennahen Höhlen in großen Mengen hinterließen.[245] Im afrikanischen "Garten Eden" bildete eine Vielzahl verschiedener Muschelarten die Grundnahrung. Angenommen, unsere Vorfahren nahmen täglich etwa 1000 kcal aus dieser Grundnahrungsquelle auf. Da Muschelgewebe etwa 1 kcal/g enthält, entspräche das rund 1000 g Muschelfleisch pro Tag. Bei einem durchschnittlichen Anreicherungsfaktor zwischen 2,5 und 11 hätten sie damit täglich etwa 1 mg Lithium aufgenommen. Ähnlich hohe Lithiumkonzentrationen von etwa 0,4 mg/kg wurden bei Sardinen wie Anchovis gemessen.[246] Hier kommt sicherlich zum Tragen, dass sich Lithium – wie wir bereits in Argument 3 gesehen haben – im Nervengewebe anreichert. So wurden in Kopf und Wirbelsäule (also effektiv im Gehirn und der Wirbelsäule inkl. des Rückenmarks) sogar Werte bis zu 2,8 mg/kg gefunden (was einer bis zu 20-fachen Lithiumanreicherung entspricht). Es war also durchaus möglich, allein mit Fisch und Meeresfrüchten als Grundnahrungsmittel Lithiummengen von weit über 0,4 mg pro Tag zuzuführen. Angesichts der bereits erwähnten klinischen Studie von Gerhard Schrauzer und Kollegen können wir auch davon ausgehen, dass dies unseren Vorfahren ein höheres Maß an psychischem Wohlbefinden und eine Tendenz zur Friedfertigkeit bescherte.[247] In der zuvor unter Argument 5 diskutierten texanischen Studie wurde die geringste Sterblichkeit bei Trinkwasserkonzentrationen von etwa 0,54 mg/l ermittelt. Geht man davon aus, dass die von der Studie berücksichtigten Menschen im Schnitt einen Liter des lithiumreichen Wassers pro Tag konsumierten – genaue Angaben haben wir dazu nicht, da es sich um eine retrospektive Korrelationsstudie handelt, die derlei Details im Nachhinein nicht erheben konnte –, wäre diese Mindestmenge an Lithium auch durch die Ernährung unserer Vorfahren, deren Grundnahrungsmittel Meeresfrüchte waren, problemlos erreicht.

Somit wissen wir also, wann, wo und auf welche Weise unsere Vorfahren in einer entscheidenden Etappe unserer Entwicklungsgeschichte zum *Homo sapiens* alle heute noch essentiellen Vitalstoffe – inklusive essentiellen Lithiums – ganz natürlich in ausreichender Menge aufgenommen haben.

Somit ist auch das letzte Argument 6 für den Nachweis der Essentialität von Lithium erfüllt:

Lithium war in der für die Evolution des Menschen entscheidenden Phase in physiologisch relevanter Menge in der Nahrung vorhanden.

Lithium ist essentiell

Es ist offenbar geworden, dass es nicht nur ein oder zwei plausible Argumente für die Essentialität Lithiums gibt, sondern gleich sechs im Detail stichhaltig belegbare Argumente – hier noch einmal die Argumentationskette im konzentrierten Überblick:

Ein Mangel an Lithium hat tiefgreifende Folgen, denn **(1)** je größer das Defizit, desto wahrscheinlicher sind Entwicklungsstörungen und Krankheiten. Besonders betroffen ist das mentale Immunsystem, das für Resilienz, Denkfähigkeit und soziale Ausgeglichenheit (auch: Friedensfähigkeit) essentiell ist. Ein Lithiummangel führt somit zu Störungen der „höheren“ Funktionen, die in sozialen Gemeinschaften sehr auffällig sind.

Dies liegt daran, dass **(2)** Lithium die Regulation von Schlüsselproteinen steuert. Fehlt es, treten Fehlfunktionen auf, die das Mentale Immundefizienz-Syndrom auslösen. Lithium wirkt dabei auf spezifische Zielstrukturen – das *Lithiom* – und reguliert grundlegende Lebensprozesse, die für die langfristige Erhaltung kognitiver Funktionen entscheidend sind.

Um diese Versorgung sicherzustellen, wird Lithium **(3)** gezielt in den Geweben angereichert, die es benötigen. Seine Konzentration bleibt auch bei Mangel für eine gewisse Zeit bemerkenswert stabil, da Ionenkanäle und Transportsysteme natürliche Schwankungen ausgleichen – ein Schlüsselfaktor für die Funktionsfähigkeit des mentalen Immunsystems.

Diese Mechanismen sind evolutionär tief verankert: **(4)** Die Lithium-Targets gehören zu den ältesten speziesübergreifenden Schlüsselproteinen des Lebens. Ihre konservierte Regulation durch Lithium war sogar entscheidend für die Entwicklung komplexer Organismen – ohne ein funktionierendes *Lithiom* wären höhere kognitive Fähigkeiten vermutlich gar nicht denkbar.

Die zentrale Bedeutung von Lithium zeigt sich neben seiner Bedeutung für diese höheren Funktionen auch darin, dass **(5)** ein gravierender Mangel mit Leben und Fortpflanzung nicht vereinbar ist. Studien an Tieren belegen, dass er zu verminderter Fruchtbarkeit und vorzeitigem Tod führt. Entsprechend wirkt Lithium für viele Lebewesen lebensverlängernd, wohingegen ein oft vorhandener chronischer Mangel die Lebenserwartung verkürzt. Es ist kein Wundermittel, sondern – wie andere essentielle Vitalstoffe auch – ein notwendiger Bestandteil der Homöostase. Das heutzutage regelrecht übliche Defizit wirkt sich daher unmittelbar auf Gesundheit und Lebensdauer vieler Menschen aus.

Zu guter Letzt zeigt sich die Schlüsselrolle von Lithium in der menschlichen Entwicklung auch darin, dass **(6)** die auf Lithium angewiesenen Funktionen sich nur deswegen in Abhängigkeit zu Lithium entwickeln konnten, weil es in der entscheidenden Phase der Evolution des *Homo sapiens* und des mentalen Immunsystems in ausreichender Menge in der Nahrung vorhanden war.

KAPITEL 3

Essentielle Spuren eines essentiellen Wirkstoffs

Alles, was gegen die Natur ist,
hat auf die Dauer keinen Bestand.
Charles Baudelaire (1821–1867)

Lithiumbedarf

Aufgrund der sechs in Kap. 2 diskutierten Argumente ist Lithium als essentielles Spurenelement einzustufen. Bereits im Jahr 2002 – also vor mehr als zwei Jahrzehnten – fasste der Lithiumexperte Gerhard Schrauzer in seinem Artikel *Lithium: Vorkommen, Aufnahme über die Nahrung, essentielle Bedeutung für die Ernährung* das damals verfügbare Wissen über dieses Spurenelement wie folgt zusammen: „Die vorliegenden experimentellen Beweise scheinen mittlerweile auszureichen, um Lithium als essentiell anzuerkennen [...].“[1]

Wie ich zeigen konnte, hat sich die wissenschaftliche Evidenz zur Frage der Essentialität von Lithium seitdem sogar noch deutlich erhöht. Dennoch ließ der *Bundesverband Deutsche Verbraucherzentrale*, ein gemeinnütziger Verein mit staatlichem Auftrag zum Verbraucherschutz, im Oktober 2024 verlautbaren: „Bei Lithium handelt es sich nicht um ein lebensnotwendiges Spurenelement, daher hat die Deutsche Gesellschaft für Ernährung (DGE) auch keinen Referenzwert für Lithium herausgegeben.“[2] Ein Referenzwert – oder besser eine empfohlene Tagesdosis (RDA, *Recommended Dietary/Daily Allowance*) eines bestimmten Nährstoffes – ist die durchschnittliche tägliche Aufnahme, die ausreichen sollte, um den Nährstoffbedarf der meisten gesunden Menschen in Abhängigkeit von Alter, Körpergröße und Geschlecht zu decken. Im Gegensatz zur DGE wissen wir an diesem Punkt der Untersuchung bereits, dass Lithium essentiell ist. Daher stellt sich nun die Frage, welche tägliche Zufuhrmenge als optimal – also als empfohlene Tagesdosis (RDA) – gelten sollte; keine leichte Aufgabe, denn bis heute gibt es keine klinischen Studien, die in kontrollierten Versuchen die benötigte Menge an Lithium für eine optimale Entwicklung und Erhaltung der körperlichen und geistigen Gesundheit ermittelt haben. Abgesehen von den enormen Kosten ist eine solche Studie auch mit großen Herausforderungen verbunden, da nach dem Gesetz des Minimums der Bedarf an einem systemrelevanten Faktor wie Lithium nur im Zusammenspiel mit allen anderen ebenso systemrelevanten Faktoren abschließend beurteilt werden kann. In anderen Worten: Wie viel Lithium im Einzelfall optimal ist, hängt sehr wahrscheinlich auch von der individuellen gesundheitlichen Situation und Versorgung mit anderen Vitalstoffen ab. Doch dieses Ideal ist in klinischen Studien grundsätzlich sehr schwierig umzusetzen, und es kann sein, dass der Tagesbedarf an anderen essentiellen Spurenelementen im Falle einer ausreichenden Lithium-Versorgung ebenfalls neu bewertet werden müsste.

Wenn wir diese Einschränkung akzeptieren, können wir klinische Studien zur Gabe von Lithium in Mikrodosierung sowie epidemiologische Studien, die ebenfalls Hinweise darauf geben, in welchem Bereich die RDA für essentielles Lithium ungefähr liegen sollte, zurate ziehen. Wie im vorherigen Kapitel dargelegt, ist es von Vorteil, in einer Region zu leben, in der das örtliche Trinkwasser zufällig eine etwas höhere Lithiumkonzentration aufweist. Dort besteht ein deutlich messbar geringeres Risiko, psychisch zu erkranken, sich unsozial oder sogar kriminell zu verhalten, Suizid zu begehen oder langfristig an Alzheimer zu erkranken. Die Lithiumkonzentration im Trinkwasser und die geschätzte durchschnittliche Lithiumaufnahme, die ausreichen, um diese Risiken so weit wie möglich zu minimieren, können also eine Einschätzung des täglichen Bedarfs ermöglichen. Wie viel Lithium muss also über das Wasser aufgenommen werden, damit psychische Gesundheit keine Glückssache mehr ist? Um diese Frage zu beantworten, habe ich eine texanische Studie herangezogen. Sie untersuchte den Einfluss unterschiedlicher Lithiumkonzentrationen im Trinkwasser auf die Einweisungsrate in psychiatrische Kliniken sowie auf die Mordrate. Die im Verlauf der zwei Jahre gesammelten Datenpunkte habe ich in eine Grafik eingetragen (siehe Abb. 21).[3]

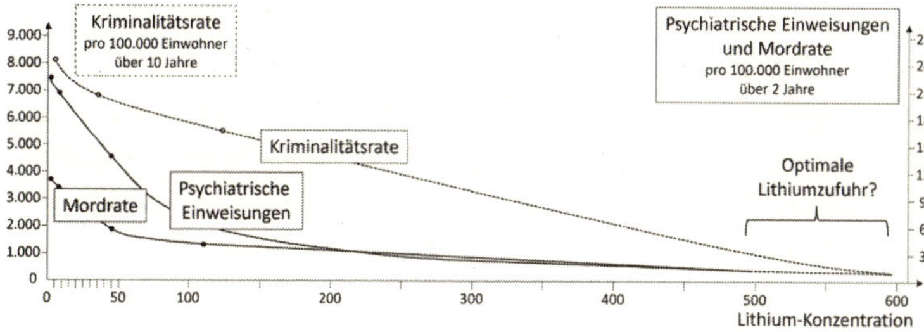

Abbildung 21

Zusätzlich sind Datenpunkte aus einer davon unabhängigen weiteren texanischen Studie dargestellt; sie ermittelte die Auswirkung der Lithiumkonzentration im Trinkwasser auf die Gesamtkriminalitätsrate – sogar über einen Zeitraum von 10 Jahren.[4] Projiziert man alle drei Kurven in einen Konzentrationsbereich, in dem diese Lithiummangeleffekte minimiert werden bzw. einen Tiefpunkt erreichen, so treffen sie bei einer Lithiumkonzentration im Trinkwasser von etwa 500 bis 600 µg/l aufeinander. Handelt es sich hierbei auch nur um eine sehr grobe Schätzung, so erscheint der positive Effekt von etwa 500 bis 600 µg/Tag (bei einer Trinkmenge von 1 l/Tag) zugeführtem Lithium auf diese Studienpopulation plausibel. Wir erinnern uns: Die Kausalität der Lithiumwirkung in diesem Dosisbereich wurde auch von Gerhard Schrauzer und Mitarbeitern nachgewiesen; ihre kontrollierte klinische Interventionsstudie konnte zeigen, dass 400 µg Lithium einen signifikanten Einfluss auf die psychische Gesundheit bzw. das psychische Wohlbefinden hatten.[5] Eine klinische Studie an Alzheimer-Patienten im Frühstadium aus dem Jahr 2013 liefert ein weiteres bestätigendes Indiz: Hier ist die Rede von 300 µg/Tag, die deren geistigen Abbau über die gesamte Behandlungsdauer von 15 Monaten vollständig aufhalten konnte (mehr dazu später in Kap. 4).[6]

Der hier ermittelte Konzentrationsbereich deckt sich auch mit einer weiteren, bereits im vorigen Kapitel diskutierten Studie mit dem

Titel: *Spuren von Lithium im Leitungswasser in Texas sind sowohl mit der Gesamtmortalität als auch mit der vorzeitigen Sterblichkeit negativ assoziiert.*[7] Sie bestätigt nicht nur die Ergebnisse einer japanischen Studie, dass bereits vergleichsweise geringe Lithiumkonzentrationen von 59 µg/l im Trinkwasser zu lebensverlängernden Effekten führen, sondern weist auch nach, dass dieser positive Effekt bis zu einem Wert von 539 µg/l Lithium im Leitungswasser ungebrochen anhält. Dies deutet darauf hin, dass die lebensverlängernde Wirkung von Lithium auch bei dieser Zufuhrmenge von etwa einem halben Milligramm Lithium (bei einer Trinkmenge von 1 l/Tag) möglicherweise noch nicht ihr Maximum erreicht hat. Um zu verhindern, dass Menschen aufgrund unterschiedlicher individueller Bedürfnisse durch eine zu niedrig angesetzte RDA unterversorgt sein könnten, würde ich die hier aus der Grafik grob ermittelte Zufuhrmenge verdoppeln. Damit wären wir bei einer Lithiumeinnahme von etwa 1 mg/Tag. Aufgrund dieser Überlegungen erscheint mir aus medizinischer Sicht eine RDA bzw. tägliche Zufuhr von ca. 800 bis 1.200 µg Lithium für einen gesunden Erwachsenen mit einem als durchschnittlich angenommenen Körpergewicht von ca. 70 kg sinnvoll und vertretbar.

Dieser Wert deckt sich mit der viel zitierten Empfehlung von Gerhard Schrauzer, der bereits 2002 eine provisorische empfohlene Tagesdosis von 1.000 µg für einen Erwachsenen mit 70 kg Körpergewicht vorgeschlagen hat. Allerdings fand ich keine Hinweise darauf, wie er diesen Wert ermittelt hat.[8] Er verwendete das Wort „*provisional*", weil Lithium damals wie heute (Stand Frühjahr 2025) nicht offiziell als essentieller Mikronährstoff gilt. Dies hat auch zur Folge, dass die von ihm geschätzte RDA von behördlicher Seite noch nicht abgesegnet und in der Ernährungspraxis berücksichtigt werden kann. Die DGE legt sich, wie eingangs erwähnt, nicht fest. Nicht aus medizinischen Gründen, sondern rein aus juristischen Überlegungen heraus spreche ich deshalb im Weiteren stets von einer *vorläufigen* oder ebenfalls *provisorischen* RDA, auch wenn die hier geschätzte RDA im Rahmen der natürlichen Grundversorgung mit Lithium durch Fisch und Meeresfrüchte liegt, wie es zur Zeit der Evolution des menschlichen Geistes im "Garten Eden" der Fall war.

Wenn ich im weiteren Verlauf in Bezug auf Lithium verkürzt von RDA spreche, ist deshalb stets eine provisorische Angabe gemeint. Autoren wie der Neuropharmakologe Timothy M. Marshall halten eine RDA von 1 mg Lithium jedoch sogar noch für eine konservative Schätzung, da sie die individuellen Unterschiede nicht berücksichtigt (siehe unten: *Was den Lithiumspiegel beeinflusst)*, durch welche eine noch höhere Zufuhr an Lithium für eine optimale Gesundheit erforderlich sein könnte.[9]

Lithiumversorgung der Allgemeinbevölkerung

Wie steht es nun um die Versorgung der deutschen Allgemeinbevölkerung mit essentiellem Lithium? Im Jahr 2020 ermittelte ein internationales Forscherteam anhand einer größeren deutschen Studiengruppe mit einem Durchschnittsalter von 61 Jahren, in der niemand medikamentös hochdosiertes Lithium erhielt, einen mittleren Lithiumspiegel von etwa 0,96 µg/l.[10] Dieser Wert deckt sich in etwa mit dem Referenzwert eines Berliner Labors, der mit 0,35 bis 1,45 µg/l bei einem Mittelwert von 0,9 µg/l für Vollblut angegeben wird und an einer anderen deutschen Studiengruppe erhoben wurde.[11] Ein klinisches Labor in Bremen gibt als Referenzbereich 0,3 bis 2,2 µg/l an, was einem Mittelwert von 1,25 µg/l entspricht, der wiederum bei einer weiteren deutschen Gruppe erhoben wurde.[12] Der mittlere Lithiumspiegel in allen drei Studien liegt somit etwa bei 1 µg/l und repräsentiert den statistischen „Normalwert", der bei einer in Deutschland üblichen Ernährung im Durchschnitt erreicht wird. Unter Berücksichtigung der Ergebnisse einer experimentellen „Mineralwasser-Studie", wie ich sie im Weiteren nennen möchte, lässt sich damit die durchschnittliche Lithiumaufnahme über die Nahrung in Deutschland abschätzen.[13] In dieser Studie mussten die Versuchspersonen einmalig 1,5 Liter Mineralwasser mit einer Gesamtmenge von entweder 2,6 µg, 260 µg oder 2.600 µg Lithium trinken. Die Lithiumkonzentration im Blut stieg rasch an und erreichte ihren Höhepunkt bereits nach 30 Minuten; mit einer Halbwertszeit von 6 Stunden halbierte diese sich. Der mittlere Blut-Lithiumgehalt über

24 Stunden betrug je nach Zufuhrmenge etwa 0,3 µg/l, 3 µg/l oder 30 µg/l. Da die Höhe der Lithiumeinnahme und die daraus resultierenden durchschnittlichen Blutkonzentrationen gut korrelieren, kann für den Fall einer Einnahme von 1 mg/Tag ein mittlerer Lithiumspiegel von ca. 10 µg/l berechnet werden (bei Lithium in Form von Lithiumorotat ist aufgrund einer etwas längeren Halbwertszeit dieser Salzverbindung der zu erwartende Lithiumspiegel etwas höher, siehe unten). Dieser entspricht in etwa dem 10-Fachen des Normalwerts von etwa 1 µg/l für die deutsche Bevölkerung. Daraus ergibt sich, dass die tägliche diätetische Gesamtzufuhr aus Essen und Trinken an Lithium in Deutschland in etwa mit 100 µg Lithium zu veranschlagen ist.

Zu einem sehr ähnlichen Ergebnis kam eine niederländische Studie, die ich hier als „Lithiumchlorid-Studie" bezeichnen möchte. Erwachsene Probanden nahmen über mehrere Wochen täglich 1,74 mg (0,25 mmol) Lithium in Form von Lithiumchlorid zu sich. Ihr Lithiumspiegel stieg im daraufhin von 0,97 µg/l auf 27,0 µg/l – ein Anstieg um das etwa 28-Fache.[14] Da Lithium aus Nahrung und Trinkwasser in der Regel vollständig aufgenommen und gleichmäßig über die Nieren ausgeschieden wird, lässt sich daraus auch ableiten, wie hoch die Gesamtzufuhr über die Nahrung der Studiengruppe war: Wenn 1,74 mg Lithium zusätzlich eine 28-fache Erhöhung des Ausgangswertes bewirken, müsste die tägliche Zufuhr vor dieser Dosissteigerung etwa 1/28 von 1,74 mg gewesen sein, also etwa 62 µg/Tag. Dieser Wert liegt damit im Bereich der etwa 100 µg/Tag, die ich aus der deutschen Mineralwasser-Studie ableiten konnte. Das bedeutet, dass nicht nur in Deutschland, sondern sehr wahrscheinlich auch in den Niederlanden (falls die Studiengruppe repräsentativ war) im Durchschnitt nur ein Zehntel der RDA von 1 mg Lithium pro Tag aufgenommen wird – oder sogar noch weniger. Eine niederländische Studie aus dem Jahr 2023 kam in einer Studiengruppe, die allerdings an Nierenproblemen litt, auf eine noch niedrigere Zufuhr von etwa 21 µg/Tag.[15] In einer Untersuchung mit polnischen Studenten lag der Wert sogar bei lediglich 10,7 µg/Tag.[16] Die meines Wissens geringste Lithiumzufuhr wurde aus Belgien gemeldet; sie lag gerade einmal bei 8,6 µg/Tag.[17]

Das Lithiumlangzeitgedächtnis – (leider) eine haarige Angelegenheit. Mittels Haaranalysen hatte Gerhard Schrauzer im Jahr 2002 den Lithiumspiegel von Menschen verschiedener Herkunft berechnet. Die Ergebnisse veröffentlichte er in seinem einflussreichen Artikel zur Essentialität von Lithium: Für Münchner lag das Ergebnis bei 406 µg/Tag, für Potsdamer bei 494 µg/Tag und für Bürger aus Gera bei 348 µg/Tag.[18] Zehn Jahre zuvor hatten er und seine Kollegen untersucht, wie sich eine mehrmonatige Lithiumzufuhr von zusätzlich 1.000 oder 2.000 µg/Tag in der Haarprobe als eine Art „Lithiumgedächtnis“ widerspiegelt.[19] Zusammen mit den Lithium-Haarkonzentrationen einer Kontrollgruppe hatten sie insgesamt drei Datenpunkte und folgerten daraus eine lineare Beziehung. Auf dieser Grundlage entwickelten sie eine einfache Geradenformel (Lithiumzufuhr in mg/Tag = 11,6 x [Lithiumkonzentration im Haar in µg/g] minus 0,43), mit der sie fortan weltweit die durchschnittliche tägliche Lithiumzufuhr zu ermitteln versuchten, indem sie Haaranalysen entsprechend auswerteten. Als ich jedoch versuchte, die Formel auf sehr niedrige Haarkonzentrationen unterhalb der experimentellen Tagesdosen von 1 und 2 mg anzuwenden, ergab sich eine natürlich unmögliche tägliche Lithiumaufnahme von weniger als Null. Aber auch am extremen oberen Ende des Spektrums traten Probleme mit der Formel auf. So errechneten Schrauzer und Kollegen aufgrund der Haarkonzentrationen bei Patienten mit bipolarer Störung eine tägliche Lithiumzufuhr von etwa 3 mg statt der tatsächlichen 150 mg – eine Abweichung um etwa das 50-Fache. Anstelle einer linearen Tagesdosis/Haarkonzentration von Lithium muss daher von einem völlig anderen Kurvenverlauf ausgegangen werden. Da für das Haarwachstum eine hohe Zellteilungsrate erforderlich ist, gehe ich davon aus, dass Lithium dort gezielt angereichert wird (wie z.B. in nervenzellproduzierenden Teilen des Gehirns, siehe Kap. 2, Argument 3). Misst man die Lithiumkonzentration im Haar bei geringer täglicher Zufuhr, so überschätzt man die tatsächliche Zufuhr. Sehr hohe und völlig unphysiologische Zufuhrmengen an Lithium führen dagegen nur noch zu einem relativ geringen Anstieg der Lithiumkonzentration im Haar, da möglicherweise die Speicherkapazität begrenzt ist, wodurch auf Basis von Haaranalysen die tägliche Lithiumzufuhr weit unterschätzt wird. Daher sind die Annahmen, die daraus abgeleitete Formel und die damit berechneten Lithiumaufnahmen falsch. Ich gehe davon aus, dass dieser Fehler unabsichtlich durch eine – meines Erachtens unzulässige – mathematische Vereinfachung entstanden ist. Deshalb passen die so berechneten und veröffentlichten Zufuhrmengen aber weder für die deutschen Städte – noch für viele andere Städte und Länder – in das Gesamtbild; dies hätte gegen meine These verwendet werden können und so war es nötig, dieses das Gesamtbild störende Puzzleteil zu analysieren. Haaranalysen erlauben keine Aussage über absolute Einnahmemengen, wohl aber über eine relative Lithiumaufnahme von einer Haarprobe zur nächsten.

Doch auch in Teilen der USA muss eine massive Unterversorgung herrschen. Bspw. wurden in Texas oder North Carolina Trinkwasserstudien durchgeführt, die schon bei geringen Unterschieden in der Lithiumzufuhr gravierende gesundheitliche Auswirkungen festgestellt haben. Diese wären nicht zutage getreten, wenn die dortige Bevölkerung tatsächlich zwischen 650 und 3100 µg Lithium pro Tag zu sich genommen hätte, wie es die US-Umweltschutzbehörde (EPA, *Environmental Protection Agency*) im Jahr 1985 geschätzt hat. Fehlerhafte Annahmen und Berechnungen dürften verantwortlich dafür sein, dass diese Werte um das 10- bis 20-Fache zu hoch gegriffen waren. Etwa ein Jahrzehnt später wurde die Lithiumaufnahme bei typischer Ernährungsweise in den USA tatsächlich auch nur auf 60 bis 70 µg/Tag geschätzt – so ein Bericht der WHO.[20] Dieser Wert ist viel realistischer, sonst wären in den Trinkwasserstudien in den USA sicherlich keine so deutlichen und statistisch signifikanten Effekte gefunden worden (siehe unten und auch Argument 1): Wer schon ausreichend versorgt ist, wird durch die Einnahme von ein paar Prozent mehr Lithium sicher nicht gesünder. Wer hingegen einen Mangel hat, profitiert schon von einer nur geringfügig höheren Zufuhr. Demselben Bericht zufolge betrug auch in der Türkei die durchschnittliche Lithiumzufuhr nur etwa 102 µg/Tag und in Finnland sogar nur 35 µg/Tag. Kurzum, es besteht ein globaler Mangel, der den meisten Menschen nicht bewusst ist. In einem 2019 im *Ukrainian Journal of Ecology* publizierten Artikel kommen die Autoren aufgrund ihrer Analyse der tatsächlichen Lithiumaufnahme über Nahrung und Trinkwasser ebenso zu dem Schluss, „dass die Versorgung der Bevölkerung mit diesem Spurenelement in den meisten Ländern der Erde gering ist“.[21]

Lithiumspiegel von "normal" über „natürlich“ bis hin zu „toxisch“

Normalwerte sind nur eine statistische Größe. Sie stellen in der Medizin in der Regel den Mittelwert klinischer Messwerte dar, die in der Gesellschaft ermittelt wurden. Sie sagen aber nichts darüber aus, was ein artgerechter Wert wäre, und weichen in den meisten Fällen aufgrund der heutigen artfremden Lebensweise weit davon ab. Sie sind entweder zu hoch oder zu niedrig. Bei Lithium erweist sich am Normalwert von etwa 1 µg/l, dass alle Personen, die für die Erhebung des Wertes untersucht wurden, mit Lithium unterversorgt waren. Die Gesamtzufuhr an Lithium liegt bei diesem Blutspiegel, wie schon besprochen, aufgrund der Ergebnisse der zuvor genannten Studien bei etwa 50 bis 100 µg/Tag. Ausgehend von den Ergebnissen der Mineralwasser- und Lithiumchlorid-Studien kann man aber auch hochrechnen, welcher „natürliche“ bzw. gesündere Lithiumspiegel sich ergibt, wenn man die empfohlene Lithiummenge von 1 mg bzw. 1000 µg/Tag einnimmt. Der Wert läge dann bei etwa um das 10- bis 20-Fache über der durchschnittlichen Normalität, also bei etwa 10 bis 20 µg/l.

Lithiumspiegel in molarer Größenordnung. Die Mengenangabe in mol hat einige Vorteile gegenüber der Mengenangabe in Gramm. Verschiedene Atome oder Moleküle sind äquimolar, wenn sie die gleiche Anzahl von Teilchen enthalten.

So ergeben 1 mol Lithium und 1 mol Orotat genau 1 mol Lithiumorotat, auch wenn Lithium und Orotat unterschiedliche Massen in g haben. Ein mol Lithium wiegt 7 g, ein mol Orotat wiegt 155 g, weshalb 1 mol Lithiumorotat 162 g wiegt. Ein mol eines Stoffes enthält definitionsgemäß etwa $6{,}02 \times 10^{23}$ oder etwa 602 Trilliarden Teilchen. Diese Zahl wird als Avogadro-Konstante bezeichnet und gibt die Anzahl der Teilchen in einem Mol an – benannt wurde sie nach dem italienischen Physiker und Chemiker Amedeo Avogadro (1776–1856). Ihre Funktion besteht darin, eine direkte Umrechnung zwischen der atomaren Masseneinheit („u", für englisch: *unit*, Einheit) und der makroskopischen Einheit Gramm zu ermöglichen. Dadurch wird sichergestellt, dass die Massenzahl eines Atoms oder Moleküls in u genau der Masse von einem Mol dieses Stoffes in Gramm entspricht. Da ein Lithium-Atom etwa 7 u wiegt, entspricht 1 mol Lithium etwa 7 g, 1 mmol etwa 7 mg und 1 µmol etwa 7 µg Lithium. Ein mol Lithium pro Liter (Blut) wären somit 7 g/l, was jedoch mit dem Leben nicht vereinbar wäre. Die wesentlich geringeren Lithiumkonzentrationen in Vollblut und Blutserum werden daher entweder in µg/l, mmol/l oder auch in µmol/l angegeben. Diese multiplen Möglichkeiten, Mengen und Konzentrationen anzugeben, kennt man von vielen Vitalstoffen. Zudem messen manche Laboratorien Lithium im Plasma und andere im Vollblut. Die Werte sind nur dann vergleichbar, wenn die Blutkörperchen im Vollblut ungefähr die gleiche Lithiumkonzentration aufweisen wie das Plasma (aus dem sie bei der Bestimmung der Serumkonzentration abgetrennt wurden). Ein mittlerer Lithiumspiegel in der deutschen Bevölkerung von 1 µg/l entspricht also 1/7 (ein Siebtel) µmol/l bzw. etwa 0,14 µmol/l oder 0,00014 mmol/l. Zum Vergleich: Zur Behandlung einer akuten Manie wird ein Lithiumspiegel von 1,2 mmol/l angestrebt. Das sind 8,4 mg/l und das unfassbar 8.400-fache des durchschnittlichen Lithiumspiegels von etwa 1 µg/l der deutschen Bevölkerung, die kein Lithium supplementiert.

Stellt man alle Ergebnisse unserer bisherigen Untersuchungen und Erkenntnisse grafisch dar, so folgt der Lithiumspiegel in Abhängigkeit zur Zufuhrmenge keinem linearen, sondern einem sigmoiden Verlauf, den man als S-förmigen beschreiben könnte (dicke schwarze Kurve in Abb. 22). Sigmoide Verläufe kennen Sie bereits aus anderen Bereichen, so bspw. aus dem Sport: Wenn man sich eine Zeit lang sehr wenig bewegt hat und dann wieder ein bisschen Sport treibt, erlebt man sehr schnell eine große Leistungssteigerung. Nimmt man an, die Leistungssteigerung setze sich linear fort, könnte man berechnen, wann ein Weltrekord erreichbar wäre. Doch die Realität holt einen schnell ein: Mit fortschreitender Leistungsentwicklung dauert es immer länger, eine feste prozentuale Steigerung zu erreichen. Wenn man nicht aufpasst, gerät man in ein Übertraining, was sogar eine Leistungsabnahme zur Folge haben könnte. Überträgt man diese Erkenntnisse auf die Beziehung zwischen Lithium und Gesundheit, so ergibt sich folgendes Bild (siehe Abb. 22): Nach den tierexperimentellen Befunden vermindert ein schwerer Lithiummangel die Fruchtbarkeit und die Überlebenschancen. (Ein völliger

Abbildung 22

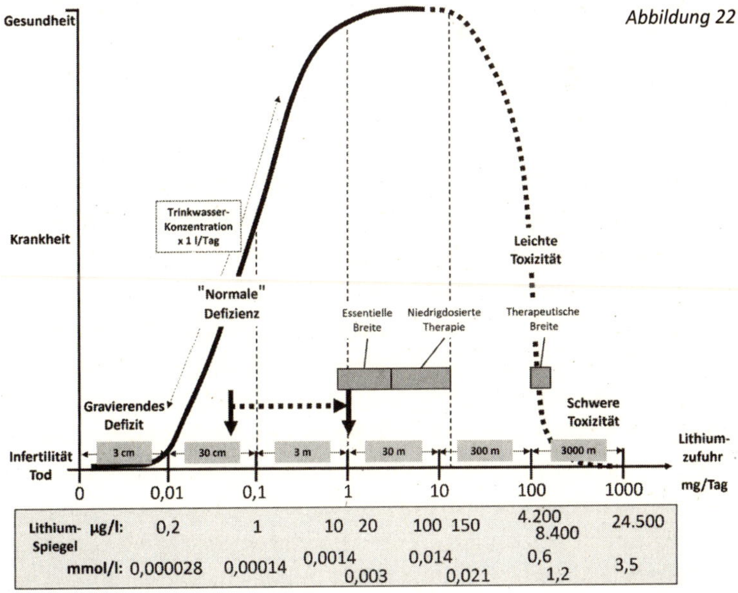

Mangel wurde zwar nicht untersucht, ist aber höchstwahrscheinlich überhaupt nicht mit dem Leben vereinbar.) Ein vollständiger Mangel wird in der Natur aufgrund des ubiquitären Vorkommens von Lithium, zumindest in Mikromengen, praktisch nie erreicht. Ausgehend von einer schweren Mangelversorgung („gravierende Defizienz") lassen sich entlang der sigmoiden Kurve verschiedene Dosisbereiche unterscheiden – von einer moderaten Mangelversorgung („normalen Defizienz") bis zum natürlichen Bedarf.

Da es mir wichtig war, Ihnen das gesamte Spektrum an Lithiumspiegeln auf einen Blick zu zeigen, die sich bei unterschiedlichen Zufuhrmengen ergeben, habe ich die Kurve in der Abb. 22 logarithmisch skaliert und die Abstände zwischen den Aufnahmemengen und den sich daraus ergebenden ungefähren Lithiumspiegeln in Zentimetern (cm) und Metern (m) angegeben. So wird deutlich, dass der darauffolgende therapeutische Bereich und der damit überlappende toxische Bereich im rechten Teil der Grafik (gestrichelte Kurve) „kilometerweit" von den natürlichen Zufuhrmengen entfernt ist. Hätte ich eine dezimale Skala gewählt, müsste diese Buchseite mehr als drei Kilometer breit sein, um alle Bereiche noch vollständig darstellen zu können. Schauen wir uns anhand der Grafik die einzelnen Bereiche von links nach rechts, also in aufsteigender Lithiumzufuhr bzw. ansteigendem Lithiumspiegel etwas detaillierter an:

Gravierendes Defizit: Ein künstlich erzeugter schwerer Mangel geht mit Fruchtbarkeitsstörungen und neuropsychiatrischen Entwicklungsstörungen einher, wie wir aus Tierexperimenten wissen (Kap. 2, Argument 5). Ein solches gravierendes Defizit ist unter natürlichen Bedingungen möglich, hier definiert als extremer Mangel mit einem Lithiumspiegel unter 0,2 µg/l.

Normale Defizienz: Diesen als normal angesehenen Referenzbereich in Deutschland von ca. 0,2 bis ca. 2,2 µg/l könnte man auch als „normale" Defizienz bezeichnen. Der Bereich umfasst den gesamten steilen Anstieg der sigmoiden Kurve, bis sie sich nach rechts in Richtung „Essentielle Breite" abzuflachen beginnt. Im Bereich der normalen Defizienz wurden auch die meisten epidemiologischen Trinkwasserstudien durchgeführt. Anhand der Kurve wird greifbar, weshalb bereits geringe Unterschiede in der Lithiumkonzentration des Leitungswassers signifikante gesundheitliche Effekte zeigten. Der durchschnittliche Wert der normalen Defizienz in Deutschland liegt im Mittel etwa um das 10- bis 20-Fache unter dem, was mit einer täglichen Zufuhr von 1 mg Lithium erreicht wird.

„Provisorische" RDA: Für einen gesunden Erwachsenen mit einem durchschnittlichen Körpergewicht von 70 kg ergibt sich bei einer Zufuhr von ca. 0,8 bis 1,2 mg Lithium ein neuer und meines Erachtens „natürlicher" Normwert von ca. 10 bis 20 µg/l. Laut Untersuchungsergebnissen des Instituts für Medizinische Diagnostik (IMD) in Berlin stieg der Lithiumspiegel bei Erwachsenen in Folge der Einnahme von 1 mg Lithium (in Form von 25,7 mg Lithiumorotat-Monohydrat) von etwa 0,5 µg/l nach drei Wochen der täglichen Einnahme auf etwa 15,1 µg/l (siehe Abb. 22, schwarzer gestrichelter Pfeil; IMD, persönliche Kommunikation).[22]

Essentielle Breite: Mit dem Begriff „essentielle Breite" möchte ich auf einen für uns glücklichen Umstand hinweisen: Der menschliche Organismus ist – dank seiner homöostatischen Regulationsmechanismen – in der Lage, gewisse Schwankungen um die hier als optimal ermittelte Zufuhrmenge zu tolerieren. Wäre dies nicht der Fall, hätten schon unsere Vorfahren mit einem Wissen, das sie gar nicht hätten erlangen können (Lithiumgehalt in Lebensmitteln), genau abwägen müssen, wie viel und wovon sie täglich essen oder trinken durften. Das mussten sie natürlich nicht, auch nicht im Hinblick auf andere Vitalstoffe, die naturgemäß gewissen Schwankungen unterliegen. Um ein Beispiel zu nennen: Ein gravierender Mangel an Vitamin C führt zu Skorbut, aber schon ein Apfel könnte den Mangel an Vitamin C ausgleichen und uns vor der tödlichen Krankheit schützen. Dabei ist es gesundheitlich völlig unbedenklich, wenn wir statt des einen Apfels zwei, drei oder gar zehn Äpfel essen – ungeachtet möglicher Verdauungsprobleme, die daraus resultieren könnten. Wir haben also – im Sinne des Gesetzes des Minimums – eine geringe Toleranz Mangelzuständen gegenüber, aber – im Sinne des Gesetzes des Maximums – eine relativ große Toleranz der Überversorgung gegenüber. Ohne damit das falsche Prinzip „viel hilft viel" zu vertreten: Wir müssen uns zumindest nicht um die exakt optimale Zufuhrmenge sorgen. Falls ein Lebensmittel zufällig etwas mehr Lithium enthält (konkrete Fälle besprechen wir gleich unter *Lithiumquellen – von natürlich bis zur rezeptierten Supplementierung*), können wir an manchen Tagen auch ein Vielfaches der RDA zu uns nehmen. Außerdem ist der exakte Bedarf auch abhängig von anderen Faktoren – so weiß ich aus Berichten von Menschen, dass manche sich mit 1 mg Lithium mehr pro Tag geistig schon viel besser fühlen, während andere 2, 3 oder 5 mg zu sich nehmen müssen, um diesen positiven Effekt zu spüren. Man beachte, dass dieser obere, flach auslaufende Teil der sigmoiden Kurve mit „30 Metern" wesentlich breiter ist, als die Grafik vermuten lässt. Das bedeutet, dass es einen großen Spielraum nach oben gibt, was die tägliche Lithiumdosis bzw. den Lithiumspiegel betrifft, in dem man aber immer noch sehr weit von einer toxischen Dosis entfernt ist.

Die erstaunlich geringe Toxizität von Lithium. Die Mindestdosis bei der dauerhaften Behandlung der bipolaren Störung mit Lithium liegt bei etwa 113 mg/Tag. In einem Registrierdokument zur Sicherheit von Lithiumcarbonat bei der *Europäischen Chemikalienagentur für die Bewertung und Zulassung von Chemikalien* (ECHA) ist zu lesen: „Auf der Grundlage von Humandaten aus der routinemäßigen Langzeitbehandlung bipolarer Störungen mit Lithiumcarbonat wurde ein NOAEL für die orale Langzeittoxizität von 6,43 mg Lithiumcarbonat/kg Körpergewicht pro Tag berechnet."[23] NOAEL für *No Observed Adverse Effect Level* ist die höchste Dosis eines Stoffes (in diesem Fall Lithiumcarbonat), bei der – auch über längere Zeiträume hinweg – keine schädliche Wirkung beobachtet wurde. Dieser NOAEL entspricht einer Zufuhr von 1,22 mg Lithium/kg Körpergewicht pro Tag. Ein Erwachsener mit 70 kg Körpergewicht könnte somit täglich 85 mg Lithium zuführen, ohne mit unerwünschten Wirkungen rechnen zu müssen. Zum Vergleich: Patienten mit bipolarer Störung erhalten dauerhaft etwa 120 mg/Tag. Bei dieser Dosierung klagen die meisten Patienten bereits über Nebenwirkungen (gestrichelte Linie in der Abbildung 22). Eine Sicherheit und Nebenwirkungsfreiheit von Lithium, selbst bei einer 85-fachen Überdosierung gemessen an der RDA von 1 mg/Tag, ist jedoch enorm. Der dadurch gegebene Spielraum ist deutlich größer, als bei vielen anderen essentiellen Spurenelementen, wie bspw. Zink oder Selen. Dennoch sieht man z.B. in einem Artikel zur RDA und Toxizität von Zink, wie unterschiedlich Spurenelemente betrachtet werden. Dort kann man lesen: „Zink gilt als relativ ungiftig, insbesondere bei oraler Aufnahme."[24] Die empfohlene Tagesdosis liegt laut den *National Institutes of Health* (NIH, Nationale Gesundheitsinstitute), einer Behörde des US-amerikanischen Gesundheitsministeriums, bei 11 mg.[25] Allerdings kann, im Gegensatz zum 85-fachen Toleranzfaktor bei Lithium, schon eine Erhöhung der Einnahme um das 25-Fache der RDA von Zink zu einer offensichtlichen Toxizität führen. Diese äußert sich durch Übelkeit, Erbrechen, Magenschmerzen, Lethargie und Müdigkeit. Auch Selenmangel hat gesundheitliche Folgen. Der Bedarf wird mit 70 µg/Tag angegeben.[26] Doch auch Selen wird spätestens seit den 1930er Jahren als potentiell hochgiftig betrachtet, denn ein Zuviel kann zu einer Selenvergiftung (Selenose) führen. Damals stellte man im US-amerikanischen South Dakota fest, dass Nutztiere, die in Gebieten mit hohem Selengehalt im Boden weideten, Störungen entwickelten, die als Alkalikrankheit und „blindes Taumeln" bekannt wurden.[27] Beim Mensch verursachen Selenmengen von über 900 µg/Tag Vergiftungserscheinungen.[28] Das ist gerade einmal etwa das 15-Fache der RDA! Und selbst Wasser ist in dieser Hinsicht gefährlicher als Lithium. Die RDA von 2 l/Tag auch nur um das 10-Fache zu erhöhen, kann lebensgefährlich sein. So führt die sogenannte Wasserintoxikation infolge des Trinkens großer Wassermengen zu Elektrolytentgleisung und anschließendem Organversagen, was sogar schon Todesfälle verursacht hat.[29]

Niedrigdosiertes (low dose) Lithium: Im äußeren Bereich der essentiellen Breite (ab einer Dosierung von 5 bis 10 mg/Tag) beginnt der therapeutische Niedrigdosisbereich; er reicht bis zu Dosierungen von

20 mg/Tag. Niedrigdosiertes Lithium ist in vielen Fällen – meiner Vermutung nach sogar in den meisten Fällen, wenn man systemisch vorgeht – ein probates Mittel, um das Fortschreiten der krankheitsverursachenden Mechanismen kausal zu stoppen. Es ist diese revolutionäre Art der Anwendung, die wir später noch im Detail in Kap. 4 besprechen werden. Dieser Ansatz könnte dazu führen, dass viele nebenwirkungsreiche Pharmazeutika entweder deutlich reduziert oder sogar komplett abgesetzt werden können. Es ist wichtig zu beachten, dass die "niedrige Dosis" in den meisten klinischen Studien mit Lithium knapp unter der Hochdosisbehandlung der bipolaren Störung liegt und damit immer noch etwa 10- bis 20-mal höher ist als die tatsächlich niedrige Dosis von 5 bis 20 mg/Tag Lithium, die ich hier vorschlage. Der Grund für die meist noch sehr hohe "niedrige Dosis" liegt in der monotherapeutischen Anwendung von Lithium. Ich empfehle hingegen einen systemischen Ansatz (siehe Kap.4), der mit wirklich niedrigen Dosen auskommen sollte.

Hochdosierte (high dose) pharmazeutische Behandlung: Steigert man die Dosis nur weit genug, wird nach dem Gesetz des Maximums alles zu einem Gift. Entsprechend kommt es ab einer unnatürlich hohen Lithiumzufuhr, wie im rechten Teil der Grafik zu sehen (und bereits weit jenseits des sigmoiden Verlaufs), zu einer dosis- bzw. konzentrationsabhängigen Verschlechterung des Allgemeinbefindens (auch wenn bei einigen Patienten, z.B. im Hinblick auf die manische Symptomatik, ein positiver Effekt erzielt wird). Das Spektrum reicht hier von ggf. noch tolerablen Nebenwirkungen bis hin zu lebensgefährlichen Konsequenzen. Bei der Behandlung der bipolaren Störung werden dauerhafte Lithiumspiegel von 0,6 mmol/l und in akuten Situationen sogar bis 1,2 mmol/l angestrebt. Dafür ist eine permanente Einnahme von etwa 120 mg/Tag reines Lithium (meist in Form von Lithiumcarbonat) erforderlich. Soll ein akuter manischer Anfall behandelt werden, kann über begrenzte Zeiträume sogar das Zwei- bis Dreifache verordnet werden. Die meisten Patienten haben hier schon mehr oder weniger milde Nebenwirkungen (gestrichelte Linie in Abb. 22). In Folge beenden viele die Behandlung von sich aus. Leicht toxische Lithiumspiegel von 1,5 bis 2,0 mmol/l, die in der Behandlung der bipolaren Störung unbeabsichtigt erreicht werden können, sind gekennzeichnet durch zentralnervöse Symptome wie abnorm ausgeprägte Schläfrigkeit, Muskelzittern bei Muskelschwäche sowie Durchfall, Übelkeit und Erbrechen. Daraus errechnet sich eine sehr geringe therapeutische Breite von etwa 1,5.[30] Sie beschreibt den relativen Abstand zwischen der therapeutischen Blutkonzentration eines Arzneimittels, bei der 50 Prozent der Behandelten (bei Lithium gilt das für die bipolare Störung) einen positiven Effekt erleben, und derjenigen Blutkonzentration, die bei 50 Prozent der Behandelten eine toxische Wirkung erzeugt.

Schwere Toxizität: Toxische Lithiumspiegel von 2,0 bis 2,5 mmol/l können z.B. bei versehentlicher Überdosierung erreicht werden oder wenn eine akute Niereninsuffizienz (mögliche, aber seltene Nebenwirkung der hochdosierten Lithiumtherapie) die Ausscheidung verhindert. Der erste wissenschaftlich dokumentierte Fall einer Überdosierung stammt von einem Arzt, der im Jahr 1913 einen Selbstversuch unternahm. Er zeichnete die toxikologischen Auswirkungen akribisch auf und publizierte sie im *Journal of the American Medical Association*.[31] Innerhalb von 28 Stunden nahm Dr. med. S. A. Cleaveland von der US-amerikanischen *Medical School of Western Reserve University* viermal 2 g Lithiumchlorid zu sich – das sind 8 g Lithiumchlorid bzw. 1,32 g bzw. 1.320 mg reines Lithium und damit eine höchst toxische Dosis. Er wusste allerdings, was auf ihn zukam, denn er kannte laut eigenen Angaben „beschriebene Erscheinungen einer Lithiumvergiftung". Cleaveland berichtete: „Die Symptome traten drei bis vier Stunden nach der ersten Dosis auf und bestanden in leichtem Schwindel und Druck im Kopf. […] Kurz nach der dritten Dosis war das Sehvermögen so stark getrübt, dass es unmöglich war, etwas Kleineres als die größten Schlagzeilen einer Zeitung zu lesen. Schwindel und Ohrensausen waren ziemlich ausgeprägt. Es gab auch eine große allgemeine Schwäche und ein starkes Zittern. Die vierte Dosis wurde nachts eingenommen, und der Schwindel wurde so stark, dass es schien, als würde sich das Zimmer die ganze Nacht drehen, und es war fast unmöglich zu schlafen. Am nächsten Morgen näherte sich der Zustand der Erschöpfung. Die Symptome vom Vorabend waren noch stärker und der Schwindel, die Schwäche und das

Zittern waren so intensiv, dass man schwankte und ins Bett gehen musste. Die Augen- und Ohrensymptome hielten noch etwa eineinhalb Tage nach der letzten Dosis an. Die Schwäche und das Zittern hielten fünf Tage an.“ Wenige Monate später wiederholte Cleaveland den Versuch, mit demselben Ergebnis.

Im Nachhinein muss man feststellen, dass Cleaveland Glück hatte, diesen irrsinnigen Selbstversuch überlebt zu haben; er befand sich mit dieser Dosierung im potentiell letalen Bereich (rechts außen in der Abb. 22): Bei hochtoxischen Lithium-Serumkonzentrationen ab 2,5 mmol/l treten neben der Gefahr eines kompletten Nierenversagens Bewusstseinsstörungen bis hin zu Bewusstlosigkeit und Koma, gesteigerte Sehnenreflexe und Krampfanfälle auf. Es drohen Herzrhythmusstörungen und Blutdruckabfall bis hin zum Schock. Eine solche hochgradige Lithiumintoxikation um etwa 3 bis 4 mmol/l führt ohne ärztliche Gegenmaßnahmen in der Regel zum Tod. Es sind derlei lebensbedrohliche Wirkungen, wie sie erst bei regelrecht absurd hohen Konzentrationen auftreten, die auf perfide Weise zur Verunglimpfung des Spurenelementes Lithium genutzt wurden. Im letzten Kapitel werden wir uns dem zugehörigen Vorgehen im Detail zuwenden.

Natürliche Lithiumspiegel messen

Je größer seine therapeutische Breite, desto sicherer ist ein Arzneimittel. Die therapeutische Breite bei der Behandlung der bipolaren Störung mit Lithium ist jedoch so gering, dass zwischen Behandlungserfolg und Toxizität nur ein schmaler Grat besteht; die Lithiumspiegel müssen deshalb in kurzen Abständen gemessen werden. Aus diesem Grund haben sich die meisten klinischen Laboratorien auf die Lithiumbestimmung im hohen Konzentrationsbereich spezialisiert. Die verwendete Messmethode eignet sich aber nicht, um natürliche Lithiumspiegel zu bestimmen, die um mehrere Größenordnungen (Zehnerpotenzen) niedriger liegen. Da Lithium bisher nicht als essentiell anerkannt ist (Stand Frühjahr 2025), bestand bisher auch wenig (allgemeines und ärztliches) Interesse an der Bestimmung der Lithiumkonzentration im Blut von Personen, die nicht mit

Lithium behandelt werden. Daher haben sich z.B. auch in Deutschland nur sehr wenige klinische Laboratorien wie bspw. das IMD in Berlin darauf spezialisiert, Lithiumspiegel in diesem vergleichsweise niedrigen Konzentrationsbereich zu messen. Dazu ist eine völlig andere analytische Methodik erforderlich. Wenn man Lithium im therapeutischen Bereich mit dem bloßen Auge sehen könnte, so würde man, um die Mengen zu sehen, um die es im natürlichen Bereich geht, ein Mikroskop benötigen. Mithilfe der folgenden Abbildung 23 werden die Verhältnisse deutlich. Der Lithiumspiegel bzw. der Konzentrationsbereich bei der Behandlung der bipolaren Störung sind hier anhand zweier bekannter Wolkenkratzer dargestellt.[32]. Der maßstabsgetreu eingezeichnete essentielle Bereich ist mit bloßem Auge zunächst nicht zu erkennen. Erst in der Vergrößerung wird er sichtbar, dargestellt durch die beiden Personen in der Grafik. Der „low dose"-Bereich beginnt bei Zufuhrmengen ab ca. 5 mg/Tag – er dürfte einem Lithiumspiegel von ca. 80 µg/l entsprechen. In der Grafik ist diese Dosierung durch ein einstöckiges Haus repräsentiert, das man im Vergleich zur Erhaltungsdosis (repräsentiert durch das Empire State Building) aus der Therapie der bipolaren Störung kaum

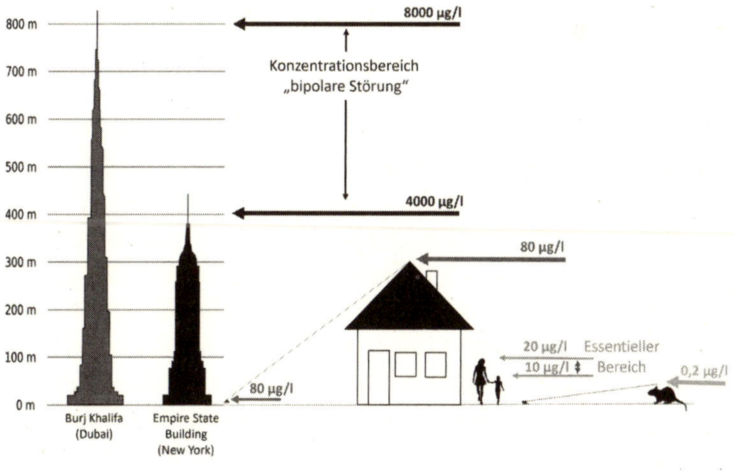

Abbildung 23

erkennt. Wenn ein Arzt nun den Fehler macht, Ihre Blutprobe zur Lithiumbestimmung an ein nicht dafür spezialisiertes Routinelabor zu senden, wird dieser unter dem Messbereich des Labors (für therapeutische Dosen) liegen. Wenn Sie dann eine Zeit lang Lithium in essentiellen Dosen zu sich nehmen und dann den Test wiederholen, werden Sie enttäuscht sein, dasselbe Ergebnis zu erhalten. Ärzte sollten daher immer darauf achten, ein Labor zu beauftragen, das auch in der Lage ist, Lithiumwerte im essentiellen Bereich zu bestimmen.

Grundsätzlich empfehle ich, im Falle der Einnahme eines Lithiumsupplements (siehe unten) dieses morgens einzunehmen – die Messung sollte dann am nächsten Morgen nüchtern und noch vor der nächsten Einnahme stattfinden. So vermeidet man größere Lithiumschwankungen bei der Messung. Wenn man sich für Lithiumorotat entscheidet (die Vorteile werden wir gleich besprechen), das eine etwas längere Halbwertszeit von etwa 16 Stunden hat (IMD, persönliche Kommunikation) als z.B. Lithium aus Mineralwasser mit etwa 6 Stunden („Mineralwasser-Studie", siehe oben), würde ich zudem ab Einnahmestart 10 bis 20 Tage mit der Messung abwarten, damit ein Gleichgewichtswert gemessen wird.

Essentieller Lithiumbedarf für Kinder, in der Schwangerschaft und Stillzeit

Wenn Lithium ein essentielles Spurenelement ist, dann ist es das logischerweise auch für Kinder. Schließlich gehören sie keiner anderen Spezies an als Erwachsene. Die natürlich erhöhte Anreicherung von Lithium im embryonalen Gewebe und im Gehirn ist meines Erachtens sogar ein deutlicher Hinweis auf einen natürlich höheren Bedarf vor der Geburt. Neben vielen anderen essentiellen Funktionen aktiviert Lithium die Produktion von Stammzellen, aus denen sich alle menschlichen Gewebe entwickeln.[33] Die Aktivierung neuronaler Wachstumsfaktoren und der Telomerase, die für die Aufrechterhaltung des Zellteilungspotentials und der Lebensfähigkeit notwendig sind, wurde bereits in Kap. 2 ausführlich diskutiert. Da sich bei Kindern nicht nur der Hippocampus, sondern das gesamte

Gehirn, ja der gesamte Organismus noch entwickeln muss, ist ihr Bedarf sehr wahrscheinlich sogar etwas höher als der eines Erwachsenen. Auch Gerhard Schrauzer bemerkte: „Besondere Aufmerksamkeit sollte dem potentiell höheren relativen Lithiumbedarf von Kindern, Jugendlichen und stillenden Müttern gewidmet werden."[34]

Wenn man einmal erlebt hat, wie Kinder aufblühen, wenn man ihren unnatürlichen Lithiummangel ausgleicht, ist man sofort überzeugt, dass man ihnen etwas Lebensnotwendiges gegeben hat. Der Vergleich mit einer Pflanze, die kurz vor dem Vertrocknen steht und mit etwas Wasser wieder aufblüht, scheint mir hier sehr passend. Der Potsdamer Kinderarzt Dr. med. Christian Schellenberg erklärt Eltern verhaltensauffälliger Kinder deshalb, dass die Gabe von Lithium in essentiellen Mengen nicht als medikamentöse Therapie zu verstehen sei, sondern lediglich als die Behebung eines unnatürlichen Mangels. Immer wieder untersucht er Kinder, die deutlich ausgeprägte Mangelsymptome aufweisen (siehe unser Interview dazu).[35] Er und ich sind uns aber sicher, dass auch viele Kinder, die kein auffälliges Verhalten zeigen, vom Ausgleich eines ernährungsbedingten Mangels an essentiellem Lithium profitieren würden. Dafür hat Dr. Schellenberg auch einen sehr anschaulichen Vergleich parat, den er gerne mit Eltern teilt: „Mit einem Fahrrad, dessen Reifen fast platt sind, aber eben noch nicht auf der Felge aufsitzen, kann man zwar immer noch durchs Leben radeln, aber die Fahrt ist viel beschwerlicher, als sie sein müsste. Auch wenn man noch keine ausgeprägten klinischen Symptome zeigt, ist man weniger leistungsfähig: man ermüdet schneller, chronische Erschöpfung droht. Und wehe, man fährt in ein kleines Schlagloch oder über eine Bodenwelle. Bei voll aufgepumpten Reifen wäre nichts passiert, doch jetzt hat man einen Platten und nichts geht mehr. Im übertragenen Sinn fällt man in eine Depression. Vielleicht stürzt man sogar und verletzt sich – nicht körperlich, aber seelisch. Dann droht in schlimmeren Fällen sogar eine posttraumatische Belastungsstörung. Auf jeden Fall ist die Reise zu Ende und man fragt sich, warum gerade dieses Ereignis einen so mitgenommen hat." Wenn es um Empfehlungen für Kinder geht, schrillen allerdings bei vielen die Alarmglocken – grundsätzlich erst einmal zu Recht; man möchte ihnen, wie schon Hippokrates mit „*primum nihil nocere*" forderte, „in erster Linie auf keinen Fall schaden". Allerdings darf man nicht übersehen, dass ihnen ein Mangel an Lithium tatsächlich schaden würde und in dem Dosisbereich, über den wir reden, Nebenwirkungen zu erwarten und gegen die beabsichtigte Wirkung abzuwägen sind – entsprechend würde das Nichtstun im Angesicht eines Mangels, also kein Lithium zu supplementieren, den eigentlichen Schaden bedeuten. Statt zu schaden, soll der Arzt nämlich nach Hippokrates auch „*secundum cavere, tertium sanare*", also „zweitens vorsichtig sein", und „drittens heilen". Wenn ein Arzt nicht vorsichtig ist, übersieht er möglicherweise ein Problem, identifiziert eine falsche Ursache oder behandelt auf eine Weise, die nur neue Probleme erzeugt – heilen ist hingegen nur durch Beheben der wahren Ursache möglich. Wenn ein Mangel an essentiellem Lithium die eigentliche Ursache eines medizinischen Problems ist, dann ist die Behebung dieses Mangels natürlich genau das, was von ärztlicher Seite aus zu tun ist.

Obwohl es bei der essentiellen Zufuhr von Lithium um Mikromengen geht, die auch in verschiedenen Sorten Heilwasser vorkommen, hilft es zu wissen, welche Makrodosierungen im Vergleich dazu in anderen Ländern bei Kindern und Jugendlichen bei neuropsychiatrischen Erkrankungen wie der bipolaren Störung verabreicht werden. Die US-amerikanische Mayo-Klinik z.B. empfiehlt hierfür folgende Dosierungen für Erwachsene und Kinder ab 7 Jahren zur Langzeitbehandlung einer Manie, wobei der behandelnde Arzt die Dosis bei Bedarf anpassen kann:

- Ab 30 kg Körpergewicht: 300 mg bis 600 mg Lithiumcarbonat zwei- bis dreimal täglich; das entspricht mindestens 120 mg bis maximal 360 mg reinem Lithium täglich.
- Von 20 bis 30 kg Körpergewicht: 600 mg bis 1200 mg Lithiumcarbonat pro Tag, also 120 bis 240 mg reinem Lithium täglich.
- Bei einem Körpergewicht unter 20 kg soll die Dosis vom Arzt festgelegt werden.[36]

Interessanterweise wird bei diesen Empfehlungen nicht zwischen Erwachsenen und Kindern unterschieden, sondern nur auf die Gewichtsklasse abgestellt. Trotz dieser extrem hohen Dosierungen, die weit über dem Hundertfachen des Bedarfs an diesem essentiellen Spurenelement liegen, gibt es laut den Ergebnissen einer Metaanalyse (zusammenfassende Analyse mehrerer Studien) zum Einsatz von Lithium bei Kindern und Jugendlichen mit bipolarer Störung (BPS) und Störung des Sozialverhaltens (SSV), die ebenfalls häufig mit Lithium behandelt werden, „keine schwerwiegenden unerwünschten Ereignisse in direktem Zusammenhang mit Lithium [...]; die häufigsten Nebenwirkungen waren ähnlich wie bei Erwachsenen".[37] Was immer diese ähnlichen Nebenwirkungen auch sein mögen, die hohe Lithiumdosierung wird uneingeschränkt empfohlen: „Diese systematische Übersicht unterstützt den Einsatz von Lithium bei BPS und SSV als wirksame und im Allgemeinen gut verträgliche Behandlung in der Pädiatrie. Wenn Kindern mit einem Körpergewicht von 20 bis 30 kg therapeutische Mengen von 120 bis 360 mg reinem Lithium pro Tag „gut verträglich" verabreicht werden können, sind bei einer mehr als 120- bis 360-fach niedrigeren, essentiellen Dosis von 1 mg Lithium sicherlich so gut wie keine Nebenwirkungen zu erwarten – schließlich ist man weit vom toxischen Bereich oberhalb dieser therapeutischen Dosen entfernt. Es ist erwiesen, dass Heilwasser, das die essentielle Menge an Lithium beinhaltet, das Risiko schwerwiegender negativer Auswirkungen eines chronischen Mangels auf die geistige Entwicklung und psychische Gesundheit von Kindern, wie z.B. die Wahrscheinlichkeit einer Entwicklung psychischer Störungen wie AD(H)S, Angststörungen und Depression reduziert (siehe Kap. 2, Argument 1). Kinderarzt Schellenberg und auch ich gehen deshalb davon aus, dass auch Kinder, die trotz eines Lithiummangels keine psychischen Auffälligkeiten zeigen, durch eine ausreichende bzw. natürliche Versorgung mit Lithium mental leistungsfähiger und psychisch belastbarer sein könnten. Man sollte also nicht warten, bis eine psychische Auffälligkeit diagnostiziert wurde, um die Lithiumspiegel auf ein für das mentale Immunsystem gesundes Niveau anzuheben. Dies natürlich immer unter der Vorgabe, dass auch alle anderen Mängel an essentiellen Vitalstoffen beseitigt werden. Häufig sind bei Kindern und Jugendlichen neben

Lithium auch andere gravierende Mängel festzustellen, bspw. bei Zink, Selen, Jod und insbesondere bei aquatischen Omega-3-Fettsäuren, wie mir Dr. Schellenberg in einem öffentlichen Gespräch mitteilte.[38] Um es noch einmal klar zu sagen: Wenn bei Kindern solche Defizite, auch an Lithium, vorliegen und diese Mängel behoben werden, handelt es sich nicht um eine medikamentöse Therapie, sondern um die Behebung unnatürlicher Mangelzustände an essentiellen Vitalstoffen. Lithium und die anderen Vitalstoffe werden in diesem Fall nicht zu Medikamenten, auch dann nicht, wenn dadurch ein therapeutischer Erfolg erzielt wird bzw. die psychisch auffällige Symptomatik durch die Mangelbeseitigung ursächlich behoben wird. Tatsächlich finden sich bei Patienten in Schellenbergs kinder- und jugendärztlicher Praxis in Potsdam häufig Lithiumspiegel nahe der unteren Messgrenze im Bereich von 0,2 bis 0,6 µg/l, was einer Lithiumzufuhr von nur etwa 10 µg/Tag entspricht (dargestellt anhand der kleinen Maus in Abb. 23).[39] Das ist für einen Teenager gerade einmal ein Hundertstel der hier vorgeschlagenen Lithiumzufuhr von 1 mg/Tag. Viele dieser Kinder sind möglicherweise genau deshalb psychisch auffällig, weil sie – um auf den Vergleich mit dem Fahrrad zurückzukommen – einfach keine Luft mehr im Reifen haben. Insbesondere diese Kinder zeigen häufig erstaunliche Verbesserungen ihres Befindens durch eine Anhebung des Lithiumspiegels mittels täglicher Ergänzung von 1 mg Lithium (in Form von etwa 25,7 mg Lithiumorotat, einem organischen Lithiumsalz, dessen Vorzüge wir gleich besprechen werden). Bei derart niedrigen Ausgangswerten werden bereits nach wenigen Tagen Lithiumspiegel im Bereich von etwa 10 bis oft sogar 20 µg/l gemessen, was einer Steigerung um das 50- bis 100-Fache entspricht. Das bestätigt wiederum, dass die tägliche Lithiumzufuhr zuvor nur etwa ein Fünfzigstel bis ein Hundertstel Milligramm (10 bis 20 µg) oder sogar noch weniger betrug.

Homöostase bei leicht höherem Bedarf? Meist reduziert sich die psychische Belastbarkeit von Kindern in Folge eines Lithiummangels. Die daraus resultierende Neuroinflammation (siehe nächstes Kapitel) führt dazu, dass sie potentielle Stresssituationen meiden, was häufig auch den Kontakt zu anderen Kindern betrifft. Sie drohen zu vereinsamen. Mit steigendem Lithiumspiegel blühen sie oft regelrecht auf und können wieder aktiver am sozialen Leben teilnehmen. Dies ist für sie allerdings ungewohnt und daher oft mit mehr Stress verbunden, so dass laut Dr. Schellenberg eine Dosisanpassung nötig sein kann, um in den Bereich einer gesunden Homöostase zu gelangen. Generell kann der Bedarf an essentiellem Lithium bei neuroinflammatorischen Vorerkrankungen etwas höher sein. So sollte meines Erachtens, zumindest für einen gewissen Zeitraum, die Dosis von 1 mg/Tag auch erhöht werden.

Welche Menge an Lithium im essentiellen Bereich für eine bestimmte Person ideal ist, lässt sich nicht aus der RDA ableiten, denn diese ist eine statistische Größe bzw. Schätzung und somit nur ein grober Anhaltspunkt. Dr. Schellenberg beginnt daher immer mit einer Dosierung im unteren Bereich und steigert bei Bedarf. Im Bereich von 10 bis 20 kg Körpergewicht könnten auf Basis der oben genannten Makrodosierungen z.B. 0,5 mg Lithium (entspricht ca. 13 mg Lithiumorotat) pro Tag sinnvoll sein; bei geringerem Gewicht entsprechend weniger, z.B. 0,25 mg Lithium (entspricht ca. 6,5 mg Lithiumorotat) pro Tag direkt nach der Stillzeit – diese Dosis halte ich nach heutigem Kenntnisstand für angemessen und hätte sie auch meinen eigenen Kindern gegeben, wenn ich damals gewusst hätte, was ich heute weiß. Aufgrund der aktuellen Gesetzeslage (nicht anerkannte Essentialität und Verschreibungspflichtigkeit) und der mangelnden Erfahrung mit essentiellem Lithium muss der Kinderarzt über diese Vorschläge mitentscheiden. Aber das sollte sich in nicht allzu ferner Zukunft ändern, sobald Lithium als essentiell anerkannt sein wird und es mehr Erfahrung mit der Behandlung von unnatürlichen Mangelzuständen gibt. Wenn Ihr Kinderarzt zögerlich ist, empfehle ich neben der Lektüre dieses Buches die entsprechenden Artikel auf meiner Website.[40]

Lithiumhaltiges Trinkwasser und fetales Wachstum. Eine Studie aus dem Jahr 2015 mit dem Titel *Umweltexposition* *gegenüber Lithium während der Schwangerschaft und fetale Größe: Eine longitudinale Studie in den argentinischen Anden* (ich nenne sie im Folgenden „Anden-Studie") untersuchte den Einfluss von Lithium aus der Umwelt auf die Entwicklung ungeborener Kinder. Die Forscher fanden heraus, dass ein höherer Lithiumgehalt im Blut der Mutter mit einer geringeren Größe des Fötus zusammenhing. Dies betraf sowohl den Körper, als auch den Kopf und die Oberschenkel im zweiten Schwangerschaftsdrittel sowie die Körperlänge bei der Geburt.[41] Pro 25 µg/l Anstieg des Lithiumspiegels im Blut verringerte sich die Größe des Kindes um 0,53 cm. Ein Anstieg von 100 µg/l im Blut war mit 2 cm kleineren Neugeborenen verbunden. Die Forscher schlussfolgern, dass „eine Lithiumexposition über das Trinkwasser mit einer Beeinträchtigung der fetalen Größe assoziiert ist, die bereits in der Frühschwangerschaft zu beginnen scheint". Diese Ergebnisse widersprechen in allen Parametern einer großen Studie aus dem Jahr 2020 an schwangeren Frauen, die aufgrund einer bipolaren Störung im Durchschnitt mehr als 120-mal höhere Lithiumwerte hatten als schwangere Frauen in den argentinischen Anden.[42] Die Kinder von Schwangeren wurden laut dieser „Bipolare-Schwangerschaft-Studie", wie ich sie nennen möchte, mit höheren Lithiumspiegeln nicht kleiner, sondern sogar etwas größer geboren, was sich bereits in der Embryonalentwicklung abzeichnete. Diese Erkenntnisse bestätigten auch die Ergebnisse einer größeren prospektiven Studie aus dem Jahr 1992.[43] Aber dieses höhere Geburtsgewicht ist unnatürlich, da unnatürlich hohe Lithiummengen zugeführt wurden. Dass Lithium allerdings aufgrund seiner Funktion als Aktivator der Stammzellvermehrung das Größenwachstum eher anregt als bremst, zeigte sich auch tierexperimentell: Lithiummangel, wie wir bereits gesehen haben, führt zu einer Reduktion des fetalen Wachstums, der Geburtsgröße und des Geburtsgewichts – daher muss es für Ergebnisse der „Anden-Studie" – geringere Geburtsgröße bei höherer Lithiumzufuhr – eine andere Erklärung geben. Die naheliegendste ist die Tatsache, dass im Wasser der Anden nicht nur erhöhtes Lithium, sondern auch Werte bis zu 266 µg/l Arsen, 531 µg/l Cäsium und bis zu 16.560 µg/l Bor gemessen wurden.[44] Allein für Cäsium und Bor wurde bereits festgestellt, dass eine Exposition während der Schwangerschaft mit einem signifikant niedrigeren Geburtsgewicht einhergeht.[45] Auch die Exposition gegenüber Arsen war laut den Ergebnissen einer Metastudie mit einer signifikanten Verringerung des Geburtsgewichts verbunden.[46] Obwohl die Autoren der „Anden-Studie" dies ebenso erkannten, fokussierten sie sich bei ihrer Erklärung nur auf Lithium. Wir müssen zudem davon ausgehen, dass auch noch weitere potentiell toxische Einflussfaktoren erhöht gewesen sein könnten, die nicht untersucht wurden. Bspw. geht ein hoher Lithiumgehalt oft mit einer höheren Uranbelastung einher.[47] Ein Anstieg der Uranbelastung in der Umwelt bzw. in der Nahrung ist laut Studienlage ebenfalls mit signifikanten fetalen Wachstumsproblemen verknüpft.[48] Solange keine Studien mit Lithium im Mikrodosierungsbereich und ohne Zufuhr multipler Toxine vorliegen, muss diese Studie aus den Anden – deren Trinkwasser mit Toxinen verunreinigt war – als ein fehlerhaftes Puzzleteil entfernt werden. Ihre Ergebnisse widersprechen überdies denen einer Hochdosistherapie mit Lithium als auch dem bekannten natürlichen Wirkprofil des Elements.

Frauen in der Schwangerschaft und Stillzeit haben keinen geringeren, sondern sehr wahrscheinlich einen höheren Bedarf, wie auch schon Gerhard Schrauzer vermutete. Ob dieser aber tatsächlich in relevantem Ausmaß über der hier vorgeschlagenen RDA von 1 mg/Tag liegt, ist derzeit (Stand Frühjahr 2025) noch unklar, könnte sich aber bei zukünftigen Bestimmungen der Lithiumwerte noch zeigen. Da wir, um auf der sicheren Seite zu sein (siehe oben), den Schätzwert des essentiellen Bedarfs bereits verdoppelt haben, würde ich ohne solche Informationen davon ausgehen, dass wir uns aufgrund der Toleranzen (die in der RDA von 1 mg/Tag enthalten sind) bereits damit sehr nahe am Optimum befinden. Daher würde ich Schwangeren und stillenden Müttern derzeit keine höheren Dosen empfehlen, obwohl die essentielle Breite sicherlich hoch ist. Eine Diskussion des erstaunlich geringen negativen Einflusses, den selbst mehr als hundertfach höhere Dosen auf die neurologische Entwicklung des heranwachsenden Kindes haben – in diesem Fall beobachtet bei der Lithiumbehandlung von Schwangeren mit bipolarer Störung – findet sich in Kap. 4 (siehe Zusatzinfo: *Autismus: Gefahr durch Lithium im Leitungswasser?*). Aufgrund der epidemiologischen Trinkwasserstudien und der tierexperimentellen Defizitstudien ist eher ein schwerer Lithiummangel ein Problem für die körperliche und vor allem die geistige Entwicklung des Kindes.

Was den Lithiumspiegel beeinflusst

In der zuvor schon angesprochenen Lithiumchlorid-Studie korrelierten sowohl das Körpergewicht als auch die Körpergröße der Studienteilnehmer umgekehrt proportional mit der Lithiumkonzentration im Serum: Ausgehend von einem durchschnittlichen Lithiumspiegel von 27 µg/l (bei einer Supplementierung von 1,7 mg/Tag) ergab sich bei 10 cm geringerer Körpergröße ein um 4 µg/l und bei 10 kg geringerem Gewicht ein etwa 3 µg/l höherer Spiegel.[49] Die Abweichungen von etwa 10 bis 15 Prozent liegen meines Erachtens noch im Toleranzbereich bzw. der essentiellen Breite von Lithium. Bei einem Körpergewicht über den hier angenommenen 70 kg empfehle ich, den Lithiumspiegel vor und insbesondere nach einer möglichen Supplementierung zu überprüfen, um die Einnahme gegebenenfalls anzupassen. Auch die tägliche Trinkmenge sowie die gesamte Salz- bzw. NaCl-Zufuhr, die Häufigkeit und das Ausmaß von schweißtreibenden Aktivitäten wie Sauna oder Sport können den Lithiumumsatz beeinflussen. Weiß man, dass man in diesen Punkten deutlich von Durchschnittswerten abweicht, kann es sich ebenfalls lohnen, eine Kontrolle durchzuführen. Auch sogenannte NSAIDs (*non-steroidal anti-inflammatory drugs*), also Entzündungshemmer und Schmerzmittel (wie Diclofenac, Aspirin, Ibuprofen etc.), reduzieren die Nierenleistung, was zu erhöhten Lithiumspiegeln führen kann. Das gleiche gilt für die Einnahme bestimmter Blutdruckmedikamente und Diuretika.[50] Wer eine Nierenfunktionsstörung hat, sollte nicht nur den Spiegel an Lithium, sondern auch den aller anderen essentiellen Spurenelemente messen lassen. Die Problematik einer Unterdosierung erachte ich als wesentlich größer, als die Wahrscheinlichkeit einer Überdosierung; immerhin haben wir bei einer RDA von 1 mg eine sehr große essentielle Breite und somit reichlich Spielraum für höhere Dosierungen.

Wechselwirkungen von Lithium mit Vitalstoffen und Medikamenten

Da Lithium in essentiellen Konzentrationen in allen lebenswichtigen Körperfunktionen günstige biologische Wirkungen entfaltet – sonst wäre es nicht essentiell – sind Wechselwirkungen mit anderen Vitalstoffen (ggf. verstärkende oder auch abschwächende Effekte) vollkommen natürlich; allerdings immer im Rahmen einer gesunden Homöostase, da die Dosierung und damit auch die Wirkungen nicht über den Rahmen einer gesunden Selbstregulation hinausgehen sollten. Beispielsweise fördert Lithium in essentiellen Konzentrationen die Nierenfunktion im Vergleich zu einer Mangelsituation (siehe Kap. 6); das könnte sogar zu einer besseren Ausscheidung vieler Toxine oder einer unerwünscht schnelleren Ausscheidung von Medikamenten beitragen. Dies ist jedoch nur eine theoretische Überlegung. Es wäre vermessen, hier den Versuch zu unternehmen, die Komplexität aller denkbaren Wechselwirkungen auch nur annähernd zu erfassen oder zu behaupten, dass es möglich sei, in jedem Einzelfall (für jedes Toxin, jedes Medikament, jeden anderen Vitalstoff) im Kontext jedes Individuums eine eindeutige Vorhersage treffen zu können. In dieser Angelegenheit können nur randomisierte, placebokontrollierte, doppelblinde klinische Studien wissenschaftlich aussagekräftige Ergebnisse liefern. Zwar gibt es einige Studien, die nachteilige Effekte einer niedrigdosierten Lithium-Einnahme nahelegen, doch weisen sie durchweg systematische Mängel auf und lassen deutlich plausiblere Alternativerklärungen zu.

Schilddrüse und Lithium. Die Schilddrüse ist wie das Gehirn in der Lage, die Lithiumkonzentration auch bei Mangel über einen gewissen Zeitraum stabil zu halten. Dies könnte der Grund dafür sein, dass Personen, die über einen längeren Zeitraum ungewöhnlich hohe Mengen im Rahmen der Behandlung einer bipolaren Störung an Lithium zu sich nehmen, ein etwa zweifach höheres Risiko haben, eine Schilddrüsenunterfunktion zu entwickeln, als die Allgemeinbevölkerung.[51] Diese Risikosteigerung ist nicht völlig zu vernachlässigen, aber doch äußerst gering – insbesondere im Kontext unserer Fragestellung zu möglichen Nachteilen geringer, essentieller Lithium-Mengen. Verglichen mit der extrem hohen Dosierung, die in diesen Studien verwendet wurde, fällt die Risikosteigerung kaum ins Gewicht. Umso erstaunlicher sind die Ergebnisse einer Studie aus den nördlichen Anden: Ab einem Wert von etwa 1 bis zwei 2 mg/Tag will sie eine 19-prozentige Reduktion des Schilddrüsenhormonspiegels festgestellt haben für jede weitere Zufuhrmenge von 1 mg Lithium/pro Tag.[52] Die Ergebnisse dieser beiden Studien stimmen nicht überein: Wie kann Lithium in hohen Dosen ein relativ geringes Schilddrüsenproblem darstellen, Lithium in Dosen im Bereich der essentiellen Breite aber ein vergleichsweise größeres? Wie bereits erwähnt nehmen Menschen in der lithiumreichen Andenregion, in der die besagte Studie durchgeführt wurde, nicht nur vermehrt Lithium auf, sondern auch eine Vielzahl hochtoxischer Elemente. So kann eine hohe Borzufuhr eine Schilddrüsenunterfunktion verursachen.[53] Dieselbe die Schilddrüse schädigende Wirkung kennt man auch für Arsen, was ebenfalls hochkonzentriert mit Lithium im Trinkwasser der nördlichen Anden angereichert ist.[54] Die beobachtete Schilddrüsendysfunktion könnte darauf zurückzuführen sein, sodass der beobachtete Effekt mit hoher Wahrscheinlichkeit nicht durch Lithium hervorgerufen wurde. Ein Grund, warum ich auch dieses Puzzleteil ausklammern muss, bis Studien mit essentiellem Lithium vorliegen, bei denen keine schilddrüsenschädigenden Toxine zugeführt werden.

Solange man Lithium in geringer Dosierung bzw. im Bereich der hier angedachten RDA von etwa 1 mg elementarem Lithium zuführt, um natürliche Blutserumwerte zu erhalten – die also auch bei einer artgerechten, über Jahrtausende üblichen Ernährung des *Homo sapiens* die Regel waren – ist nach allen mir vorliegenden Erkenntnissen davon auszugehen, dass es zu keinen negativen Wechselwirkungen mit anderen, ebenfalls artgerechten Faktoren kommen sollte. Natürlich, um es noch einmal deutlich zu sagen: Es kann keine generelle Aussage über Wechselwirkungen mit unnatürlichen, aber ggf. therapeutisch sogar sinnvollen Pharmazeutika getroffen werden. Hier drei Bespiele:

Wechselwirkung mit Antidiabetika: Bspw. kann Lithium durch Hemmung von GSK-3 zu einer Steigerung der Glykogensynthese beitragen, was zu einer Senkung des Blutzuckerspiegels führen kann. Glykogen ist die Speicherform von Glukose, vor allem in der Leber, aber auch im Muskelgewebe. Das ist eine gute Nachricht, kann aber auch bedeuten, dass der Insulinbedarf deutlich sinkt. Als medikamenten- oder insulinpflichtiger Diabetiker sollten Sie deshalb unbedingt mit Ihrem Arzt sprechen, bevor Sie mit der Einnahme beginnen. Erkennt Ihr Arzt die auch antientzündliche Funktion von Lithium und die Bedeutung der Dämpfung einer chronischen Entzündung im Hinblick auf die Spätschäden des Diabetes mellitus, wird er hoffentlich gemeinsam mit Ihnen den natürlichen Bedarf an Lithium einstellen und die Insulingabe entsprechend reduzieren. Dies ist jedoch ein Prozess, der unter direkter ärztlicher Aufsicht erfolgen muss. Insofern ist auch meine Empfehlung, eine Lithiumsubstitution, insbesondere bei gleichzeitiger Medikamenteneinnahme, immer ärztlich begleiten zu lassen (dies muss ich aber auch schon alleine aus Gründen der rechtlichen Absicherung empfehlen, solange Lithium noch nicht rechtsverbindlich als essentielles Spurenelement anerkannt ist). Grundsätzlich gilt dies immer: Wenn Medikamente eine kausal durch Lithiummangel verursachte Problematik adressieren, muss die Dosierung im Zuge der Behebung des Mangels voraussichtlich reduziert oder die Einnahme sogar ganz eingestellt werden.

Wechselwirkung mit Antidepressiva: Lithium wirkt auf viele Systeme, die unser Wohlbefinden steigern. Dazu gehört auch die Erhöhung des Serotoninspiegels. Ob der Effekt nur eintritt bei Lithiumspiegeln, die bei der Behandlung der bipolaren Störung erreicht werden, ist noch nicht geklärt (aber wahrscheinlich).[55] Unnatürlich hohe Serotoninspiegel können zum sogenannten Serotoninsyndrom mit Unruhe, Verwirrtheit, Muskelzuckungen, Blutdruckanstieg, Herzrasen, Fieber und im schlimmsten Fall zu Krampfanfällen oder Bewusstlosigkeit führen. Die Gefahr eines sogenannten Serotoninsyndroms besteht allerdings nicht bei essentieller oder low-dose-Dosierung. Es besteht schließlich auch keine Gefahr eines Serotonin-Syndroms, wenn man seine körperliche Aktivität steigert – obwohl dies ebenfalls zu einem physiologischen Serotoninanstieg führt (und so u.a. die adulte hippocampale Neurogenese stimuliert). Hauptauslöser eines Serotoninsyndroms sind in der Regel Antidepressiva.[56] Die Zufuhr von Alkohol, die keinen physiologischen Nutzen erfüllt, kann dieses Risiko im Zusammenspiel mit Antidepressiva jedoch erhöhen. Die Einnahme von Lithium in essentieller Dosis stellt meines Erachtens kein Problem dar, kann aber dazu führen, dass die Einnahme von Antidepressiva reduziert oder sogar abgesetzt werden muss. Körperliche und soziale Aktivität sowie die Behebung aller Vitalstoffmängel sind die beste Kombination gegen depressive Verstimmungen.

Wechselwirkung mit anderen Medikamenten. Es gibt unzählige Medikamente, die mit allen biologischen Funktionen wechselwirken. Manche sind leichter nachvollziehbar, manche erfordern vielleicht noch weitergehende Forschung. Antidiabetika könnten möglicherweise aufgrund der blutzuckersenkenden Wirkung von Lithium reduziert werden (siehe Kap. 6). Antihypertensiva wiederum könnten aufgrund der blutdrucksenkenden Wirkung von Lithium eventuell reduziert werden (siehe Kap. 6). Das sollte mit dem behandelnden Arzt besprochen werden. Folgt man dem systemischen Behandlungskonzept, das ich im nächsten Kapitel vorstelle, könnten sie (und viele andere Medikamente) sehr wahrscheinlich sogar ganz abgesetzt werden. Grundsätzlich erwarte ich aber, dass wir, sobald mehr Menschen essentielles Lithium für sich entdecken, mehr Erfahrungen mit wünschenswerten Wechsel- bzw. Auswirkungen dieser Art machen werden. Und da die Folge dieser Wechselwirkungen ist, dass die unnatürlichen und nebenwirkungsbehafteten Medikamente an Bedeutung oder gänzlich an Berechtigung verlieren, sehe ich dies ausschließlich positiv.

Natürliche Lithiumquellen

Lithium ist neben Wasserstoff und Helium eines der drei Elemente, die unmittelbar nach dem Urknall als erste Materie im sich entwickelnden Universum durch Kondensation aus reiner Energie entstanden sind.[57] Seither findet man es in der ganzen Welt. In der Erdkruste und in allen Gesteinen kommt Lithium in einer geringen Konzentration von durchschnittlich etwa 0,006 Gewichtsprozent vor.[58] Aus diesen wird das Spurenelement durch langsame Erosion herausgelöst, gelangt über das Regenwasser ins Grundwasser und von dort ins Meer. Dieser seit der Entstehung der Erde und damit seit Milliarden von Jahren andauernde Prozess hat dazu geführt, dass das Meerwasser in der Regel eine um 100-fach höhere Lithiumkonzentration aufweist als das Grundwasser, aber auch als Flüsse und Seen. Er ist auch für die große Variabilität der Lithiumvorkommen in Böden verantwortlich.[59] So finden sich höhere Lithiumkonzentrationen meist nur in geologisch jüngeren Böden, die meist vulkanischen (magmatischen) Ursprungs sind, aus denen das Lithium noch nicht weitestgehend ausgewaschen wurde.[60]

Mit der Verlagerung des Lebensraumes von lithiumreichen Küstenregionen mit entsprechend lithiumreicher Nahrung ins lithiumarme Binnenland bzw. mit der Veränderung der Ernährungsgewohnheiten mit immer weniger Fisch und Meeresfrüchten als Grundnahrungsmittel (dies inzwischen oft auch in den Küstenregionen) kam es daher nicht nur, wie oben erläutert, zu einem Jodmangel bei einem großen Teil der Weltbevölkerung, sondern auch zu einem Lithiummangel. Generell empfehle ich immer zu versuchen, den Bedarf an lebenswichtigen Vitalstoffen möglichst vollständig über eine ausgewogene Ernährung zu decken, bevor man eine Supplementierung in Betracht zieht. Schon allein deshalb, weil z.B. in einem Apfel bekanntlich viel mehr steckt als nur Vitamin C. Da wir aber nicht mehr im realen Pedanten des biblischen Garten Eden leben (siehe Kap.2, Argument 6), ist dies nicht mehr überall für alle Vitalstoffe möglich oder empfehlenswert. So sind beispielsweise Fisch und Meeresfrüchte derart mit Giften wie Schwermetallen und Mikroplastik belastet, dass diese aquatischen

Lebensmittel nicht mehr als Grundnahrungsmittel empfohlen werden können[61] – einmal ganz abgesehen davon, dass der globale Bedarf aufgrund des Fischmangels durch Überfischung und Umweltzerstörung nicht mehr gedeckt werden kann. Damit entfällt diese natürliche Quelle für Lithium, Jod, aquatische Omega-3-Fettsäuren oder Vitamin D3. Jod supplementieren viele Menschen deshalb mit jodiertem Speisesalz. Um sich ausreichend mit aquatischen Omega-3-Fettsäuren zu versorgen, halte ich Algenöl für die beste Option, wie ich in meinem Buch *Die Algenöl-Revolution* ausführlich dargestellt habe.[62] Auch Vitamin D3 halte ich zum Schutz vor Infektionskrankheiten für sinnvoll zu supplementieren, wie ich in meinem Buch *Herdengesundheit* erkläre.[63] Doch welche Optionen bestehen für essentielles Lithium?

Im Rahmen einer groß angelegten Studie wurde in Rumänien eine nationale Datenbank mit den Lithiumkonzentrationen von 1071 vermarkteten Lebensmitteln und Getränken erstellt und im Jahr 2024 veröffentlicht.[64] Den Ergebnissen zufolge ist der Verzehr von Obst, Milchprodukten, Eiern und Gemüse zwar eine tatsächliche, aber in der Regel nicht ausreichende Quelle für Lithium. Hinzu kommt, dass die Variabilität der qualitativen und quantitativen Zusammensetzung von Boden und Wasser dazu führt, so die Autoren der Studie, dass „Gemüse, Obst, Beeren, Getreide, Vieh- und Geflügelprodukte, die in unterschiedlichen ökologischen Umgebungen angebaut werden, erhebliche Unterschiede im Lithiumgehalt aufweisen". Mandeln und Erdnüsse aus den USA, Spanien und der Türkei wiesen einen Lithiumgehalt bis zu etwa 10,46 mg/kg auf, allerdings mit enorm großer Streubreite. Soja aus Brasilien und Polen enthielt zwischen 8 und 11 mg/kg. Überhaupt scheinen Leguminosen (Hülsenfrüchte) eine gute Quelle zu sein, insbesondere, wenn sie auf vulkanischen Böden wachsen: In Erbsen, die auf den kanarischen Inseln (Spanien) angebaut wurden, die bekanntlich vulkanischen Ursprungs sind, wurde ein hoher Lithiumgehalt mit etwa 4 mg/kg gemessen, bei Bohnen waren es knapp 3 mg/kg.[65] Auch kanarische Kartoffeln wiesen mit etwa 1 mg noch recht hohe Werte auf im Vergleich zu italienischen Kartoffeln mit einem Lithiumgehalt von nur 0,008 mg/kg.[66] Dasselbe gilt für Tomaten: Kanarische enthielten Lithium in einer Konzentration von etwa 3 mg/kg, Tomaten aus Italien nur 0,002 mg/kg. Auch die Lithiumkonzentrationen in Fleisch war regional äußerst variabel. Schweinefleisch auf den Kanaren wies etwa 4,4 mg/kg Lithium auf, in Rumänien und Italien nur 0,002 mg/kg – ein gewaltiger Unterschied. Laut der rumänischen Studie wurden ähnlich große Unterscheide bei Hühnereiern festgestellt.

Die Autoren der rumänischen Studie weisen zudem darauf hin, „dass niedrige Konzentrationen an Lithium das Pflanzenwachstum stimulieren, während hohe Konzentrationen in unterschiedlichen Dosen je nach Art, Individuum oder Organ Toxizität hervorrufen" – ganz wie bei uns (siehe auch Zusatzinfo *Ob Kopf oder Salat – die Funktion des lebenswichtigen Lithiums*). So zeigen Studien zur Biofortifikation, (Anreicherung des Nährstoffgehalts von Nahrungsmitteln durch Pflanzenzucht) als Mittel zur Bekämpfung von Mikronährstoffmangel in der Ernährung, dass manche Pflanzen dennoch erhebliche Mengen an Lithium in ihren essbaren Geweben anreichern können, ohne dass es dabei zu Ertragseinbußen oder qualitätsbedingten negativen Auswirkungen kommt.[67]

Ob Kopf oder Salat – die Funktion des lebenswichtigen Lithiums. Auch auf Pflanzen wirkt Lithium über die gleichen Lithiumtargets – und zwar abhängig von der Dosierung, wie auch beim Menschen. Sie wachsen besser, wenn eine geringe Menge an Lithium zugeführt wird, jedoch schlechter bei zu hohen Lithiumkonzentrationen. Dies wurde unter anderem gezeigt für Kopfsalat, Sonnenblume und auch Mais.[68] Doch auch der Grüne Amaranth profitiert nachweislich von Lithium im Boden. So zeigte eine Studie aus dem Jahr 2022, dass das Pflanzenwachstum durch niedrige Lithiumkonzentrationen stimuliert wurde.[69] Grundsätzlich gilt somit, dass Lithium das Pflanzenwachstum, je nach Konzentration, anregt oder hemmt, wie ein Review aus dem Jahr 2016 zusammenfasst.[70] Zwar stellen die Autoren fest, dass „niedrige Lithiumkonzentrationen [...] die Pflanzenproduktivität verbessern, indem sie den Ertrag erhöhen, die Reifung beschleunigen und die Krankheitsresistenz verbessern", und dass „Lithium eine wichtige Rolle in der Biochemie der Pflanzen spielt"; da Lithium in höheren Konzentrationen (wie beim Menschen) aber toxisch ist, kommen die Autoren zu der merkwürdigen Schlussfolgerung, dass es keine eindeutigen Beweise dafür gibt, „dass Lithium für Pflanzen essentiell oder nützlich ist [...] und dass die Bedeutung von Lithium für Pflanzen daher umstritten bleibt". Auf einige hochinteressante, teilweise absurde Manöver, mit denen man Lithium trotz eindeutiger Belege die Wesentlichkeit absprechen will, wird im letzten Kapitel näher eingegangen.

Zum Beispiel können Rote Bete, Raps oder Sonnenblumen Lithium in Konzentrationen von bis zu 4.000 mg/kg anreichern, was für einen aktiven Ionen-Transport auch im Pflanzenreich spricht (siehe Kap. 2, Argument 3). Einige Wissenschaftler sehen entsprechend im sogenannten *Plant Lithium Mining*, d.h. in der industriellen Gewinnung von Lithium aus Pflanzen (z.B. für die Batterieherstellung), ein zukünftig möglicherweise praktikables Verfahren.[71] Wenn also Pflanzen für den industriellen Lithiumabbau angedacht werden, könnte der gezielte Anbau von lithiumanreichernden Nutzpflanzen in geeigneten Regionen mit lithiumreichen Böden für den menschlichen Verzehr tatsächlich eine tragfähige Option werden. Zumindest dann, wenn sich die Erkenntnis durchsetzt, dass Lithium ein integraler Bestandteil der menschlichen Ernährung sein sollte. Die Lithium-Konzentration im essbaren Gewebe sollte meines Erachtens so hoch sein, dass der Verzehr von 100-200 g den Tagesbedarf decken könnte. In Jordanien, mit dem Jordangraben als geologischem Teil des Großen Afrikanischen Grabenbruchs, einer vulkanisch aktiven Region mit lithiumhaltigen Böden, empfehlen die Autoren einer Studie „den Verzehr von 250-300 g Frischgewicht Spinat pro Tag und Person, um den täglichen Lithiumbedarf [von 1 mg] zu decken, was erhebliche gesundheitliche und soziale Vorteile [!] hätte".[72] Es wäre meines Erachtens möglich, die Weltbevölkerung über die Nahrung mit essentiellen Mengen an Lithium zu versorgen – insbesondere durch Anbau lithiumanreichender Sorten auf lithiumreichen Böden.

Hirn-Akku oder Smartphone-Akku? Das hippocampale Wachstum bzw. die adulte hippocampale Neurogenese erzeugt meiner Theorie zufolge die – für die Funktion des mentalen Immunsystems notwendige – mentale Energie. Es bedarf einer Zufuhr von 1 mg Lithium /Tag, um die Funktion dieses „Hirn-Akkus" zu gewährleisten. Zum Vergleich: Ein Smartphone-Akku enthält etwa 300 mg, also knapp die Jahresdosis unseres „Hirn-Akkus". Ein Laptop enthält sogar 3 Jahresdosen des lebenswichtigen Lithiums. Ein Elektroauto enthält Lithium für durchschnittlich etwa 90.000 Lebensjahre. Der jährliche Gesamtbedarf der Weltbevölkerung an Lithium liegt bei etwa 2.880 Tonnen Lithium, was für etwa 96.000 Elektroautos benötigt wird. Es wird spannend sein zu sehen, wofür der Rohstoff Lithium verwendet wird, wenn er knapp werden sollte: Für unsere „Gehirn-Akkus" oder für Smartphone-Akkus? Wer darf – oder soll – in Zukunft smart sein?

Die hohe Variabilität des Lithiumgehalts in heimischen und importierten Lebensmitteln, sowie die durchschnittlichen Ernährungsgewohnheiten führen aber derzeit dazu, dass kaum jemand in Deutschland, den USA und vielen anderen Ländern (s.o.) ausreichend Lithium zu sich nimmt; andernfalls wären die Lithium-Blutwerte nicht so niedrig, wie sie derzeit als "normal" gemessen werden. Stellt sich aber ein Bewusstsein über die essentielle Bedeutung von Lithium ein, dürfte dessen Gehalt in Lebensmitteln auch häufiger gemessen – und, die behördliche Anerkennung vorausgesetzt, in Zukunft auch deklariert – werden. Erste Biobetriebe haben mich bereits kontaktiert, um mich über ihre Pläne bezüglich der Produktion von lithiumhaltigen Lebensmitteln zu informieren. Ob die Behörden das zu unterbinden versuchen, bleibt abzuwarten.

Eine weitere natürliche Lithiumquelle ist lithiumhaltiges Leitungs- oder auch Mineralwasser. Um den Lithiumgehalt im lokalen Leitungswasser in Erfahrung zu bringen, kann man seinen Wasserversorger kontaktieren. Eine Liste von 381 deutschen Mineralwasserquellen und ihrem Lithiumgehalt wurde im Jahr 2020 erstellt.[73] Da sich einige dieser Quellen in vulkanischen Gebieten befinden, sind oft auch viele andere Mineralien gelöst, von denen einige in höheren Konzentrationen ungesund sein können (siehe Zusatzinfo: Lithiumhaltiges Trinkwasser und fötales Wachstum). Daher ist es sinnvoll, sich vorher beim Hersteller zu informieren – vor allem, wenn man ein Mineralwasser wegen seines höheren Lithiumgehalts über einen längeren Zeitraum täglich trinken möchte. Einige lithiumhaltige Marken sind leider auch relativ teuer, vor allem für eine mehrköpfige Familie. Eine preisgünstigere Alternative ist in vielen Fällen die Supplementierung.

(Rezeptierte) Nahrungsergänzung mit Lithium

Aufgrund des allgegenwärtigen Mangels bestünde die Möglichkeit, Leitungswasser mit Lithium anzureichern – tatsächlich gibt es zunehmend mehr Wissenschaftler, die dies zum Schutz der mentalen Gesundheit fordern.[74] Allerdings läuft dies dem Prinzip der Selbstbestimmung entgegen. Eine Alternative dazu wäre, neben jodiertem Kochsalz auch solches anzubieten, das mit Lithium versetzt wurde. Beides würde aber – abgesehen von etwaigen Nachteilen der Darreichungsform – die Aufhebung des absurden Verbots von Lithium als Nahrungsergänzung voraussetzen. Entsprechend ist die derzeit einzig legale Möglichkeit in der EU, essentielles Lithium zu erhalten, die Einnahme rezeptpflichtiger Präparate. Ende des Jahres 2022 konnte ich Sabine Bäumer, die Apothekerin der Eisbär-Apotheke in Karlsruhe davon überzeugen, Lithium in Tagesdosierungen von 1 mg auf Rezept herzustellen, und ein Jahr später war es dann so weit. Viele weitere Apotheken folgten dem Beispiel.[75] Abgesehen von dem unnötig hohen Aufwand, einen Arzt zu finden, der die Essentialität von Lithium anerkennt und bereit ist, ein Rezept auszustellen,[76] sind mit dieser Lösung jedoch auch höhere Kosten verbunden. Das geht darauf zurück, dass Apotheker rezeptpflichtige Substanzen aufgrund von EU-Vorschriften nicht im Voraus in Tagesdosierungen verpacken oder Dritte dazu beauftragen dürfen. Das treibt die Stückkosten in die Höhe. Mein Vorschlag: Anstatt einer RDA-Dosis pro Kapsel können die Kapseln je nach Familiengröße mit 10 oder

20 RDA-Einheiten abgefüllt werden. So kann man einzelne Kapseln im Anschluss selbst um das entsprechend 10- oder 20-fache auf die tägliche RDA verdünnen (siehe dazu meine Anleitung auf YouTube)[77]. Im Falle von Lithiumorotat betragen die Kosten für eine RDA auf diese Weise nur noch wenige Cent. Bei all den Nachteilen hat die Verschreibungspflicht aber zumindest einen Vorteil: Die Apotheken garantieren GMP-Qualität. GMP (*Good Manufacturing Practice*) steht für die „Gute Herstellungspraxis für Arzneimittel", die laut EU-Verordnung sicherstellen soll, dass Apothekenprodukte einwandfrei hohe Qualität haben. Eine Garantie, die man auf dem derzeitigen „Schwarzmarkt" für Lithiumpräparate nicht erhält.

Ist Lithiumorotat das bessere Lithiumsalz?

Wenn die naheliegendste Bezugsquelle in Supplementen besteht, stellt sich noch die Frage, welches der verschiedenen Lithiumsalze dafür am ehesten in Frage kommt. Lithium kommt in der Natur nicht als reines Element vor, sondern aufgrund seiner chemischen Reaktionsbereitschaft – stets als positiv geladenes Ion (Kation) – entweder gelöst in Flüssigkeiten, gebunden an ein negativ geladenes Ion (Anion) in Form eines Salzes oder eingebettet in Gestein. Generell haben Salze, die sich in wässrigem Medium leicht in ihre Ionen auflösen (ionisieren), laut dem Neuropharmakologen Marshall bei Einnahme eine Reizwirkung auf den Darm; die Folge: stärkere Nebenwirkungen wie Übelkeit und Durchfall.[78] Geringe bis mittlere Dosen leicht ionisierbarer Magnesiumsalze wie Magnesiumoxid oder Magnesiumsulfat werden im Magendarmtrakt sehr schlecht resorbiert und erzeugen daher einen osmotischen Effekt, der klinisch als Laxans (Abführmittel) genutzt wird. Magnesium hingegen bildet mit der Orotsäure, deren Salz als Orotat bezeichnet wird, einen stabilen Komplex (Chelat). Aufgrund seiner geringen Ionisierbarkeit verursacht dieser keine derartigen Wirkungen, weist aber dafür aber eine hohe Bioverfügbarkeit auf (über 60 bis 70 Prozent werden im Darm resorbiert).[79] Zudem scheint Orotat in der Lage zu sein, Magnesiumionen in die Zelle zu transportieren, was die intrazelluläre

Magnesiumkonzentration begünstigt. Auf der Suche nach dem besten „Partner" für das Lithium-Ion bot sich daher die Orotsäure an, zumal nach Marshall Lithiumorotat ebenfalls sehr stabil und intakt im Darm resorbiert wird, über das Blutsystem zu den Zellen gelangt, um dort über ein Orotat-Transportsystem effizient aufgenommen zu werden. Das führt dazu, dass für eine gute Wirkung im Vergleich zu anderen Lithiumsalzen geringe Dosen erforderlich sind.[80]

Bereits in den 1970er Jahren postulierte der deutsche Arzt Hans Nieper (1928–1998), ein Pionier in der Erforschung des Orotsäure-Transportsystems, dass Orotsäure ein Mineralträger ist, der Ionen von Lithium, Magnesium oder Calcium durch biologische Membranen transportieren kann.[81] Ein halbes Jahrhundert später, im Jahr 2022, wurde dieser Orotat-Transporter endlich entdeckt.[82] Die evolutionsbiologische Erklärung für dessen Existenz ist der Umstand, dass die Orotsäure insbesondere in den Zellen benötigt wird, die bioaktiv sind (hohe RNA-Syntheserate) und sich häufig teilen (hohe DNA-Syntheserate). Es ist somit auch das ideale Transportsystem für Lithium, das wie wir wissen, ebenso in proliferierenden (wachsenden und sich vermehrenden) Zellen benötigt wird. Wenn Lithiumorotat aber so stabil ist, stellt sich die Frage, wie es in den Zellen seine Wirkung als Lithiumion entfalten kann. Die Erklärung liegt im Orotatbedarf der Zelle. Laut Niepers zerfällt der bis dahin jeweilige stabile Orotat-Mineral-Komplex nach dem Einschleusen im Zellinneren, sobald das Orotat für die biochemische Synthese von RNA und DNA-Bausteinen verwendet wird, und setzt dadurch das Lithiumion an seinen Wirkorten frei.

Somit ist nicht nur Lithium, sondern auch das Orotat unentbehrlich für die Gewebebildung, die Zellregeneration und die Regulation des körperlichen Immunsystems sowie Wachstum und Erhalt des mentalen Immunsystems.[83] Lange Zeit wurde Orotsäure aufgrund dieser essentiellen Funktion auch als Vitamin B13 bezeichnet, bis man herausfand, dass es auch im menschlichen Organismus aus den Aminosäuren Asparaginsäure und Glutamin gebildet werden kann. Der hohe Bedarf beim Körperwachstum ist vielleicht die evolutionsbiologische Erklärung dafür, dass dieses Molekül vor allem in der Milchdrüse gebildet wird, um den Säugling über diesen Weg ausreichend mit diesem essentiellen Baustoff zu versorgen. So wurde die Orotsäure 1904 erstmals aus Kuhmilch isoliert, was dem Molekül seinen Namen gab: *orós* ist das griechische Wort für Molke. In der Milch von Kühen findet man, je nach Fütterung und Jahreszeit, ca. 80 mg/l, bei Schafen 32 mg/l und bei Ziegen 25 mg/l Orotsäure.[84] Menschliche Muttermilch beinhaltet mit etwa 1,7 mg/l hingegen nur relativ wenig Orotsäure.[85] Dennoch, als Vorstufe für genetische Bausteine, ist Orotsäure natürlich auch gut für unser Mikrobiom und damit über die bekannte Darm-Hirn-Achse wiederum indirekt zuträglich für das mentale Immunsystem.[86]

Im Vergleich zu Lithiumorotat ionisiert Lithiumcarbonat, das bei der Behandlung der bipolaren Störung am häufigsten eingesetzt wird, leicht in Lösung und erfordert daher die Gabe von vergleichsweise sehr hohen Dosen, um die Lithiumionen durch die Blut-Hirn-Schranke und in die Zellen zu treiben. Schließlich werden die für die pharmakologische Wirkung notwendigen, aber völlig unphysiologisch hohen Konzentrationen nicht mehr natürlich durch die vorhandenen Ionenkanäle und Transportsysteme reguliert. Diese Nachteile zusammengenommen erklären auch die hohe Nebenwirkungsrate und das Toxizitätsrisiko. Diese Unterschiede in der Pharmakokinetik der beiden Lithiumsalze (zusammengesetzt aus altgriechisch *phármakon* für Heilmittel oder Gift und *kinesis* für Bewegung), die den Weg eines Medikaments in den Körper, durch den Körper und aus dem Körper heraus bezeichnet, wurde auch in Tiermodellen nachgewiesen. Wird Ratten Lithiumorotat injiziert, ist die Konzentration des Minerals im Gehirn nach 24 Stunden dreimal so hoch wie bei einer äquimolaren, also im gleichen Stoffmengenverhältnis vorliegenden Menge Lithium in Form von Lithiumcarbonat.[87] Aus diesen Daten schlossen die Wissenschaftler, dass mit deutlich geringeren Dosen therapeutische Lithiumkonzentrationen im Gehirn erreicht werden können und schon allein deshalb weit weniger Bedenken hinsichtlich der Toxizität bestehen müssten. Diese Überlegung wurde dann in einem Tiermodell überprüft, der „manischen Maus", deren abnormes Verhalten durch Psychostimulanzien wie D-Amphetamin hervorgerufen wird. Amphetamine, zu denen auch Speed oder Crystal Meth gehören, haben bekanntlich eine stark stimulierende bis aufputschende Wirkung, die oft mit euphorischen Gefühlen einhergeht und mehrere Stunden anhält. Die Betroffenen fühlen sich leistungsfähig, hochkonzentriert und haben buchstäblich das Bedürfnis, die Nacht zum Tag zu machen. Bei Mäusen kommt es zur Amphetamin-induzierten Hyperlokomotion (AIH), einem schier unstillbaren Bewegungsdrang. Lithiumorotat führte im Vergleich zu Lithiumcarbonat bei einer 10-fach geringeren Lithiumzufuhr zu einer fast vollständigen Blockade der AIH, was auf eine deutlich verbesserte Wirksamkeit und Potenz hinweist.[88] Die Autoren betonen auch, dass Lithiumorotat trotz besserer Wirksamkeit im Vergleich zu Lithiumcarbonat keine negativen Auswirkungen auf die Nieren- und Schilddrüsenfunktion hatte.[89]

Toxikologie von Lithiumorotat-Monohydrat. Obwohl bereits 1978 Hinweise auf eine erhöhte Hirnverfügbarkeit und damit Überlegenheit gegenüber Lithiumcarbonat gefunden wurden, wurde Lithiumorotat nicht klinisch eingesetzt, da Untersuchungen an Ratten zeigten, dass es bei gleicher Konzentration zu einer stärkeren Beeinträchtigung der Nierenfunktion führen kann.[90] Allerdings wurde Lithiumorotat nicht oral verabreicht, was natürlich wäre, sondern als hochkonzentrierter „Brei", wie die Autoren es nennen, in die Bauchhöhle injiziert. Dies ist eine völlig unnatürliche Situation. Im Jahr 2021 wurde der Versuch daher wiederholt, allerdings über den natürlichen oralen Einnahmeweg. In der 28-tägigen Studie zur oralen Toxizität zeigte Lithiumorotat-Monohydrat in einer Reihe genetischer Toxizitätstests auch bei wiederholter Verabreichung keine Mutagenität [nicht Mutationen auslösend, wichtig um z.B. ein Krebsrisiko auszuschließen].[91] Auch bei der höchsten Zufuhrmenge von 400 mg/kg Körpergewicht/Tag wurden *keine* toxischen Wirkungen auf die für Lithiumtoxizität üblichen Zielorgane beobachtet. Dass selbst bei dieser hohen Dosis keine schädliche Wirkung beobachtet wurde (NOAEL) erklärt laut den Autoren, weshalb es bisher keine Warnhinweise aufgrund unerwünschter Wirkungen gab – trotz des Umstandes, dass Lithiumorotat als Nahrungsergänzung in den USA schon jahrzehntelang Anwendung fand. Rechnet man sicherheitshalber einen Faktor 10 für eine mögliche Interspezies-Variabilität (möglicherweise höhere Empfindlichkeit des Menschen gegenüber dem Tiermodell) hinzu, so ergibt sich eine sichere Referenzdosis für den Menschen für Lithiumorotat-Monohydrat von 40 mg/kg Körpergewicht pro Tag. Für einen durchschnittlichen Erwachsenen mit einem Körpergewicht von 70 kg errechnet sich daraus eine langfristig sichere Zufuhrmenge von 2.800 mg Lithiumorotat-Monohydrat pro Tag. Dies entspräche einer maximalen Zufuhr von ca. 110 mg reinem Lithium, was in etwa der Erhaltungsdosis bei der hochdosierten Lithiumbehandlung entspricht. Bei einer RDA von 1 mg/Tag ist dies jedoch ein Sicherheitsfaktor von 110 bis zum NOAEL, also noch etwas höher bzw. sicherer als der Faktor 85 für Lithium aus Lithiumcarbonat (siehe Zusatzinfo oben: *Lithiums erstaunlich geringe Toxizität.*)

Diese Vorteile von Lithiumorotat (das bisher, Stand Frühjahr 2025, nicht pharmazeutisch verwendet wird) gegenüber den Nachteilen von Lithiumcarbonat (das hauptsächlich pharmazeutisch verwendet wird) zeigen sich auch beim Menschen, z.B. bei der Behandlung der Alkoholabhängigkeit. Lithiumorotat in einer Dosierung von 150 mg/Tag (ca. 6,4 mg reines Lithium) über einen Zeitraum von 6 Monaten hat sich bei 42 hospitalisierten Patienten als sehr erfolgreich bei der Reduktion des Alkoholkonsums erwiesen.[92] Die Behandlung mit Lithiumorotat in dieser Dosierung war sicher und die beobachteten Nebenwirkungen waren gering und sie verschwanden, wenn diese tägliche Dosis nur vier- bis fünfmal pro Woche verabreicht wurde. Lithiumorotat war wirksam, wohingegen Lithiumcarbonat selbst bei wesentlich höheren Dosen von 600 mg/Tag (ca. 120 mg reines Lithium), d.h. etwa der 20-fachen Dosis, nur eine geringe oder gar keine Wirksamkeit zeigte.[93] Eine prospektive, doppelblinde, placebokontrollierte Studie, die über einen Zeitraum von sechs Monaten durchgeführt wurde, hat gezeigt, dass Lithiumcarbonat nicht besser als ein Scheinmedikament war, als es darum ging, eine vollständige Abstinenz bei Alkoholpatienten zu erreichen.[94] Diese Studien zum Alkoholkonsum zeigen also, dass Lithiumorotat aufgrund seiner völlig anderen pharmakokinetischen Eigenschaften nicht nur bei „manischen Mäusen", sondern auch beim Menschen bereits in deutlich geringerer Dosierung wirksam ist als Lithiumcarbonat. Es kommt eben nicht nur darauf an, wie viel Lithium verabreicht wird, sondern wie viel davon tatsächlich in den Zellen ankommt und dort seine Wirkung entfaltet. Der Lithiumspiegel im Blut – dessen muss man sich bewusst sein – gibt keine Auskunft über die funktionsentscheidende Konzentration in den Zellen. Schließlich sorgen die Transportsysteme dafür, dass die proliferierenden Zellen wie im Hippocampus ihre Lithiumkonzentration auch bei zeitweise mangelhafter Zufuhr – zumindest bis zu einem gewissen Grad – aufrechterhalten, wie in Kap. 2, Argument 3 besprochen. Halten wir also fest: Lithiumcarbonat ist zwar gebräuchlicher als Lithiumorotat, aber meiner Meinung nach weniger geeignet; weder klinisch in der Hochdosisbehandlung der bipolaren Störung noch als Vehikel für die Zufuhr der essentiellen Lithiumdosis, da für dieselbe Wirkung wesentlich größere Mengen erforderlich sind, was wiederum mit einer höheren Nebenwirkungsrate einhergeht. Dieser Meinung sind auch die beiden Autoren der „Manischen-Maus-Studie" in ihrem Artikel *Lithiumorotat: Eine bessere Option für die Lithiumtherapie?*[95]

Es ist mir ein großes Anliegen, dass sich diese neuen Erkenntnisse zu Nachteilen von Lithiumcarbonat gegenüber Lithiumorotat auch in der Hochdosisbehandlung durchsetzen; vorausgesetzt, diese bleibt als valide Behandlungsstrategie erhalten und wird nicht erfolgreich durch eine systemische Alternative ersetzt, der wir uns in Kap. 4 widmen werden. Neben Lithiumcarbonat und Lithiumorotat gibt es weitere Lithiumsalze:

In welcher Menge verschiedener Salze ist 1 mg Lithium enthalten?

23,4 mg Lithiumorotat
25,7 mg Lithiumorotat-Monohydrat
5,3 mg Lithiumcarbonat

6,1 mg Lithiumchlorid
19,0 mg Lithiumaspartat
10 mg Lithiumcitrat

Lithiumcitrat: Hat gegenüber Lithiumcarbonat keinen zusätzlichen Nutzen zu bieten, ist also ähnlich nachteilig gegenüber Lithiumorotat.[96]
Lithiumaspartat: Es gibt nur wenig Literatur über seine Wirksamkeit und/oder Sicherheit. Ausgewählte Studien untersuchten sein Potential zur Beendigung von Alkoholmissbrauch[97] und Drogenabhängigkeit[98], fanden jedoch wenig oder keine Wirkung. Das bedeutet, dass es weniger wirksam ist als Lithiumorotat, wie wir auch am konkreten Beispiel von Long-COVID und Post-VAC in Kap. 5 sehen werden.
Lithiumchlorid: Lithiumchlorid und Lithiumcarbonat wiesen bei oraler Verabreichung an Ratten ähnliche Absorptions- und Ausscheidungsmuster auf, wobei Lithiumcarbonat bei allen getesteten Konzentrationen zu insgesamt höheren Lithiumspiegeln im Plasma führte.[99] Lithiumchlorid scheint daher aufgrund seiner hohen Ionisierbarkeit keine Vorteile gegen über Lithiumcarbonat zu bieten, und somit erst recht keine gegenüber Lithiumorotat.
Lithiumsulfat: Studien, in denen die Pharmakokinetik von Lithiumsulfat mit der von Lithiumcarbonat verglichen wurde, zeigten keine signifikanten Unterschiede, auch nicht hinsichtlich der Auslösung von Nebenwirkungen.[100] Es gibt damit auch keinen Grund, Lithiumsulfat gegenüber Lithiumorotat zu präferieren.

Kolloidales Lithium. Als Kolloide (von altgriechisch *kólla* für Leim und *eidos* für Form) werden Teilchen bezeichnet, die bspw. in einer Flüssigkeit fein verteilt sind. Die Größe der einzelnen Teilchen liegt im Bereich von Nanopartikeln. Kolloidales Silber wird als eine Mischung aus Silberionen und Silbernanopartikeln definiert, die in einem wässrigen Medium suspendiert sind.[101] Über kolloidales Lithium ist wissenschaftlich wenig bekannt, weder die Pharmakokinetik noch die Pharmakodynamik. Grundsätzlich gilt jedoch, dass Lithium nur als positiv geladenes Lithiumion seine biologische Funktion ausüben kann. Wie viel ionisiertes Lithium in kolloidalen Lithiumlösungen enthalten ist, ist m.E. bisher unbekannt. Stutzig macht die Aussage in dem Buch *Kolloide Mineralien & Spurenelemente in kolloidaler Form*, das u.a. kolloidales Lithium gegen Depressionen, Angst, Manien, bipolare Störung etc. anpreist: „Kolloidales Lithium hat den Vorteil gegenüber pharmakologischen Lithiummitteln, dass es keine Nebenwirkungen hat und man es nicht überdosieren kann.“[102] Diese Behauptung, dass es grundsätzlich nicht überdosiert werden kann, ergibt für mich nur einen Sinn, wenn es überhaupt keine Wirkung *per se* hat, also kein biologisch wirksames ionisiertes Lithium enthält. Bis bzgl. des kolloidalen Lithiums belastbare Studien zur Zusammensetzung, Pharmakokinetik und Wirkung vorliegen, bleibe ich skeptisch.

Zusammenfassend gibt es meines Erachtens derzeit keine bessere Form der Lithiumsupplementierung als durch Lithiumorotat. Dies bestätigt den Weg, den die orthomolekulare Medizin in den USA eingeschlagen hat, wo es in dieser Form als frei verkäufliches Nahrungsergänzungsmittel seit Jahren ohne Komplikationen eingesetzt wird – wobei die Aufhebung des dortigen Verbots, wie wir im letzten Kapitel sehen werden, möglicherweise nicht auf gutem Willen, sondern auf einem administrativen Versehen beruht (Kap. 7, Zusatzinfo: *Kein Lithiumverbot in den USA?*).[103]

KAPITEL 4

Psychoneuroimmunologie – das Lithiom als Bindeglied zwischen Körper, Geist und Seele?

Wen die Götter ins Unheil führen wollen,
dem verwirren sie die Sinne
und lassen ihn Schlimmes als gut erachten.
Sophokles (497/496–406/405 v.Chr.)

Teufelskreis der Neuroinflammation

In Kap. 2 konnten wir im Rahmen des Nachweises der Essentialität von Lithium aufzeigen: Es gibt eine direkte Kausalkette zwischen Lithium, seinen vielfältigen Targets (dem Lithiom) und seinem Einfluss auf zentrale biochemische sowie physiologische Mechanismen bis hin zur Funktionalität des mentalen Immunsystems des Menschen. Wir konnten zeigen, dass Lithium über diese vielfältigen Regulationsmechanismen einen direkten und indirekten positiven Einfluss auf die adulte hippocampale Neurogenese ausübt – das funktionelle Zentrum des mentalen Immunsystems, aber auch seine Achillesferse. Aufgrund dieser Kausalkette ist Lithiummangel ein ursächlicher Risikofaktor für die Entwicklung des Mentalen Immundefizienz-Syndroms. In diesem Kapitel gehen wir einen Schritt weiter; es gilt nun zu untersuchen, wie das mentale und das körperliche Immunsystem unter natürlichen Bedingungen und im Einklang mit dem evolutionären Imperativ in akuten Bedrohungssituationen zusammenarbeiten. Außerdem werden wir der Frage nachgehen, wie diese Zusammenarbeit unter Lithiummangel zu einer Vielzahl unterschiedlicher neuropsychiatrischer Entwicklungsstörungen, neurologischer Funktionsstörungen, chronischer psychischer und neurodegenerativer Erkrankungen führt.

Im Sinne des evolutionären Imperativs kommunizieren das körperliche und das mentale Immunsystem über Botenstoffe. In Gefahrensituationen können sie somit als Einheit möglichst effizient zum Wohle des Gesamtorganismus agieren. Beispielsweise informiert das körperliche Immunsystem das mentale Immunsystem über eine Infektion oder eine Gewebeschädigung, indem es Botenstoffe (Zytokine) ausschüttet. Das mentale Immunsystem reduziert daraufhin seine Aktivität, was wir als Krankheitsverhalten (*sickness behavior*) bezeichnen. Dadurch kann der Organismus mehr Energie auf die Überwindung der Infektion verwenden: Man ruht sich aus und zieht sich zurück, um zu genesen und die Ansteckungsgefahr für die unmittelbare Umgebung zu verringern – Letzteres ist bereits ein Impuls des sozialen Immunsystems: Wir schützen durch dieses zytokinbedingte Krankheitsverhalten instinktiv auch unsere Umgebung. Registriert hingegen das mentale Immunsystem eine Bedrohung, aktiviert es die Ausschüttung von Stresshormonen. Diese dämpfen die Aktivität des körperlichen Immunsystems, sodass auch bei einer Verletzung zunächst fast die gesamte Energie für eine Flucht- oder Kampfreaktion zur Verfügung steht. Dieser "Dialog" zwischen den beiden Immunsystemen über die ausgesandten Botenstoffe kann jedoch bei Lithiummangel schnell in eine heftige "Diskussion" ausarten. Dann reagiert weder das körperliche noch das mentale Immunsystem adäquat und es besteht die Gefahr, in einen pathologischen Teufelskreis einer chronischen Neuroinflammation zu geraten, wie in Abb. 24 dargestellt. Je nach Zeitpunkt des auslösenden Ereignisses und dessen Dauer führt dies zu hippocampalen Entwicklungsstörungen bis hin zu neurodegenerativen Erkrankungen. Dieser Teufelskreis der Neuroinflammation steht im Zentrum einer langen Liste von neurologischen, psychiatrischen und psychischen Erkrankungen, die in ihrer Gesamtheit das größte medizinische und gesellschaftliche Problem unserer Zeit darstellen. Es lohnt sich also, im Folgenden ein etwas tieferes Verständnis der neuropathologischen Zusammenhänge zu entwickeln.

Mikrogliazellen und ihre Gefahrensensoren

Wie in Abb. 24 zu sehen, steht im Zentrum des mentalen Immunsystems der Hippocampus. Eine zentrale Rolle nimmt hier die sogenannte Mikrogliazelle ein. Glia ist ein Sammelbegriff für alle Zellen im Nervengewebe, die keine Nervenzellen sind und von denen vermutet wurde, dass sie das Nervengewebe zusammenhalten – daher ihr griechischer Name *glia* für „Leim". Mikrogliazellen sind die kleinsten dieser Nichtnervenzellen des Gehirns, daher "Mikro", sind aber diejenigen, die sämtliche Formen von Gefahr erkennen: Pathogene Mikroorganismen (Gehirninfektionen), physische aber auch psychische Schädigung des Gehirns, also Gehirnverletzungen und extreme Stressschädigung. Verantwortlich dafür ist eine Vielzahl an Gefahrensensoren von denen sich die meisten in den äußeren, aber auch in den inneren Membranen unserer Körper- und insbesondere unserer Immunzellen befinden. Diese Gefahrensensoren werden auch *Primitive Pattern Recognition Receptors* bezeichnet. "*Primitive*", da diese Rezeptoren in allen tierischen und sogar pflanzlichen Organismen vorkommen und sich somit schon lange vor der Evolution einer sich anpassenden (adaptiven) Immunabwehr entwickelt haben.[1] "*Pattern Recognition Receptors*", weil sie über einen langen evolutionären Zeitraum gelernt haben, Gefahren bzw. grundlegende Muster typischer Gefahrenherde zu erkennen. Dies ist unsere erste Verteidigungslinie; die zweite wäre das sich anpassende Immunsystem, das z.B. hochspezifische Antikörper gegen Pathogene entwickelt. Dazu benötigt es aber Zeit, die ihm – und damit uns – das Abwehrsystem der Gefahrensensoren verschafft. Wir besitzen mehrere Familien von Gefahrensensoren.[2] Eine Superfamilie besteht aus so genannten Toll-like-Rezeptoren (TLR). Sie umfasst beim Menschen mehr als ein Dutzend Familienmitglieder, die im Laufe der Evolution durch Genduplikationen entstanden sind (so wie sich die IMPase oder GSK-3 duplizierten, siehe Kap.2, Argument 4). Die TLR-Familie verdankt ihren Namen der Entdeckung einer Mutation eines Familienmitglieds in Fruchtfliegen. Ihre Entdeckerin, die deutsche Nobelpreisträgerin Christiane Nüsslein-Volhard, kommentierte diese Entdeckung einer physischen Veränderung spontan mit „Das

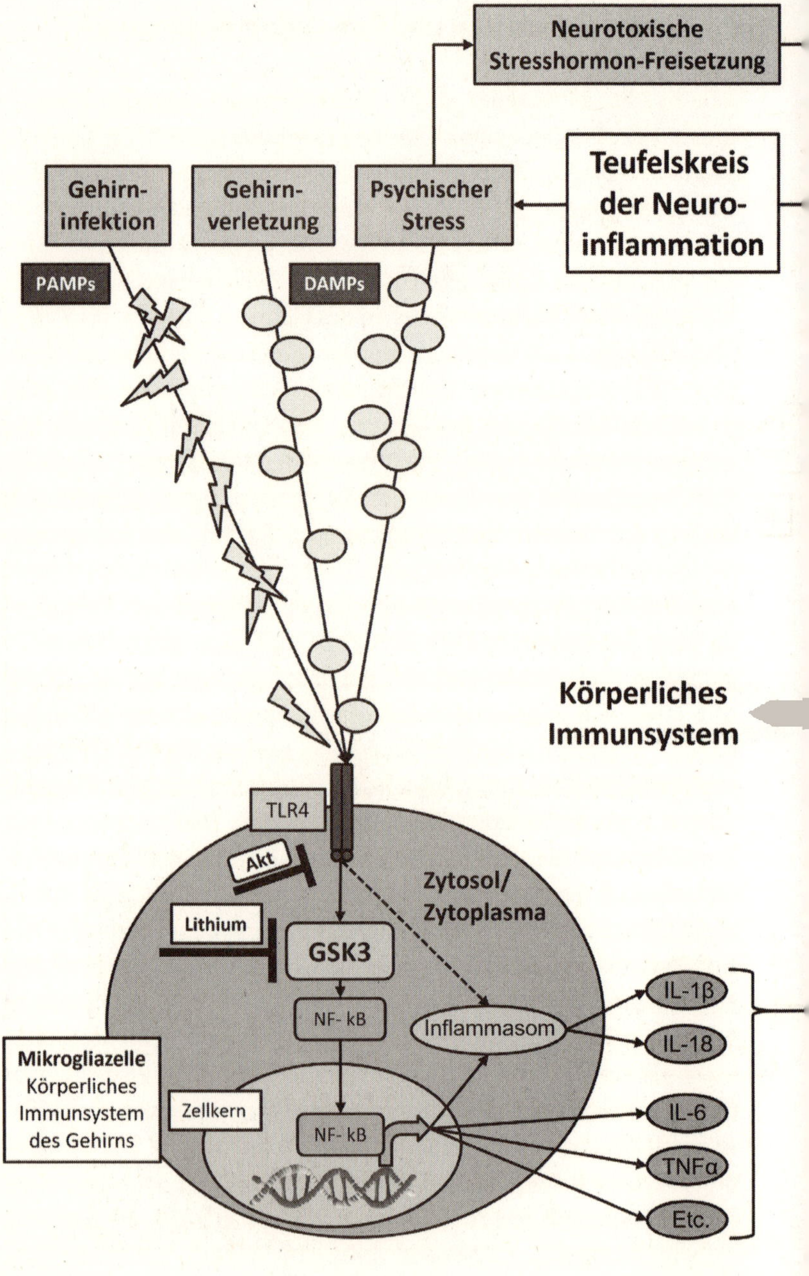
Neurotoxische Stresshormon-Freisetzung
Teufelskreis der Neuroinflammation
Gehirn-infektion
Gehirn-verletzung
Psychischer Stress
PAMPs
DAMPs
Körperliches Immunsystem
TLR4
Akt
Zytosol/ Zytoplasma
Lithium
GSK3
NF- kB
Inflammasom
IL-1β
IL-18
IL-6
TNFα
Etc.
Mikrogliazelle
Körperliches Immunsystem des Gehirns
Zellkern
NF- kB

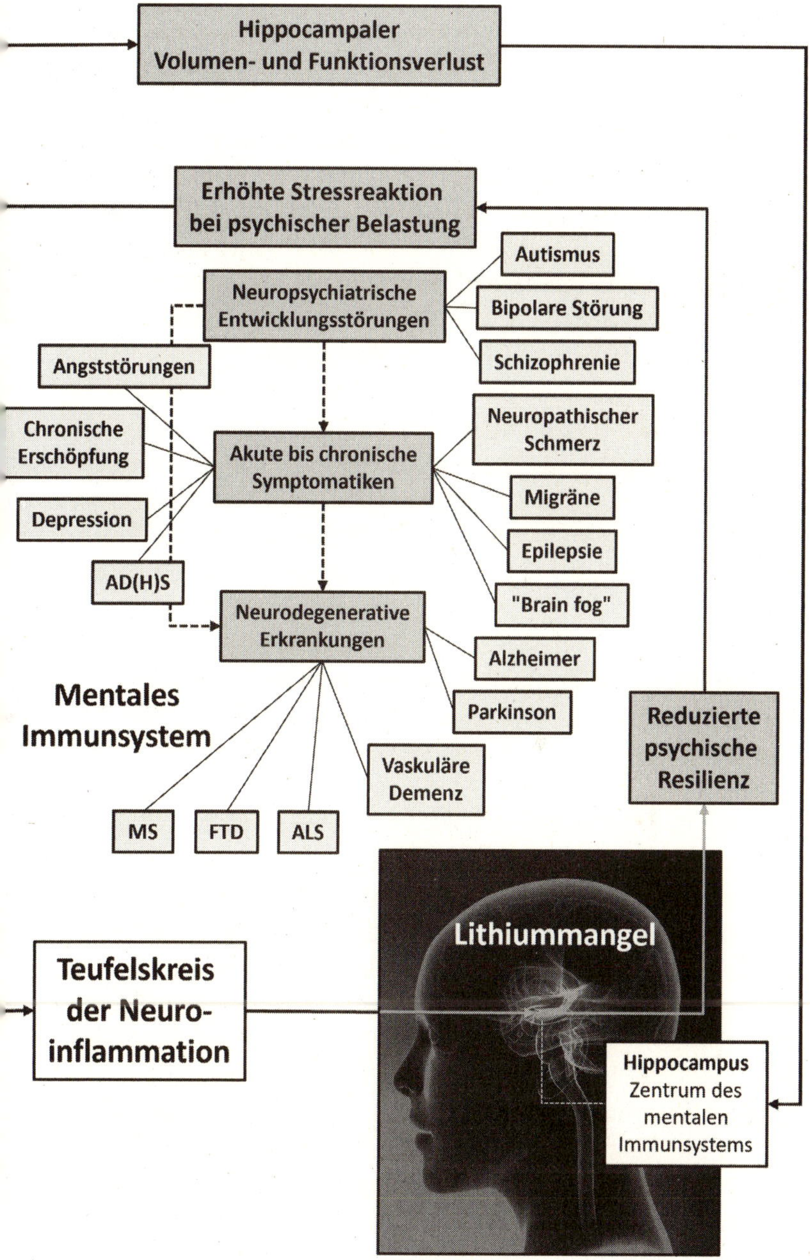

Abbildung 24

ist ja toll!". Nach dieser "tollen" Entdeckung wurden alle weiteren Rezeptoren aus dieser großen Familie als Toll-ähnliche Rezeptoren bezeichnet. Der TLR-Superfamilie und allen anderen Familien von Gefahrensensoren ist gemeinsam, dass sie charakteristische Merkmale von Krankheitserregern erkennen, die als Pathogen-assoziierte molekulare Muster bezeichnet werden, abgekürzt PAMPs (*pathogen-associated molecular pattern*). PAMPs sind konservierte Strukturen (molekulare Motive) pathogener Mikroorganismen wie Bakterien oder Viren. Zu den PAMPs gehört z.B. das Spike-Protein von Coronaviren, das alle Mitglieder dieser großen Virenfamilie besitzen. In Abb. 24 sind sie als kleine blitzähnliche Zacken dargestellt.

Werden PAMPs vom Gefahrensensor TLR-4 erkannt, setzt dies die entsprechende Mikrogliazelle augenblicklich in Alarmbereitschaft: Viren sind in das Gehirn eingedrungen, es besteht Lebensgefahr![3] Nach dem Andocken eines PAMP – wie dem Spike-Protein eines Coronavirus oder der S1-Untereinheit von SARS-CoV-2 – am TLR-4 kommt es zur Aktivierung einer intrazellulären Signalkaskade, in deren Zentrum sich das uns bekannte Lithiumtarget GSK-3 befindet.[4] Durch TLR-4 bzw. durch den aus verschiedenen Proteinen bestehenden TLR-4-Komplex aktiviertes GSK-3 veranlasst den Transkriptionsfaktor NF-κB (gesprochen: NF-kappaB), vom Zytosol bzw. Zytoplasma (der vom Zellkern abgegrenzte, äußere Raum der Zelle) in den Zellkern zu wandern. Dort aktiviert NF-κB spezifisch die Transkription von Genen in die entsprechenden mRNAs, die für entzündungsfördernde Botenstoffe (Zytokine) kodieren.[5] Außerhalb des Zellkerns werden nun die in der mRNA kodierten Baupläne in die entsprechenden Zytokine übersetzt (translatiert). Zu den proinflammatorischen Zytokinen, die hier in großen Mengen produziert werden, gehören unter anderem Interleukin 6 (IL-6) und Tumor-Nekrose-Faktor α (TNFα), die direkt nach ihrer Produktion von der Mikrogliazelle freigesetzt werden, sowie Interleukin-1β (IL-1β) und Interleukin 18 (IL-18), die vor ihrer Freisetzung noch eine Aktivierung im sogenannten Inflammasom, einem zytosolischen Multiproteinkomplex des angeborenen Immunsystems, erfahren.[6]

Essentielles Lithium beugt auf mehreren Ebenen einer überschießenden neuroinflammatorischen Reaktion vor, daher ist die

Aktivierung dieser proinflammatorischen Signalkaskade umso intensiver, je größer der Lithiummangel. Das Spurenelement aktiviert das Signalprotein Akt (siehe Kap. 2, Argument 2, Zusatzinfo: *Geringe Dosis, gewaltiger Effekt?* dort Punkt 3) und begrenzt so die Zahl der TLR-4-Proteine auf den Immunzellen.[7] Außerdem bremst es, wie in Kap. 2 ausführlich besprochen, auf natürliche Weise GSK-3, wie ebenfalls in Abb. 24 dargestellt. Durch die Kombination dieser Lithiumfunktionen führt nicht jede Stresssituation sofort zu einer unangemessenen Entzündungsreaktion mit nachteiligen gesundheitlichen Folgen.

Natürliches Lithium oder unnatürliche Lithium-Mimetika als Entzündungshemmer. Die gesamte inflammatorische Aktivierungskaskade von TLR-4 über GSK-3 hin zu NF-κB steht nicht nur im Zentrum sämtlicher neuroinflammatorischen Erkrankungen, sondern auch aller chronisch entzündlicher Erkrankungen von bspw. Rheumatoider Arthritis bis hin zur Arteriosklerose. Aufgrund dieser lukrativen Erkrankungen ist die Entwicklung von Therapiestrategien, die auf der pharmakologischen Hemmung der gesamten NF-κB-Signalkaskade basieren, von großem pharmazeutischem Interesse.[8] Die Hemmung der Aktivierung von NF-κB durch GSK-3 mittels Lithium wäre der einfachste Ansatz (siehe Abb. 24). Dieser ist aber weder patentierbar noch als teures Medikament zu vermarkten (mehr dazu im letzten Kapitel).[9] Dies wäre aber auch die natürliche und damit nebenwirkungsfreie Option, denn schließlich besteht die wesentliche Bremsfunktion von Lithium darin, dass nicht jede noch so kleine Aktivierung einer Immunzelle zu einer überschießenden Reaktion und damit der Ausschüttung entzündungsfördernder Botenstoffe führt, die in einem selbstzerstörerischen Teufelskreis enden könnte.

Das durch diese und viele weitere Zytokine wie bspw. IL-12, IL-13 und IL-23 ausgelöste Krankheitsverhalten ist bei einer akuten Infektion sinnvoll und evolutionsbiologisch erklärbar, man überwindet die Erkrankung effektiver und schützt auch sein Umfeld. Problematisch wird es jedoch, wenn entweder keine echte Infektion vorliegt, sondern z.B. infolge einer sogenannten "COVID-19-Impfung" genetisch veränderte mRNA für eine künstliche Spike-Protein-Produktion sorgt (siehe Zusatzinfo: *PAMPs als Biowaffen*), oder eine Infektion chronisch verläuft, wie z.B. eine Borreliose, die entsprechend einer neuroinflammatorischen Schädigung des mentalen Immunsystems sogar mit schweren Depressionen bis hin zu Suizidgedanken einhergehen kann.[10] Langfristig drohen in beiden (!) Fällen chronische Spike-Produktion und tatsächliche chronische Infektionen, sogar die Alzheimer-Demenz.[11]

PAMPs als Biowaffen. Mikrogliazellen können nicht unterscheiden, ob nur das gehirngängige Spike-Protein eines Coronavirus von TLR-4 erkannt wurde oder ob tatsächlich das gesamte Virus ins Gehirn eingedrungen ist: Beides führt zu einer Neuroinflammation. Will man mit einer Biowaffe das mentale Immunsystem eines Gegners lahmlegen, genügt es also, für eine möglichst hohe und dauerhafte Präsenz des Spike-Proteins im Gehirn zu sorgen. SARS-CoV-2 wurde genau dafür entwickelt, wie ich in *Das indoktrinierte Gehirn* ausführlich darlege.[12] Durch die gentechnische Insertion einer so genannten Furin-Spaltstelle wird ein Teil des Spike-Proteins, als S1-Untereinheit bezeichnet, vom SARS-CoV-2 abgekoppelt und kann so, im Gegensatz zum Virus selbst, die Blut-Hirn-Schranke überwinden, wo es TLR-4 aktiviert.[13] Noch gefährlicher sind die als COVID-19-Impfstoffe deklarierten gentechnisch veränderten mRNAs, die für das virale Spike-Protein kodieren: Sie sind 1) gentechnisch so verändert, dass sie im menschlichen Körper lange aktiv bleiben, 2) sie sind in sogenannte Lipid-Nanopartikel verpackt, die auf Gehirngängigkeit getrimmt sind und so für eine neuroinflammatorische Spike-Produktion im Gehirn sorgen, und 3) ist das Spike-Protein selbst bzw. seine S1-Untereinheit aufgrund der gentechnischen Veränderung zur Biowaffe gehirngängig, egal wo die mRNA Körperzellen zur Spike-Produktion zwingt.

In Kap. 5 wird die therapeutische Option bei "Spikeopathie" oder Hirnnebel als Impfschaden nach mRNA-Injektion mit niedrigdosiertem Lithiumorotat diskutiert.

Bevor wir die Gesamtwirkung einer akuten und insbesondere chronischen Infektion auf das mentale Immunsystem näher betrachten, sollten wir uns ansehen, wie diese proinflammatorische Kaskade durch weitere Gefahren aktiviert werden kann, denn TLR-4 ist, wie andere Mitglieder seiner Familie, nicht nur ein Gefahrensensor für PAMPs, sondern auch für sogenannte DAMPs – die, insbesondere unter Lithiummangel, den neuroinflammatorischen Teufelskreis schließen können.

DAMPs schließen den neuroinflammatorischen Teufelskreis

DAMP steht für *Damage-* oder *Danger-Associated Molecular Pattern*, also Gefahren-assoziierte molekulare Muster. DAMP ist ein Sammelbegriff für eine ganze Reihe intrazellulärer Zellbestandteile. Sie werden allerdings nur dann zu DAMPs, sobald sie sich unnatürlicherweise außerhalb einer Zelle befinden und somit über TLR-4 einen Zell- bzw. Gewebeschaden signalisieren.[14] Wie in Abb. 24 zu sehen, wird, sobald TLR-4 ein DAMP erkennt, dieselbe proinflammatorische Signalkaskade aktiviert, die wir schon von den PAMPs kennen. Im Gegensatz zur PAMP-Aktivierung, die durch einen pathogenen Mikroorganismus ausgelöst wird, spricht man bei DAMPs von einer sterilen Entzündung (bei *PAMPs als Biowaffen*, siehe Zusatzinfo oben, handelt es sich im Fall von mRNA-Injektionen allerdings auch um eine sterile Entzündung). Diese Aktivierung der angeborenen Immunantwort durch DAMPs und PAMPs kann überall im Körper stattfinden, auch wenn wir uns hier im Weiteren zunächst nur auf die Neuroinflammation fokussieren. Selbst wenn man sich versehentlich in den Finger schneidet, werden DAMPs freigesetzt. Dabei kann die darauffolgende Entzündungsreaktion in Echtzeit verfolgt werden (Schmerz, Schwellung mit Funktionseinschränkung, Rötung usw.). Proinflammatorische Zytokine, die in einem solchen Fall außerhalb des Gehirns freigesetzt werden, passieren allerdings selbst eine intakte Blut-Hirn-Schranke und sorgen so indirekt für eine Neuroinflammation. Es bietet vermutlich einen Überlebensvorteil, wenn auch eine periphere Verletzung oder Infektion dazu führt, dass Botenstoffe das Verhalten (via Einflussnahme auf das mentale Immunsystem) beeinflussen.[15] Eine direkte Möglichkeit, DAMPs im Gehirn freizusetzen, ist durch einen Schlag auf den Kopf, wodurch Gehirnzellen verletzt werden. Die lokale Inflammationsreaktion kann man zwar nicht wie beim Beispiel des Schnitts im Finger visuell beobachten, aber man spürt den Schmerz und fühlt sich benebelt. Ist der Schlag bzw. die Entzündungsreaktion sehr heftig, kann eine durch proinflammatorische Zytokine verursachte Hirnschwellung jedoch lebensbedrohlich werden. Und ähnlich wie der verletzte Finger nur noch eingeschränkt funktioniert, leidet auch das Gehirn unter einem Funktionsverlust, der bis zum Koma oder Tod führen kann. Ein Blick auf Abb. 24 zeigt jedoch, dass es in vielen Fällen nicht so weit kommen muss. So ist die *Hemmung der Glykogen-Synthase-Kinase-3*, wie ein wissenschaftlicher Artikel aus dem Jahr 2016 titelt, *ein neuer Ansatzpunkt bei der Behandlung von traumatischen Hirnverletzungen*.[16] Eine ausreichende Versorgung mit essentiellem Lithium wäre hier der natürliche Weg – anstatt auf die Entwicklung pharmazeutischer Lithium-Mimetika zu warten –, die Gefahr einer überschießenden und damit lebensbedrohlichen Zytokinfreisetzung zu reduzieren. So haben auch schon andere Wissenschaftler vorgeschlagen, wie der Titel einer im Jahr 2014 publizierten Übersichtsarbeit belegt: *Ein neuer Ansatz für Lithium: Intervention bei traumatischer Hirnverletzung*.[17]

Zur Beurteilung des Ausmaßes einer traumatischen Hirnschädigung werden neben den klinischen Zeichen des Funktionsverlustes auch bildgebende Verfahren eingesetzt. Um das Ausmaß der Neuroinflammation zu bestimmen, können Blut- und Liquoruntersuchungen auf bestimmte Entzündungsmarker wie IL-1α oder IL-6 stattfinden. Diese proinflammatorischen Zytokine, ebenso wie IL-12, IL-13, IL-18, IL-23 oder TNFα, hemmen die adulte hippocampale Neurogenese und legen so vorübergehend das mentale Immunsystem lahm.[18]

Auch hier liegt der evolutionsbiologische Vorteil ihrer Freisetzung (wie schon bei akuten Infektionen) darin, dass ein akutes Schädel-Hirn-Trauma zunächst nach Ruhe und zusätzlichen Energiereserven verlangt, um die Schäden zu reparieren. Wenn sich jedoch bspw. infolge eines Lithiummangels (oder auch sonstigen Defiziten, siehe *Systemische Prävention und Therapie multikausaler chronischer Erkrankungen*) der in Abb. 24 dargestellte neuroinflammatorische Teufelskreis ausbildet, kann selbst eine leichte Gehirnerschütterung zu langfristigen kognitiven Defiziten führen.[19] Zu diesen langfristigen Defiziten gehören alle Auswirkungen einer mentalen Immunschwäche: Gedächtnis- und Aufmerksamkeitsstörungen, Veränderungen der Exekutivfunktionen (Probleme beim Denken und Planen, beim Treffen von Entscheidungen, bei der mentalen Flexibilität) und emotionale Instabilität. Darüber hinaus können Menschen nach einem einzigen Schädel-Hirn-Trauma eine Vielzahl psychiatrischer Erkrankungen (z.B. Depressionen, Angststörungen, Suchterkrankungen) und sogar verschiedene Formen von Demenz entwickeln. Da unser gesamtes Stressregulationssystem von einer produktiven hippocampalen Neurogenese abhängt, kann eine einmalige Schädigung des mentalen Immunsystems chronisch werden und sogar zu einer Schrumpfung des Hippocampus führen.

Der Hippocampus ist das Zentrum des mentalen Immunsystems und zugleich der zentrale Regulator unserer Stressreaktionen in Situationen, die wir als bedrohlich wahrnehmen. Diese einzigartige Hirnregion bringt auch als einzige die für diese Aufgabe notwendigen Voraussetzungen mit. Zum einen empfangen die durch adulte hippocampale Neurogenese täglich neu herangereiften und in das hippocampale Netzwerk integrierten Nervenzellen alle Sinneseindrücke, aber auch Gedanken, die eine potentiell belastende Situation signalisieren oder antizipieren. Zum anderen haben diese neu integrierten Nervenzellen über ihre Nachbarn einen indirekten Zugang zu allen bisherigen Erfahrungen, die wir bis dahin in unserem Leben gemacht haben. Dadurch sind diese neuen hippocampalen Nervenzellen in der Lage, jede neue Lebenssituation auf ihr Gefahrenpotential hin abzuschätzen und unsere körperliche Stressreaktion entsprechend anzupassen; dies geschieht mittels einer regulierenden Einwirkung auf den Cortisolspiegel. Deshalb steht eine produktive hippocampale Neurogenese in kausaler Beziehung zu unserer psychischen Widerstandsfähigkeit (Resilienz). Wie der Titel einer tierexperimentellen Studie belegt: *Eine Erhöhung der Neurogenese im adulten Hippocampus ist ausreichend, um Angst und depressionsähnliches Verhalten zu reduzieren.*[20] Eine durch DAMPs, d.h. durch physisches oder psychisches Trauma, oder PAMPs, d.h. durch Infektion (bzw. Spike-mRNA-Injektion), ausgelöste Hemmung der hippocampalen Neurogenese durch proinflammatorische Zytokine bewirkt hingegen genau das Gegenteil: Die psychische Resilienz sinkt, wie in Abb. 24 dargestellt: Selbst eine nach objektiven Kriterien nicht bedrohliche Situation wird als sehr belastend empfunden. Unter diesen Bedingungen wächst der Hippocampus nicht nur nicht mehr, er schrumpft sogar – wegen mangelnder psychischer Widerstandskraft und damit chronisch erhöhten neuro- und zytotoxischen Stresshormonspiegeln, wie auch in Abb. 24 skizziert.[21] Essentielles Lithium würde diese fatale Entwicklung auf natürliche Weise entgegenwirken. Es würde eine überschießende Zytokinproduktion hemmen. Gleichzeitig würde es, wie wir aus Kap. 2 (siehe Argument 2) wissen, über mehrere Mechanismen die adulte hippocampale Neurogenese sogar anregen und vor einer Apoptose bzw. einem neuronalen Sterben schützen. Ein Mangel an essentiellem Lithium ist somit höchst problematisch, und das sogar schon bei einem einzigen Schlag gegen den Kopf.

Es ist daher auch keine Überraschung, dass häufige Gehirnerschütterung das Risiko psychiatrischer und neurodegenerativer Erkrankungen dramatisch erhöhen. So korrelieren bspw. die Summe an Spielzeiten in der US-amerikanischen *National Football League* (NFL) sowie die Spielposition (in manchen Positionen sind Kopfstöße häufiger als in anderen) eng mit dem Verlust an kognitiver Leistungsfähigkeit, der Entwicklung chronisch neuropsychiatrischer Gesundheitsschäden wie Depressionen und chronischen Angstzuständen.[22] Eine Untersuchung der Todesursachen bei ehemaligen Spielern der NFL ergab ein um etwa dreifach erhöhtes Risiko gegenüber der US-amerikanischen Allgemeinbevölkerung, an einer neurodegenerativen Krankheit zu sterben.[23] Das Risiko an Alzheimer zu erkranken und zu sterben erhöht sich um Faktor 3,9. Für die amyotrophe Lateralsklerose errechnete man sogar ein um Faktor 4,1 erhöhtes Sterberisiko. Auch das Risiko, an einer Parkinson-Demenz zu sterben, war 3-fach erhöht.[24] *American Football* dient hier nur als Beispiel – Ähnliches gilt für einige andere Sportarten wie z.B. Kickboxen, bei denen es ebenfalls häufig zu Gehirnerschütterungen und den genannten neurodegenerativen Langzeitfolgen kommt.[25]

Aber auch Worte können verletzen. Wie Schläge können auch sie Nervenzellen schädigen, wenn sie psychischen Stress auslösen und dadurch DAMPs freisetzen. In dem Artikel *Stressed and Inflamed, Can GSK3 Be Blamed?* („gestresst und entzündet, ist GSK-3 verantwortlich?") erklären die Autoren: „Psychischer Stress ist in unserem Leben allgegenwärtig. In vielen Fällen stärkt die Anpassung an Stress den Organismus, aber chronischer oder schwerer Stress ist in der Regel schädlich. Eine überraschende Folge von psychischem Stress ist die Aktivierung einer Entzündungsreaktion, ähnlich wie bei einer Infektion oder einem Trauma. Übermäßiger psychischer Stress und die daraus resultierende Entzündung des Gehirns können die Anfälligkeit für psychiatrische Erkrankungen wie Depressionen erhöhen und das Lern- und Erinnerungsvermögen beeinträchtigen [...]."[26] Das hat man auch in Tierexperimenten wiederholt zeigen können. So genügt der Geruch des Urins einer Katze für 10 min/Tag über sieben Tage, um bei eingesperrten Ratten die Blutkonzentration an DAMPs um mehr als das 10-Fache ansteigen zu lassen.[27] In der Tat führt jegliche psychische Überlastung der Nervenzellen, insbesondere im Bereich des Hippocampus, über diesen Mechanismus zu einer Ausschüttung proinflammatorischer Zytokine, was in Tiermodellen erwartungsgemäß depressives Verhalten auslöst.[28] Ebenso verursachen beim Menschen alle Formen von Disstress wie soziale Konflikte, Bedrohung, Isolation und Zurückweisung eine Neuroinflammation; dies geschieht immer über diesen, man möchte schon fast sagen, "ver-DAMP-ten" Mechanismus, der natürlich in akuten Situationen seine evolutionsbiologische Berechtigung hat.[29] Die Konzentrationen nachweisbarer Entzündungsmarker wie C-reaktives Protein (CRP), IL-1β, IL-6 und löslicher TNF-α-Rezeptor im Blut sowie NF-κB in weißen Blutkörperchen (Leukozyten) korrelieren mit der Schwere der Neuroinflammation.[30] So kann ein Anstieg dieser Entzündungsmarker nach einem akuten traumatischen Ereignis die Entwicklung, den Schweregrad der Symptome und die Dauer von Stimmungsstörungen wie Depression, Angst und posttraumatischer Belastungsstörung (PTBS) vorhersagen.[31] Dabei entsteht der gleiche neuroinflammatorische Teufelskreis wie bei Schlägen auf den Kopf. Durch die verminderte psychische Widerstandskraft kommt es zu einer vermehrten Freisetzung von DAMPs, sobald die als belastend empfundene Situation gedanklich erneut durchlebt wird. Dies heizt den Teufelskreis weiter an und lässt den Hippocampus über die schon besprochenen Mechanismen weiter schrumpfen.

„Angst fressen Seele auf" – die prätraumatische Belastungsstörung. Mit dem entsprechenden Titel seines 1973 verfilmten Sozialdramas hat Rainer Werner Fassbinder (1945–1982) ein geflügeltes Wort geschaffen. Der Satz drückt die zerstörerische Kraft der Angst aus. Die posttraumatische Belastungsstörung (PTBS) ist eine schwere Depression, kombiniert mit Angststörungen aufgrund eines erlebten Traumas. Kennzeichen der PTBS ist ein massiv verkleinerter Hippocampus (vor allem der linke, siehe Kap. 2, Argument 3).[32] Doch es genügt schon, Angst zu schüren: Der Hippocampus schrumpft auch schon nur aufgrund der Vorstellung einer großen Gefahr bzw. eines potentiellen Traumas; neurobiologisch unterscheidet sich die Vorstellung nicht vom tatsächlichen Erlebnis. Worte sind offenbar mächtig genug, um bei Menschen eine sogenannte *prä*traumatische Belastungsstörung auszulösen.[33] Je mehr der Hippocampus infolge der Wachstumshemmung (proinflammatorische Zytokine) und Neurodegeneration (Stresshormone wie Cortisol) schrumpft, desto mehr verlieren wir den Zugang zu unseren Erinnerungen, bis wir uns schließlich selbst verlieren und quasi mit dem Hippocampus die Seele schrumpft.[34] Die Schwere der Symptomatik ist mit einem beschleunigten kognitiven Abbau verbunden – was einen systemischen Therapieansatz (siehe: *Systemische Prävention und Therapie multikausaler chronischer Erkrankungen*) erforderlich macht.[35]

Alle hier beispielhaft geschilderten Ereignisse entsprechen *de facto* den von Christian Schellenberg im vorigen Kapitel beschriebenen Schlaglöchern, denen viele mit fast platten Reifen – also einem Lithiummangel – begegnen. In dem Zuge erlebt man mindestens eine unnötig beschwerliche Reise durch das Leben und droht ständig zu verunglücken – also in neuropsychiatrische Notfallsituationen zu geraten – und nicht mehr weiterzukommen. Es reicht schon ein einziges schwerwiegendes Lebensereignis, wie z.B. der Tod des Ehepartners, aus, um bei älteren Erwachsenen einen Anstieg von Entzündungsmarkern wie IL-1β- und IL-6 auszulösen, wobei der Anstieg mit der Schwere der Trauer und der depressiven Symptomatik korreliert.[36] Wie schädlich latente chronische Entzündungen und chronischer Stress für das Gehirn sind, zeigen klinische Studien: Je höher der Cortisol- oder der IL-6-Spiegel im Blut, desto geringer das Volumen des Hippocampus bei Erwachsenen mittleren Alters.[37] Lithium hilft mechanistisch, die neuroinflammatorische Signalkaskade über GSK-3 zu durchbrechen und gleichzeitig die adulte hippocampale Neurogenese über die in Kap. 2 (Argument 2) diskutierten Mechanismen zu (re-)aktivieren. Ein dauerhafter Behandlungserfolg erfordert aber einen systemischen Ansatz, der Menschen hilft, eine gesunde Homöostase zu erreichen. Einen entsprechenden Entwurf möchte ich im Folgenden vorstellen.

Systemischer Präventions- und Therapieansatz multikausaler chronischer Erkrankungen

Die Schulmedizin leistet in der fortschrittlichen Akutmedizin sowohl medikamentös als auch operativ Hervorragendes, muss aber bei fast allen chronischen Erkrankungen aufgrund ihres nicht-kausalen Ansatzes scheitern; ihre ineffektiven Methoden müssen in solchen Fällen daher durch wirkungsvolle Ansätze ersetzt werden. Dies gilt auch für alle neuropsychiatrischen Entwicklungsstörungen sowie für alle neurologischen, psychischen und neurodegenerativen Erkrankungen, die inzwischen eine sehr hohe Prävalenz aufweisen und in Folge als Zivilisationskrankheiten bezeichnet werden. Hier ist aufgrund der Multikausalität für Prävention und kausale Therapie aus medizinischer Logik immer ein systemischer Ansatz erforderlich. Eine pharmakologische Intervention mag akut helfen bzw. die Symptome lindern, langfristig kann sie das Problem aber nicht lösen, sondern verschlimmert es oft sogar; zum einen wegen der zum Teil erheblichen Nebenwirkungen, zum anderen aber auch, weil im Hintergrund der kaschierenden Symptombehandlung der Krankheitsprozess weiter ungehindert fortschreitet. So helfen starke Schmerzmittel bei einer vereiterten Zahnwurzel, die Symptome besser zu ertragen, aber sie beheben natürlich nicht die Ursache. Auch bei den zivilisatorischen Erkrankungen müssen wir kausal vorgehen. Der Mangel an Lithium spielt insbesondere bei neuroinflammatorischen Erkrankungen, die in Abb. 24 als Teil des Mentalen Immundefizienz-Syndroms grafisch gelistet sind, eine oft entscheidende Rolle, ist aber bei weitem nicht die einzige Ursache für eine nicht funktionierende adulte hippocampale Neurogenese: Zwar kann kein anderer essentieller Vitalstoff oder ein anderer essentieller Aspekt unseres Daseins Lithium ersetzen, aber umgekehrt kann Lithium auch keinen Mangel an einem anderen essentiellen Vitalstoff oder einem anderen essentiellen Bedürfnis des Menschen ausgleichen – wie beispielsweise artgerechte Ernährung, Schlaf, Bewegung oder soziale Aktivitäten. Lithium bringt auch keinen Lebenssinn hervor, der für unsere mentale Gesundheit ebenso lebenswichtig ist. Doch die Behebung eines Lithiummangels macht uns lebensbejahender, wissbegieriger und psychisch stabiler, was insgesamt die Wahrscheinlichkeit erhöht, dass wir uns immer wieder neuen Aufgaben stellen.

Die Methusalem-Formel und das Gesetz des Minimums

Auf der Basis dieses systemischen Denkansatzes und nach rund zehn Jahren intensiver Analyse der Lebensweise der Menschen in den sogenannten Blue Zones – also den Regionen der Welt, in denen die Menschen nicht nur überdurchschnittlich alt werden, sondern dabei auch geistig fit bleiben – habe ich im Jahr 2010 die Methusalem-Formel entwickelt (Abb. 25). Wie Sie im Folgenden sehen werden, könnte sie in Kombination mit den in Kap. 1 bespro-

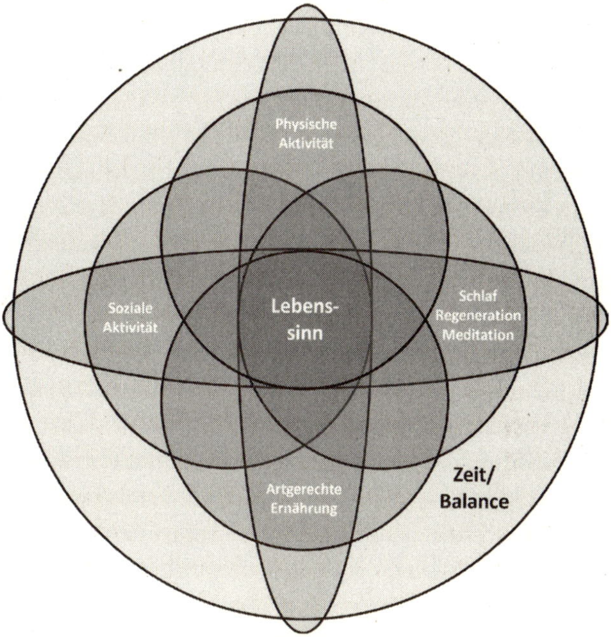

Abbildung 25

chenen Grundgesetzen des Lebens die Basis für eine artgerechte Medizin der Zukunft sein, über die wir im letzten Kapitel sprechen werden. Die Namensgebung bezieht sich auf Methusalem aus dem Buch Genesis der Bibel, der dort mit (tatsächlich) unglaublichen 969 Jahren als der älteste Mensch der Menschheitsgeschichte beschrieben wird. Sein Name ist somit zum Symbol eines langen Lebens geworden. Vielleicht gibt es einen Grund, dass die grafische Darstellung der Methusalem-Formel der Blume des Lebens (siehe Einleitung) verblüffend ähnlich ist. Auch wenn sie mir zum Zeitpunkt der graphischen Gestaltung nicht bekannt war und ich die Formel somit unabhängig davon gestaltet habe, ist die dargestellte Überschneidung der verschiedenen Lebensbereiche des Menschen bewusst gewählt, da sie sich, wie wir gleich sehen werden, gegenseitig beeinflussen. In meinem Buch *Die Methusalem-Strategie* geht es um die Nutzung der Synergien dieser überlappenden Lebensbereiche unter Berücksichtigung der Gesetze des Minimums und des

Maximums, mit dem Ziel, *gesund älter und weiser zu werden*, wie der Untertitel bereits verrät.[38] Die dort erstmals vorgestellte Methusalem-Formel wurde aufgrund ihrer weitreichenden Implikationen für verschiedenste Lebensbereiche in weiteren Büchern perspektivisch erweitert. So wurde sie *Die Formel gegen Alzheimer*[39] oder zur Schutzformel vor lebensgefährlichen Narrativen in *Das indoktrinierte Gehirn*[40], alles verschiedenartige unnatürliche Phänomene, die wir nicht beobachten könnten, wäre die Menschheit nicht von dem Pfad eines artgerechten Lebens abgewichen.

Im Folgenden möchte ich diese essentiellen Lebensbereiche näher betrachten. Dafür bediene ich mich einiger illustrativer Aspekte ihres Zusammenspiels im Hinblick auf die zentralen Themenbereiche dieses Kapitels: den Schutz vor Neuroinflammation und die Förderung der adulten hippocampalen Neurogenese sowie der Funktion essentiellen Lithiums. Ziel ist es zu zeigen, wie dieser Bereich sowohl individuell als auch auf gesellschaftlicher Ebene die psychische und physische Gesundheit beeinflusst. Ausgehend von diesen Überlegungen werden wir uns dann den verschiedenen klinischen Manifestationen des mentalen Immunsystems zuwenden. Wir werden diese grundlegenden Aspekte, die für alle diese Entwicklungsstörungen und Krankheiten entscheidend sind, dann nicht mehr jedes Mal wiederholen müssen.

Lebenssinn: Im Zentrum der Methusalem-Formel steht der Sinn des Lebens. Der evolutionäre Imperativ „Seid fruchtbar und mehret euch“ in Verbindung mit der Evolution der Großmutter (siehe Kap. 1) liefert ein lebenslanges Aufgabenspektrum. Dieser Imperativ motiviert alle Lebewesen über vielfältige Instinkte. Mit ziemlicher Sicherheit ist der Mensch jedoch die einzige Spezies auf dem Planeten, die in der Lage ist, sich einen eigenen Lebenssinn zu suchen. Objektiv wird sich die Frage, ob das Leben an sich einen Sinn hat oder einem höheren Ziel dient, jedoch nicht beantworten lassen. Daher ist dies als subjektiver Lebenssinn zu verstehen und nicht als eine höhere Bestimmung der Menschheit. Was uns Menschen aber nicht guttut, ist, wenn wir keinen Sinn in unserem Leben spüren, wenn wir vielleicht sogar das Gefühl haben, ein sinnloses Dasein zu fristen.

Sinn im Leben ist wie ein Kompass, der einem eine Orientierung gibt und ohne den man sich von den isolierten Ereignissen des Leben wahllos hin- und hergeworfen fühlt: Ohne ein beständiges Ziel werden die unvermeidlichen Hürden zu Zumutungen anstelle von Herausforderungen – daraus resultiert ein eher stressreiches Leben, wie immer mehr Studien auch belegen.[41] Chronischer Disstress sorgt für eine chronische Neuroinflammation und für ein Schrumpfen des Hippocampus, wie soeben ausführlich besprochen.[42] So zeigen die Ergebnisse einer Langzeitstudie, dass Menschen, die einen Sinn in ihrem Leben sehen, mit deutlich niedrigeren Entzündungswerten durchs Leben gehen als diejenigen, die dies nicht tun.[43] Darin dürfte der Grund liegen, warum Menschen mit Lebenssinn ein vergleichsweise geringeres Risiko haben, chronisch zu erkranken und vorzeitig zu sterben.[44] Und wie bereits angedeutet, erhöht ein gesundes, funktionsfähiges mentales Immunsystem, dessen Voraussetzung unter anderem eine ausreichende Versorgung mit dem lebenswichtigen Lithium ist, die Wahrscheinlichkeit, die Neugier und den Mut zu haben, sich lebenslang immer wieder neuen sinnstiftenden Aufgaben zu widmen. Eine natürliche Aufgabe ist soziales Engagement und Investition in Familie und Freundschaften. Nicht zuletzt sind aber auch Spiritualität und der Glaube, Teil von etwas Größerem und Dauerhaftem zu sein, nachweislich mit niedrigeren Werten von Entzündungsmarkern verbunden.[45]

Soziale Aktivität: Seit jeher lebt und überlebt der Mensch nur in der Gemeinschaft. Deshalb wissen wir instinktiv, wie gefährlich soziale Isolation ist – allein schon nur empfundene Einsamkeit verursacht deshalb psychischen Stress. Aus Gründen der Versorgungssicherheit möchten wir zum zentralen Teil einer Gruppe gehören und nicht zu den Randschichten. Deshalb ist immer da, wo ein großes sozioökonomisches Ungleichgewicht herrscht, und „Faktoren wie Armut, niedriges Bildungsniveau und Benachteiligung in der Nachbarschaft" vorliegen, ein erhöhtes „Risiko für [die Entwicklung einer] Psychopathologie" festzustellen, wie eine Metastudie herausfand, „einschließlich schwerer Depressionen und Schizophrenie".[46] Auch soziale Isolation, die während der inszenierten Corona-Krise einem Großteil der Menschheit aufgezwungen wurde, führte zu einem Anstieg an neuroinflammatorischen Erkrankungen.[47] Perfiderweise war es nur durch die Akzeptanz einer mRNA-Injektion möglich, einen Ausweg aus dieser Isolation zu nehmen – da diese gehirntoxisches Genmaterial in den Organismus einbringt, trug auch diese Maßnahme ihren Teil zum Anstieg neuroinflammatorischer Erkrankungen wie z.B. Alzheimer bei.[48]

Aber nicht nur der Mensch ist ein soziales Wesen, auch in Tiermodellen führt soziale Isolation zu Neuroinflammation und Hemmung der Neurogenese im Hippocampus, gefolgt von depressivem Verhalten.[49] Studien zeigen, dass soziale Aktivitäten positiv mit dem Gesamtvolumen des Gehirns zusammenhängen, insbesondere mit der Anzahl und Dichte von Nervenzellen, dem Volumen des Hippocampus und der mikrostrukturellen Integrität des Gehirnnetzwerks.[50] Hormonell führt soziale Aktivität zur Ausschüttung des Gehirnwachstumshormons BDNF und auch Oxytocin, beides antiinflammatorische Botenstoffe, die zugleich hochpotent die adulte hippocampale Neurogenese aktivieren.[51] Dass wir uns in Gesellschaft instinktiv wohler fühlen, ist auf diese Mechanismen zurückzuführen. Oxytocin, das während der Schwangerschaft bekanntlich die Wehen auslöst, unterdrückt sogar das Schmerzempfinden.[52]

Ein sich selbst verstärkender "Engelskreis" schließt sich hingegen, wenn unser mentales Immunsystem durch soziale Aktivität intakt gehalten und sogar weiter gestärkt wird. Dann sind wir offener für neue Erfahrungen, können wiederum leichter auf andere Menschen zugehen und sind bereit, mit ihnen unseren Horizont durch tiefere Gespräche zu erweitern. Auf diese Weise können wir auch tiefere Freundschaften und Partnerschaften pflegen. Dass man gemeinsam auch eher Sport treibt, als wenn man nur auf sich gestellt ist, ist ein weiterer Vorteil des sozialen Miteinanders. Dazu trägt das lebenswichtige Lithium in vielfältiger Weise bei, wie ich auch aus der praktischen Erfahrung des Kinderarztes Christian Schellenberg weiß: Kinder mit Lithiummangel leiden eher an einer Neuroinflammation, die genau das Gegenteil bewirkt – sie gehen sozialer Interaktion aus dem Weg und vereinsamen.

Physische Aktivität: Unsere Vorfahren – und dafür müssen wir nicht bis in die Steinzeit zurückgehen, ein paar Generationen genügen –

mussten sich keine Gedanken darüber machen, ob sie körperlich aktiv sein wollten oder nicht. Sie hatten einfach keine Wahl, wenn sie überleben wollten. Wir haben diese Wahl, denn unsere Welt ist nahezu komplett motorisiert bzw. technisiert. Und aus evolutionsbiologischer Sicht müsste man fast sogar schon sagen: leider. Denn der Mensch ist von Natur aus ein "Bewegungstier", wie mehr als ein Dutzend verschiedener Hormone belegen, die bei körperlicher Aktivität aus verschiedenen hormonell aktiven Zellsystemen freigesetzt werden und synergistisch die adulte hippocampale Neurogenese stimulieren.[53] Darüber hinaus unterdrücken sie sogar die Produktion entzündungsfördernder Zytokine wie IL-1β und TNF-α und hemmen die TLR-Signalwege.[54] Körperliche Aktivität verbessert Gedächtnisleistung, Denkfähigkeit, Schlaf und Stimmung und reduziert psychiatrische Symptome wie Depression, Stress, Angst und Stimmungsschwankungen.[55]

Muskeln sind nebenbei auch hochaktive Hormondrüsen, die viele sogenannte Myokine (Botenstoffe und Hormone) produzieren. So zum Beispiel das Muskelhormon Irisin, dessen Beitrag zur Vorbeugung einer Alzheimer-Demenz bekannt ist, weil es u.a. die adulte hippocampale Neurogenese fördert.[56] Obwohl es entzündungshemmend wirkt und die adulte hippocampale Neurogenese stimuliert, sollte es klinisch jedoch nicht unbedacht eingesetzt werden.[57] Ein isolierter Einsatz eines Stoffes ist zum Scheitern verurteilt, weil Derartiges gegen die Natur ist. Es gibt einen guten Grund dafür, dass bei körperlicher Aktivität viele Hormone ausgeschüttet werden und nicht nur eines: Jedes Hormon hat vielfältige zusätzliche Funktionen, die alle zu schweren Nebenwirkungen führen würden, wenn ein einzelnes Hormon alle anderen ersetzen und daher in viel höherer Konzentration aktiv sein müsste – also genau so, wie es bei einer monomedikamentösen klinischen Intervention der Fall ist. Beispielsweise wird durch Bewegung auch Erythropoetin (Epo) freigesetzt. Epo regt die Produktion roter Blutkörperchen an (der Name enthält schon einen Hinweis darauf), aber auch die adulte hippocampale Neurogenese. In Folge macht es uns körperlich und geistig fitter. Wollte man Epo jedoch allein als Medikament zur Vorbeugung oder Behandlung beispielsweise von Alzheimer einsetzen, müsste man so viel davon verwenden, dass das Blut durch die Überproduktion roter Blutkörperchen lebensgefährlich zähflüssig werden könnte.[58]

Dieses Wissen um die komplexe Funktionsweise der Natur und um die natürlichen Mehrfachwirkungen körperlicher Aktivität sollte eine überzeugende Grundlage bilden, in einer zunehmend bewegungsarmen Gesellschaft mit rationalen Argumenten für mehr Bewegung zu werben – als Teil eines insgesamt artgerechten Lebensstils. So lässt moderate Bewegung den Hippocampus nachweislich wachsen – natürlich nebenwirkungsfrei. Sie stärkt gleichzeitig die psychische Resilienz, die man als Zeichen eines gestärkten mentalen Immunsystems verstehen kann – und das, ganz im Sinne der Evolution der Großmutter, auch noch im fortgeschrittenen Alter.[59] Moderate körperliche Aktivität definiert sich über eine Herzfrequenz, die um nicht mehr als 50 bis 60 Prozent gegenüber die Ruhefrequenz ansteigt, wie Spazierengehen oder Joggen; man sollte außerdem mit geschlossenem Mund noch ausreichend Sauerstoff einatmen können. „Unmittelbar nach dem [moderaten] Training werden viele positive Ergebnisse beobachtet, z. B. ein niedrigerer Blutdruck, weniger Stressempfinden und Angst, besserer Schlaf und eine bessere Stimmung", wie in dem Artikel *Ein gesunder Lebensstil und Wohlbefinden reduzieren Neuroinflammation und beugen neurodegenerativen und psychiatrischen Störungen vor* zu lesen ist. Das kennt jeder aus eigener Erfahrung, der regelmäßig körperlich aktiv ist.[60] Moderate körperliche Aktivitäten, bei denen ausreichend Sauerstoff zugeführt wird, sind auch sehr effektiv für den Erhalt der Telomere, wie eine große Metastudie gezeigt hat.[61]

Es gibt enge, sich gegenseitig verstärkende Wechselwirkungen zwischen körperlicher Aktivität und allen anderen Lebensbereichen wie sozialer Aktivität, Schlaf und Ernährung. Sie alle hier zu nennen würde den Rahmen sprengen. Ein paar wenige Beispiel dürften jedoch genügen. Körperliche Aktivität stimuliert das so genannte glymphatische System, das während des Schlafs das Gehirn von toxischen Stoffwechselprodukten reinigt (mehr dazu später).[62] Zudem führt körperliche Aktivität zu einer gesteigerten Ausschüttung von Wachstumshormon (*Growth Hormone*) im Schlaf sowie des Tiefschlafhormons Melatonin, mit vielfältigen positiven Auswirkungen für unser mentale Gesundheit (siehe unten). Nicht unerwähnt lassen möchte ich, dass moderate körperliche Aktivität sogar die Zusammensetzung des Mikrobioms im Darm verbessern kann, was sowohl periphere Entzündungen (d.h. außerhalb des Gehirns) als auch zentralnervöse Entzündungen durch die Mikroglia reduziert.[63] Diese Erkenntnis wiederum liefert eine mögliche Erklärung für die kombinierte Wirkung einer gesunden, artgerechten Ernährung und moderater körperlicher Aktivität bei der Prävention einer Neuroinflammation und den daraus folgenden neurodegenerativen Erkrankungen und psychiatrischen Störungen.

Interessanterweise erhöhen Lithium und Ausdauertraining niedriger Intensität im Ratten-Tiermodell *synergistisch* die Produktion und Freisetzung von BDNF, einem neuroprotektiven Faktor, im Hippocampus.[64] Die Wissenschaftler interpretierten dies als positiven Hinweis auf den Nutzen beider Faktoren (Lithium und körperliche Aktivität) bei der Prävention neurodegenerativer Erkrankungen. Eine weitere Synergie besteht zwischen moderater körperlicher Aktivität und Schlaf durch die erhöhte Ausschüttung proneurogener Botenstoffe im Schlaf, die zudem noch, wie bspw. Melatonin und Wachstumshormon, antiinflammatorisch wirken (und wiederum die körperliche Fitness steigern).[65]

Schlaf, Regeneration und Meditation: Bewegungsmangel führt zu einem schlechteren und damit weniger regenerativen Schlaf, was laut einer chinesischen Studie den *Zusammenhang zwischen Bewegungsmangel und Angst, Depression und Selbstmordgedanken bei Studenten* erklärt, so der Titel der Arbeit.[66] Studien zeigen, dass schlechter Schlaf die zirkulierenden proinflammatorischen Zytokinspiegel erhöht, was wiederum zu einer Neuroinflammation beiträgt.[67] Im Schlaf findet auch die zuvor erwähnte Aktivierung des glymphatischen Systems statt.[68] "Glymphatisch" ist eine Wortschöpfung aus den Begriffen „Glia“ und „lymphatisch“, denn, wie im übrigen Körper, wird auch im Gehirn der Raum zwischen den Zellen von einer Flüssigkeit, der Lymphe, umspült. Wenn wir schlafen wird es durch hormonell aktivierte Oszillation der Blutgefäße im Sinne einer Lymphdrainage von Abfall- und Giftstoffen gereinigt. Auf diese Weise wird z.B. das sogenannte β-Amyloid aus dem Gehirn entfernt, das dann in der Leber abgebaut wird. β-Amyloid wird tagsüber, wenn wir Erinnerungen sammeln, im Hippocampus gebildet, um diese dort stabil abzuspeichern. Im Tiefschlaf werden die Gedächtnisinhalte auf die neocortikale "Festplatte", wie ich den langfristigen Speicher unserer Erinnerungen nenne, "hochgeladen". Währenddessen wird auch das im Hippocampus angereicherte, aber nicht mehr benötigte β-Amyloid über das glymphatische System abtransportiert, damit am nächsten Tag wieder neue Erinnerungen im Hippocampus gespeichert werden können (mehr dazu in *Das erschöpfte Gehirn*).[69] Findet dieser glymphatische Abtransport nicht oder nicht besonders effektiv statt, weil wir nicht schlafen oder der Schlaf oft unterbrochen wird, steigt die Gesamtkonzentration von β-Amyloid sukzessive an. Dies führt zu einer neuroinflammatorischen Neurotoxizität, was u.a. die Alzheimer-Entwicklung beschleunigen kann.[70]

Schlaftablette hemmt glymphatische Gehirnreinigung und fördert Alzheimer. Wenn das Gehirn vom Wachzustand in den Schlaf übergeht, nimmt die Verarbeitung externer Informationen ab, während regenerative Prozesse wie der glymphatische Abtransport von Abfallprodukten aktiviert werden. Im Tiefschlaf setzt der Hirnstamm etwa alle 50 Sekunden den Botenstoff Noradrenalin frei. Dadurch ziehen sich die Blutgefäße zusammen und „verursachen langsame Pulsationen, die einen rhythmischen Fluss in der umgebenden Flüssigkeit erzeugen, um Abfallstoffe abzutransportieren", heißt es in einer Mitteilung des Wissenschaftsmagazins Cell vom 8. Januar 2025 mit dem Titel *Wie der Tiefschlaf einer Maus im wahrsten Sinne des Wortes ihren Kopf frei macht.*[71] Die dazugehörige wissenschaftliche Studie zeigt aber auch, dass der Schlafmittelwirkstoff Zolpidem die Noradrenalin-Oszillationen unterdrückte und auf diese Weise den glymphatischen Fluss und die Gehirnreinigung beeinträchtigte, wodurch das Alzheimer-Risiko steigt.[72] Es ist nicht das erste Medikament, das hirnschädigende Nebenwirkungen zeigt. Auch die häufig verschriebenen (und meist rezeptfrei erhältlichen) Wirkstoffe aus der Gruppe der Benzodiazepine, zu denen auch das bekannte Valium gehört, erhöhen das Risiko einer Alzheimer-Demenz nach insgesamt 180 Tagen kumulativer Lebenszeitanwendung als Schlafmittel oder zur Behandlung von Angststörungen um fast das Doppelte.[73] Einer natürlichen Förderung des Schlafs oder psychischen Resilienz sollte daher immer Vorrang gegeben werden.

Neurodegenerative Erkrankungen wie die Alzheimer-Demenz, ALS, die Parkinson-Krankheit, die Huntington-Krankheit und sehr viele weitere werden auch als "Proteinopathien" bezeichnet, da sie durch eine Anhäufung fehlgefalteter, aggregierter intrazellulärer oder extrazellulärer Proteine gekennzeichnet sind.[74] Schlechter Schlaf führt einerseits zu einem mangelhaften Abtransport dieser potentiell toxischen Proteinkonglomerate über das glymphatische System, andererseits hemmt ein hyperaktives, weil nicht ausreichend durch Lithium gebremstes GSK-3 die Autophagie – einen entscheidenden Prozess, der diese Toxine abbauen würde. „Schlafmangel", schreibt eine indische Forschergruppe, „entwickelt sich zu einer Epidemie mit schädlichen Auswirkungen, die von unmittelbaren Folgen wie Verkehrsunfällen bis hin zu schwersten neurologischen Störungen reichen. Alle Altersgruppen sind aufgrund ihres Lebensstils oder einer Erkrankung von Schlafmangel betroffen."[75] Die Folge ist stets eine akut oder auf Dauer lebensgefährliche Neuroinflammation. Daher ist eine gute Schlafhygiene für einen besseren und vor allem völlig natürlichen Schlaf sehr wichtig. Auch dieser wird durch essentielles Lithium gefördert, denn das Spurenelement hemmt den negativen Einfluss des sonst unter Lithiummangel hyperaktiven GSK-3 auf die innere Uhr, wie wir bereits in Kap. 2 (Argument 2) festgestellt haben: Wir schlafen tiefer und träumen deshalb auch etwas mehr – immer mehr Menschen berichten mir davon, sobald sie ihren Mangel an essentiellem Lithium durch Supplemente ausgleichen. „Man träume zwar auch mehr", kommentierte eine Nutzerin von essentiellem Lithium ihre Erfahrung, „aber das sei positiv, ganz so, als ob da oben endlich jemand aufräumen würde", was tatsächlich eine weitere wesentliche Funktion des Schlafes ist: Wir träumen und rekombinieren dabei unser gesamtes Erfahrungswissen, um dann, vielleicht sogar etwas weiser, aufzuwachen. Denn „das Gehirn nimmt Informationen auf und verknüpft sie mit alten Erinnerungen, an die man im Wachzustand nie gedacht hätte", erklärt Robert Stickgold, Professor für Psychiatrie und Schlafforscher an der *Harvard Medical School*.[76] Laut Stickgold liegt deshalb „der Unterschied zwischen klug und weise in der Qualität ihres Schlafes".[77]

Die psychische Gesundheit und das Wohlbefinden können neben einem guten Schlaf auch dadurch verbessert werden, dass wir uns in Zeiten hoher Belastung unserer Situation bewusst werden und durch Reflexion neue Perspektiven gewinnen, um möglicherweise gelassener oder effektiver reagieren zu können. Achtsamkeitsmeditation und Yoga können dazu eingesetzt werden, zumal sie nachweislich sogar Entzündungsprozesse reduzieren.[78] In einer Metaanalyse kam man zu dem Ergebnis, dass Atemübungen, Meditation, Yoga und Tai-Chi-Übungen den NF-κB-Signalweg und damit auch entzündungsfördernde Zytokine herunterregulieren können.[79] Aus evolutionsbiologischer Sicht ist es nicht verwunderlich, dass Spaziergänge in der Natur auch die Kognition, die Stimmung und das Selbstwertgefühl verbessern und nicht zuletzt die Schlafdauer und -qualität erhöhen.[80]

Artgerechte Ernährung: „Man ist, was man isst" ist eine Binsenweisheit. Für eine optimale geistige und körperliche Gesundheit ist eine artgerechte Ernährung Voraussetzung. Was artgerecht ist, wurde bei uns Menschen durch die evolutionsbiologischen Anpassungsprozesse an die lokale Nahrung zu der Zeit bestimmt, die die Entwicklung unseres mentalen Immunsystems ermöglichte. Diese war überwiegend pescetarisch und verspricht nach den Ergebnissen der *Adventist Health Study*, bei der unterschiedliche Ernährungsstile verglichen wurden, die beste Gesundheit und die höchste Lebenserwartung.[81] Im Hinblick auf eine gute Lithiumversorgung und die Chance auf ein gesundes Altern ist interessant, dass es sich bei den oben erwähnten *Blue Zones*, die der amerikanische Autor Dan Buettner im November 2005 in National Geographic erstmals auch konzeptionell vorgestellt hat, meist um Inseln vulkanischen Ursprungs wie z.B. Sardinien (Italien) oder Okinawa (Japan) handelt. Dort ernährt man sich nicht nur fischreich sondern kann gleichzeitig mit höheren Lithiumgehalten im Boden rechnen.[82] Interessant ist auch, dass Lithium, wie Gerhard Schrauzer berichtete, den Transport der Vitamine B9 und B12 in die Zellen verbessert und dadurch stimmungsrelevante Parameter beeinflusst. Laut Schrauzer kann „die Stimulierung des Transports dieser Vitamine in die Gehirnzellen durch Lithium als ein weiterer Mechanismus für die antidepressive, stimmungsaufhellende und antiaggressive Wirkung von Lithium in ernährungsüblichen Dosierungen angeführt werden".[83]

Die pescetarische Ernährung ist die Ernährung des prähistorischen Fischers und Sammlers und besteht hauptsächlich aus Fisch und Meeresfrüchten sowie einer reichhaltigen pflanzlichen Kost. Eine Versorgung mit allen essentiellen Vitalstoffen wäre dadurch gewährleistet. Doch wie schon in Kap. 2 besprochen, steht uns heutzutage weder mengenmäßig noch qualitativ ausreichend Fisch zur Verfügung, um die gesamte Weltbevölkerung pescetarisch zu ernähren. Eine ausreichende Versorgung mit aquatischen Omega-3-Fettsäuren können wir jedoch mit Algenöl gewährleisten. In meinem Buch *Die Algenöl-Revolution* beschreibe ich zudem ausführlich, was zu tun ist, um durch die vegane Supplementierung mit Algenöl einen vollständigen Fischersatz zu erreichen.[84] Pflanzliche Kost enthält eine Fülle von essentiellen Vitalstoffen und darüber hinaus viele entzündungshemmende sekundäre Pflanzenstoffe.[85] Der Verzehr vollwertiger, biologisch angebauter Lebensmittel reduziert deshalb chronische Entzündungen und die Neuroinflammation.[86] Eine gesunde Ernährung erhöht die Chance auf ein längeres und gesünderes Leben, denn sie hat neben der körperlichen Aktivität (siehe oben) einen entscheidenden Einfluss auf die Länge unserer Telomere, wie eine Metastudie zeigt: „Die Hauptergebnisse deuten darauf hin, dass ein erhöhter Verzehr von Fisch, Nüssen und Samen, Obst und Gemüse, grünem Blattgemüse und Kreuzblütlern, Oliven, Hülsenfrüchten, mehrfach ungesättigten Fettsäuren und eine Ernährung mit einem hohen Anteil an Antioxidantien die Lebenserwartung positiv beeinflussen können", schreiben die Autoren, wohingegen „ein erhöhter

Konsum von Milchprodukten, Einfachzuckern, zuckergesüßten Getränken, Getreide, insbesondere Weißbrot, und eine Ernährung mit hoher glykämischer Last Faktoren sind, die mit einer Verkürzung der Telomerlänge in Verbindung gebracht werden."[87]

Aber auch längere tägliche Essenspausen im Sinne eines intermittierenden Fastens sind ganz natürlich: Schließlich mussten unsere Vorfahren in der Altsteinzeit die Höhle verlassen, um Nahrung zu finden, und waren daher vermutlich täglich erst einmal mit leerem Magen unterwegs. Evolutionäre Anpassungsprozesse haben höchstwahrscheinlich dafür gesorgt, dass intermittierendes Fasten in Kombination mit moderater körperlicher Aktivität, da dies die altsteinzeitliche Nahrungssuche nachahmt, viele gesundheitliche Vorteile haben kann. Dies gilt insbesondere für das mentale Immunsystem, da unsere prähistorischen Vorfahren in der Wildnis bei der Nahrungssuche besonders wachsam sein mussten.[88] Schon nach etwa 12 Stunden Essenspause wird die sogenannte Ketogenese aktiviert.[89] Durch das Fallen des Insulinspiegels können langkettige Fettsäuren aus den Fettdepots mobilisiert werden und über die Blutgefäße zur Leber gelangen, wo sie zu Ketonkörpern zerkleinert werden. Dies ist für unsere Gehirnfunktion ein wichtiger Vorgang, denn im Gegensatz zu den gesättigten langkettigen Fettsäuren passieren die kleinen Ketonkörper problemlos die Blut-Hirn-Schranke und sind sogar ein besserer Energielieferant für die Gehirnzellen als Glukose. Darüber hinaus sind Ketonkörper auch hormonaktive Botenstoffe, die unter anderem die Autophagie aktivieren.[90] „Da bekannt ist, dass proteinhomöostatische Mechanismen wie die Autophagie durch Nährstoffmangel aktiviert werden, ist es nicht überraschend", erklärt dazu eine US-amerikanische Gruppe von Altersforschern, „dass der evolutionäre Druck die Beseitigung pathogener Proteine während der Ketogenese fördert, um die Zellgesundheit in Organismen zu verbessern."[91] Laut den Autoren sind Ketonkörper „gewissermaßen die Hausmeister unserer Zellen, die beschädigte Proteine bzw. den molekularen Abfall beseitigen, damit Organismen mit maximaler molekularer Fitness arbeiten können".

Tägliches intermittierendes Fasten ist, da es den natürlichen evolutionsbiologischen Gegebenheiten entspricht, auch weniger belastend und hat möglicherweise deshalb deutliche Vorteile für die Gesundheit im Vergleich zu extrem langen Fastenperioden von mehreren Tagen oder gar Wochen, die zwar auch die Autophagie anregen, aber dennoch mit einem erhöhten körperlichen Stress einhergehen.[92] Es wurde gezeigt, dass intermittierendes Fasten die Lebensdauer verlängert, freie Radikale reduziert, altersbedingte Krankheiten mildert und vor einem Rückgang der kognitiven und motorischen Funktionen schützt.[93] Intermittierendes Fasten reduziert auch das Risiko einer Neuroinflammation zu jedem Zeitpunkt des Lebens und auf diese Weise kumulativ das Risiko neurodegenerativer Erkrankungen.[94] Kombiniert mit einer mediterranen Diät hat es sich z.B. als nützlich bei der Behandlung der Multiplen Sklerose (MS) gezeigt.[95]

In einem Mausmodell für die Parkinson-Krankheit verlangsamte intermittierendes Fasten den Krankheitsverlauf, indem Schutzfaktoren für Nervenzellen hochreguliert und die Neuroinflammation reduziert wurden.[96] Verantwortlich dafür sind die antientzündlich wirkenden, zuvor erwähnten Ketonkörper.[97] Zuckermoleküle wie Glukose, Fruktose oder Galaktose bewirken das Gegenteil, sie sind proentzündlich, wenn sie mit Molekülen auf der Zelloberfläche chemische Reaktionen eingehen und dabei so genannte *Advanced Glycation Endproducts* (AGE) bilden.[98] Diese toxischen Fremdkörper werden vom Immunsystem mithilfe des *Receptors* für AGE, abgekürzt RAGE erkannt. RAGE und TLR4 kommunizieren direkt miteinander, und dieser Schlüsselmechanismus aktiviert eine Entzündungsreaktion, die für die schädlichen Auswirkungen einer zuckerreichen Ernährung verantwortlich ist.[99] Das bedeutet aber nicht, dass man auf Kohlenhydrate verzichten sollte; komplex und vollwertig sollten sie aber sein, damit sie langsam verdaut werden und der Blutzuckerspiegel nicht in die Höhe schnellt. Die Insulinausschüttung, die den Blutzuckerspiegel reguliert, stoppt zwar die Freisetzung ketogener Fettsäuren aus den Fettzelldepots, aber mit ketogenem Kokosöl kann die neuroprotektive Ketogenese aufrechterhalten werden.[100] Mehr dazu finden Sie in meinem Buch *Das erschöpfte Gehirn.*[101]

Die Hemmung der Neuroinflammation auf der einen und die Aktivierung der adulten hippocampalen Neurogenese auf der anderen

Seite werden auch durch die sogenannte Darm-Hirn-Achse gesteuert. Das Mikrobiom, also die mikrobielle Zusammensetzung unserer Darmflora ist hier von großer Bedeutung. In einem Tiermodell für MS erhöhte intermittierendes Fasten die Bakterienvielfalt im Darm und verbesserte dadurch den klinischen Verlauf der Krankheit, was auch bei MS-Patienten beobachtet wurde.[102] Die Komplexität der Darmflora wird vor allem durch die Zusammensetzung unserer Nahrung bestimmt, die somit über das Mikrobiom zwar indirekt, aber massiv die Gesundheit des Gehirns beeinflusst.[103] Je artgerechter, sprich je vollwertiger, abwechslungs- und vitalstoffreicher unsere Ernährung, umso gesünder die Signale, die vom Darm an das Gehirn gesendet werden. Die Information gelangt über das Blut mittels mikrobieller Stoffwechselprodukte an ihr Ziel. Noch schneller gelingt dies über den Vagusnerv (von lateinisch *vagari* für „umherschweifen"), da dieser 10. Hirnnerv vom Gehirn bis in die Eingeweide verläuft und Signale in beide Richtungen sendet. Eine hohe Aktivität des Vagusnervs (man spricht von einem hohen Vagotonus) ist gleichbedeutend mit innerer Ruhe. Der Vagusnerv ist der Hauptnerv des sogenannten parasympathischen Systems, das im Gegensatz zum Sympathikus z.B. den Blutdruck und die Herzfrequenz senkt.[104] Eine Aktivierung des Vagusnervs, die auch durch moderate körperliche Aktivität, ein beruhigendes soziales Umfeld und eben auch durch ein gesundes Mikrobiom unterstützt werden kann, hat auch entzündungshemmende Wirkung. Eine Vagus-Stimulation wird daher zur Behandlung verschiedener entzündlich bedingter neurodegenerativer Erkrankungen eingesetzt; aber auch Depression und die PTBS.[105] In seinem brillanten Buch *My Grandmother's Hands* bezeichnet Traumatherapeut Resmaa Menakem den Vagusnerv als den Seelennerv, da er das gesamte Nervensystem in vielerlei Hinsicht verbindet. Nach Ansicht des Autors kann er aufgrund seiner Funktion als Symbol dafür dienen, was es bedeutet, ein Mensch zu sein.[106] So aktiviert der Vagusnerv nicht zuletzt – stimuliert durch ein vielfältiges und intaktes Mikrobiom – auch die Freisetzung von BDNF im Hippocampus und damit die adulte hippocampale Neurogenese.[107]

Eine durch die moderne, vitalstoff- und ballaststoffarme Ernährung gestörte Darmflora wird dagegen mit chronischen Erkrankungen des gesamten Organismus in Verbindung gebracht.[108] Eine so genannte Darmdysbiose steht in direktem Zusammenhang mit Neuroinflammation zu Stimmungsschwankungen, Angstzuständen, Depressionen, Schmerzen und kognitiven Beeinträchtigungen, wie ein Übersichtsartikel mit dem Titel *Geistverändernde Mikroorganismen: der Einfluss der Darmmikrobiota auf Gehirn und Verhalten* zusammenfasst.[109] Der Vagusnerv ist das Bindeglied zwischen Darm und Psyche.[110]

Zeit: Die Zeit ist elementar für unser Leben und zugleich das letzte und alles integrierende Element der Methusalem-Formel (siehe Abb. 25), da sie die Homöostase zwischen den anderen Bereichen gewährleisten soll. Nach dem Gesetz des Minimums muss man sich für alle Bereiche ausreichend Zeit nehmen. Wenn wir dies nicht tun, laufen wir Gefahr, in einen entzündungsfördernden Zustand zu geraten, der uns akut unglücklich und womöglich sogar chronisch krank macht.

Zeit unterliegt allerdings auch selbst dem Gesetz des Minimums. Ein Zeitmangel, wie er sich einstellt, wenn man sich zu viel vorgenommen hat, führt nicht nur zur Vernachlässigung vieler essentieller Bedürfnisse; er führt vor allem zu Disstress. Dieser aber lähmt die adulte hippocampale Neurogenese direkt über eine hohe Cortisol-Ausschüttung. Es ist daher sinnvoll, sich dieses letzten Elements bewusst zu werden, denn unsere Zeit ist begrenzt und somit vielleicht das kostbarste Gut, das uns gegeben ist. Sie zwingt uns also, täglich kluge Entscheidungen zu treffen, was wiederum ein gesundes mentales Immunsystem erfordert.

Die Methusalem-Formel und das Gesetz des Maximums

Es liegt auf der Hand, dass die kombinierten Vorteile aller Elemente der Methusalem-Formel für die Prävention und kausale Therapie aller Krankheiten genutzt werden sollten. Bei einem systemischen Ansatz in Prävention und Therapie geht es aber nicht nur um das Gesetz des Minimums – also um das, was für unsere Gesundheit und Wohlbefinden wesentlich ist –, sondern auch um das Gesetz des Maximums – also um das, was uns schadet, wenn wir es übertreiben. Grundsätzlich gilt jedoch, dass der Mensch eine Verletzung des

Gesetzes des Minimums weniger gut ertragen kann als eine Verletzung des Gesetzes des Maximums, da wir Mängel nicht ausgleichen können. Die Einhaltung des Gesetzes des Minimums macht uns somit toleranter gegenüber toxischen Einflüssen, aber die Vermeidung toxischer Einflüsse (soweit dies *de facto* möglich ist) macht uns nicht toleranter gegenüber Mängeln bei den lebensnotwendigen Bedürfnissen. Doch leider ist der Mensch unglaublich kreativ, wenn es darum geht, sich selbst zu schädigen. Es würde daher den Rahmen dieses Buches bei weitem sprengen, alle toxischen Einflüsse auf das menschliche Immunsystem zu besprechen, die im Rahmen der industriellen Revolutionen entwickelt wurden. Ich möchte daher hier nur einige wenige erwähnen. Eine ausführliche Besprechung weiterer toxischer Einflüsse finden Sie in meinem Buch *Das erschöpfte Gehirn*.[111] Einige wenige Beispiele:

- Pestizide zerstören die Blut-Hirn-Schranke, verursachen Neuroinflammation und fördern nachweislich die Entwicklung neurodegenerativer Erkrankungen (Parkinson, Alzheimer, MS, Morbus Huntington und ALS) und psychiatrischer Erkrankungen (Depression, Angststörungen, kognitive Störungen und Autismus).[112]

Lösung: Vor diesem Hintergrund ist es sinnvoll, möglichst viele Lebensmittel aus biologischem Anbau zu beziehen.

- Elektromagnetische Strahlung von Mobiltelefonen und Funkmasten verursacht Neuroinflammation und ist besonders schädlich für das junge Gehirn, das noch leichter von dieser durchdrungen werden kann als das von Erwachsenen.[113]

Lösung: Auch hier gilt es, sich der Gefahren bewusst zu werden und seine Kinder aufzuklären. Wie bei allem macht die Menge das Gift – in diesem Fall die tägliche Exposition und deren Intensität. So ist z.B. ein Handy direkt am Ohr sehr schädlich für das Gehirn.

- Aluminium ist kausaler Risikofaktor für neuropsychiatrische Entwicklungsstörungen.

Lösung: Reduktion der Exposition über die Nahrung, also selbst kochen und entsprechende Lebensmittel-Zusatzstoffe vermeiden (siehe letztes Kapitel über aluminiumhaltige Zusatzstoffe und deren E-Nummern); Impfungen sind im Hinblick auf die Toxizität der Zusatzstoffe als problematisch zu werten – ohne die Effektivitätsfrage an dieser Stelle im Detail aufwerfen zu wollen. Grundsätzlich kann gesagt werden, dass Impfungen mit Aluminiumgehalten aufgrund der Toxizitätsbelastung wann immer möglich vermieden werden sollten (siehe folgend *Autismus-Spektrum-Störung*). Leider kann unter heutigen Bedingungen nicht mehr gänzlich vermieden werden, gewisse Mengen an Aluminium aufzunehmen. Eine wirkungsvolle Maßnahme, welche die schädlichen Auswirkungen des unvermeidbaren Aluminiumanteils reduzieren würde, ist eine Ernährung, die reich an Silicat ist; diese Salze der Ortho-Kieselsäure besitzen die Fähigkeit, Aluminium zu binden und sowohl die Aufnahme zu verhindern und die Toxizität zu reduzieren als auch die Ausscheidung zu verbessern.[114] Gute Quellen sind bestimmte Mineralwasser, aber auch Vollkorn oder karotinreiches Gemüse.[115] Im Rahmen meines Alzheimer-Präventionsprogramms (siehe mein Buch: *Die Formel gegen Alzheimer*)[116] empfehle ich zudem einmal im Jahr eine 6-wöchige Kur mit 300 bis 600 mg, natürlicher rechtsdrehender (r)-Alpha-Liponsäure (ALA, *α-Liponic acid*) täglich. ALA bildet mit Aluminium und vielen anderen hirntoxischen Metallionen wie Cadmium, Quecksilber oder Blei stabile Chelate (Komplexe) und fördert so deren Ausscheidung.[117] Ein großer Übersichtsartikel aus dem Jahr 2019 fasst die Ergebnisse der klinischen Studienlage wie folgt zusammen: „Die Auswertung von Daten aus klinischen Studien hat gezeigt, dass ALA bei bestimmten Krankheiten und Beschwerden wirksam ist, darunter diabetische Neuropathie, Adipositas, Schizophrenie, Multiple Sklerose, Schwangerschaftsproblematiken [wie intrauterine Blutungen, die häufig mit einer drohenden Fehlgeburt verbunden sind, insbesondere im ersten Schwangerschaftsdrittel] und bei Organtransplantationen, und zwar mit geringen oder keinen Nebenwirkungen. ALA scheint auch ein vielversprechendes Mittel zu sein, um die Lebensqualität zu verbessern, neuropathische Symptome zu lindern und sogar den Einsatz von Notfallmedikamenten zu reduzieren, die häufig von Patienten mit diabetischer Neuropathie eingenommen werden müssen."[118] In einer systematischen Übersichtsarbeit wurde außerdem festgestellt, dass Lithium in Mikromengen Schutz vor den neuroinflammatorischen und neurotoxischen Wirkungen von Blei bietet.[119] Lithium gelingt dies allein durch seine neuroprotektiven Eigenschaften, das heißt die Unterstützung grundlegender, universeller Zellfunktionen; diese Wirkung ist nicht auf eine chemische Reaktion zurückzuführen, welche die Giftwirkung neutralisieren könnte. Da diese Schutzmechanismen universeller und nicht metallspezifischer Natur sind, liegt nahe, dass Lithium nicht nur Bleitoxizität entgegenwirkt, sondern ebenso gegen andere neurotoxische Metalle wie Quecksilber oder Aluminium effektiv ist. Letzteres wurde im Tierversuch an Ratten bestätigt.[120]

Prävention und Therapie des Mentalen Immundefizienz-Syndroms

Ich bin oft gefragt worden, ob *Die Formel gegen Alzheimer*, da sie auf diesem systemischen Präventions- und Therapieansatz der Gehirngesundheit beruht, nicht auch als Formel z.B. gegen Parkinson, ALS oder Frontotemporale Demenz (FTD) dienen könnte. Wie Sie nun unschwer erkennen können, ist die Antwort ein klares Ja. Die Formel ist ein Fahrplan zur artgerechten Lebensweise. Allen diesen Erkrankungen (und vielen anderen neurologischen, psychischen, neuropsychiatrischen und neurodegenerativen Erkrankungen) ist aber eine Neuroinflammation gemeinsam, die auf einem unnatürlich dysregulierten Lithiom beruht. Je nach gewählter Perspektive (bspw. auf Ursachen oder neuropathologische Mechanismen fokussiert) sowie der Gewichtung der jeweiligen Symptome wäre es oft möglich, die unterschiedlichen klinischen Diagnosen auch in einer einzigen Rubrik zusammenzufassen. Letztendlich dient jegliche Einteilung einzig dazu, gemeinsame therapeutische Ansätze oder Ursachen auszuweisen. Wenn die Symptome in den vorgenannten Erkrankungen auch ausreichend voneinander abweichen, um sie voneinander klinisch abzugrenzen, so sind die pathologischen Mechanismen und die Krankheitsursache doch oft die gleichen. Entsprechend sind aus systemischer Sicht stets dieselben grundlegenden Maßnahmen erforderlich, um effektiv Prävention zu betreiben, die Auswirkungen einer schon bestehenden Krankheit zu reduzieren oder diese zu heilen. Es muss nicht bei jedem Krankheitsbild wiederholt werden: Die Lithium-Dosierungen bei der Prävention liegen im essentiellen Bereich. Auch im Krankheitsfall würde die Dosis aufgrund des systemischen Ansatzes wahrscheinlich nie über den Niedrigdosisbereich von 5 bis 20 mg reinem Lithium pro Tag (in Form von Lithiumorotat-Monohydrat entsprechend 128,6 bis 514,3 mg) hinausgehen müssen; dies muss aber der behandelnde Arzt entscheiden. Diese vergleichsweise niedrige Dosierung könnte auch für die Therapie der bipolaren Störung gelten, die bisher mit zum Teil mehreren hundert mg Lithium (in Form von Lithiumcarbonat) behandelt wird. Eine Grundvoraussetzung wäre jedoch ein systemischer Ansatz, wie zuvor skizziert. Nur so werden möglichst alle krankheitsverursachenden Defizite behoben (Gesetz des Minimums), sodass deutlich weniger Lithium zur Beeinflussung der neuropathologischen Prozesse eingesetzt werden muss. Dasselbe gilt natürlich auch aufgrund der Elimination schädlicher Einflüsse (Gesetz des Maximums). Zudem könnte Lithiumorotat deutlich effizienter wirken als das herkömmlich eingesetzte Lithiumcarbonat (siehe Kap. 3).

Entsprechend steht in dem im Jahr 2015 in *Frontiers in Neuroscience* erschienenen Übersichtsartikel *Potenzielle Anwendung von Lithium bei Parkinson und anderen neurodegenerativen Erkrankungen* zu lesen: „Eine [wie bei der bipolaren Störung] ausschließliche Behandlung mit Lithium ist aufgrund der inkonsistenten Wirksamkeit und der damit einhergehenden Nebenwirkungen wahrscheinlich keine geeignete Therapieoption für neurodegenerative Erkrankungen. Die Verwendung von niedrigdosiertem Lithium in Kombination mit anderen potenziellen oder bereits vorhandenen therapeutischen Präparaten könnte jedoch ein vielversprechender Ansatz sein, um die Symptome und das Fortschreiten neurodegenerativer Erkrankungen zu verringern."[121] Man sieht also das gravierende Problem eines monomedikamentösen Vorgehens. Allerdings liegt für die Autoren die Lösung nicht in einem naheliegenden systemischen Ansatz, der die Ursachen der Erkrankungen behebt, sondern leider nur in einer multimedikamentösen Vorgehensweise. Aber ein systemischer Therapieansatz wäre nicht nur mit weniger unerwünschten Nebenwirkungen behaftet, sondern der einzig effektive – da tatsächlich kausale – Weg. Er könnte und sollte daher die konventionelle Medizin chronischer Krankheiten revolutionieren.

Im Folgenden soll exemplarisch näher auf einige Vertreter typischer neurologischer, psychischer, neuropsychiatrischer und neurodegenerativer Erkrankungen eingegangen werden. Bei den neuropsychiatrischen Entwicklungsstörungen werde ich mich auf das Autismus-Spektrum konzentrieren. Bei den Schmerzsyndromen werden Migräne, Polyneuropathie und neuropathischer Schmerz aufgrund ähnlicher Entstehung und vergleichbaren Abläufen (Pathomechanismen) zusammengefasst. Die Rolle von Lithium, die wir in diesem Hinblick besprechen werden, ist unter dem Gesichtspunkt des systemischen Präventions- und Therapieansatzes in allen drei Fällen nahezu die gleiche. Bei den neurodegenerativen Erkrankungen sind die neuesten Erkenntnisse aus der Alzheimer-Forschung von Interesse, aber auch exemplarisch die der Epilepsie. Prinzipiell lassen sich diese Erkenntnisse jedoch auf alle in Abb. 24 genannten Erkrankungen des Gehirns in Bezug auf Prävention und Behandlung übertragen. Um den Rahmen dieses Buches nicht zu sprengen, möchte ich sie daher nur kurz erwähnen. Es ist für mich eine Gewissheit, dass nur ein systemischer Ansatz – wie er oben beschrieben wurde – zu einer Lösung führen kann.

Autismus-Spektrum-Störung

Die Autismus-Spektrum-Störung (ASS) steht hier stellvertretend für eine Liste weiterer neuropsychiatrischer Entwicklungsstörungen, wie die bipolare Störung, Schizophrenie oder das Borderline-Syndrom. ASS umfasst Entwicklungsstörungen, die durch eine beeinträchtigte soziale Interaktion und Kommunikation, repetitive und stereotype Verhaltensmuster gekennzeichnet sind und häufig mit einer geistigen Behinderung einhergehen. Die Symptome treten schon in der frühen Kindheit auf.

Asperger – Fluch oder Segen? Das klinische Erscheinungsbild des ASS ist sehr variabel (daher Spektrum). Im Gegensatz zur medizinischen Literatur zähle ich das sogenannte Asperger-Syndrom nicht zum Autismus-Spektrum; schließlich zeigen Kinder mit Asperger-Syndrom keine Verzögerung bei der Sprachentwicklung und fangen typischerweise sogar schon früh zu sprechen an. Sie haben auch oft besondere Begabungen im rational-analytischen Denken und sind in der Regel überdurchschnittlich intelligent. Es ist daher wahrscheinlich, dass es sich hier nicht um eine verzögerte oder gestörte, sondern nur um eine andersartige Entwicklung handelt. Der mit dem Asperger-Syndrom einhergehenden Fähigkeit, die Welt anders wahrzunehmen, verdanken wir viele wissenschaftliche, technologische und kulturelle Fortschritte. Das Asperger-Syndrom ist somit aus soziokultureller Sicht ein unschätzbar wichtiger Teil des menschlichen Entwicklungsspektrums.[122]

Bei Menschen mit einer ASS sind hingegen in der Regel das Hippocampus-abhängige Lernen, das Gedächtnis generell, die Sprachfähigkeit und die Emotionsregulation beeinträchtigt.[123] Da die Symptome meist im Alter zwischen 12 und 24 Monaten auftreten – also genau in dem Zeitfenster, in dem der Hippocampus einen entscheidenden Reifungsprozess durchläuft –, gehen immer mehr Forscher davon aus, dass es sich bei der ASS primär um eine hippocampale Entwicklungsstörung handelt.[124] So hat man herausgefunden, dass ein geringeres Volumen des Hippocampus mit dem Schweregrad der autistischen Symptome und der Sprachkompetenz bei Schulkindern mit ASS in enger Verbindung steht.[125] Tatsächlich zeigen Untersuchungen bei Kindern und Jugendlichen mit einer ASS sogar eine auffällige Verkleinerung insbesondere des linken Hippocampus (siehe Kap. 2, Argument 3).[126]

Was könnte es sein, das in diesem kritischen Zeitfenster bis zum Ende des zweiten Lebensjahres zu einer Neuroinflammation führt, die zur Entwicklungsstörung ursächlich beiträgt?[127] Eine Antwort muss in der Lage sein, auch die dramatisch hohe Autismusrate zu erklären, die z.B. in den USA bei Achtjährigen im Jahr 2020 bei 1 zu 36 lag.[128] Nach Angaben der US-amerikanischen Seuchenschutzbehörde CDC (*Centers of Disease Control and Prevention*) entsprach dies einem Anstieg um das 4,2-Fache gegenüber dem Jahr 2000.[129] Unter den vielen Faktoren, die eine Neuroinflammation verursachen können, sucht man nach denjenigen, die den Bradford Hill-Kriterien am ehesten entsprechen, auch bekannt als Hill-Kausalitätskriterien. Diese wurden im Jahr 1965 von dem britischen Epidemiologen Sir Austin Bradford Hill (1897–1991) aufgestellt.[130] Seine neun Kriterien (z.B. Stärke der Korrelation in epidemiologischen Studien sowie deren Reproduzierbarkeit, Plausibilität und nicht zuletzt tierexperimentelle Überprüfung) haben sich seither als äußerst nützlich erwiesen, um die Vermutung eines kausalen Zusammenhangs hinter einer epidemiologischen Korrelation zu erhärten.

Unter allen möglichen Ursachen, an die man bisher dachte, rückte Aluminium ins Zentrum der Untersuchungen. Das Leichtmetall ist ein bekanntes Neurotoxin und verursacht (nicht nur) im Gehirn starke Entzündungsreaktionen. Das Kriterium der Plausibilität war somit erfüllt. Aufgrund der entzündungsfördernden Wirkung werden Aluminiumsalze vielen Impfstoffen als sogenannte Adjuvantien (lateinische *adjuvare* für „helfen") beigesetzt, um eine entzündungsbasierte Verstärkung der Immunantwort zu erzielen. Unter Anwendung der Hill-Kriterien haben Forscher der *University of British Columbia*, Vancouver, Canada, untersucht, ob die Exposition gegenüber Aluminium aus Impfstoffen zum Anstieg der Autismus-Rate in der westlichen Welt beitragen könnte.[131] „Unsere Ergebnisse zeigen", schrieben die Autoren in ihrem im Jahr 2011 veröffentlichten Artikel, dass „Kinder aus Ländern mit der höchsten Autismus-Prävalenz [die Anzahl der Krankheitsfälle in einer Bevölkerung während eines bestimmten Zeitraums] die höchste Exposition gegenüber Aluminium aus Impfstoffen aufweisen." Damit war das Kriterium der Reproduzierbarkeit erfüllt. Zudem stand „die Zunahme der Exposition gegenüber Aluminium-Adjuvantien in einem signifikanten Zusammenhang mit dem Anstieg der Autismus-Prävalenz in den Vereinigten Staaten, der in den letzten zwei Jahrzehnten beobachtet wurde (Pearson r=0. 92, p<0,0001 [das ist eine extrem hohe Korrelation! ...]).“ Zusammenfassend stellten sie fest: „Die Anwendung der Hill-Kriterien auf diese Daten deutet darauf hin, dass die Korrelation zwischen Aluminium in Impfstoffen und Autismus kausal sein könnte.“

Aufgrund der Erfüllung der meisten Hill-Kriterien wurde der kausale Zusammenhang höchstwahrscheinlich – im Jahr 2020 konnte er dann tatsächlich tierexperimentell bestätigt werden. Lämmern wurde innerhalb eines Jahres 16-mal entweder ein Aluminiumhydroxid-haltiger Impfstoff, nur Aluminiumhydroxid bzw. das Adjuvans oder nur eine Pufferlösung als Kontrolle injiziert. Im Vergleich zur Kontrollgruppe zeigten nur die Jungschafe, die einen Impfstoff mit Aluminiumhydroxid oder nur Aluminiumhydroxid erhielten, signifikante Veränderungen im individuellen und sozialen Verhalten.[132] Die Tiere in diesen beiden Gruppen waren leicht erregbar und neigten zu zwanghaftem Essen. Vor allem gab es viel weniger natürliche soziale Interaktionen. Dafür zeigten sie viel

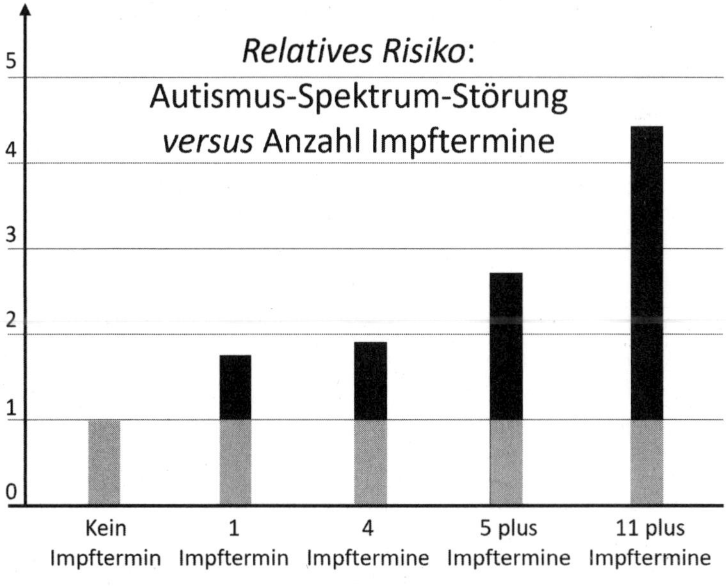

Abbildung 26

mehr aggressive Verhaltensweisen und Stereotypien – alles typische Symptome von Autismus. In beiden Gruppen wurden, nicht überraschend, auch erhöhte Werte von Stressbiomarkern festgestellt. Alle Symptome im Tierexperiment hatten einen gemeinsamen und zugleich ursächlichen Nenner: die Injektion von Aluminiumhydroxid. Damit war das letzte wichtige Hill-Kriterium ebenfalls erfüllt.

Im Januar 2025 wurde erstmals (weil man sich bisher von offizieller Seite davor gedrückt hatte, siehe *Schildkröten bis ganz unten*, dort Kap. 6) eine konkrete Überprüfung dieses Verdachts auf einen Kausalzusammenhang beim Menschen vorgenommen. Dazu verglich man den Gesundheitsstatus von geimpften mit dem von nicht geimpften Kindern.[133] Die Studie mit über 47.000 Kindern im Alter von neun Jahren bestätigte eindeutig den Verdacht eines Kausalzusammenhangs, d.h. dass das Risiko, an Autismus zu erkranken, mit jedem Impftermin steigt (siehe Abb. 26, kein Impftermin hat das relative Risiko von 1): „Kinder mit nur einem Impftermin hatten ein 1,7-fach erhöhtes Risiko für eine ASS als Kinder ohne Impftermin […], während Kinder mit 11 oder mehr Impfterminen ein 4,4-fach erhöhtes Risiko für eine ASS hatten als Kinder ohne Impftermin", schreiben die Autoren vom gemeinnützigen *Chalfont Research Institute* in Jackson, Mississippi.

Aber nicht nur das Risiko, eine ASS zu entwickeln, wird durch Impfungen kausal erhöht, sondern auch das Risiko für viele andere neurologische Entwicklungsstörungen. In der Abb. 27 ist die relative Risikoerhöhung bei geimpften 9-jährigen Kindern abgebildet, die entweder als Frühgeborene oder Reifgeborene zur Welt kamen, jeweils im Vergleich zu Kindern, die ebenfalls entweder als Frühgeborene oder Reifgeborene zur Welt kamen, aber nicht geimpft wurden. Das Risiko der ungeimpften Kinder wurde jeweils auf 1 gesetzt (der Einfachheit halber ist nur ein Balken dargestellt, es müssten aber zwei für jede Gruppe der Ungeimpften sein), sodass die jeweilige relative (durchschnittliche) impfbedingte Risikoerhöhung für geistige Entwicklungsstörungen leicht zu erkennen ist. Es handelt sich hier um Durchschnittswerte insofern, als einige dieser geimpften Kinder nur eine Impfung, andere mehr als 11 Impfungen erhalten haben. Wir sehen also Mittelwerte, die je nach Impfstatus noch

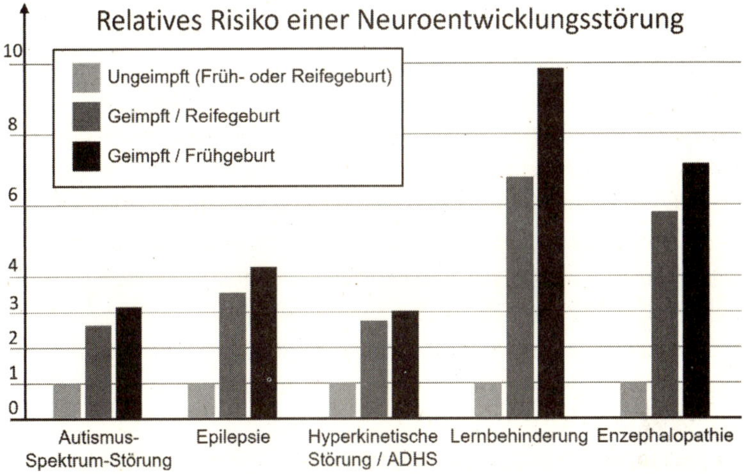

Abbildung 27

drastischere Risikoerhöhungen beinhalten. Vergleicht man nämlich Abb. 26 mit dieser Abb. 27, so erkennt man, dass die durchschnittliche Risikoerhöhung für ASS höher ist als bei nur einer Impfung, aber auch niedriger als bei 11 und mehr Impfungen. Das Risiko für maximal geimpfte Kinder ist also noch deutlich höher als hier dargestellt. Insbesondere das Risiko von Lernbehinderungen und Enzephalopathien (Sammelbegriff für krankhafte Zustände des Gehirns) steigt sowohl bei Reife- als auch bei Frühgeburten (dann aber noch dramatischer) an, wie die Abbildung ebenfalls zeigt. Auch das Risiko, eine Epilepsie oder auch das hyperkinetische Syndrom bzw. ADHS, zu entwickeln, war erhöht. Sogar sogenannte Tic-Störungen (nicht gezeigt), zu denen auch das Tourette-Syndrom gehört (siehe unten), sind gegenüber ungeimpften Kindern über 6-fach erhöht. Das sind schwerwiegende Störungen, welche die Lebensqualität stark beeinträchtigen.

Mahatma Gandhi zu Impfungen in* „A Guide to Heal" *(Ein Leitfaden zur Heilung): „Die Impfung ist eine barbarische Praxis und gehört zu den tödlichsten Irrtümern unserer Zeit, die man nicht einmal bei den sogenannten wilden Naturvölkern der Welt findet. Ihre Befürworter begnügen sich nicht damit, dass sie von denen akzeptiert wird, die keine Einwände dagegen haben, sondern versuchen, sie mit Hilfe von Strafgesetzen und strengen Strafen allen Menschen gleichermaßen aufzuzwingen. […] Es gibt keine Garantie dafür, dass geimpfte Personen nicht doch an Pocken erkranken. Dr. Jenner, der Erfinder der Impfung, ging ursprünglich davon aus, dass eine einzige Injektion in einen Arm ausreichen würde, um eine vollständige Immunität zu erreichen. Als sich jedoch herausstellte, dass dies nicht funktionierte, behauptete man, dass eine Impfung in beide Arme den Zweck erfülle. Als sich auch dies als unwirksam erwies, wurde beschlossen, beide Arme an mehr als einer Stelle zu impfen und die Impfung alle sieben Jahre zu wiederholen. Schließlich wurde die Dauer der Immunität auf drei Jahre verkürzt! All dies zeigt deutlich, dass die Ärzte selbst keine klare Meinung zu diesem Thema haben. Die Wahrheit ist, wie bereits gesagt, dass es keine Garantie dafür gibt, dass die Pocken nicht auch geimpfte Personen befallen können oder dass alle Fälle von Immunität unbedingt auf die Impfung zurückzuführen sind. […] Diejenigen, die aus Gewissensgründen gegen Impfungen sind, sollten selbstverständlich den Mut haben, alle Strafen und Verfolgungen auf sich zu nehmen, die ihnen das Gesetz auferlegt, und sich, wenn nötig, allein der ganzen Welt zu stellen, um ihre Überzeugung zu verteidigen. Diejenigen, die nur aus gesundheitlichen Gründen Einwände erheben, sollten sich gründlich mit der Materie befassen und in der Lage sein, andere von der Richtigkeit ihrer Ansichten zu überzeugen und sie dazu zu bringen, diese Ansichten in die Tat umzusetzen. Wer jedoch weder eine feste Meinung zu diesem Thema noch den Mut hat, für seine Überzeugungen einzutreten, sollte zweifellos die Gesetze des Staates befolgen und sein Verhalten an die Meinungen und Praktiken der ihn umgebenden Welt anpassen."[134]

Impfungen bergen somit große Gesundheitsgefahren. Um nur ein weiteres Beispiel zu nennen: Die zunehmende Rate an Impfungen von Säuglingen und Kleinkindern seit den 1970er Jahren korreliert mit der dramatischen Zunahme der ASS.[135] Einige Autoren spekulieren aber auch, dass bereits Impfungen während der Schwangerschaft neurologische Entwicklungsstörungen bei dem noch ungeborenen Kind auslösen können, da sie zur (1) Aktivierung der Mikroglia, (2) oxidativem Stress und (3) mitochondrialer Dysfunktion führen. Damit führen sie zu einem schädlichen neuroinflammatorischen Trio im Gehirn: „Entzündungsfördernde Zytokine, die die Blut-Hirn-Schranke passieren, können eine neuroinflammatorische Kaskade auslösen, die mit der Aktivierung der Mikroglia beginnt", schreiben die Autoren. Sie schließen daraus: „Entzündliche Prozesse führen zu oxidativem Stress und mitochondrialer Dysfunktion, die ihrerseits den oxidativen Stress in einem sich selbst verstärkenden Teufelskreis verursachen, was zu nachfolgenden Anomalien in der Gehirnentwicklung und im Verhalten führen kann."[136] Aufgrund dieser Erkenntnisse sind eine Schaden-Nutzen-Analyse und ein sofortiges Umdenken in der derzeitigen Gesundheitspolitik dringend erforderlich, die immer mehr einer Impfpandemie gleicht. Wir sollten uns dabei immer fragen, was natürlich wäre. So war es z.B. früher üblich, die ersten zwei Lebensjahre zu stillen und dem Säugling auf diesem Weg einen immunologischen Nestschutz zu gewähren. Diese Zeit reichte aus, bis das autobiographische Gedächtniszentrum ausgereift war. Dieses dient uns auch als Ortsgedächtnis; aus evolutionsbiologischer Sicht muss es vermutlich erst mit der ersten Ablösung von der Mutter in der Abstillphase seine Funktion aufnehmen. Hinzu kommt, dass die Studienlage zeigt, dass ausreichende Hygienemaßnahmen und im Bedarfsfall eine gute Wundversorgung vorausgesetzt (das Toxin produzierenden Bakterien *Clostridium botulinum* kann nur unter Sauerstoffmangel und somit nicht in gereinigten und gut durchblutetem Wundgewebe leben), selbst Impfungen gegen Tetanus in dieser frühen Lebensphase möglicherweise nicht den unverzichtbaren Stellenwert einnehmen, der ihnen gemeinhin zugesprochen wird (siehe weiterführende Literatur wie *Impfen Pro & Contra: Das Handbuch für die individuelle Impfentscheidung*).[137]

Pseudo-Impfstoffe, wie z.B. die gentechnischen Eingriffe gegen COVID-19, enthalten zwar kein Aluminiumhydroxid, verursachen aber auf ganz andere Weise und möglicherweise noch effektiver eine gehirnschädigende Neuroinflammation (siehe Zusatzinfo oben: *PAMPs als Biowaffen*). Auf die gehirnschädliche Wirkung weisen beispielsweise eine schwere Post-VAC-Symptomatik[138] oder eine beschleunigte Alzheimer-Entwicklung[139] hin. Letztendlich müssen sich alle Menschen – und insbesondere Eltern – selbst informieren, solange Behörden unterstellt werden kann, entweder nicht die besten Absichten zu haben oder aufgrund struktureller Abhängigkeit von industriellen oder politischen Interessen irregeleitet zu sein. So propagiert das US-amerikanische CDC, das Pendant zum deutschen RKI, für Säuglinge bis zum Ende des ersten Lebensjahres drei mRNA-Injektionen gegen COVID-19.[140]

Pränatale Störung der Neurogenese – mit chronischen Auswirkungen. Tierexperimentelle Studienergebnisse belegen: Wenn es bei trächtigen Ratten zu einer TLR-4 aktivierten Produktion proinflammatorischer Zytokine wie IL-6 kommt, können diese die Plazenta passieren und sich direkt auf die Entwicklung des fetalen Gehirns auswirken.[141] IL-6 kann aber nicht nur die Plazenta-Schranke überwinden, sondern auch die Blut-Hirn-Schranke.[142] Einem im Jahr 2021 publizierten Review-Artikel zu Autismus zufolge führt eine Immunaktivierung während der Schwangerschaft auf diese Weise „zu einer Aktivierung der Mikroglia, oxidativem Stress und einer Dysfunktion der Mitochondrien – einem schädlichen Trio im Gehirn, das zu Neuroinflammation und neurologischen Entwicklungsstörungen bei den Nachkommen führen kann".[143] Die Autoren sehen die Gefahr eines sich selbst verstärkenden Teufelskreises, der zu Anomalien in der Hirnentwicklung und im Verhalten führen kann. Eine bereits in der Schwangerschaft verursachte Hemmung der hippocampalen Neurogenese kann sich bis ins Erwachsenenalter fortsetzen.[144] Da nicht jede TLR-4-Aktivierung durch präventives Verhalten verhindert werden kann, ist es meines Erachtens wichtig, gerade in der Schwangerschaft – in welcher in der Regel ein erhöhter Bedarf an essentiellen

Vitalstoffen besteht – darauf zu achten, keinen Mangel entstehen zu lassen. Dies betrifft auch einen Lithiummangel, der unbehoben dazu führt, dass eine Entzündungsreaktion intensiver und länger als nötig abläuft, mit negativen Folgen für die Mutter und das heranwachsende Kind.

Statt blind Impfpläne zu befolgen, die eher an verfügbaren Produkten als am tatsächlichen Bedarf orientiert sind, sollte sorgfältig auf alle Impfungen verzichtet werden, deren möglicher Nutzen für den Einzelnen geringer ist als ihr Schadensrisiko. Wie wir gesehen haben, sind Impfungen höchst risikoreich – und das kann man auch feststellen, obwohl laut den Recherchen, die in *Schildkröten bis ganz nach unten*[145] vorgestellt werden, keine einzige derzeit empfohlene Impfung für Kinder ausreichend auf gesundheitliche Bedenken untersucht wurde; ein weiterer Grund, hier wohlüberlegt zu entscheiden. Wer sich entscheidet, auf möglichst viele Impfungen zu verzichten, sollte dann aber eine artgerechte Lebensweise und insbesondere eine gesunde Ernährung anstreben. Da Impfungen, wenn sie funktionieren, vor allem die Morbidität (also die Schwere der Infektion), aber kaum die Mortalität senken (da die meisten Infektionen von vornherein nur ein geringes Sterberisiko haben), kann dies in der Regel auch durch eine ausreichende Versorgung mit essentiellen Vitalstoffen erreicht werden (siehe mein Buch *Das Corona-Syndrom*).[146] Diese Vorgehensweise wäre nicht nur eine Alternative zu vielen Impfungen, sondern dient auch der Prävention neurologischer Entwicklungsstörungen, denn: Impfungen sind zwar ein erheblicher kausaler Risikofaktor, aber sie allein lösen ASS nicht mit absoluter Sicherheit aus, sondern "nur" mit deutlich erhöhter Wahrscheinlichkeit – sonst wären die Raten noch viel höher. Tatsächlich kann, wenn man die relativen Risikoerhöhungen in Abb. 26 und 27 betrachtet, die seit Jahrzehnten laufende "Impfpandemie" nicht die alleinige Ursache für den enormen Anstieg der Erkrankungshäufigkeit um mehr als das Hundertfache (!) seit den 1970er Jahren sein.[147] Es gibt mit Sicherheit noch weitere kausale Faktoren, die über den Weg einer neuroinflammatorischen Schädigung des sich entwickelnden Hippocampus die Entwicklung von ASS begünstigen. Diese könnten zu den Impfnebenwirkungen beitragen oder sich sogar im Wechselspiel mit diesen synergistisch in ihren Auswirkungen vervielfachen. Dazu zählen toxische Einflüsse wie Funkstrahlung[148], Giftstoffe in der Nahrung wie Glyphosat[149] oder Mikroplastik[150], um nur ein paar wenige Faktoren zu nennen, die unsere moderne bzw. industrialisierte Welt mit sich bringt. Neben der Reduktion dieser toxischen Einflüsse, insbesondere in der vulnerablen Entwicklungsphase des kindlichen Gehirns, ist es jedoch von entscheidender Bedeutung, dass keine essentiellen Mangelzustände das heranwachsende Gehirn gegenüber diesen toxischen Einflüssen noch vulnerabler machen oder gar seine Entwicklung direkt beeinträchtigen, wie z.B. ein Mangel an aquatischen Omega-3-Fettsäuren oder Lithium. Entscheidend ist nach dem Gesetz des Minimums eine ausreichende Versorgung mit Lithium über die Nahrung oder das Trinkwasser, eine relativ gute Versorgung mit allen Vitalstoffen, die der Neuroinflammation entgegenwirken und die adulte hippocampale Neurogenese fördern.

Tatsächlich ergab eine in Arizona (USA) durchgeführte Untersuchung der Haare von autistischen Kindern und ihren Müttern auf 39 verschiedene toxische und essentielle Spurenelemente, dass Mütter von Kleinkindern mit ASS um 56 Prozent niedrigere Lithiumwerte hatten als Mütter von gesunden Kindern. Bei den Kleinkindern mit ASS im Alter von 3 bis 6 Jahren waren es um etwa 30 Prozent geringere Lithiumwerte gegenüber gesunden Altersgenossen.[151] Essentielle Mengen an Lithium (siehe Kap. 3) während der Schwangerschaft und in den ersten Lebensjahren könnten aufgrund des antiinflammatorischen Einflusses eine hippocampusschädigende Neuroinflammation verhindern oder das Risiko reduzieren. Diese Vermutung wird auch durch eine Studie aus dem Jahr 2022 an 92 autistischen Kindern unterstützt: „Die vorliegende Studie zeigt“, schreiben die Autoren, „dass der Grad der Abnahme der Lithiumspiegel mit dem Schweregrad einiger autistischer Symptome zusammenhing.“[152] So findet man bei ASS-Patienten erhöhte Konzentrationen von Entzündungsmediatoren wie Interleukin 1β (IL-1β), Tumornekrosefaktor (TNF) und Interleukin 6 (IL-6) in Serum, Gehirn und Liquor.[153] Es verwundert daher nicht, dass es immer mehr Hinweise darauf gibt, dass eine Fehlregulation von GSK-3 der Schlüssel zum Verständnis der Entstehung des ASS und verwandten Störungen sein könnte.[154] In einem Tiermodell wird durch die Verabreichung von Valproinsäure, die beim Menschen zur Behandlung der bipolaren Störung eingesetzt wird, interessanterweise ASS verursacht und dann der Einfluss geringer Lithiummengen auf die klinische Symptomatik untersucht. Die Autoren kommen zu dem Schluss: „Die Ergebnisse zeigen einen schützenden Effekt von umweltbedingten Lithium-Expositionsdosen [also Mengen, die man gewöhnlich in der Umwelt bzw. im Trinkwasser findet] auf neurologische Verhaltensdefizite im Valproinsäure-Modell für Autismus bei Ratten, was darauf hindeutet, dass es sich um ein potenzielles Medikament für die Behandlung von Autismus handeln könnte."[155] Geringe Mengen an Lithium sind somit in der Lage, im Tiermodell Autismus-ähnliche neurologische Symptome zu verhindern. Essentielles Lithium könnte daher in der Prävention und Therapie wirksam sein. Umgekehrt könnte ein Mangel die Wahrscheinlichkeit von Autismus erhöhen.

Autismus: Gefahr durch Lithium im Leitungswasser? Laut einer dänischen Studie aus dem Jahr 2023 besteht ein positiver Zusammenhang zwischen der regionalen Lithiumkonzentration im Trinkwasser bzw. der möglichen Aufnahme dieses Wassers während der Schwangerschaft und dem Risiko, dass das Kind an einer ASS erkrankt.[156] Wir sprechen hier von regionalen Unterschieden der extrem geringen Lithiumkonzentrationen im Leitungswasser von 0,6 bis 30,7 µg/l. Für die besagte Studie teilte man diese Spanne in vier gleich große Konzentrationsbereiche und fand in den drei höheren jeweils eine um ca. 23 Prozent erhöhte Autismusrate im Vergleich zum jeweils darunter liegenden Konzentrationsbereich. Gehen wir davon aus, dass Schwangere täglich einen Liter Leitungswasser trinken. Vergleichen wir die Lithiumzufuhr von zusätzlich 30,7 µg/Tag in der oberen Gruppe mit der Lithiumzufuhr von 200.000 µg/Tag bei der Behandlung schwangerer Frauen mit bipolarer Störung, wird klar ersichtlich, dass hier keine Kausalität zur ASS-Entwicklung vorliegen kann. Und dies findet sich andernorts auch bestätigt. So konnte eine niederländische Studie aus dem Jahr 2012 selbst bei diesen gewaltigen Lithiummengen keine neuropathologischen Auffälligkeiten bei den Kindern der Patientinnen feststellen: „Die Fortsetzung der Lithiumtherapie während der Schwangerschaft“, schreiben die Autoren, „hatte keine negativen Auswirkungen auf das Wachstum, die neurologische und kognitive Entwicklung und das Verhalten der exponierten Kinder.“[157] Eine größere Folgestudie aus dem Jahr 2022, die ebenfalls die Folgen einer Lithiumbehandlung bei Schwangeren untersuchte, fand ebenfalls „keine Hinweise auf signifikant veränderte neuropsychologische Funktionen bei lithiumexponierten Kindern im Alter von 6 bis 14 Jahren im Vergleich zu nicht lithiumexponierten Kontrollpersonen“.[158] Es wurde jedoch ein schnelleres Wachstum des Fötus und ein höheres Geburtsgewicht beobachtet, was mit der Funktion von Lithium als Aktivator der Stammzellproliferation erklärbar ist.[159] Wenn weit über 6.000-fach höhere Lithiummengen keine ASS verursachen, muss es zwangsläufig eine andere Erklärung für die Ergebnisse der dänischen Trinkwasserstudie geben. Selbstverständlich ist eine Korrelation noch kein Beweis für eine Kausalität. Außerdem führen statistische Verzerrungen leicht dazu, Zusammenhänge zu sehen, wo keine sind; eine ähnliche Kritik wird auch von anderen Wissenschaftlern geäußert.[160] Doch selbst, wenn es einen kausalen Zusammenhang zwischen der ASS-Rate und dem Leitungswasser gäbe, und diese offensichtlich nicht durch Lithium erklärt werden kann, dann müsste das Wasser genauer untersucht werden (siehe auch Kap. 3, Zusatzinfo: *Lithiumhaltiges Trinkwasser und fetales Wachstum*). Der Grund: Die Lithiumkonzentration im Wasser ist in der Regel immer dann etwas höher, wenn es aus vulkanischen Gebieten stammt. Es enthält dann häufig auch andere Minerale, wie z.B. Blei, Uran, Thallium, Cadmium, Quecksilber, Zinn und Wolfram, die alle im Verdacht stehen, tatsächlich das ASS-Risiko zu erhöhen, aber (im Gegensatz zur Studie aus Arizona, siehe oben) in der dänischen Studie nicht untersucht wurden.[161] Im Gegensatz zu diesen toxischen Elementen, die bereits in sehr geringen Konzentrationen giftig sind, ist Lithium in essentiellen Dosen nicht schädlich und in den extrem geringen Mengen definitiv keine Ursache für Autismus, ganz im Gegenteil. Dennoch wurden die unhaltbaren Ergebnisse der dänischen Studie, die selbst einer oberflächlichen Überprüfung nicht standhalten, in den Leitmedien genutzt und verbreitet, möglicherweise jedoch nur, um völlig ungerechtfertigt Angst vor geringsten Lithiummengen und somit auch z.B. lithiumhaltigen Heilquellen zu schüren.[162]

Aber nicht nur in der Prävention, auch in der Therapie der ASS ist der systemische Ansatz alternativlos. Ziel muss eine ausreichende Versorgung des Hippocampus mit allen essentiellen Vitalstoffen sein. Gleichzeitig müssen alle Maßnahmen zur Senkung der GSK-3-Aktivität ergriffen werden, um die dadurch bedingten autistischen Verhaltensweisen zu reduzieren.[163] In einer Studie mit 30 Kindern und Jugendlichen mit Autismus zeigte jedoch schon allein die Behandlung mit Lithium bei 43 Prozent der Patienten eine Verbesserung. Dies war insbesondere bei denjenigen der Fall, die zwei oder mehr Symptome einer affektiven Störung aufwiesen.[164] Eine retrospektive Studie an 60 Kindern mit Autismus zeigte ebenfalls eine signifikante Verringerung der Symptome sozialer und emotionaler Störungen durch die Gabe von Lithium.[165] Dies deutet ebenfalls auf einen kausalen Zusammenhang zwischen Autismus und Lithiummangel hin, zumal Lithium über seine Targets die Wahrscheinlichkeit einer Neuroinflammation – und damit das Risiko einer autistischen Entwicklungsstörung in dem dafür anfälligen Zeitfenster – reduziert. Dies betrifft also genau das Zeitfenster, in dem die meisten kleinen Kinder eine gewaltige Anzahl an den risikoreichen Impfungen ertragen müssen.

Die Trisomie-Autismus-Connection. Einen weiteren Hinweis auf die Ursache und Funktion von Lithium liefert das Down-Syndrom (DS) bzw. die Trisomie 21. Sie ist eine der häufigsten genetisch bedingten Ursachen für geistige Behinderung und tritt oft mit zahlreichen weiteren Erkrankungen auf. Kinder mit DS entwickeln laut Metaanalysen zu 16 bis 18 Prozent auch eine ASS, wobei einige Schätzungen aus einzelnen Studien, die unterschiedliche Erhebungskriterien verwenden, sogar bei bis zu 39 Prozent liegen.[166] Experimente an Tieren, die in Folge einer genetischen Einflussnahme ein Down-Syndrom entwickelten (als DS-Maus bezeichnet), haben gezeigt, dass die hippocampale Neurogenese bei der Trisomie 21 gestört ist. Eine Lithiumtherapie reaktivierte die hippocampale Bildung neuer Nervenzellen und verbesserte dadurch die Leistungen der DS-Mäuse in kognitiven Tests.[167] „Diese Ergebnisse deuten darauf hin", so die Autoren dieser Arbeit, „dass die Wiederherstellung einer funktionellen Population von Hippocampus-Neuronen in adulten DS-Mäusen die Plastizität und das Gedächtnis des Hippocampus erhält und die adulte Neurogenese als vielversprechendes therapeutisches Ziel zur Linderung kognitiver Defizite bei DS-Patienten impliziert." Auch wenn die ASS und das Down-Syndrom unterschiedliche Ursachen haben, laufen beide größtenteils in einer gestörten hippocampalen Neurogenese und Entwicklungsstörung zusammen. Genau deshalb könnte Lithium in beiden Fällen eine therapeutische Wirkung entfalten.

Ich möchte keine falschen Hoffnungen auf eine mögliche Heilung wecken. Aber drei Aspekte lassen den Versuch eines systemischen Therapieansatzes lohnenswert erscheinen: Da ist einerseits der Umstand, dass es sich – wie neben mir auch andere Wissenschaftler und Ärzte aus vorliegenden Daten schlussfolgern – bei der ASS um eine hippocampale Fehlentwicklung handeln dürfte. Zweitens existieren Hinweise, dass dies auf die kulturell bedingt zunehmend artfremde Lebensweise (zu der leider auch die meisten Impfungen zu zählen sind) zurückzuführen ist; das bedeutet, dass es sich um eine multikausale Entwicklungsstörung handelt. Da wir wissen, dass der Hippocampus durch seine Fähigkeit zur Neurogenese prinzipiell regenerationsfähig ist, sollte geprüft werden, ob die gleichzeitige Korrektur aller Faktoren, die zur Entstehung der Störung beitragen, nicht deutlich wirksamer ist als eine einzelne Maßnahme. Eine entsprechende multikausale Studie, die alle bisher bekannten Ursachen weitgehend ausschaltet, gibt es derzeit allerdings weder im Hinblick auf die Prävention noch auf die Therapie. Gute Gründe, dies zu versuchen, gibt es genügend – man bedenke nur, was essentielles Lithium alleine schon bewirken kann. Der Lithiumexperte James M. Greenblatt schreibt: „Während die Entwicklung neuer Medikamente für eine ASS in der traditionellen Medizin viel Aufmerksamkeit erhält, beziehen nur wenige Lithium in ihre Überlegungen mit ein. Ich halte dies für ein eklatantes Versäumnis, zumal die beruhigenden und stimmungsstabilisierenden Eigenschaften von Lithium in der westlichen Psychiatrie seit fast einem Jahrhundert bekannt sind. In unserer Klinik haben wir festgestellt, dass Reizbarkeit mit Lithium wirksam behandelt werden kann. Dieses natürliche Mineral kann, wenn es in kleinen, essentiellen Dosen in Form von Lithiumorotat verabreicht wird, die mit einer ASS verbundene Reizbarkeit, Aggressivität und Unruhe sicher und zuverlässig lindern. Ohne diese Symptome können ASS-Patienten nicht nur besser mit ihren Betreuern, sondern auch mit ihren Familienmitgliedern zurechtkommen, was den Weg für größere und nachhaltigere Behandlungserfolge ebnet."[168]

Bipolare Störung

Schon John Cade vermutete, dass ein Mangel an Lithium Ursache der bipolaren Störung sein könnte. Er schloss aus seinen Beobachtungen, dass es sich dabei um ein essentielles Spurenelement handeln könnte.[169] Und mit beiden Vermutungen sollte er recht behalten. Lithium ist nicht nur essentiell, 2018 wurde sogar eine signifikante Korrelation zwischen Lithium im Grund- oder Leitungswasser und der Wahrscheinlichkeit, an einer bipolaren Störung zu erkranken, festgestellt. Eine Lithiumkonzentration von weniger als 40 µg/l im Vergleich zu einem Wert von mehr als 40 µg/l erhöht das Risiko um mehr als das Doppelte (ohne statistische Manipulation der Daten).[170] Eine der Folgen und Kennzeichen der bipolaren

Störung ist eine auf Lithiummangel zurückzuführende exzessive Aktivität von GSK-3.[171] Diese führt zu einem proinflammatorischen Zustand, einer Dysregulation des Tag/Nacht-Rhythmus mit Schlafstörungen und verminderter Neurogenese bei erhöhter Tendenz zur Apoptose (Neurodegeneration) im Zentralnervensystem, was einen beschleunigten hippocampalen Volumenverlust bedeutet.[172] Genetische Varianten im genregulatorischen Bereich des GSK-3-Gens, die dessen Aktivität hemmen, haben dieselbe Auswirkung wie Lithium und reduzieren das Erkrankungsrisiko, was diesen Zusammenhang weiter belegt.[173] So gibt es unzählige Hinweise darauf, dass die bipolare Störung in Ursache und letzter Konsequenz eine Erkrankung bzw. Entwicklungsstörung des Hippocampus ist.[174]

So geht ein geringeres Hippocampusvolumen mit strukturellen Anomalien des Hippocampus einher, einschließlich einer verringerten Zelldichte und Biomarkern, die auf eine neuronale Funktionsstörung hinweisen. Eine permanente Behandlung mit Lithium hingegen verhindert diesen neuropathologischen Abbaumechanismus und führt sogar zu einer hippocampalen Volumenzunahme.[175] Eine optimale Versorgung in der Entwicklung mit essentiellen Mengen an Lithium könnte die strukturellen Entwicklungsstörungen eventuell sogar verhindern. „Die Störung des GSK-3-Signalwegs ist an allen […] 'biologischen Ursachen' der bipolaren Störung beteiligt", schreiben zwei Wissenschaftler der kanadischen *University of Saskatchewan* in ihrem Artikel *Lithiumorotat: Eine bessere Option für die Lithiumtherapie?* und folgern daraus, dass in diesem komplexen Szenario dysreguliertes GSK-3 als der gemeinsame Nenner angesehen werden kann, der sie alle miteinander verbindet: „Die Hemmung von GSK3 [aber auch der IMPase und vieler anderer Lithium-Targets] durch Lithium könnte zumindest teilweise die positive Wirkung auf diese biologischen Dysfunktionen und die Überlegenheit in der klinischen Wirksamkeit erklären."[176] Lithium scheint den Krankheitsprozess der bipolaren Störung also nicht nur aufzuhalten, sondern durch hippocampale Wachstumsförderung vielleicht sogar umzukehren. So weisen mittlerweile viele bildgebende Untersuchungen auf die neuroprotektiven (hirnschützenden) und neurotrophen (hirnwachstumsfördernden) Wirkungen von Lithium hin, die den Abbau der Hirnsubstanz bei der bipolaren Störung verlangsamen oder insbesondere sogar eine Normalisierung des Hippocampusvolumens fördern können.[177] Das ist allerdings nicht immer der Fall. Bemerkenswerterweise fand man bei manchen Patienten mit bipolarer Störung trotz Lithiumtherapie wider Erwarten eine weitere Abnahme – allerdings stets nur bei denjenigen Patienten, bei denen auch keine Symptomverbesserung durch die Gabe festzustellen war.[178] Es wäre interessant, mit den neuen bildgebenden Verfahren zur Untersuchung der Lithiumverteilung im Gehirn (siehe Kap. 2, Argument 3) herauszufinden, ob bei Personen, die weder symptomatisch noch durch messbares Hippocampuswachstum auf Lithium reagieren, die Lithiumakkumulation im linken Hippocampus grundlegend gestört sein könnte.

Soweit mir bekannt, wurde eine multikausale Präventionstherapie bisher nicht bei Personen mit bipolarer Störung durchgeführt bzw. publiziert, abgesehen von einer mit Alkoholikern, von denen einige neben vielen anderen Krankheiten zusätzlich auch noch an einer bipolaren Störung litten. Obwohl nur ein Bruchteil des oben skizzierten Programms einer artgerechten Lebensführung umgesetzt wurde, war der Erfolg in vielerlei Hinsicht bemerkenswert, wie der behandelnde Arzt beschreibt: „Weitere Vorteile der Lithiumtherapie [5 reines mg Lithium (in Form von Lithiumorotat) 4-5 mal pro Woche] waren eine Verbesserung der Leber- und Herzkreislauffunktion, eine Verringerung (und in einigen Fällen ein völliges Verschwinden) von Migränekopfschmerzen, eine Linderung der Symptome von Morbus Menière [eine Entzündung im Innenohr, die zu Schwindel, Übelkeit, fluktuierender Schallempfindungsschwerhörigkeit und Tinnitus führt] und eine Verbesserung der Anfallsfreiheit bei Epilepsie. Bei Patienten mit Leukopenie [Mangel an weißen Blutkörperchen] infolge einer Chemotherapie kam es zu einem Anstieg der weißen Blutkörperchen, bei Patienten mit Leberzirrhose zu einem Rückgang von Ödemen und Aszites [Flüssigkeit im Bauchraum] und bei Patienten mit Lungenkrebs zu einem Rückgang von Pleuraerguss [Flüssigkeit zwischen Lungen- und Brustfell] und Lymphknotenschwellungen. Bei drei Patienten mit dieser affektiven [bipolaren] Störung traten während der Behandlung mit Lithiumorotat keine manischen Episoden mehr auf. Bei vier Patienten verbesserte sich auch die Schilddrüsenüberfunktion."[179]

Hier wird eine ganze Reihe von positiven Effekten bei vielen verschiedenen Krankheitssymptomen (Migräne, Epilepsie etc.) im Kontext einer kontrollierten klinischen Studie mit niedrigdosiertem Lithiumorotat beschrieben. Daher ist die Annahme gerechtfertigt: Eine bipolare Störung – die bisher nur mit hochdosiertem Lithium rein medikamentös und mit einer bescheidenen Erfolgsrate von nur 30 Prozent, bei einer Nebenwirkungsrate von nahezu 100 Prozent behandelt wird – könnte sehr wahrscheinlich im Rahmen eines systemischen Ansatzes mit deutlich niedrigeren Dosierungen von Lithiumorotat erfolgreich therapiert werden. Und das auch noch ohne unerwünschte (Neben-)Wirkungen!

Schizophrenie

„Es gibt Grund zu der Annahme, dass Störungen im Hippocampus für die Entstehung psychotischer Symptome bei Schizophrenie verantwortlich sind", liest man zusammenfassend in dem Übersichtsartikel *Hippocampus in Gesundheit und Krankheit.*[180] Schizophrenie ist sowohl eine neurologische Entwicklungsstörung als auch eine progressive neurodegenerative Erkrankung, die zu einem irreversiblen Verlust kognitiver Funktionen führt.[181] Sie tritt häufig zwischen der späten Adoleszenz und dem frühen Erwachsenenalter auf und ist durch eine Vielzahl neuropsychiatrischer Auffälligkeiten gekennzeichnet, die zu einem großen Teil auf eine hippocampale Dysfunktion hinweisen. „Veränderungen im Hippocampus sind charakteristisch für die Schizophrenie und können sowohl in frühen als auch in fortgeschrittenen Stadien der Erkrankung beobachtet werden", fasst eine Gruppe von Neurowissenschaftlern der Ruhr-Universität Bochum ihre Erkenntnisse in einem Übersichtsartikel zusammen. „Die Entwicklung des Hippocampus spielt daher", wie sie weiter erklären, „eine wichtige Rolle bei der Manifestation der Schizophrenie."[182] Dazu trägt bekanntlich ein durch Lithiummangel gestörtes Lithiom bei, das die Entwicklung und Funktion des Hippocampus auf vielfältige Weise negativ beeinflusst. Wissenschaftler des *Neuroscience Institute of Psychiatry, King's College* in London, halten die Schizophrenie sogar primär für eine Störung der GSK-3-Regulation: „Es gibt übereinstimmende Hinweise darauf, dass die Regulation der Glykogen-Synthase-Kinase 3 (GSK-3) eine wichtige Rolle bei der Schizophrenie spielen könnte. [...] Wir schlagen daher vor, dass (i) eine frühe Dysfunktion der GSK-3-Regulation Auswirkungen auf die neuronale Entwicklung hat, die für die Krankheit prädisponieren, und (ii) eine Dysfunktion der GSK-3-Regulation im erwachsenen Gehirn die Dopamin-Signalkaskade verändert, was zu psychotischen Symptomen und kognitiven Dysfunktionen führt."[183] Ein Lithiummangel während der Gehirnentwicklung könnte daher über ein dysreguliertes Lithiom, bei dem GSK-3 eine wichtige Rolle spielt, die Entwicklung einer Schizophrenie begünstigen. Das erklärt die in den Trinkwasserstudien beobachtete Korrelation zwischen reduzierten Einweisungsraten in psychiatrische Kliniken und höheren Lithiumkonzentrationen im Trinkwasser. Auch Impfungen stehen deshalb im konkreten Verdacht, Schizophrenie zu verursachen – das gilt auch für die COVID-19-mRNA-Injektion. Das deutet darauf hin, dass diese bei Kindern und Jugendlichen eine ärztlich verursachte Neuroinflammation bewirkt mit der Folge einer neuropsychiatrischen Entwicklungsstörung.[184] Es gelten somit auch hier dieselben Empfehlungen wie bei der oben behandelten ASS.

Die multikausale Genese hippocampaler Entwicklungsstörungen zeigt sich am Beispiel der Schizophrenie auch daran, dass ein Mangel an aquatischen Omega-3-Fettsäuren, der auch bei Jugendlichen sehr häufig vorkommt, das Erkrankungsrisiko maßgeblich beeinflusst. In einer aufsehenerregenden Studie erhielten junge Schizophrenie-Risikopatienten im Alter von 13 bis 25 Jahren über einen kurzen Zeitraum von nur drei Monaten entweder aquatische Omega-3-Fettsäuren oder ein Placebo.[185] In den folgenden neun Monaten war die Wahrscheinlichkeit eines erneuten psychotischen Schubs in der Omega-3-Gruppe fast sechsmal geringer als in der Placebo-Gruppe. Dieses Ergebnis war so spektakulär, dass man beschloss, den anschließenden Beobachtungszeitraum auf weitere sechs Jahre auszudehnen. Und tatsächlich bestätigten sich die Erwartungen:

Während 40 Prozent der scheinbehandelten Probanden eine manifeste Schizophrenie entwickelten, waren es in der Omega-3-Gruppe weniger als zehn Prozent – und das war höchst unerwartet, schließlich lag die dreimonatige Therapie mehrere Jahre zurück.[186] Würde man alle Mängel und toxischen Einflüsse beseitigen oder zumindest dezimieren, würde es neuropsychiatrische Entwicklungsstörung wie die Schizophrenie so gut wie nicht geben. Das gilt natürlich auch für alle anderen. Dennoch findet weder eine kausale Prävention statt noch wird kausal therapiert.

Tourette-Syndrom

Das Tourette-Syndrom (TS) umfasst eine Gruppe chronischer neuropsychiatrischer Entwicklungsstörungen, die im Kindesalter erstmals auftreten und durch Tics gekennzeichnet sind – das sind sich wiederholende, plötzliche Bewegungen oder Lautäußerungen, die zwar bewusst erlebt werden, aber kaum kontrollierbar sind. Impfungen tragen dazu bei (siehe Abb. 27). Das TS geht häufig mit Störungen des Mentalen Immundefizienz-Syndroms einher, wie AD(H)S (siehe unten), Zwangs- und Angststörungen oder Depression. In solchen Fällen haben TS-Patienten erfahrungsgemäß schlechtere Entwicklungsaussichten bzw. Therapieergebnisse als jene ohne diese Begleiterkrankungen. Der Mechanismus der TS ist noch nicht geklärt. Der mögliche Zusammenhang zwischen abnormer Immunaktivierung, Neuroinflammation und neuropsychiatrischen Störungen hat in den letzten zwei Jahrzehnten viel Aufmerksamkeit erregt; es scheint, als würde eine Dopamin-Dysregulation und Fehlfunktionen des Immunsystems eine entscheidende Rolle im Hinblick auf die Ursachen und Abläufe spielen, die zur Erkrankung führen.[187] Die Entzündungsaktivität der Mikroglia ist bei TS erhöht, während die durch die Mikroglia vermittelten Reinigungsmechanismen beeinträchtigt sind.[188] Ähnlich wie bei der Migräne ist beim TS eine reduzierte Aktivität von Akt bei zugleich hoher Aktivität von GSK-3 Ursache der neuroinflammatorischen und der dopaminergen Dysregulation (siehe Abb. 12 und 24).[189] Da alle diese Funktionen – das heißt die

Regulation von GSK-3, Akt und Dopamin – unter der Kontrolle des Lithioms stehen, ist zu erwarten, dass die Behebung eines Lithiummangels oder eine niedrigdosierte Lithiumgabe die Symptome kausal verbessern sollte. Tatsächlich wurde ich schon von einem TS-Patienten kontaktiert, der allein durch die etwa doppelte Dosis der in Kap. 3 ermittelten Lithium-RDA (in Form von Lithiumorotat) eine deutliche Besserung verspürte. Ähnliches wurde bereits 1977 und 1983 in mehreren Fallberichten publiziert: Lithium führte im Gegensatz zum Antipsychotikum Haloperidol nebenwirkungsfrei zum vollständigen Verschwinden der Beschwerden.[190] Dies deutet darauf hin, dass ein Lithiummangel die primäre Ursache eines TS sein könnte.

Borderline-Persönlichkeitsstörung

Menschen mit einer Borderline-Persönlichkeitsstörung (BPS) zeigen häufig impulsives und aggressives Verhalten. Der Hippocampus (neben den Mandelkernen, den sogenannten Amygdalas) ist Teil des limbischen Systems, das eine zentrale Rolle bei der Kontrolle dieser Ausprägungen emotionaler Reaktivität spielt. Bei Patienten mit BPS wurden im Vergleich zu gesunden Kontrollpersonen signifikant kleinere Volumina sowohl im linken Hippocampus als auch in den Amygdalas gefunden. Das deutet darauf hin, dass ein reduziertes Volumen beider Hippocampi (und der Amygdalas, ebenso als Hinweis auf eine Dysfunktion) das neuronale Korrelat für die Entwicklung einer BPS darstellt.[191] Eine andere Studie kam zu dem Schluss, dass Gedächtnisprobleme bei BPD zum Teil durch eine gestörte Beziehung zwischen der Aktivierung des Hippocampus und einer erfolgreichen Gedächtniskodierung erklärt werden können.[192] Darüber hinaus liefert eine klinische Studie Hinweise darauf, dass strukturelle Veränderungen im Hippocampus das für BPD typische aggressive Verhalten begünstigen.[193] Auch wurde von klinischen Forschern vorgeschlagen, dass eine Zwangsstörung (OCD, *Obsessive-Compulsive Disorder*), die häufig mit Borderline-Persönlichkeitsstörung assoziiert ist, durch eine Niedrigdosisbehandlung mit Lithium gut zu behandeln sein müsste – immerhin ist sie auch auf dieselben Pathomechanismen

(Neuroinflammation etc.) zurückzuführen.[194] Es liegt daher auf der Hand, dass bei BPS und eng verwandten Symptomatiken wie z.B. einer Zwangs- oder Angststörung ein systemischer Ansatz, wie er oben skizziert wurde, erfolgversprechend sein dürfte.

Suchtverhalten

Lithium hilft, wie wir in Kap. 3 über die Vorteile von Lithiumorotat gesehen haben, bei Alkoholabhängigkeit besser abstinent zu bleiben. Aber wie kommt es überhaupt zu einem Suchtverhalten und welche Rolle spielt das Lithiom dabei? Sucht ist das Streben nach etwas, das Glücksgefühle verspricht. Als Glückshormon ist der zentrale Nervenbotenstoff Dopamin bekannt. Dieser hat aber auch eine Schattenseite, denn er scheint eine zentrale Rolle bei der Entstehung von Suchtverhalten zu spielen.[195] Dies hängt damit zusammen, dass das Dopaminsystem unserem Gehirn hilft, Wichtiges von Unwichtigem zu unterscheiden. Laut dem deutschen Suchtmediziner Prof. Dr. Falk Kiefer gehören dazu „einerseits Gefahren, andererseits aber auch belohnungsassoziierte Reize, sonst würden wir bei Hunger am Essen vorbeilaufen“.[196] Ein "Dopamin-Hoch" führt deshalb zu einer selektiven Aufmerksamkeit: „Dinge, die mit Dopamin markiert worden sind“, so Kiefer, „werden immer wichtiger.“ Dabei ist besonders das Gehirn von Jugendlichen „sensibel für neue Prägungen, sich also auf neue Belohnungsreize auszurichten“. Falk zufolge ergibt es „evolutionär viel Sinn, weil in dieser Phase die Ablösung von ehemaligen Belohnungsreizen wie der Mutter und der Familie stattfindet und Jugendliche eine neue Ausrichtung brauchen“. In der Jugend werden besonders viele neue Präferenzen gesetzt. Eine übermäßige Dopaminfreisetzung in dieser Zeit schadet, wenn dadurch ein unkontrollierbares Suchtverhalten entsteht. Und hier kommt wieder das Lithiom ins Spiel, denn das Spurenelement wirkt dem „Dopamin-abhängigen Verhalten entgegen, das durch die [… GSK-3]-Signalkaskade vermittelt wird“, so auch der Titel einer wissenschaftlichen Arbeit. Darin weisen die Autoren darauf hin, dass ein hyperaktives [bzw. nicht durch essentielles Lithium gebremstes]

GSK-3 ihren Daten zufolge ein wichtiger Signalvermittler der Dopamin- und Lithium-Wirkung ist. Das führt sie zu der Schlussfolgerung, dass Lithium nicht nur bei der Prävention und Therapie von Suchtverhalten, sondern auch für die Behandlung Dopamin-bezogener Störungen wie Aufmerksamkeitsdefizit-Hyperaktivitätsstörung und Schizophrenie relevant sein könnte.[197]

Das *Center for Recovery and Wellness* (CRW), ein stationäres und ambulantes Gesundheitszentrum für Suchtkranke im East Village von Manhattan, New York, geht in einem "Triaden-Ansatz", wie sie es nennen, die drei häufigsten Ursachen von Sucht an: körperliche Schmerzen, emotionale Schmerzen (Trauma) und Aufmerksamkeitsdefizitstörung. Dabei setzen die Ärzte erfolgreich niedrigdosiertes Lithium in Form von 150 mg Lithiumcarbonat ein, das entspricht in etwa 28,7 mg reinem Lithium. Aufgrund der höheren Wirksamkeit von Lithium in Form von Lithiumorotat (siehe Kap. 3: *Ist Lithiumorotat das bessere Lithium?*) gehe ich davon aus, dass 5 bis 10 mg reines Lithium in Form von Lithiumorotat dieselbe, möglicherweise sogar eine noch bessere Wirkung erzielen könnten, die dennoch ganz beachtlich ist: „Die Einführung von niedrigdosiertem Lithium in eine Suchtbehandlung, in der Traumata, unbehandelte ADHS und Erkrankungen häufig sind, hat sich als nützlich erwiesen, um Patienten zu helfen, Fortschritte in ihrem Leben zu erzielen und aufrechtzuerhalten“, schreibt deren Chefarzt Sudhir Gadh.[198] „Bei fast allen unseren Klienten wurde eine Abhängigkeit von einer oder mehreren Substanzen gemäß DSM-5 [5. Auflage des *Diagnostic and Statistical Manual of Mental Disorders*) diagnostiziert. Bei mehr als 75 % wurde auch eine psychiatrische Grunderkrankung wie eine Major Depression, eine posttraumatische Belastungsstörung, eine Aufmerksamkeitsdefizitstörung oder eine substanzinduzierte Störung diagnostiziert. Darüber hinaus war die Mehrheit in mehreren Suchtbehandlungseinrichtungen, was darauf hindeutet, dass die Standardbehandlungen nicht wirksam genug waren.“ Jeder Patient mit einer Vorgeschichte von Trauma, Sucht, Inhaftierung und/oder Rückfällen kann laut den Erfahrungen im Rahmen eines ganzheitlich-systemischen Ansatzes erfolgreich mit niedrigdosiertem Lithium gegen "emotionale Schmerzen" behandelt werden. Insbesondere die Einnahme vieler allopathischer Medikamente konnte dadurch teils völlig eliminiert werden.

Beim Vergleich der Blutwerte vor der Lithiumgabe und 3 Monate nach Beginn der niedrigdosierten Lithiumtherapie zeigten sich keine negativen Veränderungen der Laborwerte für Nierenfunktion, Leukozyten (weiße Blutkörperchen) oder Schilddrüsenfunktion. Die Einnahme von Lithium in dieser Dosierung stellt also kein gesundheitliches Problem dar, ganz im Gegensatz zu vielen Medikamenten, die viele CRW-Patienten vor der Therapie regelmäßig einnehmen. Dazu gehören Benzodiazepine, die in den USA am häufigsten zur Behandlung von Angst- und Schlafstörungen verschrieben werden. Aber aufgrund der vielen Nebenwirkungen, die groteskerweise mit dem identisch sind, was sie behandeln sollen – wie „erhöhte Erregbarkeit, Albträume, Angstzustände, Schlaflosigkeit, Panikattacken, Depressionen, Halluzinationen, Reizbarkeit, paranoide Gedanken, soziale Phobie, schlechtes Gedächtnis, Konzentrationsschwäche, Delirium und sogar Psychosen" – verfolgt das CRW eine "Zero Benzo"-Strategie.[199] Auch die Einnahme des Schlafmittel Zolpidem wird im CRW gestoppt (siehe oben, Zusatzinfo: *Schlaftablette hemmt glymphatische Gehirnreinigung und fördert Alzheimer*). Diese Entwöhnungsmaßnahmen waren jedoch laut CRW nur erfolgreich aufgrund des niedrigdosierten Lithiums in der Suchtbehandlung. Dasselbe gilt für die Verwendung von Antipsychotika, die häufig als Beruhigungsmittel verabreicht werden. Auch diese konnten mit Lithium um 72 Prozent reduziert werden. Zudem kam es laut Chefarzt Gadh zu einer deutlichen Reduktion der Polypharmazie wie z.B. die gleichzeitige Einnahme mehrerer Antipsychotika. Deren Einnahme habe zwar „zu einer Kontrolle potenzieller Selbstverletzungen und Agitiertheit geführt, allerdings mit einer erheblichen Belastung durch Nebenwirkungen". Zu denen zählt Gadh u.a. „Gewichtszunahme, Sedierung, kognitive Beeinträchtigung und Hypercholesterinämie". Die Einnahme von niedrigdosiertem Lithium machte diese Medikamente jedoch überflüssig. Diese Erfolge sollten uns als wichtiger Hinweis dienen, dass Lithium in essentieller (präventiver) und niedriger (therapeutischer) Dosierung viele Medikamente überflüssig macht – sehr wahrscheinlich nicht nur im Fall von Suchtkranken.

AD(H)S

Die Aufmerksamkeitsdefizit-/Hyperaktivitätsstörung bezeichnet eine Verhaltensstörung von Kindern, Jugendlichen oder Erwachsenen, die durch Auffälligkeiten in drei Kernbereichen gekennzeichnet ist: starke Aufmerksamkeits- und Konzentrationsstörungen (ADS) und oft eine starke Impulsivität und ausgeprägte körperliche Hyperaktivität (H), daher AD(H)S in seiner vollen Ausprägung. Mittlerweile ist gut belegt, dass die hohe Impulsivität durch einen Lithiummangel verursacht sein könnte.[200] Dieser könnte auch verantwortlich sein für die Dysregulation des sogenannten dopaminergen Systems, das unter Kontrolle des Lithioms steht, und als eine der Ursachen für ADHS gilt.[201] Eine Neuroinflammation gilt als entscheidende Ursache.[202] Neuroinflammation ist aber auch eine Folge von AD(H)S, schließlich ist es extrem belastend, den Anforderungen des sozialen Umfelds ständig nicht gerecht werden zu können.[203] Eine vermehrte Ausschüttung von DAMPs ist die zwangsläufige Folge, die den Teufelskreis der Neuroinflammation aufrechterhält (siehe Abb. 24). Eine Studie aus dem Jahr 2023 berichtet daher erwartungsgemäß von einer erheblichen Schrumpfung von etwa 23 Prozent sowohl des linken als auch des rechten Hippocampus bei Kindern mit ADHS im Vergleich zu Kontrollpersonen. Wie auch im Falle der Neuroinflammation kann dies allerdings beides sein: sowohl die Ursache als auch die Folge von AD(H)S.[204] Sämtliche Funktionsstörungen – mangelnde Aufmerksamkeit und Hyperaktivität – unterliegen somit der Kontrolle des Lithioms. Das bedeutet, dass der Lithiummangel auch hier in einem ursächlichen Zusammenhang steht; seine Behebung erscheint daher sowohl präventiv als auch therapeutisch sinnvoll. Es überrascht nicht, dass eine pharmakologische Hemmung von GSK-3 auch in solchen Fällen empfehlenswert ist.[205] Aber wieso nach Lithium-Mimetika suchen, wie die Pharmaindustrie es auf Grundlage derselben Erkenntnis tut? Der Mangel an GSK-3-Regulation kann durch essentielle Mengen an Lithium direkt und auf völlig natürliche Weise behoben werden. Naheliegenderweise sollte dies im Zuge eines systemischen Ansatzes geschehen, der auch andere Mängel (an aquatischen Omega-3-Fettsäuren, Zink, Selen, Vitamin D etc.), die leider bei Kindern viel zu häufig sind, korrigiert. Die klinischen Erfolge, die man einzig durch die Behebung dieser Mängel erzielt – und über die u.a. Dr. Christian Schellenberg berichtet (s. Kap. 3) – sind schlichtweg spektakulär. Die gängige Alternative zu diesem natürlichen Vorgehen sind z.B. die „Medikamente" Ritalin® und Medikinet®, die in ihrem Wirkprofil erschreckenderweise Amphetaminen wie "Speed", Methamphetaminen wie "Crystal Meth" und deren Derivaten wie "Ecstasy" ähneln. Deshalb gehe ich davon aus (und wünsche dies allen Betroffenen), dass die Standardmedikation mit nebenwirkungsreichen Methylphenidat-Stimulanzien einer kausalen Therapie mit essentiellen Wirkstoffen weichen wird. Allerdings ist der Begriff "Therapie" im Zusammenhang mit essentiellen Lithiumgaben auch insofern etwas irreführend, als keine therapeutischen Dosen verabreicht werden, sondern lediglich bestehende Defizite behoben werden, um die Neuroinflammation zu stoppen und im Konzert mit allen anderen systemischen Maßnahmen den Hippocampus wieder natürlich wachsen zu lassen.

Depression

Stressbedingte Neuroinflammation wird vom TLR4-Rezeptor und einer GSK-3-gesteuerten Signalübertragung vermittelt, was die Anfälligkeit für depressionsähnliches Verhalten erhöht.[206] Die Hemmung der GSK-3-Aktivität in der Mikroglia ist nahezu allen Arten von Antidepressiva gemeinsam.[207] Letztendlich führt diese Hemmung direkt und indirekt zur Steigerung der hippocampalen Neurogenese, was die eigentliche antidepressive Wirkung darstellt, da dadurch die psychische Resilienz reaktiviert wird. In der Tat ist vermutlich der zentrale Mechanismus aller klinisch verfügbaren Antidepressiva die indirekte Aktivierung der adulten hippocampalen Neurogenese.[208] Dies wurde zuerst in Tiermodellen beobachtet und dann auch für die Anwendung beim Menschen bestätigt.[209] Obwohl die Depression selbst nicht *direkt* auf einer Störung der adulten hippocampalen Neurogenese beruht, macht die dadurch reduzierte psychische Widerstandsfähigkeit *indirekt* anfälliger für die Entwicklung einer Depression.[210] Alle in Kap. 2 aufgeführten Funktionalitäten des Lithioms nehmen direkt oder indirekt Einfluss auf eine produktive adulte hippocampale Neurogenese. Damit hängt wiederum ein funktionsfähiges mentales Immunsystem zusammen, das uns vor der Entwicklung einer Depression schützt. Aus diesem Grund erhöht ein durch Lithiummangel dysreguliertes Lithiom das Depressionsrisiko. Es überrascht somit nicht, dass hyperaktives GSK-3 als Schlüsselfaktor für die Entstehung von Depressionen (*A Master Player in Depressive Disorder Pathogenesis*) als auch für die Wirksamkeit von medikamentösen Behandlungen (*A Master Player in Treatment Responsiveness*) betrachtet wird.[211] Auch wenn GSK-3 ein zentraler Modulator der Stimmungsregulation ist, kann insbesondere in der Prävention und Therapie nur ein systemischer Ansatz, der wie oben skizziert alle Lebensbereiche umfasst und das Gesetz des Minimums wie des Maximums beachtet, langfristig erfolgversprechend sein.[212]

Suizidneigung

Unabhängige und rein zufällige Mutationen in fünf verschiedenen Genen, darunter die Lihiumtargets GSK-3 und IMPase, haben drei gravierende Auswirkungen gemeinsam: Erstens erhöhen die jeweiligen Mutationen messbar das Suizidrisiko (so wurden sie identifiziert) und zweitens aktiviert die durch die Mutation ausgelöste Fehlregulation direkt oder indirekt GSK.[213] Drittens kommt es dadurch zur Entwicklung einer Neuroinflammation, die nach dem Schweizer Pharmakologen Hans O. Kalkman „in einem kausalen Zusammenhang mit Dysphorie und Wut steht, zwei Faktoren, die für Suizidgedanken und Suizidversuche relevant sind".[214] Auch wenn solche Genvarianten sehr selten sind und daher nicht für die weltweit hohe Suizidrate verantwortlich gemacht werden können, zeigen diese Befunde, dass eine Dysregulation des Lithioms einen kausalen Einfluss auf eine erhöhte Suizidwahrscheinlichkeit hat. In diesen seltenen Fällen wird GSK-3 durch zufällige genetische Varianten hyperaktiv, was funktionell einem Lithiummangelzustand entspricht. Dies wiederum liefert den kausalen Zusammenhang und damit die Erklärung, weshalb Lithium im Trinkwasser durch seinen regulierenden Einfluss auf das gesamte Lithiom und insbesondere GSK-3 zur Senkung der Suizidraten beiträgt. Lithium beeinflusst aber nicht nur die Neuroinflammation direkt, sondern alle Funktionen, die mit einer gesünderen Psyche zusammenhängen, einschließlich der Telomerase-Aktivität. Tatsächlich kann anhand vergleichsweise kurzer Telomere eine Prognose erstellt werden für ein erhöhtes Suizidrisiko bzw. für Suizidgedanken bei Patienten mit Schizophrenie und bipolarer Störung.[215] Damit schließt sich die Kausalkette zwischen Lithiummangel und Suizid: Es ist bereits gut belegt, dass Lithiummangel das Risiko für psychische und psychiatrische Erkrankungen erhöht, die wiederum mit einem erhöhten Suizidrisiko einhergehen. Die Ursache ist eine durch Lithiummangel begünstigte, durch GSK-3-Hyperaktivität verursachte Neuroinflammation, die ihrerseits die adulte hippocampale Neurogenese blockiert. In Folge entwickelt sich eine der häufigsten psychischen Störungen, die Depression (*Major Depression*), die ihrerseits mit einem drastisch erhöhten Suizidrisiko einhergeht.[216]

„Sowohl die Grundlagenforschung als auch die klinische Forschung zeigen, dass Lithium die Impulsivität reduzieren kann und seine antisuizidale Wirkung zumindest teilweise durch eine Verstärkung der "Top-down-Bremsung" impulsiver Handlungen entfaltet“, schreibt der griechische Naturwissenschaftler Orestis Giotakos. Ihm zufolge können wir auf Grundlage des Forschungsstands vermuten, „dass sogar die natürliche Aufnahme von Lithium die Impulsivität beeinflussen kann, ein möglicher Schlüsselfaktor, der die Manifestation von Suizidalität und Aggressivität oder sogar Kriminalität vermittelt. Darüber hinaus können wir davon ausgehen, dass ein Lithiummangel diese Situationen auslösen kann.“[217] Aufgrund dieser Erkenntnisse halte ich es sowohl aus medizinischer als auch aus ethischer Sicht für dringend geboten, insbesondere Menschen mit Suizidneigung eine niedrigdosierte Lithiumtherapie anzubieten, um den lebensbedrohlichen Teufelskreis der Neuroinflammation zu durchbrechen.

Störung des Sozialverhaltens

Das als Störung des Sozialverhaltens (SSV) definierte Krankheitsbild des aggressiven, unsozialen und regelwidrigen Verhaltens während der Kindheit geht (wie viele andere Dysfunktionen des mentalen Immunsystems, siehe Kap. 2, Argument 3) mit einem auffallend kleineren linken Hippocampus einher.[218] Misshandlung oder Missbrauch in der Kindheit, Hauptrisikofaktor für Stimmungsschwankungen, Angstzustände, Substanzmissbrauch, psychotische Störungen und Persönlichkeitsstörungen gehen ebenfalls mit einer Verkleinerung des Hippocampus, primär auf des linken, einher und legen einen Zusammenhang nahe.[219] Die SSV ist Hauptrisikofaktor für die Entwicklung einer antisozialen Persönlichkeitsstörung (APS) im Erwachsenenalter – allerdings nicht zwangsläufig. Auf der Suche nach einer Erklärung dafür wurde man fündig: Je größer das Volumen des linken Hippocampus bzw. einer bestimmten Region des linken Hippocampus ist, desto geringer ist die Wahrscheinlichkeit, dass die SSV in eine ASP übergeht.[220] Eine antiinflammatorische, proneurogenetische und damit systemische Therapie ist daher die offensichtlich notwendige Vorgehensweise, zumal im Tiermodell nachgewiesen wurde, dass hyperaktives GSK-3 auf dem Wege einer Neuroinflammation aggressives Verhalten fördert.[221]

„Immer mehr Daten zeigen", schreibt der US-amerikanische Arzt Austin Perlmutter in *Psychology Today*, „dass Entzündungen unser Denken, unsere Stimmung und sogar unsere Entscheidungsfindung verändern. Dies hat erhebliche Auswirkungen auf die Gesundheit des Einzelnen und der Bevölkerung."[222] Laut Perlmutter liegt es auf der Hand, „dass die Fähigkeit, gute, langfristige Entscheidungen zu treffen, für unser Wohlbefinden unerlässlich ist. Sie bewahrt uns davor, aus einer Laune heraus unser ganzes Geld auszugeben, unseren Chef anzuschreien und zu jeder Mahlzeit Junkfood zu essen. Wenn wir uns jedoch auf impulsive und schnelle Lösungen einlassen, können die Folgen katastrophal sein. Es ist daher aufschlussreich und erschreckend zugleich, dass ein höheres Maß an Entzündungsmarkern im Blut Entscheidungen vorhersagt, die durch Impulsivität und die Unfähigkeit, Belohnungen aufzuschieben, gekennzeichnet sind." Er ist davon überzeugt, dass eine Neuroinflammation unsere Sicht auf die Welt verändert. Doch diese ist eine unnatürliche Sicht, wird sie doch durch einen Mangel an essentiellem Lithium getrübt. Ich bin daher davon überzeugt, dass unsere Sicht auf die Welt eine auf positive Weise völlig andere sein wird, sobald der globale Lithiummangel behoben wird.

Angststörungen

Neuroinflammation und daraus resultierende Veränderungen im Gehirn (insbesondere im Hippocampus) führen zu Angststörungen. Sie werden auch mit chronischem Stress in Verbindung gebracht, wobei chronische Stresssituationen die Entstehung von Angststörungen beschleunigen – ein Teufelskreis, der in Abb. 24 dargestellt ist.[223] Unter anderem ist wiederum der linke Hippocampus am stärksten betroffen, was auf einen Lithiummangel als direkte oder indirekte Ursache hindeutet (siehe Kap. 2, Argument 3).[224] Die Neigung, sich zu einer eher ängstlichen Person zu entwickeln, könnte allerdings schon in der Schwangerschaft gelegt werden, wie die tierexperimentellen Forschungsergebnisse vermuten lassen: „Da bekannt ist", erklären Neurowissenschaftler verschiedener New Yorker Universitäten ihre Erkenntnisse, „dass mütterliche körperliche Aktivität sowohl TNFα im Gehirn [[225]] als auch die angeborene Ängstlichkeit der Nachkommen [[226]] reduziert, während mütterlicher Stress TNFα im Gehirn [[227]] und die Ängstlichkeit und Unruhe der Nachkommen [[228]] erhöht, könnte TNFα im Gehirn der Mutter Umweltbedingungen signalisieren, die die Verhaltensanpassung der Nachkommen an ihre erwartete postnatale Umgebung fördern."[229] Weil jede Stresssituation während der Schwangerschaft zu einer Neuroinflammation führen kann, die auch die Zukunft des Kindes beeinflusst, ist auch hier auf eine ausreichende Versorgung mit Vitalstoffen, insbesondere mit entzündungshemmendem Lithium, zu achten. Gleichzeitig sind z.B. Injektionen von genetischem Material, das für neuroinflammatorische Spike-Proteine im Gehirn verantwortlich ist, sehr kritisch zu betrachten. Wir laufen Gefahr, eine ganze Generation von Kindern heranwachsen zu lassen, die bereits von Geburt an zu übermäßiger Angst neigen – und mit Angstpropaganda leichter zu steuern sind. Wenn dies tatsächlich gewollt wäre, was ich vermute (siehe zu dieser Frage Kap. 7), wäre dies eine weitere Erklärung dafür, weshalb Lithium trotz dessen Essentialität als Nahrungsergänzung bspw. in der EU, der Schweiz und vielen anderen Ländern verboten ist.

Grundsätzlich, und hier wiederhole ich mich gerne, sollte sowohl in der Prävention als auch in der Therapie von Angststörungen immer ein systemischer Ansatz verfolgt werden. Eine menschenwürdige Medizin muss ausnahmslos allen Grundbedürfnissen des Menschen Rechnung tragen, wenn sie eine offene, reflektierte und nicht rein angstgesteuerte Menschheit fördern will.

Schmerzsyndrome

Schmerz ist ein lebens- und überlebensnotwendiges Warnsignal. Er kann aber auch lebensverkürzend sein, wenn er sich verselbstständigt, chronifiziert und das Leben beeinträchtigt. Die grundsätzliche Unterscheidung zwischen körperlichem und seelischem Schmerz ist indes nicht so trennscharf, wie die beiden Begriffe suggerieren – schließlich bilden Körper und Seele eine Einheit. Seelische Schmerzen machen uns anfälliger für körperliche Schmerzen bis hin zur sogenannten Allodynie, bei der schon leichte Berührungen Schmerzen auslösen können. Im Gegenzug belasten körperliche Schmerzen wiederum die Seele.[230] Entsprechend kann Schmerz den neuroinflammatorischen Teufelskreis leicht in Gang setzen (siehe Abb. 24). Denn was auch immer die Ursache eines chronischen Schmerzzustandes ist – sei sie körperlich oder seelisch: Der gemeinsame pathologische Nenner der Chronifizierung des Schmerzes ist ein hyperaktives GSK-3 bzw. ein dysreguliertes Immunsystem.

Polyneuropathie und der neuropathische Schmerz

Der neuroinflammatorische Teufelskreis des chronischen Schmerzes wird durch eine stressbedingte Ausschüttung von DAMPs im Gehirn angestoßen. Auslöser kann aber auch ein hirnferner neuropathischer Prozess sein, der im betroffenen Gewebe eine Freisetzung proinflammatorischer Botenstoffe auslöst, die durch die Blutbahn und über die Blut-Hirn-Schranke das Gehirn erreichen. Neuropathische Schmerzen stammen von krankhaft veränderten sensorischen Nerven. Die meist sehr starken Schmerzen treten in der Regel anfallartig auf und werden häufig als brennend, stechend oder auch dumpf beschrieben. Eine Polyneuropathie (im klinischen Kontext auch als multiple periphere Neuropathie bezeichnet) beschreibt die Fehlfunktion gleich mehrerer peripherer Nerven. Zu den Symptomen einer Polyneuropathie gehören neben Schmerzen in den betroffenen Körperbereichen (häufig in den Beinen) auch Empfindungsstörungen, Missempfindungen wie Kribbeln, Brennen und "Ameisenlaufen". Darüber hinaus können Störungen des Berührungs-, Schmerz- oder Temperaturempfindens auftreten. Ursachen für neuropathische Schmerzen sind z.B. Rückenmarksverletzungen oder Schädigungen durch das eigene Immunsystem im Rahmen einer MS. Häufig handelt es sich aber auch um Stoffwechselstörungen (Diabetes mellitus), Arteriosklerose oder Herpes zoster (Gürtelrose).[231] Auch Krebserkrankungen können neuropathische Schmerzen verursachen. Dies kann auf direktem Wege, nämlich durch Kompression der Nerven durch das Tumorgewebe, oder indirekt durch freigesetzte Zytokine wie TNFα geschehen. Letzteres wird vom Immunsystem infolge lokaler Nekrosen (absterbendes Gewebe) eines schnell wachsenden Tumors ausgeschüttet – daher stammt auch der Name TNF: Tumor Nekrose Faktor.[232] Auch die Strahlen- oder Chemotherapie kann das Nervengewebe schädigen.

Die durch die Nervenzellschädigung ausgelösten neuroinflammatorischen Prozesse im Hippocampus spielen daher eine entscheidende Rolle bei der Entwicklung depressiver Störungen in Folge chronischer Schmerzen.[233] Die lokale Ausschüttung proinflammatorischer Botenstoffe wie TNFα und IL-1β, die durch eine GSK-3-Hyperaktivierung verursacht wird, unterbricht die hippocampale Neurogenese, wodurch selbst periphere Nervenverletzungen zu Veränderungen von Struktur, Volumen und Funktion des Hippocampus führen – dies konnte im Tiermodell gezeigt werden.[234] Dieser Mechanismus trägt bei den meisten Schmerzpatienten zur Entwicklung einer Depression bei.[235] Langfristig droht durch die chronische Blockade der adulten hippocampalen Neurogenese sogar die Entwicklung einer Alzheimer-Demenz, wie ich es in einem Übersichtsartikel ausführlich darstellen konnte.[236]

Die Aktivierung einer Neuroinflammation via dysregulierter GSK-3 gilt als entscheidender Mechanismus für die Entwicklung und Aufrechterhaltung vieler Arten von pathologischen Schmerzen.[237] Da chronischer Schmerz den Hippocampus auf Dauer folgenschwer verändert, muss der Teufelskreis schnell unterbrochen werden. So führt eine direkte Hemmung von GSK-3 zu einer Reduktion von neuropathischem Schmerz, wie im Tiermodell mit Lithium-Mimetika gezeigt wurde.[238] Auch wenn diese pharmazeutischen Produkte das kostengünstige Lithium ersetzen sollen, zeigen sie dennoch den Nutzen von Lithium, das ich stets aufgrund seiner natürlichen Multifunktionalität im Rahmen einer systemischen Therapie bevorzugen würde. Als natürlicher GSK-3-Hemmer könnte Lithium sogar eine entscheidende Rolle bei der Entwicklung umfassender Behandlungsmethoden für Rückenmarksverletzungen spielen. Der Hinweis darauf entstammt einem Übersichtsartikel aus dem Jahr 2023, der ausgerechnet synthetischen GSK-3-Hemmern (Lithium-Mimetika) die Fähigkeit attestiert, „die Neurogenese [zu] fördern"; somit belegt er indirekt den therapeutischen Nutzen dieses Spurenelements.[239] „Außerdem", schreiben die Autoren, „sind Signalwege, die mit GSK-3 in Verbindung stehen, auch am pathologischen Prozess des neuropathischen Schmerzes beteiligt, der nach einer Rückenmarksverletzung bestehen bleibt." Lithium könnte aber auch gegen den neuropathischen Schmerz wirken, weil es im Gehirn mit β-Endorphin ein körpereigenes, schmerzreduzierendes morphinähnliches Opioidpeptid (kleines Protein mit Opiatwirkung) freisetzt, wie im Tiermodell nachgewiesen wurde: „Zusammen belegen unsere Ergebnisse, dass Lithium bei neuropathischen Mäusen eine lang anhaltende Analgesie [Schmerzunempfindlichkeit] auslöst."[240] Interessanterweise scheint Lithium zugleich auf natürliche Weise den Mechanismus der Toleranzentwicklung gegenüber Opiaten wie Morphin zu hemmen. Es könnte somit das Suchtrisiko reduzieren, wenn Opiate zusätzlich zu Lithium zur Schmerzbehandlung eingesetzt werden.[241]

Migräne

Migräne ist gekennzeichnet durch wiederkehrende, in der Regel starke einseitige Kopfschmerzen, die meist zwischen 4 bis 72 Stunden anhalten und von weiteren Symptomen wie Übelkeit, Licht- und Geräuschempfindlichkeit begleitet werden. In etwa einem Drittel der Fälle geht den Migräneattacken eine so genannte Aura voraus. Unter einer Aura versteht man ein in der Regel 5 bis 60 Minuten dauerndes Unwohlsein mit sich langsam ausbreitenden Sehstörungen wie Gesichtsfeldausfällen, Flimmern, Zickzacklinien oder Blitzen. Dies kann allerdings nicht nur einem klassischen Migräneanfall, sondern auch einem epileptischen Anfall vorausgehen – dementsprechend lässt sich ein ähnlicher Krankheitsmechanismus vermuten. Auch Gefühlsstörungen wie Kribbeln oder Taubheit in den Extremitäten sind häufig. Manche haben in dieser Phase auch sprachliche Probleme wie Wortfindungsstörungen oder Schwierigkeiten beim Sprechen. Im schlimmsten Fall kommt es sogar zu einer vorübergehenden kompletten Halbseitenlähmung, die an einen Schlaganfall erinnert. Migräne betrifft mehr als 15 Prozent der Allgemeinbevölkerung. Sie ist damit eine der häufigsten chronischen Erkrankungen mit starken Behinderungseffekten, die sich im Hinblick auf Krankheitshäufigkeit und Produktivitätsverlust durch Fehlzeiten am Arbeitsplatz ergeben.[242] Frauen sind dreimal häufiger von Migräne betroffen als Männer.

Manche Forscher halten die Migräne aufgrund einiger grundsätzlicher neuropathologischer Mechanismen für eine Sonderform des neuropathischen Schmerzes.[243] So spielt – wie bei anderen akuten und chronischen Schmerzzuständen auch – eine Neuroinflammation sehr wahrscheinlich die Schlüsselrolle als Auslöser von Migräneattacken.[244] Neuroinflammatorische Signalwege (siehe Abb. 24) könnten für diese Forscher daher therapeutische Ansatzpunkte und vielleicht sogar Biomarker bei Migräne sein. Neben IL-1β steht auch TNFα im Fokus bei der Hypersensibilisierung schmerzsensorischer Hirnnerven. Bei der Migräne ist dies insbesondere der sogenannte Trigeminus, der auch als 5. Hirnnerv bezeichnet wird. Er ist u.a. für die Sensorik im Gesichtsbereich verantwortlich und reagiert wie andere sensorische Nerven auf TNFα. So kann eine Migräneattacke durch Injektion von TNFα ausgelöst werden, während die Injektion von TNFα-Antikörpern beim Menschen nachweislich schmerzlindernd wirkt.[245] Die TNFα-Spiegel im Blut steigen mit Beginn des Migräneschmerzes an und sinken nach der Attacke allmählich ab. Neben dem Spiegel von TNFα ist auch der von IL-6 bei Migränepatienten im Vergleich zu gesunden Kontrollpersonen zwischen den Attacken signifikant erhöht.

Wenig überraschend ist daher, dass neuere Forschungsergebnisse darauf hinweisen, dass GSK-3 und dessen Aktivierung von NF-κB einen zentralen Signalweg der IL-1β- und TNFα-Freisetzung bei der Auslösung einer Migräne darstellen (siehe Abb. 24). Zu der Frage, warum Migräne häufig während der Menstruation auftritt, hat sich Dr. Bianca Raffaelli vom Kopfschmerzzentrum der *Klinik für Neurologie mit Experimenteller Neurologie* der Charité in Berlin in einer Pressemitteilung vom 23. Februar 2023 geäußert: „Aus dem Tiermodell haben wir Hinweise“, bestätigt sie, „dass Schwankungen von weiblichen Hormonen – insbesondere von Östrogen – zu einer verstärkten Freisetzung des Entzündungsbotenstoffs CGRP im Gehirn führen.“[246] Der Botenstoff CGRP (*Calcitonin Gene-Related Peptide*) wird ebenfalls durch NF-κB reguliert.[247] Raffaelli weist darauf hin, dass CGRP die Blutgefäße im Gehirn erweitert, wodurch dort eine Entzündungsreaktion entsteht; was „einer der Gründe für die starken Kopfschmerzen bei Migräne sein“ könnte (Blutgefäße haben Schmerzrezeptoren, das Gehirn nicht). Diesen Zusammenhang konnten sie und ihr Team in einer Studie bestätigen.[248] Interessanterweise ist die erhöhte Freisetzung dieses Schlüsselmoleküls für die Migräne durch die Aktivierung von GSK-3β und die Inaktivierung von Akt reguliert.[249] Wie auch GSK-3 umfasst Akt eine kleine Familie von Kinasen, die zum Lithiom gehören. Akt wird jedoch im Gegensatz zu GSK-3 durch Lithium nicht inaktiviert, sondern aktiviert. Wird Akt durch Lithium aktiviert, inaktiviert dieses wiederum GSK-3 und verstärkt so die antientzündliche und schmerzlindernde Lithiumwirkung (siehe Kap. 2, Abb. 12, dort Lithiumtarget D). Unter Lithiummangel ist GSK-3 jedoch leichter aktivierbar und Akt leichter inaktivierbar. Dies könnte erklären, weshalb unter Lithiummangel Migränepatienten psychische (PAMPs) oder physische (DAMPs) Belastungen wahrscheinlicher und/oder intensivere Attacken erleben (siehe Abb. 24). Auch die zyklusabhängige CGRP-Ausschüttung wird unter Lithiummangel nicht von vornherein gedämpft. Weil das Lithiom sowohl die Kontrolle über die Neuroinflammation als auch über die CGRP-Ausschüttung hat, wäre Lithium das probate Mittel zur Prävention und Therapie einer Migräne. Dies wurde schon im Jahr 1982 in einer Studie durch den US-amerikanischen Neurologen Jose L. Medina bestätigt. Er schreibt: „Das Medikament, das die zyklische Migräne am wirksamsten kontrolliert, ist Lithiumcarbonat.“[250] Laut Medina benötigt der Patient in der Regel dreimal täglich maximal 300 mg Lithiumcarbonat: „Man muss also keine hohen Blutspiegel erreichen, um ein Abklingen der Kopfschmerzen zu erreichen. Bei 19 von 22 Patienten, die wegen zyklischer Migräne mit einer durchschnittlichen Dosis von 900 mg Lithiumcarbonat pro Tag behandelt wurden, trat eine Besserung ein. Bei fünf von ihnen kam es zu einer vollständigen Remission, bei fünf zu einer Verringerung der Kopfschmerzdauer um 75 Prozent und bei neun Patienten zu einer Verringerung der Kopfschmerzdauer um 50 bis 75 Prozent.“ Dreimal täglich 300 mg Lithiumcarbonat einzunehmen summiert sich auf 900 mg, was ungefähr 180 mg reinem Lithium entspricht. Da es Hinweise gibt, dass Lithiumorotat etwa zehnfach effizienter wirken könnte (siehe Kap. 3), könnten schon 3 Gaben mit jeweils 6 mg Lithium täglich (je 154,3 mg Lithiumorotat-Monohydrat) ausreichen, um die Migränesymptomatik abzuschwächen oder sie sogar ganz zu verhindern – eine niedrigdosierte Lithiumbehandlung könnte also genügen, um Attacken vorzubeugen oder die Schmerzintensität zumindest zu lindern. Vielleicht genügt sogar noch weniger, denn Medina ergänzt, dass „in der Regel die Patienten nach den ersten zwei Monaten ihre Dosis selbst anpassen, und viele von ihnen benötigen nur noch 300 mg Lithiumcarbonat täglich oder jeden zweiten Tag“, um ihre Kopfschmerzen unter Kontrolle zu halten. Diese Dosisreduktion legt nahe, dass Lithium nicht nur symptomatisch, sondern kausal therapeutisch wirken könnte: Sobald der Teufelskreis durchbrochen ist, könnte die essentielle Dosis ausreichen.

Wenn eine Behandlung mit niedrigdosiertem Lithium so vielversprechend ist, warum scheint sich seither niemand in der medizinischen Welt für dieses spektakuläre Ergebnis zu interessieren? Es gibt weder Folgestudien noch Erwähnungen von Medinas wegweisender Arbeit durch andere Forscher; es scheint, als hätte es sie nie gegeben. Da es sich bei den vielfältigen Signalwegen, die für die Migräne verantwortlich sind, um höchst lukrative pharmazeutische Targets handelt, drängt sich wiederholt ein mittlerweile vertrauter Verdacht auf, warum Lithium als einfache und natürliche Lösung weiterhin nicht in Betracht gezogen wurde.

Cluster-Kopfschmerz

Wie auch bei der Migräne kommt es bei Cluster-Kopfschmerzen zu häufigen Attacken mit heftigen, immer einseitigen Kopfschmerzen, meist im Bereich des Auges oder der Schläfe. Cluster-Kopfschmerzen unterscheiden sich von anderen Kopfschmerzen durch Begleitsymptome wie Augentränen, eine laufende Nase oder ein leicht hängendes Augenlid. Lähmungserscheinungen und eine Überempfindlichkeit gegenüber Lärm und Licht sind, wie bei der Migräne, auch hier zu beobachten. Eine weitere Parallele ist das zyklische Auftreten, das darauf hindeutet, dass chronobiologische Rhythmen bzw. die dafür verantwortlichen Signalwege bei beiden Schmerzsyndromen fehlreguliert sein könnten oder auf die Schmerzattacken indirekten Einfluss haben.[251] Chronobiologische Rhythmen werden wie der zirkadiane Rhythmus durch Lithium über das Lithiom reguliert (siehe Kap. 2). Daher ist es nicht verwunderlich, dass in dem im Jahr 2011 publizierten Artikel *Management von chronischem Clusterkopfschmerz* die Autoren neben Verapamil (einem nebenwirkungsreichen Calcium-Antagonisten, der selbst Kopfschmerzen verursachen kann) „Lithium als Mittel der ersten Wahl zur Vorbeugung von chronischen Clusterkopfschmerzen betrachten“.[252] Auch zwei brasilianische Neurologen empfahlen Lithiumcarbonat in ihrem im Jahr 2010 erschienenen Übersichtsartikel als die erste Wahl für Lithium-responsive Kopfschmerzen, die zyklisch und dabei insbesondere nachts oder beim Aufwachen auftreten: „nächtliche Migräne, Clusterkopfschmerz und hypnotischer Kopfschmerz“. Laut den beiden Autoren sprechen „alle drei Typen […] auf eine Lithiumtherapie an, wobei die durchschnittliche Dosis zwischen 300 und 900 mg vor dem Schlafengehen liegt“.[253] Auch hier könnte mit Lithiumorotat, wie bereits bei der Behandlung der Migräne diskutiert, eine deutlich geringere Lithiummenge ausreichen, die im Rahmen eines systemischen Präventions- und Therapieansatzes möglicherweise noch weiter reduziert werden könnte.

Epilepsie

Weltweit sind etwa 65 Millionen Menschen von Epilepsie betroffen.[254] Epilepsie (eine neurologische Erkrankung, die mit Krampfanfällen einhergeht) kann viele Ursachen haben. Selten sind es genetische Veränderungen in bspw. Ionenkanälen, die zu einem "Kurzschluss" im Nervensystem führen können.[255] Obwohl die Nervenzellen ihre Dysregulation somit nur sehr selten selbst verursachen, beeinflussen die mehr als 20 Antiepileptika deren Funktion sehr wohl. Deshalb bewirken sie auch nur bei einer Minderheit der Patienten eine symptomatische Kontrolle der Anfälle, aber meist mit schweren Nebenwirkungen. Sie verändern aber nicht die Entstehung und den Verlauf der Epilepsie. Wir müssen also wissen, was Epilepsie verursacht, um kausal agieren zu können. Viel häufiger als genetische Faktoren sind Umweltfaktoren die Ursache für die Entwicklung einer Epilepsie, wie z.B. ein Schädelhirntrauma. So wurden epileptische Krampfanfälle erstmals im Zusammenhang mit einer „klaffenden Wunde am Kopf" im Papyrus Edwin Smith aus Babylon aus der Zeit um 1700 v. Chr. beschrieben.[256] Etwa 20 Prozent aller Epilepsien sind primär auf eine traumatische Hirnschädigung zurückzuführen.[257] Der durch die Schädigung verursachte neuroinflammatorische Prozess führt zu einer chronischen, fehlerhaften Verschaltung von Nervenzellen, die einen Krampfanfall begünstigen.[258] Ein sich entwickelnder Hippocampus reagiert noch empfindlicher auf schädliche Umwelteinflüsse als der eines Erwachsenen, wie man schon aus der Schizophrenie-Forschung weiß.[259] Eine Neuroinflammation während der Gehirnentwicklung ist entsprechend besonders problematisch, wie die zuvor unter der Autismus-Thematik diskutierten Impfstudien gezeigt haben. Durch die Routineimpfungen im Kindesalter erhöht sich die Wahrscheinlichkeit, an einer Epilepsie zu erkranken, durchschnittlich um etwa das Vierfache (siehe Abb. 27).[260]

„Man nimmt an, dass der Hippocampus eine hemmende Wirkung auf die Anfallsschwelle hat (d.h. sie hochhält)", erklären zwei indische Neurologen in einem im Jahr 2012 publizierten Übersichtsartikel.[261] Ist einer der beiden Hippocampi in seiner Entwicklung geschädigt, kommt es somit häufiger zu Anfällen. Jeder Anfall verursacht weitere Schäden (etwa durch Sauerstoffmangel während des Anfalles), was wiederum zu noch mehr Anfällen führt; ein Teufelskreis, der die Behandlung zunehmend erschwert, Ursache und Wirkung miteinander verschmelzen lässt und sich verselbstständigt. Die beiden Autoren fassen die Datenlage folgendermaßen zusammen: „Bei bis zu 50 bis 75 Prozent der Epilepsiepatienten, die an einer medikamentös nicht behandelbaren Schläfenlappenepilepsie gestorben sind, kann bei der Obduktion eine Hippocampus-Sklerose [Verlust von Nervenzellen und deren "Ersatz" durch Gliazellen] festgestellt werden. Dabei sei jedoch nicht eindeutig geklärt, ob die Epilepsie eine Folge der Hippocampus-Sklerose ist oder ob wiederholte Anfälle den Hippocampus schädigen." Allerdings gehen die beiden Ärzte davon aus, dass „der Mechanismus der Hippocampus-Sklerose bei Epilepsie mit der Entwicklung einer unkontrollierten lokalen Entzündung des Hippocampus zusammenhängen könnte" – was wiederum die impfbedingte Risikoerhöhung erklärt.

Interessanterweise beginnt der epileptische Krampfanfall in den meisten Fällen im linken Schläfenlappen und geht mit einer linksseitigen Hippocampusatrophie einher.[262] Was könnte der Grund für diese direktionale Lateralisierung sein? Wie wir in Kap. 2 unter Argument 3 gesehen haben, akkumuliert der linke Hippocampus deutlich mehr Lithium als der rechte. Diese selektive Anreicherung kann als Indikator gewertet werden, dass er von Natur aus einen höheren Bedarf hat als der rechte. Dies wiederum könnte eine Erklärung dafür liefern, warum der linke Hippocampus empfindlicher auf einen neuroinflammatorischen Entzündungsreiz oder Umweltfaktoren (wie eine Armada von Impfungen im Kindesalter) reagiert als der rechte – jedenfalls unter Lithiummangel, wie er in unserer Gesellschaft meist in gravierendem Maße vorliegt. Dies ist gleichzeitig ein Erklärungsansatz, warum die linke Seite des Hippocampus häufiger von Epilepsie betroffen ist als der rechte.

Eine Neuroinflammation ist somit sowohl Ursache als auch Treiber des epileptischen Krankheitsprozesses. Es ist daher nicht überraschend, dass klinische Studien gezeigt haben, dass spezifische entzündungshemmende oder medikamentöse Eingriffe in die TLR-4-Signalkette bis hin zu IL-1β (siehe Abb. 24), die Anfallshäufigkeit bei Epilepsiepatienten reduzieren, und zwar auch bei solchen Patienten, die nicht auf die derzeitigen Antiepileptika ansprechen.[263] Die natürlichste Weise, diese neuroinflammatorische und damit epileptogene Signalkaskade zu dämpfen, wäre jedoch die Gabe essentieller Mengen an Lithium.[264] Studien haben die neuroprotektive Wirkung von niedrigdosiertem Lithium auf Epilepsie in Tiermodellen unter Beweis gestellt. Während hochdosiertes Lithium, wie man es bei der bipolaren Störung einsetzt, Krampfanfälle auslösen kann, reduziert niedrigdosiertes Lithium die Wahrscheinlichkeit eines epileptischen Anfalls.[265] Diese dosisabhängigen, entgegengesetzten Wirkungen von Lithium sind typisch, wie wir noch in Kap. 6 an weiteren Beispielen sehen werden – stets ist jedoch eine essentielle bis niedrige Einnahme gesundheitsfördernd. Hinweise, dass niedrigdosiertes Lithiumorotat zu einer „Verbesserung der Anfallsfreiheit bei Epilepsie" führt, waren schon seit dem Jahr 1986 bekannt; die entsprechende klinische Studie haben wir schon zuvor bei der bipolaren Störung besprochen.[266] Wie bei allen neuroinflammatorischen Erkrankungen ist auch bei der Epilepsie ein systemischer Präventionsansatz nicht nur am erfolgversprechendsten, sondern könnte auch mit noch geringeren Lithiumdosen auskommen. Aufgrund des hippocampalen Regenerationspotentials stellt dies gleichzeitig eine kausale Therapieoption dar.

Neurodegenerative Erkrankungen

Wie wir in Kap. 2 gesehen haben, ist das Lithiom nicht nur für die Entwicklung des Gehirns entscheidend, sondern auch für dessen Funktionserhalt bis ins hohe Alter – ganz im Sinne der Evolution der Großmutter. Aufgrund ihrer transgenerationalen Wirkung (mehr überlebende Enkel, wie in Kap. 1 besprochen) müssen Großeltern nicht nur körperlich, sondern auch geistig fit bleiben. Die Entwicklung einer neurodegenerativen Erkrankung widerspricht dem evolutionären Imperativ und würde unter Bedingungen einer wirklich artgerechten Lebensweise nicht auftreten. Zu den vielen ursächlichen Risikofaktoren für neurodegenerative Erkrankungen, die aus der Missachtung der Gesetze von Minimum und Maximum resultieren, gehört auch ein Mangel an Lithium und damit eine Dysregulation des gesamten Lithioms. Dieses Spurenelement ist dabei so elementar, dass epidemiologische Studien sogar eine Risikoerhöhung für die Alzheimer-Demenz bei verminderter Lithiumzufuhr über das Trink- bzw. Leitungswasser festgestellt haben, wie wir in Kap. 2 gesehen haben (Argument 1).

Die vielfältigen krankheitsfördernden Vorgänge eines dysregulierten Lithioms – darunter chronische Neuroinflammation, gestörte Nervenzellregeneration durch mangelhafte Autophagie etc. – sind wesentliche Ursachen nicht nur für die Alzheimer-Demenz, sondern für alle neurodegenerativen Erkrankungen wie Morbus Parkinson, Morbus Huntington und viele andere. Wenn ein Lithiummangel kausal zu einer Erhöhung des Erkrankungsrisikos führt, gibt dies berechtigten Anlass zur Hoffnung, dass dieses essentielle Spurenelement (im Rahmen eines systemischen Ansatzes) nicht nur präventive, sondern auch therapeutische Wirkungen entfaltet. Dies könnte geschehen, indem Lithium das Regenerationspotential unseres extrem plastischen Gehirns unterstützt. Aber auch hier gilt, dass ein Großteil der industriell oder staatlich geförderten Forschung Lithium nicht als essentielles Spurenelement betrachtet, dessen Mangel neurodegenerative Erkrankungen begünstigt, sondern lediglich als Werkzeug zur Identifizierung pharmakologischer Targets.[267]

Alzheimer-Demenz

Die Alzheimer-Demenz ist ein trauriges Paradebeispiel für die letzte Konsequenz einer zunehmend hirnschädigenden kulturellen Entwicklung in den Ländern des globalen Nordens wie z.B. den USA oder Deutschland, wo diese dramatische neurodegenerative Erkrankung eine der führenden Volkskrankheiten darstellt.[268] Älter werden bedeutet in immer mehr Fällen Senilität anstatt Seniorität, obwohl uns das Potential zur lebenslangen geistigen Weiterentwicklung in die Wiege gelegt wurde – und Alzheimer daher völlig vermeidbar wäre.[269] Neben der immer höheren Toxinbelastung, zu der auch nicht zuletzt die gleichzeitige und dauerhafte Einnahme von fünf oder mehr Produkten der Pharmaindustrie gehört, ist ein weitverbreiteter chronischer Mangel an lebenswichtigen Vitalstoffen, den unser Organismus nicht ausgleichen kann, besonders kritisch. So wirkt Lithium, wie ausführlich gezeigt wurde, bereits in geringen Dosen neuroprotektiv (die Nervenzellen schützend), weil es nach Ausgleich eines Mangels die zelluläre Aktivität von GSK-3 im Gehirn auf ein natürliches Niveau senkt. Aus einem Tierversuch gewonnene Erkenntnisse „tragen zu einem besseren Verständnis der Fähigkeit von niedrigdosiertem Lithium bei", schreiben die verantwortlichen Wissenschaftler, „die GSK3-Aktivität im Gehirn zu beeinflussen, und seines Potenzials zur Prävention der Alzheimer-Krankheit."[270] Auch eine Insulinresistenz des Hippocampus trägt zur Entwicklung der Alzheimer-Krankheit bei, da sie dazu führt, dass die Nervenzellen der Gedächtniszentrale regelrecht verhungern. Wie zuvor schon besprochen, kann man dem mit einer ketogenen Ernährung entgegenwirken. In hippocampalen Nervenzellen eines Tiermodells der Alzheimer-Krankheit konnte aber auch gezeigt werden, dass Lithium die Glukoseaufnahme, den Glukosestoffwechsel und die Energieproduktion erhöht, und so mit der Insulinresistenz einen entscheidenden Faktor aus der Gleichung des Alzheimer-Prozesses entfernt.[271]

Erste klinische Hinweise, dass Lithium einen kausal schützenden Einfluss auf die Entwicklung einer Alzheimer-Demenz hat, ergaben sich aus Studien mit Patienten, die an einer anderen Erkrankung aus dem Formenkreis des Mentalen Immundefizienz-Syndroms litten: Ältere Menschen, die wegen einer bipolaren Störung chronisch mit Lithium behandelt wurden, hatten laut den Ergebnissen einer Studie aus dem Jahr 2007 ein Alzheimer-Risiko von etwa 5 Prozent – dies entspricht etwa dem der gleichaltrigen Allgemeinbevölkerung. Das Risiko in einer nicht mit Lithium behandelten Vergleichsgruppe, die ebenfalls an einer bipolaren Störung litt, war allerdings mit etwa 33 Prozent über sechsmal (!) höher.[272] Eine weitere Studie aus dem Jahr 2022 verglich das Demenzrisiko von Patienten mit lithiumbehandelter bipolarer Störung direkt mit einer ansonsten ähnlichen Kontrollgruppe, die nicht an einer bipolaren Störung litt (und daher auch kein Lithium verabreicht bekam): „Nach Berücksichtigung von soziodemografischen Faktoren, Raucherstatus, anderen Medikamenten, anderen psychischen und körperlichen Erkrankungen war die Lithiumeinnahme mit einem geringeren Risiko für Demenz [minus 44 Prozent], einschließlich Alzheimer [minus 45 Prozent] und vaskulärer Demenz [minus 64 Prozent] assoziiert", schreiben die Autoren.[273] Eine Lithiumbehandlung der bipolaren Störung führt zu einer Vergrößerung des Hippocampusvolumens in beiden Hemisphären – ein Effekt, der schon nach einer kurzen Behandlungsdauer von etwa 4 Wochen erkennbar wurde.[274] Erstaunlich; immerhin würde man bei einer bipolaren Störung einen beschleunigten Verlust an Hippocampusvolumen erwarten, mit entsprechenden funktionellen Auswirkungen bis hin zu einer ebenfalls beschleunigten Alzheimer-Entwicklung.[275] Da das Hippocampusvolumen bzw. dessen relative Schrumpfung als prognostischer Marker für eine drohende Alzheimer-Erkrankung gilt, wurde dieser Trend bzw. das Risiko durch die Lithiumzufuhr umgedreht (allerdings mit den erheblichen Nebenwirkungen der Hochdosisbehandlung).[276]

Lithium besitzt also Eigenschaften, die den Verlauf der Alzheimer-Krankheit günstig beeinflussen könnten. Diese Eigenschaften könnten vor allem für die Vorbeugung der Alzheimer-Krankheit wichtig sein. Im Jahr 2011 wurde dies genauer in einer randomisierten, kontrollierten Langzeitstudie untersucht. An der Studie nahmen Personen teil, die an Gedächtnisproblemen – genauer: an amnestischer leichter kognitiver Beeinträchtigung (MCI, *mild cognitive impairment*, eine Vorstufe der Alzheimer-Krankheit) – litten. Hier wurde allerdings mit einer Dosierung gearbeitet, die etwa 25 bis 50 Prozent unter jener liegt, die bei der bipolaren Störung angesetzt wird.[277] Trotz der insgesamt positiven Effekte konnte zwei Jahre später in einer ebenfalls placebokontrollierten Studie gezeigt werden, dass Mikromengen von gerade einmal 300 µg Lithium pro Tag sogar besser wirken – ein Hinweis darauf, dass viel nicht immer viel hilft.[278] Diese deutlich geringere Dosis im Bereich der RDA veränderte den Verlauf der Alzheimer-Krankheit entscheidend (siehe Abb. 28). Zu Beginn der Studie und alle 3 Monate bis zum 15. Monat wurde bei den Teilnehmern der Lithium- und der Placebogruppe ein Mini-Mental-Status-Test (MMSE, *Mini-Mental State Examination*) durchgeführt, der aus 30 Fragen und Aufgaben besteht; für jede richtige Antwort wird dabei ein Punkt vergeben. Bei 30 bis 27 Punkten liegt keine Demenz vor, bei 26 bis 20 Punkten eine leichte Demenz, bei 19 bis 10 Punkten eine mittelschwere Demenz und unter 10 Punkten eine schwere Demenz. Die Teilnehmer befanden sich, wie in der Abbildung 28 zu sehen, mit anfangs durchschnittlich 19 Punkten am

Übergang von einer leichten zu einer mittelschweren Demenz. Diese stabilisierte sich nur bei der Lithiumgruppe, während sich bei der nur mit Placebo behandelten Kontrollgruppe erwartungsgemäß die kognitive Leistungsfähigkeit abbaute. Dass auch diese Mikromengen an Lithium, die sogar noch unterhalb der RDA von 1 mg/Tag liegen, auch präventiv wirken, wurde erfolgreich tierexperimentell an Mäusen nachgewiesen: Man pflanzte ihnen zwei mutierte Gene ins Erbgut ein, die den Alzheimer-Krankheitsprozess bei den völlig unnatürlich in Käfigen gehaltenen Tieren bekanntermaßen beschleunigen; unter Lithiumgabe blieb deren Gedächtnisfunktion hingegen intakt.[279]

Diese Ergebnisse mit Lithiummengen, die sogar etwas unter dem essentiellen Bereich für Lithium (Kap. 3) liegen, sind konkrete Hinweise darauf, dass ein Lithiummangel eine kausale Ursache für die Entwicklung einer Alzheimer-Demenz ist. Dies bestätigt die Befunde der Trinkwasserstudien eindrucksvoll, nach denen bei Lithiummangel ein erhöhtes Alzheimer-Risiko besteht (Kap. 2, Argument 1). Durch eine andere Studie aus Texas fand man sogar heraus, dass das Risiko, an Alzheimer zu sterben, bei höheren Lithiummengen im Trinkwasser (wir sprechen auch hier nur von wenigen hundert Mikrogrammmengen, die in etwa denen der hier erwähnten klinischen Studie entsprechen) ebenfalls deutlich sinkt.[280] An die-

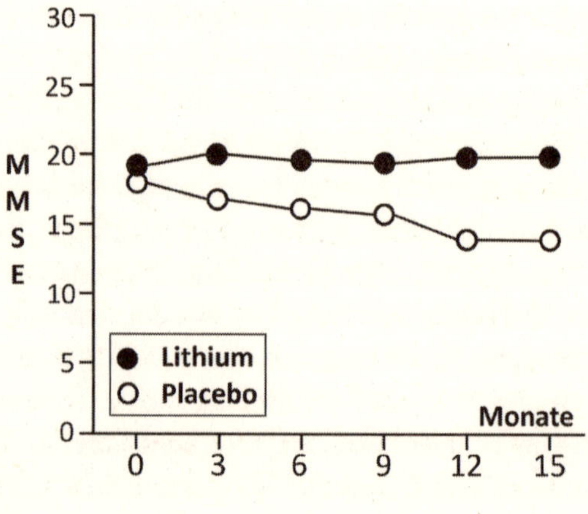

Abbildung 28

ser Stelle ist es mir wichtig zu betonen, dass Lithium in der Mikrodosisstudie somit nicht als Medikament eingesetzt wurde, sondern aufgrund der sehr geringen Menge nur ein sehr wahrscheinlich bestehender Lithiummangel ausgeglichen wurde. Tatsächlich könnte es sein, dass Lithium im essentiellen Bereich (essentielle Breite, siehe Kap. 3) positive Wirkung hat, extrem hohe, unphysiologische Dosierungen aber weniger effizient sind und sogar schaden. Studien an Mäusen, bei denen GSK-3 nicht pharmakologisch, sondern genetisch inaktiviert wurde, zeigten, dass dieser Zentralregulator für das hippocampale Erinnern benötigt wird.[281] Die Autoren bemerken: „Aufgrund dieser Beobachtungen vermuten wir, dass GSK-3β dazu beitragen kann, die Gehirnfunktion während des Alterns zu erhalten. Unsere Ergebnisse könnten die geringe Wirksamkeit von GSK-3β-Inhibitoren zur Erhaltung der Gedächtnisleistung bei Alzheimer-Patienten erklären." Wie immer macht die Dosis das Gift. In einem im August 2024 veröffentlichten systemischen Review-Artikel, in dem fünf unabhängige Studien ausgewertet wurden, erklärten die Autoren entsprechend:

Die überprüfte Evidenz zeigt, dass Spuren von Lithium
im Trinkwasser ausreichen, um die Inzidenz oder Mortalität
von Demenzerkrankungen zu senken.
Angesichts des Mangels an Mitteln zur Vorbeugung
oder Behandlung von Demenz
sollten diese Ergebnisse nicht ignoriert werden.[282]

Dennoch werden sie von behördlicher Seite ignoriert, während von pharmazeutischer Seite eine Impfstrategie vorangetrieben wird. In diesem Fall eine "Immunisierung" mittels medikamentöser Antikörper gegen körpereigenes β-Amyloid. Dieser Ansatz basiert auf der fehlgeleiteten Annahme, dass β-Amyloid die einzige Ursache der Alzheimer-Demenz sei und man daher monokausal nur dieses kleine Protein ausschalten müsse, um die Neurodegeneration aufzuhalten. Die β-Amyloid-These ist jedoch nicht nur unbewiesen, sondern ein regelrechtes Dogma. Selbst als klar wurde, dass sogar eine erfolgreiche Entfernung von β-Amyloid aus dem Gehirn von Alzheimer-Patienten den geistigen Verfall nicht aufhalten konnte – und damit die gesamte etablierte Alzheimer-Forschung infrage gestellt wurde – warnte z.B. der deutsche Biochemiker Prof. Dr. Christian Haass, der für die Erforschung der Alzheimer-Krankheiten zahlreiche wissenschaftliche Preise eingesammelt hatte, am 23. November 2016 in dem FAZ-Artikel *Alzheimer-Antikörper: Ein großer Hoffnungsträger floppt*: „Auf keinen Fall sollte jetzt wieder die unsägliche Debatte losgetreten werden, dass Amyloid das falsche Zielmolekül ist."[283] Spätestens zu diesem Zeitpunkt wäre es aber angebracht gewesen, die Amyloid-These grundsätzlich in Frage zu stellen, zumal sie bis dahin jede andere Erklärung für die stetige Zunahme der Alzheimer-Krankheit, auch die einer lebensstilbedingten Ursache, blockierte. Die vorherrschende These schadete also nicht nur den Patienten, sondern auch der Sache, weil sie von der eigentlichen Lösung ablenkte, die ich wenige Monate zuvor, am 15. Juli 2016 publiziert und zur Diskussion gestellt hatte.[284] Denn wie zuvor besprochen, ist das β-Amyloid für die Gedächtnisbildung notwendig, weshalb dessen medikamentöse Entfernung offensichtlich nicht einfach nur weitestgehend nutzlos für die Patienten ist, sondern sogar gefährlich. Mäuse, denen man die Vorstufe dieses Proteins mit molekulargenetischen Methoden aus dem Erbgut entfernte – und das weiß man seit dem Jahr 1999 – zeigten eine verminderte Lernfähigkeit, eine verringerte Dichte der hippocampalen Synapsen, über die Nervenzellen miteinander kommunizieren und Erinnerungen speichern, sowie zunehmend kognitive Defizite.[285] Kurz gesagt, sie entwickelten Alzheimer-ähnliche Symptome. Aber wohlgemerkt nicht, weil sie gemäß der auf gefälschten Studien basierenden β-Amyloid-These (siehe unten) zu viel β-Amyloid produzierten, sondern weil sie zu wenig davon hatten. Die β-Amyloid-defizienten Mäuse zeigen außerdem ein auffällig vermindertes Erkundungsverhalten.[286] Die verminderte Neugier weist auf eine verminderte psychische Belastbarkeit und eine Schädigung des mentalen Immunsystems hin.

In den USA wurde das Medikament *Aduhelm*, das den Antikörper *Aducanumab* enthält, im Juni 2021 in einem beschleunigten Verfahren und in einer umstrittenen FDA-Entscheidung zur Behandlung der Alzheimer-Krankheit zugelassen. Der Webseite der

Mayo-Klinik lässt sich das erstaunliche Profil der (un)erwünschten (man kommt unweigerlich ins Zweifeln) Wirkungen dieser "Therapie" entnehmen: Sehstörungen, Verwirrung über Zeit, Ort oder Personen, Schwindel und Stürze, Halluzinationen, Kopfschmerzen, Depression oder Angst, Übelkeit, Alpträume oder ungewöhnlich lebhafte Träume, Schwierigkeiten beim Bewegen, Gehen oder Sprechen, Krampfanfälle, Schläfrigkeit oder ungewöhnliche Müdigkeit. Als wäre das nicht genug, hier mein persönliches "Highlight": „Falsche Überzeugungen, die nicht durch Fakten geändert werden können" („*holding false beliefs that cannot be changed by fact*").[287] Ihnen dürfte aufgefallen sein, dass dies fast alles Symptome von Alzheimer sind – ein nicht zu übersehender Indikator, dass die Krankheit auf diese Weise nicht aufgehalten, sondern sogar verschlimmert wird, wie eine Metaanalyse schon in ihrem Titel *Beschleunigter Verlust des Gehirnvolumens durch Anti-β-Amyloid-Medikamente* erklärt.[288] Mit anderen Worten, den Patienten geht es deutlich schlechter, weshalb verantwortungsvolle Wissenschaftler und Ärzte im Mai 2022 einen ebenso beschleunigten Entzug der Zulassung forderten – was zum Leidwesen unzähliger Patienten allerdings bis zum Zeitpunkt dieses Schreibens im Frühjahr 2025 noch nicht passierte.[289]

In meinem Buch *Die Alzheimer-Lüge* hatte ich schon im Jahr 2014 vor diesem medikamentösen Angriff auf das Gehirn gewarnt.[290] Der geistige Verfall der Alzheimer-Patienten, die als Versuchskaninchen eingesetzt wurden, beschleunigte sich; dies zeigten schon die Ergebnisse der ersten Antikörperstudien gegen β-Amyloid, die im Jahr 2003 publiziert wurden.[291] „Später fand man bei verstorbenen Patienten Anzeichen dafür, dass eine erfolgreiche Immunisierung nicht nur ernste Nebenwirkungen, sondern auch den Krankheitsprozess nicht wirklich gestoppt hatte"[292], schrieb ich damals, und weiter: „Inzwischen wurde unter dem Eindruck der Versuchsergebnisse beim Menschen die aktive Immunisierung gegen β-Amyloid bei gesunden Labormäusen […] wiederholt.[[293]] Die immunisierten Mäuse verloren ihre natürliche Neugier und litten unter schweren Gedächtnisstörungen [durch eine TLR-4-abhängige bzw. aktivierte Neuroinflammation]. Genau das Gegenteil des Beabsichtigten passierte: Ein wild gewordenes [das Gehirn angreifendes] Immunsystem verursachte Alzheimer-ähnliche Symptome, vor denen die vorbeugende Therapiemaßnahme eigentlich hätte schützen sollen. Dennoch wird an der präventiv-therapeutischen Strategie der Autoimmunisierung weitergeforscht." Man wusste also sehr wohl um den tödlichen Wahnsinn dieser "Impfstrategie" gegen ein körpereigenes Protein und machte, dem Geschäftsmodell der Pharmaindustrie folgend, einfach weiter. Dabei beruhte das gesamte "β-Amyloid-ist die-Ursache-von-Alzheimer-Konzept" seit Jahrzehnten auf wissenschaftlichem Lug und Trug, wie zwei Artikel im renommierten *Science* aufzeigten.[294] Auch die Gesundheitsbehörden, die uns eigentlich davor hätten schützen sollen, dass die Pharmaindustrie ihre Ziele ohne Rücksicht auf das Wohl der Menschen verfolgt, haben hier nicht eingegriffen – und tun es auch weiterhin nicht.

Ist Alzheimer eine Lüge? In meinem Buch *Die Alzheimer-Lüge* zeige ich anhand unzähliger Studien auf, dass das Alter keinen kausalen Risikofaktor der Alzheimer-Demenz darstellt, sondern Verletzungen der Gesetze des Minimums und des Maximums ursächlich verantwortlich sind.[295] Die Ergebnisse habe ich auch wissenschaftlich publiziert.[296] Die Erkrankungswahrscheinlichkeit korreliert nur deshalb mit dem Alter, weil der Erkrankung viele Jahrzehnte gehirnschädigender Lebensweise vorausgehen müssen, bevor sie symptomatisch wird. Je mangelhafter, artfremder bzw. ungesünder die Lebensweise, umso schneller schreitet die neuroinflammatorische Zerstörung des Gehirns voran, weshalb immer mehr Menschen auch immer früher erkranken. Die Alzheimer-Lüge besteht darin, dass in nahezu allen wissenschaftlichen Arbeiten die Korrelation mit dem Alter als Kausalität deklariert wird, was ein Umdenken hin zu einer gesünderen Lebensweise *ad absurdum* führt und somit Prävention verhindert: Wieso den Lebensstil ändern, wenn man sowieso nichts am Alzheimer-Schicksal ändern kann? Interessant ist zu sehen, wie z.B. die *Alzheimer Gesellschaft München e.V.* auf mein Buch reagierte. Ihr damaliger Vorsitzender, Prof. Dr. Dr. h.c. Christian Haass, laut der Stellungnahme einer „der führenden Demenzforscher in Deutschland", stellte darin die merkwürdige Frage „Nun, ist Alzheimer eine Lüge?", die er auch gleich selbst beantwortete: „Wenn man sich die Anzahl der Patienten anschaut, allein 1,4 Millionen Menschen in Deutschland, ist es wohl schwer hier von einer Lüge zu sprechen", ganz so, als hätte er nicht gelesen, auf welche Problematik der Artikel sich bezieht. An anderer Stelle greift er das Thema dann doch noch auf: „Wir werden immer älter und das Alter ist bekanntermaßen der größte Risikofaktor an einer Demenz zu erkranken."[297] Laut Haass hat jeder von uns „die Anlage diese Krankheit zu entwickeln, denn jeder produziert das giftige, Alzheimer auslösende Amyloid und das sein Leben lang". Nach dieser Logik wird auch jeder Mensch unweigerlich zum Diabetiker, weil unser Organismus die Fähigkeit besitzt, Glukose zu produzieren, oder erkrankt an Gicht, weil er die Fähigkeit besitzt, Harnsäure zu produzieren. Das ist natürlich Unsinn. Wie ich in *Die Alzheimer-Lüge* zeige, wird β-Amyloid auch nur dann toxisch, wenn wir es aufgrund einer unnatürlichen Lebensweise nicht ausreichend abbauen und es sich im Gehirn ansammelt und verklebt (griechisch *amylon* heißt „Stärke" oder „Kleber", amyloid somit „Stärke- bzw. Kleber-ähnlich"). Zudem weise ich nach, dass das zu sogenannten Oligomeren verklebte β-Amyloid bei Weitem nicht der einzige krankheitsverursachende Mechanismus ist und dass die Neuroinflammation sowie eine gestörte Autophagie und viele weitere pathologische Prozesse im Vordergrund stehen. Diese werden, wie auch in meinem Buch gezeigt, ebenfalls durch unseren Lebensstil beeinflusst. Dieser habe aber laut Haass trotz allem keinen wirklich präventiven Einfluss auf die Alzheimer-Krankheit: „Verhindern lässt sich die Krankheit auf diesem Wege keineswegs, aber man kann sie natürlich in gewisser Weise kaschieren, den Krankheitsbeginn 'verzögern', aber die Veränderungen im Gehirn werden trotzdem fortschreiten und unfehlbar in der Demenz münden." Und dann wird mir sogar vorgeworfen, durch meine Aufklärungsarbeiten nur meiner Eitelkeit zu dienen und den Menschen zu schaden: „Alzheimer alleine durch richtigen Lebenswandel zu verhindern, ist doch ein zu schöner Wunschtraum und wird sicherlich den 1,2 Millionen Betroffenen in Deutschland nicht gerecht. Im Gegenteil, der Autor schadet mit seiner Abhandlung den Betroffenen und deren Familien, da er völlig falsche Hoffnung weckt.“ Im *Science*-Artikel über die Enthüllung einer gigantischen Anzahl gefälschter β-Amyloid-Artikel, der am 26. September 2024 publiziert wurde, durfte Haass sich äußern: „Die Leute werden natürlich schockiert sein, so wie ich es war. ... Ich bin sozusagen vom Stuhl gefallen.“[298] Ob die „wahren Lügen“ über Alzheimer jemals alle aufgedeckt werden, bleibt abzuwarten – die Hoffnung stirbt zuletzt.

In einem Übersichtsartikel verglichen drei Forscher des *Department of Psychiatry* der *Tokyo Medical University* in Japan die Studienlage zur Frage, ob niedrigdosiertes Lithium oder die pharmaindustrielle Antikörperstrategie die bessere Wirkung zeigt – am Beispiel *Aducanumab*. Das Resultat war eindeutig: „Eine Netzwerk-Metaanalyse zeigte, dass Lithium im primären Endpunkt [Schutz vor geistigem Abbau bei Patienten mit MCI oder Alzheimer] signifikant wirksamer war als *Aducanumab*.“[299] Die wirksame Behandlung mit Lithium kostet laut den Autoren nur etwa $ 40/Jahr, die Alzheimer beschleunigende Behandlung mit *Aducanumab* hingegen USD 28.000/Jahr (hinzu kommen die exorbitanten Kosten für die Behandlung der zahlreichen Nebenwirkungen, eine wirklich profitable Situation für Big-Pharma). Mittlerweile wurde weitere *Aducanumab*-ähnliche Impfungen zugelassen, die im Vergleich gegen Lithium aber ebenfalls ausnahmslos verloren. Diese Erkenntnis wurde durch eine Metastudie, die 8 randomisierte, placebokontrollierte Studien mit 6.547 Teilnehmern auswertete, zutage gefördert: „Im [MMSE] schnitt Lithium signifikant besser ab als *Donanemab*, *Aducanumab* und Placebo.“[300] Zum Zeitpunkt dieses Schreibens (Frühjahr 2025) ist die passive Impfung für alle drei Anti-β-Amyloid-Antikörper in den USA zugelassen, in der EU befindet sich *Donanemab* noch im Prüfverfahren. *Lecanemab* ist jedoch – verheerenden Nebenwirkungen zum Trotz – seit dem 14. November 2024 für bestimmte Alzheimer-Patienten zugelassen.[301]

Aber niedrigdosiertes Lithium wirkt nicht nur besser als alle derzeitigen Alzheimer-Medikamente, sondern – aufgrund seiner Essentialität und dem Gesetz des Minimums folgend – auch besser als es zukünftige Präparate sehr wahrscheinlich je können werden, schließlich kann kein Pharmazeutikum einen ursächlichen Vitalstoffmangel beheben. Auch das entzündungshemmende und die Neurogenese fördernde Tiefschlafhormon Melatonin schlägt die "Alzheimer-Impfung" oder tägliche körperliche Aktivität, wie eine Metaanalyse ergab.[302] Was wäre, wenn man anstelle eines aussichtslosen und mit massiven Nebenwirkungen und Kosten behafteten Krieges gegen ein körpereigenes Protein (mit dem Gehirn paradoxerweise als Kollateralschaden) alles, was die Gesundheit tatsächlich fördert, auf einmal umsetzen würde? Warum wird das nicht versucht? Lithium, Melatonin (über Schlafhygiene), etwas Bewegung im Rahmen eines systemischen Präventions- und Therapiekonzeptes – sowie die Beseitigung aller anderen Ursachen dieses multikausalen Krankheitsprozesses? Was wäre, wenn man das Geld nicht für sinnlose und zudem höchst gesundheitsgefährdende Medikamente ausgeben würde, sondern für ein umfassende Gesundheitsberatung? Wie viel Lebensqualität würden die Menschen zurückgewinnen? Wie viel Geld würde eingespart werden, weil die Industrie auf astronomische Profite verzichten müsste?

Schützt Lithium vor Erblindung? Das Glaukom ist eine fortschreitende Augenerkrankung, bei der der Sehnerv geschädigt wird. Dabei wird auch die sogenannte Makula (gelber Fleck am Augenhintergrund mit der höchsten Dichte an Photorezeptoren für das scharfe Sehen) zerstört. Das Glaukom zählt zu den neurodegenerativen Erkrankungen und verursacht weltweit den höchsten Prozentsatz an irreversiblen Gesichtsfeldausfällen bis hin zur vollständigen Erblindung.[303] Es gibt bislang keine klinischen Studien zur Wirkung von essentiellem Lithium auf das Risiko, an einem Glaukom zu erkranken. Aufgrund der bekannten anti-neuroinflammatorischen und neuroprotektiven Signalkaskaden, die durch Lithium gesteuert werden und kausal an der Glaukomentwicklung beteiligt sind, ist eine präventive Wirkung jedoch sehr wahrscheinlich.

Zumindest im Tiermodell konnte bereits gezeigt werden, dass die Hemmung von GSK-3 vor altersbedingter Makuladegeneration schützt.[304] Ein durch Lithiummangel hyperaktives GSK-3 ist daher höchstwahrscheinlich ein kausaler Risikofaktor, sodass eine Korrektur des Mangels mit essentiellen Lithiummengen das Glaukom-Risiko senken könnte. Dieses Argument bringt auch der Übersichtsartikel *Auswirkungen von Lithium auf Glaukom und andere senile neurodegenerative Erkrankungen durch Hemmung von GSK-3.*[305]

Parkinson-Krankheit

Die Parkinson-Krankheit ist eine fortschreitende neurodegenerative Erkrankung. Während die Alzheimer-Krankheit vom Hippocampus ausgeht, steht bei der Parkinson-Krankheit die *Substantia nigra* im Zentrum des pathologischen Geschehens. Hierbei handelt es sich um einen Nervenkernkomplex im Mittelhirn mit einem hohen Gehalt an Eisen und Melanin (daher nigra für schwarz). Die "schwarze Substanz" ist ein bedeutendes motorisches Zentrum und spielt eine entscheidende Rolle bei der Initiation und der Steuerung von Bewegungen. Dopamin dient als wichtigster Neurotransmitter innerhalb der *Substantia nigra.* Die Parkinson-Krankheit ist nach der Alzheimer-Krankheit und der vaskulären Demenz (siehe unten) weltweit die dritthäufigste neurodegenerative Erkrankung. Sie betrifft vor allem ältere Menschen, was Lebensstilfaktoren als zeitlich kumulative Ursache wahrscheinlich macht (siehe oben, z.B. *American Football*). Sie wurde erstmals 1817 von James Parkinson als „Schüttellähmung“ beschrieben. Es handelt sich um eine fortschreitende Erkrankung, die sowohl durch motorische als auch nicht-motorische Symptome gekennzeichnet ist. Zu den motorischen Symptomen gehören verlangsamte Bewegung, Steifheit und Tremor. Zu den nichtmotorischen Symptomen gehören unter anderem unkontrollierter Speichelfluss, Maskengesicht, Gangstörungen, Schlafstörungen, unruhige Beine. Die geschätzte Wahrscheinlichkeit, an einer Demenz zu erkranken, liegt nach 10 Jahren Krankheitsdauer bei 27 Prozent, nach 15 Jahren bei 50 Prozent und nach 20 Jahren bei 74

Prozent.[306] Unbehandelt wird der Patient bei körperlicher Aktivität steif und desorientiert, was zu lebensbedrohlichen respiratorischen Komplikationen wie Lungenentzündung durch Verschlucken und Lungenembolie führen kann. Diese enden dann oft tödlich.

In dem im Jahr 2023 publizierten Übersichtsartikel *GSK-3β: Ein exzessiver neuroinflammatorischer Mediator bei der Parkinson-Krankheit* weisen die Autoren auf die entscheidende Rolle von GSK-3 beim Krankheitsprozess der Parkinson-Krankheit hin.[307] In dem im Jahr 2024 erschienenen Übersichtsartikel *Therapeutisches Potential der Wirkung von Glykogen-Synthase-Kinase-3-beta (GSK-3β)-Inhibitoren bei der Parkinson-Krankheit* untersuchen die Autoren einen nach eigenen Angaben „bisher übersehenen therapeutischen Ansatz", nämlich „eine Überaktivität von GSK-3β, welche die Neuropathologie der Parkinson-Krankheit durch das Auslösen einer mitochondrialen Dysfunktion und Neuroinflammation vorantreibt".[308]

Im Parkinson-Tiermodell hemmt Lithium via GSK-3 die Schädigung dopaminerger Nervenzellen.[309] Beim Menschen ist jedoch – aufgrund der vielfältigen Ursachen und der damit verbundenen uneinheitlichen klinischen Ergebnisse – eine alleinige und damit meist hochdosierte Behandlung mit Lithium nebenwirkungsbedingt keine geeignete Therapieoption. Die Gabe von niedrigdosiertem Lithium (ähnlich wie bei der Alzheimer-Krankheit), in Kombination mit einer systemischen, multikausalen Herangehensweise, wäre jedoch ein vielversprechender Ansatz. Dies gilt auch für die Frontotemporale Demenz, ALS und alle anderen neurodegenerativen Krankheiten.

Frontotemporale Demenz

Die frontotemporale Demenz (FTD) umfasst eine vielfältige Gruppe neurodegenerativer Syndrome, die durch fortschreitende Veränderungen des Verhaltens, der Persönlichkeit, der exekutiven Funktionen, der Sprache und der Motorik gekennzeichnet sind.[310] Nur bei etwa 20 Prozent der FTD-Fälle ist eine genetische Ursache bekannt.[311] Dennoch gibt es, wie auch bei anderen Demenzformen, immer mehr Hinweise darauf, dass – unabhängig von einer möglichen genetischen Ursache – die Neuroinflammation am klinischen Fortschreiten der FTD beteiligt ist:[312] „Die klinischen Syndrome der Frontotemporalen Demenz sind klinisch und neuropathologisch sehr unterschiedlich, aber Prozesse wie die Neuroinflammation können im gesamten Krankheitsspektrum auftreten. Diese *in vivo* Befunde weisen auf einen engen Zusammenhang zwischen Neuroinflammation und Proteinaggregation bei der Frontotemporalen Demenz hin", schreibt eine internationale Gruppe von Forschern.[313] „Die Aktivität von GSK-3β steht in engem Zusammenhang mit Neuroinflammation und Neurodegeneration", erklärt dazu eine Gruppe von Wissenschaftlern der *University of Trieste* in Italien.[314] Und diese spielt laut der Autoren nicht nur bei Alzheimer eine bedeutende Rolle im Krankheitsgeschehen, sondern bei fast allen neurodegenerativen Erkrankungen, einschließlich der Parkinson-Krankheit, der amyotrophen Lateralsklerose, der frontotemporalen Demenz, der Huntington-Krankheit und der Autoimmunerkrankung Multiple Sklerose. Da die Feinregulation und Vernetzung all dieser GSK-3-abhängigen Signalwege die Grundlage für den sinnvollen Einsatz von GSK-β-Inhibitoren bei Neuroinflammation und Neurodegeneration bildet, sollte dies auch für die FTD gelten. Es gibt einige Fallberichte zum Einsatz von Lithium bei der Behandlung der FTD, die etwas Erfolg bei der Behandlung von Unruhe, Stimmungsschwankungen und anderen Verhaltensstörungen vermelden.[315] Dabei wurde aber weder Lithiumorotat verwendet, noch wurde ein systemischer Ansatz verfolgt, wodurch die Behandlung sehr wahrscheinlich erfolgreicher gewesen wäre.

Amyotrophe Lateralsklerose (ALS)

Der wohl bekannteste ALS-Patient war der britische theoretische Physiker Stephen W. Hawking (1942–2018). Die Diagnose erhielt er im Alter von 21 Jahren. Im Krankheitsverlauf kommt es zu einer selektiven Zerstörung von Motoneuronen – das sind jene Nervenzellen, die die Skelettmuskulatur ansteuern. In Folge dieses Verlusts verkümmern die Muskeln, als würden sie nicht mehr ernährt werden (griechisch *amyotroph*, wörtlich „Muskeln werden nicht ernährt"). Wie bei vielen anderen neurodegenerativen Erkrankungen steht eine GSK-3-abhängige chronische Neuroinflammation im Vordergrund sowie eine intrazelluläre Anhäufung von Konglomeraten an dysfunktionalen Proteinen. Dies deutet darauf hin, dass eine gestörte Autophagie ein weiterer wichtiger Faktor für den Verlust von Nervenzellen ist – schließlich sind mit dysfunktionalen Organellen und Proteinen "zugemüllte" Zellen weniger lebensfähig.[316] Insbesondere sind die Mitochondrien massiv davon betroffen, sodass insgesamt ein funktionsgestörtes Lithiom der gemeinsame Nenner sämtlicher Verlaufsformen der ALS sein könnte. Eine ganze Reihe von Daten deutet darauf hin, dass Lithium die Überlebenschancen von ALS-Patienten erhöhen könnte. Dies stellt auch der Ende 2024 publizierte Übersichtsartikel *Lithium und seine Auswirkungen* fest. Zugleich wirft er aufgrund widersprüchlicher klinischer und tierexperimenteller Studien die wichtige Frage auf: *Ist die Dosis entscheidend?*[317] Wie auch im Fall von Alzheimer gilt hier die Vermutung, dass die rein monotherapeutischen Versuche mit Lithium bei ALS möglicherweise deshalb nicht sonderlich erfolgreich (in manchen Tierexperimenten sogar schädlich) sind, weil stets viel zu hoch dosiert wurde. So schreiben die Autoren bzgl. der gescheiterten Hochdosistherapieversuche: „Umgekehrt scheint die Fähigkeit von Lithium, dem kognitiven Verfall entgegenzuwirken, bei subtherapeutischen Dosen zum Tragen zu kommen, was möglicherweise auf seine molekularen neuroprotektiven Wirkungen zurückzuführen ist", und „tatsächlich kann Lithium Entzündungen reduzieren und eine Neuroprotektion bewirken, selbst bei Dosen, die um ein Vielfaches niedriger sind als die, die üblicherweise in klinischen Studien verwendet werden."

Gemäß dem Gesetz des Minimums hat ein Mangel an essentiellem Lithium schwerwiegende Folgen, sodass ein Ausgleich des Mangels zur Vorbeugung von Krankheiten notwendig ist. Nach dem Gesetz des Maximums wird jedoch alles zum Gift, wenn es zu hoch dosiert wird. Monotherapeutische Interventionen müssen in der Regel mit extrem hohen Dosierungen arbeiten und sind deshalb oft schädlich; viele andere Defizite, die den Organismus ebenfalls gefährden, werden darüber hinaus weiter ignoriert. Ich bin davon überzeugt, dass bei chronisch fortschreitenden Krankheiten wie ALS (aber auch allen anderen) nur ein systemischer Ansatz eine echte Chance auf Erfolg hat – und wenn das im Einzelfall auch nur bedeuten mag, dass man den Krankheitsprozess im größtmöglichen Maße verlangsamt.

Chorea Huntington

Die Huntington-Krankheit ist eine durch sogenannte choreatische (sprunghafte, wellenartige, unwillkürliche und tanzartige) Bewegungen gekennzeichnete psychiatrische Störung, die mit fortschreitendem Verlust bewegungsrelevanter Nervenzellen einhergeht. Stress bzw. Neuroinflammation beschleunigt den Krankheitsverlauf, während ein gesunder Lebensstil den Krankheitsverlauf verlangsamen kann. 15 Jahre nach der Diagnose lebt noch etwa ein Drittel der Patienten. Der Tod ist meist Folge einer Atemwegserkrankung. Obwohl die Huntington-Krankheit genetisch bedingt ist und bereits ein einzelnes defektes Gen zur Erkrankung führt (autosomal dominante Vererbung), konnte Lithium aufgrund seiner neuroprotektiven Wirkung schon erfolgreich zur Behandlung eingesetzt werden.[318] Lithium verhinderte das Fortschreiten der Chorea und trug auch zur Stabilisierung der Stimmung bei. Neben der Hemmung von Neuroinflammation und Apoptose scheint vor allem die Aktivierung der Autophagie entscheidend zu sein, denn schließlich führt das mutierte Gen zur Produktion des veränderten Proteins Huntingtin, das nervenzelltoxische Aggregate bildet, die sich negativ auf die motorische Koordination und die kognitiven Funktionen auswirken.[319] Ein systemischer Ansatz, der den lebenswichtigen Prozess der Autophagie unterstützt, könnte erfolgversprechend sein, den Krankheitsprozess massiv zu verlangsamen.

Vaskuläre Demenz

Die vaskuläre Demenz ist die Folge einer gestörten Blutversorgung des Gehirns. Sie ist auf eine Funktionsstörung der Blutgefäße (lateinisch: *vasculae*) zurückzuführen: Diabetes mellitus, Fettstoffwechselstörungen, eine oft schleichende, stille chronische Entzündung und Bluthochdruck. Rauchen und viele weitere Aspekte eines nicht artgerechten Lebensstils, wie z.B. der chronische Mangel an essentiellen Vitalstoffen, führen letztendlich zu einer chronischen arteriosklerotischen Minderdurchblutung des Gehirns; Schlaganfälle beschleunigen den dementiellen Prozess. Aber auch ein Mangel an Lithium, denn das Spurenelement nimmt auf vielfältige Weise Einfluss auf praktisch alle (!) diese Ursachen, wie wir in Kap. 6 noch ausführlicher besprechen werden. Nur so viel: Lithium schützt auch auf vielfältige Weise nach einem Schlaganfall, minimiert Hirnschäden, was auf sein präventives Potential hinweist, denn Vorbeugen ist schließlich viel einfacher und effektiver als Heilen. So schreiben die Autoren einer entsprechenden Übersichtsarbeit: „Die therapeutische Wirkung von Lithium hängt indirekt mit seiner Fähigkeit zusammen, eine Kaskade von Sicherheitsmechanismen zu aktivieren, die Zellen vor einer Vielzahl von Bedrohungen schützen sollen, wie z. B. vor einer posttraumatischen Hirnverletzung [...], die es unglaublich wirksam beim Schutz von Zellen macht. Diese Systeme sind darauf ausgelegt, neuronale Zellen vor Bedingungen zu schützen, die für ihr Überleben schädlich sind.“[320]

Allerdings sucht man zur Prävention der vaskulären Demenz nicht nach natürlichen Lösungen, sondern wie bei allen chronischen Krankheiten nach neuen pharmazeutischen Targets und "Magic Bullets". Das liegt insbesondere daran, dass der Markt gigantisch ist, wie auch ein weiterer Übersichtsartikel aufzeigt: „Vaskuläre Demenz (VaD) ist eine wichtige Form der kognitiven Beeinträchtigung mit vaskulärer Ursache und gilt nach der Alzheimer-Krankheit (AD) als die zweithäufigste Form der Demenz. VaD betrifft etwa 15-20 % der Demenzpatienten in Nordamerika und Europa und bis zu 30 % in Asien und Entwicklungsländern. Darüber hinaus leiden mehr als 60 % der älteren Alzheimer-Patienten an einer Kombination von Alzheimer und VaD, was die Zahl der VaD-Fälle weiter erhöht.“[321] Laut den Autoren gilt die vaskuläre Demenz zwar „als vermeidbare und behandelbare Form der kognitiven Beeinträchtigung“, doch der Artikel zielt nur auf eine pharmakologische Lösung ab: „Die Pathomechanismen und therapeutischen Ziele im Zusammenhang mit VaD sind jedoch noch nicht erforscht, und es werden hochwirksame Therapeutika benötigt.“

Neuroinflammation so weit das Auge reicht?

Eine in vielerlei Hinsicht artfremde Lebensweise, verstärkt durch einen ebenso artfremden chronischen Lithiummangel, führt zu einem

Leben in chronisch schleichender Neuroinflammation und damit zu einem Leben in chronischer Erschöpfung. Manch einer mag sich sogar daran gewöhnen, auch wenn das mentale Immunsystem und letztlich die Seele darunter leiden. Und selbst wenn es nicht schon früh zu neuropsychiatrischen Entwicklungsstörungen kommt, drohen mittelfristig neurodegenerative Erkrankungen, sobald der Teufelskreis der Neuroinflammation erst einmal in Gang gekommen ist. Zwar ist keine essentielle Facette einer artgerechten Lebensweise wichtiger als die andere, aber aufgrund der Tatsache, dass Lithium an allen biologischen Funktionen beteiligt ist und als Spurenelement aufgrund seiner stressreduzierenden, antineuroinflammatorischen und neurogenesefördernden Funktionen einen beruhigenden Einfluss ausübt, nimmt es unter den Vitalstoffen eine ganz besondere Rolle ein – wie kein anderes Spurenelement wirkt es in alle möglichen Körperfunktionen hinein. Die Tatsache, dass selbst gravierende Abweichungen von dem, was eine optimale Gesundheit ermöglichen würde, uns nicht sofort töten, bedeutet keineswegs im Umkehrschluss, dass sie unser Leben nicht stark beeinträchtigen würden. Es ist aber – und ich wiederhole mich hier gerne – meist nicht zu spät, einen anderen Lebensweg einzuschlagen, wie es der römische Philosoph und Schriftsteller Seneca (4 v. Chr.-65 n. Chr.) sinngemäß formulierte:

Ein weises Leben gelingt keinem Menschen durch Zufall. Man muss lernen, wie man lebt, solange man lebt.

KAPITEL 5

Zytokinsturm – akut lebensbedrohlicher Lithiummangel

Denn sie säen Wind und werden Sturm ernten.
Bibel: Hosea Kapitel 8, Vers 7 LUT

Die Geschichte eines lebensbedrohlichen inneren Sturms

Als Zytokinsturm wird eine übermäßige, unkontrollierte und lebensbedrohliche Freisetzung entzündungsfördernder Zytokine bezeichnet. Spätestens seit COVID-19 hat das Phänomen die Aufmerksamkeit der breiteren Öffentlichkeit auf sich gezogen, zumindest berichteten sogar die Leitmedien, wie zum Beispiel *Der Spiegel,* recht früh darüber.[1] Die erste Beschreibung stammt aus einem Artikel von 1993 über die sogenannte *Graft-versus-Host-Reaction.*[2] Eine Transplantat-gegen-Wirt-Reaktion entsteht, wenn Immunzellen im Spendergewebe das Körpergewebe des Empfängers als fremd erkennen und eine massive Immunreaktion auslösen, die innerhalb kurzer Zeit zum Tod führen kann. Anfang der 2000er Jahre tauchte der Begriff Zytokinsturm in Berichten als Ursache schwerer viraler und bakterieller Infektionsverläufe auf, darunter auch im Jahr 2005 bei der Beschreibung der tödlichen Verläufe der Vogelgrippe durch das Influenzavirus H5N1.[3] „Das öffentliche Interesse an der "Vogelgrippe" hat den Begriff Zytokinsturm auch in die populären Medien gebracht“, liest man in dem Review-Artikel *Ins Auge des Zytokinsturms.*[4] Nach der Veröffentlichung des Artikels im Jahr 2012 ergab eine damals durchgeführte Internetsuche nach Zytokinsturm bereits 323.000 Treffer. Dass der Zytokinsturm das gesundheitliche Hauptproblem einer Coronavirus-Infektion darstellt, wusste man auch schon von SARS-CoV (das erste SARS-CoV kam noch ohne Nummerierung aus), wie man anhand einer Publikation aus dem Jahr 2005 nachvollziehen kann.[5] Hierbei handelt es sich um den Vorläufer des Erregers, der COVID-19 auslöst; im Jahr 2002 drohte dieser ebenfalls eine Pandemie in gang zu setzen, hatte aber letztendlich dafür noch nicht die optimalen Voraussetzungen. Da dies schon über zwei Jahrzehnte her ist und noch relativ wenig Wellen schlug, dürften die meisten Menschen von Zytokinstürmen vermutlich erst ab Ende 2019 aus den Medien erfahren haben, als das genetisch zur Biowaffe umgebaute SARS-CoV-2 auf die Menschheit losgelassen wurde.[6]

Wie im Fall von meterologischen Stürmen gibt es auch bei den Zytokinstürmen eine Graduierung der Intensität. Der Ende 2020 erschienene Artikel *Die Menge der freigesetzten Zytokine definiert verschiedene Abstufungen einer SARS-COV-2-Infektion* differenziert folgendermaßen: „Abhängig von der Menge der Zytokine, die als Folge der immunologischen Aktivierung durch SARS-CoV-2 freigesetzt werden, lassen sich drei große klinische Phänotypen unterscheiden: "mild", symbolisiert durch einen "Nieselregen" von Zytokinen, schwer wie ein "Sturm" und kritisch wie ein "Hurrikan"", erklären Immunspezialisten der Universität von Padua in Italien (siehe Abb. 29).[7] Die Stärke des Zytokinsturms hat offensichtlich nicht direkt etwas mit dem Virus zu tun, schließlich werden in einer pandemischen Welle alle vom selben Virus infiziert. Hier geht es vielmehr darum, wie das individuelle Immunsystem auf die Infektion reagiert. So schreibt auch Pierre Miossec, Immunologe an der Universität von Lyon in Frankreich, in seinem Übersichtsartikel *Den Zytokinsturm bei COVID-19 verstehen: Beitrag bereits bestehender chronischer Entzündungen*, dass „der Zytokinsturm bei schweren COVID-19-Verläufen eher aus der Entzündung resultiert als aus dem Virus selbst". Eine vorbestehende chronische Entzündung (*"silent" inflammation*, siehe Abb. 29) sorgt für "ständigen Wind" und erhöht massiv das Risiko, dass sich daraus ein schwerer Sturm entwickelt: „Bei diesen Hochrisikopatienten genügt ein weiteres Ereignis“, schreibt Miossec, „das wiederum durch Synergieeffekte in kürzester Zeit zu einer akuten Situation führen kann.“[8] Vergleicht man Abb. 29 mit Abb. 4 in Kap. 1, kann man nachvollziehen, wie der jeweils leichte Anstieg von links nach rechts auf einer Missachtung der Gesetze des Minimums und des Maximums basiert. Wie ich in meinem Buch *Herdengesundheit* aufzeigen konnte, haben Menschen mit schweren oder tödlichen Infektionen (etwa einer Lungenentzündung oder auch einer anderen Infektion) bzw. Menschen, die einen Zytokinsturm erfahren, in der Regel ein schon von vornherein dysfunktionales Immunsystem, oft aufgrund eines erheblichen Mangels an einem oder mehreren essentiellen Vitalstoffen.[9] Bei einem derart überreizten bzw. dysbalancierten Immunsystem reicht schon ein an sich harmloser Infekt, um einen Sturm zu entfachen. Statt mit einer leichten Brise, also einem vorübergehenden Anstieg proinflammatorischer Zytokine, gefolgt von einem beruhigenden Anstieg antiinflammatorischer Zytokine (siehe Abb. 29) zu reagieren, tobt zunächst ein Zytokinsturm im Lungengewebe, der im Extremfall wie ein "Hurrikan" auf andere Organe übergreift.

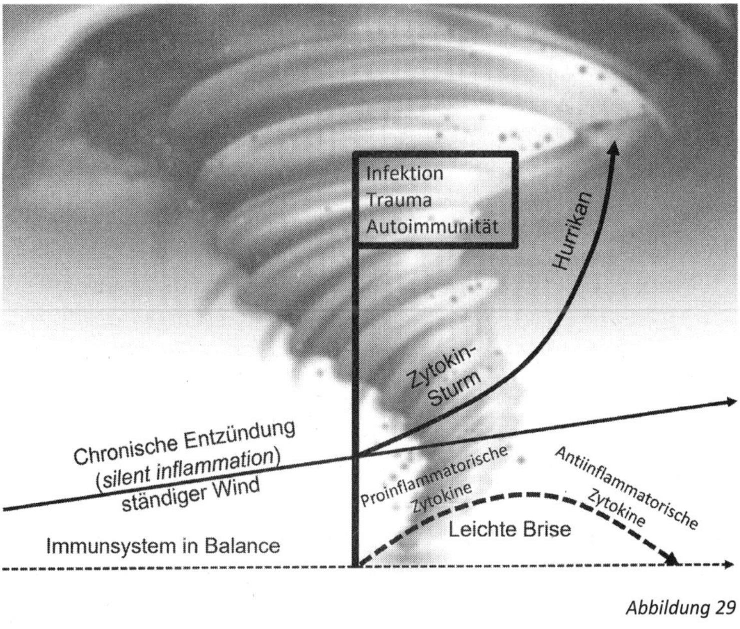

Abbildung 29

Diese Zusammenhänge waren, wie bereits zuvor erwähnt, schon vor COVID-19 seit Jahrzehnten bekannt. Man wusste also von Beginn an, wie man mit natürlichen Mitteln lebensgefährliche Krankheitsverläufe verhindern konnte. So empfahl Prof. Andrea Giustina, Präsident der *Europäischen Gesellschaft für Endokrinologie* (die Wissenschaft der Hormone) und seine Kollegin Anna Maria Formenti – beide von der *Vita-Salute San Raffaele University*, Mailand, Italien – schon am 28. Februar 2020 im *British Medical Journal* in ihrem Artikel *Verhindern einer Covid-19-Pandemie*: Die Bevölkerung sollte ausreichend mit Vitamin D versorgt werden, da die tödlichen Verläufe höchstwahrscheinlich auf einen Mangel daran zurückzuführen sind.[10] Die Tatsache, dass die Mehrzahl der Infektionen völlig harmlos verläuft, bescheinigt dem Virus eine an sich geringe Virulenz (Maß für die Schwere der Erkrankung, die ein pathogener Erreger verursacht). Erst wenn es aufgrund eines Vitamin-D-Mangels zur Überproduktion und Freisetzung einer großen Bandbreite proentzündlicher Zytokine kommt, führt dies im Falle von Infektionen zu schweren, lebensbedrohlichen und tödlichen Verläufen. Doch diese simple Logik, deren Umsetzung sofort die gesamte Pandemie beendet hätte, wurde gezielt ignoriert. Als immer mehr Studien seine Annahmen bestätigten, äußerte sich Giustina nochmals am 11. Dezember 2020 gegenüber *Medscape*: „Patienten mit niedrigem Vitamin-D-Spiegel haben ein hohes Risiko für Krankenhausaufenthalte wegen COVID-19 und Entwicklung einer schweren und tödlichen Krankheit. [...] Dies ist wahrscheinlich auf den Verlust der Schutzwirkung von Vitamin D auf das Immunsystem und gegen den SARS-CoV-2-induzierten Zytokinsturm zurückzuführen."[11] Eine große Metastudie ergab dann auch, dass bei einem natürlichen Vitamin-D-Prohormon-Spiegel von 125 nmol/l das Risiko, einen tödlichen Zytokinsturm zu erleben, gegen null geht (siehe auch Kap. 1, Zusatzinfo: *Vitamin-D-Mangel – Tödliches Beispiel für die Ignoranz des Gesetzes des Minimums*).[12] Die Ignoranz, die das Medizin-Establishment der (außer Frage stehenden) Essentialität von Vitamin D entgegenbringt, ist vergleichbar mit der Ignoranz gegenüber der Essentialität von Lithium – beide Faktoren werden wohl aus denselben Beweggründen ignoriert und bekämpft – im Hinblick auf Zytokinstürme mit sehr ähnlichen Auswirkungen.

Lithium schützt vor viralen Zytokinstürmen

Lithium muss nicht nur aufgrund seiner beachtlichen Wirkung auf die mentale Gesundheit als lebenswichtiges Spurenelement betrachtet werden, sondern auch aufgrund seiner regulatorischen Funktion des körperlichen Immunsystems. Das ist auch der Grund dafür, dass nicht nur ein Mangel an Vitamin D, sondern auch ein Mangel an Lithium die Entstehung des sogenannten Zytokinsturms überhaupt erst ermöglicht. Deshalb habe ich schon in meinem Buch *Das Corona-Syndrom* (Juni 2021) neben einer ausreichenden Vitamin-D-Supplementierung der Bevölkerung (Spiegel von 125 nmol/l) auch das Beheben eines Lithiummangels durch die Einnahme von 1 mg Lithium dringendst empfohlen. Auf diesem Wege kann das Risiko einer lebensgefährlichen Dysregulation des Immunsystems bei einer SARS-CoV-2-Infektion stark reduziert, wenn nicht gar eliminiert werden; letztlich gilt dieses Prinzip für jegliche Infektion. Ich schrieb damals: „Die Multipotenz von mikrodosiertem Lithium blieb auch in der COVID-19-Pandemie nicht unentdeckt, zumal die zentralen Mechanismen sowohl bei chronischen als auch akuten Entzündungen schon lange bekannt sind. Das Spurenelement hemmt gleich mehrere zentrale molekulare Schaltstellen, deren Aktivität zum Entstehen des Zytokinsturms beitragen. Allerdings gibt es bisher kein Medikament, das so gut wirkt wie Lithium, weshalb es Zeit wird, Lithium als essentielles Spurenelement anzuerkennen und so eine für alle Menschen unproblematische mikrodosierte Supplementierung zu ermöglichen.“[13] Schon im August 2020, als man die Bevölkerung in Angst und Schrecken zu versetzen begann, indem man sie mit Horrorszenarien schwerkranker beatmeter Patienten konfrontierte, die sich offenbar im Todeskampf befanden, zeigte sich zweierlei: Erstens kann eine Vitamin-D-Prohormon-Gabe als einfache und wirkungsvolle Lösung gelten, wie danach in weiteren Studien bestätigt wurde.[14] Zweitens hätte eine in sechs separaten COVID-19-Fällen erfolgreiche klinische Anwendung von Lithium, die ebenfalls bereits im August 2020 publiziert wurde, als willkommener Ausweg gefeiert werden müssen, wurde jedoch schlichtweg ignoriert.[15] Stattdessen berichtete beispielsweise die

Süddeutsche Zeitung am 12.11.2020, dass erneut drei pharmazeutische Hoffnungsträger gegen COVID-19 gescheitert seien und zitiert aus einem Artikel des *New England Journal of Medicine* (dasselbe Journal, das zwei Jahre später in einem Editorial Vitamin D für unnötig hält, selbst wenn ein Mangel besteht, siehe Kap. 1), und zwar wie folgt: „Wir haben jedoch keinen signifikanten Einfluss [dieser neuen Wirkstoffe] auf das Risiko einer künstlichen Beatmung, einer Verschlimmerung der Beschwerden, auf die Zahl der Todesfälle oder die Dauer der Sauerstoffzufuhr feststellen können."[16] Mit Vitamin-D-Prohormon oder Lithium Leben zu retten wäre eine Option gewesen, zumal die Autoren der Lithium-Studie ihre Vorgehensweise und die positiven Ergebnisse vollkommen logisch begründeten: „Lithium kann nachweislich a) die Replikation verschiedener Virustypen hemmen, von denen einige dem SARS-CoV-2-Virus ähnlich sind, b) die Immunantwort verstärken, indem es die Lymphopenie [Mangel an Immunzellen durch deren übermäßigen Verbrauch bei schweren Infektionen wie z.B. COVID-19-Verläufen] und c) die Entzündung hemmen, indem es den Zytokinsturm [die primäre Ursache für schwere Verläufe] verhindert oder reduziert."

Der Erfolg der Studie und die Klarheit der ihr zugrunde liegenden wissenschaftlichen Argumentation ebneten den Weg für eine größere, Placebo-kontrollierte klinische Studie, die im Jahr 2022 publiziert wurde.[17] Die Ergebnisse dieser Lithium-COVID-19-Studie waren bemerkenswert: Im Vergleich zu den COVID-19-Patienten der Kontrollgruppe, die kein Lithium erhielten, halbierte (!) sich die Dauer der notwendigen Krankenhausaufenthalte in der Lithium-Gruppe. Die Erkrankung stabilisierte und verbesserte sich unter Lithium so schnell, dass kein Patient auf die Intensivstation verlegt werden musste. In der Kontrollgruppe waren es hingegen zwei von 15 Patienten, von denen einer schließlich verstarb. Die Autoren fassten ihre Resultate folgendermaßen zusammen: „Eine Infektion mit SARS-CoV-2 löst eine überschießende Entzündung aus, die durch Komponenten der angeborenen Immunität angetrieben wird. Wir konnten zeigen, dass Lithium die Anzahl der Tage, die Patienten im Krankenhaus und auf der Intensivstation verbringen, sowie das Sterberisiko verringern kann. Durch seine immunmodulatorische Wirkung senkt Lithium die entzündlichen Zytokinspiegel, indem es Zytokinstürme verhindert und so die Schwere der Infektion und das Sterberisiko verringert.“ Im Hinblick auf die überragende Wirkung von Lithium formulierten die Autoren der Studie auch die Aussage, die in den *Essentiellen Vorbemerkungen* zu Beginn dieses Buches zitiert wird, dass „das dritte Element des Periodensystems das vielleicht wichtigste Element im Leben“ sei. Auch wenn die Dosierungen aufgrund der therapeutischen Notfallsituation mit zweimal 40 mg Lithium (in Form von Lithiumcarbonat) täglich deutlich höher waren als für die tägliche Zufuhr als essentielles Spurenelement erforderlich ist, zeigte sich die grundsätzliche Fähigkeit dieses Spurenelements, lebensbedrohliche Entzündungsreaktionen schnell und entscheidend zu entschärfen. Allerdings wurde weder untersucht, ob geringere Mengen an Lithium ebenfalls ausgereicht hätten, noch wurde das meines Erachtens besser geeignete Lithiumorotat (siehe Kap. 3) eingesetzt.

Antivirales Lithium. Lithium wirkt antiviral – und das war schon lange vor der SARS-CoV-2-Pandemie bekannt.[18] Man wusste bereits seit den 1970er Jahren, dass es die Infektiosität einer Vielzahl von DNA- und RNA-Viren reduziert.[19] Entsprechend wirkt Lithium auch effektiv gegen Herpes-Infektionen.[20] Und für SARS-CoV-2 besonders relevant: Es wurde schon im Jahr 2007 gezeigt, dass Lithium über das Lithiom (IMPase, GSK-3 etc.) gezielt das Wachstum von Coronaviren hemmt.[21] Die Bedeutung von Lithium wurde schon im Jahr 2021 in einer großen retrospektiven Studie bestätigt: „Unsere Analyse klinischer Daten von mehr als 300.000 Patienten aus drei großen Gesundheitssystemen zeigt“, schreiben die Autoren, „dass das Risiko, an COVID-19 zu erkranken, bei Patienten, die Lithium, einen direkten Inhibitor der Glykogen-Synthase-Kinase 3 (GSK-3), einnehmen, um 50 Prozent reduziert ist.“[22] Und sie zeigten auch, „dass GSK-3 für die Phosphorylierung des SARS-CoV-2-Nukleokapsidproteins [die Hülle des Virus] essentiell ist und dass die Hemmung von GSK-3 die SARS-CoV-2-Infektion in menschlichen Lungenepithelzellen blockiert“. Diese Ergebnisse legen laut den Autoren „eine antivirale Strategie für COVID-19 und neue Coronaviren nahe, die in Zukunft auftreten könnten". Obschon der kausale Zusammenhang zwischen antiviraler Wirkung eines durch ausreichend bzw. in essentiellen Mengen Lithium regulierten Lithioms, auf den in dieser Publikation hingewiesen wurde, als Sensation hätte behandelt werden müssen, erhielt dieses kostengünstige, gut verfügbare (aber eben nicht patentierbare und damit wenig lukrative) Spurenelement nicht die lebensrettende Aufmerksamkeit. Zudem wollte man die Menschheit gentechnisch mit Spike-mRNA "impfen". Die erfolgreiche Entschärfung des Problems auf natürliche Weise war also nicht erwünscht. Insofern profitierten auch hier diejenigen, die an der Inszenierung der COVID-19-Pandemie beteiligt waren, finanziell und machtpolitisch von der Nichtanerkennung der Essentialität von Lithium sowie von seinem Verbot als Nahrungsergänzungsmittel.

Eine Studie konnte zeigen, dass die Neurogenese in humanen Hippocampus-Vorläuferzellen gestört ist, wenn sie Serumproben von hospitalisierten COVID-19-Patienten mit neurologischen Symptomen ausgesetzt werden.[23] Ursache dafür ist die massive Erhöhung proinflammatorischer Botenstoffe im Blut. Der durch das Spike-Protein bzw. dessen S1-Untereinheit ausgelöste Teufelskreis der Neuroinflammation, wie in Abb. 24 (Kap. 4) gezeigt, ist laut überzeugender Studienlage auch verantwortlich für das *Brain-Fog*-Phänomen (Gehirnnebel), und somit für die psychischen Auswirkungen von Long-COVID nach überstandener Infektion und des Post-Vac-Syndroms nach Spike-mRNA-Injektion.[24] Aufgrund des gemeinsamen Auslösers werden diese problematischen Erkrankungen des mentalen Immunsystems unter dem Begriff der Spikeopathie zusammengefasst.[25] Diese langfristigen Auswirkungen im Sinne eines chronifizierenden Krankheitsverhaltens (*sickness behaviour*) – auch nach schon längst überstandener Infektion – haben mehrere Gründe. So kommt es während eines schweren Infektionsverlaufs zu einem massiven Verbrauch essentieller Vitalstoffe, was das mentale Immunsystem ebenso lähmt wie persistierende Spike-Proteine. Diese können auch nach Eliminierung der Viren weiterhin für eine Neuroinflammation sorgen, wobei beide Ursachen synergistisch das Gehirn schädigen. Dies ist auch ein wesentliches Problem der Spike-mRNA-Injektionen, da das virale Genmaterial gentechnisch auf langfristige Spike-Produktion optimiert wurde. Dies könnte wiederum den Erfolg der Lithium-Intervention erklären: „Bei der Untersuchung der Patienten einen Monat nach der Entlassung aus dem Krankenhaus und der Erfassung der neurologischen Langzeiteffekte wurden bei 40 % der mit Lithium behandelten Patienten [Long-COVID] Symptome beobachtet, während in der Kontrollgruppe 73 % neurologische Symptome aufwiesen.“[26] Deshalb könnte nach Ansicht der Autoren „Lithium auch zu einem früheren Zeitpunkt eingesetzt werden, z.B. zum Zeitpunkt der Diagnose, um Krankenhausaufenthalte zu vermeiden, und zur Behandlung von [Spikeopathie-] Syndromen mit langer Dauer“.

Tatsächlich führten bei einer kleinen Patientenzahl „40 bis 45 mg Lithium pro Tag [in Form von Lithiumaspartat] zu einer numerisch größeren Reduktion der Müdigkeits- und kognitiven Dysfunktionswerte als 15 mg/Tag“, wie man anhand einer Studie der *University at Buffalo*, Williamsville, New York herausfand.[27] Aufgrund der vermutlich geringeren Wirksamkeit von Lithiumaspartat gegenüber Lithiumorotat (siehe Kap. 3) empfehle ich bei Spikeopathien niedrigdosiertes Lithium, d.h. 5 bis 10 mg/Tag in Form von Lithiumorotat-Monohydrat, was einem Gesamtgewicht von 128,6 bis 257,1 mg entspricht. Wie immer gilt auch diese Empfehlung im Rahmen einer systemischen Therapie (siehe das vorhergehende Kapitel). Im Idealfall kann eine synergistisch aktivierte Autophagie durch Lithium und Ketogenese die Eliminierung der toxischen S1-Untereinheit unterstützen, zumal die Unterdrückung der Autophagie oder gar das "Kapern" der dafür entscheidenden Signalmoleküle Teil der viralen Pathogenese ist.[28] Auch SARS-CoV-2 ist unter anderem deswegen so erfolgreich, weil es diesen schützenden Prozess der Autophagie stört bzw. blockiert.[29] Tatsächlich gibt es bereits überzeugende Hinweise, dass die reinigende Autophagie auch dazu dient, die Symptomatik einer Infektion zu minimieren und Virusbestandteile zu eliminieren.[30] Insbesondere eine aktive Mikroautophagie könnte den Abbau des neurotoxischen Spike-Proteins bzw. dessen S1-Untereinheit unterstützen und so helfen, den Heilungsprozess abzuschließen.[31]

Lithium schützt vor bakteriellen Zytokinstürmen

Eine Sepsis (im Volksmund Blutvergiftung genannt) ist eine lebensbedrohliche Komplikation bei einer bakteriellen Infektion, wenn das körpereigene Immunsystem mit einem Zytokinsturm überreagiert.[32] Sie ist eine der häufigsten Todesursachen weltweit.[33] So gab es im Jahr 2017 weltweit fast 50 Millionen Fälle von Sepsis (fast die Hälfte machen Kinder unter 5 Jahren aus) mit etwa 11 Millionen Todesfällen, was fast einem Fünftel (!) aller Todesfälle weltweit entspricht.[34] Auch hier ist es wieder nicht die bakterielle Infektion selbst, die zum Tod führt, sondern meist eine überschießende Reaktion des Immunsystem. Die durch die massiv freigesetzten proentzündlichen Zytokine verursachte Selbstzerstörung (Blutdruckabfall, erhöhte Durchlässigkeit der Blutgefäßauskleidung und dadurch bedingte Ödembildung, gestörte Blutgerinnung etc.) kann zu Schock, Multiorganversagen und damit leider auch schnell zum Tod führen, insbesondere wenn sie nicht frühzeitig erkannt und sofort behandelt wird.

Eine effektive Möglichkeit zur Behandlung von Zytokinstürmen wäre die präventive Gabe von niedrigdosiertem Lithium. Der Wirkmechanismus ist einfach nachzuvollziehen: Bakterien werden vom Körper über bestimmte Zellwandbestandteile wie z.B. LPS (Lipopolysaccharide) erkannt. Zuständig dafür sind Gefahrensensoren wie z.B. TLR-4 (siehe Kap. 4, Abb. 24) – sie gehören zu den am meisten studierten PAMPs. Lithium greift hier gleich auf mehreren Ebenen schützend ein. Zunächst begrenzt das essentielle Spurenelement schon vorbeugend die Zahl der TLR-4, wie in Kap. 4 bereits besprochen.[35] Darüber hinaus reduziert es durch die Hemmung von GSK-3 das Risiko einer übermäßigen Zytokinfreisetzung. Dabei wurde neben der bekannten Hemmung der NF-κB-Aktivierung noch ein weiterer antiinflammatorischer Mechanismus entdeckt: „Ein weiteres Ziel von GSK-3β", schreiben die Autoren, „ist der Transkriptionsfaktor *Signal Transducer and Activator of Transcription* (STAT). Es wurde festgestellt, dass die Hemmung von GSK-3β durch Lithium zu einer verminderten Aktivierung von STAT führte, was mit einer deutlichen Abnahme der Ausschüttung proinflammatorischer Zytokine einherging."[36] Alle diese Mechanismen zusammen schützen vor einer "stürmischen" Aktivierung der proinflammatorischen Signalkaskade. Besteht die Gefahr, dass sich – trotz guter Basisversorgung mit allen essentiellen Vitalstoffen einschließlich Lithium – ein septischer Zytokinsturm entwickelt, sollte (zusätzlich zur antibakteriellen Standardtherapie und Notfallversorgung) mit höher dosiertem Lithium interveniert werden, um die lebensbedrohliche Zytokinproduktion zu stoppen, wie die Ergebnisse der oben diskutierten Lithium-COVID-19-Studie zeigen. Dies wäre ein neuer und vielversprechender therapeutischer Ansatz, der weltweit jährlich viele Millionen Menschenleben retten könnte, zumal dies im Tiermodell schon vielfach erfolgreich getestet wurde, vergleichbar zum Erfolg der oben genannten humanen Lithium-COVID-19-Studie.[37] Dies ist nicht weiter verwunderlich, denn obwohl LPS und Spike unterschiedliche PAMPs sind, ist der Pathomechanismus aus der Sicht unserer Immunzellen derselbe. Diese Möglichkeit, Menschenleben mit höher dosiertem Lithium (also in diesem Fall dosisbedingt als Medikament) vor einem septischen Zytokinsturm zu retten, liegt allerdings schon seit vielen Jahren auf der Hand. Wird eine Lithiumtherapie bei Sepsis, die zudem kostengünstig ist, vielleicht aus denselben Gründen ignoriert wie die Lithiumtherapie bei viralen Atemwegsinfektionen, wie wir am Beispiel von COVID-19 gesehen haben? Geht es nur um Profit?

Lithium schützt vor traumatischen Zytokinstürmen

Traumatische Verletzungen sind weltweit für etwa 6 Millionen Todesfälle pro Jahr verantwortlich.[38] Die meisten Menschen glauben, dass man in solchen Fällen an den Verletzungen selbst stirbt. Insofern wird es viele überraschen zu erfahren, dass zahlreiche Menschen eigentlich an der Reaktion des Organismus auf die enorme Freisetzung von DAMPs sterben. Ärzte und Forscher verschiedener Trauma-Zentren der Peking-Universität in China stellen in einem Übersichtsartikel, der Ende 2023 veröffentlicht wurde, fest: „Schwere Traumata stellen im Gesundheitswesen ein kaum lösbares Problem dar. Bei den Patienten kommt es zu einer komplexen und überlebenswichtigen Reaktion des Immunsystems. Eine überschießende

Entzündungsreaktion ist jedoch die Hauptursache für eine schlechte Prognose und eine geringe therapeutische Wirkung von Medikamenten bei Traumapatienten. Zytokine sind Signalproteine, die eine entscheidende Rolle bei der Reaktion des Körpers auf Verletzungen spielen und Immunreaktionen verstärken oder unterdrücken können. Studien haben gezeigt, dass Zytokine in engem Zusammenhang mit der Schwere der Verletzungen und der Prognose von Traumapatienten stehen und helfen, zytokinbasierte Diagnose- und Behandlungspläne für Traumapatienten zu entwickeln."[39] Auch hier sind es wieder (vermeintlich) nicht beherrschbare Zytokinstürme, welche die Ärzte vor ein (vermeintlich unlösbares) Problem stellen.

Postoperatives Delir. Das postoperative Delirium (POD) ist eine akute mentale Dysfunktion, die hauptsächlich durch Gedächtnis- und Bewusstseinsstörungen gekennzeichnet ist.[40] Das POD kann den Krankenhausaufenthalt verlängern, z.B. durch die Entwicklung einer postoperativen Depression. Auch das generelle Mortalitätsrisiko der Patienten erhöht sich in Folge, da sie schwerer zu mobilisieren sind. Bei etwa der Hälfte aller Hochrisikooperationen entwickelt sich ein POD. Neuroinflammation als pathogenetischer Mechanismus des POD kann durch eine Vielzahl von Faktoren entstehen – wesentlich ist jedoch eine Trauma-bedingte Neuroinflammation durch den chirurgischen Eingriff oder manchmal auch eine Sepsis. Eine Vielzahl von Entzündungsmediatoren wie Interleukin IL-6, IL-1β und TNF-α können die Blut-Hirn-Schranke passieren und Schäden an zentralen Neuronen und Synapsen verursachen.[41] Zur Vermeidung eines POD würde sich niedrigdosiertes Lithium schon vor der Operation anbieten.

Trotz intensiver Suche in allen öffentlich zugänglichen Datenbanken konnte ich keine Arbeit finden, in der die naheliegende Lösung versucht wurde: den selbstzerstörerischen Zytokinsturm bei Traumapatienten durch die akute Gabe von Lithium zu beruhigen. Nur im Hinblick auf schwere Kopfverletzungen sind Versuche durchgeführt worden. In dem im Jahr 2014 publizierten Artikel *Ein neuer Ansatz für Lithium: Intervention bei traumatischen Hirnverletzungen* schreiben die Autoren vom *National Institute of Mental Health* der US-amerikanischen *National Institutes of Health* in Bethesda, Maryland: „Traumatische Hirnverletzungen sind eine der häufigsten Ursachen für Behinderung und Tod durch Verletzungen des zentralen Nervensystems. Bei Patienten, die die ursprüngliche Verletzung überleben, kann ein Schädel-Hirn-Trauma zu Neurodegeneration sowie kognitiven und motorischen Defiziten führen und sogar einen Risikofaktor für die spätere Entwicklung neurodegenerativer Erkrankungen wie der Alzheimer-Krankheit darstellen. Präklinische Studien zu verschiedenen neuropathologischen und neurodegenerativen Erkrankungen haben gezeigt, dass Lithium, das hauptsächlich zur Behandlung bipolarer Störungen eingesetzt wird, signifikante neuroprotektive Effekte hat. Inzwischen gibt es sogar neue Hinweise darauf, dass Lithium auch neurologische Schäden nach Schädel-Hirn-Traumata lindern kann."[42] Im gesamten Artikel ist die Begeisterung der Autoren zu spüren, endlich eine Lösung gefunden zu haben: „Zusammenfassend lässt sich sagen, dass die jüngsten vorläufigen Daten zum Einsatz von Lithium robuste positive Effekte in experimentellen Modellen des Schädel-Hirn-Traumas [TBI, *Traumatic Brain Injury*] zeigen. Dazu gehören die Verringerung der TBI-induzierten Hirnschädigung, die Unterdrückung der Neuroinflammation, der Schutz vor Störungen der Blut-Hirn-Schranke, die Normalisierung von Verhaltensdefiziten und die Verbesserung von Lern- und Gedächtnisleistungen." Abschließend besteht den Autoren zufolge „eindeutig Bedarf an weiterer klinischer Forschung, um seine therapeutischen Eigenschaften bei TBI zu bestimmen". Dies ist jedoch nicht geschehen. Auch hier wurde die einfache, wirksame und extrem kostengünstige Option, die akuten und chronischen Folgen schwerer Traumata mit Lithium zu mildern, nicht weiterverfolgt.

Traumatische Geburt. Intraventrikuläre Blutungen (IVH) sind eine häufige Komplikation bei zwischen der 23. und 28. Schwangerschaftswoche und damit zu früh geborenen Säuglingen. Falls die Kinder überleben, besteht das Risiko neurologischer Entwicklungsstörungen wie ein gestörtes Wachstum der Großhirnrinde. Verantwortlich dafür ist hyperaktives GSK-3, weshalb dessen Hemmung die Neurogenese reaktiviert und so die neurologische Entwicklung von Frühgeborenen mit IVH verbessern kann.[43] Als natürlicher GSK-3-Hemmer bietet sich essentielles Lithium an.

Lithium schützt vor autoimmunen Zytokinstürmen

Unser körperliches Immunsystem hat die Aufgabe, in den Körper eingedrungene Mikroorganismen zu erkennen und zu beseitigen. Zu den lebensbedrohlichen "Mikroorganismen" gehören aber auch körpereigene Zellen, wenn sie sich durch Mutationen verändert haben, ein abnormes Verhalten zeigen und den gesamten Organismus bedrohen. Zwischen gesunden Körperzellen und durch mutierte Proteine auffälligen Krebszellen zu unterscheiden und nur Letztere als problematisch zu erkennen und zu vernichten, ist die hohe Kunst unserer Immunabwehr. Doch manchmal macht das Immunsystem einen (Lern-)Fehler, identifiziert gesundes Körpergewebe als fremde Bedrohung und greift es an. Die in der Regel heftigen Attacken gegen körpereigene Strukturen werden aufgrund der überschießenden Immunreaktion ebenfalls als Zytokinstürme bezeichnet und resultieren, wie ein Artikel aus dem Jahr 2021 tituliert, aus *Dysbalancen zwischen angeborener und erworbener (adaptiver) Immunität.*[44] Die Folge der Fehlsteuerung des Immunsystems ist eine Autoimmunerkrankung. Das genaue Krankheitsbild hängt davon ab, welche Strukturen fälschlicherweise angegriffen werden. Die Ursachen sind vielfältig. Insgesamt gibt es immer mehr Hinweise auf zahlreiche Umweltfaktoren, die mit der Entwicklung von Autoimmunität und Autoimmunerkrankungen in Verbindung gebracht werden können. Unsere immer artfremdere Lebensweise erklärt die steigenden Erkrankungsraten. Immerhin leiden derzeit etwa 10 Prozent der Menschheit an einer oder mehreren Autoimmunkrankheiten. Am besten untersucht ist der Typ-1-Diabetes mit einem stetigen Anstieg der Inzidenz seit den 1970er Jahren von 3 bis 4 Prozent pro Jahr.[45] „Am beunruhigendsten sind die großen Veränderungen in unserer Ernährung und ihre Auswirkungen auf das Mikrobiom, die Exposition gegenüber Xenobiotika [von griechisch *xénos* für „fremd" und *bíos* für „Leben", also chemische Stoffe, die nicht natürlich gebildet, sondern durch den Menschen synthetisiert werden und dem biologischen Stoffkreislauf fremd sind wie Farbstoffe, Pestizide oder Mikroplastik] und chlorierte Lösungsmittel, Infektionen, der persönliche Lebensstil und die damit verbundene Zunahme von Fettleibigkeit und Schlafmangel, Stress, Luftverschmutzung", schreibt Frederick W. Miller, ehemaliger Leiter der *Environmental Autoimmunity Group* des US-amerikanischen *National Institute of Environmental Health.* Aus nicht nachvollziehbaren Gründen spricht er in dem Zusammenhang auch von „Auswirkungen des Klimawandels als mögliche Faktoren, die zu diesen Zunahmen beitragen".[46] Eine regelrecht absurde Behauptung, alleine schon da Autoimmunkrankheiten in den Ländern des globalen Südens bekanntermaßen sehr selten sind.[47] Was Miller allerdings in seinem umfangreichen Übersichtsartikel unerwähnt lässt, ist der Einfluss der immer umfangreicheren Impfprogramme seit den 1970er Jahren, die das heranreifende Immunsystem von Säuglingen und Kleinkindern massiv – und mit Sicherheit wesentlich direkter – beeinflussen und beeinträchtigen als das Klima. Zumindest deuten epidemiologische Studien hier einen Zusammenhang an.[48] Die für solche Aussagen und Auslassungen notwendige Ignoranz ist höchst erstaunlich. Verbirgt sich dahinter eine Agenda?

Multiple Sklerose

Viele unserer Nervenzellen sind von einer isolierenden Schicht umgeben, der sogenannten Myelinscheide, die eine schnellere und effizientere Weiterleitung der Informationen ermöglicht. Gebildet wird die fettreiche Schicht aus den myelinhaltigen Zellmembranen von Gliazellen. Bei der Multiplen Sklerose (MS) greifen Immunzellen diese Myelinschicht an, schädigen sie und hemmen sogar die Myelinproduktion. Bei demyelinisierenden Erkrankungen wie der MS, ebenso wie bei der experimentellen autoimmunen Enzephalomyelitis (EAE), dem tierexperimentellen Pendant zur MS, ist die GSK-3β-Aktivität massiv erhöht.[49] Die Aktivierung geschieht über den TLR4-abhängigen Signalweg und erzeugt einen neuroinflammatorischen Zytokinsturm.[50] Dr. Karl Frei, ein führender Schweizer Neurowissenschaftler, teilte mir kürzlich mit, dass er und sein Team schon vor Jahrzehnten herausgefunden hatten, dass EAE-Mäuse, wenn ihnen molekulargenetisch das IL-6-Gen entfernt wurde, resistent gegenüber der Entwicklung einer EAE sind und daher keine MS-Symptome entwickeln.[51] IL-6 scheint also im breiten Spektrum der proinflammatorischen Botenstoffe eine besondere Rolle zu spielen. Dies bestätigt auch die im Jahr 2019 veröffentlichte Studie *Interleukin-6 stört die synaptische Plastizität und beeinträchtigt die Kompensation von Gewebeschäden bei Multipler Sklerose.*[52] Eine Hemmung der IL-6-Aktivierung wäre somit von klinischer Relevanz, um weitere Zytokinstürme bzw. Krankheitsschübe zu vermeiden.

Anstatt das IL-6-Gen zu eliminieren, ist es für die Behandlung von MS-Patienten praktikabler, die proinflammatorische Signalkette einfach mit essentiellen oder niedrigdosierten Mengen an Lithium zu hemmen. Die Autoren vom *Department of Psychiatry and Behavioral Neurobiology* der US-amerikanischen *University of Alabama*, schreiben in ihrem Artikel *Lithium verhindert und lindert experimentelle autoimmune Enzephalomyelitis:* „Bei der schubförmig verlaufenden EAE bot Lithium, das nach dem ersten klinischen Schub verabreicht wurde, einen langfristigen Schutz (90 Tage nach der Autoimmunisierung), und nach dem Absetzen von Lithium kam es schnell zu einem Rückfall."[53] Die Relevanz für MS-Patienten ist offensichtlich, allerdings sehen die Autoren nicht Lithium als Lösung des MS-Problems, sondern nur das vermutete Target der Lithiumwirkung: „Diese Ergebnisse zeigen, dass Lithium EAE unterdrückt und GSK-3 als neues Target identifiziert, das für therapeutische Interventionen bei MS und anderen Autoimmun- und Entzündungskrankheiten, die das ZNS betreffen, nützlich sein könnte." GSK-3 wird als Target für neue Medikamente bzw. Lithium-Mimetika identifiziert, Lithium jedoch merkwürdigerweise nicht als therapeutische Option weiter diskutiert, obwohl man auf Grundlage dieser Erkenntnis sofort eine therapeutische Intervention starten könnte. Und das ist kein Einzelfall – diese Denkweise zieht sich wie ein ungeschriebenes Gesetz durch die gesamte medizinische Literatur. In einem weiteren Rattenmodell verzögerte die Behandlung mit Lithium den Ausbruch der EAE signifikant; darüber hinaus mildert es den Schweregrad der Erkrankung durch Hemmung des proinflammatorischen TNF-α und Inaktivierung von GSK-3β.[54] Aber auch hier wurde nicht Lithium als Therapieoption vorgeschlagen, sondern nur GSK-3 als pharmakologisches Target – und das, obwohl bekannt ist, dass Lithium auf das gesamte Lithiom wirkt, also weitaus komplexere Effekte auf zentralnervöse Autoimmunkrankheiten hat als eine isolierte pharmakologische Hemmung von GSK-3.[55] Die gesundheitsfördernde Wirkung von Lithium allein auf die GSK-3-Hemmung zu reduzieren – auch wenn dies dem pharmazeutischen Interesse einer Target-Identifizierung dienen soll – halte ich für höchst problematisch; immerhin ist vergleichsweise schon im Fall von Alzheimer die rein auf β-Amyloid reduzierte Krankheitsthese gescheitert. Eine tierexperimentelle Studie, die 2023 publiziert wurde, konnte sogar zeigen, dass Lithium die Differenzierung von Stammzellen in Oligodendrozyten verbessert und damit die Remyelinisierung bei MS fördert – das bedeutet, dass es nicht nur die Krankheit verlangsamt, sondern diese sogar therapiert bzw. einen Heilungsprozess einleitet.[56] Ein im September 2024 veröffentlichter Übersichtsartikel kommt auch wieder nur zu dem Schluss: „Eine Überaktivierung von GSK-3β wird mit der Neuropathologie bei MS in Verbindung gebracht, und GSK-3β-Inhibitoren könnten bei der Behandlung von MS wirksam sein."[57] Doch warum sollten MS-Patienten auf künstliche GSK-3β-Inhibitoren warten – Xenobiotika, die sogar im Verdacht stehen, Autoimmunerkrankungen auszulösen –, wenn natürliches Lithium bereits heute verfügbar ist und das gesamte Lithiom zur Verfügung steht, um den Krankheitsprozess zu stoppen? Allerdings, wie schon mehrfach erwähnt, stets niedrigdosiert im Rahmen einer systemischen Therapie bzw. Schubprävention.

Alles, was eine Neuroinflammation reduziert, sollte gefördert, alles was sie fördert, reduziert werden, wie im vorherigen Kapitel und Kap. 1 ausführlich behandelt. So senkt bspw. auch das Vitamin-D-Hormon den IL-6-Spiegel.[58] Eine hochdosierte Zufuhr (Stichwort: Coimbra-Protokoll) kann hilfreich sein, wenn eine Vitamin-D-Resistenz vorliegt.[59] Aus systembiologischer Sicht sind aber noch bessere Erfolge zu erwarten, wenn alle Mangelzustände behoben werden, wie in Kap. 4 besprochen, um auf diese Weise sogar mit moderaten Dosen therapeutisch und schubpräventiv arbeiten zu können. Das gilt natürlich für alle Autoimmunerkrankungen.

Autoimmune Depression. „Bei MS-Patienten wurde im Vergleich zur Allgemeinbevölkerung eine Häufung von Depressionen und Angstzuständen sowie eine höhere Rate von Suizidgedanken festgestellt. Das Vorhandensein depressiver Symptome schien einen direkten Einfluss auf das Suizidrisiko zu haben", so das Fazit einer klinischen Studie aus dem Jahr 2018.[60] *Neuroinflammation führt bei schubförmig remittierender Multipler Sklerose zu Angstzuständen und Depressionen* – so lautet der nicht sehr überraschende Titel einer weiteren psychiatrischen Studie aus dem Jahr 2017.[61] Im Rahmen einer systemischen Therapie würde Lithium aufgrund seiner komplexen Wirkung über das gesamte Lithiom eine Neuroinflammation nicht nur generell hemmen, sondern auch die Depressionsneigung von MS-Patienten reduzieren, indem es die adulte hippocampale Neurogenese reaktiviert. Schließlich wurde von einer klinischen Studie mit MS-Patienten berichtet, dass sich Depressionen durch eine niedrigdosierte (*low dose*) Lithiumbehandlung im Vergleich zur unbehandelten Gruppe signifikant besserten.[62] Eine Metastudie, bei der 18 neuropsychiatrische *Low-dose*-Studien untersucht wurden, fand heraus, dass „niedrigdosiertes Lithium im Vergleich zu Placebo nicht mit einem höheren Risiko für unerwünschte Ereignisse oder schwerwiegende unerwünschte Ereignisse verbunden war".[63]

Typ-1-Diabetes mellitus

Werden die insulinproduzierenden β-Zellen der Bauchspeicheldrüse zerstört, entwickelt sich ein Typ-1-Diabetes. Erst mit der kompletten Eliminierung dieser Zellen, also des Targets, ist der immunologische Angriff abgeschlossen, der ebenfalls als Zytokinsturm abläuft

(Biomarker sind u.a. hohe IL-1β-Spiegel im Blut).[64] Beim Typ-1-Diabetes sind die Betroffenen lebenslang abhängig von einer medikamentösen Insulinzufuhr. Da ein autoimmuner Zytokinsturm sehr wahrscheinlich unabhängig vom zellulären Target des eigenen Immunsystems abläuft, vermute ich, dass alle Erkenntnisse aus der MS-Forschung weitgehend auf andere Autoimmunkrankheiten übertragen werden können. So verhindert eine pharmakologische Blockade von TLR-4 im NOD-Mausmodell (das steht für *Non-Obese Diabetic*, „nicht-adipöser Diabetiker") die spontane Entwicklung eines Typ1-Diabetes.[65] Da Lithium TLR-4 herunterreguliert und zudem die TLR-4-Signalkaskade auf der Ebene von GSK-3 hemmen kann (siehe Kap. 4), könnte man zu Recht annehmen, dass eine essentielle Menge Lithium das Erkrankungsrisiko senkt, während eine niedrigdosierte Menge den Krankheitsprozess zumindest verzögert – immer im Rahmen des in Kap. 4 dargestellten systemischen Ansatzes. Eine tierexperimentelle Studie aus dem Jahr 2024 zeigte beispielsweise, dass Mäuse mit Typ-1-Diabetes von einer Kombination aus Lithium und körperlicher Aktivität profitierten.[66]

Rheumatoide Arthritis

Rheumatoide Arthritis (RA) ist eine Autoimmunerkrankung, die durch eine chronisch entzündliche Gelenkzerstörung gekennzeichnet ist. Die in diesem Fall vorliegende enorme proinflammatorische Zytokinproduktion wird ebenfalls als Zytokinsturm bezeichnet. Typisch bei RA-Patienten im Vergleich zu gesunden Kontrollpersonen ist eine signifikante Erhöhung der proinflammatorischen Zytokine (TNF-α, IL-6, IL-1β), die auch als Biomarker bei der Krankheitsprognose bzw. der Progression dienen.[67] Die Behandlung der RA umfasst in der Regel die Einnahme von Medikamenten zur Unterdrückung des Immunsystems mit nebenwirkungsreichen Pharmazeutika wie Methotrexat, Leflunomid und Hydroxychloroquin. Aber wie bei allen Autoimmunerkrankungen bietet sich auch hier eine niedrigdosierte Lithiumbehandlung im Rahmen eines systemischen Therapieansatzes an, zumal bereits in Arthritismodellen rein monotherapeutisch gezeigt werden konnte, dass Lithium den IL-1β-induzierten Knorpelabbau und den Verlust der mechanischen Eigenschaften verhindert.[68] Mikrodosiertes Lithium schützt auch vor der Zerstörung von Pankreasinseln und Nierenfunktionsstörungen (siehe Kap. 6) bei Typ-1-Diabetes, der durch ein Zellgift (Streptozotocin) ausgelöst wird, das die Autoimmunerkrankung im Tiermodell nachbildet.[69]

Systemischer Lupus erythematodes

Der systemische Lupus erythematodes (SLE) ist eine weitere Autoimmunerkrankung, die durch Zytokinstürme angetrieben wird. Dabei greift das Immunsystem wahllos gesundes Gewebe an. Die Symptome eines SLE-bedingten Zytokinsturms beginnen meist im frühen Erwachsenenalter und reichen von Fieber und Hautausschlag bis hin zu Organversagen. Insbesondere können die Nieren durch Immunkomplexe verstopft werden und ihre Filterfunktion verlieren. Schon bevor die Blut-Hirn-Schranke durchbrochen wird, zeigen NZB/W-Mäuse, die spontan ein Autoimmunsyndrom mit bemerkenswerten Ähnlichkeiten zum SLE beim Menschen entwickeln, auch entsprechende neuropsychiatrische Verhaltensdefizite, die durch eine gestörte hippocampale Neurogenese erklärt werden.[70] IL-6 und IL-18 (siehe Abb. 24, Kap. 4) aktivieren direkt die Apoptose adulter hippocampaler Nervenzellen. Die Behandlung der Zytokinstürme beim SLE besteht, wie bei fast allen Autoimmunerkrankungen, in der Regel in der Gabe von Medikamenten, die das Immunsystem unterdrücken, wie z.B. Kortikosteroide, Methotrexat und Hydroxychloroquin. Auch hier, und dies soll das letzte Beispiel aus diesem Themenkomplex der Autoimmunerkrankungen sein, konnte Lithiumchlorid die Überlebenschancen von NZB/W-Lupus-Mäusen drastisch verbessern.[71]

Lithium-Schutz unerwünscht?

Wer die Grundgesetze der Natur missachtet, der sät Wind – eine Fehlentwicklung unserer modernen Kultur. Aus dem zentralen pathologischen Prozess der stillen Entzündung (*silent inflammation*), die so gut wie allen sogenannten Zivilisationskrankheiten zugrunde liegt, entwickelt sich im Extremfall ein Zytokinsturm. In ihm gipfelt die chronische und meist unerkannte Entzündung, wenn diese im Zeitraffer und dann plötzlich nicht mehr still, sondern mit zerstörender Kraft abläuft. Lithium ist zwar nicht der einzige Vitalstoffmangel, unter dem die Gesundheit vieler Menschen leidet, aber seine Einnahme in essentieller Dosierung senkt nicht nur das Risiko einer Neuroinflammation, wie im vorigen Kapitel ausgeführt, sondern sollte aus denselben Gründen auch vor einem Zytokinsturm schützen, insbesondere im Rahmen einer artgerechten Lebensweise, bei der es keine weiteren Vitalstoffmängel geben sollte. Wenn ein traumatischer, bakterieller (Sepsis) oder autoimmuner Zytokinsturm droht (wie in den vier genannten Beispielen illustriert), könnte niedrigdosiertes Lithium die Gefahr präventiv bannen, während etwas höhere Dosen einen bereits in Gang gekommenen Sturm beruhigen können.

Die Nichtanerkennung von Lithium als essentielles Spurenelement ist aber – wie auch die Propaganda gegen Vitamin D – ein Beispiel dafür, dass es den Gesundheitsbehörden, die der Aufklärung der Bevölkerung verpflichtet und mit der Entwicklung von medizinischen Leitlinien für gesundheitliche Krisenszenarien beauftragt sind, nicht um die Gesundheit geht. Offensichtlich operieren sie hauptsächlich unter der Maßgabe, Absatzmärkte für die Pharmaindustrie zu generieren und zu bewahren. Vor dem Hintergrund der in diesem Kapitel dargestellten Studienlage wird unmissverständlich deutlich, wie lange schon ignoriert wird, dass man akut schwerkranke Menschen mit einfachen Mitteln retten könnte. Dieses Wissen wird schlicht nicht genutzt, weil Lithium offensichtlich weder als präventives noch als therapeutisches Mittel erwünscht ist – außer für die Behandlung der bipolaren Störung (vermutlich deshalb, weil man das Rad der Zeit nicht zurückdrehen kann). So gibt es praktisch keine klinischen Studien – mit Ausnahme der oben erwähnten, sehr erfolgreichen Lithium-Intervention bei COVID-19-Patienten –, in denen zumindest versucht worden wäre, die tierexperimentellen Erfolge an Menschen, die unter einem Zytokinsturm zu sterben drohen, zu rekapitulieren – trotz eines Jahrhunderts Erfahrung mit Lithium und damit, wie es in solchen extrem bedrohlichen Situationen zum Wohle der Patienten therapeutisch erfolgversprechend eingesetzt werden könnte.

KAPITEL 6

Lithium for Life

Es ist der Geist, der sich den Körper baut.
Friedrich Schiller (1759–1805)

Lässt sich die Uhr des Lebens nur einmal aufziehen?

Die "Evolution der Großmutter" beruht nicht nur auf einer generationenübergreifenden Weitergabe von Wissen. Neben ihrer Lebenserfahrung, die die Überlebenswahrscheinlichkeit der Enkel erhöht (zumindest bis Ende des 19. Jahrhunderts war das so nachzuweisen, siehe Kap. 1), war auch ihre tatkräftige Hilfe bei der täglichen Arbeit eine wichtige Stütze der Großfamilie. Die genetische Entwicklung unserer Potentiale, bis ins hohe Alter sowohl geistig als auch körperlich fit zu bleiben, sind also eng miteinander verknüpft. Sie bildeten sich in Gegenwart von Lithium aus – was der Grund dafür ist, warum dieses Spurenelement nicht nur für die Erhaltung der geistigen, sondern auch der körperlichen Fitness unverzichtbar ist. Wie wir schon in Kap. 2 (Argument 5) gesehen haben, erweist sich Lithium als ein "Anti-Aging-Vitalstoff", schließlich weisen Bevölkerungsgruppen, die über das Trinkwasser etwas größere Mengen Lithium zu sich nehmen, eine geringere Gesamtmortalität auf.[1]

In ihrem Übersichtsartikel *Chronische Überernährung und Dysregulation von GSK3 bei Krankheiten* aus dem Jahr 2016 vermuteten zwei kanadische Forscher, dass die Natur GSK-3 als Wächter unserer Lebensspanne auserkoren hat. Der Grund: Ohne GSK-3 sind wir zwar nicht lebensfähig, wie tierexperimentelle Gen-Knockouts zeigen, aber mit zu hoher GSK-3-Aktivität sterben wir früher.[2] „Trotz der Komplexität der zellulären Signalwege und ihrer Wechselwirkungen“ sind die beiden Autoren sich aufgrund ihrer umfassenden Analysen in einem Punkt sicher: „unter allen schädlichen Bedingungen kommt es zu einer starken Aktivität von GSK3". Wie im bisherigen Verlauf zumindest ansatzweise anhand populärer Beispiele gezeigt wurde, gibt es sehr wahrscheinlich keine lebensverkürzende, chronische Krankheit, die nicht (direkt oder indirekt) mitverursacht wird durch ein – aufgrund von Lithiummangel – dysreguliertes Lithiom. Ein indirekter Zusammenhang kann mitunter insofern bestehen, als unsere körperliche Gesundheit von unseren Lebensentscheidungen beeinflusst wird. Die Qualität solcher Entscheidungen hängt von der Leistungsfähigkeit unseres (lithiumabhängigen) mentalen Immunsystems ab. Das gleiche gilt überdies im Hinblick auf unsere Eltern und Großeltern, solange sie für uns die lebenswichtigen Entscheidungen treffen: Lange Zeit spielt eine ausschlaggebende Rolle, ob wir in einer liebevollen Familie aufwachsen, ob wir ohne Mangel an lebenswichtigen Vitalstoffen ernährt werden oder wie viele Impfungen wir ertragen müssen – um nur einige wenige Beispiele zu nennen. Das Potential für ein gesundes Leben ist zwar genetisch evolviert und körperlich in uns angelegt, doch ob wir es ausschöpfen, hängt von den familiären und nicht zuletzt den kulturellen Rahmenbedingungen ab. Die Nichtanerkennung der Essentialität eines lebenswichtigen Spurenelements bildet in diesem Sinne unglücklicherweise die Basis dafür, dass Kinder heutzutage in einer gesundheitsschädlichen Kultur aufwachsen.

Unser Erbgut zu verändern, um es an eine profitorientierte Kultur und immer artfremdere Lebensbedingungen anzupassen, ist meines Erachtens schon allein aus systembiologischer Sicht unmöglich (auch wenn die Pharmaindustrie von einer genetischen Optimierung des Menschen träumt)[3]. Dabei wäre es aber jederzeit möglich, unsere Lebensweise und kulturelle Entwicklung wieder an unsere genetischen Bedürfnisse anzupassen. Dann könnten viele Menschen, deren biologische Uhr lange Zeit schneller tickte als nötig, ihre biologische Zeit sogar wieder etwas zurückdrehen und einige gesunde Lebensjahre dazugewinnen. Lithium ist zwar kein Wundermittel, spielt allerdings im Gefüge aller lebenswichtigen Funktionen eine zentrale Rolle, da das Leben um dieses Spurenelement evolvierte. Die lebensverlängernde Wirkung, die sich in Folge des Behebens eines Lithiummangels sowohl beim Menschen als auch in Tiermodellen einstellt, wurde bereits in Kap. 2 (Argument 5) ausführlich diskutiert.[4] Für die Pharmaindustrie steckt darin viel Hoffnung, wie die Autoren einer entsprechenden "Fliegen-Studie" feststellen: „Die Verlängerung der Lebenserwartung durch pharmakologische Mittel wird sowohl aus gesundheitlicher als auch aus wirtschaftlicher Sicht immer dringlicher."[5] Sie weisen darauf hin, dass Lithium „ein für den menschlichen Gebrauch zugelassenes Medikament" ist, und dieses in geringer Dosierung bei Fruchtfliegen „die Langlebigkeit und die Gesundheitsspanne fördert [...], wenn es während des gesamten Erwachsenenalters oder später im Leben verabreicht wird". Dennoch wird Lithium hier nur als Mittel zum Erkenntnisgewinn betrachtet; es dient einzig der Identifizierung der Targets, die dann genutzt werden könnten, um pharmazeutische Lithium-Mimetika zu entwickeln: „Der lebensverlängernde Mechanismus umfasst die Hemmung der Glykogen-Synthase-Kinase-3 (GSK-3) und die Aktivierung des Transkriptionsfaktors Nukleärer Erythroid-2-verwandter Faktor (NRF-2)." Lässt man diese von Pharmainteressen geleitete Sichtweise jedoch beiseite, liefern diese Studien wertvolle Hinweise, warum Lithium in essentiellen Mengen für ein langes und gesundes Leben unverzichtbar ist. So zeigte sich in dieser Studie, dass Fruchtfliegen im Falle niedriger Lithiumgaben länger leben als unter Lithiummangel, bei extrem hohen Lithiumgaben die Lebenszeit aber wiederum verkürzt ist – was die Ergebnisse aus Abb. 22 in Kap. 3 zur Dosis-Wirkungs-Beziehung beim Menschen tierexperimentell bestätigt. Lebensverlängernd wirkt Lithium somit nicht in seiner hochdosierten Anwendung (wie bei der Behandlung der bipolaren Störung), sondern nur in essentieller (niedrigdosierter) Menge bzw. essentieller Breite, wie ebenfalls in Kap. 3 besprochen.

Die Uhr des Lebens tickt in Telomeren

Auf zellulärer Ebene tickt die Uhr des Lebens u.a. in Form der stetigen Verkürzung der Telomere. Ihre Aufgabe ist es, unser Erbgut bei Zellteilung intakt zu halten.[6] Ein sukzessiver Abbau der Telomere bei jeder Erbgutverdopplung (die jeder Zellteilung vorausgehen muss) führt letzten Endes zu Zellfunktionsstörungen, blockiert weitere Zellteilungen und beeinträchtigt damit die Geweberegeneration – wir altern. Wie schnell wir altern bzw. wie schnell die Telomerlänge abnimmt, hängt mit einer großen Zahl von Einflussfaktoren zusammen, die man (ohne die Methusalem-Formel zu kennen) möglicherweise gar nicht in Betracht gezogen hätte. Zu den telomer- und lebenszeitverkürzenden Einflüssen gehören nämlich auch „Stressfaktoren in der Kindheit, vermehrte depressive Episoden und ständiger Ärger". Langsamer altern wir hingegen, wenn die Telomere „durch körperliche Aktivität, gute Ernährung, Achtsamkeit/Meditation und positive und altruistische Lebensziele verlängert werden" – so fasst ein im Jahr 2017 erschienener Übersichtsartikel den Einfluss unserer Lebensweise auf unsere Lebensuhr zusammen und liefert damit ein genetisches Beispiel für die Methusalem-Formel (Kap. 4).[7] Und zu einer guten Ernährung gehört auch eine ausreichende Zufuhr von essentiellem Lithium. So gibt es z.B. einen kausalen Zusammenhang zwischen oxidativem Stress – also einer hohen Produktionsrate an zellschädigenden Sauerstoffradikalen – und beschleunigtem Telomerabbau in menschlichem Gewebe.[8] Diesem wirkt Lithium entgegen, denn neben seiner entzündungshemmenden Wirkung hat Lithium nachweislich auch eine antioxidative Funktion, indem es die Produktion freier Radikale hemmt und gleichzeitig die Aktivität endogener antioxidativer Systeme wie Glutathionperoxidase erhöht.[9]

Die telomerverlängernde Funktion von Lithium ist somit nicht nur für den Erhalt unserer geistigen Gesundheit notwendig, wie wir bereits in Kap. 2 (Argument 2) gesehen haben, sondern auch für unsere körperliche Gesundheit. In der im Jahr 2018 publizierten Forschungsarbeit *Die polygene Natur der Telomerlänge und die Anti-Aging-Eigenschaften von Lithium* wurde die Länge der Telomere als ein vielversprechender Biomarker für altersbedingte Erkrankungen ausgewiesen. Zugleich wurde hervorgehoben, dass deren komplexe Regulation einen vielversprechenden Angriffspunkt für *Anti-Aging*-Medikamente darstellt – das Potential von Lithium trat hier klar zutage.[10] Es fördert über die Funktionen des Lithioms die Telomerverlängerung und entfaltet damit eine deutliche alterungshemmende

Wirkung. In Kombination mit anderen artgerechten Maßnahmen lässt sich dieser gesundheitsfördernde Effekt noch zusätzlich steigern. So zeigte eine weitere Fliegenstudie derselben Arbeitsgruppe, dass die pharmakologische Hemmung eines anderen Signalproteins, des mTOR (*mammalian* oder *mechanistic Target of Rapamycin*), durch das immunsupressive *Rapamycin* synergistisch mit Lithium lebensverlängernd wirkt.[11] Allerdings war neben Lithium und *Rapamycin* mit dem Krebsmittel *Trametinib* ein weiteres nebenwirkungsreiches Medikament im Einsatz, um die Nebenwirkungen von Rapamycin zu kaschieren, wie der Apotheker und emeritierte Professor für Pharmazeutische Biologie Theo Dingermann für die *Pharmazeutische Zeitung* schrieb: „Es hebt zum Teil die Nebenwirkungen auf, die durch Rapamycin verursacht werden, und die sich als eine Entgleisung des Stoffwechsels manifestieren.[12] Dingermann erklärte auch das große mediale Aufsehen, das diese Fliegenstudie entfachte: „Auch für Menschen scheint dieser Ansatz möglich."

Obwohl mTOR ursprünglich durch die Wirkung von *Rapamycin* entdeckt und als dessen mechanistisches Target benannt wurde, muss man keine nebenwirkungsreichen Medikamente schlucken, wenn man sein Leben via mTOR-Hemmung auf tatsächlich gesunde Weise verlängern will. Um mTOR gesundheitsförderlich zu regulieren, genügen längere tägliche Essenspausen (siehe Kap. 4), wie schon lange bekannt ist.[13] Kombiniert man diese einfache und völlig natürliche Maßnahme mit etwas körperlicher Aktivität, führt dies zu einer massiven Hemmung von mTOR.[14] Die intermittierende Kalorienreduktion ist wirksamer als Rapamycin, wie auch die Fruchtfliegenstudie eindrucksvoll gezeigt hat, und erklärt die nebenwirkungsfreie lebensverlängernde Wirkung des intermittierenden Fastens. Dafür gibt es auch eine evolutionsbiologische Erklärung, die auf der Funktion von mTOR bei der Regulation des Energiestoffwechsels beruht. Beim Fasten wird durch die Hemmung dieses zellulären Prozessors unter anderem die Autophagie angeregt, um durch eine gesunde "Selbstverdauung" Energie zu gewinnen. Allerdings werden zunächst nur gealterte Zellorganellen und funktionsgestörte Proteine abgebaut. Ganz im Sinne der evolutionären Optimierung – nutze jede Krise als Chance – wird der Organismus dadurch leistungsfähiger und verjüngt sich. Denn nicht nur die Länge der Telomere bestimmt das biologische Alter einer Zelle, sondern auch der intrazellulär akkumulierte "Müll", der ihre Funktion beeinträchtigt. *Intermittierendes Fasten erhöht die Neurogenese im Hippocampus bei Erwachsenen* – so lautet der Titel einer im Jahr 2019 erschienenen tierexperimentellen Forschungsarbeit. In Folge wird wiederum das mentale Immunsystem verjüngt und Menschen können sich ihre jugendliche Neugier bewahren.[15] Mikromengen an Lithium entschleunigen das Altern von Gehirnzellen.[16] Da es auch Neuroinflammation und Neurodegeneration verhindert, schließen die Forscher, „dass sehr niedrige Dosen von Li_2CO_3 [Lithiumcarbonat] eine wichtige Rolle bei der Neuroprotektion spielen können, indem sie den neuronalen Verlust und die Neuroinflammation bei älteren Menschen reduzieren".[17]

Die synergistische Kombination von essentiellem Lithium, körperlicher Aktivität und intermittierendem Fasten lässt uns biologisch langsamer altern bzw. verjüngt unsere Zellen (u.a. durch Aktivierung von Telomerase und Autophagie) und unsere Organe (u.a. durch regenerativen Ersatz alter durch neue Zellen) einschließlich des mentalen Immunsystems durch adulte hippocampale Neurogenese. Wir brauchen also keine Pharmazeutika, um unser natürliches Lebenspotential voll auszuschöpfen und bis ins hohe Alter gesund zu bleiben – im Gegenteil, ihre xenobiotischen Produkte sind lebensfremd und damit alles andere als gesundheitsfördernd. Diese zellulären und organischen Effekte gelten für alle Körpersysteme, wie wir im Folgenden sehen werden.

Lithium schützt das Herz-Kreislauf-System

Die Erhaltung eines intakten Gefäßsystems ist nicht nur für die Herzgesundheit wichtig, sondern auch für die allgemeine Gesundheit. So trägt Arteriosklerose durch eine verminderte Sauerstoffversorgung und einen gestörten Transport von Stoffwechselprodukten zur Entstehung und zum Fortschreiten vieler Organerkrankungen bei. Von allen Folgen ist die koronare Herzkrankheit nach wie vor eine der häufigsten Todesursachen in den Ländern des globalen Nordens wie bspw. den USA.[18] Chronisch erhöhter Blutdruck als Ursache oder Folge einer Arteriosklerose führt zu einer chronisch erhöhten Belastung und letztendlich Überlastung des Herzmuskels. Infolge des erhöhten Energiebedarfs bei gleichzeitig arteriosklerotisch verminderter Energieversorgung über die Herzkranzgefäße drohen tödliche Herzrhythmusstörungen (Kammerflimmern) oder ein lebensbedrohlicher Herzinfarkt. Auch das Risiko eines Schlaganfalls durch akute Mangeldurchblutung (Embolie, Thrombose oder Gefäßriss/Einblutung) und das Risiko einer vaskulären Demenz durch chronische Durchblutungsstörungen ist massiv erhöht.

Bereits Ende der 1960er und Anfang der 1970er Jahre zeigten epidemiologische Studien mit Daten aus über hundert amerikanischen Städten einen inversen Zusammenhang zwischen Lithium im Trinkwasser und der Wahrscheinlichkeit, eine atherosklerotische Herzerkrankung zu entwickeln und daran zu sterben.[19] Die Ergebnisse schon der ersten dieser Studien waren offensichtlich aussagekräftig genug, dass die WHO sie in ihrem im Jahr 2016 veröffentlichten Kompendium *Spurenelemente in der menschlichen Ernährung und Gesundheit* erwähnte, obwohl sie, wie zu Beginn von Kap. 2 besprochen, trotz aller Evidenz der Essentialität bei Tieren, nicht anerkennen will, dass der Menschen einen Bedarf an diesem Spurenelement hat.[20] Dies wurde in einer weiteren Studie aus dem Jahr 2018 mit über 4,2 Millionen Patientendaten bestätigt: Bei einer Lithiumkonzentration im Trinkwasser von unter 40 µg/l im Vergleich zu über 40 µg/l besteht ein um 16 Prozent erhöhtes Risiko, einen Herzinfarkt zu erleiden.[21] Auch wenn in der Studie mit einigen statistischen Tricks versucht wurde, diesen gesundheitlichen Effekt zu eliminieren, ist dieser umgekehrte Zusammenhang, der sich in den Rohdaten deutlich zeigt, durchaus kausaler Natur.

So reguliert GSK-3 bspw. den Blutdruck im Zentralnervensystem. Eine Hemmung der GSK-3-Aktivität wirkt sich blutdrucksenkend aus, was der Entwicklung einer Arteriosklerose entgegenwirkt.[22] Allerdings konnte gezeigt werden, dass Lithium nur in niedriger Konzentration den Blutdruck senkt, in extrem hoher Konzentration (wie bei der Behandlung der bipolaren Störung) diesen jedoch erhöhen kann.[23] Das Phänomen einer dosisabhängig gegenläufigen Wirkung, das wir bereits von der Alzheimer-Demenz kennen (siehe Kap. 4), ist für dieses Spurenelement nicht untypisch – am Ende dieses Kapitels kommen wir im Rahmen einer Gesamtschau noch einmal darauf zurück. Entsprechend führt eine niedrigdosierte Lithium-Supplementierung im Tierexperiment zu einer physiologischen Stärkung der Leistungsfähigkeit des Herzmuskels,[24] während die hohen Dosen von Lithium bei Patienten, die wegen einer bipolaren Störung behandelt werden, je nach Höhe der Lithiumspiegel, negative Auswirkungen auf die Herzfunktion haben. Diese reichen von Herzrhythmusstörungen bis hin zu einer verminderten Herzleistung.[25] Der Übersichtsartikel *Über die Psychiatrie hinaus: Vorteile einer niedrig dosierten Lithiumsupplementierung*, geschrieben von einer klinischen Expertengruppe der *Brock University, St. Catharines, Ontario, Canada*, aus dem Jahr 2023, kommt daher zu dem Schluss, dass Lithium in niedriger Dosierung den Herzmuskel über verschiedene synergistische Mechanismen stärkt, seine Anpassungsfähigkeit verbessert und die Gesundheit der Blutgefäße fördert.[26]

Lithium wirkt somit präventiv, aber auch therapeutisch, wenn es zu einem Hirn- oder Herzinfarkt und damit zu einer Gewebezerstörung gekommen ist, denn die DAMP-aktivierte Entzündung ist entscheidend beteiligt an der Funktionsstörung *nach* dem Infarkt. Deshalb reduziert eine Hemmung von GSK-3β nicht nur die Herzschädigung durch einen Infarkt, sondern zugleich verbessert es die Regeneration der Herzleistung nach der Schädigung.[27] Auch bei einem Schlaganfall sorgt die Behebung des Lithium-Mangels für eine bessere Regeneration. In einer tierexperimentellen Studie fand man heraus, dass Lithium nach einem Schlaganfall den oxidativen Stress reduziert, die Durchblutung fördert und auch dadurch die ischämische [blutmangelbedingte] Schädigung vermindert. Aufgrund seiner anti-apoptotischen Funktion verhindert es das Absterben von Nervenzellen und erhält die Integrität der Blut-Hirn-Schranke aufrecht. Auch dieser neuroprotektive Effekt wurde dosisabhängig beobachtet.[28] In einer weiteren tierexperimentellen Studie konnte gezeigt werden, dass Lithium dadurch das Infarktvolumen reduziert, die Gehirnfunktion verbessert und die damit verbundenen kognitiven und depressiven Beeinträchtigungen lindert. Zusammenfassend liefert diese Studie laut den Autoren „die molekularen Mechanismen der Lithium Neuroprotektion während einer zerebralen Ischämie und damit den theoretischen Hintergrund für die Erweiterung der klinischen Anwendung von Lithium zur Behandlung des ischämischen Schlaganfalls".[29] Weitere systematische Übersichtsartikel bestätigen, dass aufgrund dieser Evidenz davon auszugehen ist, dass Schlaganfallpatienten von einer Lithiumgabe profitieren müssten.[30] Allerdings gibt es nur eine randomisierte klinische Studie aus dem Jahr 2014, bei der mit zweimal 300 mg Lithiumcarbonat (also insgesamt etwa 120 mg Lithium pro Tag) 30 Tage nach einem Schlaganfall u.a. eine verbesserte Handmotorik in der Lithiumgruppe nachgewiesen wurde.[31]

Auch wenn trotz dieser positiven Effekte und der klaren tierexperimentellen Evidenz die klinische Datenlage dürftig ist, würde ich bei einem Schlaganfall oder Herzinfarkt von den behandelnden Ärzten die Gabe von Lithium erbitten – zusätzlich zur Standardtherapie. Nur weil offensichtlich kein Interesse an klinischen Studien besteht, würde ich den Schaden eines Infarktes durch dieses neuroprotektive Spurenelement so gering wie möglich halten wollen. Auch hier bietet ein systemischer Ansatz mit Sicherheit die besten Chancen, sich bestmöglich zu erholen. Zum Beispiel konnte tierexperimentell gezeigt werden, dass auch die Zufuhr an aquatischen Omega-3-Fettsäuren das Gehirngewebe schützt.[32] Diese Omega-3-Fettsäuren wirken auch präventiv, wie eine große Metastudie herausfand.[33]

Lithium fördert die Nierenfunktion

Laut einer epidemiologischen Studie aus dem Jahr 2013 haben etwa 700 Millionen Menschen weltweit Nierenprobleme; das waren nahezu 10 Prozent der Weltbevölkerung, wobei die Dunkelziffer noch höher sein dürfte.[34] Ein Parameter für eine gestörte Nierenfunktion ist die Ausscheidung von Proteinen mit dem Urin, die sogenannte Albuminurie (Albumin ist mit etwa 60 Prozent das häufigste Protein im Blut). Dies weist auf eine gestörte Filtration hin, die in den Nierenkörperchen (Glomeruli) stattfindet. Dort bilden sogenannte

Fußzellen (Podozyten) enge Schlitze; bei intakten Nieren wird der Primärharn ohne Proteine durch diese abgepresst. GSK-3 ist essentiell für die Entwicklung und Funktion der Podozyten. Ob Maus oder Fruchtfliege, ohne GSK-3 kommt es zu einer massiven Albuminurie und neonatalem Tod, wie eine Podozyten-Studie, wie ich sie im Weiteren nennen werde, herausfand.[35] Eine komplette genetische Entfernung der GSK-3-Funktion ist somit extrem nierenschädlich. Entsprechend schädigen leider auch bei einigen Patienten langfristig hohe Dosen an Lithium die Nieren: „Die häufigste [Schädigung] ist der sogenannte Diabetes insipidus", schreiben die Autoren der Podozyten-Studie, „die schwerwiegendste ist jedoch die terminale Niereninsuffizienz, die bei diesen Patienten sechs- bis achtmal häufiger auftritt, insbesondere wenn sie das Medikament über einen längeren Zeitraum eingenommen haben." Die Wissenschaftler gehen davon aus, „dass bei einigen Patienten, die Lithium erhalten, die GSK3α/β-Aktivität in ihren Podozyten übermäßig unterdrückt wird und dies zu glomerulären und Nierenschäden führt". Interessanterweise haben niedrige Lithiummengen genau den gegenteiligen Effekt – sie schützen die Nieren. Dies fasst der im Jahr 2016 veröffentlichte Übersichtsartikel *Lithium in der Niere: Freund oder Feind?* folgendermaßen zusammen: „Mehrere kürzlich durchgeführte tierexperimentelle Studien haben gezeigt, dass die kurzzeitige Verabreichung niedriger Lithiumdosen verschiedene Formen eines experimentellen akuten Nierenversagens verhindert."[36] Nach Ansicht der Autoren spielt die fein abgestimmte Regulation von GSK-3 die entscheidende Rolle bei dieser vermeintlich paradoxen Wirkung von Lithium. Ihnen zufolge erfordern „die neuen Erkenntnisse über die schützende Wirkung von Lithium gegen AKI [*acute kidney injury*, akutes Nierenversagen] bei Nagetieren Folgestudien am Menschen". Zudem legen sie nahe, „dass eine Langzeittherapie mit niedrigen Lithiumkonzentrationen bei CKD [*chronic kidney disease*, chronische Nierenerkrankung] von Vorteil sein könnte", und weiter schreiben sie: „Es wird sehr interessant sein, in zukünftigen Studien herauszufinden, ob dies auch für Menschen gilt und ob eine langfristige Behandlung mit geringen Lithiummengen auch bei der Vorbeugung von chronischen Nierenerkrankungen von Vorteil ist."

Die vielversprechenden Ergebnisse aus Tierversuchen konnten bestätigt werden. So liest man in einer ersten Studie zur Wirkung von geringen Lithiummengen auf die menschliche Niere, die 2023 veröffentlicht wurde. Laut deren Ergebnisse schützen geringe Mengen Lithium sogar transplantierte Nieren, die extrem gefährdete Organe sind, da ihnen eine Abstoßung droht.[37] Für jede Verdopplung der Lithiumzufuhr über das Trinkwasser und die Ernährung (exakt gemessen über die Lithiumausscheidung), reduzierte sich das Risiko für Transplantatversagen um 46 Prozent, das Risiko einer Verschlechterung der Nierenfunktion um 27 Prozent und sogar die Gesamtmortalität um 36 Prozent. Dieser gesundheitsförderliche Effekt lässt sich auf dem ansteigenden Ast der sigmoiden Dosis-Wirkungskurve in Kap. 3 (Abb. 22) verorten, die etwa bei einer Zufuhr von 10 µg Lithium pro Tag beginnt. „Es sollte jedoch beachtet werden", schreiben die Autoren, um die Diskrepanz zwischen ihren Ergebnissen und der Angst vor Nierenschäden durch Lithium zu verstehen, „dass die tägliche Lithiumaufnahme bei Patienten mit bipolarer Störung in der Größenordnung von 1000 mg liegt, was mehr als 40.000-mal höher ist als die durchschnittliche Lithiumaufnahme über die Nahrung der Nierenempfänger in der vorliegenden Studie (21 µg)." Lithium in essentiellen Konzentrationen reguliert und schützt die Nierenfunktion. Im Umkehrschluss ist dieses Organ gleichzeitig anfällig für Dysregulation und Dysfunktion, wenn das Spurenelement im Rahmen einer medizinischen Behandlung in unnatürlichen Mengen zugeführt wird. Diese Erkenntnis, dass Lithium in essentiellen Mengen die Nieren schützt, sollte nun in die klinische Praxis umgesetzt werden, schließlich gibt es für fast eine Milliarde Menschen mit Nierenproblemen keine gesunde Alternative.

Lithium aktiviert den Energiestoffwechsel

„Die weltweite Zunahme der Adipositas [Fettleibigkeit] hat in den letzten 50 Jahren pandemische Ausmaße angenommen", schreibt Matthias Blüher, *Professor für klinische Adipositasforschung an der Universität Leipzig, in einem im Jahr 2019 erschienenen Übersichts-*

artikel.[38] Laut Blüher „stellt Adipositas eine große Herausforderung für die öffentliche Gesundheit dar, da sie das Risiko für Krankheiten wie Diabetes mellitus Typ 2, Fettleber, Bluthochdruck, Herzinfarkt, Schlaganfall, Demenz, Osteoarthritis, obstruktive Schlafapnoe und verschiedene Krebsarten deutlich erhöht und somit zu einer Verschlechterung der Lebensqualität und der Lebenserwartung beiträgt". Adipositas ist definiert als ein Body-Mass-Index (BMI) von über 30 kg/m^2 und wird durch ein Energieungleichgewicht verursacht, wenn die aufgenommene Kalorienmenge die verbrauchte Kalorienmenge bei Weitem übersteigt.

Viele Patienten mit bipolarer Störung, die hochdosiert mit Lithium behandelt werden, neigen zu einer signifikanten Gewichtszunahme.[39] Umgekehrt konnte anhand einer in Texas durchgeführten epidemiologischen Trinkwasserstudie gezeigt werden, dass sich nicht nur Alzheimer signifikant weniger häufig entwickelt, wenn im Leitungswasser Spuren von Lithium vorhanden sind, sondern ebenso signifikant Adipositas und Typ-2-Diabetes, wobei die Autoren dazu bemerken: „Spuren von Lithium im Wasser stehen in einem negativen Zusammenhang mit dem Risiko an der Alzheimer-Krankheit zu sterben sowie mit Fettleibigkeit und Typ-2-Diabetes, die wiederum wichtige Risikofaktoren für die Alzheimer-Krankheit sind."[40]

Studien an Tiermodellen zeigten, dass dieser gesundheitsförderliche Effekt durchaus kausal sein kann. Eine niedrigdosierte Lithiumsupplementierung konnte eine ernährungsbedingte Adipositas im Vergleich zur Kontrollgruppe abschwächen.[41] In einer weiteren Tierstudie konnte gezeigt werden, dass niedrigdosiertes Lithium eine Gewichtszunahme bei Überernährung in etwa so gut verhindert wie körperliche Aktivität.[42] Experimentell wurde festgestellt, dass Lithium adaptive thermogene Mechanismen stimuliert und so dafür sorgt, dass überschüssige Energie nicht in Form von Fettsäuren gespeichert, sondern unter Wärmeproduktion an die Umgebung abgegeben wird.[43] So würde Lithium helfen, abzunehmen oder zumindest nicht zuzunehmen. Es würde auch erklären, warum mir Personen, die essentielle Mengen an Lithium zu sich nehmen, über vermehrtes Schwitzen berichteten. Vielleicht wird bei ihnen die Thermogenese besonders angeregt.

Ähnlich positive Effekte zeigten diese Tiermodelle in Bezug auf die Blutzuckerregulation. Wie schon in Kap. 2 besprochen, regulieren viele Lihiumtargets den Blutzucker, allen voran GSK-3, das seine Bezeichnung diesem Umstand verdankt. Insulin aktiviert Akt (so wie auch Lithium), wodurch GSK-3 inaktiviert wird (ebenso wie durch Lithium), was insgesamt die Glykogen-Synthese aktiviert und den Blutzucker dadurch senkt. Lithium wirkt somit wie Insulin – das lässt sich von der Wirkung des Spurenelements auf die Verbesserung der Glukosehomöostase ableiten. Tierexperimentell fand man heraus, dass niedrigdosiertes Lithium im Rahmen einer hochkalorischen Diät hilft, den Blutzucker im Vergleich zu Kontrolltieren besser zu reduzieren.[44] Auch hier war wieder bemerkenswert, schreiben die Autoren des schon zuvor erwähnten Übersichtsartikels *Über die Psychiatrie hinaus*, „dass dieser Effekt der Lithium-Behandlung dem [kompensatorischen] Effekt von körperlicher Aktivität bei einer fettreichen Diät ähnlich war, was darauf hindeutet, dass Lithium zumindest in gewissem Maße ähnliche Vorteile für die metabolische Gesundheit haben kann wie regelmäßige körperliche Aktivität".[45] Besser wäre es natürlich, beides miteinander zu kombinieren: „Wir können daher nur spekulieren, dass eine konsequente Behandlung über einen gewissen Zeitraum ähnliche Effekte wie die oben beschriebenen im Tiermodell hervorrufen könnte, und dass die Kombination von körperlicher Aktivität und Insulinbehandlung mit niedrigdosiertem Lithium möglicherweise synergistische Effekte bei der Bekämpfung von Adipositas und der durch Adipositas verursachten Insulinresistenz und Hyperglykämie [hohe Blutzuckerspiegel] hat."

Lithium hält den Bewegungsapparat fit

Bewegung ist allein schon deshalb lebensnotwendig, weil sie über die längste Zeit der Menschheitsgeschichte Voraussetzung dafür war, dass sich unsere Vorfahren ernähren konnten. Wer körperlich aktiv ist, setzt Hormone frei, die ins Gehirn vordringen und dort die Ausschüttung von Botenstoffen auslösen. Dieser gesamte Prozess stärkt das mentale Immunsystem und reduziert sowohl direkt (antiinflammatorische Wirkung) als auch indirekt (Stärkung der psychischen Resilienz) das Risiko einer überschießenden Neuroinflammation. Der Abbau von Knochen- und Muskelmasse in fortgeschrittenem Alter, der in modernen Gesellschaften als normal angesehen wird, ist tatsächlich nur vermeintlich altersbedingt. Ein Mangel an körperlicher Aktivität trägt ebenso dazu bei wie ein meist lebenslanger Vitamin-D-Mangel. Es wäre so wichtig, dass dies Allgemeinwissen wird – auch wenn laut neuer ärztlicher Leitlinien Vitamin D-Mangelerscheinungen quasi erst in Betracht gezogen werden sollen, wenn man mit einer osteoporotischen Fraktur ins Krankenhaus eingeliefert wird. Unter Berücksichtigung der vielschichtigen Auswirkungen über das Lithiom, die bereits thematisiert wurden, wird es nicht verwundern, dass Lithium in essentiellen Mengen auch zur Erhaltung des Bewegungsapparates bis ins hohe Alter beiträgt – ganz im Sinne der Evolution der Großmutter.

Patienten mit bipolarer Störung haben ein geringeres Osteoporoserisiko, allerdings nur, wenn sie mit Lithium behandelt werden.[46] Die Situation ist hier ähnlich wie bei Alzheimer: Das erhöhte Erkrankungsrisiko wird durch Lithium gesenkt – dafür wären jedoch auch wesentlich geringere und nebenwirkungsfreie Dosierungen ausreichend. Dass Lithium (neben einigen weiteren Aspekten) die beiden Krankheitsbilder verbindet, ist auch den Autoren des Übersichtsartikels *Vom Geist zur Wirbelsäule: Die sich überschneidende Welt von Alzheimer und Osteoporose* (*From the Mind to the Spine: The Intersecting World of Alzheimer's and Osteoporosis*) nicht entgangen. Das zeigt wiederum, wie Körper und Geist über dieselben grundlegenden Signalwege in ihrer Funktion beeinflusst werden.[47] So beeinträchtigt hyperaktives GSK-3β im Tiermodell die Knochenbildung, doch schon eine niedrigdosierte Lithiumergänzung reicht aus, um GSK-3β zu hemmen und die Knochenbildung dadurch zu begünstigen.[48] Diese Erkenntnis könnte auch in der Knochenchirurgie Anwendung finden, wo z.B. Calciumphosphat-Zement (CPZ) verwendet wird, der von sich aus schon die Knochenbildung anregt. Im Tierexperiment konnte gezeigt werden, dass die Knochenheilung noch effizienter abläuft, wenn dem CPZ noch etwas Lithium beigemischt wird.[49] Darüber hinaus konnte in einem genetischen Modell für Osteoporose, an sogenannten Lrp5-Knockout-Mäusen, ebenfalls gezeigt werden, dass eine niedrigdosierte Lithiumzufuhr ausreicht, um die genetisch beeinträchtigte Knochenbildung anzuregen, die Knochenmineraldichte zu erhöhen und die erhöhte Skelettbrüchigkeit zu reduzieren.[50] In einem Menopausen-Modell der Osteoporose (Östrogenmangel wird für eine beschleunigte Osteoporose verantwortlich gemacht) verbesserte eine zweiwöchige Behandlung der Nagetiere mit niedrigdosiertem Lithium die Frakturheilung.[51] Insgesamt beruht der Beitrag von Lithium zur Osteogenese (Knochenbildung) auf der natürlichen Hemmung von GSK-3, wodurch das Fortschreiten des osteoporotischen Knochenschwunds verhindert oder verlangsamt wird und osteoporotische Frakturen sogar besser heilen.

Sarkopenie (griechisch sarx für „Fleisch“ und penia für „Mangel“) bezeichnet die Abnahme von Muskelmasse und Muskelkraft und die damit verbundenen Funktionseinschränkungen bei älteren Menschen. Ursache ist häufig eine Kombination aus verminderter körperlicher Aktivität, Mangelernährung (z.B. geringe Proteinzufuhr), hormonellen Veränderungen, systemischen Entzündungen und Verlust von Motoneuronen durch neuromuskuläre Erkrankungen.[52] GSK-3, das z.B. bei Infektionen hochreguliert ist, sorgt für die Energiegewinnung aus Muskelmasse, indem es die Synthese von Muskelproteinen hemmt und deren Abbau fördert. Es gilt daher als pharmakologisches Target zur Verhinderung des Muskelabbaus.[53] Das Problem ist jedoch eine ständig erhöhte GSK-3-Aktivität, wie sie im Rahmen einer stillen Entzündung aufgrund einer artfremden Lebensweise auftritt. Der vermeintlich altersbedingte Muskelabbau ist also eine weitere Facette der unnatürlichen Normalität, mit der wir es heute in vielen Lebensbereichen zu tun haben – es ist der Mangel an essentiellem Lithium, der maßgeblich dazu beiträgt.

Wie bereits in Kapitel 4 diskutiert, konnte im Tiermodell gezeigt werden, dass Lithium und Ausdauertraining niedriger Intensität synergistisch die Produktion und Freisetzung des neuroprotektiven BDNF im Hippocampus erhöhen – dadurch kann neurodegenerativen Erkrankungen wie der Alzheimer-Demenz vorgebeugt werden.[54] Dass die gleiche Kombination aus Bewegung und Lithium nicht nur das Gehirn schützt, sondern auch die Muskulatur effektiver stärkt als jede Maßnahme für sich allein, konnte beim Menschen erstmals direkt gezeigt werden.[55]

Essentielles Lithium schützt vor Krebs

Ein intaktes Immunsystem ist der beste und hocheffektive natürliche Schutz vor lebensbedrohlichen Krebserkrankungen. Jede Sekunde entstehen etwa 3,8 Millionen neue Körperzellen, das sind etwa 330 Milliarden Zellen pro Tag.[56] Dass hierbei immer mal wieder Kopierfehler entstehen, ist völlig natürlich (ohne solche "Fehler" bei der Keimzellproduktion gäbe es keine Evolution). Ebenso natürlich ist es aber, dass solche Zellen von unserem Immunsystem erkannt und zerstört werden, falls Fehler im Erbgutprogramm sie haben entarten lassen. *Das Immunsystem tötet jeden Tag spontan Blutkrebszellen ab* titelt bspw. ein Bericht über die Erkenntnis einer australischen Forschergruppe, dass Zellen des Immunsystems „regelmäßig nach krebsartigen und präkanzerösen B-Zellen suchen“ und sie abtöten.[57] Das bedeutet, dass Krebszellen jeden Tag entstehen, aber auch jeden Tag eliminiert werden – ein gesundes Immunsystem vorausgesetzt.

Aber nicht nur das körperliche, sondern auch das mentale Immunsystem schützt uns vor Krebs. So können wir täglich mehr oder weniger entscheiden, was wir essen (z.B. biologisch angebaut oder nicht), ob wir Giftstoffe einatmen (z.B. rauchen oder nicht) oder ganz allgemein, wie wir unser Leben gestalten (stressreich oder gelassen). Ein gesundes mentales Immunsystem sorgt für Eustress, während Disstress über eine hohe Cortisol-Ausschüttung das körperliche Immunsystem lähmt und damit die Immunüberwachung behindert. Da wir nun wissen, dass beide Immunsysteme Lithium benötigen, um optimal funktionieren zu können, ist unmittelbar einleuchtend, dass davon auch die Wahrscheinlichkeit abhängt, ob wir an Krebs erkranken, und wenn ja, ob wir ihn letztlich überleben oder nicht. Diese grundsätzlichen Überlegungen basieren jedoch immer auf den Grundgesetzen des Lebens (Kap. 1) und einem systemischen Ansatz (Kap. 4), auch in der Krebsprävention und -therapie. Daraus, dass beide Immunsysteme und deren Interaktion essentiell von Lithium abhängen, erklärt sich der Titel *Lithium: Ein vielversprechendes Mittel gegen Krebs*, den ein im Februar 2023 publizierter Übersichtsartikel trägt. Darin haben die Autoren den Stand der Forschung folgendermaßen zusammengefasst: „Lithiumverbindungen […] induzieren Apoptose, Autophagie und hemmen das Tumorwachstum. Sie sind auch an der Regulation von Tumorproliferation, Tumorinvasion und Metastasierung sowie an der Hemmung des Zellzyklus beteiligt. Darüber hinaus wirkt Lithium synergistisch mit Standard-Krebstherapien und verstärkt deren antitumorale Wirkung. Zudem hat Lithium eine neuroprotektive Wirkung bei Krebspatienten und verbessert deren Lebensqualität."[58]

Trotz der völlig unnatürlich hohen Zufuhr von Lithium im Rahmen der Standardbehandlung von Patienten mit bipolarer Störung reduziert dies das Krebsrisiko gegenüber einer Kontrollgruppe, die mit einem anderen Medikament behandelt wurde, im Durchschnitt um etwa 27 Prozent.[59] Als Begründung geben die Autoren an: „Lithium hemmt die Glykogen-Synthase-Kinase-3, ein Enzym, das an der Krebsentstehung beteiligt ist." In einer zuvor bereits mehrfach zitierten Studie aus dem Jahr 2018 mit über 4,2 Millionen Patientendaten fanden die Forscher anhand der Rohdaten heraus, dass bei einer Lithiumkonzentration im Trinkwasser von unter 40 µg/l im Vergleich zu über 40 µg/l ein um etwa 26 Prozent erhöhtes Risiko besteht, bspw. an Prostatakrebs zu erkranken.[60] Lithium könnte also schon in sehr geringen Mengen vor Krebserkrankungen schützen. Sinn ergibt das unter dem Gesichtspunkt, dass alle Körperfunktionen von einer homöostatischen Regulation durch Lithium und damit auch von GSK-3 abhängig sind. Dies gilt insbesondere für die beiden Immunsysteme. Eine gesunde homöostatische Regulation kann indes nur bei physiologischen Lithiumkonzentrationen optimal stattfinden. Es ist daher sehr wahrscheinlich, dass die Behebung eines Lithiummangels ausreicht, um die bestmögliche Schutzwirkung gegen die Entwicklung von Krebs zu erzielen. Tatsächlich ist dysreguliertes (bzw. nicht von Lithium gebremstes) GSK-3β „beim Überleben von Tumorzellen, deren Umgehung der Apoptose, der Proliferation und Invasion, der Aufrechterhaltung von Krebsstammzellen und der Induktion von Therapieresistenz beteiligt", liest man in einem Übersichtsartikel aus dem Jahr 2020.[61] Aus diesem Grund ist es eines der meiststudierten Targets. Laut den Recherchen der Autoren konnte sogar „ein therapeutischer Effekt der GSK-3β-Hemmung bei 25 verschiedenen Krebsarten nachgewiesen werden". Der zuvor genannte Übersichtsartikel aus dem Jahr 2023 listet eine Reihe von Krebsarten, bei denen gezielt die Wirkung von Lithium als natürlicher GSK-3-Hemmer untersucht wurde: „Die krebshemmende Wirkung von Lithium wurde bei Dickdarmkrebs, Neuroblastomzellen, Eierstockkrebszellen, Zellen des medullären Schilddrüsenkarzinoms, Speiseröhrenkrebs, Medulloblastom und Glioblastoma multiforme, hämatologischen Tumoren (Multiples Myelom), Brustkrebszellen, MTC, Prostatakrebszellen, Zellen des duktalen Adenokarzinoms der Bauchspeicheldrüse, Hornhautendothelzellen und Dickdarmkrebszellen nachgewiesen."[62] Sie berichten aber auch über „gegenteilige Effekte von Lithium in Neuroblastom-, Hepatoblastomzellen und malignen Gliomzelllinien", wobei es sich hier um Zelllinien handelt, sodass unklar ist, inwieweit diese und die unnatürliche Situation (Zellkultur) die Verhältnisse im Patienten widerspiegeln. Dies gilt leider für fast alle diese Studien, wenn die Wirkung von Lithium als pharmakologische Einzelsubstanz untersucht wird, also nicht im Zusammenspiel mit anderen Maßnahmen, die die Funktion des Immunsystems unterstützen. Aus systemischer Sicht kann eine Krebstherapie, die auf die natürliche Krebsabwehr des körpereigenen Immunsystems setzt, nicht monotherapeutisch erfolgen, wenn sie möglichst effektiv sein soll. Wie in Kap. 4 ausführlich diskutiert, sollten immer alle Aspekte einer artgerechten Lebensführung berücksichtigt und einbezogen werden. Dann kann Lithium in physiologischer Dosierung seine natürliche Wirkung entfalten.

Das Ganze ist meist mehr als die Summe seiner Teile, weshalb ein systemischer Ansatz in der Krebsprävention und damit auch in der Therapie von grundlegender Bedeutung ist. So hat die im Jahr 2020 publizierte sogenannte DO-HEALTH-Studie gezeigt, dass eine Kombination von Vitamin D3 mit nur 2. 000 IE pro Tag (also eigentlich zu wenig, um einen optimalen Vitamin D-Prohormon-spiegel von etwa 125 nmol/l zu erreichen), 1 g aquatischen Omega-3-Fettsäuren pro Tag (auch zu wenig, 2 g/Tag sind mindestens notwendig, um einen optimalen Omega-3-Index von 11 zu erzielen) und einem einfachen Trainingsprogramm für zu Hause (dreimal pro Woche etwas Kraftausdauer, also auch nicht viel) das Krebsrisiko gesunder Menschen mit einem Durchschnittsalter von etwa 75 Jahren um bis zu 61% senken kann.[63] Würde man die jeweiligen Dosierungen näher am Optimum wählen und – zu all dem, was wir in Kapitel 4 im Rahmen eines systemischen Ansatzes einer artgerechten Medizin besprochen haben – noch das essentielle Lithium in den gesunden Mix geben, dürfte das Krebs-Restrisiko nur noch minimal sein. Ein Risiko von Null ist prinzipiell ausgeschlossen (in der Natur regiert der Zufall, es geht also immer nur um Wahrscheinlichkeiten, die man beeinflussen kann, nie um Gewissheiten) – aber die Chancen stehen gut, einen Wert zu erreichen, der der angestrebten Null sehr nahe kommt.

Doch auch wenn man sich für eine schulmedizinische Vorgehensweise nach aktuellem Standard entscheiden sollte, „gibt es immer mehr Hinweise darauf, dass die Hemmung von GSK-3β normale Zellen und Gewebe vor den schädlichen Auswirkungen konventioneller Krebstherapien schützt", liest man in einem weiteren Übersichtsartikel zur Datenlage.[64] Ein Artikel aus dem Jahr 2012 befasst sich insbesondere mit der Bedeutung von Lithium in Bezug auf das mentale Immunsystem bei konventioneller Krebstherapie: „Neurokognitive Beeinträchtigungen werden zunehmend als wichtiges Problem bei Krebspatienten erkannt, die entweder als direkte oder indirekte Folge einer Beteiligung des Nervensystems oder als Folge von Komplikationen im Zusammenhang mit einer Chemo- oder Strahlentherapie kognitive Schwierigkeiten entwickeln. Insbesondere die Bestrahlung des Gehirns kann zu erheblichen kognitiven Beeinträchtigungen führen. Ein neurokognitiver Abbau wirkt sich negativ auf die Lebensqualität, eine sinnvolle Beschäftigung und sogar auf einfache Alltagsaktivitäten aus. Neuroprotektion [mithilfe von Lithium] kann ein realistisches und erreichbares Ziel sein, um neurokognitive Folgeschäden bei diesen Patienten zu verhindern, insbesondere bei kranialer [den Kopf betreffender] Bestrahlung."[65]

Lithium – einfach gesund

Viele Menschen, darunter leider auch viele Ärzte, fürchten Lithium wegen des bekannten Nebenwirkungsprofils der Hochdosistherapie. Paradoxerweise ist die biologische Wirkung von Lithium in essentiellen Mengen oder im Niedrigdosisbereich oft genau das Gegenteil von dem, was Lithium in extrem hohen Dosen bewirkt. Das könnte daran liegen, dass genau diejenigen biologischen Funktionen durch hohe Dosierungen beeinträchtigt werden, die am meisten von einer natürlichen Lithiumregulation abhängig sind. In der folgenden Tabelle habe ich für einige Systeme die beiden Extreme aufgelistet.

System / biologische Funktion	essentiell bis niedrigdosiert	hochdosierte Behandlung
Alzheimerprävention	gute Wirkung (verglichen mit Mangel)	erhöhtes Risiko bei bipolarer Störung reduziert auf "normal"
Alzheimertherapie	gute Wirkung im Vergleich zu allen Arzneimitteln	je höher, desto schlechter
Blutdruck	verbessert (verglichen mit Mangel)	etwas schlechter
Herzleistung	verbessert (verglichen mit Mangel)	etwas schlechter als "normal"
Herzrhythmus	verbessert (verglichen mit Mangel)	Risiko von Herzrhythmus-Störungen etwas erhöht
Nierenfunktion	verbessert (verglichen mit Mangel)	Nierenfunktionsstörungen, Risiko eines Nierenversagens
Blutzucker	verbessert (verglichen mit Mangel)	blutzuckersenkend
Fettstoffwechsel	verbessert (verglichen mit Mangel)	schlechtere Blutwerte
Obesitas	gute Wirkung (verglichen mit Mangel)	Risiko einer Gewichtszunahme erhöht
Knochen	schützt vor Abbau, hilft beim Aufbau	unklar
Muskulatur	schützt vor Abbau, hilft beim Aufbau	unklar
Krebsprävention	schützt stark	schützt etwas

Insgesamt hat Lithium in essentieller bis niedrigdosierter Konzentration durchweg positive Effekte, wohingegen die hochdosierte Behandlung ein sehr gemischtes Bild liefert. Es ist daher nicht überraschend, dass niedrige Mengen an Lithium mit einer Verlängerung der gesunden Lebenszeit einhergehen, obwohl eine Beobachtungsstudie bei Patienten mit bipolarer Störung, die mit hochdosiertem Lithium behandelt wurden, diesen Effekt nicht nachweisen konnte.[66] Es ist aber nicht das Ziel dieses Buches, die hochdosierte Gabe von Lithium zu verteidigen. Wie in Kap. 4 angedeutet, könnte auch bei der bipolaren Störung im Rahmen einer systemischen Therapie eine geringfügigere Menge von Lithium bei geringeren oder gänzlich ohne Nebenwirkungen ausreichen, zumal die Monotherapie auch nur einem Bruchteil der Patienten tatsächlich hilft. Mir geht es mit diesem Buch vielmehr darum, aufzuzeigen, dass uns bei einer artgerechten Lebensweise ein möglichst langes und gesundes Leben möglich ist – Lithium in essentieller Menge ist dazu ein unverzichtbarer Baustein. Dazu ist allerdings noch viel Aufklärungsarbeit nötig, zumal das Verbot von Lithium als Nahrungsergänzungsmittel ein Indiz dafür ist, dass das medizinische Establishment kein Interesse daran hat, das bereits bestehende Wissen um die zahlreichen Vorteile zur Anwendung zu bringen. Doch wie *Arthur Schopenhauer* (1788–1860) einst erklärte:

Alle Wahrheit durchläuft drei Stufen.
Zuerst wird sie lächerlich gemacht oder verzerrt.
Dann wird sie bekämpft.
Und schließlich wird sie
als selbstverständlich angenommen.

KAPITEL 7

Essentielles Lithium – Schlüssel und Symbol für die Renaissance einer menschengerechten Medizin

Die Wahrheit ist das Kind der Zeit,
nicht der Autorität.[1]
Bertolt Brecht (1898–1956)

Lithiumverbot – Demaskierung einer menschenfeindlichen Industrie

Der Beweis ist erbracht, Lithium ist ein essentielles Spurenelement. Wie in Abb. 30 zusammenfassend dargestellt, existiert eine lückenlose Kausalkette von Lithium bzw. dem Mangel an diesem essentiellen Spurenelement über seine molekularen Targets (das Lithiom), deren Funktion bzw. Dysfunktion unter Lithiummangel bis hin zum Mentalen Immundefizienz-Syndrom und zu den negativen Folgen für die Gesellschaft: Eine soziale Immundefizienz macht sie neben den in der Grafik aufgezeigten Problemen, die das Zusammenleben erschweren, insgesamt anfälliger für propagandistische Manipulationen, die einer echten Demokratie abträglich sind. Schließlich braucht eine Demokratie eine Gesellschaft mit Bürgern, die zumindest mehrheitlich über ein funktionierendes mentales Immunsystem verfügen, was bei einem Mangel an essentiellem Lithium aufgrund der dargestellten Evidenz als problematisch anzusehen ist. Obwohl noch lange nicht alle Aspekte der Wirkungsweise dieses essentiellen Spurenelementes verstanden sind, ist die bestehende

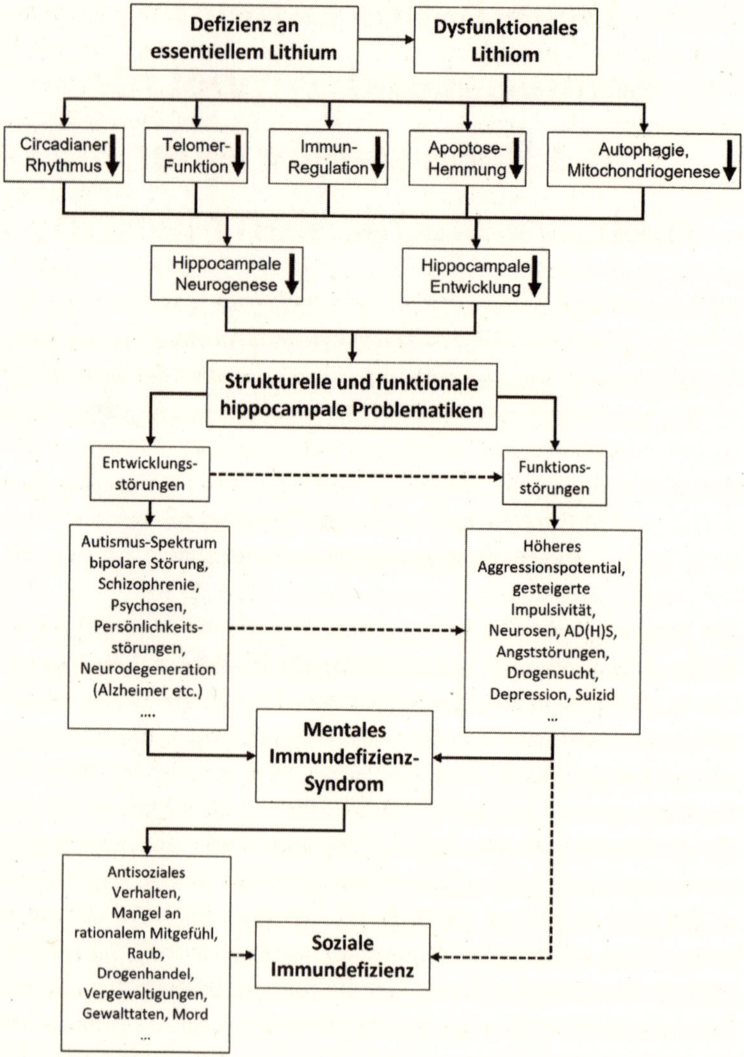

Abbildung 30

Faktenlage ausreichend, sie zur Grundlage aktualisierter Zufuhrempfehlungen zu machen. Die Lebensnotwendigkeit von Lithium in geringen Mengen wurde schon viel zu lange ignoriert; Indizien und Beweise aus den Bereichen der Epidemiologie, Biochemie, Evolutionsbiologie, Genetik, Molekulargenetik sowie aus tierexperimentellen Untersuchungen, klinischen Beobachtungen und einfacher kombinatorischer Logik lassen keinen ernsthaften Zweifel daran bestehen. Das wissenschaftliche Interesse, die Zusammenhänge immer detaillierter zu durchdringen, bietet noch reichlich Gelegenheit für jahrzehntelange Forschung und unzählige weitere Studien. Das sollte uns jedoch nicht davon ablenken, dass bereits heute genügend Evidenz vorliegt, um die grundlegenden Zufuhrempfehlungen für Lithium als essentielles Spurenelement anzuerkennen und eine kostengünstige Versorgung der Weltbevölkerung sicherzustellen.

Die immer wieder angeführte Toxizität in hohen Dosen lässt sich als Gegenargument zur Essentialität geringer Mengen an Lithium rein logisch widerlegen. Während einige Wissenschaftler sich an diesen Punkten aber fortlaufend abarbeiten, sich stetig im Kreis drehen und die allgemeine Evidenz leugnen, beeinträchtigt der herrschende Lithiummangel die geistige Entwicklung und die Gesundheit eines Großteils der Menschheit. Daran wird sich nichts ändern, solange wir noch ungeklärte Detailfragen überbewerten und entsprechende Studienergebnisse abwarten, bevor wir auf Grundlage bereits gesammelter Evidenz erkennen: Eine Einnahme von Lithium in essentiellen Dosierungen ist vollkommen risikolos (weil natürlich!), während überzeugende Beweise für die weitreichende Vorteilhaftigkeit einer Einnahme und seiner systemischen Unverzichtbarkeit vorliegen. Denn es gibt keine Zivilisationskrankheit, die nicht direkt durch einen Lithiummangel verursacht oder zumindest indirekt dadurch begünstigt wird. Da aber die Entwicklung und Leistungsfähigkeit des menschlichen Gehirns in besonderem Maße von lithiumgesteuerten Funktionen abhängt, leidet unser "Menschsein" besonders unter einem Mangel an diesem Spurenelement.

Seit ich 2012 zufällig auf die Normalisierung des erhöhten Alzheimer-Risikos bei bipolarer Störung durch hochdosiertes Lithium stieß, wurde mir bei meiner molekularbiologischen Forschung schnell klar, dass Lithium ein essentielles Spurenelement sein muss. Diese Erkenntnis habe ich 2016 in meinem systembiologischen Fachartikel zur *Vereinheitlichten Theorie der Alzheimer-Krankheit* (UTAD, *Unified theory of Alzheimer's disease*) dargelegt, in dem ich zeigte, dass Lithium auf einer Stufe mit essentiellen Spurenelementen wie Selen und Zink steht. Da Lithium nicht nur nicht als essentielles Spurenelement anerkannt, sondern als Nahrungsergänzungsmittel in der EU und damit auch in Deutschland verboten war, konnte ich in meinem Artikel nur auf Trinkwasserquellen mit natürlich hohem Lithiumgehalt verweisen. Heute, im Frühjahr 2025, und damit etwa 10 Jahre nach Erstellung des UTAD-Artikels, hat sich die Beweislage zur Essentialität von Lithium weiter verdichtet. Insbesondere in den letzten Jahren hat sich die wissenschaftliche Erkenntnislage so weit entwickelt, dass frühere Einwände gegen die Anerkennung der Essentialität von Lithium meines Erachtens vollständig entkräftet sind. Insbesondere seine essentielle Funktion für die Gehirnentwicklung und die lebenslange Erhaltung der mentalen Gesundheit steht außer Frage. Aber ich war bei weitem nicht der erste, der vermutete, dass Lithium ein essentielles Spurenelement ist. Bereits im Jahr 1949 äußerte John Cade den konkreten Verdacht, dass Lithium eine wesentliche Rolle bei der Entwicklung der psychischen Gesundheit spielt: „Die Wirkung auf Patienten mit reiner psychotischer Erregung – also echten manischen Episoden – ist so spezifisch, dass sie unweigerlich zu Spekulationen über die ätiologische [ursächliche] Bedeutung eines Mangels an Lithiumionen im Körper bei der Entstehung dieser Störung führt."[2] Und Cade folgerte konsequent, „dass Lithium durchaus ein essentielles Spurenelement sein könnte". Zum Leidwesen der gesamten Menschheit kam er zu dieser Erkenntnis jedoch im Zusammenhang mit seiner Arbeit, die den medikamentösen Einsatz von hochdosiertem Lithium bei der bipolaren Störung etablierte, was perfiderweise seine Anerkennung als essentielles Spurenelement bis heute (Stand Frühjahr 2025) verhinderte, wie wir noch sehen werden.

Gerhard Schrauzer war wohl einer der ersten Wissenschaftler, die bereits im Jahr 2002 nicht mehr nur vermuteten, sondern sich sehr sicher waren, dass Lithium essentiell ist.[3] Aber seine umfangreichen Arbeiten und die vieler anderer Ärzte und Wissenschaftler auf den Gebieten der epidemiologischen, klinischen, biochemischen, physiologischen und experimentellen Forschung, die alle Cades Vermutung und Schrauzers Gewissheit bestätigten, fanden beim medizinischen Establishment kein Gehör. Man behauptete stur weiter, es sei nicht essentiell – erstaunlicherweise ohne sich ernsthaft mit den Beweisen auseinanderzusetzen. Das sehen wir an der Art, mit der z.B. David A. Hart, Professor an der Fakultät für Bewegungswissenschaften der *Universität Calgary*, Kanada, in einem im Juli 2024 veröffentlichten Artikel schlicht feststellt: „Lithiumionen wurden während der Evolution immer komplexerer biologischer Systeme von der Aufnahme als essentielles Element ausgeschlossen." Oder: „Obwohl Lithium ein häufig vorkommendes Element ist, konnte nicht nachgewiesen werden, dass es in biologischen Prozessen von Einzellern bis hin zum *Homo sapiens* eine essentielle Rolle spielt." Und weiter: „Obwohl Lithiumionen in der Umwelt weit verbreitet sind, sind sie keine wesentlichen Co-Faktoren in biologischen Systemen […]."[4] Anhand der in diesem Buch zusammengetragenen Evidenz kann man aber erkennen: Jene, die auf unverfrorene Weise einfach das Gegenteil von dem behaupten, was nachweislich der Fall ist, geraten schon bei einfachen Rückfragen unweigerlich in große Erklärungsnot. Und es ist fast amüsant zu lesen, mit welchem Aufwand Hart zu begründen versucht, dass nicht sein kann (Lithium ist essentiell), was nicht sein darf (Lithium ist der kostengünstige natürliche Ersatz profitabler Medikamente). Die wissenschaftliche Datenlage ist bekannt, als Fachmann ist er sich dieser notwendigerweise bewusst und weiß, dass sie gegen seine Aussagen spricht; und so kann er auch zentrale Erkenntnisse nicht völlig ignorieren, wenn er schreibt: „Obwohl Lithiumionen in biologischen Systemen nicht unbedingt notwendig sind, scheinen sie in einigen Systemen eine biologische Regulatorfunktion auszuüben." Damit nicht genug, denn er gesteht Lithium sogar zu, „in der Lage zu sein, eine Vielzahl biologischer Prozesse zu modulieren und Abweichungen von der normalen Aktivität zu „korrigieren", da ein Lithiummangel biologische Auswirkungen haben [...] und zu gesundheitlichen Beeinträchtigungen führen kann". Wenn ein Mangel an Lithium nachweislich zu gesundheitlichen Problemen führt, spricht das dafür, dass es ein essentielles Spurenelement ist. Hart muss des Weiteren sogar bestätigen, dass „niedrig dosiertes Lithium allein oder in Kombination mit anderen Maßnahmen ein hervorragendes Potential zur Vorbeugung oder Linderung von altersbedingten Beschwerden und dem Fortschreiten von Krankheiten haben könnte". Und das alles will er berücksichtigt haben, während er Lithium dennoch als nicht essentiell einstuft – da drängt sich die Frage überdeutlich auf: Welche tatsächliche Motivation liegt seiner Verweigerung zugrunde, die offenbaren Zusammenhänge angemessen zu deuten?

Die Anerkennung der Essentialität von Lithium würde die Medizin grundlegend verändern, das wird im weiteren Verlauf noch klarer werden. Es scheint, als würden einige versuchen, diesen Dammbruch zu verhindern. Eine letztlich unlösbare Aufgabe für all jene, die ernsthaft versuchen, der Natur zu widersprechen. Um das Urteil der Essentialität vermeiden zu können, instrumentalisiert Hart unbeholfen das Konzept der „Hormesis" (*hormáein*, griech. für „anregen") als Erklärung für die Wirkung von Lithium als Spurenelement. Hormesis beschreibt einen biologischen Mechanismus, bei dem eine geringe Belastung keine direkte positive Wirkung hat, aber adaptive Gegenreaktionen des Organismus auslöst, die letztlich vorteilhaft sind. Hart schreibt: „Die Wirkung von Lithiumsalzen auf Zellen *in vitro* [in „Glas" bzw. hier in Petrischalen] weist eine als „Hormesis" [...] bezeichnete Eigenschaft auf, bei der niedrige Dosen positive und höhere Dosen negative Wirkungen haben können. Diese Eigenschaft der Hormesis durch Lithium kann auch *in vivo* [in Organismen] beobachtet werden, wo hohe Dosen (Hunderte von mg/Tag) zur Behandlung von bipolaren Störungen erforderlich sind, während sehr niedrige Dosen (<1-10 mg/Tag) ausreichen können, um als Mikroregulator biologischer Prozesse zu wirken und/oder Dysregulation zu verhindern." Dabei zitiert er den im Jahr zuvor publizierten Übersichtsartikel *Lithium und Hormesis: Verbesserung der Anpassungsreaktionen und der biologischen Leistung durch hormetische Mechanismen*. Darin weisen die Autoren darauf hin, „dass Lithium sowohl bei Patienten, die mit Lithium behandelt werden, als auch bei

Exposition [gemeint ist eine Einnahmemenge], die durch diätetische Maßnahmen [wie lithiumreiches Trinkwasser etc.] erreicht werden können, sehr wertvolle systemische Wirkungen haben kann".[5] Unter Rückgriff auf das Prinzip der Hormesis wird auch hier versucht zu erklären, warum Lithium – in diätetischen Mengen irreführenderweise als „Stressor" interpretiert – zufälligerweise etwas Positives „anstößt" oder „anregt", obwohl es an sich nicht essentiell ist. Dazu gehört u.a. ein lebensverlängernder Effekt, wie ein Artikel aus dem Jahr 2016 schon im Titel eingesteht: *Lithium fördert die Langlebigkeit durch GSK3/NRF2-abhängige Hormesis.*[6] Man lebt also dieser Interpretation nach nicht länger, weil Lithium essentiell ist, sondern weil Lithium etwas anstößt, das zufälligerweise Gesundheit und Langlebigkeit fördert. Die nicht essentielle und doch förderliche Wirkung von Lithium nach der Hormesis-Erklärung wäre dann in eine Kategorie einzuordnen, in der man auch Eisbaden und dessen positive Effekte bei kurzer Exposition wiederfindet. Während das Baden in Wassertemperaturen von bis nahe 0 °C für wenige Minuten tatsächlich gesundheitliche Vorteile mit sich bringen kann – vorausgesetzt, man erleidet dabei keinen Herzinfarkt – sind 100 Minuten im Eiswasser jedoch in der Regel tödlich.[7] Lithium muss aber, um seine lebensverlängernden Effekte zu entfalten, permanent in geringer Konzentration präsent sein, was dem Grundgedanken der Hormesis im Sinne eines „Anstoßens" widerspricht; diese hilflose Erklärung der positiven Wirkungen zur Vermeidung der Akzeptanz der Essentialität wird dadurch vollends *ad absurdum* geführt.

Schauen wir doch trotzdem einmal, was diese absurde Annahme im Hinblick bspw. auf tierexperimentelle Zusammenhänge, die wir in Kap. 2 im Argument 5 besprochen haben, bedeuten würde: Würde Lithium als nicht essentieller Stressor verstanden werden, müsste ein Leben ohne diesen Stressor ohne weiteres möglich und natürlich sein. Das würde aber bedeuten, dass Ratten und Ziegen unter natürlichen Bedingungen, die dann auch durchaus ohne Lithium sein könnten (da ja nicht essentiell) wenig bis gar keinen Nachwuchs bekommen und die untergewichtigen Neugeborenen nur sehr geringe Überlebenschancen haben. Erst, wenn das angeblich eigentlich schädliche Lithium gewisse Systeme „anstupst", würde sich der Hormesis-Unterstellung nach das Blatt wenden, die Wurfgröße zunehmen und die Nachkommen öfter überleben. Unsinnigerweise müsste dieser Reiz jedoch sogar dauerhaft einwirken; ein „Anstupsen" wäre dies gewiss nicht mehr, sondern – um das obige Beispiel zu bemühen – mit einem ständigen Eisbaden vergleichbar. Die Erklärung mittels „Hormesis" ist somit der völlig widersinnige und somit offenbar verzweifelte Versuch, Lithium einerseits die Essentialität abzusprechen und andererseits die nicht mehr zu leugnenden gesundheitsfördernden Wirkungen geringer Mengen zu erklären. Diesen Logikfehler hätten auch die Autoren der zuvor zitierten Langlebigkeitsstudie erkennen müssen. Schließlich stellen sie fest, dass die lebensverlängernde Wirkung von Lithium eng mit seiner hemmenden Wirkung auf GSK-3 zusammenhängt – und diese Hemmung muss nun einmal dauerhaft sein, um die entsprechende Wirkung zu entfalten. Allerdings träumen die Autoren in ihrem Artikel von neuen Medikamenten, die genau diese dauerhafte Wirkung entfalten könnten, und da würde die Präsenz von essentiellem Lithium nur stören. Sie schreiben: „Die Entdeckung von GSK-3 als therapeutisches Ziel beim Altern wird wahrscheinlich zu wirksameren Behandlungen führen, die den Alterungsprozess bei Säugetieren modulieren und die Gesundheit im späteren Leben weiter verbessern können."[8] Aus all dem lässt sich schließen: Die Pharmaindustrie ist offenbar bereit über Leichen zu gehen, nur um einen patentierbaren Wirkstoff zu entwickeln, der selbst ohne Nebenwirkungen nicht so wirksam sein könnte, wie das essentielle Lithium – ihre Milliardenausgaben für gescheiterte Entwicklungen und klinische Studien sind gut dokumentiert. Die Anerkennung der Essentialität von Lithium würde diese Hoffnungen zunichtemachen – ein naheliegender Grund, warum einige dies gegen jede Evidenz und Logik zu verhindern versuchen.

Der Übersichtsartikel von Prof. Hart wie auch alle anderen Arbeiten zur Hormesis-Erklärung der Lithiumwirkung sind daher nicht als Ausrutscher oder Irrläufer zu verstehen, sondern repräsentieren die Lehrmeinung. Ihre schon allein aus logischen Gründen nicht stichhaltige Argumentation konnte den sogenannten *Peer-Review*-Prozess – das Standardverfahren zur Qualitätskontrolle vor der Veröffentlichung von Artikeln in wissenschaftlichen Zeitschriften – letztlich ohne

Widerspruch passieren. Das bedeutet, dass während der Begutachtung ihrer Arbeit durch unabhängige Wissenschaftler des gleichen Fachgebiets, sogenannten *Peers* (engl. für Gleichrangige), nicht auffiel, was bei gründlicher Betrachtung auch einem Laien ins Auge sticht; dem Herausgeber der Zeitschrift, dem Redakteur des Artikels und eben auch den unabhängigen Wissenschaftlern wollte der argumentative Widerspruch nicht aufgefallen sein. Die Hormesis-These soll nicht nur erlauben, Lithium seine Essentialität abzusprechen, obwohl es gesundheitsfördernd ist und ein absoluter Mangel dem evolutionären Imperativ „seid fruchtbar und mehret euch" zuwiderläuft, also einem Grundgesetz der belebten Natur. Sie versucht stattdessen den Eindruck zu erwecken, dass eine hohe GSK-3-Aktivität – obwohl sie schädlich ist – als natürlich anzusehen ist. Das passiert, wenn man nicht anerkennt, dass Lithium in bestimmten Mengen für eine sinnvolle Regulierung notwendig ist. Ein 2011 im *International Journal of Alzheimer's Disease* veröffentlichter Review über die Feinregulation der GSK-3-Aktivität stellt als logische Konsequenz dieser völlig abwegigen Hormesis-Argumentation auch tatsächlich fest: „GSK-3 kommt in allen Zellen vor und ist ungewöhnlicherweise auch in ruhenden, nicht stimulierten Zellen konstitutiv aktiv."[9] Die Autoren verwenden das Wort „ungewöhnlich", um den permanenten und außergewöhnlich aktiven Zustand in nicht stimulierten bzw. aktivierten Zellen zu beschreiben – der, wie wir nun wissen, allerdings nur auf einen Mangel an essentiellem Lithium zurückzuführen ist. Auch eine andere Forschergruppe weist in einem im Jahr 2015 publizierten Übersichtsartikel darauf hin, dass GSK-3 innerhalb der großen Proteinfamilie der Kinasen (es sind 518 verschiedene Kinasen im Erbgut des Menschen kodiert)[10] die unkonventionelle Eigenschaft besitzt, konstitutiv aktiv zu sein: „Diese Eigenschaften machen GSK-3 im Vergleich zu anderen Kinasen etwas eigenartig, haben aber [bisher] keine besondere Aufmerksamkeit erregt."[11] Offenbar sollte das auch keine Aufmerksamkeit erregen, denn eigentlich ist nur „ungewöhnlich", dass Lithium nicht als essentiell für die GSK-3-Regulation gilt – und sein Fehlen deshalb als normal angesehen wird, auch wenn es „eigenartige" oder „ungewöhnliche" Folgen hat.

Es müsste sich doch die Frage aufdrängen, warum die Evolution ein so lebensgefährliches Protein wie GSK-3 hervorgebracht haben

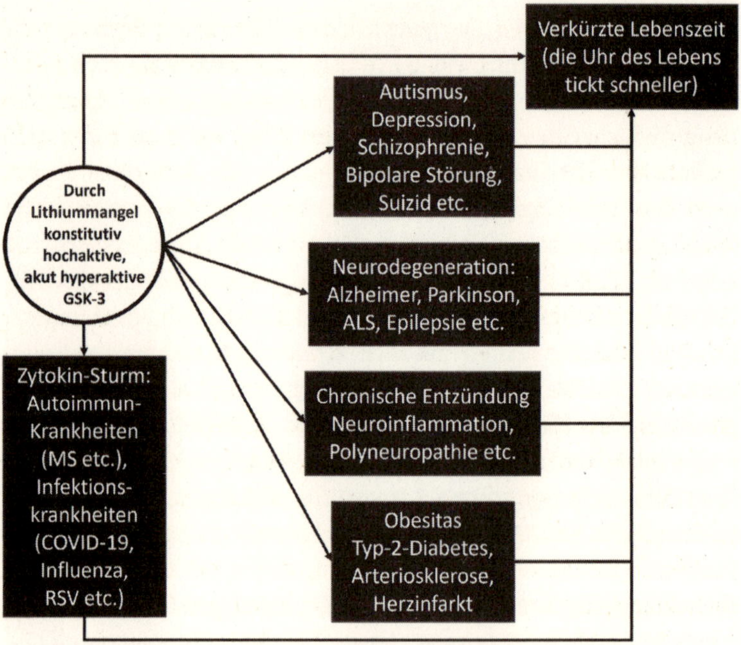

Abbildung 31

sollte (siehe Abb. 31). Auch ich stellte mir die Frage, bis mir erstmals klar wurde, dass ein heutzutage regelrecht normaler, aber völlig unnatürlicher Lithiummangel für diese unnatürliche, aber heutzutage leider ebenso als normal betrachtete, jedoch viel zu hohe Aktivität von GSK-3 verantwortlich ist. Dies widerspricht dem Konzept der Evolution der Großmutter. In seinem konstitutiv aktiven Zustand wird GSK-3 für *de facto* alle Zivilisationskrankheiten zumindest mitverantwortlich gemacht.[12] Im akuten hyperaktiven Zustand (bei zusätzlicher Aktivierung durch äußere Stressoren, d.h. PAMPs oder DAMPs) ist GSK-3 sogar maßgeblich an lebensbedrohlichen Zytokin-Stürmen beteiligt. Mit den Aussagen, dass GSK-3 natürlich „konstitutiv aktiv“ und Lithium nur „hormetisch wirksam“ sei, wird also trickreich versucht, dem Spurenelement seine Essentialität abzusprechen bzw. die Frage danach im Keim zu ersticken.

Am 16. Oktober 2024, also nur zwei Monate nach Harts Versuch, die natürliche Rolle Lithiums als essentielles Spurenelement mit dem Begriff „Hormesis" trickreich zu verschleiern, informierte die Deutsche Verbraucherzentrale über die „Wirkung dieses Nahrungsergänzungsmittels" und „warum es in Deutschland so schwer und teuer zu bekommen ist".[13] Aufgrund des Inhalts und auch des Zeitpunkts ist nicht auszuschließen – und das gilt auch für die Artikel von Hart –, dass sie durch mein mediales Engagement ab etwa Anfang 2024 inspiriert wurden, in dem ich über die Essentialität von Lithium aufkläre und damit weltweit immer mehr Menschen erreiche.[14] Vielleicht wollte man dem plötzlich aufkommenden großen Interesse entgegenwirken. So schreibt die Verbraucherzentrale *mit* staatlichem Auftrag zum Schutz der Verbraucher: „Nahrungsergänzungsmittel mit Lithium dürfen weder in Deutschland, noch in einem anderen Mitgliedsstaat der Europäischen Union [EU] verkauft werden. Im Anhang II der Nahrungsergänzungsmittel-Richtlinie sind alle erlaubten Vitamin- und Mineralstoffverbindungen aufgeführt [[15]]. Das Ultraspurenelement Lithium gehört nicht dazu, die Verwendung in Nahrungsergänzungsmitteln ist somit verboten." Man ruht sich also auf einer bestehenden Klassifizierung aus, ignoriert neue Evidenz und verbietet auf dieser Grundlage, dass es in essentiellen Mengen als Nahrungsergänzung angeboten werden darf. Interessanterweise liegt dieses Verbot allein in der Hand der Europäischen Kommission, wie aus einem Rechtsgutachten hervorgeht, das eine auf solche Fragen spezialisierte Anwaltskanzlei auf Anfrage erstellt hat.

Stellungnahme zur rechtlichen Situation von Lithium als Nahrungsergänzungsmittel in Europa durch die Rechtsanwaltskanzlei Dr. Brigitte Röhrig*[16] *vom 29.04.2024: Es ist davon auszugehen, dass der Vertrieb von Nahrungsergänzungsmitteln (NEM) mit Lithium in der gesamten EU unzulässig ist. Ggf. wäre umfangreich zu recherchieren, ob einzelne EU-Mitgliedstaaten Sondervorschriften erlassen haben. Allerdings wäre deren Vereinbarkeit mit EU-Recht aufgrund der ausdrücklichen Regelung in Art. 3 der NEM-Richtlinie äußerst fraglich. Die Anforderungen an das rechtmäßige Inverkehrbringen eines NEM sind neben der Regelung der allgemeinen lebensmittelrechtlichen Vorschriften, insbesondere der Verordnung Nr. 178/2002/EG in der NEM-Richtlinie geregelt. Dabei sind NEM definiert als „Lebensmittel, die dazu bestimmt sind, die normale Ernährung zu ergänzen und die aus Einfach- oder Mehrfachkonzentraten von Nährstoffen oder sonstigen Stoffen mit ernährungsspezifischer oder physiologischer Wirkung bestehen und in dosierter Form in den Verkehr gebracht werden […].“ (Art. 2 lit. a). Vitamine und Mineralstoffe sind „Nährstoffe“, Art. 2 lit. b). Unter die Definition fällt im Falle von Lithium also ein Produkt, das dazu bestimmt ist, die normale Ernährung mit Lithium zu ergänzen und ein Konzentrat von Lithium / Lithiumorotat enthält. Gemäß Art. 3 der NEM-Richtlinie dürfen nur solche NEM in der EU in Verkehr gebracht werden, die mit den Vorschriften der Richtlinie übereinstimmen. Der Katalog der bei der Herstellung von NEM zulässigen Vitamine und Mineralstoffe sowie ihrer Formen (Salze) sind in Anhang I aufgeführt, Art. 4 Abs. 1. Lithium / Lithiumorotat sind derzeit nicht in Anhang I oder Anhang II aufgeführt, so dass es grundsätzlich unzulässig ist, lithiumhaltige Nahrungsergänzungsmittel in der EU in den Verkehr zu bringen. Zur Aufnahme von Lithium / Lithiumorotat in den Anhang I der Richtlinie bedarf es gemäß Art. 4 Abs. 5 der NEM-Richtlinie 2002/46/EG des Erlasses einer Durchführungsverordnung der EU-Kommission grundsätzlich auf deren Initiative; das Initiativrecht für Gesetzgebung liegt in der EU nahezu ausschließlich bei der EU-Kommission. Das Europäische Parlament hat nur sehr eingeschränkte Initiativrechte. Diese Durchführungsverordnung wird von der EU-Kommission nach Anhörung der Europäischen Behörde für Lebensmittelsicherheit, EFSA, hier ihres wissenschaftlichen Ausschusses, erlassen, Art. 14 der NEM-Richtlinie. Bindend ist die Stellungnahme des EFSA-Ausschusses für die EU-Kommission nicht.

Um die Größenordnung der Absurdität dieses Lithiumverbots zu verstehen, bietet sich ein kurzer Vergleich mit dem – für den Menschen nicht-essentiellen, sondern vielmehr toxischen – Spurenelement Aluminium an. In einer Übersichtsarbeit aus dem Jahr 2002 haben Forscher die Auswirkungen der vier Spurenelemente Silizium, Aluminium, Arsen und Lithium auf die menschliche Gesundheit untersucht; eigenen Angaben zufolge wurden alle damals verfügbaren Forschungsergebnisse zusammengetragen. Sie kamen zu dem Schluss, dass Silizium und Lithium in der menschlichen Ernährung eine schützende Rolle spielen, während Aluminium und Arsen besonders toxisch wirken.[17] Im Gegensatz zu hirngesundem Lithium wird hirntoxisches Aluminium zwar im Hinblick auf die Nahrungszufuhr reguliert, jedoch bei weitem nicht verboten, wie es geboten wäre – im Gegenteil, die Zufuhr über die Nahrung erfolgt über eine lange Liste an immer noch erlaubten Lebensmittelzusatzstoffen, die mit 28 verschiedenen E-Nummern gekennzeichnet sind. Welche Zusatzstoffe erlaubt sind, entscheidet die Europäische Union (EU). So enthalten viele Süßigkeiten dieses hirntoxische Leichtmetall als Zusatzstoff, darunter z.B. Aluminiumlacke zur Färbung. Hans-Ullrich Grimms Buch *Die Ernährungsfalle* macht auf einige Zusatzstoffe aufmerksam, die klar deklariertes Aluminium enthalten: „Neben den [zuvor gezeigten] Aluminiumfarblacken gibt es mehrere andere aluminiumhaltige Zusatzstoffe: von reinem Aluminium (E 173) über Aluminiumsulfate (E 550 bis E 553) bis Aluminiumsilicat (E 559). Sie werden für industriell abgefülltes Eiklar und für kandiertes, kristallisiertes oder glasiertes Obst und Gemüse verwendet, auch als Trennmittel für Soßenpulver und Tütensuppen. Sie sorgen auch dafür, dass abgepackte Käsescheiben nicht aneinanderkleben."[18] . Als Trennmittel sind auch noch weitere Aluminiumsilikate (E 554, E 555, E 556) erlaubt.[19] Aber selbst Zusatzstoffe, die auf den ersten Blick andere Substanzen ausweisen, können Aluminium enthalten, darunter Kurkumin (E 100), Echtes Karmin (E 120), Amaranth (E 123) oder Anthocyane (E 163) – des Weiteren auch E 104, E 110, E 122, E 124, E 127, E 129, E 131, E 132, E 133, E 141, E 142, E 151, E 155 und E 180. Auch diese finden mitunter in Süßigkeiten und Fertignahrung Verwendung.

Die von der EU erlaubte tägliche Aufnahme von 10 mg Aluminium für einen 70 kg schweren Erwachsenen gilt nicht als ernsthaft problematisch – so das *Bayerische Landesamt für Gesundheit und Lebensmittelsicherheit*, das dieses Urteil auf der Grundlage eines Gutachtens der *Europäischen Behörde für Lebensmittelsicherheit* (EFSA, *European Food Safety Authority*), die die EU-Kommission berät, fällt: „Auf Grundlage der vorhandenen Daten wurde seitens der EFSA [im Jahr] 2008 eine wöchentlich tolerierbare Aufnahmemenge von 1 mg Aluminium/kg Körpergewicht („Tolerable Weekly Intake" TWI) analog zum Vorsorgewert der Weltgesundheitsorganisation (WHO) aus dem Jahr 2006 abgeleitet."[20] Die EFSA definiert die „Tolerierbare wöchentliche Aufnahmemenge" (TWI, *tolerable weekly intake*) folgendermaßen: „Maximale Aufnahmemenge von Stoffen in Lebensmitteln, wie Nährstoffen oder Kontaminanten, die im Laufe eines Lebens wöchentlich verzehrt werden kann, ohne dass daraus eine gesundheitsschädliche Wirkung resultiert."[21] Laut der EFSA kann also diese Menge an Aluminium in Form industrieller Zusatzstoffe, „nach aktuellem Wissensstand, ein Leben lang wöchentlich aufgenommen werden, ohne dass ein gesundheitliches Risiko für den Menschen besteht". Eigentlich ein unmöglicher Schluss angesichts der eindeutig nachgewiesenen Hirntoxizität und des Umstands, dass es im Gehirn akkumuliert – mit dramatischen Folgen insbesondere für das mentale Immunsystem.[22] Der genannte „Vorsorgewert der WHO" aus dem Jahr 2006 hat sich im Jahr 2011 geändert – man wurde etwas großzügiger, wie dort nachzulesen ist: „Der Ausschuss legte eine vorläufige tolerierbare wöchentliche Aufnahmemenge (PTWI, *provisional tolerable weekly intake*) von 2 mg/kg Körpergewicht fest [...]. Der PTWI gilt für alle Aluminiumverbindungen in Lebensmitteln, einschließlich Lebensmittelzusatzstoffen. Der vorherige TWI von 1 mg/kg Körpergewicht wurde zurückgezogen. [...] Schätzungen der ernährungsbedingten Exposition von Kindern gegenüber aluminiumhaltigen Lebensmittelzusatzstoffen, einschließlich hoher ernährungsbedingter Expositionen [...], können den PTWI um das bis zu Doppelte [!] übersteigen."[23]

Während die EFSA und die WHO offensichtlich kein Problem damit haben, eine täglich tolerierbare Tageszufuhr für toxische Stoffe wie Aluminium festzulegen, sodass die Lebensmittelindustrie (wie auch die Pharmaindustrie bei Impfstoffen, Antazida gegen Sodbrennen usw.) mit einer *de facto* RDA Aluminium großzügig einsetzen kann, hat die EFSA offensichtlich große Schwierigkeiten, eine Bewertung für Lithium als Nahrungsergänzungsmittel vorzunehmen. Mit den Worten *Es ist nicht möglich, die Sicherheit von mit Lithium angereicherter Hefe als Nahrungsquelle für Lithium zu beurteilen*, wurde das Ersuchen eines Antragstellers abgelehnt, der auf natürlichem Weg mit Lithium angereicherte Bäckerhefe als unbedenkliches Nahrungsergänzungsmittel eingestuft haben wollte.[24] Laut Angaben des Antragstellers sind die zugesetzten Mengen an Lithium „produktabhängig und liegen bei der angedachten Einnahmemenge in der Regel im Bereich von 0,5 bis 2 mg/Tag", also ziemlich genau in dem Bereich der hier in Kap. 3 vorgeschlagenen vorläufigen RDA für essentielles Lithium. Grund der Ablehnung durch die EFSA: „Es werden keine spezifischen Informationen über die Bioverfügbarkeit von Lithium aus mit Lithium angereicherter Hefe bereitgestellt, außer der Aussage, dass Lithium aus mit Lithium angereicherter Hefe vermutlich bioverfügbarer ist als Lithiumcarbonat." Zudem stellt das Gremium fest, „dass weder Sicherheitsdaten noch geeignete unterstützende Referenzen vorgelegt wurden, um die Annahme der Sicherheit von mit Lithium angereicherter Hefe zu untermauern". Die Prämisse dieser Begründung ist also, dass sich das Lithium oder die Hefe toxisch verändert haben könnten. Das ist jedoch absurd, zumal schon Gerhard Schrauzer in einer placebokontrollierten klinischen Studie an ehemaligen Drogenabhängigen mit lithiumhaltiger Hefe die stimmungsaufhellende Wirkung von 0,4 mg Lithium nachgewiesen hat.[25] Nebenwirkungen durch „toxisch gewordene Hefe" wurden nicht berichtet. Und es folgen zwei weitere Knackpunkte in der Bewertung der EFSA: „Das Gremium stellt fest, dass weder das Wissenschaftliche Gremium für diätetische Produkte, Ernährung und Allergien (NDA) der EFSA noch andere Behörden Referenzwerte für die tägliche Aufnahme von Lithium festgelegt haben. Es gibt keine Hinweise darauf, dass Lithium für den Menschen essentiell ist." Diese Aussage dürfte jeden weiteren Versuch zum Scheitern verurteilen, ein lithiumhaltiges Nahrungsergänzungsmittel zugelassen zu bekommen. Zumal eine EFSA-Prüfung schnell recht teuer werden kann, „da zur Gewährleistung der Verbrauchersicherheit umfangreiche Forschungsarbeiten erforderlich sind“, schreiben dazu zwei polnische Umweltmediziner in einem Übersichtsartikel zu Lithium als Mikronährstoff.[26]

Der Königsweg, Lithium zu einem anerkannten Grundnahrungsmittel zu machen, ist somit der Nachweis seiner Essentialität. Doch dieser wird ein steiniger sein, wenn Behörden, die den staatlichen Auftrag haben, unsere Gesundheit zu schützen, der Industrie erlauben, selbst hirntoxisches Aluminium als Nahrungsergänzungsmittel zu verwenden, den Menschen zugleich aber das hirngesunde Lithium als Nahrungsergänzungsmittel verbieten (mit den USA als eine der wenigen Ausnahmen). Das wirft wichtige Fragen auf. Um zu verstehen, mit wem wir es bei unseren nächsten Schritten auf dem Königsweg hin zur Anerkennung der Essentialität von Lithium zu tun haben, müssen wir diesen Fragen nachgehen:

- Wird die Anerkennung von Lithium nur durch pharmaindustrielles Profitdenken ausgebremst, oder sind noch andere Interessensgruppen am Werk?
- Wer könnte noch ein Interesse daran haben, dass immer mehr Menschen aufgrund eines Mangels an diesem essentiellen Spurenelement am Mentalen Immundefizienz-Syndrom leiden, das, wie wir nun wissen, ein breites Spektrum von mentalen Leistungseinbußen und psychischen Erkrankungen umfasst?
- Wer profitiert davon, wenn wir die Fähigkeit einbüßen, in Konfliktsituationen – im persönlichen Umfeld wie auf der großen weltpolitischen Bühne – besonnen zu reagieren, „Frieden zu denken“ und in Folge sogar Kriege der Diplomatie vorziehen?
- Wem nützt eine Gesellschaft, die durch mangelnde Resilienz leichter mit Angst regiert werden kann und in der das Denken und die Psyche ihrer Mitglieder manipulierbar sind?
- Und nicht zuletzt: Wer maßt sich überhaupt an, einem Element, das alle Voraussetzungen essentieller Spurenelemente in zahlreichen Studien unter Beweis gestellt hat und in der Praxis konstant

erstaunliche, bestätigende Erfolge in zahllosen Anwendungsfällen hervorbringt, dennoch stur die Essentialität abzusprechen, es als Nahrungsergänzung sogar zu verbieten?

Um Antworten auf diese Fragen zu finden, müssen wir einen Blick zurück in die Geschichte der Medizin werfen. Um genau zu sein, richten wir unsere Aufmerksamkeit dafür nun auf den Beginn des 20. Jahrhunderts, als einige außerordentlich reiche Menschen erkannten, wie viel reicher sie mit Volkskrankheiten werden könnten, wenn sie die Kontrolle über das globale Gesundheitssystem erlangten.

Die Missgeburt der modernen Krankheitsindustrie

Im Jahre 1901 gründete John D. Rockefeller Sr. (1839-1937), der dank seines Ölmonopols (*Standard Oil)* reichste Mann der Welt, das *Rockefeller Institute for Medical Research* (heute *Rockefeller University*). Er finanzierte es u.a. mit Geldern der „gemeinnützigen" *Rockefeller Foundation*, die er 1913 ins Leben rief, um seine eigenen Interessen unter einem philanthropischen Deckmantel zu verbergen: die Medizin der Zukunft nach seinem Willen lukrativ zu gestalten. Rockefeller machte den US-amerikanischen Pathologen Simon Flexner (1863–1946) zum ersten Direktor des *Rockefeller Institute for Medical Research.* Dessen Bruder Abraham Flexner (1866–1959) wurde als Pädagoge und Wissenschaftsorganisator im Jahr 1911 von der vom Stahlmagnaten Andrew Carnegie (1835–1919) gegründeten *Carnegie Foundation* beauftragt, einen Bericht über die Zukunft der medizinischen Ausbildung in Amerika zu verfassen, der als „Flexner-Report" in die Geschichte einging.

Menschenverachtende Eugenik. Um die menschenverachtende Gesinnung Rockefellers und seiner Mitstreiter einschätzen zu können, ist die damalige deutsche Unterorganisation der *Rockefeller Foundation*, die Abraham-Lincoln-Stiftung, bemerkenswert.[27] Sie finanzierte zwischen 1932 und 1935 u.a. die berüchtigte Zwillingsforschung von Otmar Freiherr von

Verschuer (1896–1969), seines Zeichens Rassenforscher, Eugeniker und Direktor am *Kaiser-Wilhelm-Institut* für *Anthropologie, menschliche Erblehre und Eugenik* in Berlin. Sein Wirken legte einen wichtigen Grundstein für die nationalsozialistische Rassenlehre, wofür sein Institut nicht weniger als die „wissenschaftliche Legitimation" lieferte.[28] Aus dem *Kaiser-Wilhelm-Institut* wurde später die *Max-Planck-Gesellschaft.*[29] Um ihre Vorstellung von Volksgesundheit voranzutreiben, arbeitete die Rockefeller-Stiftung von Anfang an auch eng mit der Carnegie-Stiftung zusammen. Diese beiden Stiftungen waren auch die ersten und wichtigsten Investoren des US-amerikanischen *Eugenics Record Office*, eines Forschungsinstituts, das biologische und soziale Informationen über die amerikanische Bevölkerung sammelte und als Zentrum für Eugenik und menschliche Vererbungsforschung diente.[30] Der US-amerikanische Pädagoge und Eugeniker Harry Hamilton Laughlin (1880–1943) leitete das *Eugenics Record Office* von dessen Gründung 1910 bis zu seiner Schließung 1939.[31] Er war einer der aktivsten Einflussnehmer auf die amerikanische Eugenikpolitik, insbesondere auf die Gesetzgebung zur Zwangssterilisation von „Defekten", auf die Aufklärung der Öffentlichkeit über eugenische Gesundheitsfragen und auf die weite Verbreitung eugenischer Ideen.

Das Ziel des Flexner-Reports war es, eine umfassende Revision des amerikanischen Gesundheitssystems einzuleiten, hin zu einer Umstrukturierung und Zentralisierung der medizinischen Einrichtungen. Im Hinblick auf das heutige europäische Gesundheitswesen besonders interessant liest sich: „Es ist das Ziel der Stiftung, unverzüglich eine ähnliche Studie über die medizinische Ausbildung in Großbritannien, Deutschland und Frankreich durchzuführen, damit diejenigen, die mit dem Wiederaufbau der medizinischen Ausbildung in Amerika betraut sind, von den Erfahrungen der anderen Länder profitieren können."[32] Mit anderen Worten: Europa wurde zum medizinischen Versuchslabor für das neue US-amerikanische Gesundheitssystem. Laut den Analysen des preisgekrönten investigativen Reporters James Corbett sollte sich ein wesentlicher Teil der Umstrukturierung hin zu einer profitablen und von Industrieinteressen kontrollierten Zukunft der Medizin auf einen entscheidenden Vorgang konzentrieren: Naturheilverfahren und medizinische Behandlungen, „die auf nicht patentierbaren, unkontrollierbaren natürlichen Heilmitteln und Heilverfahren basierten, sollten als Quacksalberei abgetan werden. Das Ziel: Nur allopathische [von altgriechisch *állos*, für „anders" bzw. „anders beschaffen", de facto: ‚unnatürlich' und *páthos*, deutsch „Leiden"] Medikamente, also auf körperfremden Chemikalien basierende Therapien sollten fortan gefördert und propagiert werden. Dank der bereits weitreichenden Kontrolle des Rockefeller-Netzwerks über das medizinische Ausbildungssystem verfügte man über die benötigten finanziellen, medienwirksamen und politischen Mittel, diese Agenda erfolgreich umzusetzen.[33] Flexner empfahl dafür unter anderem die Schließung von solchen Schulen, die Naturheilkunde und alternative Ansätze unterrichteten. Zugleich boten die Rockefeller- und Carnegie-Stiftung medizinischen Hochschulen großzügig Mittel, um im Gegenzug Einfluss auf die *Curricula* (Lehrpläne) zu erlangen. Laut Corbett hat die „Ölindustrie [...] ganze medizinische Industrien aus ihren eigenen Forschungszentren heraus ins Leben gerufen und dann ihre eigenen Produkte aus ihren eigenen petrochemischen Unternehmen als „Heilmittel" verkauft".

Menschenverachtende Forschung. Laut den historischen Untersuchungen von James Corbett war es Frank S. Howard (1890–1964), ein leitender Angestellter von Rockefellers *Standard Oil* in New Jersey, der die Automobilmagnaten Alfred Sloan (1875–1966) und Charles Kettering (1876–1958) davon überzeugte, ihr Vermögen dem Krebszentrum zu spenden, welches später ihren Namen tragen sollte. Der Pathologe Cornelius P. Rhoads (1898–1959) wurde von Howard zum Forschungsleiter am Sloan-Kettering-Institut ernannt. „Unter Rhoads' Leitung", so Corbett weiter, „wurde fast das gesamte Programm und Personal des *Chemical Warfare Service* [Abteilung für chemische Kriegsführung] in das *SKI* [*Sloan-Ket-*

tering-Institute] *Drug Development Program* [Arzneimittelentwicklungsprogramm] überführt, wo sie daran arbeiteten, Senfgas in ein Chemotherapeutikum umzuwandeln." Dies sollte auf der Grundlage der Gift- und Senfgasforschung geschehen, die Rhoads im Ersten Weltkrieg für die US-Armee durchgeführt hatte. Ein weiterer Hinweis auf die menschenverachtende Gesinnung dieser sich entwickelnden Industrie: In seiner Rolle als Forscher, der durch die *Rockefeller Foundation* finanziert wurde, infizierte Rhoads im Jahr 1931 eigenen Angaben zufolge vorsätzlich etliche Patienten aus Puerto Rico mit Krebszellen, um das Programm voranzutreiben; Rhoads sah, wie er selbst in einem Brief verlautbarte, darin die Gelegenheit, „seinen persönlichen Beitrag zur Ausrottung der Puerto-Ricaner, der degeneriertesten Rasse, die je auf unserem Planeten lebte, zu leisten".[34] Obwohl diese schriftlichen Äußerungen von ihm öffentlich bekannt waren (selbst der Vatikan bekam eine Kopie seiner Schrift), haben sie seiner Karriere nicht geschadet – im Gegenteil: Erst Jahrzehnte nach seinem Tod wurde der jährlich vergebene und nach ihm benannte Forschungspreis der *American Association for Cancer Research* umbenannt. Dies war allerdings kein Einzelfall.[35]

Über die konzertierten Aktivitäten extrem reicher „Philanthropen" und ihrer Institutionen zur Globalisierung des Gesundheitswesens – zwecks globaler Machtentfaltung – sind schon viele Bücher geschrieben worden. Das liegt daran, dass diese „ Menschenfreunde" damit leider sehr erfolgreich waren und sind: Sie beherrschen die medizinische Ausbildung, die staatlichen Gesundheitssysteme und nicht zuletzt die Leitmedien, die sie stets in ein gutes Licht rücken.

Die Rockefeller-Story – Copy and Paste. Rockefellers „Erfolgsstory" blieb nicht ohne Nachahmer. Auch Bill Gates scheint über die *Bill & Melinda Gates Foundation* ganz ähnliche Ambitionen zu verfolgen und nach vergleichbaren Mustern zu arbeiten.[36] Das Impfen wird offenbar als Mittel zum selben Zweck der globalen Kontrolle und Manipulation vorangetrieben, wobei laut WHO die *Rockefeller Fondation* auch hier die Vorreiterrolle hatte, wie auf deren Homepage zu lesen: „In jüngster Zeit und während der COVID-19-Pandemie konzentrierte sich die Zusammenarbeit [mit der *Rockefeller Foundation*] auf die Aufrechterhaltung der Basisgesundheitsdienste, den Ausbau der Kapazitäten für Virustests und die Stärkung der genomischen Überwachung."[37] Die WHO und die *Rockefeller Foundation* halfen, den Weg für die Pandemie zu ebnen. Indes profitierte die *Bill & Melinda Gates Foundation* stark vom mRNA-Injektionsprogramm und der gentechnischen Veränderung eines Großteils der Weltbevölkerung während der inszenierten SARS-CoV-2-Pandemie. Möglich wurde dies insbesondere durch die Unterdrückung verträglicher Alternativen, darunter insbesondere eine Kampagne gegen die naturheilkundliche Behebung des ursächlichen Vitamin-D-Mangels, wie beispielhaft in Kap. 1, Zusatzinfo: *Vitamin-D-Mangel – Tödliches Beispiel für die Ignoranz des Gesetzes des Minimums* besprochen.

Um diese globalen Pläne zu verwirklichen, wurde die Rockefeller-Stiftung über die Gesundheitsorganisation des Völkerbundes (*League of Nations Health Organisation*), die in die WHO überführt wurde, zu einem der Geburtshelfer, wenn nicht sogar zu einem der Eltern der WHO.[38] Die Stiftung nahm als Beobachter an der ersten Internationalen Gesundheitskonferenz im Juni 1946 teil, auf der die Satzung der WHO unterzeichnet wurde. Mit Hilfe dieser ersten global agierenden UN-Sonderorganisation (*United Nations*, auch mit Hilfe der *Rockefeller Foundation* gegründet) konnten Rockefeller und seine „philanthropischen" Partner wirksamen Einfluss auf die Gesundheitspolitik fast aller Nationen nehmen.[39] In den darauffolgenden Jahren und Jahrzehnten enger Zusammenarbeit zwischen UN, WHO und der *Rockefeller* und auch der *Bill & Melinda Gates Foundation* wurde der Glaube an das „Pharma-Narrativ" globalisiert.[40] Seither wird dieses Narrativ nicht nur angehenden Medizinern über die Lehrpläne eingetrichtert, sondern kulturprägend in die Köpfe fast der gesamten Menschheit eingepflanzt.

Das Pharma-Narrativ besteht aus drei eng miteinander verknüpften Lehrsätzen. Aus Sicht der Pharmaindustrie bzw. der schulmedizinischen Lehre gelten sie als Axiome – also als grundlegende Annahmen, die nicht bewiesen werden müssen und auch nicht hinterfragt werden dürfen. Ein tatsächlicher Beweis wäre hier ohnehin nicht möglich, da sie im Widerspruch zur Natur stehen:

1. Krankheit ist ein natürlicher, in unseren Genen veranlagter Prozess, der mit zunehmendem Alter symptomatisch wird: Der Mensch ist ein Konstruktionsfehler.
   Beispiel: Laut einem Übersichtsartikel aus dem Jahr 2012 sei das Alter „der Hauptrisikofaktor für die in Industrieländern vorherrschenden Krankheiten: Krebs, Herz-Kreislauf-Erkrankungen und Neurodegeneration" – und diese womöglich sogar Teil unseres (fehlerhaften) genetischen Programms.[41] Entsprechend antwortete z.B. der Pharmaberater Dennis Selkoe in einem Artikel der Süddeutschen Zeitung aus dem Jahr 2015, in dem eine Impfung gegen Alzheimer propagiert wurde, auf die Frage, was man tun müsse, um Demenz zu vermeiden, dass es nur eine Regel zu beachten gebe: „Such dir die richtigen Eltern aus und stirb früh."[42]

2. Unser jeweiliger Lebensstil hat somit so gut wie keinen Einfluss auf unsere Gesundheit. Auch die Supplementierung von Vitalstoffen ist (selbst wenn wir einen Mangel haben) reine Geldverschwendung oder sogar gesundheitsgefährdend.
   Beispiel: Laut einem Leitartikel des *New England Journal of Medicine* aus dem Jahr 2022, den wir in Kap. 1 besprochen haben, sei eine Nahrungsergänzung selbst bei niedrigen 25-Hydroxyvitamin-D-Spiegeln (25(OH)D) nutzlos. Ärzte sollen weder Blutspiegel messen noch eine Nahrungsergänzung empfehlen. Die neuen im Jahr 2024 veröffentlichten internationalen Leitlinien für Ärzte reflektieren weitgehend diese absurde Meinung. Trotz unzähliger Studien, die den Nutzen eines Vitamin-D-Prohormonspiegels von etwa 125 nmol/l belegen (siehe z.B. Kap. 1, Zusatzinfo: *Vitamin-D-Mangel – Tödliches Beispiel für die Ignoranz des Gesetzes des Minimums)*, wird behauptet: „Es wurden keine klinischen Studien

gefunden, die ein routinemäßiges 25(OH)D-Screening in der Allgemeinbevölkerung oder bei Personen mit Adipositas oder dunkler Hautfarbe unterstützen, und es gab keine eindeutigen Belege für die Definition des optimalen Zielwerts für 25(OH)D, der für die Krankheitsprävention in den betrachteten Bevölkerungsgruppen erforderlich ist. Daher rät das Gremium von routinemäßigen 25(OH)D-Tests in allen betrachteten Bevölkerungsgruppen ab."[43]

3. Welche Krankheit unweigerlich eines Tages ausbricht (Krebs, Alzheimer, Herzinfarkt etc.) und schließlich das Leben beendet, ist reines Schicksal bzw. dem Roulette des Lebens unterworfen. Infolgedessen kann nur die pharmazeutische Forschung mit ihren Medikamenten vor Leid und vorzeitigem Tod bewahren (mit dem transhumanistischen Gedanken wird dann letztlich sogar der Tod gleich mit beseitigt).
   Beispiel: „Die personalisierte Medizin", liest man in dem im Jahr 2024 publizierten Übersichtsartikel eines Mitarbeiters des Pharmakonzerns Boehringer Ingelheim, „ist ein bahnbrechendes Feld, auf dem maßgeschneiderte therapeutische Lösungen angeboten werden können, die auf das Genom jedes einzelnen Patienten zugeschnitten sind."[44] Es wird über Big Data, KI, Nanotechnologie und Gentherapie gesprochen, aber bezeichnenderweise fällt kein Wort über die eigentliche Ursache von über 90 Prozent aller heutigen chronischen Krankheiten: ein nicht mehr artgerechter Lebensstil. Stattdessen soll in Zukunft, je nach genetischer Grundausstattung, personalisiert genetisch und medikamentös interveniert werden. Ein solcher Trend zeigt sich in der aktuellen mRNA-Krebsforschung, die von Unternehmen wie BioNTech und Moderna vorangetrieben wird. BioNTech, ursprünglich sogar auf die Krebsforschung spezialisiert – und durch die „Erfindung" der COVID-19-Injektionen für viele zu einem Synonym für rücksichtslose Profitgier auf Kosten der Patienten geworden –, testet verschiedene mRNA-Therapien in klinischen Studien, unter anderem gegen Lungen-, Haut- und Darmkrebs. Moderna hingegen – deren COVID-"Impfstoff" in mehreren Ländern, darunter Schweden und Dänemark, im Oktober 2021 für jüngere Altersgruppen sogar ausgesetzt wurde, da ein erhöhtes

Risiko für Herzmuskel- und Herzbeutelentzündungen nicht mehr abzustreiten war – strebt eine Zulassung entsprechender Produkte in den USA und der EU noch im Jahr 2025 an. Diese Ansätze setzen stark auf personalisierte Medizin – jedoch erneut ohne die entscheidende Frage zu stellen, warum Krebs und andere chronische Erkrankungen überhaupt so häufig auftreten.

Dieses dreiteilige, in sich geschlossene Narrativ prägt heute das kulturelle (Miss-)Verständnis, dass nur der technologische Fortschritt uns vom Leiden (mittels pharmazeutischer Medizin) und sogar vom Tod (mittels transhumanistischer Technologie) erlösen und retten kann. Der Erfolg dieses Narrativs hat wahrscheinlich viele Gründe: einerseits die mediale Macht der Konzerne, die für jeden Unsinn einen „Experten" hervorzaubern können, der den Massen ein beliebiges Narrativ glaubhaft verkauft. Außerdem ist es einfach zu bequem, weil man nicht über die Konsequenzen seines Handelns nachdenken muss: Warum mühsam den gewohnten Lebensstil ändern, wenn das sowieso keine gesundheitlichen Vorteile bringen soll; Krankheit ist unvermeidlich und Schicksal. Aber was auch immer die Gründe sind – dieses Narrativ, dass Chemie und Gentechnik uns vor vermeintlich unvermeidbaren Krankheiten retten können, untergräbt gezielt die natürlichen Gesundheitspotentiale. Es wirkt sowohl auf gedanklicher Ebene, indem das Krankhafte als natürlich hingestellt und damit akzeptiert wird, als auch in der Praxis: Anstelle präventiver Aufklärung dominieren symptomverschleiernde Medikamente, die oft mehr Schaden anrichten als die eigentlich vermeidbaren oder kausal behandelbaren Krankheiten selbst. Der Glaube an das pharmazeutische Heilsversprechen ist mittlerweile so weit entwickelt, dass sehr viele Menschen jegliche Eigenverantwortung an einen Rezeptblock abgeben.

Chronische Krankheiten als selbsterfüllende Prophezeiung

So geht es in der heutigen Schulmedizin, soweit sie von den Interessen der Pharmaindustrie geprägt ist, nicht um die Prävention chronischer Krankheiten. Im Vordergrund steht die medikamentöse Behandlung von Symptomen, also ein Ansatz, der nicht auf endgültige Heilung abzielt, sondern auch chronische bzw. dauerhaft steigende Umsätze in Aussicht stellt – ganz nach dem Motto: „Ein geheilter Patient ist ein verlorener Kunde."[45] COVID-19 hat das überdeutlich zum Vorschein gebracht. Das Versprechen der Prävention dient aber auch ansonsten meist nur als Verkaufsstrategie für höchst lukrative, aber oft nur vermeintlich krankheitsverhütende Impfungen. Das perfide daran: Gegen gefährliche Infektionsverläufe kann man sich in den meisten Fällen auch auf natürliche Weise völlig nebenwirkungsfrei schützen, was aber – dem rein umsatzorientierten Geschäftsmodell folgend – geflissentlich verschwiegen oder sogar aktiv bekämpft wird. Aus diesen Gründen werden auch die Grundgesetze des Lebens, die wir im ersten Kapitel besprochen haben, an den medizinischen Hochschulen bisher (Stand Frühjahr 2025) nicht gelehrt. Sie würden das pharmazeutische Narrativ und Heilsversprechen *ad absurdum* führen, wie man am Beispiel des essentiellen Lithiums unschwer erkennen kann: Kein allopathisches Medikament kann einen Mangel, der einer Krankheit zugrunde liegt, ausgleichen und auf diesem Wege eine Krankheit heilen. Dieses Gewinnstreben dürfte maßgeblich begründen, warum Lithium nicht als essentielles Spurenelement anerkannt wird – die Pharmaindustrie schafft sich auf diese Weise einen immensen Markt und zementiert das zugehörige Narrativ des Mängelwesens Mensch.

Viele Menschen erkranken aufgrund eines chronisch dysregulierten Lithioms

Weiter oben haben wir bereits thematisiert, dass GSK-3 im Ruhezustand, also auch ohne äußere Reize, aktiv ist (man spricht von „konstitutiver Aktivität") – dieser Umstand ist gesundheitlich nachteilig und somit ungewöhnlich für einen vermeintlich natürlichen Körperprozess. In einem umfassenden Übersichtsartikel zu hyperaktivem GSK-3 als Tumoraktivator bei verschiedenen Formen von Blutkrebs, der im Jahr 2022 veröffentlicht wurde, fassen die Autoren die problematische Rolle von konstitutiv aktivem GSK-3 folgendermaßen zusammen: „In den letzten drei Jahrzehnten hat sich GSK-3 auch als eine Kinase herausgestellt, die eindeutig an der Pathogenese [die Entstehung und Entwicklung einer Krankheit] und dem Fortschreiten eines breiten Spektrums menschlicher Erkrankungen beteiligt ist, darunter Herz-Kreislauf-Erkrankungen, Typ-2-Diabetes, chronische Entzündungen, bipolare Störungen, neurodegenerative Erkrankungen (z.B. Alzheimer-Krankheit, Parkinson-Krankheit, Huntington-Krankheit) und Krebs."[46] Unter einem artgerechteren Lebensstil, der essentielles Lithium umfasst, wäre die Aktivität von GSK-3 allerdings reduziert; als Folge würden nicht nur diese, sondern auch viele weitere lukrative Krankheiten an wirtschaftlicher Bedeutung verlieren.

Durch Lithiummangel dysregulierte Lithiumtargets, wie das (konstitutiv) hochaktive GSK-3, bieten die ideale Grundlage für die Entwicklung von „Magic Bullets"

In einem im Jahr 2010 in *Neuropsychopharmacology* publizierten Übersichtsartikel ist zu lesen: „Stimmungsstörungen können zum Teil auf Störungen der Mechanismen zurückgeführt werden, die die Aktivität von GSK-3 oder GSK-3-regulierten Funktionen kontrollieren [...]. Diese substantielle Evidenz unterstützt die Schlussfolgerung, dass die Verstärkung der hemmenden Kontrolle von GSK-3 [die eigentlich die von essentiellem Lithium ist] eine wichtige Komponente der therapeutischen Wirkung von Medikamenten zur Behandlung von Stimmungsstörungen ist und dass GSK-3 ein valider Angriffspunkt für die Entwicklung neuer therapeutischer Interventionen ist."[47]

Mit anderen Worten: Anstatt den natürlichen Lithiummangel als Ursache der Fehlregulation zu erkennen und auszugleichen, konzentriert sich die Pharmaindustrie darauf, GSK-3 gezielt medikamentös zu hemmen. Diese Strategie folgt dem typischen Muster, ein durch Nährstoffmangel verursachtes Problem nicht an der Wurzel zu packen, sondern als Marktchance zu nutzen. Indem GSK-3 als „valider Angriffspunkt" für neue Medikamente dargestellt wird, wird die Notwendigkeit von Lithium als essentiellem Spurenelement gezielt ausgeblendet – zugunsten patentierbarer Wirkstoffe, die versuchen, den gleichen Effekt künstlich und oft mit Nebenwirkungen nachzuahmen. *Investitionen in die Entwicklung von „Magic Bullets" gegen Lithium-*

targets sind jedoch nur dann sinnvoll, solange sie nicht mit essentiellem Lithium, dem „natürlichen Bullet", konkurrieren müssen.

Diese pharmazeutischen „Bullets" wirken allerdings keinesfalls auf so magische Weise präzise, wie ihr Name verspricht, sondern bestenfalls nebenwirkungsreich und symptomatisch – doch selbst Letzteres mit sehr wenig Aussicht auf Erfolg, wie ein im Jahr 2022 publizierter Übersichtsartikel erklärt: „Es überrascht nicht, dass enorme Anstrengungen in die Entwicklung von GSK-3-Inhibitoren als potentielle Medikamente zur Behandlung neurodegenerativer und psychiatrischer Störungen (sowie anderer hier nicht beschriebener Indikationen) investiert wurden. In den letzten zwei Jahrzehnten haben pharmazeutische Unternehmen und akademische Einrichtungen eine große Anzahl sehr unterschiedlicher Klassen von GSK-3-Inhibitoren entwickelt. [...] Eine aktualisierte Recherche zeigt deutlich, dass das Feld mit einer wachsenden Zahl neuer Strukturen und Moleküle, die als potente GSK-3-Inhibitoren entdeckt wurden, geradezu 'explodiert'. [...] Insgesamt spiegelt der bemerkenswerte Anstieg der Anzahl entwickelter GSK-3-Inhibitoren zweifellos das große Interesse an und die Hoffnung auf die Identifizierung von GSK-3-Inhibitoren wider, die für den klinischen Einsatz geeignet sind. Bisher ist noch keiner der getesteten GSK-3-Inhibitoren auf den Markt gekommen."[48]

Kurz: Bisher wird nicht nur die natürliche Lösung unterdrückt, sondern sogar eine pharmazeutische Alternative vergebens gesucht. Dies bedeutet aber auch, dass ein Lithiumtarget wie GSK-3 (und das gilt logischerweise für alle Targets des Lithioms) der Pharmaindustrie nur so lange als vielversprechendes pharmazeutisches Target für die Entwicklung einer „Magic Bullet" dient, wie es aufgrund von Lithiummangel dysreguliert ist. Das ist der Fall, solange Lithium nicht als essentielles Spurenelement anerkannt und ausreichend supplementiert wird. Daher muss es im Interesse einer profitorientierten Pharmaindustrie liegen, mit allen ihr zur Verfügung stehenden Mitteln einer solchen Anerkennung entgegenzuwirken. Das aus gesundheitlicher Sicht völlig unsinnige Verbot einer Nahrungsergänzung mit Lithium bot aus profitorientierter Sicht eine fast unwiderstehliche finanzielle Chance, die der Pharmaindustrie riesige Märkte eröffnete und daher ohne Zögern mit perfiden Mitteln durchgesetzt wurde. Alle großen (und viele kleine) Pharmafirmen werden den Wettlauf, „Lithium-Mimetika“ (also chemische Verbindungen, die an denselben Rezeptor binden wie Lithium) als neue Medikamente auf den Markt zu bringen, genau in dem Moment verlieren, in dem Lithium als essentiell anerkannt wird – oder zumindest das Verbot fällt, Lithium als Nahrungsergänzungsmittel auf den Markt bringen zu dürfen. Die Frage ist allerdings: Wie genau ist es überhaupt gelungen, ein Element, das in Spuren zugeführt nachweislich nicht schädlich, sondern sogar gesundheitsfördernd ist, nahezu weltweit als Nahrungsergänzungsmittel zu verbieten?

"Versalzen" – oder wie man ein essentielles Spurenelement verbieten konnte

Lithium war bis Mitte des 20. Jahrhunderts Teil einer gesunden Ernährung. Aus oben genannten Gründen musste das Spurenelement also als Nahrungsmittel vom Markt genommen und diskreditiert werden, bevor es als essentiell eingestuft werden würde. Das zu lösende Problem dabei war „die gesundheitsfördernde und heilende Wirkung von natürlichem Lithium im Wasser“, die „seit Jahrhunderten bekannt“ war, wie die Autoren des Übersichtsartikels *Zusammenhang zwischen natürlich vorkommendem Lithium im Trinkwasser und Selbstmordraten* recherchiert haben.[49] Die *Lithia Springs* in Georgia, USA, einst eine heilige Heilquelle der amerikanischen Ureinwohner, war für ihr natürlich lithiumhaltiges Wasser und für ihre gesundheitsfördernden Eigenschaften bekannt. Auch das Wasser einer Quelle in Londonderry (New Hampshire, USA) wurde unter dem Namen *Londonderry Lithia Water* unter Verweis auf zahlreiche gesundheitliche Vorzüge angeboten (siehe Buchumschlag von 1891, Abb. 31). Wie man einem Etikett von 1903 entnehmen kann, empfahlen Ärzte das lithiumhaltige Getränk „gegen Rheumatismus, Gicht, Neuralgie [chronische Nervenschmerzen], Diabetes, Bright'sche Krankheit [chronische Nierenentzündung], Ekzeme [Hautauschläge], Nierensteine, Katarrh [Erkältungskrankheit] und

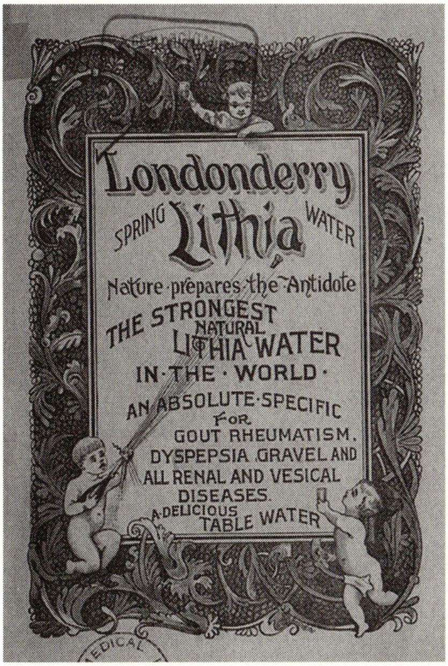

Abbildung 32

verschiedene Magenbeschwerden".[50] Das sind nahezu alles Krankheiten, bei denen das essentielle Lithium tatsächlich hilft, wie wir in den vorhergehenden Kapiteln gesehen haben. Vor weit über hundert Jahren war man also in der medizinischen Behandlung in diesem Punkt schon weiter als heute. Im Gegensatz zur hochdosierten Behandlung der bipolaren Störung, die erst ein halbes Jahrhundert später entwickelt wurde und zu Nierenversagen führen kann, galt Lithium aus dieser natürlichen Quelle sogar als hilfreich bei Nierenerkrankungen. Eine spektroskopische Analyse aus dem Jahr 1891 ergab, dass eine Imperiale Gallone (etwa 4,55 l) *Londonderry Lithia Water* etwa 8,620 „*Grains*" Lithiumhydrogencarbonat enthielt.[51] Ein *Grain* entspricht etwa 0,0648 Gramm, somit enthielt das Quellwasser 23 mg Lithium/Liter. Ein oder zwei Gläser mit etwa 0,2 Liter entsprachen daher einer Niedrigdosisbehandlung von etwa 5 bis 10 mg/Tag (siehe Kap. 3). Der englische Arzt Sir Alfred Baring Garrod (1819–1907), der 1848 die Ursache der Gicht entdeckte und als erster Mediziner Lithium als Heilmittel für diese Krankheit vorschlug, stellte schon damals Dosierungsrichtlinien auf.[52]

Abbildung 33

Zu Beginn des 20. Jahrhunderts waren lithiumhaltige Getränke aufgrund der damals bekannten, vielfältigen Wirkung des Spurenelements so gefragt, dass geringe Mengen davon verschiedenen Getränken zugesetzt wurden, die auch heute noch bekannt sind. Beispielsweise hieß das Erfrischungsgetränk *7Up* ursprünglich *Bib-Label Lithiated Lemon-Lime Soda.* Es kam im Jahr 1929 auf den Markt und enthielt bis zum Jahr 1950 etwa 5 mg Lithium in Form von Lithiumcitrat pro Liter (siehe Abb. 33).[53] Mit einem Glas von 0,2 Liter nahm man die RDA von 1 mg Lithium zu sich. Es wird übrigens vermutet (der Namensgeber hat seine Gedanken dazu mit ins Grab genommen), dass sich die 7 in *7Up* auf die Atommasse des Lithiums bezieht und das „*Up*“ auf die dadurch gehobene Stimmung. Das Erfrischungsgetränk wurde als Mittel gegen Alkoholintoxikation, den sogenannten Kater, vermarktet – naheliegend, denn Alkohol führt zu einer Neuroinflammation, die durch Lithium gelindert wird.[54] Sogar eine frühe Version von Coca-Cola war an Sodabrunnen in Apotheken erhältlich. *Lithia Coke* war eine Mischung aus *Coca-Cola*-Sirup und lithiumhaltigem Quellwasser.

Doch der aufkommenden Pharmaindustrie, die sich auf patentierbare allopathische Medikamente festlegte, musste das überall an-

Abbildung 34

gebotene Lithium (siehe Abb. 34) ein gewaltiger Dorn im Auge gewesen sein. Zumindest bis 1949, als die US-Behörde für Lebens- und Arzneimittel (FDA, *U.S. Food and Drug Administration*) ein Verbot für die Verwendung von Lithium in Erfrischungsgetränken und Bier aussprach – wenige Monate, bevor John Cade seine Vermutung publizierte, dass Lithium essentiell sein könnte – und die Rezeptur von *7Up* geändert werden musste. Doch auf welcher Basis? Wie gelang es, dass die Bevölkerung dieses Verbot einfach so hinnahm?

Öffentlichkeitswirksam kam der Stein ins Rollen, als das US-amerikanische Nachrichtenmagazin *Time* am 28. Februar 1949 über mysteriöse Todesfälle berichtete, die in Folge der Verwendung eines neuartigen, lithiumhaltigen Kochsalzersatzes erfolgten. Als Grund für die Einführung des Kochsalzersatzes ist in einer kurz danach publizierten Studie zu lesen: „Da die Einschränkung der Natriumzufuhr bei der Behandlung von Herzinsuffizienz und anderen Erkrankungen immer mehr in den Vordergrund rückt, wurde nach einem unbedenklichen Salzersatz zum Würzen von Speisen gesucht. Kürzlich wurde eine 25%ige Lithiumchloridlösung auf den Markt gebracht, die ähnlich wie Kochsalz schmeckt. Obwohl es in der älteren Literatur vereinzelte Hinweise darauf gibt, dass die Einnahme von anorganischen Lithiumsalzen Schwäche, Zittern und Sehstörungen hervorrufen kann, wurde die Lösung mit der Versicherung vermarktet, dass sie „absolut sicher“ sei, es wurde jedoch empfohlen, sie nur unter ärztlicher Aufsicht anzuwenden.“[55] Die Aussagenkombination „absolut sicher“ und „nur unter ärztlicher Aufsicht anzuwenden“ muss Zweifel an der Aussage zur vorbehaltlosen Unbedenklichkeit auslösen. Welchen Hintergrund könnte die Aufforderung zur ärztlichen Überwachung gehabt haben? Offensichtlich wusste man zumindest, dass die Einnahme des Lithiumsalzes keineswegs „absolut sicher“ ist, wie es der Werbetext versprach. Wollte man vielleicht sogar, dass Ärzte über die zu erwartenden Probleme berichten? Zumindest war dies auch sehr schnell der Fall. In dem historischen *Time*-Artikel liest man weiter: „Noch im vergangenen Frühjahr glaubte die Firma Foster-Milburn Co. aus Buffalo, ein harmloses Produkt gefunden zu haben, das Speisen salzig schmecken lässt. Das neue Produkt, Westsal®, enthielt Lithiumchlorid (Koch- bzw. Tafelsalz ist Natriumchlorid).“[56] Doch Anfang Februar 1949 vermuteten „Ärzte in einem Krankenhaus in Manhattan, dass der Salzersatz beim Tod eines Herzpatienten eine Rolle gespielt haben könnte“. Dem *Time*-Bericht zufolge initiierte die FDA in Folge „Experimente und stellte fest, dass hohe Dosen von Lithiumchlorid bei Versuchstieren zum Tod führten“. Daraufhin soll die FDA menschliche Patienten untersucht haben, die Lithiumchlorid als Kochsalzersatz eingenommen hatten, und in dem Zuge festgestellt haben, „dass sie unter verschiedenen Symptomen litten, darunter Schläfrigkeit, Schwäche, Appetitlosigkeit, Übelkeit, Zittern, Sehstörungen und Bewusstlosigkeit“.

Der *Time*-Artikel legt die Vermutung nahe, dass die Lithiumvergiftung eher zufällig war, dass einige Verbraucher vielleicht einfach zu viel von dem neuen Speisesalz verwendet hatten und dass die FDA erst nach Bekanntwerden der Todesfälle begann, das Problem an Patienten und in Tierversuchen zu untersuchen. Doch das ist nachweislich nicht ganz korrekt; zumindest im Falle der Glaubwürdigkeit des Berichts des Ärzteteams des *Bellevue Hospital* (Manhattan, New York), der am 12. März 1949 – also 12 Tage nach dem *Time*-Artikel im *Journal of the American Medical Association* (JAMA) publiziert wurde.[57] Danach verabreichten die Ärzte einem schwerkranken Herzpatienten *absichtlich* Lithiumchlorid in extrem hohen Dosen, obwohl sie nach eigenen Angaben um die Toxizität von Lithium wussten. Sie zitieren in ihrem JAMA-Artikel mehrere Berichte über toxische Wirkungen, die bis ins 19. Jahrhundert zurückreichten; darunter auch den im Jahr 1913 ebenfalls in JAMA publizierten Selbstversuch einer Überdosierung eines Arztes, den wir in Kap. 3 besprochen haben. Dieser hatte allerdings, wie Sie sich erinnern werden, die extrem große Menge von 1,3 g Lithium in 28 Stunden eingenommen, und stand mit schweren toxischen Wirkungen kurz vor dem Koma. Die Ärzte des Bellevue-Spitals gingen bei ihrem Patienten, der später verstarb, jedoch wesentlich großzügiger vor und ließen ihn ein Vielfaches dieser Menge einnehmen – trotz dieses Vorwissens und obwohl sie eigenen Angaben zufolge aus eigener Beobachtung dreier anderer Patienten wussten, wie lebensgefährlich diese hohen Lithiumdosen sind. Sie schreiben ganz nüchtern: „Am einundfünfzigsten Tag seines Krankenhausaufenthaltes erhielt der [an einer schweren Herzinsuffizienz leidende] Patient Lithiumchlorid und wurde angewiesen, sein Essen damit zu würzen. Er fand, dass diese Substanz ein angenehmer Ersatz für Salz war und verwendete sie großzügig. Innerhalb von drei Tagen nahm er etwa 13 Gramm ein." Das sind etwa 6 g bzw. 6.000 mg reines Lithium (!), dessen Einnahmemenge offensichtlich genau überwacht wurde. „Am Morgen des dritten Tages nach Beginn der Lithiumeinnahme klagte er über allgemeine Schwäche, hatte aber keine anderen Symptome. Am nächsten Morgen war die Schwäche so stark, dass er sein Essbesteck nicht mehr halten konnte." Lithium wurde dann abgesetzt und die nächsten drei Tage akribisch notiert, wie der Patient zunächst ins Koma fiel und letztendlich verstarb. Auch das Blut wurde regelmäßig auf Lithium untersucht: „Der höchste Lithiumspiegel im Blut betrug 4,8 [mmol/l] am Tag des Absetzens der Lithiumchlorid-Behandlung. Drei Tage später, einen Tag vor dem Tod, betrug der Lithiumspiegel im Blut 3,0 [mmol]." Diese Werte liegen im tödlichen Bereich, wie aus Abb. 22 in Kap. 3 klar hervorgeht. Warum dieser Patient (wie auch die drei anderen) mit Lithium *de facto* intoxikiert wurde, geht aus dem Artikel nicht hervor. Es kann sich aber nicht um ein Versehen bzw. um etwas wie einen ärztlichen

„Kunstfehler" gehandelt haben. Aufgrund des vorhandenen Wissens war es offensichtlich eine vorsätzliche Handlung, die erstaunlicherweise ungestraft publiziert werden konnte.

Noch erstaunlicher ist, dass dies nicht der einzige Artikel über eine absichtliche Intoxikation mit Lithium in jener Ausgabe im JAMA war. Es war nur einer von drei (vermeintlich) unabhängig voneinander veröffentlichten Einreichungen – man müsste gute Gründe anführen können, um diese Unabhängigkeit glaubhaft zu machen und eine naheliegende Absprache oder eine dies alles orchestrierende Hand auszuschließen. So berichten Forscher der *Cleveland Clinic Foundation* (*Case Western Reserve University*) von 7 Fällen ärztlich beaufsichtigter Lithiumvergiftung mit dem „absolut sicheren" (bzw. in hoher Dosierung sicher tödlichen) Kochsalzersatz: „Der Zweck dieses Berichts ist es, die Aufmerksamkeit auf die Lithiumvergiftung als Komplikation der Verwendung von Lithiumchlorid als Salzersatz zur Aromatisierung im Zuge natriumarmer Diäten zu lenken. Wir beschreiben das Syndrom, wie es in 7 Fällen beobachtet wurde, von denen in 2 Fällen die Vergiftung eine mitwirkende Todesursache gewesen zu sein scheint. Als Salzersatz wurde Westsal® verwendet, eine Lösung von [25-prozentigem] Lithiumchlorid mit Zitronensäure und einer geringen Menge Kaliumjodid. Dass die Ursache der Vergiftung die Lithiumionen und nicht der Natriummangel als solcher waren, scheint aus einer Untersuchung dieser Fälle hervorzugehen, bei der in einem Fall die Vergiftung im Rahmen eines klinischen Versuchs ausgelöst wurde."[58] Auch hier geben die Autoren unverfroren zu, dass es sich um einen klinischen Versuch handelte; das bedeutet, dass sie ihre Patienten vorsätzlich intoxikierten – trotz, man kann es nicht oft genug wiederholen, des Wissens um die Lebensgefahr bei derart hoher Dosierung. Im dritten JAMA-Artikel vom *Cedars of Lebanon Hospital, Los Angeles*, versuchte Arzt und Autor Robert L. Stern sich jedoch aus der Verantwortung zu stehlen, indem er behauptet: „Zum Zeitpunkt des Ereignisses waren die möglichen toxischen Wirkungen von Lithiumchlorid nicht bekannt."[59] Ähnlich argumentiert *Time*: „Niemand konnte zu diesem Zeitpunkt mit Sicherheit sagen, ob die Symptome auf die Krankheiten der Patienten oder auf das Lithiumchlorid zurückzuführen waren." Die

Behauptung, niemand habe von den Gefahren einer Überdosierung gewusst, wirkt wie eine Schutzbehauptung – denn die anderen beiden Berichte zeigen klar: Das Wissen war durchaus vorhanden!

Einige offensichtliche Fragen drängen sich auf: Wie wahrscheinlich ist es, dass drei Kliniken praktisch zeitgleich und unabhängig voneinander auf die Idee kommen, schwer kranke Menschen mit Lithium zu überdosieren – und dies unter dem völlig unglaubwürdigen Vorwand, dass es als gesündere Alternative zum Kochsalz in ihrer Nahrung ersatzweise eingesetzt werde? Wie wahrscheinlich ist es, dass man dies dann auch noch zeitgleich in drei unabhängigen Artikeln im selben Journal publiziert? Wurden diese klinischen „Studien" orchestriert? Auch wenn diese Fragen im *Time*-Artikel merkwürdigerweise nicht gestellt wurden, enthält dieser einen meines Erachtens sehr aufschlussreichen Hinweis auf eine naheliegende Motivation. Laut *Time*-Recherche plante die FDA, „Lithiumchlorid als Medikament und nicht als diätetisches Lebensmittel einzustufen, als sie von den Todesfällen erfuhr". Auf gar wundersame Weise spielten die drei Studien dem Vorhaben der FDA in die Hände, denn nun konnte sie öffentlich via *Time* vor Lithium warnen: „Verwenden Sie dieses gefährliche Gift ab sofort nicht mehr."

Allerdings ist jedes Spurenelement, auch jedes essentielle, tödlich, wenn die Zufuhr mehr als das Tausendfache der RDA beträgt. Mit dem gleichen Trick könnten Jod, Selen, Zink usw. in Verruf gebracht und als Nahrungsergänzung verboten werden. Damals hatte man es aber nur auf Lithium abgesehen. Seltsamerweise verbot man jedoch nicht die Überdosierung ärztlicherseits im Rahmen der Hochdosisbehandlung – wenige Monate später sollte diese durch die hier schon mehrfach zitierte Publikation von John Cade hoffähig gemacht werden. Es war absurderweise ausschließlich die ungefährliche niedrigdosierte Anwendung von Lithium als Nahrungsergänzungsmittel. Ein zentrales Verkaufsargument für *7Up* und lithiumhaltige Produkte anderer Getränkehersteller fiel weg, da sie gezwungen waren, ausgerechnet den Faktor aus ihren Getränken zu entfernen, der den beliebten, wohltuenden Effekt auf die Konsumenten hatte. Auf perfide Weise wurden bewusst in Kauf genommene, medial inszenierte Opfer instrumentalisiert, um gezielt Angst vor Lithium zu schüren.

Auch Prof. Hart schreibt in dem bereits ausführlich besprochenen „Hormesis-Artikel" über diese Vorgänge, ohne jedoch auf die Hintergründe einzugehen: „Es stellte sich bald heraus, dass dieser Ansatz [bei schwer kranken Menschen Natriumchlorid bzw. Kochsalz in der Nahrung durch hochdosiertes Lithiumchlorid zu ersetzen] toxisch war und zu mehreren Todesfällen führte. Dies veranlasste die FDA in den USA, LiCl [Lithiumchlorid] als Gift zu deklarieren, und die Praxis wurde in Ungnade eingestellt."[60] Drei Opfer, verstorben infolge einer absichtlich durch ihre Ärzte herbeigeführten Überdosierung genügten, um Lithium zu ächten. Man muss sich aber fragen, wie viele Menschen seither unnötig gelitten haben und gestorben sind, weil Lithium als Spurenelement durch diesen Coup in Verruf geraten ist? Die gezielte Diskreditierung und ungerechtfertigte Verteufelung von Lithium – statt seiner Anerkennung als essentielles Spurenelement, wie es John Cade im selben Jahr vermutete – hat unzählige Menschen unnötig ihre mentale Gesundheit und damit auch ihre Lebensqualität gekostet. Die Tatsache, dass *7Up* und andere beliebte Getränkemarken mikrodosiertes Lithium aus ihren Rezepturen entfernen mussten, hat die Angst vor Lithium noch verfestigt. Für Menschen ohne Kenntnis der Zusammenhänge muss die Vorstellung, dass dies grundlos geschieht, geradezu abwegig wirken. Wie Hart schreibt, hatte dies zumindest in den USA eine Zeit lang auch Auswirkungen auf die klinische Praxis: „Das zweite Ergebnis dieses [vermeintlich] gescheiterten [aus Sicht der Pharmaindustrie jedoch sehr erfolgreichen] „Experiments" war, dass man in den USA zögerte, Lithiumsalze zur Behandlung von bipolaren Störungen einzusetzen, obwohl sie in Europa gut erforscht waren und verwendet wurden." Aber vielleicht war auch das nicht ganz unbeabsichtigt, denn schließlich konnte man schon damals – wie auch heute noch – hoffen, dass ein allopathisches Pharmazeutikum Lithium ersetzen würde. Lithium wurde schließlich nur deshalb zur Behandlung der bipolaren Störung zugelassen und eingesetzt, weil es, abgesehen von der grausamen Lobotomie, keine Alternative gab. „In jüngster Zeit wurde bei unruhigen und psychopathischen Geisteskranken eine präfrontale Leukotomie durchgeführt, um ihre unruhigen Impulse und unkontrollierbaren Gemütsbewegungen zu bändigen", schreibt Cade, „wahrscheinlich wäre die Lithiummedikation der Leukotomie vorzuziehen".[61]

Kein Lithiumverbot in den USA? Dass lithiumhaltige Nahrungsergänzungsmittel wie Lithiumorotat in den USA heute nicht (mehr) verboten sind, könnte auf ein administratives Versehen zurückzuführen sein. „Anfang der 1990er Jahre erwog die US-amerikanische Food and Drug Administration (FDA) die Einführung strengerer Standards für Vitamine, Mineralstoffe und andere Lebensmittelzusatzstoffe, die schädliche Auswirkungen haben könnten", liest man in einem im *Lancet* publizierten Review, woraufhin im Jahr 1994 der *Dietary Supplement Health and Education Act* (DSHEA) verabschiedet wurde.[62] Der DSHEA regelt u.a., dass Nahrungsergänzungsmittel als Lebensmittel und nicht als Arzneimittel einzustufen sind, und deshalb auch nicht mehr von der FDA zugelassen werden müssen, solange bestimmte Richtlinien eingehalten werden. Bspw. muss sich, bevor die FDA eingreifen bzw. den Verkauf verbieten kann, ein Nahrungsergänzungsmittel erst als nachweislich schädlich erweisen; bei Tagesdosierungen zwischen 1 bis 5 mg reinem Lithium in den verschiedenen Salzverbindungen ist dies nicht möglich. Die Verantwortung und Haftung liegen beim Hersteller; solange aber niemand zu Schaden kommt, kann das Nahrungsergänzungsmittel auf dem Markt bleiben. Insofern haben die strengeren Standards ermöglicht, die Verfügbarkeit von Lithium als Nahrungsergänzungsmittel zu sichern. Dieser Weg blieb dem Spurenelement in der EU aufgrund einer entgegengesetzten gesetzlichen Regelung verwehrt (siehe Zusatzinfo oben: *Stellungnahme zur rechtlichen Situation von Lithium als Nahrungsergänzungsmittel in Europa ...*). Es ist allerdings nicht so, als hätte man seither nicht erneut versucht, Lithium bzw. Lithiumorotat als Nahrungsergänzungsmittel in den USA zu verunglimpfen. So wurde 2007 ein Fallbericht über eine Frau publiziert, die freiwillig 18 Tabletten mit je 120 mg Lithiumorotat einnahm, was in etwa einer Gesamtdosis von 68,9 mg reinem Lithium entspricht. „Sie klagte Ärzten gegenüber über Übelkeit mit Erbrechen, hatte jedoch normale Vitalzeichen und die Symptome verschwanden innerhalb von drei Stunden."[63] Warum dieser Fall überhaupt publiziert werden konnte, ist höchst merkwürdig, denn er ist kaum anders einzuordnen als die zahllosen Fälle von Nebenwirkungen bei der Lithiumbehandlung der bipolaren Störung. Aber die Schlussfolgerung der Autoren lässt in ihrer Allgemeingültigkeit eine Vermutung zu: „Nahrungsergänzungsmittel aus dem Internet können Inhaltsstoffe enthalten, die bei Überdosierung toxisch wirken können. Auch eine chronische Lithiumvergiftung durch die Einnahme dieses Produktes ist theoretisch bedenklich."

Das Verbot von Lithium als Nahrungsergänzungsmittel dürfte kaum auf einen unglaublichen Zufall oder eine rätselhafte Fehlinterpretation der Umstände zurückzuführen sein. Vielmehr scheint es gezielt erfolgt zu sein, um seinen Nutzen in der Prävention und Therapie zahlreicher Krankheiten zu unterbinden. Dies spielte den Bestrebungen der von Rockefeller und Co. etablierten Schulmedizin in die Hände, in der ausschließlich allopathische Pharmazeutika vorgesehen waren. Wenn man diesen Zusammenhang herstellt, wird auch sonnenklar, warum 10 mg (EU) bis 20 mg (WHO) pro Tag des hirntoxischen Spurenelements Aluminium als Nahrungsergänzung erlaubt sind, während das hirngesunde Spurenelement Lithium in den meisten Ländern weiterhin verboten ist. Die sich hier offenbarenden Missstände sollten ein Weckruf für alle sein, denen ihre eigene und die Gesundheit ihrer Kinder am Herzen liegt. Man stelle sich nur vor, man würde Nahrungsergänzungsmittel mit Jod, wie z.B. Jodsalz, verbieten. Unzählige Kinder würden zu *Crétins* werden, wie es lange Zeit tatsächlich der Fall war (und in vielen Teilen der Welt leider immer noch ist, siehe Zusatzinfo in Kap. 2, Argument 6: *Mentale Gesundheit unerwünscht?*). Ein Lithiummangel in dem bei uns typischen Ausmaß mag das Gehirn vielleicht nicht in seiner Gesamtentwicklung schädigen, wie es ein Jodmangel tut, doch seine Auswirkungen auf das Mentale Immunsystem sind nicht minder gravierend! Das Problem bleibt bestehen – und macht einen grundlegenden Systemwechsel umso dringlicher. Für viele Besorgte bedeutet dies jedoch zunächst die Notwendigkeit, die fundamentale Aufarbeitung nachzuvollziehen, die ich Ihnen hiermit vorlege.

Lithium – der Stein des Anstoßes hin zu einer artgerechten Medizin

Die Verbindung von geistiger und körperlicher Gesundheit war eines der wichtigsten Prinzipien der hippokratischen Lehre. Folglich wurde körperliche Aktivität als ein wesentlicher Bestandteil körperlicher und geistiger Gesundheit verstanden, ebenso wie eine gesunde Ernährung als wichtiges Fundament galt. Sogar Musik und Theater wurden als Mittel zur Behandlung von Krankheiten und zur Verbesserung des menschlichen Verhaltens eingesetzt. Der Mensch wurde als Teil der Natur gesehen, und Gesundheitsfürsorge fand im Rahmen eines ganzheitlichen Modells statt. Prävention stand im Vordergrund ärztlichen Handelns – und das nicht nur, weil die therapeutischen Möglichkeiten begrenzt waren. Vielmehr gilt damals wie auch heute: Es ist leichter, gesund zu bleiben, als gesund zu werden. Somit ist es klüger, seine Gesundheit zu erhalten, als auf Medizin zu setzen, wenn man sie eingebüßt hat. Eine Anerkennung aller essentiellen Nährstoffe bildet heutzutage die Grundlage einer bewussten Erhaltung der körperlichen und geistigen Gesundheit – insofern ist die Anerkennung der Essentialität von Lithium heute ein entscheidender und unverzichtbarer Schritt in die Richtung einer artgerechten Medizin. Denn natürlich ist „Essentialität“ keine behördliche Auszeichnung, sondern die Bezeichnung einer biologischen Notwendigkeit. Die Natur hat hier das erste und letzte Wort. Gesundheitsbehörden und globale NGOs wie die WHO, die sich die Verbesserung der Gesundheit der Menschheit auf die Fahnen geschrieben haben, sind verpflichtet, sich dieser naturgegebenen Wahrheit unterzuordnen. Da sie sich jedoch anmaßen, die Beweise für die Unverzichtbarkeit von essentiellen Spurenelementen wie Lithium zu ignorieren und die Natur selbst auf diesem Wege verleugnen, müssen wir ihr Gehör verschaffen. Denn nachdem diese Essentialität in unzähligen Studien nachgewiesen wurde, sind wir auf sicherem Boden, um gegen diese selbsternannten „Autoritäten“ einen bedeutsamen Schritt vorzugehen und deren schädlichen Einfluss zu entlarven. Das Verbot, essentielle Mengen an Lithium in Form von Nahrungsergänzungsmitteln allen Menschen kostengünstig zur Verfügung zu stellen, sollte uns ein Weck- und Aufruf zu nicht weniger als einer Revolution in der Medizin sein (dass zum Zeitpunkt dieses Schreibens im Frühjahr 2025 der verbotene Verkauf in einigen europäischen Ländern von Lithiumsalzen als Nahrungsergänzungsmittel von den Behörden geduldet wird, ändert nichts an der grundlegenden Problematik). Das lateinische Wort *revolutio* bedeutet wörtlich „Zurückdrehen“. Im Sinne einer Revolution der Medizin geht es also um die Wiederherstellung eines natürlichen, artgerechten Verständnisses der menschlichen Natur, das bestand, bevor skrupellose Geschäftemacher, von rücksichtslosem Profitwahn besessen, Unheil in die Welt brachten. Es geht nicht um eine rückwärtsgewandte Verklärung oder ein schlichtes „Früher war alles besser“, sondern um ein „Vorwärts zu den Wurzeln“. Eine Zukunft, in der wir Bewährtes bewahren, aber zugleich alles hinter uns lassen, was nicht funktioniert und uns schadet.

In seinem Artikel *Gesundheitssystem: In der Fortschrittsfalle*, der im Jahr 2002 im Deutschen Ärzteblatt erschien, erklärt der deutsche Psychiater, Medizin- und Psychiatriehistoriker Klaus Dörner (1933–2022) das Problem einer auf Profit und Marktmacht ausgerichteten Medizin: „Der Wettbewerb zwingt zur Erschließung neuer Märkte. Das Ziel muss die Umwandlung aller Gesunden in Kranke sein, also in Menschen, die sich möglichst lebenslang sowohl chemisch-physikalisch als auch psychisch für von Experten therapeutisch, rehabilitativ und präventiv manipulierungsbedürftig halten, um [vermeintlich] „gesund leben“ zu können.“[64] Dörner erkennt die fortschrittliche Akutmedizin an, die sowohl medikamentös als auch chirurgisch Hervorragendes leiste; deren Konzept aber müsse bei chronischen Erkrankungen scheitern, weil es hier um die Behebung der chronischen Ursachen gehe. Dazu ist ein völlig anderes ärztliches Denken und Handeln erforderlich – ja eine völlig andere kulturelle Entwicklung hin zu einem besseren Verständnis der menschlichen Natur und ihrer ebenso natürlichen Bedürfnisse. Dabei beklagt Dörner die kapitalistische Durchdringung des gesamten Medizinsystems, das *de facto* kein Gesundheitssystem, sondern ein lukratives Krankheitssystem ist – also ein System, das uns systematisch krank macht und krank hält: „All die beschriebenen Trends, die subjektiv Gesundheit fördern wollen, in Wirklichkeit aber der Gesellschaft die Vitalität austreiben, wirken sich zusätzlich umso destruktiver aus, je mehr sie der Vermarktung und dem Wettbewerb überlassen werden." Dabei ist er nicht gegen Wettbewerb *per se*: „Diese Prinzipien sind in der übrigen Wirtschaft segensreich, im Sozialbereich und damit im Gesundheitswesen jedoch (vielleicht von Teilbereichen abgesehen) tödlich. Wenn Gesundheit zur Dienstleistung und damit zur Ware wird, wenn jede medizinische Einrichtung zu Gewinnmaximierung durch Leistungsexpansion verurteilt ist, [...] dann muss man sich nicht wundern, dass schließlich künstlich Bedürfnisse erfunden werden, die man als Wunscherfüllung für den Kunden zu befriedigen verspricht, [...], dass noch unreife Produkte und Verfahren auf den Markt geworfen werden und dass die Tendenz vorhanden ist, gute Kunden lebenslang zu halten und zu „melken" (...)." Ein wichtiges Zwischenziel muss somit darin bestehen, den Raubtierkapitalismus aus dem Gesundheitssystem zu eliminieren sowie den toxischen Einfluss der Konzerne auf Politik und Medien völlig zu unterbinden: Die Menschen benötigen keine Werbung für deren Produkte, sondern Aufklärung, möglichst schon in der Schule, über die Grundgesetze des Lebens (siehe Kap. 1).

Argumente dafür sind leicht zu finden: Während die Zahl vermeidbarer Krankheiten rapide ansteigt, sterben allein in den USA jedes Jahr schätzungsweise 882.000 Menschen an den Folgen der Einnahme verschreibungspflichtiger Medikamente (häufigste Todesursache), einschließlich Psychopharmaka (dritthäufigste Todesursache) und Schmerzmitteln.[65] Allein diese Zahlen zeigen, dass die Schulmedizin versagt und selbst zur Gesundheitsgefahr wird. Aber der notwendige Wandel wird nicht von selbst kommen; wir werden enttäuscht werden, wenn wir nur darauf hoffen, dass die global agierenden Konzerne – die mit ihrer industriellen Macht unser Leben bis ins kleinste Detail beherrschen wollen – ihr profitables Geschäft mit unserer Gesundheit beenden und plötzlich tatsächlich zu unserem Wohle handeln. Dies widerspricht ihrem pervertierten Geschäftsmodell. Wer Veränderung will, muss aktiv werden! Mit einem funktionierenden mentalen Immunsystem sind wir bestens gerüstet, um solche Gefahren in der Makrowelt zu erkennen, und uns selbst und unsere Kinder vor diesen zu schützen. Wir dürfen nicht zulassen, dass Säuglingen mit Impfstoffen mehr Schaden zugefügt wird, als sie ihnen nützen oder sie sogar, wie im Falle neuester mRNA-"Impfungen", dadurch gentechnisch verändert werden. Es ist unter keinen Umständen zu rechtfertigen, dass kein einziger Impfstoff jemals gründlich auf Nebenwirkungen untersucht wurde; dass wir also nicht wissen, wie gefährlich sie wirklich sind, und trotzdem tolerieren, dass Säuglingen solche unzureichend geprüften Chemikalien gespritzt werden – als gäbe es keine denkbare Alternative (siehe *Schildkröten bis ganz nach unten: Wissenschaft und Mythos des Impfens*).[66] Die Autoren einer im Jahr 2025 veröffentlichten Impfstudie fassen die Problematik pointiert in Worte: „Die Impfwissenschaft hat sich auf den Schutz gegen bestimmte Krankheitserreger und bestimmte Impfstoffe konzentriert, während die Gesamtwirkung von Impfprogrammen auf die Gesundheit von Kindern unerforscht blieb. Die Ergebnisse dieser Studie ergänzen eine wachsende Zahl von Belegen, die Bedenken hinsichtlich der Sicherheit des derzeitigen Impfprogramms und seines möglichen Beitrags zu steigenden Raten neurologischer Entwicklungsstörungen aufwerfen."[67] Wir dürfen nicht ignorieren oder sogar hinnehmen, dass immer wieder von zahlreichen Langzeitschäden berichtet wird (siehe Kap. 4 zum Thema Autismus), sondern müssen als Gesellschaft geschlossen dafür eintreten, dass von der modernen Medizinpraxis keine derartige Gefahr für uns und unserer Kinder ausgehen kann. Einzelne besorgte Eltern hingegen haben alleine kaum eine Chance gegen das perfide Machtsystem, das sich die Kontrolle über unsere Gesundheit und die unserer Kinder über Impfpässe gesichert hat. Es profitiert finanziell auf unsere Kosten und – noch weit schwerwiegender – schädigt langfristig unser aller geistige Gesundheit sowie den gesellschaftlichen Zusammenhalt.

Fassen wir zusammen und gehen einen Schritt weiter: Die moderne Medizin hat enorme Fortschritte gemacht. Insbesondere in der medikamentösen Akutbehandlung, aber auch in der chirurgischen Traumatologie. Dennoch ist sie nicht in der Lage, das riesige und ständig wachsende Problem der so genannten Zivilisationskrankheiten zu lösen. Der Grund dafür liegt in einem grundlegenden, globalen Systemfehler: Multikausale Probleme lassen sich nicht monokausal und schon gar nicht durch symptomatische Interventionen lösen – diese verschärfen das Problem sogar, weil sie es nur verschleiern. Zusätzlich besteht dadurch ein Anreiz, die Ursachen aus profitorientiertem Eigeninteresse zu ignorieren, zu verleugnen oder gar zu fördern. Die Lösung kann nur in einem multikausalen Ansatz bestehen, d.h. in der Anleitung zur Rückkehr zu einer artgerechten Lebensweise unter modernen Bedingungen und mit modernen Methoden. Wie ein solches System aussehen könnte bzw. was dabei zu beachten ist, habe ich in Kap. 4 versucht zu skizzieren (siehe *Systemische Prävention und Therapie multikausaler chronischer Erkrankungen*). Außerdem muss die Förderung einer gesundheitsbewussten Gesellschaft, in der die Befähigung zur Eigenverantwortung gefördert und unterstützt wird, besondere Priorität erfahren. Eine gesunde kindliche Entwicklung und ein gesundes Leben setzen eine stabile Homöostase voraus, die auf grundlegenden Naturgesetzen beruht. Werden essentielle Vitalstoffe wie Lithium vorenthalten, führt dies langfristig zu Krankheit – und hat schwerwiegende Folgen für die Gesellschaft. Mehr noch: Da diese Entwicklungsstörungen und Krankheiten auf dysregulierte Targets dieses essentiellen Vitalstoffes zurückgehen, können diese Vitalstoff-Targets zweckentfremdet zu Zielstrukturen für nebenwirkungsreiche Medikamente werden. Davon profitieren ausgerechnet jene, die am Mangel mitverantwortlich sind. Die Folgen: Psychologische Defizite, unnötige und übermäßige Krankheiten, zahllose Medikamente mit Nebenwirkungen (sprich: Substanzen, die neue behandlungsbedürftige Krankheiten auslösen) und eine enorme finanzielle Belastung aller Betroffenen. Da diese Probleme aus einer nicht artgerechten Lebensweise resultieren, ist eine grundlegende Umstrukturierung des derzeitigen Gesundheitssystems und eine Fokussierung auf die wesentlichen Ursachen erforderlich.

Die Rückkehr zu artgerechten Lebensbedingungen unter modernen Vorzeichen ist entscheidend für die Prävention (und Therapie) von multikausalen Zivilisationskrankheiten. Gesundes Verhalten und Gesundung lassen sich nicht delegieren, sie liegen in der Verantwortung jedes Einzelnen. Ziel des neuen gesundheitspolitischen Programms sollte es daher sein, die Bevölkerung an dieses Selbstverständnis heranzuführen und zur Eigenverantwortung zu befähigen, ohne sie jedoch zu bevormunden (eine ausführlichere Diskussion finden Sie unter „Info" auf meiner Webseite).[68] Sind Menschen auch lernfähig, so brauchen Veränderungen doch viel Zeit; die Indoktrinierung, die viele dazu bringt, sich selbst als medikamentenabhängige Fehlkonstruktion zu sehen, muss überwunden werden. Vielmehr geht es darum, das Selbstverständnis so zu korrigieren, dass die natürliche Wechselwirkung zwischen Mensch (als Teil der Natur und nicht außerhalb) und Natur wieder bewusst und erfahrbar wird. Vor dem Hintergrund wird selbstverständlich, dass der Mensch natürliche und essentielle Bedürfnisse hat, ohne deren Befriedigung Gesundheit nicht möglich ist. Es besteht Hoffnung, dass sich bei immer mehr Menschen das verlorengegangene Bewusstsein für eine natürlichere Lebensweise entwickeln wird, wenn wir nur die Kompetenz zur Selbstheilung und Gesunderhaltung – unter artgerechten Bedingungen – sowohl in der Schule als auch in der Erwachsenenbildung fördern. Dazu gehört nach dem Gesetz des Maximums auch echte Medienkompetenz zu vermitteln, um Fakten von Meinungen zu unterscheiden und manipulative Darstellungen zu erkennen. Der Wandel wird nicht von „oben" kommen, sondern wie fast alle Revolutionen, von der Basis (alternativ von „unten") – also von der Mehrheit der Menschen, die erkennen, dass es keine gute Alternative zu einem natürlichen, artgerechten Leben gibt, das die Grundbedürfnisse des Menschen respektiert. Und diese Hoffnung wird genährt: Spätestens seit der COVID-19-Inszenierung werden sich immer mehr Menschen der nationalen und auch weltweiten sowie systemischen und konkret gesundheitlichen Missstände bewusst; so wird eine der größten Krisen auch zur größten Chance für Veränderung. Letztlich könnte dies auf natürliche Weise zu einem Kulturwandel führen und auch hin zu einer friedensfähigeren Weltgemeinschaft.

Lithium – Symbol für den Aufbruch in eine friedfertigere Zukunft?

Ohne Gesundheit ist zwar alles nichts, sagt man, aber Gesundheit ist auch nicht alles. Der Mensch benötigt Gemeinschaft, Raum für Kreativität und nicht zuletzt Frieden. Aber so wie Gesundheit mehr ist als die Abwesenheit von Krankheit, so gilt: „Frieden ist nicht Abwesenheit von Krieg. Frieden ist eine Tugend, eine Geisteshaltung, eine Neigung zu Güte, Vertrauen und Gerechtigkeit", erkannte einst der niederländische Philosoph Baruch Spinoza (1632–1677). Ähnliches erklärt die US-amerikanische Journalistin Dorothy Celene Thompson (1893–1961): „Frieden bedeutet nicht die Abwesenheit von Konflikten, sondern das Vorhandensein kreativer Alternativen zur Konfliktlösung – Alternativen zu passiven oder aggressiven Reaktionen, Alternativen zur Gewalt. Frieden muss geschaffen werden, um erhalten zu werden." Kurzum: Frieden ist ein lebenslanger proaktiver Prozess, der alle Funktionen unseres mentalen Immunsystems einbezieht. Als ich am 12. April 2024 auf Einladung des Schweizer Außenministers Ignazio Cassis beim *International Cooperation Forum* (kurz: IC-Forum) 2024 vor rund 1500 Vertretern von Regierungen und Nichtregierungsorganisationen (NGOs, *Non-Governmental Organisations*) aus über hundert Nationen in meiner Keynote die Frage beantworten sollte, was das Gehirn benötigt, um Frieden denken zu können, war meine – für mich offensichtliche – Antwort: ein gesundes mentales Immunsystem, das wiederum ohne das essentielle Lithium nicht denkbar ist.[69]

Den Profiteuren der Agenda ist dies schon länger klar als uns. Ihre Absichten sind unverhohlen offenkundig, ihre Pläne haben sie siegessicher selbst enthüllt, und nicht wenige tragen ihre ideologische Zugehörigkeit zu diesem Zukunftsentwurf sogar in falschem Stolz offen zur Schau. COVID-19 war der Auftakt zur finalen Umwälzung, mit der ein neues antisoziales Betriebssystem in die Köpfe der Menschheit implantiert werden sollte – auf dass sie ihre zunehmende Unfreiheit (mit der Frieden nicht denkbar ist) willenlos hinnehme. Es handelte sich daher um weit mehr als nur eine geschickt inszenierte medizinische Krise. Sie war im Wesentlichen ein zentraler Teil einer globalpolitischen Agenda, die von den Protagonisten noch nicht aufgegeben wurde – im Gegenteil: Nach wie vor stehen wir dieser Bedrohung gegenüber. Ein kurzer Blick auf die Ereignisse seit 2020 zeigt, wie man uns gemäß den Zielen der Agenda 2030 in die totale Abhängigkeit und Kontrolle eines global agierenden Machtkomplexes führen will; in meinem Buch *Das indoktrinierte Gehirn* habe ich dies ausführlich analysiert.[70] Die rücksichtslose Instrumentalisierung von Gesundheitsthemen zeigt die ganze Perfidie des Systems: Die Pharmaindustrie setzte alles daran, die Option einer ursächlichen Behebung des winterlichen Vitamin-D3-Mangels als natürliche Prophylaxe vor lebensbedrohlichen Infektionsverläufen zu verbergen. Bewusst setzte man die Menschheit schutzlos respiratorischen Viren aus, auch künstlich erzeugten, um eine künstliche Lösung für selbstgeschaffene Probleme präsentieren zu können. So sollte sich die gesamte Bevölkerung einer lebensbedrohlichen genetischen Manipulation in Form einer mRNA-Injektion unterwerfen. Unter einem ausreichenden Vitamin-D-Spiegel wäre eine Infektion auch mit SARS-CoV-2 völlig harmlos verlaufen (siehe Zusatzinfo Kap. 1: *Vitamin-D-Mangel – Tödliches Beispiel für die Ignoranz des Gesetzes des Minimums*), aber die uns präsentierte Lösung, die Menschheit gentechnisch zu verändern, kreierte ein noch viel größeres Problem.[71] Die Manipulation der Massen war gekonnt orchestriert, von Anfang an gut durchdacht und entsprechend eines Masterplans umgesetzt, den der unabhängige französische Wissenschaftler Fabien Deruelle in einem *Peer-Review*-Artikel aus dem Jahr 2022 folgendermaßen rekonstruiert: „Seit Beginn von COVID-19 lassen sich folgende Methoden der Informationsmanipulation auflisten: gefälschte klinische Studien und unzugängliche Daten; fingierte oder durch Interessenkonflikte belastete Studien; Verschleierung kurzfristiger Nebenwirkungen und völlige Unkenntnis der langfristigen Auswirkungen der COVID-19-Impfung; fragwürdige Zusammensetzung der Impfstoffe; unzureichende Testverfahren; Regierungen und internationale Organisationen mit Interessenkonflikten; bestochene Ärzte; Verunglimpfung angesehener Wissenschaftler; Verbot aller alternativen wirksamen Behandlungen; unwissenschaftliche und freiheitsberaubende soziale Methoden; Einsatz von Techniken der Verhaltensmodifikation und sozialer Manipulation durch die Regierung, um Ausgangssperren, Masken und die Akzeptanz von Impfstoffen durchzusetzen; wissenschaftliche Zensur durch die Medien."[72] Und seine Schlussfolgerung: „Indem sie nur eine Seite der wissenschaftlichen Information unterstützen und selektieren, während alternative Sichtweisen unterdrückt werden, und angesichts der in dieser Studie offengelegten offensichtlichen Interessenkonflikte, verbreiten Regierungen und Medien kontinuierlich Fehlinformationen. Folglich haben die nicht wissenschaftlich abgesicherten Impfgesetze, die aus der von der Industrie kontrollierten medizinischen Wissenschaft hervorgegangen sind, zur Verabschiedung sozialer Maßnahmen geführt, die angeblich die Öffentlichkeit schützen sollen, die aber zu einer ernsthaften Bedrohung für die Gesundheit und die Freiheiten der Bevölkerung geworden sind." Tatsächlich war der Krieg gegen ein künstliches Virus eine mit militärischer Präzision ausgeführte Operation gegen die Menschheit, wie die niederländische Gesundheitsministerin Fleur Agema am 24. November 2024 vor laufenden Kameras öffentlich machte: „COVID-19 war eine Militäroperation der NATO."[73]

Der neurologische Angriff auf das mentale Immunsystem der Weltbevölkerung mittels gentechnisch verändertem Spike-Protein kam von medizinischer Seite – war aber bei weitem nicht der einzige Angriffsvektor. Deruelle weist auf weitere Entwicklungen hin, die uns und unsere Kinder immer weiter psychisch und in der mentalen Leistungsfähigkeit schädigen werden. In einem Artikel aus dem Jahr 2024 mit dem Titel *Mikrowellen-Funkfrequenzen, 5G, 6G, Graphen-Nanomaterialien: Technologien für die neurologische Kriegsführung* lesen wir: „Jene wissenschaftliche Literatur, die frei von Interessenkonflikten ist, zeigt, dass Mikrowellen, die von Telekommunikationstechnologien erzeugt werden, sogar unterhalb der von der Internationalen Kommission zum Schutz vor nichtionisierender Strahlung festgelegten Grenzwerte zahlreiche gesundheitliche Auswirkungen haben: neurologische Schäden, oxidativer Stress, Karzinogenität, Schädigung der Desoxyribonukleinsäure und des Immunsystems, Elektrohypersensibilität. Die meisten dieser biologischen Wirkungen nichtthermischer Mikrowellenstrahlung sind seit den 1970er Jahren bekannt."[74] Doch es gibt kein Interesse, unsere Gesundheit zu schützen – das Gegenteil ist der Fall: „Trotz Berichten und Stellungnahmen der Behörden, die den fortlaufenden Ausbau neuer drahtloser Kommunikationstechnologien sowie die medizinische Forschung an Nanomaterialien als idealen Zukunftsweg für die Gesellschaft darstellen, zeigt eine eingehende Untersuchung dieser wissenschaftlichen Bereiche vor allem ein Ziel, das mit der gegenwärtigen kognitiven Kriegsführung verbunden ist. Es lässt sich die Hypothese aufstellen, dass dieses Ziel in Zukunft auf die Kontrolle der Menschheit durch Maschinen hinausläuft."

Was Deruelle hier beschreibt, ist das Endziel des Plans von Rockefeller, den der von ihm mitgeschaffene technokratische Machtkomplex für ihn weiterführt. Die Agenda 2030 soll die Menschheit in eine *schöne neue Welt* überführen, in der eine selbsternannte Elite – Weltkontrolleure im Sinne des dystopischen Romans von Aldous Huxley – eine indoktrinierte und *de facto* willenlose Menschheit überwacht.

Der technokratische Machtkomplex laut John F. Kennedy (1917–1963). Ansprache vor dem Verband der amerikanischen Zeitungsverleger am 27. April 1961, der als US-amerikanischer Präsident vermutlich genau wusste, wovon er sprach: „Das Wort „Heimlichtuerei" (*secrecy*) ist in einer freien und offenen Gesellschaft abstoßend; und als Volk sind wir von Natur aus und seit jeher gegen Geheimbünde, gegen geheime Verschwörungen und gegen geheime Machenschaften. Wir haben vor langer Zeit entschieden, dass die Gefahren einer übermäßigen und ungerechtfertigten Verheimlichung relevanter Tatsachen bei weitem die Gefahren überwiegen, die zu ihrer Rechtfertigung angeführt werden. [...] Denn wir stehen weltweit einer monolithischen und rücksichtslosen

Verschwörung gegenüber, die sich in erster Linie verdeckter Maßnahmen bedient, um ihren Einflussbereich zu erweitern – sie setzt auf Infiltration statt Invasion, auf Subversion statt Wahlen, auf Einschüchterung anstelle freier Wahlen, auf nächtliche Guerilla-Truppen statt auf Armeen bei Tag. Es handelt sich um ein System, das enorme personelle und materielle Ressourcen in den Aufbau einer engmaschigen und hocheffizienten Maschinerie investiert hat, die militärische, diplomatische, nachrichtendienstliche, wirtschaftliche, wissenschaftliche und politische Operationen miteinander verbindet."[75] Sein Neffe Robert F. Kennedy, seit 13. Februar 2025 Gesundheitsminister der USA, hat nun, 64 Jahre später, die Möglichkeit und auch den Anspruch, diesen Machtkomplex in seine Schranken zu weisen. So liest man am 13. Februar 2025 in der *Epoch Times*: „Kennedy hat umfassende Veränderungen im Ministerium angekündigt. Im Rahmen seiner Initiative *Make America Healthy Again* will er insbesondere die von ihm als Epidemie chronischer Krankheiten bezeichnete Entwicklung bekämpfen. Dabei plant er, die seiner Meinung nach übermäßige Einflussnahme von Unternehmen auf Bundesgesundheitsbehörden einzudämmen und giftige Chemikalien aus der Lebensmittelversorgung der USA zu verbannen. Kennedy ist überzeugt, dass sich die Gesundheit der Amerikaner kaum verbessern wird, solange der Einfluss großer Konzerne auf die FDA, die CDC und das Landwirtschaftsministerium nicht kritisch hinterfragt wird."[76] Ein Gradmesser für den Erfolg seiner Arbeit wird sein, ob und wann die vielen unsäglichen Impfempfehlungen auf der Website der CDC verschwinden – allen voran jene, nach der Säuglinge bereits im ersten Lebensjahr mehrfach mit gentechnisch veränderter Spike-mRNA gegen COVID-19 „geimpft" werden sollen (Stand 27. März 2025).[77]

Jeder Krieg beraubt die Menschen ihrer Freiheit, die Gesellschaft wertvoller Ressourcen und macht die Mächtigen noch mächtiger. Wer vom Krieg profitiert, wird eine friedensfähige Gesellschaft zwangsläufig als Bedrohung für seine eigennützigen Interessen betrachten. Neben dem offensichtlichen Profit, den die Pharmaindustrie aus lithiummangelbedingten Krankheiten zieht, profitieren andere von einem nicht optimal funktionierenden mentalen Immunsystem, ohne das Frieden schwer vorstellbar ist. Da in Folge auch das soziale Immunsystem leidet, ist eine friedfertigere Gesellschaft unter Lithiummangel nur schwer vorstellbar. Vielleicht ist die aufgezeichnete Geschichte der Menschheit nur deshalb eine Geschichte, die von Kriegen und Massenvernichtung dominiert wird, weil es seit der „Vertreibung aus dem Garten Eden" immer am lebenswichtigen Lithium mangelte? Das Denken und Verhalten von Menschen mit einem geschwächten mentalen Immunsystem ließ sich – aufgrund der geringeren psychischen Belastbarkeit – schon immer leicht durch Angst bzw. angstmachende Narrative steuern, und sei es in den nächsten Krieg.

In dem im Jahr 2016 publizierten wissenschaftlichen Artikel *Ist Gewalt zum Teil ein Lithiummangelzustand?* weisen die Autoren hin auf „den Zusammenhang zwischen Spuren von Lithium, wie sie in einigen Trinkwasserquellen vorkommen, und Aggression sowie Selbstmord und Tötungsdelikten".[78] Lithium ist, indem es unser mentales Immunsystem stärkt, ein Antidot gegen Hass, Gewalt und machtpolitische Interessen. Ein politisches Motiv, den Menschen einen essentiellen Mikronährstoff vorzuenthalten, um sie auch mit Kriegsrhetorik besser regierbar zu machen, kann daher nicht völlig ausgeschlossen werden. Denn ohne ein funktionierendes mentales Immunsystem und somit ohne das lebenswichtige Lithium, ist an gesellschaftlichen und inneren Frieden kaum zu denken. Das Spurenelement ist somit weit mehr als bloß der lange verschollene Schlüssel für eine gesunde geistige Entwicklung und ein langes Leben. Das große Problem, das sich daraus für die Menschheit ergibt, habe ich in meiner Rede auf dem IC-Forum 2024 thematisiert: „Die Weltgemeinschaft erkennt die Bedeutung [von Lithium] nicht an. Es ist eines meiner großen Vorhaben für die nächsten Jahre, der Welt zu zeigen, dass Lithium […] für ein effizientes mentales Immunsystem unerlässlich ist." So benötigt echter, dauerhafter Frieden sowohl im „Kleinen" als auch im „Großen" (wie auf der Weltbühne) Kreativität, Mut, psychische Belastbarkeit, Reflexions- und Kompromissfähigkeit und nicht zuletzt die Begabung, sich gedanklich in andere hineinzuversetzen – alles Funktionen eines gesunden und leistungsfähigen mentalen Immunsystems. Lithium könnte in diesem Sinne so etwas wie der gesuchte „Stein der Weisen“ sein, der, anstatt aus Blei Gold zu machen, vielleicht geeignet ist, den Menschen in genau der heute dringend benötigten Weise zu „veredeln“. Insofern – und da besteht für mich kein Zweifel – würde eine Weltgemeinschaft, in der die Mehrheit über ein gesundes mentales Immunsystem verfügt, die Grundlage für einen umfassenden Wandel zum Positiven darstellen. Wenn mehr Menschen über ein stabiles mentales Immunsystem verfügten, könnte das auch die Basis für eine gesellschaftliche Entwicklung schaffen, in der Empathie, Kooperation und rationales Mitgefühl eine größere Rolle spielen. Ob daraus ein globaler Wandel wird, hängt natürlich noch von vielen anderen Faktoren ab – aber wir wissen zumindest, welche biologische Voraussetzung dabei eine Schlüsselrolle spielen und die Grundvoraussetzung für einen solchen Wandel schaffen könnte. Es fehlt also vielleicht nicht mehr viel, und das macht Hoffnung. Denn vielleicht gilt, was der französische Bildhauer Jean-Élie Chaponnière (1801–1835) einmal zu Papier brachte:

Der Optimismus ist der wahre Stein der Weisen,
der in Gold verwandelt, was immer er berührt.

Endnoten

A Guide to Health / Mahatma Gandhi

1. https://www.gutenberg.org/files/40373/40373-h/40373-h.htm

Essentielle Vorbemerkungen

1. Nyncke G: Weggefährten: Gedanken und Aphorismen. 1990; ISBN-13: 978-3874090438
2. Haage BD: Alchemie im Mittelalter: Ideen und Bilder, von Zosimos bis Paracelsus. Artemis & Winkler 1996, S. 84
3. Nehls M: Unified theory of Alzheimer's disease (UTAD): implications for prevention and curative therapy. J Mol Psychiatry. 2016, doi: 10.1186/s40303-016-0018-8.
4. Spuch C et al: Efficacy and Safety of Lithium Treatment in SARS-CoV-2 Infected Patients. Front Pharmacol 2022, https://www.frontiersin.org/articles/10.3389/fphar.2022.850583/full

Kapitel 1

1. Allert-Wybranietz K: Liebe Grüße. Neue Verschenktexte, Lucy Körner Verlag 1982
2. Kleisiaris CF et al: Health care practices in ancient Greece: The Hippocratic ideal. J Med Ethics Hist Med. 2014, https://pmc.ncbi.nlm.nih.gov/articles/PMC4263393/
3. Von Haller A: Macht und Geheimnis der Nahrung: Die dramatischen Entdeckungen der Grundlagen von Leben und Gesundheit. Unikat-Verlag Ingo F. Rittmeyer; 4., Edition, 1. Oktober 1995, S. 52
4. Ibid. S. 43/44
5. Ibid. S. 53
6. Schmiedel V: Die Mikrobe ist nichts, das Milieu ist alles! Erfahrungsheilkunde 2020, www.thieme-connect.com/products/ejournals/abstract/10.1055/a-1158-4256
7. Nehls M: Herdengesundheit: Der Weg aus der Corona-Krise und die natürliche Alternative zum globalen Impfprogramm. Mental Enterprises 2022
8. Wendt G: Carl Sprengel und die von ihm geschaffene Mineraltheorie als Fundament der neuen Pflanzenernährungslehre, Kommissionverlag Ernst Fischer 1950, 1. Auflage, S. 129
9. Luxwolda MF et al: Vitamin D status indicators in indigenous populations in East Africa. Eur J Nutr. 2013, 52:1115-1125. doi: 10.1007/s00394-012-0421-6.; Luxwolda MF et al: Traditionally living populations in East Africa have a mean serum 25-hydroxyvitamin D concentration of 115 nmol/l. Br J Nutr. 2012, 108:1557-1561. doi: 10.1017/S0007114511007161.
10. Nehls M: Herdengesundheit: Der Weg aus der Corona-Krise und die natürliche Alternative zum globalen Impfprogramm. Mental Enterprises 2022; Borsche L et al: COVID-19 Mortality Risk Correlates Inversely with Vitamin D3 Status, and a Mortality Rate Close to Zero Could Theoretically Be Achieved at 50 ng/mL 25(OH)D3: Results of a Systematic Review and Meta-Analysis. Nutrients. 2021, doi: 10.3390/nu13103596.; Sartini M et al: Preventive Vitamin D Supplementation and Risk for COVID-19 Infection: A Systematic Review and Meta-Analysis. Nutrients. 2024, doi: 10.3390/nu16050679.

11. Sartini M et al: Preventive Vitamin D Supplementation and Risk for COVID-19 Infection: A Systematic Review and Meta-Analysis. Nutrients. 2024, doi: 10.3390/nu16050679.
12. Rubio-Casillas A et al: Review: N1-methyl-pseudouridine (m1Ψ): Friend or foe of cancer? Int J Biol Macromol. 2024, doi: 10.1016/j.ijbiomac.2024.131427. Erratum in: doi: 10.1016/j.ijbiomac.2024.132447.; Nordström P et al: Risk of infection, hospitalisation, and death up to 9 months after a second dose of COVID-19 vaccine: a retrospective, total population cohort study in Sweden. Lancet. 2022, 399:814-823. doi: 10.1016/S0140-6736(22)00089-7.
13. Nehls M: Das indoktrinierte Gehirn: Wie wir den globalen Angriff auf unsere mentale Freiheit erfolgreich abwehren. Mental Enterprises 2023
14. https://michael-nehls.de/infos/biowaffe-gegen-das-ungeborene-kind/
15. Sakura, Ken. (2024). Big Data Analysis Suggests COVID Vaccination Increases Excess Mortality Of Highly vaccinated North Temperate Zone and North Frigid Zone Countries. 10.31219/osf.io/zv6j8.
16. Reboul J et al: The gene number dilemma: Direct evidence for at least 19,000 protein-encoding genes in C. elegans and implications for the human genome. Nat Genet 27 (Suppl 4), 82 (2001). https://doi.org/10.1038/87264; Amaral, P., Carbonell-Sala, S., De La Vega, F.M. et al. The status of the human gene catalogue. Nature. 2023, 622:41-47, doi: org/10.1038/s41586-023-06490-x
17. Cummings SR & Rosen C: VITAL Findings - A Decisive Verdict on Vitamin D Supplementation. N Engl J Med. 2022, 387:368-370. doi: 10.1056/NEJMe2205993.
18. Nehls M: Die Formel gegen Alzheimer: Die Gebrauchsanweisung für ein gesundes Leben - Ganz einfach vorbeugen und rechtzeitig heilen. Heyne 2018
19. Bischoff-Ferrari HA et al: Combined Vitamin D, Omega-3 Fatty Acids, and a Simple Home Exercise Program May Reduce Cancer Risk Among Active Adults Aged 70 and Older: A Randomized Clinical Trial. Front Aging. 2022, doi: 10.3389/fragi.2022.852643.; siehe auch hier: https://www.dr-schmiedel.de/helfen-omega-3-und-vitamin-d-doch-gegen-krebs/ (15.05.2022, zuletzt abgerufen am 8.12.2024)
20. Gøtzsche PC: Prescription Drugs Are the Leading Cause of Death. And psychiatric drugs are the third leading cause of death. Mad in America 2024, https://www.madinamerica.com/2024/04/prescription-drugs-are-the-leading-cause-of-death/
21. Ho JY: Life Course Patterns of Prescription Drug Use in the United States. Demography. 2023, 60:1549-1579. doi: 10.1215/00703370-10965990.
22. Gandhi M: A Guide to Health. CreateSpace Independent Publishing Platform, 2012, https://www.gutenberg.org/files/40373/40373-h/40373-h.htm, S. 12
23. Yirmiya E et al: Phages overcome bacterial immunity via diverse anti-defence proteins. Nature. 2024, 625:352-359. doi: 10.1038/s41586-023-06869-w.
24. Nehls M et al: Pillars article: new member of the winged-helix protein family disrupted in mouse and rat nude mutations. Nature. 1994. 372: 103-107. J Immunol. 2015, 194:849-853.
25. Nehls M: Die Methusalem-Strategie: Vermeiden, was uns daran hindert, gesund älter und weiser zu werden. Mental Enterprises 2011, S. 15
26. Nehls M: Das indoktrinierte Gehirn: Wie wir den globalen Angriff auf unsere mentale Freiheit erfolgreich abwehren. Mental Enterprises 2023, S. 90
27. https://www.nobelprize.org/prizes/economic-sciences/2002/summary/
28. Crick F & Koch C: A framework for consciousness. Nat Neurosci. 2003, 6:119-126. doi: 10.1038/nn0203-119.
29. Nehls M: Das indoktrinierte Gehirn: Wie wir den globalen Angriff auf unsere mentale Freiheit erfolgreich abwehren. Mental Enterprises 2023, S. 90
30. Lahdenperä M et al: Fitness benefits of prolonged post-reproductive lifespan in

women. Nature. 2004, 428:178-181. doi: 10.1038/nature02367.
31. Hawkes K: Colloquium paper: how grandmother effects plus individual variation in frailty shape fertility and mortality: guidance from human-chimpanzee comparisons. Proc Natl Acad Sci USA. 2010, 107:8977-8984. doi: 10.1073/pnas.0914627107.
32. Nehls M: Die Alzheimer-Lüge: Die Wahrheit über eine vermeidbare Krankheit. Heyne 2017, S. 389
33. Brent LJN et al: Ecological knowledge, leadership, and the evolution of menopause in killer whales. Curr Biol. 2015, 25:746-750. doi: 10.1016/j.cub.2015.01.037.; Nattrass S et al: Postreproductive killer whale grandmothers improve the survival of their grandoffspring. Proc Natl Acad Sci USA. 116:26669-26673. doi: 10.1073/pnas.1903844116.
34. Gurven M & Kaplan H: Longevity among hunter-gatherers: a cross-cultural examination. Population and Development Review. 2007, 33:321-365. https://www.researchgate.net/publication/4780476
35. Kempermann G et al: Human Adult Neurogenesis: Evidence and Remaining Questions. Cell Stem Cell 23:25-30, 2018, https://doi.org/10.1016/j.stem.2018.04.004.
36. Simard S. et al: Spatial transcriptomic analysis of adult hippocampal neurogenesis in the human brain. J Psychiatry Neurosci. 2024, 49:319-333. doi: 10.1503/jpn.240026.
37. Alonso M et al: The impact of adult neurogenesis on affective functions: of mice and men. Mol Psychiatry. 2024, 29:2527-2542. doi: 10.1038/s41380-024-02504-w.
38. Moreno-Jiménez EP et al: Adult hippocampal neurogenesis is abundant in neurologically healthy subjects and drops sharply in patients with Alzheimer's disease. Nat Med. 2019, 25:554-560. doi: 10.1038/s41591-019-0375-9.
39. Flor-García M et al: Unraveling human adult hippocampal neurogenesis. Nat Protoc. 2020, 15:668-693. doi: 10.1038/s41596-019-0267-y.
40. Steiner E et al: A fresh look at adult neurogenesis. Nat Med. 2019, 25:542-543. doi: 10.1038/s41591-019-0408-4.
41. Tobin MK et al: Human Hippocampal Neurogenesis Persists in Aged Adults and Alzheimer's Disease Patients. Cell Stem Cell. 2019, 24:974-982.e3. doi: 10.1016/j.stem.2019.05.003.
42. Moreno-Jiménez EP et al: Adult hippocampal neurogenesis is abundant in neurologically healthy subjects and drops sharply in patients with Alzheimer's disease. Nat Med. 2019, 25:554-560. doi: 10.1038/s41591-019-0375-9.
43. Nehls M. Unified theory of Alzheimer's disease (UTAD): implications for prevention and curative therapy. J Mol Psychiatry. 2016, doi: 10.1186/s40303-016-0018-8.
44. Choi SH & Tanzi RE: Is Alzheimer's Disease a Neurogenesis Disorder? Cell Stem Cell. 2019, 25:7-8. doi: 10.1016/j.stem.2019.06.001.
45. Montagrin A et al: The hippocampus dissociates present from past and future goals. Nat Commun. 2024, doi: 10.1038/s41467-024-48648-9.
46. Freund J et al: Emergence of individuality in genetically identical mice. Science. 2013, 340:756-759. doi: 10.1126/science.1235294.; Zocher S et al: Early-life environmental enrichment generates persistent individualized behavior in mice. Sci Adv. 2020, doi: 10.1126/sciadv.abb1478.
47. DeCarolis NA & Eisch AJ: Hippocampal neurogenesis as a target for the treatment of mental illness: a critical evaluation. Neuropharmacology. 2010, 58:884-893. doi: 10.1016/j.neuropharm.2009.12.013.
48. Denny CA et al: 4- to 6-week-old adult-born hippocampal neurons influence novelty-evoked exploration and contextual fear conditioning. Hippocampus.

2012, 22:1188-201. doi: 10.1002/hipo.20964.; Lemaire V et al: Behavioural trait of reactivity to novelty is related to hippocampal neurogenesis. Eur J Neurosci. 1999, 11:4006-4014. doi: 10.1046/j.1460-9568.1999.00833.x.
49. Weeden CSS et al: A role for hippocampal adult neurogenesis in shifting attention toward novel stimuli. Behav Brain Res. 2019, doi: 10.1016/j.bbr.2019.112152.
50. Ryu JR et al: Control of adult neurogenesis by programmed cell death in the mammalian brain. Mol Brain. 2016, doi: 10.1186/s13041-016-0224-4.
51. Besnard A & Sahay A: Adult Hippocampal Neurogenesis, Fear Generalization, and Stress. Neuropsychopharmacology. 2016, 41:24-44. doi: 10.1038/npp.2015.167.

Kapitel 2

1. World Health Organization: Trace elements in human nutrition and health. 1996, https://www.who.int/publications/i/item/9241561734
2. Voors AW: Minerals in the municipal water and atherosclerotic heart death. Am J Epidemiol. 1971, 93:259-266. https://pubmed.ncbi.nlm.nih.gov/5550342/
3. Dawson EB et al: The mathematical relationship of drinking water lithium and rainfall to mental hospital admission. Dis Nerv Syst. 1970, 31:811-820. https://pubmed.ncbi.nlm.nih.gov/5497853/
4. World Health Organization: Trace elements in human nutrition and health. 1996, https://www.who.int/publications/i/item/9241561734, S. 225
5. Mehri A: Trace Elements in Human Nutrition (II) - An Update. Int J Prev Med. 2020, doi: 10.4103/ijpvm.IJPVM_48_19.
6. Cade JF: Lithium salts in the treatment of psychotic excitement. Med J Aust. 1949, 2:349-352. doi: 10.1080/j.1440-1614.1999.06241.x.
7. Fels A: Should We All Take a Bit of Lithium? The New York Times. 13.07.2014, https://www.nytimes.com/2014/09/14/opinion/sunday/should-we-all-take-a-bit-of-lithium.html?referrer&_r=1
8. Anke M et al: Significance of the Newer Essential Trace Elements (like Si, Ni, As, Al, Li, V, ...) for the Nutrition of Man and Animal. 1984, https://doi.org/10.1515/9783112417188-049
9. Nehls M: Das erschöpfte Gehirn: Der Ursprung unserer mentalen Energie – und warum sie schwindet - Willenskraft, Kreativität und Fokus zurückgewinnen. Heyne 2022
10. Dawson EB et al: The mathematical relationship of drinking water lithium and rainfall to mental hospital admission. Dis Nerv Syst. 1970, 31:811-820. https://pubmed.ncbi.nlm.nih.gov/5497853/
11. Dawson EB et al: Relationship of lithium metabolism to mental hospital admission and homicide. Dis Nerv Syst. 1972, 33:546-556. https://pubmed.ncbi.nlm.nih.gov/4648454/
12. Voors AW: Drinking-water lithium and mental hospital admission in North Carolina. N C Med J. 1972, 33:597-602. https://pubmed.ncbi.nlm.nih.gov/4504412/
13. Shimodera S et al: Lithium levels in tap water and psychotic experiences in a general population of adolescents. Schizophr Res. 2018, 201:294-298. doi: 10.1016/j.schres.2018.05.019.
14. Eyre-Watt B et al: The association between lithium in drinking water and neuropsychiatric outcomes: A systematic review and meta-analysis from across 2678 regions containing 113 million people. Aust N Z J Psychiatry. 2021, 55:139-152. doi: 10.1177/0004867420963740.
15. Isometsä E: Suicidal behaviour in mood disorders--who, when, and why? Can J Psychiatry. 2014, 59:120-130. doi: 10.1177/070674371405900303.

16. Kapusta ND et al: Lithium in drinking water and suicide mortality. British Journal of Psychiatry. 2011, 198:346-350. doi:10.1192/bjp.bp.110.091041
17. Barjasteh-Askari F et al: Relationship between suicide mortality and lithium in drinking water: A systematic review and meta-analysis. J Affect Disord. 2020, 264:234-241. doi: 10.1016/j.jad.2019.12.027.
18. Bschor T: Mehr Lithium im Trinkwasser, weniger Suizide. InFo Neurologie + Psychiatrie. 2021, doi:10.1007/s15005-021-1833-8
19. Ando S et al: Comparison of lithium levels between suicide and non-suicide fatalities: Cross-sectional study. Transl Psychiatry. 2022, doi: 10.1038/s41398-022-02238-9. Erratum in: doi: 10.1038/s41398-023-02359-9.
20. Pichler EM et al: Too early to add lithium to drinking water? No association between lithium and suicides in a pre-registered Swiss study. J Affect Disord. 2024, 367:598-605. doi: 10.1016/j.jad.2024.08.239.
21. https://www.geog.uni-heidelberg.de/forschung/gis_lithiuminwater_en.html (2.10.2013, zuletzt abgerufen am 2.10.2024)
22. Helbich M et al: Lithium in drinking water and suicide mortality: interplay with lithium prescriptions. Br J Psychiatry. 2015, 207:64-71. doi: 10.1192/bjp.bp.114.152991.
23. Matsuzaki H et al: Re-analysis of the association of temperature or sunshine with hyperthymic temperament using lithium levels of drinking water. J Affect Disord. 2017, 223:126-129. doi: 10.1016/j.jad.2017.07.039.; Ishii N et al: Lithium in drinking water may be negatively associated with depressive temperament in the nonclinical population. CNPT. 2017, 8:7-11. https://www.jstage.jst.go.jp/article/cnpt/8/0/8_7/_pdf
24. Parker WF et al: Association Between Groundwater Lithium and the Diagnosis of Bipolar Disorder and Dementia in the United States. JAMA Psychiatry. 2018, 75:751-754. doi: 10.1001/jamapsychiatry.2018.1020.
25. Ando S et al: Lithium Levels in Tap Water and the Mental Health Problems of Adolescents: An Individual-Level Cross-Sectional Survey. J Clin Psychiatry. 2017, 78:252-256. doi: 10.4088/JCP.15m10220.
26. Schrauzer GN & Shrestha KP: Lithium in drinking water and the incidences of crimes, suicides, and arrests related to drug addictions. Biol Trace Elem Res. 1990, 25:105-113. doi: 10.1007/BF02990271.
27. Schrauzer GN et al: Lithium in scalp hair of adults, students, and violent criminals. Effects of supplementation and evidence for interactions of lithium with vitamin B12 and with other trace elements. Biol Trace Elem Res. 1992, 34:161-176. doi: 10.1007/BF02785244.
28. Schrauzer GN & Shrestha KP: Lithium in drinking water and the incidences of crimes, suicides, and arrests related to drug addictions. Biol Trace Elem Res. 1990, 25:105-113. doi: 10.1007/BF02990271.
29. Giotakos O et al: A negative association between lithium in drinking water and the incidences of homicides, in Greece. Biol Trace Elem Res. 2015, 164:165-168. doi: 10.1007/s12011-014-0210-6.
30. Giotakos O et al: Lithium in the public water supply and suicide mortality in Greece. Biol Trace Elem Res. 2013, 156:376-379. doi: 10.1007/s12011-013-9815-4.
31. Kohno K et al: Lithium in drinking water and crime rates in Japan: cross-sectional study. BJPsych Open. 2020, doi: 10.1192/bjo.2020.63.
32. *Marshall TM: Lithium as a Nutrient.* Journal of American Physicians and Surgeons, 2015, https://www.jpands.org/vol20no4/marshall.pdf
33. Nehls M: Unified theory of Alzheimer's disease (UTAD): implications for prevention and curative therapy. J Mol Psychiatry. 2016, doi: 10.1186/s40303-016-0018-8.

34. Nehls M: Alzheimer ist heilbar: Rechtzeitig zurück in ein gesundes Leben. Heyne 2017
35. Kessing LV et al: Association of Lithium in Drinking Water With the Incidence of Dementia. JAMA Psychiatry. 2017, 74:1005-1010. doi: 10.1001/jamapsychiatry.2017.2362.
36. Zahodne LB et al: Depressive symptoms precede memory decline, but not vice versa, in non-demented older adults. J Am Geriatr Soc. 2014, 62:130-134. doi: 10.1111/jgs.12600.
37. Rapp MA et al: Increased neurofibrillary tangles in patients with Alzheimer disease with comorbid depression. Am J Geriatr Psychiatry. 2008, 16:168-174. doi: 10.1097/JGP.0b013e31816029ec.; Spalletta G et al: The role of persistent and incident major depression on rate of cognitive deterioration in newly diagnosed Alzheimer's disease patients. Psychiatry Res. 2012, 198:263-268. doi: 10.1016/j.psychres.2011.11.018.
38. Zhou H et al: Prevention of Keshan Disease by Selenium Supplementation: a Systematic Review and Meta-analysis. Biol Trace Elem Res. 2018, 186:98-105. doi: 10.1007/s12011-018-1302-5.
39. Rampon K: Anemia: Microcytic Anemia. FP Essent. 2023, 530:12-16. https://pubmed.ncbi.nlm.nih.gov/37390396/
40. Zimmermann MB: The effects of iodine deficiency in pregnancy and infancy. Paediatr Perinat Epidemiol. 2012, 1:108-117. doi: 10.1111/j.1365-3016.2012.01275.x.
41. Adida M et al: Lithium might be associated with better decision-making performance in euthymic bipolar patients. Eur Neuropsychopharmacol. 2015, 25:788-797. doi: 10.1016/j.euroneuro.2015.03.003.
42. Martone G: Nutritional Lithium. J Clin Psychiatry Neurosci. 2017, 1:3-4, https://www.pulsus.com/scholarly-articles/nutritional-lithium.pdf
43. *Greenblatt JM & Grossmann* K: Nutritional Lithium: A Cinderella Story: The Untold Tale of a Mineral That Transforms Lives and Heals the Brain. CreateSpace Independent Publishing Platform, 2016, S. 193/194
44. Shorter E. The history of lithium therapy. Bipolar Disord. 2009, 2:4-9. doi: 10.1111/j.1399-5618.2009.00706.x.
45. Cade JF. Lithium salts in the treatment of psychotic excitement. Med J Aust. 1949, 2:349-352. doi: 10.1080/j.1440-1614.1999.06241.x.
46. Ibid.
47. Rybakowski JK: Response to lithium in bipolar disorder: clinical and genetic findings. ACS Chem Neurosci. 2014, 5:413-421. doi: 10.1021/cn5000277.
48. Sugawara H et al: Predictors of efficacy in lithium augmentation for treatment-resistant depression. J Affect Disord. 2010, 125:165-168. doi: 10.1016/j.jad.2009.12.025.
49. Embi N et al: Glycogen synthase kinase-3 from rabbit skeletal muscle. Separation from cyclic-AMP-dependent protein kinase and phosphorylase kinase. Eur J Biochem. 1980, 107:519-527. https://pubmed.ncbi.nlm.nih.gov/6249596/
50. Klein PS & Melton DA: A molecular mechanism for the effect of lithium on development. Proc Natl Acad Sci USA. 1996, 93:8455-8459. doi: 10.1073/pnas.93.16.8455.
51. Wang L et al: Glycogen synthesis and beyond, a comprehensive review of GSK3 as a key regulator of metabolic pathways and a therapeutic target for treating metabolic diseases. Med Res Rev. 2022, 42:946-982. doi: 10.1002/med.21867.
52. Lee J & Kim MS: The role of GSK3 in glucose homeostasis and the development of insulin resistance. Diabetes Res Clin Pract. 2007, 77:49-57. doi: 10.1016/j.diabres.2007.01.033.; Nikoulina SE et al: Potential role of glycogen synthase kinase-3 in skeletal muscle insulin resistance of type 2 diabetes. Diabetes. 2000, 49:263-271. doi: 10.2337/diabetes.49.2.263.

53. Beurel E et al: Glycogen synthase kinase-3 (GSK3): regulation, actions, and diseases. Pharmacol Ther. 2015, 148:114-131. doi: 10.1016/j.pharmthera.2014.11.016.
54. Jakobsson E et al: Towards a Unified Understanding of Lithium Action in Basic Biology and its Significance for Applied Biology. J Membr Biol. 2017, 250:587-604. doi: 10.1007/s00232-017-9998-2.
55. Khairova R et al: Effects of lithium on oxidative stress parameters in healthy subjects. Mol Med Rep. 2012, 5:680-682. doi: 10.3892/mmr.2011.732.
56. Roux M & Dosseto A: From direct to indirect lithium targets: a comprehensive review of omics data. Metallomics. 2017, 9:1326-1351. doi: 10.1039/c7mt00203c.
57. Beaulieu JM et al: A beta-arrestin 2 signaling complex mediates lithium action on behavior. Cell. 2008, 132:125-136. doi: 10.1016/j.cell.2007.11.041.; Chatterjee D & Beaulieu JM: Inhibition of glycogen synthase kinase 3 by lithium, a mechanism in search of specificity. Front Mol Neurosci. 2022, doi: 10.3389/fnmol.2022.1028963.
58. Roux M & Dosseto A: From direct to indirect lithium targets: a comprehensive review of omics data. Metallomics. 2017, 9:1326-1351. doi: 10.1039/c7mt00203c.
59. Doble BW & Woodgett JR: GSK-3: tricks of the trade for a multi-tasking kinase. J Cell Sci. 2003, 116:1175-1186. doi: 10.1242/jcs.00384.; Stamos JL et al: Structural basis of GSK-3 inhibition by N-terminal phosphorylation and by the Wnt receptor LRP6. Elife. 2014 doi: 10.7554/eLife.01998.; Rippin I et al: Discovery and Design of Novel Small Molecule GSK-3 Inhibitors Targeting the Substrate Binding Site. Int J Mol Sci. 2020, doi: 10.3390/ijms21228709.
60. Snitow ME et al: Lithium and Therapeutic Targeting of GSK-3. Cells. 2021, doi: 10.3390/cells10020255.
61. Klein PS & Melton DA: A molecular mechanism for the effect of lithium on development. Proc Natl Acad Sci USA. 1996, 93:8455-8459. doi: 10.1073/pnas.93.16.8455.; https://de.wikipedia.org/wiki/Liste_der_Ionenradien
62. Klein PS & Melton DA: A molecular mechanism for the effect of lithium on development. Proc Natl Acad Sci USA. 1996, 93:8455-8459. doi: 10.1073/pnas.93.16.8455.; Stambolic V et al: Lithium inhibits glycogen synthase kinase-3 activity and mimics wingless signalling in intact cells. Curr Biol. 1996, 6:1664-1668. doi: 10.1016/s0960-9822(02)70790-2.
63. Hsu CW et al: Lithium concentration and recurrence risk during maintenance treatment of bipolar disorder: Multicenter cohort and meta-analysis. Acta Psychiatr Scand. 2021, 144:368-378. doi: 10.1111/acps.13346.
64. Ryves WJ & Harwood AJ. Lithium inhibits glycogen synthase kinase-3 by competition for magnesium. Biochem Biophys Res Commun. 2001, 280:720-725. doi: 10.1006/bbrc.2000.4169.; Gould TD, Manji HK. Glycogen synthase kinase-3: a putative molecular target for lithium mimetic drugs. Neuropsychopharmacology. 2005 Jul;30(7):1223-37. doi: 10.1038/sj.npp.1300731. PMID: 15827567.
65. Bortolozzi A et al: New Advances in the Pharmacology and Toxicology of Lithium: A Neurobiologically Oriented Overview. Pharmacol Rev. 2024, 76:323-357. doi: 10.1124/pharmrev.120.000007.
66. Chalecka-Franaszek E & Chuang DM: Lithium activates the serine/threonine kinase Akt-1 and suppresses glutamate-induced inhibition of Akt-1 activity in neurons. Proc Natl Acad Sci USA. 1999, 96:8745-8750. doi: 10.1073/pnas.96.15.8745.; Kirshenboim N et al: Lithium-mediated phosphorylation of glycogen synthase kinase-3beta involves PI3 kinase-dependent activation of protein kinase C-alpha. J Mol Neurosci. 2004, 24:237-245. doi: 10.1385/JMN:24:2:237.
67. Zhang F et al: Inhibitory phosphorylation of glycogen synthase kinase-3 (GSK-3) in response to lithium. Evidence for autoregulation of GSK-3. J Biol Chem. 2003, 278:33067-33077. doi: 10.1074/jbc.M212635200.

68. Beurel E et al: Glycogen synthase kinase-3 (GSK3): regulation, actions, and diseases. Pharmacol Ther. 2015, 148:114-131. doi: 10.1016/j.pharmthera.2014.11.016.
69. Freland L & Beaulieu JM: Inhibition of GSK3 by lithium, from single molecules to signaling networks. Front Mol Neurosci. 2012, doi: 10.3389/fnmol.2012.00014.
70. Yang K et al: The Key Roles of GSK-3β in Regulating Mitochondrial Activity. Cell Physiol Biochem 2017, 44:1445-1459, https://karger.com/cpb/article-pdf/44/4/1445/2446568/000485580.pdf; Struewing IT et al: Lithium increases PGC-1alpha expression and mitochondrial biogenesis in primary bovine aortic endothelial cells. FEBS J. 2007, 274:2749-2765. doi: 10.1111/j.1742-4658.2007.05809.x.
71. Pan HY & Valapala M: Regulation of Autophagy by the Glycogen Synthase Kinase-3 (GSK-3) Signaling Pathway. Int J Mol Sci. 2022, doi: 10.3390/ijms23031709.
72. Sarkar S et al: Lithium induces autophagy by inhibiting inositol monophosphatase. J Cell Biol. 2005, 170:1101-1111. doi: 10.1083/jcb.200504035.
73. Nguyen TT et al: Mitochondria-associated programmed cell death as a therapeutic target for age-related disease. Exp Mol Med. 2023, 55:1595-1619. doi: 10.1038/s12276-023-01046-5.
74. Wang C & Youle RJ: The role of mitochondria in apoptosis*. Annu Rev Genet. 2009, 43:95-118. doi: 10.1146/annurev-genet-102108-134850.
75. Hamstra SI et al: Beyond its Psychiatric Use: The Benefits of Low-dose Lithium Supplementation. Curr Neuropharmacol. 2023, 21:891-910. doi: 10.2174/1570159X20666220302151224..
76. Nehls M: Die Alzheimer-Lüge: Die Wahrheit über eine vermeidbare Krankheit. Heyne 2014, S. 87/88
77. Léveillé F et al: Suppression of the intrinsic apoptosis pathway by synaptic activity. J Neurosci. 2010, 30:2623-2635. doi: 10.1523/JNEUROSCI.5115-09.2010.
78. Christie KJ et al: Adult hippocampal neurogenesis, Rho kinase inhibition and enhancement of neuronal survival. Neuroscience. 2013, 247:75-83. doi: 10.1016/j.neuroscience.2013.05.019.
79. Chen G et al: Enhancement of hippocampal neurogenesis by lithium. J Neurochem. 2000, 75:1729-1734. doi: 10.1046/j.1471-4159.2000.0751729.x.; Christie KJ et al: Adult hippocampal neurogenesis, Rho kinase inhibition and enhancement of neuronal survival. Neuroscience. 2013, 247:75-83. doi: 10.1016/j.neuroscience.2013.05.019.
80. Zunszain PA et al: Interleukin-1β: a new regulator of the kynurenine pathway affecting human hippocampal neurogenesis. Neuropsychopharmacology. 2012, 37:939-949. doi: 10.1038/npp.2011.277.; Borsini A et al: Rescue of IL-1β-induced reduction of human neurogenesis by omega-3 fatty acids and antidepressants. Brain Behav Immun. 2017, 65:230-238. doi: 10.1016/j.bbi.2017.05.006.
81. Kong X et al. JAK2/STAT3 signaling mediates IL-6-inhibited neurogenesis of neural stem cells through DNA demethylation/methylation. Brain, Behavior, and Immunity. 2019, 79:159-173. doi: 10.1016/j.bbi.2019.01.027.
82. Neumann H et al: Tumor necrosis factor inhibits neurite outgrowth and branching of hippocampal neurons by a rho-dependent mechanism. J Neurosci. 2002, 22:854-862. doi: 10.1523/JNEUROSCI.22-03-00854.2002.
83. Nehls M: Unified theory of Alzheimer's disease (UTAD): implications for prevention and curative therapy. J Mol Psychiatry. 2016, doi: 10.1186/s40303-016-0018-8.
84. Engin AB & Engin A: The Connection Between Cell Fate and Telomere. Adv Exp Med Biol. 2021, 1275:71-100. doi: 10.1007/978-3-030-49844-3_3.
85. Shay JW & Wright WE: Hayflick, his limit, and cellular ageing. Nat Rev Mol Cell Biol. 2000, 1:72-76. doi: 10.1038/35036093.
86. Tucker LA & Bates CJ: Telomere Length and Biological Aging: The Role of

Strength Training in 4814 US Men and Women. Biology (Basel). 2024, doi: 10.3390/biology13110883.
87. Chen M et al: Association between modifiable lifestyle factors and telomere length: a univariable and multivariable Mendelian randomization study. J Transl Med. 2024, doi: 10.1186/s12967-024-04956-8.
88. Rossiello F et al. Telomere dysfunction in ageing and age-related diseases. Nat Cell Biol. 2022, 24:135-147. doi: 10.1038/s41556-022-00842-x.
89. Coutts F et al: The polygenic nature of telomere length and the anti-ageing properties of lithium. Neuropsychopharmacology. 2019, 44:757-765. doi: 10.1038/s41386-018-0289-0.; Martinsson L et al: Long-term lithium treatment in bipolar disorder is associated with longer leukocyte telomeres. Transl Psychiatry. 2013, doi: 10.1038/tp.2013.37.
90. Viel T et al: Microdose lithium reduces cellular senescence in human astrocytes – a potential pharmacotherapy for COVID-19?. Aging (Albany NY). 2020, 12:10035-10040. doi:10.18632/aging.103449
91. Wei YB et al: Telomerase dysregulation in the hippocampus of a rat model of depression: normalization by lithium. Int J Neuropsychopharmacol. 2015, doi: 10.1093/ijnp/pyv002.; Saretzki G & Wan T: Telomerase in Brain: The New Kid on the Block and Its Role in Neurodegenerative Diseases. Biomedicines. 2021 Apr 29;9(5):490. doi: 10.3390/biomedicines9050490.
92. Palmos AB et al: Telomere length and human hippocampal neurogenesis. Neuropsychopharmacology. 2020, 45:2239-2247. doi: 10.1038/s41386-020-00863-w.
93. Wei YB et al: Telomerase dysregulation in the hippocampus of a rat model of depression: normalization by lithium. Int J Neuropsychopharmacol. 2015, doi: 10.1093/ijnp/pyv002.
94. Hägg S et al: Short telomere length is associated with impaired cognitive performance in European ancestry cohorts. Transl Psychiatry. 2017, doi: 10.1038/tp.2017.73.
95. Staffaroni AM et al: Telomere attrition is associated with declines in medial temporal lobe volume and white matter microstructure in functionally independent older adults. Neurobiol Aging. 2018, 69:68-75. doi: 10.1016/j.neurobiolaging.2018.04.021.
96. Powell TR et al: Telomere Length and Bipolar Disorder. Neuropsychopharmacology. 2018, 43:445-453. doi: 10.1038/npp.2017.125. Erratum in: doi: 10.1038/npp.2017.239.
97. Powell TR et al: Telomere length as a predictor of emotional processing in the brain. Hum Brain Mapp. 2019, 40:1750-1759. doi: 10.1002/hbm.24487.
98. Zanni G et al: Lithium Accumulates in Neurogenic Brain Regions as Revealed by High Resolution Ion Imaging. Sci Rep. 2017, doi: 10.1038/srep40726.
99. Kaladchibachi SA et al: Glycogen synthase kinase 3, circadian rhythms, and bipolar disorder: a molecular link in the therapeutic action of lithium. J Circadian Rhythms. 2007, doi: 10.1186/1740-3391-5-3.
100. Fernandes C et al: Detrimental role of prolonged sleep deprivation on adult neurogenesis. Front Cell Neurosci. 2015, doi: 10.3389/fncel.2015.00140.; Koyanagi I et al: Memory consolidation during sleep and adult hippocampal neurogenesis. Neural Regen Res. 2019, 14:20-23. doi: 10.4103/1673-5374.243695.
101. Takaesu Y: Circadian rhythm in bipolar disorder: A review of the literature. Psychiatry Clin Neurosci. 2018, 72:673-682. doi: 10.1111/pcn.12688.
102. Palmos A et al: Lithium treatment and human hippocampal neurogenesis. Translational Psychiatry. 2021, doi: 10.1038/s41398-021-01695-y.; Kim WY et al: GSK-3 is a master regulator of neural progenitor homeostasis. Nat Neurosci. 2009, 12:1390-1397. doi: 10.1038/nn.2408.

103. Hellweg R et al: Subchronic treatment with lithium increases nerve growth factor content in distinct brain regions of adult rats. Mol Psychiatry. 2002, 7:604-608. doi: 10.1038/sj.mp.4001042.
104. De-Paula VJ et al: Long-term lithium treatment increases intracellular and extracellular brain-derived neurotrophic factor (BDNF) in cortical and hippocampal neurons at subtherapeutic concentrations. Bipolar Disord. 2016, 18:692-695. doi: 10.1111/bdi.12449.
105. Numakawa T et al: Actions of Brain-Derived Neurotrophin Factor in the Neurogenesis and Neuronal Function, and Its Involvement in the Pathophysiology of Brain Diseases. Int J Mol Sci. 2018, doi: 10.3390/ijms19113650.; Frielingsdorf H et al: Nerve growth factor promotes survival of new neurons in the adult hippocampus. Neurobiol Dis. 2007, 26:47-55. doi: 10.1016/j.nbd.2006.11.015.; Siddiqui T et al: Nerve growth factor receptor (Ngfr) induces neurogenic plasticity by suppressing reactive astroglial Lcn2/Slc22a17 signaling in Alzheimer's disease. NPJ Regen Med. 2023 Jul 10;8(1):33. doi: 10.1038/s41536-023-00311-5.
106. Valvezan AJ & Klein PS: GSK-3 and Wnt Signaling in Neurogenesis and Bipolar Disorder. Front Mol Neurosci. 2012, doi: 10.3389/fnmol.2012.00001.; Young W: Review of lithium effects on brain and blood. Cell Transplant 2009, 18:951-975, doi: 10.3727/096368909X471251; Palmos AB et al: Lithium treatment and human hippocampal neurogenesis. Transl Psychiatry. 2021, doi: 10.1038/s41398-021-01695-y.
107. Brady S & Morfini G: A perspective on neuronal cell death signaling and neurodegeneration. Mol Neurobiol. 2010, 42:25-31. doi: 10.1007/s12035-010-8128-2.
108. Schrauzer GN: Lithium: occurrence, dietary intakes, nutritional essentiality. J Am Coll Nutr. 2002, 21:14-21. doi: 10.1080/07315724.2002.10719188.
109. Wright WE et al: Telomerase activity in human germline and embryonic tissues and cells. Dev Genet. 1996, 18:173-179. doi: 10.1002/(SICI)1520-6408(1996)18:2<173::AID-DVG10>3.0.CO;2-3.
110. Lundberg M et al: Lithium and the Interplay Between Telomeres and Mitochondria in Bipolar Disorder. Front Psychiatry. 2020, doi: 10.3389/fpsyt.2020.586083.; Fernandez RJ et al: GSK3 inhibition rescues growth and telomere dysfunction in dyskeratosis congenita iPSC-derived type II alveolar epithelial cells. Elife. 2022, doi: 10.7554/eLife.64430.
111. Gallicchio VS & Chen MG: Modulation of murine pluripotential stem cell proliferation in vivo by lithium car nate. Blood. 1980, 56:1150-1152. https://pubmed.ncbi.nlm.nih.gov/7437517/
112. Huang J et al: Pivotal role for glycogen synthase kinase-3 in hematopoietic stem cell homeostasis in mice. J Clin Invest. 2009, 119:3519-3529. doi: 10.1172/JCI40572.
113. Schrauzer GN: Lithium: occurrence, dietary intakes, nutritional essentiality. J Am Coll Nutr. 2002, 21:14-21. doi: 10.1080/07315724.2002.10719188.; Anke M et al: Recent progress in exploring the essentiality of the ultratrace element lithium to the nutrition of animals and man. Biomed Res Trace Elements 2005, 16:169-176, https://www.jstage.jst.go.jp/article/brte/16/3/16_3_169/_pdf
114. Jakobsson E et al: Towards a Unified Understanding of Lithium Action in Basic Biology and its Significance for Applied Biology. J Membr Biol. 2017, 250:587-604. doi: 10.1007/s00232-017-9998-2.
115. Tamari Y & Tsuchiya K: Lithium Content of Fish in the Ocean: Investigation of raw, drying and canned fish available. Biomedical Research on Trace Elements. 2004, 15:248-258, https://doi.org/10.11299/brte.15.248
116. Zanni G et al: Lithium Accumulates in Neurogenic Brain Regions as Revealed by High Resolution Ion Imaging. Sci Rep. 2017, doi: 10.1038/srep40726.
117. Donega V et al: Single-cell profiling of human subventricular zone progenitors

identifies SFRP1 as a target to re-activate progenitors. Nat Commun. 2022, doi: 10.1038/s41467-022-28626-9.
118. Stout J et al: Accumulation of Lithium in the Hippocampus of Patients With Bipolar Disorder: A Lithium-7 Magnetic Resonance Imaging Study at 7 Tesla. Biol Psychiatry. 2020, 88:426-433. doi: 10.1016/j.biopsych.2020.02.1181.
119. Jakobsson E et al: Towards a Unified Understanding of Lithium Action in Basic Biology and its Significance for Applied Biology. J Membr Biol. 2017, 250:587-604. doi: 10.1007/s00232-017-9998-2.; Luo H et al: Sodium Transporters Are Involved in Lithium Influx in Brain Endothelial Cells. Mol Pharm. 2018, 15:2528-2538. doi: 10.1021/acs.molpharmaceut.8b00018.
120. Blum M & Ott T: Animal left-right asymmetry. Curr Biol. 2018, 28:301-304. doi: 10.1016/j.cub.2018.02.073.
121. Rogers LJ: Brain Lateralization and Cognitive Capacity. Animals (Basel). 2021, doi: 10.3390/ani11071996.
122. Lawton G: Mind tricks: ways to explore your brain. New Scientist. 2007, 195:34-41, doi: 10.1016/S0262-4079(07)62411-7.
123. Shipton OA et al: Left-right dissociation of hippocampal memory processes in mice. Proc Natl Acad Sci USA. 2014, 111:15238-15243. doi: 10.1073/pnas.1405648111.
124. Burgess N et al: The human hippocampus and spatial and episodic memory. Neuron. 2002, 35:625-41. doi: 10.1016/s0896-6273(02)00830-9.
125. Ezzati A et al: Differential association of left and right hippocampal volumes with verbal episodic and spatial memory in older adults. Neuropsychologia. 2016, 93:380-385. doi: 10.1016/j.neuropsychologia.2016.08.016.
126. Nemati SS et al: Lateralization of the hippocampus: A review of molecular, functional, and physiological properties in health and disease. Behav Brain Res. 2023, doi: 10.1016/j.bbr.2023.114657.
127. Phillips ML & Swartz HA: A critical appraisal of neuroimaging studies of bipolar disorder: toward a new conceptualization of underlying neural circuitry and a road map for future research. Am J Psychiatry. 2014, 171:829-843. doi: 10.1176/appi.ajp.2014.13081008.
128. Zanni G et al: Lithium Accumulates in Neurogenic Brain Regions as Revealed by High Resolution Ion Imaging. Sci Rep. 2017, doi: 10.1038/srep40726.
129. Lundberg M et al: Expression of telomerase reverse transcriptase positively correlates with duration of lithium treatment in bipolar disorder. Psychiatry Res. 2020, doi: 10.1016/j.psychres.2020.112865.
130. Coutts F et al: The polygenic nature of telomere length and the anti-ageing properties of lithium. Neuropsychopharmacology. 2019, 44:757-765. doi: 10.1038/s41386-018-0289-0.
131. Palmos AB et al: Telomere length and human hippocampal neurogenesis. Neuropsychopharmacology. 2020, 45:2239-2247. doi: 10.1038/s41386-020-00863-w.
132. Moorhead TW et al: Progressive gray matter loss in patients with bipolar disorder. Biol Psychiatry. 2007, 62:894-900. doi: 10.1016/j.biopsych.2007.03.005.; Quigley SJ et al: Volume and shape analysis of subcortical brain structures and ventricles in euthymic bipolar I disorder. Psychiatry Res. 2015, 233:324-330. doi: 10.1016/j.pscychresns.2015.05.012.
133. Hajek T et al: Hippocampal volumes in bipolar disorders: opposing effects of illness burden and lithium treatment. Bipolar Disord. 2012, 14:261-270. doi: 10.1111/j.1399-5618.2012.01013.x. Zung S et al: The influence of lithium on hippocampal volume in elderly bipolar patients: a study using voxel-based morphometry. Transl Psychiatry. 2016, doi: 10.1038/tp.2016.97.

134. Brosch K et al: Reduced hippocampal gray matter volume is a common feature of patients with major depression, bipolar disorder, and schizophrenia spectrum disorders. Mol Psychiatry. 2022, 27:4234-4243. doi: 10.1038/s41380-022-01687-4.
135. Sussman D et al: The autism puzzle: Diffuse but not pervasive neuroanatomical abnormalities in children with ASD. Neuroimage Clin. 2015, 8:170-179. doi: 10.1016/j.nicl.2015.04.008.
136. Huebner T et al: Morphometric brain abnormalities in boys with conduct disorder. J Am Acad Child Adolesc Psychiatry. 2008, 47:540-547. doi: 10.1097/CHI.0b013e3181676545.; Abdolalizadeh A et al: Larger left hippocampal presubiculum is associated with lower risk of antisocial behavior in healthy adults with childhood conduct history. Sci Rep. 2023, doi: 10.1038/s41598-023-33198-9.
137. Luo Y et al: Decreased left hippocampal volumes in parents with or without posttraumatic stress disorder who lost their only child in China. J Affect Disord. 2016, 197:223-30. doi: 10.1016/j.jad.2016.03.003.; Xie H et al: Relationship of Hippocampal Volumes and Posttraumatic Stress Disorder Symptoms Over Early Posttrauma Periods. Biol Psychiatry Cogn Neurosci Neuroimaging. 2018, 3:968-975. doi: 10.1016/j.bpsc.2017.11.010.
138. Jakobsson E et al: Towards a Unified Understanding of Lithium Action in Basic Biology and its Significance for Applied Biology. J Membr Biol. 2017, 250:587-604. doi: 10.1007/s00232-017-9998-2.
139. Higgs PG & Lehman N: The RNA World: molecular cooperation at the origins of life. Nat Rev Genet. 2015, 16:7-17. doi: 10.1038/nrg3841.
140. Joshi PC & Aldersley MF: Significance of mineral salts in prebiotic RNA synthesis catalyzed by montmorillonite. J Mol Evol. 2013, 76:371-319. doi: 10.1007/s00239-013-9568-x.
141. Tsuruta T: Removal and recovery of lithium using various microorganisms. J Bioscience and Bioengineering. 2005, 100:562-566. doi: 10.1263/jbb.100.562.
142. Koishi R et al: A superfamily of voltage-gated sodium channels in bacteria. J Biol Chem. 2004, 279:9532-9538. doi: 10.1074/jbc.M313100200.; Richelson E. Lithium ion entry through the sodium channel of cultured mouse neuroblastoma cells: a biochemical study. Science. 1977, 196:1001-1002. doi: 10.1126/science.860126.; Krishnamurthy H et al: Unlocking the molecular secrets of sodium-coupled transporters. Nature. 2009, 459:347-355. doi: 10.1038/nature08143.
143. Luo H et al: The role of brain barriers in the neurokinetics and pharmacodynamics of lithium. Pharmacol Res. 2021, doi: 10.1016/j.phrs.2021.105480.
144. Luo H et al: Sodium Transporters Are Involved in Lithium Influx in Brain Endothelial Cells. Mol Pharm. 2018, 15:2528-2538. doi: 10.1021/acs.molpharmaceut.8b00018.
145. Jakobsson E et al: Towards a Unified Understanding of Lithium Action in Basic Biology and its Significance for Applied Biology. J Membr Biol. 2017, 250:587-604. doi: 10.1007/s00232-017-9998-2.
146. De Duve C: Vital Dust: The Origin And Evolution Of Life On Earth. Basic Books 1995
147. Oba Y et al: Identifying the wide diversity of extraterrestrial purine and pyrimidine nucleobases in carbonaceous meteorites. Nat Commun. 2022, doi: 10.1038/s41467-022-29612-x.; Krasnokutski SA et al: Formation of extraterrestrial peptides and their derivatives. Sci Adv. 2024, doi: 10.1126/sciadv.adj7179.; Sharov AA: Genome increase as a clock for the origin and evolution of life. Biol Direct. 2006, doi: 10.1186/1745-6150-1-17.
148. Starokadomskyy P & Dmytruk KV: A bird's-eye view of autophagy. Autophagy. 2013, 9:1121-1126. doi: 10.4161/auto.24544.

149. Sarkar S et al: Lithium induces autophagy by inhibiting inositol monophosphatase. J Cell Biol. 2005, 170:1101-1111. doi: 10.1083/jcb.200504035.
150. Dollins DE et al: A structural basis for lithium and substrate binding of an inositide phosphatase. J Biol Chem. 2021, doi: 10.1074/jbc.RA120.014057.
151. Boonekamp FJ et al: Full humanization of the glycolytic pathway in Saccharomyces cerevisiae. Cell Rep. 2022, doi: 10.1016/j.celrep.2022.111010.
152. Chain FJJ & Assis R: BLAST from the Past: Impacts of Evolving Approaches on Studies of Evolution by Gene Duplication. Genome Biol Evol. 2021, doi: 10.1093/gbe/evab149.
153. Copley SD. Evolution of new enzymes by gene duplication and divergence. FEBS J. 2020, 287:1262-1283. doi: 10.1111/febs.15299.
154. Saidi Y et al: Function and evolution of 'green' GSK3/Shaggy-like kinases. Trends Plant Sci. 2012, 17:39-46. doi: 10.1016/j.tplants.2011.10.002.
155. Novacek MJ. Mammalian evolution: an early record bristling with evidence. Curr Biol. 1997, 7:489-491. doi: 10.1016/s0960-9822(06)00245-4.
156. Ma YX et al: Differential Roles of Glycogen Synthase Kinase 3 Subtypes Alpha and Beta in Cortical Development. Front Mol Neurosci. 2017, doi: 10.3389/fnmol.2017.00391.; Pardo M et al: GSK3β isoform-selective regulation of depression, memory and hippocampal cell proliferation. Genes Brain Behav. 2016, 15:348-355. doi: 10.1111/gbb.12283.
157. Brown AK et al: Dimerization of inositol monophosphatase Mycobacterium tuberculosis SuhB is not constitutive, but induced by binding of the activator Mg2+. BMC Struct Biol. 2007 doi: 10.1186/1472-6807-7-55.
158. Ibid.
159. Dutta A et al: Structural elucidation of the binding site and mode of inhibition of Li(+) and Mg(2+) in inositol monophosphatase. FEBS J. 2014, 281:5309-5324. doi: 10.1111/febs.13070.
160. Haimovich A et al: Determination of the lithium binding site in inositol monophosphatase, the putative target for lithium therapy, by magic-angle-spinning solid-state NMR. J Am Chem Soc. 2012, 134:5647-51. doi: 10.1021/ja211794x.
161. Moody ERR et al: The nature of the last universal common ancestor and its impact on the early Earth system. Nat Ecol Evol. 2024, 8:1654-1666. doi: 10.1038/s41559-024-02461-1.
162. Piovesan D et al: The human "magnesome": detecting magnesium binding sites on human proteins. BMC Bioinformatics. 2012, doi: 10.1186/1471-2105-13-S14-S10.; Klein PS & Melton DA: A molecular mechanism for the effect of lithium on development. Proc Natl Acad Sci USA. 1996, 93:8455-8459. doi: 10.1073/pnas.93.16.8455.
163. Patt EL et al: Effect of dietary lithium levels on tissue lithium concentrations, growth rate, and reproduction in the rat. Bioinorganic Chemistry 1978, 9:299-310, https://doi.org/10.1016/S0006-3061(00)80024-1
164. Pickett EE & O'Dell BL. Evidence for dietary essentiality of lithium in the rat. Biol Trace Elem Res. 1992, 34:299-319. doi: 10.1007/BF02783685.
165. Anke M et al: Recent progress in exploring the essentiality of the ultratrace element lithium to the nutrition of animals and man. Biomed Res Trace Elements 2005, 16:169-176, https://www.jstage.jst.go.jp/article/brte/16/3/16_3_169/_pdf
166. Ono T & Wada O: Effects of lithium deficient diet on avoidance behavior. Nihon Eiseigaku Zasshi. 1989, 44:748-455. doi: 10.1265/jjh.44.748.
167. Anke M et al: Recent progress in exploring the essentiality of the ultratrace element lithium to the nutrition of animals and man. Biomed Res Trace Elements 2005, 16:169-176, https://www.jstage.jst.go.jp/article/brte/16/3/16_3_169/_pdf

168. Schrauzer GN. Lithium: occurrence, dietary intakes, nutritional essentiality. J Am Coll Nutr. 2002, 21:14-21. doi: 10.1080/07315724.2002.10719188. PMID: 11838882.
169. Schrauzer GN & de Vroey E: Effects of nutritional lithium supplementation on mood. A placebo-controlled study with former drug users. Biol Trace Elem Res. 1994, 40:89-101. doi: 10.1007/BF02916824.
170. https://www.youtube.com/watch?v=tP3dXSEKaNE&t (22.11.2024, zuletzt abgerufen am 14.01.2025)
171. Cipriani A et al: Lithium in the prevention of suicide in mood disorders: updated systematic review and meta-analysis. BMJ. 2013, doi: 10.1136/bmj.f3646.
172. Araldi E et al: Lithium treatment extends human lifespan: findings from the UK Biobank. Aging (Albany NY). 2023, 15:421-440. doi: 10.18632/aging.204476.
173. Beurel E & Jope RS: Inflammation and lithium: clues to mechanisms contributing to suicide-linked traits. Translational Psychiatry. 2014, doi: 10.1038/tp.2014.129.
174. Chan JKN et al: Life expectancy and years of potential life lost in people with mental disorders: a systematic review and meta-analysis. EClinicalMedicine. 2023, doi: 10.1016/j.eclinm.2023.102294.
175. https://qbi.uq.edu.au/article/2019/10/life-expectancy-mapped-people-mental-disorders (25.10.2019, zuletzt abgerufen am 12.09.2024); Plana-Ripoll O et al: A comprehensive analysis of mortality-related health metrics associated with mental disorders: a nationwide, register-based cohort study. The Lancet. 2019, 394:1827-1835, https://www.thelancet.com/journals/lancet/article/PIIS0140-6736(19)32316-5/
176. Fajardo VA et al: Examining the Relationship between Trace Lithium in Drinking Water and the Rising Rates of Age-Adjusted Alzheimer's Disease Mortality in Texas. J Alzheimers Dis. 2018, 61:425-434. doi: 10.3233/JAD-170744.
177. Schönfelder U: Lithium – Jungbrunnen aus der Wasserleitung. Stabsstelle Kommunikation/Pressestelle Friedrich-Schiller-Universität Jena, https://idw-online.de/de/news408654 (11.02.2011, zuletzt abgerufen am 12.09.2024)
178. Zarse K et al: Low-dose lithium uptake promotes longevity in humans and metazoans. Eur J Nutr. 2011, 50:387-389. doi: 10.1007/s00394-011-0171-x.
179. Fajardo VA et al: Trace lithium in Texas tap water is negatively associated with all-cause mortality and premature death. Appl Physiol Nutr Metab. 2018, 43:412-414. doi: 10.1139/apnm-2017-0653.
180. Zarse K et al: Low-dose lithium uptake promotes longevity in humans and metazoans. Eur J Nutr. 2011, 50:387-389. doi: 10.1007/s00394-011-0171-x.
181. McColl G et al: Pharmacogenetic analysis of lithium-induced delayed aging in Caenorhabditis elegans. J Biol Chem. 2008, 283:350-357. doi: 10.1074/jbc.M705028200.
182. Zarse K et al: Low-dose lithium uptake promotes longevity in humans and metazoans. Eur J Nutr. 2011, 50:387-389. doi: 10.1007/s00394-011-0171-x.
183. Wei YB et al: Telomerase dysregulation in the hippocampus of a rat model of depression: normalization by lithium. Int J Neuropsychopharmacol. 2015, doi: 10.1093/ijnp/pyv002.
184. Tam ZY et al: Effects of Lithium on Age-related Decline in Mitochondrial Turnover and Function in Caenorhabditis elegans. The Journals of Gerontology 2014, 69: 810–820, https://doi.org/10.1093/gerona/glt210, https://www.researchgate.net/publication/259626839
185. Konopka AR et al: Markers of human skeletal muscle mitochondrial biogenesis and quality control: effects of age and aerobic exercise training. J Gerontol A Biol Sci Med Sci. 2014, 69:371-378. doi: 10.1093/gerona/glt107.
186. Struewing IT et al: Lithium increases PGC-1alpha expression and mitochondrial biogenesis in primary bovine aortic endothelial cells. FEBS J. 2007, 274:2749-2765. doi: 10.1111/j.1742-4658.2007.05809.x.

187. Sofola-Adesakin O et al: Lithium suppresses Aβ pathology by inhibiting translation in an adult Drosophila model of Alzheimer's disease. Front Aging Neurosci. 2014, doi: 10.3389/fnagi.2014.00190.
188. Castillo-Quan JI et al: Lithium Promotes Longevity through GSK3/NRF2-Dependent Hormesis. Cell Rep. 2016, 15:638-650. doi: 10.1016/j.celrep.2016.03.041.
189. Nespital T et al: Lithium can mildly increase health during ageing but not lifespan in mice. Aging Cell. 2021, doi: 10.1111/acel.13479.
190. Zarse K et al: Low-dose lithium uptake promotes longevity in humans and metazoans. Eur J Nutr. 2011, 50:387-389. doi: 10.1007/s00394-011-0171-x..
191. Sofola-Adesakin O et al: Lithium suppresses Aβ pathology by inhibiting translation in an adult Drosophila model of Alzheimer's disease. Front Aging Neurosci. 2014, doi: 10.3389/fnagi.2014.00190.
192. Gandhi M et al: Rediscovering a Forgotten Disease. Diseases. 2023, doi: 10.3390/diseases11020078.
193. Arnold D: British India and the "beriberi problem", 1798-1942. Med Hist. 2010, 54:295-314. doi: 10.1017/s0025727300004622.
194. Marean CW et al: Als die Menschen fast ausstarben. Spektrum der Wissenschaft. 2010, 12:59-65, https://www.spektrum.de/magazin/als-die-menschen-fast-ausstarben/1050007
195. Behar DM et al: The dawn of human matrilineal diversity. Am J Hum Genet. 2008, 82:1130-40. doi: 10.1016/j.ajhg.2008.04.002.
196. Marean CW et al: Early human use of marine resources and pigment in South Africa during the Middle Pleistocene. Nature 2007, 449:905-908, doi: 10.1038/nature06204.
197. Gibbons A: Humans' head start: new views of brain evolution. Science 2002, 296:835-837. doi: 10.1126/science.296.5569.835.
198. Eaton SB & Konner M: Paleolithic nutrition. A consideration of its nature and current implications. N Engl J Med. 1985, 312: 283-289, doi: 10.1056/NEJM198501313120505.
199. Stetka B: By Land or by Sea: How Did Early Humans Access Key Brain-Building Nutrients? Scientific American 2016; www.scientificamerican.com/article/by-land-or-by-sea-how-did-early-humans-access-key-brain-building-nutrients
200. Ibid.
201. Gibbons A: Humans' head start: new views of brain evolution. Science 2002, 296:835-837. doi: 10.1126/science.296.5569.835.
202. Stetka B: By Land or by Sea: How Did Early Humans Access Key Brain-Building Nutrients? Scientific American 2016; www.scientificamerican.com/article/by-land-or-by-sea-how-did-early-humans-access-key-brain-building-nutrients
203. Crawford MA & Broadhurst CL: The role of docosahexaenoic and the marine food web as determinants of evolution and hominid brain development: the challenge for human sustainability. Nutr Health 2012, 21:17-39, doi: 10.1177/0260106012437550.
204. Ruff CB et al: Body mass and encephalization in Pleistocene Homo. Nature 1997, 387:173-176, https://pubmed.ncbi.nlm.nih.gov/9144286/
205. Marean CW et al: Early human use of marine resources and pigment in South Africa during the Middle Pleistocene. Nature 2007, 449:905-908, doi: 10.1038/nature06204.
206. Strasser TF et al: Stone Age Seafaring in the Mediterranean: Evidence from the Plakias Region for Lower Palaeolithic and Mesolithic Habitation of Crete. Hesperia 2010, 79:145-190, doi: 10.2972/hesp.79.2.145.
207. Marean CW. The origins and significance of coastal resource use in Africa and Western Eurasia. J Hum Evol. 2014, 77:17-40. doi: 10.1016/j.jhevol.2014.02.025.

208. Ibid.
209. Bregman R: Im Grunde gut: Eine neue Geschichte der Menschheit. Rowohlt 2021, S. 69
210. https://www.americanscientist.org/article/how-to-tame-a-fox-and-build-a-dog (Juli/August 2017)
211. Bregman R: Im Grunde gut: Eine neue Geschichte der Menschheit. Rowohlt 2021, S. 85
212. Alenina N & Klempin F: The role of serotonin in adult hippocampal neurogenesis. Behav Brain Res. 2015, 277:49-57. doi: 10.1016/j.bbr.2014.07.038.; Lin YT et al: Oxytocin stimulates hippocampal neurogenesis via oxytocin receptor expressed in CA3 pyramidal neurons. Nat Commun. 2017, doi: 10.1038/s41467-017-00675-5.
213. Bregman R: Im Grunde gut: Eine neue Geschichte der Menschheit. Rowohlt 2021, S. 89
214. Ibid. S. 85
215. Rakic P: Limits of neurogenesis in primates. Science. 1985, 227:1054-1056. doi: 10.1126/science.3975601.; Duque A et al: An assessment of the existence of adult neurogenesis in humans and value of its rodent models for neuropsychiatric diseases. Mol Psychiatry. 2022, 27:377-382. doi: 10.1038/s41380-021-01314-8.
216. Kempermann G et al: Human Adult Neurogenesis: Evidence and Remaining Questions. Cell Stem Cell. 23:25-30, 2018, https://doi.org/10.1016/j.stem.2018.04.004.
217. Abrous DN et al: A Baldwin interpretation of adult hippocampal neurogenesis: from functional relevance to physiopathology. Mol Psychiatry. 2022, 27:383-402. doi: 10.1038/s41380-021-01172-4.
218. Skinner MK: Environmental Epigenetics and a Unified Theory of the Molecular Aspects of Evolution: A Neo-Lamarckian Concept that Facilitates Neo-Darwinian Evolution. Genome Biol Evol. 2015, 7:1296-302. doi: 10.1093/gbe/evv073.
219. Bonfanti L & Amrein I: Editorial: Adult Neurogenesis: Beyond Rats and Mice. Front Neurosci. 2018, doi: 10.3389/fnins.2018.00904.
220. Abrous DN et al: A Baldwin interpretation of adult hippocampal neurogenesis: from functional relevance to physiopathology. Mol Psychiatry. 2022, 27:383-402. doi: 10.1038/s41380-021-01172-4.
221. Marean CW. The origins and significance of coastal resource use in Africa and Western Eurasia. J Hum Evol. 2014, 77:17-40. doi: 10.1016/j.jhevol.2014.02.025.
222. Wilson EO: Die soziale Eroberung der Erde: Eine biologische Geschichte des Menschen. C.H.Beck 2013
223. Goldstein MR & Mascitelli L: Is violence in part a lithium deficiency state? Med Hypotheses. 2016, doi: 10.1016/j.mehy.2016.02.002.
224. Greenblatt J: Irritability, Anger, and Rage: Lithium Deficiency Syndrome. Townsend Letter. 2022, 20-25. https://www.jamesgreenblattmd.com/wp-content/uploads/2022/10/Irritability-Anger-and-Rage_GREENBLATT-Townsend-Letter-Oct.-2022.pdf
225. Nehls M: Herdengesundheit: Der Weg aus der Corona-Krise und die natürliche Alternative zum globalen Impfprogramm. Mental Enterprises 2022
226. Ye S et al: Higher oxygen content and transport characterize high-altitude ethnic Tibetan women with the highest lifetime reproductive success. Proc Natl Acad Sci USA. 2024, doi: 10.1073/pnas.2403309121.
227. Bar-Yosef O: The role of western Asia in modern human origins. Philos Trans R Soc Lond B Biol Sci. 1992, 337:193-200, doi: 10.1098/rstb.1992.0097.
228. Richards MP et al: Isotope evidence for the intensive use of marine foods by Late Upper Palaeolithic humans. J Hum Evol. 2005, 49:390-394, doi: 10.1016/j.jhevol.2005.05.002.

229. Bocherens H et al: Isotopic evidence for diet and subsistence pattern of the Saint-Césaire I Neanderthal: review and use of a multi-source mixing model. J Hum Evol. 2005, 49:71-87, doi: 10.1016/j.jhevol.2005.03.003.
230. Choudhry H & Nasrullah M: Iodine consumption and cognitive performance: Confirmation of adequate consumption. Food Sci Nutr 2018, 6:1341-1351 doi: 10.1002/fsn3.694. Erratum in: doi: 10.1002/fsn3.2123.
231. Wiedmer EP & und Woermann UJ: Erinnerung an ein vergessen gegangenes Krankheitsbild. https://www.iml.unibe.ch/themen/uebersichten/artikel/kretinismus (2017, zuletzt abgerufen am 9.10.2024)
232. https://www.jod.de/zwangsjodierung/die-geschichte-der-jodmangelprophylaxe-in-deutschland (zuletzt abgerufen am 9.10.2024)
233. https://www.degam.de/files/Inhalte/Leitlinien-Inhalte/Dokumente/DEGAM-S2-Leitlinien/053-046_Erhoehter%20TSH-Wert%20in%20der%20Hausarztpraxis/oeffentlich/S2k%20LL%20TSH%20ver%C3%B6ffentlicht%202023/DEGAM_LL_TSH_2023_Kurz_RZ_010723.pdf (2023, zuletzt abgerufen am 27.12.2024)
234. Delange F: The role of iodine in brain development. Proc Nutr Soc. 2000, 59:75-79. doi: 10.1017/s0029665100000094.
235. Biban BG & Lichiardopol C. Iodine Deficiency, Still a Global Problem? Curr Health Sci J. 2017, 43:103-111. doi: 10.12865/CHSJ.43.02.01.
236. Takele WW et al: Two-thirds of pregnant women attending antenatal care clinic at the University of Gondar Hospital are found with subclinical iodine deficiency, 2017. BMC Res Notes 2018, https://www.ncbi.nlm.nih.gov/pmc/articles/PMC6192361/
237. Businge CB et al: Iodine nutrition status in Africa: potentially high prevalence of iodine deficiency in pregnancy even in countries classified as iodine sufficient. Public Health Nutr 2021, 24:3581-3586. https://www.ncbi.nlm.nih.gov/pmc/articles/PMC8369456/
238. Orlich MJ & Fraser GE: Vegetarian diets in the Adventist Health Study 2: a review of initial published findings. Am J Clin Nutr. 2014, 1:353-138. doi: 10.3945/ajcn.113.071233.; https://adventistreview.org/lifestyles/well-being/adventist-health-update-2/ (21.08.2024, zuletzt abgerufen am 13.11.2024)
239. Nehls M: Die Algenöl-Revolution: Lebenswichtiges Omega-3 – Das pflanzliche Lebenselixier aus dem Meer. Heyne 2022
240. Stetka B: By Land or by Sea: How Did Early Humans Access Key Brain-Building Nutrients? Scientific American. 2016; www.scientificamerican.com/article/by-land-or-by-sea-how-did-early-humans-access-key-brain-building-nutrients
241. https://ods.od.nih.gov/factsheets/Iodine-Consumer/ (1.05.2024, zuletzt aufgerufen am 22.10.2024)
242. Sprague M et al: Iodine Content of Wild and Farmed Seafood and Its Estimated Contribution to UK Dietary Iodine Intake. Nutrients. 2021, doi: 10.3390/nu14010195.; Eckhoff KM & Maage A: Iodine Content in Fish and Other Food Products from East Africa Analyzed by ICP-MS. Journal of Food Composition and Analysis. 1997, 10:270-282, https://doi.org/10.1006/jfca.1997.0541.
243. Barbosa H et al: Lithium: A review on concentrations and impacts in marine and coastal systems. Sci Total Environ. 2023, doi: 10.1016/j.scitotenv.2022.159374.
244. Thibon F et al: Bioaccumulation of Lithium Isotopes in Mussel Soft Tissues and Implications for Coastal Environments May ACS Earth and Space Chemistry 2021, doi: 10.1021/acsearthspacechem.1c00045.
245. Marean CW et al: Early human use of marine resources and pigment in South Africa during the Middle Pleistocene. Nature. 2007, 449:905-908. doi: 10.1038/nature06204.

246. Tamari Y & Tsuchiya K: Lithium Content of Fish in the Ocean: Investigation of raw, drying and canned fish available. Biomedical Research on Trace Elements. 2004, 15:248-258, https://doi.org/10.11299/brte.15.248
247. Schrauzer GN & de Vroey E: Effects of nutritional lithium supplementation on mood. A placebo-controlled study with former drug users. Biol Trace Elem Res. 1994, 40:89-101. doi: 10.1007/BF02916824.

Kapitel 3

1. Schrauzer GN: Lithium: occurrence, dietary intakes, nutritional essentiality. J Am Coll Nutr. 2002, 21:14-21. doi: 10.1080/07315724.2002.10719188.
2. Verbraucherzentrale: Lithiumorotat: Welche Wirkung hat dieses Nahrungsergänzungsmittel und weshalb ist es in Deutschland so schwer und teuer zu bekommen? https://www.verbraucherzentrale.de/faq/projekt-klartext-nem/lithiumorotat-40582 (16.10.2024, zuletzt abgerufen am 30,12.2024)
3. Dawson EB et al: Relationship of lithium metabolism to mental hospital admission and homicide. Dis Nerv Syst. 1972, 33:546-556. https://pubmed.ncbi.nlm.nih.gov/4648454/
4. Schrauzer GN & Shrestha KP. Lithium in drinking water and the incidences of crimes, suicides, and arrests related to drug addictions. Biol Trace Elem Res. 1990, 25:105-113. doi: 10.1007/BF02990271.
5. Schrauzer GN & de Vroey E: Effects of nutritional lithium supplementation on mood. A placebo-controlled study with former drug users. Biol Trace Elem Res. 1994, 40:89-101. doi: 10.1007/BF02916824.
6. Nunes MA et al: Microdose lithium treatment stabilized cognitive impairment in patients with Alzheimer's disease. Curr Alzheimer Res 2013, 10:104-107, www.ncbi.nlm.nih.gov/pubmed/22746245
7. Fajardo VA et al: Trace lithium in Texas tap water is negatively associated with all-cause mortality and premature death. Appl Physiol Nutr Metab. 2018, 43:412-414. doi: 10.1139/apnm-2017-0653.
8. Schrauzer GN: Lithium: occurrence, dietary intakes, nutritional essentiality. J Am Coll Nutr. 2002, 21:14-21. doi: 10.1080/07315724.2002.10719188.
9. Marshall TM: Lithium as a nutrient. J Am Phys Sur. 2015, 20:104-109. https://www.jpands.org/vol20no4/marshall.pdf
10. Enderle J et al: Plasma Lithium Levels in a General Population: A Cross-Sectional Analysis of Metabolic and Dietary Correlates. Nutrients. 2020, doi: 10.3390/nu12082489.
11. https://www.imd-berlin.de/fachinformationen/diagnostikinformationen/lithium-ein-essentielles-spurenelement (2025, zuletzt abgerufen am 31.12.2024)
12. https://www.mlhb.de/labor/profil (zuletzt abgerufen am 31.12.2024)
13. Seidel U et al: Lithium-Rich Mineral Water is a Highly Bioavailable Lithium Source for Human Consumption. Mol Nutr Food Res. 2019, doi: 10.1002/mnfr.201900039.
14. de Roos NM et al: Serum lithium as a compliance marker for food and supplement intake. Am J Clin Nutr. 2001, 73:75-79. doi: 10.1093/ajcn/73.1.75.
15. Post A et al: Dietary lithium intake, graft failure and mortality in kidney transplant recipients. Nephrol Dial Transplant. 2023, 38:1867-1879. doi: 10.1093/ndt/gfac340.
16. Długaszek M et al: Lithium supply in the daily food rations of students. Probl Hig Epidemiol. 2012, 93:867-870, http://www.phie.pl/phe.php?opc=AR&lng=en&art=858
17. Van Cauwenbergh R et al: Daily dietary lithium intake in Belgium using duplicate portion sampling. Z Lebensm Unters Forsch. 1999, 208:153-155, doi: 10.1007/s002170050393

18. Schrauzer GN: Lithium: occurrence, dietary intakes, nutritional essentiality. J Am Coll Nutr. 2002, 21:14-21. doi: 10.1080/07315724.2002.10719188.
19. Schrauzer GN et al: Lithium in scalp hair of adults, students, and violent criminals. Effects of supplementation and evidence for interactions of lithium with vitamin B12 and with other trace elements. Biol Trace Elem Res. 1992, 34:161-176. doi: 10.1007/BF02785244.
20. World Health Organization: Trace elements in human nutrition and health. 1996, https://www.who.int/publications/i/item/9241561734, S. 224
21. Sobolev OI et al: Lithium in the natural environment and its migration in the trophic chain. Ukr. J. Ecol. 2019, 9:195–203. https://cyberleninka.ru/article/n/lithium-in-the-natural-environment-and-its-migration-in-the-trophic-chain
22. https://www.imd-berlin.de/fachinformationen/diagnostikinformationen/lithium-ein-essentielles-spurenelement (2025, zuletzt abgerufen am 31.12.2024)
23. https://echa.europa.eu/registration-dossier/-/registered-dossier/15034/7/6/1
24. Fosmire GJ: Zinc toxicity. Am J Clin Nutr. 1990, 51:225-227. doi: 10.1093/ajcn/51.2.225.
25. https://ods.od.nih.gov/factsheets/Zinc-HealthProfessional/ (28.09.2022, zuletzt aufgerufen am 08.01.2025)
26. https://www.gesundheit.gv.at/leben/ernaehrung/vitamine-mineralstoffe/spurenelemente/selen.html
27. Tinggi U: Essentiality and toxicity of selenium and its status in Australia: a review. Toxicol Lett. 2003, 137:103-110. doi: 10.1016/s0378-4274(02)00384-3.
28. https://www.msdmanuals.com/professional/nutritional-disorders/mineral-deficiency-and-toxicity/selenium-toxicity
29. https://www.scientificamerican.com/article/strange-but-true-drinking-too-much-water-can-kill/ (21.06.2007, zuletzt aufgerufen 29.12.2024); https://www.nbcnews.com/id/wbna16614865 (14.01.2007, zuletzt aufgerufen 29.12.2024)
30. Young W: Review of lithium effects on brain and blood. Cell Transplant. 2009, 18:951-75. doi: 10.3727/096368909X471251.
31. Cleaveland SA: A case of poisoning by lithium. Presenting some new features. JAMA. 1913, 60:722. doi: 10.1001/jama.1913.04340100014005.
32. Grafik inspiriert durch Dr. med. Christian Schellenberg
33. Gallicchio VS & Chen MG: Modulation of murine pluripotential stem cell proliferation in vivo by lithium carbonate. Blood. 1980, 56:1150-1152. https://pubmed.ncbi.nlm.nih.gov/7437517/; Gallicchio VS & Chen MG: Influence of lithium on proliferation of hematopoietic stem cells. Exp Hematol. 1981, 9:804-810, https://pubmed.ncbi.nlm.nih.gov/7318982/; Wang Q et al: Lithium, an anti-psychotic drug, greatly enhances the generation of induced pluripotent stem cells. Cell Res. 2011, 21:1424-1435. doi: 10.1038/cr.2011.108.
34. Schrauzer GN: Lithium: occurrence, dietary intakes, nutritional essentiality. J Am Coll Nutr. 2002, 21:14-21. doi: 10.1080/07315724.2002.10719188.
35. Gesundheitskrise bei Kindern: Kleine Änderung verbessert alles! (Praxis-Erfolg!): https://www.youtube.com/watch?v=sMEWisa-zZc (27.07.2024)
36. https://www.mayoclinic.org/drugs-supplements/lithium-oral-route/description/drg-20064603#drug-proper-use, (1.08.2024, zuletzt abgerufen am 02.02.2025)
37. Janiri D et al: Use of Lithium in Pediatric Bipolar Disorders and Externalizing Childhood- related Disorders: A Systematic Review of Randomized Controlled Trials. Curr Neuropharmacol. 2023, 21:1329-1342. doi: 10.2174/1570159X21666230126153105.
38. Gesundheitskrise bei Kindern: Kleine Änderung verbessert alles! (Praxis-Erfolg!): https://www.youtube.com/watch?v=sMEWisa-zZc (27.07.2024)

39. Echte Fallberichte: Wie Lithium Großartiges bei Kindern und Jugendlichen bewirkt (Erstaunlich!): https://www.youtube.com/watch?v=tP3dXSEKaNE&t=187s (22.09.2024)
40. Nehls M: Lithium ist essentiell, auch für Kinder. https://michael-nehls.de/lithium-fuer-kinder/ (Juni 2024)
41. Harari F et al: Environmental exposure to lithium during pregnancy and fetal size: a longitudinal study in the Argentinean Andes. Environ Int. 2015, 77:48-54. doi: 10.1016/j.envint.2015.01.011.
42. Poels EM et al: Lithium exposure during pregnancy increases fetal growth. J Psychopharmacol. 2021, 35:178-183. doi: 10.1177/0269881120940914.
43. Jacobson SJ et al: Prospective multicentre study of pregnancy outcome after lithium exposure during first trimester. Lancet. 1992, 339:530-533. doi: 10.1016/0140-6736(92)90346-5.
44. Concha G et al: High-level exposure to lithium, boron, cesium, and arsenic via drinking water in the Andes of northern Argentina. Environ Sci Technol. 2010, 44:6875-6980. doi: 10.1021/es1010384.
45. Hu J et al: Prenatal metal mixture exposure and birth weight: A two-stage analysis in two prospective cohort studies. Eco Environ Health. 2022, 1:165-171. doi: 10.1016/j.eehl.2022.09.001.
46. Quansah R et al: Association of arsenic with adverse pregnancy outcomes/infant mortality: a systematic review and meta-analysis. Environ Health Perspect. 2015, 123:412-421. doi: 10.1289/ehp.1307894.
47. Uran in Mineralwasser (Stand Mai 2009), https://www.foodwatch.org/fileadmin/foodwatch.de/news/Uran-in-Mineralwasser_20090518_01.pdf; Birke M et al: Distribution of uranium in German bottled and tap water. J Geochemical Exploration. 2010, 107: 272-282, doi: 10.1016/j.gexplo.2010.04.003.
48. Zhang W et al: Association of adverse birth outcomes with prenatal uranium exposure: A population-based cohort study. Environ Int. 2020, doi: 10.1016/j.envint.2019.105391.
49. de Roos NM et al: Serum lithium as a compliance marker for food and supplement intake. Am J Clin Nutr. 2001, 73:75-79. doi: 10.1093/ajcn/73.1.75.
50. Hassan S et al: Lithium toxicity in the setting of nonsteroidal anti-inflammatory medications. Case Rep Nephrol. 2013, doi: 10.1155/2013/839796.; Malhi GS et al: Lithium therapy and its interactions. Aust Prescr. 2020, 43:91-93. doi: 10.18773/austprescr.2020.024. Erratum in: doi: 10.18773/austprescr.2020.041.
51. Shine B et al: Long-term effects of lithium on renal, thyroid, and parathyroid function: a retrospective analysis of laboratory data. Lancet. 2015, 386:461-468. doi: 10.1016/S0140-6736(14)61842-0.
52. Broberg K et al: Lithium in drinking water and thyroid function. Environ Health Perspect. 2011, 119:827-830. doi: 10.1289/ehp.1002678.
53. Popova EV et al: Boron - A potential goiterogen? Med Hypotheses. 2017, 104:63-67. doi: 10.1016/j.mehy.2017.05.024.
54. Esform A et al: Environmental arsenic exposure and its toxicological effect on thyroid function: a systematic review. Rev Environ Health. 2021, 37:281-289. doi: 10.1515/reveh-2021-0025.
55. Alda M: Lithium in the treatment of bipolar disorder: pharmacology and pharmacogenetics. Mol Psychiatry. 2015, 20:661-670. doi: 10.1038/mp.2015.4.
56. Scotton WJ et al: Serotonin Syndrome: Pathophysiology, Clinical Features, Management, and Potential Future Directions. Int J Tryptophan Res. 2019, doi: 10.1177/1178646919873925.
57. Fields BD & Olive KA: Big bang nucleosynthesis. Nuclear Physics A. 2006, 777:208-225. doi: 10.1016/j.nuclphysa.2004.10.033.

58. Aral H & Vecchio-Sadus A: Toxicity of lithium to humans and the environment--a literature review. Ecotoxicol Environ Saf. 2008, 70:349-356. doi: 10.1016/j.ecoenv.2008.02.026.
59. Ushikubo T et al: Lithium in Jack Hills zircons: evidence for extensive weathering of Earth's earliest crust. Earth Planet Sci Lett. 2008, 272:666–676. doi: 10.1016/j.epsl.2008.05.032
60. Turekian KK & Wedepohl KH: Distribution of the Elements in Some Major Units of the Earth's Crust. GSA Bulletin. 1961, 72:175-192. doi: 10.1130/0016-7606(1961)72[175:DOTEIS]2.0.CO;2
61. Gutiérrez-Ravelo A et al: Toxic Metals (Al, Cd, Pb) and Trace Element (B, Ba, Co, Cu, Cr, Fe, Li, Mn, Mo, Ni, Sr, V, Zn) Levels in Sarpa Salpa from the North-Eastern Atlantic Ocean Region. Int J Environ Res Public Health. 2020, doi: 10.3390/ijerph17197212.; Alberghini L et al: Microplastics in Fish and Fishery Products and Risks for Human Health: A Review. Int J Environ Res Public Health. 2022, doi: 10.3390/ijerph20010789.
62. Nehls M: Die Algenöl-Revolution: Lebenswichtiges Omega-3 – Das pflanzliche Lebenselixier aus dem Meer. Heyne 2022
63. Nehls M: Herdengesundheit: Der Weg aus der Corona-Krise und die natürliche Alternative zum globalen Impfprogramm. Mental Enterprises 2022
64. Iordache AM et al: Lithium Content and Its Nutritional Beneficence, Dietary Intake, and Impact on Human Health in Edibles from the Romanian Market. Foods. 2024, doi: 10.3390/foods13040592.
65. González-Weller D et al: Dietary intake of barium, bismuth, chromium, lithium, and strontium in a Spanish population (Canary Islands, Spain). Food Chem Toxicol. 2013, 62:856-858. https://pubmed.ncbi.nlm.nih.gov/24416776/
66. Filippini T et al: Dietary Estimated Intake of Trace Elements: Risk Assessment in an Italian Population. Exposure and Health. 2020, doi: 10.1007/s12403-019-00324-w.
67. Naeem A et al: Lithium: Perspectives of nutritional beneficence, dietary intake, biogeochemistry, and biofortification of vegetables and mushrooms. Sci Total Environ. 2021, doi: 10.1016/j.scitotenv.2021.149249.
68. Kalinowska M et al: The influence of two lithium forms on the growth, L-ascorbic acid content and lithium accumulation in lettuce plants. Biol Trace Elem Res. 2013, 152:251-257. doi: 10.1007/s12011-013-9606-y.; Hawrylak-Nowak B et al: A study on selected physiological parameters of plants grown under lithium supplementation. Biol Trace Elem Res. 2012, 149:425-430. doi: 10.1007/s12011-012-9435-4.
69. Gayathri N et al: Effect of lithium on seed germination and plant growth of Amaranthus viridis. J. Appl. Nat. Sci. 2022, 14:133-139. doi: 10.31018/JANS.V14I1.3165.
70. Shahzad B et al: toxicity in plants: Reasons, mechanisms and remediation possibilities - A review. Plant Physiol Biochem. 2016, 107:104-115. doi: 10.1016/j.plaphy.2016.05.034.
71. Kavanagh L et al: Induced Plant Accumulation of Lithium. Geosciences. 2018, doi: 10.3390/geosciences8020056
72. Ammari TG et al: The occurrence of lithium in the environment of the Jordan Valley and its transfer into the food chain. Environ Geochem Health. 2011, 33:427-437. doi: 10.1007/s10653-010-9343-5.
73. Seidel U et al: Lithium (Li) concentrations [µg/L] in 381 German mineral and medicinal waters. 2020, https://www.researchgate.net/publication/341287028_Lithium_Li_concentrations_gL_in_381_German_mineral_and_medicinal_waters
74. Spitzer M & Graf H: Lithium im Trinkwasser – Lithium ins Trinkwasser? Nervenheilkunde 2010, 29:157-158, https://oparu.uni-ulm.de/items/b0382f07-6498-47f9-9b60-19800bb9aed4; Araya P et al: Lithium in Drinking Water as a Public Policy for

Suicide Prevention: Relevance and Considerations. Front Public Health. 2022, doi: 10.3389/fpubh.2022.805774.; Schrauzer GN & Shrestha KP: Lithium in drinking water and the incidences of crimes, suicides, and arrests related to drug addictions. Biol Trace Elem Res. 1990, 25:105-113. doi: 10.1007/BF02990271.

75. https://michael-nehls.de/infos/apothekenverzeichnis-fuer-lithium/
76. https://michael-nehls.de/infos/therapeutenliste-orthomolekulare-medizin/
77. Kostengünstiges Lithium - eine Anleitung. (28.06.2024) https://www.youtube.com/watch?v=4dz2oilGh-s
78. Marshall TM: Lithium as a Nutrient. J American Physicians and Surgeons.2015, 20:104-109
79. Moisa C et al: Aspects Regarding the Relationship Between the Stability of Six Magnesium Compounds and their Cellular Uptake in Mice. Revista de Chimie. 2020, 71:193-204. doi: 10.37358/RC.20.10.8364.
80. Marshall TM: Lithium as a Nutrient. J American Physicians and Surgeons.2015, 20:104-109
81. Nieper HA. The clinical applications of lithium orotate. A two years study. Agressologie. 1973, 14:407-411. https://pubmed.ncbi.nlm.nih.gov/4607169/
82. Shinoda Y et al: Functional characterization of human organic anion transporter 10 (OAT10/SLC22A13) as an orotate transporter. Drug Metab Pharmacokinet. 2022, doi: 10.1016/j.dmpk.2021.100443.
83. Bardanzellu F et al: The Human Breast Milk Metabolome in Overweight and Obese Mothers. Front Immunol. 2020, doi: 10.3389/fimmu.2020.01533.
84. Wehrmüller K et al: Orotsäuregehalt in Kuh-, Schaf- und Ziegenmilch. https://www.agrarforschungschweiz.ch/2008/07/orotsaeuregehalt-in-kuh-schaf-und-ziegenmilch/
85. Karatas F: An investigation of orotic acid levels in the breastmilk of smoking and non-smoking mothers. Eur J Clin Nutr. 2002, 56:958-960. doi: 10.1038/sj.ejcn.1601420.
86. Schiopu C et al: Magnesium Orotate and the Microbiome-Gut-Brain Axis Modulation: New Approaches in Psychological Comorbidities of Gastrointestinal Functional Disorders. Nutrients. 2022, doi: 10.3390/nu14081567.; Wright LD et al: Orotic acid, a growth factor for lactobacillus bulgaricus. J. Am. Chem. Soc. 1950, 72:2312-2313. doi: 10.1021/ja01161a544
87. Kling MA et al: Rat brain and serum lithium concentrations after acute injections of lithium carbonate and orotate. J Pharm Pharmacol. 1978, 30:368-370. doi: 10.1111/j.2042-7158.1978.tb13258.x.
88. Pacholko AG & Bekar LK: Different pharmacokinetics of lithium orotate inform why it is more potent, effective, and less toxic than lithium carbonate in a mouse model of mania. J Psychiatr Res. 2023, 164:192-201. doi: 10.1016/j.jpsychires.2023.06.012.
89. Henry C: Lithium side-effects and predictors of hypothyroidism in patients with bipolar disorder: sex differences. J Psychiatry Neurosci. 2002, 27:104-107. https://pmc.ncbi.nlm.nih.gov/articles/PMC161639/
90. Smith DF & Schou M: Kidney function and lithium concentrations of rats given an injection of lithium orotate or lithium carbonate. J Pharm Pharmacol. 1979, 31:161-163. doi: 10.1111/j.2042-7158.1979.tb13461.x.
91. Murbach TS et al: A toxicological evaluation of lithium orotate. Regul Toxicol Pharmacol. 2021, doi: 10.1016/j.yrtph.2021.104973.
92. Sartori HE: Lithium orotate in the treatment of alcoholism and related conditions. Alcohol. 1986, 3:97-100. doi: 10.1016/0741-8329(86)90018-2.
93. Fawcett J et al: A double-blind, placebo-controlled trial of lithium carbonate therapy for alcoholism. Arch Gen Psychiatry. 1987, 44:248-256. doi: 10.1001/archpsyc.1987.01800150060008.; Dorus W et al: Lithium treatment of depressed and

nondepressed alcoholics. JAMA. 1989, 262:1646-1652. https://pubmed.ncbi.nlm.nih.gov/2504944/
94. de la Fuente JR et al: A controlled study of lithium carbonate in the treatment of alcoholism. Mayo Clin Proc. 1989, 64:177-180. doi: 10.1016/s0025-6196(12)65672-9.
95. Pacholko AG & Bekar LK: Lithium orotate: A superior option for lithium therapy? Brain Behav. 2021, doi: 10.1002/brb3.2262.
96. Tyrer SP et al: Bioavailability of lithium carbonate and lithium citrate: a comparison of two controlled-release preparations. Pharmatherapeutica. 1982, 3:243-246. https://pubmed.ncbi.nlm.nih.gov/6815664/
97. Olbrich R et al: Lithium in the treatment of chronic alcoholic patients with brain damage--a controlled study. Nervenarzt. 1991, 62:182-186. https://pubmed.ncbi.nlm.nih.gov/2052117/
98. Daunderer M: Lithium aspartate in drug dependence. Fortschr Med. 1982, 100:1500-1502. https://pubmed.ncbi.nlm.nih.gov/7129311/
99. Morrison JM Jr et al: Plasma and brain lithium levels after lithium carbonate and lithium chloride administration by different routes in rats. Proc Soc Exp Biol Med. 1971, 137:889-892. doi: 10.3181/00379727-137-35687.
100. Edström A & Persson G: Comparison of side effects with coated lithium carbonate tablets and lithium sulphate preparations giving medium-slow and slow-release. Acta Psychiatr Scand. 1977, 55:153-158. doi: 10.1111/j.1600-0447.1977.tb00152.x.
101. Sim W et al: Antimicrobial Silver in Medicinal and Consumer Applications: A Patent Review of the Past Decade (2007-2017). Antibiotics (Basel). 2018, doi: 10.3390/antibiotics7040093.
102. Mauermann J & Bauer W: Kolloide Mineralien & Spurenelemente in kolloidaler Form. https://alternativgesund.de/media/4c/b2/8e/1699756401/eBook-Jutta-Mauermann-Kolloide-6-Auflage.pdf, S.63
103. Marshall TM: Lithium as a nutrient. J Am Phys Sur. 2015, 20:104-109. https://www.jpands.org/vol20no4/marshall.pdf

Kapitel 4

1. Zipfel C: Plant pattern-recognition receptors. Trends Immunol. 2014, 35:345-351. doi: 10.1016/j.it.2014.05.004.
2. Li D & Wu M: Pattern recognition receptors in health and diseases. Signal Transduct Target Ther. 2021, doi: 10.1038/s41392-021-00687-0.
3. Zhao Y et al: SARS-CoV-2 spike protein interacts with and activates TLR4. Cell Res. 2021, 31:818-820. doi: 10.1038/s41422-021-00495-9. Erratum in: doi: 10.1038/s41422-021-00501-0.
4. Ko R & Lee SY: Glycogen synthase kinase 3β in Toll-like receptor signaling. BMB Rep. 2016, 49:305-310. doi: 10.5483/bmbrep.2016.49.6.059.
5. Shirato K & Kizaki T: SARS-CoV-2 spike protein S1 subunit induces pro-inflammatory responses via toll-like receptor 4 signaling in murine and human macrophages. Heliyon. 2021, doi: 10.1016/j.heliyon.2021.e06187.
6. Hanamsagar R et al: Inflammasome activation and IL-1β/IL-18 processing are influenced by distinct pathways in microglia. J Neurochem. 2011, 119:736-748. doi: 10.1111/j.1471-4159.2011.07481.x.
7. Dong H et al: Lithium ameliorates lipopolysaccharide-induced microglial activation via inhibition of toll-like receptor 4 expression by activating the PI3K/Akt/FoxO1 pathway. J Neuroinflammation. 2014, doi: 10.1186/s12974-014-0140-4.
8. Yu H et al: Targeting NF-κB pathway for the therapy of diseases: mechanism and clinical study. Signal Transduct Target Ther. 2020, doi: 10.1038/s41392-020-00312-6.

9. Liu T et al: NF-κB signaling in inflammation. Signal Transduct Target Ther. 2017, doi: 10.1038/sigtrans.2017.23.
10. Bransfield RC: Suicide and Lyme and associated diseases. Neuropsychiatr Dis Treat. 2017, 13:1575-1587. doi: 10.2147/NDT.S136137.
11. Butler L & Walker KA: The Role of Chronic Infection in Alzheimer's Disease: Instigators, Co-conspirators, or Bystanders? Curr Clin Microbiol Rep. 2021, 8:199-212. doi: 10.1007/s40588-021-00168-6.
12. Nehls M: Das indoktrinierte Gehirn: Wie wir den globalen Angriff auf unsere mentale Freiheit erfolgreich abwehren. Mental Enterprises 2023, S. 168-201
13. Zhao Y et al: SARS-CoV-2 spike protein interacts with and activates TLR4. Cell Res. 2021, 31:818-820. doi: 10.1038/s41422-021-00495-9. Erratum in: doi: 10.1038/s41422-021-00501-0.; Shirato K & Kizaki T: SARS-CoV-2 spike protein S1 subunit induces pro-inflammatory responses via toll-like receptor 4 signaling in murine and human macrophages.
14. Roh JS & Sohn DH: Damage-Associated Molecular Patterns in Inflammatory Diseases. Immune Netw. 2018, doi: 10.4110/in.2018.18.e27.
15. Nikolopoulos D et al: Microglia activation in the presence of intact blood-brain barrier and disruption of hippocampal neurogenesis via IL-6 and IL-18 mediate early diffuse neuropsychiatric lupus. Ann Rheum Dis. 2023, 82:646-657. doi: 10.1136/ard-2022-223506.
16. Shim SS & Stutzmann GE: Inhibition of Glycogen Synthase Kinase-3: An Emerging Target in the Treatment of Traumatic Brain Injury. J Neurotrauma. 2016, 33:2065-2076. doi: 10.1089/neu.2015.4177.
17. Leeds PR et al: A new avenue for lithium: intervention in traumatic brain injury. ACS Chem Neurosci. 2014, 5:422-433. doi: 10.1021/cn500040g.
18. Liu YP et al: Tumor necrosis factor-alpha and interleukin-18 modulate neuronal cell fate in embryonic neural progenitor culture. Brain Res. 2005, 1054:152-158. doi: 10.1016/j.brainres.2005.06.085.; Wu MD et al: Adult murine hippocampal neurogenesis is inhibited by sustained IL-1β and not rescued by voluntary running. Brain Behav Immun. 2012, 26:292-300. doi: 10.1016/j.bbi.2011.09.012.; Kong X et al: JAK2/STAT3 signaling mediates IL-6-inhibited neurogenesis of neural stem cells through DNA demethylation/methylation. Brain Behav Immun. 2019, 79:159-173. doi: 10.1016/j.bbi.2019.01.027.
19. Patterson ZR & Holahan MR: Understanding the neuroinflammatory response following concussion to develop treatment strategies. Front Cell Neurosci. 2012, doi: 10.3389/fncel.2012.00058.
20. Hill AS et al: Increasing Adult Hippocampal Neurogenesis is Sufficient to Reduce Anxiety and Depression-Like Behaviors. Neuropsychopharmacology. 2015, 40:2368-2378. doi: 10.1038/npp.2015.85.
21. Lupien SJ et al: Cortisol levels during human aging predict hippocampal atrophy and memory deficits. Nat Neurosci. 1998, 1:69-73. doi: 10.1038/271.
22. Roberts AL et al: Exposure to American Football and Neuropsychiatric Health in Former National Football League Players: Findings From the Football Players Health Study. Am J Sports Med. 2019 Oct;47(12):2871-2880. doi: 10.1177/0363546519868989.
23. Lehman EJ et al: Neurodegenerative causes of death among retired National Football League players. Neurology. 2012, 79:1970-1974. doi: 10.1212/WNL.0b013e31826daf50.
24. Bruce HJ et al: American Football Play and Parkinson Disease Among Men. JAMA Netw Open. 2023, doi: 10.1001/jamanetworkopen.2023.28644.
25. Batty GD et al: Dementia in former amateur and professional contact sports partici-

pants: population-based cohort study, systematic review, and meta-analysis. EClinicalMedicine. 2023, doi: 10.1016/j.eclinm.2023.102056.
26. Jope RS et al: Stressed and Inflamed, Can GSK3 Be Blamed? Trends Biochem Sci. 2017, 42:180-192. doi: 10.1016/j.tibs.2016.10.009.
27. Fleshner M et al: Danger Signals and Inflammasomes: Stress-Evoked Sterile Inflammation in Mood Disorders. Neuropsychopharmacology. 2017, 42:36-45. doi: 10.1038/npp.2016.125.
28. Cheng Y et al: Stress-induced neuroinflammation is mediated by GSK3-dependent TLR4 signaling that promotes susceptibility to depression-like behavior. Brain Behav Immun. 2016, 53:207-222. doi: 10.1016/j.bbi.2015.12.012.; Fleshner M et al: Cat exposure induces both intra- and extracellular Hsp72: the role of adrenal hormones. Psychoneuroendocrinology. 2004, 29:1142-1152. doi: 10.1016/j.psyneuen.2004.01.007.
29. Slavich GM & Irwin MR: From stress to inflammation and major depressive disorder: a social signal transduction theory of depression. Psychol Bull. 2014, 140:774-815. doi: 10.1037/a0035302.; Miller AH & Raison CL: The role of inflammation in depression: from evolutionary imperative to modern treatment target. Nat Rev Immunol. 2016, 16:22-34. doi: 10.1038/nri.2015.5.
30. Danese A et al: Elevated inflammation levels in depressed adults with a history of childhood maltreatment. Arch Gen Psychiatry. 2008, 65:409-415. doi: 10.1001/archpsyc.65.4.409.; Fleshner M et al: Danger Signals and Inflammasomes: Stress-Evoked Sterile Inflammation in Mood Disorders. Neuropsychopharmacology. 2017, 42:36-45. doi: 10.1038/npp.2016.125.
31. Felger JC et al: Inflammation and immune function in post-traumatic stress disorder: mechanisms, consequences and translational implications In: Ressler KJ, Liberzon I(eds) Neurobiology of Posttraumatic Stress Disorder. Oxford Press 2016
32. Xie H et al: Relationship of Hippocampal Volumes and Posttraumatic Stress Disorder Symptoms Over Early Posttrauma Periods. Biol Psychiatry Cogn Neurosci Neuroimaging. 2018, 3:968-975. doi: 10.1016/j.bpsc.2017.11.010.; Logue MW et al: Smaller Hippocampal Volume in Posttraumatic Stress Disorder: A Multisite ENIGMA-PGC Study: Subcortical Volumetry Results From Posttraumatic Stress Disorder Consortia. Biol Psychiatry 2018, 83:244-253. https://www.ncbi.nlm.nih.gov/pmc/articles/PMC5951719/
33. Berntsen D & Rubin DC: Pretraumatic Stress Reactions in Soldiers Deployed to Afghanistan. Clin Psychol Sci 2015, 3:663-674. https://www.ncbi.nlm.nih.gov/pmc/articles/PMC4564108
34. Logue MW et al: Smaller Hippocampal Volume in Posttraumatic Stress Disorder: A Multisite ENIGMA-PGC Study: Subcortical Volumetry Results From Posttraumatic Stress Disorder Consortia. Biol Psychiatry. 2018, 83:244-253. doi: 10.1016/j.biopsych.2017.09.006.
35. Prieto S et al: Posttraumatic stress symptom severity predicts cognitive decline beyond the effect of Alzheimer's disease biomarkers in Veterans. Transl Psychiatry. 2023, doi: 10.1038/s41398-023-02354-0.
36. Schultze-Florey CR et al: When grief makes you sick: bereavement induced systemic inflammation is a question of genotype. Brain Behav Immun. 2012, 26:1066-1071. doi: 10.1016/j.bbi.2012.06.009.; Brown, R. L., LeRoy AS et al: Grief Symptoms Promote Inflammation During Acute Stress Among Bereaved Spouses. Psychological Science. 2022, 33:859-873. doi 10.1177/09567976211059502.
37. Marsland AL et al: Interleukin-6 covaries inversely with hippocampal grey matter volume in middle-aged adults. Biol Psychiatry. 2008, 64:484-490. doi: 10.1016/j.biopsych.2008.04.016.

38. Nehls M: Die Methusalem-Strategie: Vermeiden, was uns daran hindert, gesund älter und weiser zu werden. Mental Enterprises 2011
39. Nehls M: Die Formel gegen Alzheimer: Die Gebrauchsanweisung für ein gesundes Leben - Ganz einfach vorbeugen und rechtzeitig heilen. Heyne 2018
40. Nehls M: Das indoktrinierte Gehirn: Wie wir den globalen Angriff auf unsere mentale Freiheit erfolgreich abwehren. Mental Enterprises 2023
41. Sutin AR et al: Purpose in life and stress: An individual-participant meta-analysis of 16 samples. J Affect Disord. 2024 Jan 15;345:378-385. doi: 10.1016/j.jad.2023.10.149.
42. Hassamal S: Chronic stress, neuroinflammation, and depression: an overview of pathophysiological mechanisms and emerging anti-inflammatories. Front Psychiatry. 2023, doi: 10.3389/fpsyt.2023.1130989.
43. Guimond AJ et al: Sense of purpose in life and inflammation in healthy older adults: A longitudinal study. Psychoneuroendocrinology. 2022, doi: 10.1016/j.psyneuen.2022.105746.
44. Kim ES et al: Sense of Purpose in Life and Subsequent Physical, Behavioral, and Psychosocial Health: An Outcome-Wide Approach. Am J Health Promot. 2022, 36:137-147. doi: 10.1177/08901171211038545.
45. Britt KC et al: The association between religious beliefs and values with inflammation among Middle-age and older adults. Aging Ment Health. 2024, 28:1343-1350. doi: 10.1080/13607863.2024.2335390.; Vagnini KM et al: Multidimensional Religiousness and Spirituality Are Associated With Lower Interleukin-6 and C-Reactive Protein at Midlife: Findings From the Midlife in the United States Study. Ann Behav Med. 2024, 58:552-562. doi: 10.1093/abm/kaae032.
46. Muscatell KA et al: Socioeconomic status and inflammation: a meta-analysis. Mol Psychiatry. 2020, 25:2189-2199. doi: 10.1038/s41380-018-0259-2.
47. Al Omran AJ et al: Social Isolation Induces Neuroinflammation And Microglia Overactivation, While Dihydromyricetin Prevents And Improves Them. J Neuroinflammation. 2022 Jan, doi: 10.1186/s12974-021-02368-9.
48. Roh JH et al: A potential association between COVID-19 vaccination and development of Alzheimer's disease. QJM. 2024, 117:709-716. doi: 10.1093/qjmed/hcae103.
49. Du Preez A et al: Chronic stress followed by social isolation promotes depressive-like behaviour, alters microglial and astrocyte biology and reduces hippocampal neurogenesis in male mice. Brain Behav Immun. 2021, 91:24-47. doi: 10.1016/j.bbi.2020.07.015.
50. Duffner LA et al: Associations between social health factors, cognitive activity and neurostructural markers for brain health - A systematic literature review and meta-analysis. Ageing Res Rev. 2023, doi: 10.1016/j.arr.2023.101986.
51. Charlton T et al: Brain-derived neurotrophic factor (BDNF) has direct anti-inflammatory effects on microglia. Front Cell Neurosci. 2023, doi: 10.3389/fncel.2023.1188672.; Yuan L et al: Oxytocin inhibits lipopolysaccharide-induced inflammation in microglial cells and attenuates microglial activation in lipopolysaccharide-treated mice. J Neuroinflammation. 2016, doi: 10.1186/s12974-016-0541-7.; Leuner B et al: Oxytocin stimulates adult neurogenesis even under conditions of stress and elevated glucocorticoids. Hippocampus. 2012, 22:861-868. doi: 10.1002/hipo.20947.
52. Goodin BR et al: Oxytocin - a multifunctional analgesic for chronic deep tissue pain. Curr Pharm Des. 2015, 21:906-913. doi: 10.2174/1381612820666141027111843..
53. Nehls M: Unified theory of Alzheimer's disease (UTAD): implications for prevention and curative therapy. J Mol Psychiatry. 2016, doi: 10.1186/s40303-016-0018-8.
54. Mee-Inta O et al: Physical Exercise Inhibits Inflammation and Microglial Activation. Cells. 2019, doi: 10.3390/cells8070691.

55. Mahalakshmi B et al: Possible Neuroprotective Mechanisms of Physical Exercise in Neurodegeneration. Int J Mol Sci. 2020, doi: 10.3390/ijms21165895.
56. Lourenco MV et al: Exercise-linked FNDC5/irisin rescues synaptic plasticity and memory defects in Alzheimer's models. Nat Med. 2019, 25:165-175. doi: 10.1038/s41591-018-0275-4.; Islam MR, Valaris S, Young MF, Haley EB, Luo R, Bond SF, Mazuera S, Kitchen RR, Caldarone BJ, Bettio LEB, Christie BR, Schmider AB, Soberman RJ, Besnard A, Jedrychowski MP, Kim H, Tu H, Kim E, Choi SH, Tanzi RE, Spiegelman BM, Wrann CD. Exercise hormone irisin is a critical regulator of cognitive function. Nat Metab. 2021, 3:1058-1070. doi: 10.1038/s42255-021-00438-z.
57. Slate-Romano JJ et al: Irisin reduces inflammatory signaling pathways in inflammation-mediated metabolic syndrome. Mol Cell Endocrinol. 2022, doi: 10.1016/j.mce.2022.111676.; Islam MR et al: Exercise hormone irisin is a critical regulator of cognitive function. Nat Metab. 2021, 3:1058-1070. doi: 10.1038/s42255-021-00438-z. Erratum in doi: 10.1038/s42255-021-00476-7.
58. Kalluru PKR et al: Role of erythropoietin in the treatment of Alzheimer's disease: the story so far. Ann Med Surg (Lond). 2024, 86:3608-3614. doi: 10.1097/MS9.0000000000002113.
59. Erickson KI et al: Exercise training increases size of hippocampus and improves memory. Proc Natl Acad Sci USA. 2011, 108:3017-3022. doi: 10.1073/pnas.1015950108.
60. Kip E & Parr-Brownlie LC: Healthy lifestyles and wellbeing reduce neuroinflammation and prevent neurodegenerative and psychiatric disorders. Front Neurosci. 2023, doi: 10.3389/fnins.2023.1092537.
61. Song S et al: Does Exercise Affect Telomere Length? A Systematic Review and Meta-Analysis of Randomized Controlled Trials. Medicina (Kaunas). 2022, doi: 10.3390/medicina58020242.
62. von Holstein-Rathlou S et al: Voluntary running enhances glymphatic influx in awake behaving, young mice. Neurosci Lett. 2018, 662:253-258. doi: 10.1016/j.neulet.2017.10.035.
63. Karl JP et al: Effects of Psychological, Environmental and Physical Stressors on the Gut Microbiota. Front Microbiol. 2018, doi: 10.3389/fmicb.2018.02013.; Gubert C et al: Exercise, diet and stress as modulators of gut microbiota: Implications for neurodegenerative diseases. Neurobiol Dis. 2020, doi: 10.1016/j.nbd.2019.104621.
64. Park J et al: Effects of Long-Term Endurance Exercise and Lithium Treatment on Neuroprotective Factors in Hippocampus of Obese Rats. Int J Environ Res Public Health. 2020, doi: 10.3390/ijerph17093317.
65. Buxton OM et al: Acute and delayed effects of exercise on human melatonin secretion. J Biol Rhythms. 1997, 12:568-574. doi: 10.1177/074873049701200611.; Reiter RJ et al: Melatonin and its relation to the immune system and inflammation. Ann N Y Acad Sci. 2000, 917:376-386. doi: 10.1111/j.1749-6632.2000.tb05402.x.; Masternak MM & Bartke A: Growth hormone, inflammation and aging. Pathobiol Aging Age Relat Dis. 2012, doi: 10.3402/pba.v2i0.17293.; Soler Palacios B et al: Growth Hormone Reprograms Macrophages toward an Anti-Inflammatory and Reparative Profile in an MAFB-Dependent Manner. J Immunol. 2020, 205:776-788. doi: 10.4049/jimmunol.1901330.
66. Jiang L et al: Association of Sedentary Behavior With Anxiety, Depression, and Suicide Ideation in College Students. Front Psychiatry. 2020, doi: 10.3389/fpsyt.2020.566098.
67. Hurtado-Alvarado G et al:-Brain Barrier Disruption Induced by Chronic Sleep Loss: Low-Grade Inflammation May Be the Link. J Immunol Res. 2016, doi: 10.1155/2016/4576012.
68. Xie L et al: Sleep drives metabolite clearance from the adult brain. Science. 2013,

342:373-377. doi: 10.1126/science.1241224.; Hablitz LM & Nedergaard M: The Glymphatic System: A Novel Component of Fundamental Neurobiology. J Neurosci. 2021, 41:7698-7711. doi: 10.1523/JNEUROSCI.0619-21.2021.
69. Nehls M: Das erschöpfte Gehirn: Der Ursprung unserer mentalen Energie – und warum sie schwindet - Willenskraft, Kreativität und Fokus zurückgewinnen. Heyne 2022
70. LaRocca TJ et al: Amyloid beta acts synergistically as a pro-inflammatory cytokine. Neurobiol Dis. 2021, doi: 10.1016/j.nbd.2021.105493.
71. Cell Press Release: How deep sleep clears a mouse's mind, literally. 8. January 2025, https://www.eurekalert.org/news-releases/1069271
72. Hauglund NL et al: Norepinephrine-mediated slow vasomotion drives glymphatic clearance during sleep. Cell. 2025, doi: 10.1016/j.cell.2024.11.027.
73. Billioti de Gage S et al: Benzodiazepine use and risk of Alzheimer's disease: case-control study. BMJ. 2014, doi: 10.1136/bmj.g5205.
74. Walker LC & LeVine H: The cerebral proteopathies: neurodegenerative disorders of protein conformation and assembly. Mol Neurobiol. 2000, 21:83-95. doi: 10.1385/MN:21:1-2:083.
75. Mahalakshmi AM et al: Impact of Sleep Deprivation on Major Neuroinflammatory Signal Transduction Pathways. Sleep Vigilance. 2022, 6:101-114. doi: 10.1007/s41782-022-00203-6.
76. Stickgold R: How do I remember? Let me count the ways. Sleep Med Rev. 2009, 13:305-308. doi: 10.1016/j.smrv.2009.05.004.
77. Oldridge V: Dr. Robert Stickgold on: 'We Are What We Sleep,' and Rethinking Going to Bed Angry. Truffld. 2021, https://truffld.com/what-really-happens-when-we-sleep-and-how-memories-form-our-sense-of-self/
78. Pascoe MC et al: Mindfulness mediates the physiological markers of stress: Systematic review and meta-analysis. J Psychiatr Res. 2017, 95:156-178. doi: 10.1016/j.jpsychires.2017.08.004.; Twal WO et al: Yogic breathing when compared to attention control reduces the levels of pro-inflammatory biomarkers in saliva: a pilot randomized controlled trial. BMC Complement Altern Med. 2016, doi: 10.1186/s12906-016-1286-7.
79. Buric I et al: What Is the Molecular Signature of Mind-Body Interventions? A Systematic Review of Gene Expression Changes Induced by Meditation and Related Practices. Front Immunol. 2017, doi: 10.3389/fimmu.2017.00670.
80. Kip E & Parr-Brownlie LC: Healthy lifestyles and wellbeing reduce neuroinflammation and prevent neurodegenerative and psychiatric disorders. Front Neurosci. 2023, doi: 10.3389/fnins.2023.1092537.
81. Orlich MJ et al: Vegetarian dietary patterns and mortality in Adventist Health Study 2. JAMA Intern Med. 2013, 173:1230-1238. doi: 10.1001/jamainternmed.2013.6473.
82. Buettner D: The Secrets of a Long Life. National Geographic 2005, https://web.archive.org/web/20071211162254/http://ngm.nationalgeographic.com/ngm/0511/feature1/
83. Schrauzer GN: Lithium: occurrence, dietary intakes, nutritional essentiality. J Am Coll Nutr. 2002, 21:14-21. doi: 10.1080/07315724.2002.10719188.
84. Nehls M: Die Algenöl-Revolution: Lebenswichtiges Omega-3 – Das pflanzliche Lebenselixier aus dem Meer. Heyne 2022
85. Rekatsina M et al: Pathophysiology and Therapeutic Perspectives of Oxidative Stress and Neurodegenerative Diseases: A Narrative Review. Adv Ther. 2020, 37:113-139. doi: 10.1007/s12325-019-01148-5.
86. Itsiopoulos C et al: The anti-inflammatory effects of a Mediterranean diet: a review. Curr Opin Clin Nutr Metab Care. 2022, 25:415-422. doi: 10.1097/MCO.0000000000000872.

87. Valera-Gran D et al: The Impact of Foods, Nutrients, or Dietary Patterns on Telomere Length in Childhood and Adolescence: A Systematic Review. Nutrients. 2022, doi: 10.3390/nu14193885.
88. Gabel K, Hamm A et al: A Narrative Review of Intermittent Fasting With Exercise. J Acad Nutr Diet. 2025, 125:153-171. doi: 10.1016/j.jand.2024.05.015.
89. Regmi P & Heilbronn LK: Time-Restricted Eating: Benefits, Mechanisms, and Challenges in Translation. iScience. 2020, doi: 10.1016/j.isci.2020.101161.
90. McCarty MF et al: Ketosis may promote brain macroautophagy by activating Sirt1 and hypoxia-inducible factor-1. Med Hypotheses. 2015, 85:631-639. doi: 10.1016/j.mehy.2015.08.002.
91. Madhavan SS et al: β-hydroxybutyrate is a metabolic regulator of proteostasis in the aged and Alzheimer disease brain. Cell Chem Biol. 2025, 32:174-191.e8. doi: 10.1016/j.chembiol.2024.11.001.
92. Irfannuddin I et al: The effect of ketogenic diets on neurogenesis and apoptosis in the dentate gyrus of the male rat hippocampus. J Physiol Sci. 2021, doi: 10.1186/s12576-020-00786-7.
93. Gudden J et al: The Effects of Intermittent Fasting on Brain and Cognitive Function. Nutrients. 2021, doi: 10.3390/nu13093166.
94. Vasconcelos AR et al: Effects of intermittent fasting on age-related changes on Na,K-ATPase activity and oxidative status induced by lipopolysaccharide in rat hippocampus. Neurobiol Aging. 2015, 36:1914-1923. doi: 10.1016/j.neurobiolaging.2015.02.020.
95. Di Majo D et al: Ketogenic and Modified Mediterranean Diet as a Tool to Counteract Neuroinflammation in Multiple Sclerosis: Nutritional Suggestions. Nutrients. 2022, doi: 10.3390/nu14122384.
96. Ojha U et al: Intermittent fasting protects the nigral dopaminergic neurons from MPTP-mediated dopaminergic neuronal injury in mice. J Nutr Biochem. 2023, doi: 10.1016/j.jnutbio.2022.109212.
97. Pinto A et al: Anti-Oxidant and Anti-Inflammatory Activity of Ketogenic Diet: New Perspectives for Neuroprotection in Alzheimer's Disease. Antioxidants (Basel). 2018, doi: 10.3390/antiox7050063.
98. Song X et al: Advanced glycation in D-galactose induced mouse aging model. Mech Ageing Dev. 1999, 108:239-251. doi: 10.1016/s0047-6374(99)00022-6.
99. Yan L et al: RAGE-TLR4 Crosstalk Is the Key Mechanism by Which High Glucose Enhances the Lipopolysaccharide-Induced Inflammatory Response in Primary Bovine Alveolar Macrophages. Int J Mol Sci. 2023, doi: 10.3390/ijms24087007.
100. Rahim NS et al: Virgin Coconut Oil-Induced Neuroprotection in Lipopolysaccharide-Challenged Rats is Mediated, in Part, Through Cholinergic, Anti-Oxidative and Anti-Inflammatory Pathways. J Diet Suppl. 2021, 18:655-681. doi: 10.1080/19390211.2020.1830223.
101. Nehls M: Das erschöpfte Gehirn: Der Ursprung unserer mentalen Energie – und warum sie schwindet - Willenskraft, Kreativität und Fokus zurückgewinnen. Heyne 2022
102. Cignarella F et al: Intermittent Fasting Confers Protection in CNS Autoimmunity by Altering the Gut Microbiota. Cell Metab. 2018, 27:1222-1235. doi: 10.1016/j.cmet.2018.05.006.
103. Kip E & Parr-Brownlie LC: Healthy lifestyles and wellbeing reduce neuroinflammation and prevent neurodegenerative and psychiatric disorders. Front Neurosci. 2023, doi: 10.3389/fnins.2023.1092537.
104. Amagase Y et al: Peripheral Regulation of Central Brain-Derived Neurotrophic Factor Expression through the Vagus Nerve. Int J Mol Sci. 2023, doi: 10.3390/ijms24043543.

105. Fang YT et al: Neuroimmunomodulation of vagus nerve stimulation and the therapeutic implications. Front Aging Neurosci. 2023, doi: 10.3389/fnagi.2023.1173987.
106. Sean Cuthbert S: The Soul Nerve and Trauma Recovery. https://www.seancuthbert.com/post/the-vagus-and-trauma-recovery (21.07.2024, zuletzt aufgerufen am 28.01.2025); Menakem R: My Grandmother's Hands: Racialized Trauma and the Pathway to Mending Our Hearts and Bodies. Central Recovery Press 2017
107. O'Leary OF et al: The vagus nerve modulates BDNF expression and neurogenesis in the hippocampus. Eur Neuropsychopharmacol. 2018, 28:307-316. doi: 10.1016/j.euroneuro.2017.12.004.; Molska M et al: The Influence of Intestinal Microbiota on BDNF Levels. Nutrients. 2024, doi: 10.3390/nu16172891.
108. Kip E & Parr-Brownlie LC: Healthy lifestyles and wellbeing reduce neuroinflammation and prevent neurodegenerative and psychiatric disorders. Front Neurosci. 2023, doi: 10.3389/fnins.2023.1092537.
109. Cryan JF & Dinan TG: Mind-altering microorganisms: the impact of the gut microbiota on brain and behaviour. Nat Rev Neurosci. 2012, 13(:701-712. doi: 10.1038/nrn3346.
110. Siopi E et al: Gut microbiota changes require vagus nerve integrity to promote depressive-like behaviors in mice. Mol Psychiatry. 2023, 28:3002-3012. doi: 10.1038/s41380-023-02071-6.; Amagase Y et al: Peripheral Regulation of Central Brain-Derived Neurotrophic Factor Expression through the Vagus Nerve. Int J Mol Sci. 2023, doi: 10.3390/ijms24043543.
111. Nehls M: Das erschöpfte Gehirn: Der Ursprung unserer mentalen Energie – und warum sie schwindet - Willenskraft, Kreativität und Fokus zurückgewinnen. Heyne 2022
112. Cresto N et al: Pesticides at brain borders: Impact on the blood-brain barrier, neuroinflammation, and neurological risk trajectories. Chemosphere. 2023, doi: 10.1016/j.chemosphere.2023.138251.; Vellingiri B et al: Neurotoxicity of pesticides - A link to neurodegeneration. Ecotoxicol Environ Saf. 2022, doi: 10.1016/j.ecoenv.2022.113972.; Arab A & Mostafalou S: Neurotoxicity of pesticides in the context of CNS chronic diseases. Int. J. Environ. Health Res. 2022, 32:2718-2755. doi: 10.1080/09603123.2021.1987396.; Xiao J et al: Pesticides exposure and dopaminergic neurodegeneration. Expos. Health. 2021, 13:295-306. doi: 10.1007/s12403-021-00384-x.
113. Moon JH: Health effects of electromagnetic fields on children. Clin Exp Pediatr. 2020, 63:422-428. doi: 10.3345/cep.2019.01494.; Acharya SR et al: Electromagnetic Field Exposure in Kindergarten Children: Responsive Health Risk Concern. Front Pediatr. 2021, doi: 10.3389/fped.2021.694407.; https://michael-nehls.de/infos/5g-und-mobilfunk-im-allgemeinen/
114. Dudek Ł et al: Silicon in prevention of atherosclerosis and other age-related diseases. Front Cardiovasc Med. 2024, doi: 10.3389/fcvm.2024.1370536.
115. Sripanyakorn S et al: The comparative absorption of silicon from different foods and food supplements. Br J Nutr. 2009, 102:825-834. doi: 10.1017/S0007114509311757.; Prescha A et al: Dietary Silicon and Its Impact on Plasma Silicon Levels in the Polish Population. Nutrients. 2019, doi: 10.3390/nu11050980.
116. Nehls M: Die Formel gegen Alzheimer: Die Gebrauchsanweisung für ein gesundes Leben - Ganz einfach vorbeugen und rechtzeitig heilen. Heyne 2018, S. 161/162
117. Vafaee F et al: Alpha-lipoic acid, as an effective agent against toxic elements: a review. Naunyn Schmiedebergs Arch Pharmacol. 2024, doi: 10.1007/s00210-024-03576-9.; Saleh HM et al: Efficacy of α-lipoic acid against cadmium toxicity on metal ion and oxidative imbalance, and expression of metallothionein and antioxidant genes in rabbit brain. Environ Sci Pollut Res Int. 2017, 24:24593-24601. doi: 10.1007/s11356-017-0158-0.

118. Salehi B et al: Insights on the Use of α-Lipoic Acid for Therapeutic Purposes. Biomolecules. 2019, doi: 10.3390/biom9080356.
119. Brown EE et al: Psychiatric benefits of lithium in water supplies may be due to protection from the neurotoxicity of lead exposure. Med Hypotheses. 2018, 115:94-102. doi: 10.1016/j.mehy.2018.04.005.
120. Bhalla P et al: Protective role of lithium during aluminium-induced neurotoxicity. Neurochem Int. 2010, 56:256-262. doi: 10.1016/j.neuint.2009.10.009.
121. Lazzara CA & Kim YH: Potential application of lithium in Parkinson's and other neurodegenerative diseases. Front Neurosci. 2015, doi: 10.3389/fnins.2015.00403.
122. How our autistic ancestors played an important role in human evolution. The Conversation 2017, https://theconversation.com/how-our-autistic-ancestors-played-an-important-role-in-human-evolution-73477; Nehls M: Die Algenöl-Revolution: Lebenswichtiges Omega-3 – Das pflanzliche Lebenselixier aus dem Meer. Heyne 2022, S. 110
123. Long J et al: Insights into the structure and function of the hippocampus: implications for the pathophysiology and treatment of autism spectrum disorder. Front Psychiatry. 2024, doi: 10.3389/fpsyt.2024.1364858.
124. Banker SM et al: Hippocampal contributions to social and cognitive deficits in autism spectrum disorder. Trends Neurosci. 2021, 44:793-807. doi: 10.1016/j.tins.2021.08.005.
125. Hazlett HC et al: Early brain development in infants at high risk for autism spectrum disorder. Nature. 2017, 542:348-351. doi: 10.1038/nature21369.
126. Sussman D et al: The autism puzzle: Diffuse but not pervasive neuroanatomical abnormalities in children with ASD. Neuroimage Clin. 2015, 8:170-179. doi: 10.1016/j.nicl.2015.04.008.
127. Hughes HK et al: Innate immune dysfunction and neuroinflammation in autism spectrum disorder (ASD). Brain Behav Immun. 2023, 108:245-254. doi: 10.1016/j.bbi.2022.12.001.; Than UTT et al: Inflammatory mediators drive neuroinflammation in autism spectrum disorder and cerebral palsy. Sci Rep. 2023, doi: 10.1038/s41598-023-49902-8.
128. Maenner MJ et al: Prevalence and Characteristics of Autism Spectrum Disorder Among Children Aged 8 Years - Autism and Developmental Disabilities Monitoring Network, 11 Sites, United States, 2020. MMWR Surveill Summ. 2023, 72:1-14. doi: 10.15585/mmwr.ss7202a1.
129. https://www.cdc.gov/autism/data-research/index.html (16.05.2024, zuletzt aufgerufen am 04.02.2025)
130. Hill AB. The environment and disease: association or causation? Proc R Soc Med. 1965, 58:295-300. doi: 10.1177/003591576505800503.
131. Tomljenovic L & Shaw CA: Do aluminum vaccine adjuvants contribute to the rising prevalence of autism? J Inorg Biochem. 2011, 105:1489-1499. doi: 10.1016/j.jinorgbio.2011.08.008..
132. Asín J et al: Cognition and behavior in sheep repetitively inoculated with aluminum adjuvant-containing vaccines or aluminum adjuvant only. J Inorg Biochem. 2020, doi: 10.1016/j.jinorgbio.2019.110934.
133. Mawson AR & Binu J: Vaccination and Neurodevelopmental Disorders: A Study of Nine-Year-Old Children Enrolled in Medicaid. Science, Public Health Policy, and the Law. 2025, 6:2019-2025. https://publichealthpolicyjournal.com/vaccination-and-neurodevelopmental-disorders-a-study-of-nine-year-old-children-enrolled-in-medicaid/
134. Gandhi M: A Guide to Health. S. Ganesan Publisher 1921, S.107-111, https://www.gutenberg.org/files/40373/40373-h/40373-h.htm

135. https://tacanow.org/autism-prevalence/ (zuletzt abgerufen am 05.02.2025)
136. Zawadzka A et al: The Role of Maternal Immune Activation in the Pathogenesis of Autism: A Review of the Evidence, Proposed Mechanisms and Implications for Treatment. Int J Mol Sci. 2021, doi: 10.3390/ijms222111516.
137. Holland MJD & O'Toole Z (Herausgeber), Anonymous (Autor): Schildkröten bis ganz nach unten: Wissenschaft und Mythos des Impfens. The Turtles Team 2023; Humphries S & Bystrianyk R: Die Impf-Illusion: Infektionskrankheiten, Impfungen und die unterdrückten Fakten. Kopp 2018; Hirte M: Impfen Pro & Contra: Das Handbuch für die individuelle Impfentscheidung. Mit aktualisiertem Corona-Kapitel. Knaur MensSana HC 2018;
138. Lee S et al: Acute central nervous system inflammation following COVID-19 vaccination: An observational cohort study. Mult Scler. 2023, 29:595-605. doi: 10.1177/13524585231154780.
139. Roh JH et al: A potential association between COVID-19 vaccination and development of Alzheimer's disease. QJM. 2024, 117:709-716. doi: 10.1093/qjmed/hcae103.
140. https://www.cdc.gov/covid/vaccines/stay-up-to-date.html (07.01.2025, zuletzt abgerufen am 13.03.2025)
141. Dahlgren J et al: Interleukin-6 in the maternal circulation reaches the rat fetus in mid-gestation. Pediatr Res. 2006, 60:147-151. doi: 10.1203/01.pdr.0000230026.74139.18.; Mouihate A & Mehdawi H: Toll-like receptor 4-mediated immune stress in pregnant rats activates STAT3 in the fetal brain: role of interleukin-6. Pediatr Res. 2016, 79:781-787. doi: 10.1038/pr.2015.86.
142. Nikolopoulos D et al: Microglia activation in the presence of intact blood-brain barrier and disruption of hippocampal neurogenesis via IL-6 and IL-18 mediate early diffuse neuropsychiatric lupus. Ann Rheum Dis. 2023, 82:646-657. doi: 10.1136/ard-2022-223506.; Banks WA et al: Passage of cytokines across the blood-brain barrier. Neuroimmunomodulation. 1995, 2:241-248. doi: 10.1159/000097202.
143. Zawadzka A et al: The Role of Maternal Immune Activation in the Pathogenesis of Autism: A Review of the Evidence, Proposed Mechanisms and Implications for Treatment. Int J Mol Sci. 2021, doi: 10.3390/ijms222111516.
144. Mouihate A: Prenatal Activation of Toll-Like Receptor-4 Dampens Adult Hippocampal Neurogenesis in An IL-6 Dependent Manner. Front Cell Neurosci. 2016, doi: 10.3389/fncel.2016.00173.
145. Holland MJD & O'Toole Z (Herausgeber), Anonymous (Autor): Schildkröten bis ganz nach unten: Wissenschaft und Mythos des Impfens. The Turtles Team 2023, Kapitel 1: https://alschner-klartext.de/wp-content/uploads/2023/01/Schildkroeten-bis-ganz-nach-unten-Kapitel1-Leseprobe.pdf; Referenzen: https://drive.google.com/file/d/16qHPe0odDOweuCDlwIEjarF4Aiu7oyM9/view Holland MJD & O'Toole Z (Publishers), Anonymous (author): Turtles All The Way Down: Vaccine Science and Myth. The Turtles Team, 2022, Chapter 1: https://www.skepticalraptor.com/blog/wp-content/uploads/2023/05/Turtles-Book-English-Chapter-1.pdf; References: https://drive.google.com/file/d/16qHPe0odDOweuCDlwIEjarF4Aiu7oyM9/view
146. Nehls M: Das Corona-Syndrom: Wie das Virus unsere Schwächen offenlegt – und wie wir uns nachhaltig schützen können. Heyne 2021
147. Weintraub K: The prevalence puzzle: Autism counts. Nature. 2011, 479:22-24. doi: 10.1038/479022a.
148. Lathe R: Microwave Electromagnetic Radiation and Autism. EJAP. 2009, 5:11-30. 10.7790/ejap.v5i1.144.
149. Pu Y et al: Maternal glyphosate exposure causes autism-like behaviors in offspring through increased expression of soluble epoxide hydrolase. Proc Natl Acad Sci USA. 2020, 117:11753-11759. doi: 10.1073/pnas.1922287117.; Pu Y et al: Autism-li-

ke Behaviors in Male Juvenile Offspring after Maternal Glyphosate Exposure. Clin Psychopharmacol Neurosci. 2021, 19:554-558. doi: 10.9758/cpn.2021.19.3.554.
150. Zaheer J et al: Pre/post-natal exposure to microplastic as a potential risk factor for autism spectrum disorder. Environ Int. 2022, doi: 10.1016/j.envint.2022.107121.
151. Adams JB et al: Analyses of toxic metals and essential minerals in the hair of Arizona children with autism and associated conditions, and their mothers. Biol Trace Elem Res. 2006, 110:193-209. doi: 10.1385/BTER:110:3:193.
152. Wu J et al: Associations of essential element serum concentrations with autism spectrum disorder. Environmental Science and Pollution Research. 2022, doi: 10.1007/s11356-022-21978-1.
153. Wang J et al: Effects of different doses of lithium on the central nervous system in the rat valproic acid model of autism. Chem Biol Interact. 2023, doi: 10.1016/j.cbi.2022.110314.
154. Rizk M et al: Deciphering the roles of glycogen synthase kinase 3 (GSK3) in the treatment of autism spectrum disorder and related syndromes. Mol Biol Rep. 2021, 48:2669-2686. doi: 10.1007/s11033-021-06237-9.
155. Wang J et al: Effects of different doses of lithium on the central nervous system in the rat valproic acid model of autism. Chem Biol Interact. 2023, doi: 10.1016/j.cbi.2022.110314.
156. Liew Z et al: Association Between Estimated Geocoded Residential Maternal Exposure to Lithium in Drinking Water and Risk for Autism Spectrum Disorder in Offspring in Denmark. JAMA Pediatr. 2023, 177:617-624. doi: 10.1001/jamapediatrics.2023.0346.
157. van der Lugt NM et al: Fetal, neonatal and developmental outcomes of lithium-exposed pregnancies. Early Hum Dev. 2012, 88:375-378. doi: 10.1016/j.earlhumdev.2011.09.013.
158. Poels EMP et al: The effect of prenatal lithium exposure on the neuropsychological development of the child. Bipolar Disord. 2022, 24:310-319. doi: 10.1111/bdi.13133.
159. Poels EMP et al: Lithium exposure during pregnancy increases fetal growth. J Psychopharmacol. 2021, 35:178-183. doi: 10.1177/0269881120940914.
160. Lee B: Journal club: Does lithium in drinking water contribute to autism? The Transmitter. 2023, doi: 10.53053/SCBZ3308.
161. Arora M et al: Fetal and postnatal metal dysregulation in autism. Nat Commun. 2017, doi: 10.1038/ncomms15493.
162. Christensen J: Study finds slightly higher risk of autism diagnosis in areas with more lithium in drinking water, but experts say more research is needed. https://edition.cnn.com/2023/04/03/health/autism-lithium-study/index.html; https://www.focus.de/gesundheit/news/neue-studie-forscher-warnen-vor-autismus-risiko-durch-leitungswasser_id_191457988.html; https://www.rtl.de/cms/hoeheres-autismus-risiko-forscher-machen-alarmierende-leitungswasser-entdeckung-5040157.html
163. Russo AJ et al: Increased Glycogen Synthase Kinase 3 Alpha (GSK3A) in Children with Autism. EC Paediatrics. 2020, https://ecronicon.net/assets/ecpe/pdf/increased-glycogen-synthase-kinase-3-alpha-gsk3a-in-children-with-autism.pdf
164. Siegel M et al: Preliminary investigation of lithium for mood disorder symptoms in children and adolescents with autism spectrum disorder. J Child Adolesc Psychopharmacol. 2014, 24:399-402. doi: 10.1089/cap.2014.0019.
165. Boi J et al: Medium-term efficacy data of medications in children and adolescents with autism spectrum disorder: an 18 months retrospective follow up study. European Neuropsychopharmacology. 2017, doi: 10.1016/S0924-977X(17)31928-4.
166. Spinazzi NA et al: Co-occurring conditions in children with Down syndrome and autism: a retrospective study. J Neurodev Disord. 2023, doi: 10.1186/s11689-023-09478-w.

167. Contestabile A et al: Lithium rescues synaptic plasticity and memory in Down syndrome mice. J Clin Invest. 2013, 123:348-361. doi: 10.1172/JCI64650.
168. Greenblatt J: Lithium for Irritability Related to Autism. 2023, https://www.psychiatryredefined.org/lithium-for-autism-irritability/
169. Cade JF. Lithium salts in the treatment of psychotic excitement. Med J Aust. 1949, 2:349-352. doi: 10.1080/j.1440-1614.1999.06241.x.
170. Parker WF et al: Association Between Groundwater Lithium and the Diagnosis of Bipolar Disorder and Dementia in the United States. JAMA Psychiatry. 2018, 75:751-754. doi: 10.1001/jamapsychiatry.2018.1020.
171. Muneer A: Wnt and GSK3 Signaling Pathways in Bipolar Disorder: Clinical and Therapeutic Implications. Clin Psychopharmacol Neurosci. 2017, 15:100-114. doi: 10.9758/cpn.2017.15.2.100.; Luca A et al: Gsk3 Signalling and Redox Status in Bipolar Disorder: Evidence from Lithium Efficacy. Oxid Med Cell Longev. 2016, doi: 10.1155/2016/3030547.
172. Hajek T et al: Smaller hippocampal volumes in patients with bipolar disorder are masked by exposure to lithium: a meta-analysis. J Psychiatry Neurosci. 2012, 37:333-343. doi: 10.1503/jpn.110143.
173. Benedetti F et al: Lithium and GSK3-β promoter gene variants influence white matter microstructure in bipolar disorder. Neuropsychopharmacology. 2013, 38:313-327. doi: 10.1038/npp.2012.172.
174. Chepenik LG et al: Structure-function associations in hippocampus in bipolar disorder. Biol Psychol. 2012, 90:18-22. doi: 10.1016/j.biopsycho.2012.01.008.
175. Lucini-Paioni S et al: Lithium effects on Hippocampus volumes in patients with bipolar disorder. J Affect Disord. 2021, 294:521-526. doi: 10.1016/j.jad.2021.07.046.; Foland LC et al: Increased volume of the amygdala and hippocampus in bipolar patients treated with lithium. Neuroreport. 2008, 19:221-224. doi: 10.1097/WNR.0b013e3282f48108.
176. Pacholko AG, Bekar LK. Lithium orotate: A superior option for lithium therapy? Brain Behav. 2021, doi: 10.1002/brb3.2262.
177. Foland LC et al: Increased volume of the amygdala and hippocampus in bipolar patients treated with lithium. Neuroreport. 2008, 19:221-224. doi: 10.1097/WNR.0b013e3282f48108.; López-Jaramillo C et al: Increased hippocampal, thalamus and amygdala volume in long-term lithium-treated bipolar I disorder patients compared with unmedicated patients and healthy subjects. Bipolar Disord. 2017, 19:41-49. doi: 10.1111/bdi.12467.
178. Selek S et al: A longitudinal study of fronto-limbic brain structures in patients with bipolar I disorder during lithium treatment. J Affect Disord. 2013, 150:629-633. doi: 10.1016/j.jad.2013.04.020.
179. Sartori HE. Lithium orotate in the treatment of alcoholism and related conditions. Alcohol. 1986, 3:97-100. doi: 10.1016/0741-8329(86)90018-2., https://www.sciencedirect.com/science/article/abs/pii/0741832986900182
180. Anand KS & Dhikav V: Hippocampus in health and disease: An overview. Ann Indian Acad Neurol. 2012, 15:239-246. doi: 10.4103/0972-2327.104323.
181. Murray RM & Lewis SW: Is schizophrenia a neurodevelopmental disorder? Br Med J (Clin Res Ed). 1988, doi: 10.1136/bmj.296.6614.63.
182. Wegrzyn D et al: Structural and Functional Deviations of the Hippocampus in Schizophrenia and Schizophrenia Animal Models. Int J Mol Sci. 2022, doi: 10.3390/ijms23105482.
183. Lovestone S et al: Schizophrenia as a GSK-3 dysregulation disorder. Trends Neurosci. 2007, :142-149. doi: 10.1016/j.tins.2007.02.002.
184. Laxmi R & Grover S: Unmasking of schizophrenia following COVID vaccination.

Indian J Psychiatry. 2023, 65:385-386. doi: 10.4103/indianjpsychiatry.indianjpsychiatry_607_22.; Lazareva M et al: New-onset psychosis following COVID-19 vaccination: a systematic review. Front Psychiatry. 2024, doi: 10.3389/fpsyt.2024.1360338.
185. Amminger GP et al: Long-chain omega-3 fatty acids for indicated prevention of psychotic disorders: a randomized, placebo-controlled trial. Arch Gen Psychiatry. 2010, 67:146-54. doi: 10.1001/archgenpsychiatry.2009.192.
186. Amminger G et al: Longer-term outcome in the prevention of psychotic disorders by the Vienna omega-3 study. Nat Commun. 2015, doi: 10.1038/ncomms8934; Mossaheb N et al: Predictors of longer-term outcome in the Vienna omega-3 high-risk study. Schizophr Res. 2018, 193:168-172. doi: 10.1016/j.schres.2017.08.010.
187. Zhongling K et al: Neuroinflammation in a Rat Model of Tourette Syndrome. Front Behav Neurosci. 2022, doi: 10.3389/fnbeh.2022.710116.
188. Wang X et al: The inflammatory injury in the striatal microglia-dopaminergic-neuron crosstalk involved in Tourette syndrome development. Front Immunol. 2023, doi: 10.3389/fimmu.2023.1178113.
189. Rapanelli M et al: Dysregulated intracellular signaling in the striatum in a pathophysiologically grounded model of Tourette syndrome. Eur Neuropsychopharmacol. 2014, 24:1896-1906. doi: 10.1016/j.euroneuro.2014.10.007.
190. Erickson HM Jr et al: Comparison of lithium and haloperidol therapy in Gilles de la Tourette syndrome. Adv Exp Med Biol. 1977, 90:197-205. doi: 10.1007/978-1-4684-2511-6_11.; Hamra BJ et al: Remission of tics with lithium therapy: case report. J Clin Psychiatry. 1983, 44:73-74. https://pubmed.ncbi.nlm.nih.gov/6402503/
191. Nunes PM et al: Volumes of the hippocampus and amygdala in patients with borderline personality disorder: a meta-analysis. J Pers Disord. 2009, 23:333-345. doi: 10.1521/pedi.2009.23.4.333.
192. Carcone D et al: Disrupted Relationship between Hippocampal Activation and Subsequent Memory Performance in Borderline Personality Disorder. J Affect Disord. 2020, 274:1041-1048. doi: 10.1016/j.jad.2020.05.050.
193. Zetzsche T et al: Hippocampal volume reduction and history of aggressive behaviour in patients with borderline personality disorder. Psychiatry Res. 2007, 154:157-170. doi: 10.1016/j.pscychresns.2006.05.010.
194. Vallée A et al: Lithium: a potential therapeutic strategy in obsessive-compulsive disorder by targeting the canonical WNT/β pathway. Transl Psychiatry. 2021, doi: 10.1038/s41398-021-01329-3.
195. Leyton M, Vezina P. Dopamine ups and downs in vulnerability to addictions: a neurodevelopmental model. Trends Pharmacol Sci. 2014, 35:268-276. doi: 10.1016/j.tips.2014.04.002.
196. https://www.aok.de/pk/magazin/koerper-psyche/sucht/von-dopamin-und-suchtverhalten-bis-zu-dopamin-detox/ (1.08.2024, zuletzt abgerufen am 8.12.2024)
197. Beaulieu J et al: Lithium antagonizes dopamine-dependent behaviors mediated by an AKT/glycogen synthase kinase 3 signaling cascade. Proc Natl Acad Sci USA. 2004, 101:5099-5104, doi: 10.1073/pnas.0307921101.
198. Gadh S: Low-dose lithium impact in an addiction treatment setting. Personalized Medicine in Psychiatry. 2020, doi: 10.1016/j.pmip.2020.100059.
199. Edinoff AN et al: Benzodiazepines: Uses, Dangers, and Clinical Considerations. Neurol Int. 2021, 13:594-607. doi: 10.3390/neurolint13040059.
200. Giotakos O: Is impulsivity in part a lithium deficiency state? Psychiatriki. 2018, 29:264-270. doi: 10.22365/jpsych.2018.293.264.
201. Kessi M et al: Attention-deficit/hyperactive disorder updates. Front Mol Neurosci. 2022, doi: 10.3389/fnmol.2022.925049.
202. Dunn GA et al: Neuroinflammation as a risk factor for attention deficit hype-

ractivity disorder. Pharmacol Biochem Behav. 2019, 182:22-34. doi: 10.1016/j.pbb.2019.05.005.
203. Turiaco F et al: Attention Deficit Hyperactivity Disorder (ADHD) and Polyphenols: A Systematic Review. Int J Mol Sci. 2024, doi: 10.3390/ijms25031536.
204. Dhikav V et al: Hippocampal Volume in Children with Attention Deficit Hyperactivity Disorder and Speech and Language Delay. Ann Indian Acad Neurol. 2023, 26:431-434. doi: 10.4103/aian.aian_77_23.
205. Mines MA: Hyperactivity: glycogen synthase kinase-3 as a therapeutic target. Eur J Pharmacol. 2013, 708:56-59. doi: 10.1016/j.ejphar.2013.02.055.
206. Cheng Y et al: Stress-induced neuroinflammation is mediated by GSK3-dependent TLR4 signaling that promotes susceptibility to depression-like behavior. Brain Behav Immun. 2016, 53:207-222. doi: 10.1016/j.bbi.2015.12.012.
207. Kalkman HO: Inhibition of Microglial GSK3β Activity Is Common to Different Kinds of Antidepressants: A Proposal for an In Vitro Screen to Detect Novel Antidepressant Principles. Biomedicines. 2023, doi: 10.3390/biomedicines11030806.
208. Leschik J et al: Stress-Related Dysfunction of Adult Hippocampal Neurogenesis-An Attempt for Understanding Resilience? Int J Mol Sci. 2021, doi: 10.3390/ijms22147339.
209. Eliwa H et al: Adult hippocampal neurogenesis: Is it the alpha and omega of antidepressant action? Biochem Pharmacol. 2017, 141:86-99. doi: 10.1016/j.bcp.2017.08.005.
210. Malberg JE et al: Adult Neurogenesis and Antidepressant Treatment: The Surprise Finding by Ron Duman and the Field 20 Years Later. Biol Psychiatry. 2021, 90:96-101. doi: 10.1016/j.biopsych.2021.01.010.
211. Duda P et al: GSK3β: A Master Player in Depressive Disorder Pathogenesis and Treatment Responsiveness. Cells. 2020, doi: 10.3390/cells9030727.
212. Li X & Jope RS: Is glycogen synthase kinase-3 a central modulator in mood regulation? Neuropsychopharmacology. 2010, 35:2143-2154. doi: 10.1038/npp.2010.105.
213. Jiménez E et al: Genetic variability at IMPA2, INPP1 and GSK3β increases the risk of suicidal behavior in bipolar patients. Eur Neuropsychopharmacol. 2013, 23:1452-1462. doi: 10.1016/j.euroneuro.2013.01.007.; Kalkman HO: The GSK3-NRF2 Axis in Suicide. Psychiatry Int. 2021, 2:108-119. https://doi.org/10.3390/psychiatryint2010008
214. Kalkman HO: The GSK3-NRF2 Axis in Suicide. Psychiatry Int. 2021, 2:108-119. https://doi.org/10.3390/psychiatryint2010008
215. Zakharova N et al: Telomere Length as a Marker of Suicidal Risk in Schizophrenia. Consort Psychiatr. 2022, 3:37-47. doi: 10.17816/CP171.; Martinez D et al: Shorter telomere length and suicidal ideation in familial bipolar disorder. PLoS One. 2022, doi: 10.1371/journal.pone.0275999.
216. Wu A & Zhang J: Neuroinflammation, memory, and depression: new approaches to hippocampal neurogenesis. J Neuroinflammation. 2023, doi: 10.1186/s12974-023-02964-x..
217. Giotakos O: Is impulsivity in part a lithium deficiency state? Psychiatriki. 2018, 29:264-270. doi: 10.22365/jpsych.2018.293.264.
218. Huebner T et al: Morphometric brain abnormalities in boys with conduct disorder. J Am Acad Child Adolesc Psychiatry. 2008, 47:540-547. doi: 10.1097/CHI.0b013e3181676545.
219. Teicher MH et al: Childhood maltreatment is associated with reduced volume in the hippocampal subfields CA3, dentate gyrus, and subiculum. Proc Natl Acad Sci USA. 2012, 109:563-572. doi: 10.1073/pnas.1115396109.
220. Abdolalizadeh A et al: Larger left hippocampal presubiculum is associated with

lower risk of antisocial behavior in healthy adults with childhood conduct history. Sci Rep. 2023, doi: 10.1038/s41598-023-33198-9.
221. Chatterjee D & Beaulieu JM: Inhibition of glycogen synthase kinase 3 by lithium, a mechanism in search of specificity. Front Mol Neurosci. 2022, doi: 10.3389/fnmol.2022.1028963.
222. Perlmutter A: How Inflammation Changes Our Thinking. Psychology Today. 11.02.2020, https://www.psychologytoday.com/intl/blog/the-modern-brain/202002/how-inflammation-changes-our-thinking
223. Won E & Kim YK: Neuroinflammation-Associated Alterations of the Brain as Potential Neural Biomarkers in Anxiety Disorders. Int J Mol Sci. 2020, doi: 10.3390/ijms21186546.
224. Uchida RR et al: Decreased left temporal lobe volume of panic patients measured by magnetic resonance imaging. Braz J Med Biol Res. 2003, 36:925-929. doi: 10.1590/s0100-879x2003000700014.
225. Chennaoui M et al: Effects of exercise on brain and peripheral inflammatory biomarkers induced by total sleep deprivation in rats. J Inflamm (Lond). 2015, doi: 10.1186/s12950-015-0102-3.
226. Cutuli D et al: Pre-reproductive Parental Enriching Experiences Influence Progeny's Developmental Trajectories. Front Behav Neurosci. 2018, doi: 10.3389/fnbeh.2018.00254.
227. Madrigal J et al: The Increase in TNF-α Levels Is Implicated in NF-κB Activation and Inducible Nitric Oxide Synthase Expression in Brain Cortex after Immobilization Stress. Neuropsychopharmacol. 2002, 26:155-163. doi: 10.1016/S0893-133X(01)00292-5
228. Kofman O: The role of prenatal stress in the etiology of developmental behavioural disorders. Neurosci Biobehav. 2002, 26, 457-470. https://pubmed.ncbi.nlm.nih.gov/12204192/; Howerton CL & Bale TL: Prenatal programing: at the intersection of maternal stress and immune activation. Horm Behav. 2012, 62:237-242. doi: 10.1016/j.yhbeh.2012.03.007.
229. Zupan B et al: Maternal Brain TNF-α Programs Innate Fear in the Offspring. Curr Biol. 2017, 27:3859-3863.e3. doi: 10.1016/j.cub.2017.10.071.
230. Dellarole A et al: Neuropathic pain-induced depressive-like behavior and hippocampal neurogenesis and plasticity are dependent on TNFR1 signaling. Brain Behav Immun. 2014, 41:65-81. doi: 10.1016/j.bbi.2014.04.003.
231. Lladó I et al: Varicella zoster virus reactivation and mRNA vaccines as a trigger. JAAD Case Rep. 2021, 15:62-63. doi: 10.1016/j.jdcr.2021.07.011.
232. Leung L & Cahill CM: TNF-alpha and neuropathic pain--a review. J Neuroinflammation. 2010, doi: 10.1186/1742-2094-7-27.
233. Norman GJ et al: Stress and IL-1beta contribute to the development of depressive-like behavior following peripheral nerve injury. Mol Psychiatry. 2010, 15:404-414. doi: 10.1038/mp.2009.91.; Li Q et al: Hippocampal PKR/NLRP1 Inflammasome Pathway Is Required for the Depression-Like Behaviors in Rats with Neuropathic Pain. Neuroscience. 2019, 412:16-28. doi: 10.1016/j.neuroscience.2019.05.025.
234. Ren WJ et al: Peripheral nerve injury leads to working memory deficits and dysfunction of the hippocampus by upregulation of TNF-α in rodents. Neuropsychopharmacology. 2011, 36:979-992. doi: 10.1038/npp.2010.236.
235. Ezzati A et al: The relationship between hippocampal volume, chronic pain, and depressive symptoms in older adults. Psychiatry Res Neuroimaging. 2019, 289:10-12. doi: 10.1016/j.pscychresns.2019.05.003.
236. Nehls M. Unified theory of Alzheimer's disease (UTAD): implications for prevention and curative therapy. J Mol Psychiatry. 2016, doi: 10.1186/s40303-016-0018-8.

237. Maixner DW & Weng HR: The Role of Glycogen Synthase Kinase 3 Beta in Neuroinflammation and Pain. J Pharm Pharmacol (Los Angel). 2013, doi: 10.13188/2327-204X.1000001.;
238. Mazzardo-Martins L et al: Glycogen synthase kinase 3-specific inhibitor AR-A014418 decreases neuropathic pain in mice: evidence for the mechanisms of action. Neuroscience. 2012, 226:411-420. doi: 10.1016/j.neuroscience.2012.09.020.
239. Dong X et al: Function of GSK-3 signaling in spinal cord injury (Review). Exp Ther Med. 2023, doi: 10.3892/etm.2023.12240.
240. Weinsanto I et al: Lithium reverses mechanical allodynia through a mu opioid-dependent mechanism. Mol Pain. 2018, doi: 10.1177/1744806917754142.
241. Nezamoleslami S et al: Lithium reverses the effect of opioids on eNOS/nitric oxide pathway in human umbilical vein endothelial cells. Mol Biol Rep. 2020, 47:6829-6840. doi: 10.1007/s11033-020-05740-9.
242. Buse DC et al: Sex differences in the prevalence, symptoms, and associated features of migraine, probable migraine and other severe headache: results of the American Migraine Prevalence and Prevention (AMPP) Study. Headache. 2013, 53:1278-1299. doi: 10.1111/head.12150.
243. Chakravarty A & Sen A: Migraine, neuropathic pain and nociceptive pain: towards a unifying concept. Med Hypotheses. 2010, 74:225-231. doi: 10.1016/j.mehy.2009.08.034.
244. Biscetti L et al: The putative role of neuroinflammation in the complex pathophysiology of migraine: From bench to bedside. Neurobiol Dis. 2023, doi: 10.1016/j.nbd.2023.106072.
245. Kursun O et al: Migraine and neuroinflammation: the inflammasome perspective. J Headache Pain. 2021, doi: 10.1186/s10194-021-01271-1.
246. https://www.charite.de/service/pressemitteilung/artikel/detail/warum_migraene_haeufig_waehrend_der_menstruation_auftritt (23.02.2023, zuletzt abgerufen am 06.03.2023)
247. Yao G et al: NO up-regulates migraine-related CGRP via activation of an Akt/GSK-3β/NF-κB signaling cascade in trigeminal ganglion neurons. Aging (Albany NY). 2020, 12:6370-6384. doi: 10.18632/aging.103031.
248. Raffaelli B et al: Sex Hormones and Calcitonin Gene-Related Peptide in Women With Migraine: A Cross-sectional, Matched Cohort Study. Neurology. 2023, 100:1825-1835. doi: 10.1212/WNL.0000000000207114.
249. Yao G et al: NO up-regulates migraine-related CGRP via activation of an Akt/GSK-3β/NF-κB signaling cascade in trigeminal ganglion neurons. Aging (Albany NY). 2020, 12:6370-6384. doi: 10.18632/aging.103031.
250. Medina JL: Cyclic migraine: a disorder responsive to lithium carbonate. Psychosomatics. 1982, 23:625-37. doi: 10.1016/S0033-3182(82)73362-6.
251. Benkli B et al: Circadian Features of Cluster Headache and Migraine: A Systematic Review, Meta-analysis, and Genetic Analysis. Neurology. 2023, 100:2224-2236. doi: 10.1212/WNL.0000000000207240.
252. Leone M et al: Management of chronic cluster headache. Curr Treat Options Neurol. 2011, 13:56-70. doi: 10.1007/s11940-010-0106-5.
253. Silva Neto RP % Almeida KJ: Lithium-responsive Headaches. Headache Medicine. 2010, 1:25-28. doi: 10.48208/HeadacheMed.2010.7.
254. Mehndiratta MM & Wadhai SA: International Epilepsy Day - A day notified for global public education & awareness. Indian J Med Res. 2015, 141:143-144. doi: 10.4103/0971-5916.155531.
255. Steinlein OK: Genetics and epilepsy. Dialogues Clin Neurosci. 2008, 10:29-38. doi: 10.31887/DCNS.2008.10.1/oksteinlein.

256. Magiorkinis E et al: Hallmarks in the history of epilepsy: epilepsy in antiquity. Epilepsy Behav. 2010, 17:103-108. doi: 10.1016/j.yebeh.2009.10.023.
257. Fordington S & Manford M: A review of seizures and epilepsy following traumatic brain injury. J Neurol. 2020, 267:3105-3111. doi: 10.1007/s00415-020-09926-w.
258. Chen Y et al: Neuroinflammatory mediators in acquired epilepsy: an update. Inflamm Res. 2023, 72:683-701. doi: 10.1007/s00011-023-01700-8.
259. Bast T: The hippocampal learning-behavior translation and the functional significance of hippocampal dysfunction in schizophrenia. Curr Opin Neurobiol. 2011, 21:492-501. doi: 10.1016/j.conb.2011.01.003.
260. Mawson AR & Binu J: Vaccination and Neurodevelopmental Disorders: A Study of Nine-Year-Old Children Enrolled in Medicaid. Science, Public Health Policy, and the Law. 2025, 6:2019-2025. https://publichealthpolicyjournal.com/vaccination-and-neurodevelopmental-disorders-a-study-of-nine-year-old-children-enrolled-in-medicaid/
261. Anand KS & Dhikav V: Hippocampus in health and disease: An overview. Ann Indian Acad Neurol. 2012, 15:239-246. doi: 10.4103/0972-2327.104323.
262. Zheng H et al: Evidence for Accelerated Hippocampal Volume Loss with Age in Patients with Left Hemisphere Focal Seizures. Structural Imaging. 2022, https://aesnet.org/abstractslisting/evidence-for-accelerated-hippocampal-volume-loss-with-age-in-patients-with-left-hemisphere-focal-seizures
263. Vezzani A et al: Neuroinflammatory pathways as treatment targets and biomarkers in epilepsy. Nat Rev Neurol. 2019, 15:459-472. doi: 10.1038/s41582-019-0217-x.; Lai YC et al: Anakinra usage in febrile infection related epilepsy syndrome: an international cohort. Ann Clin Transl Neurol. 2020, 7:2467-2474. doi: 10.1002/acn3.51229.
264. Bojja SL et al: What is the Role of Lithium in Epilepsy? Curr Neuropharmacol. 2022, 20:1850-1864. doi: 10.2174/1570159X20666220411081728.
265. Jiang G et al: Lithium affects rat hippocampal electrophysiology and epileptic seizures in a dose dependent manner. Epilepsy Res. 2018, 146:112-120. doi: 10.1016/j.eplepsyres.2018.07.021. Erratum doi: 10.1016/j.eplepsyres.2018.12.002.
266. Sartori HE. Lithium orotate in the treatment of alcoholism and related conditions. Alcohol. 1986, 3:97-100. doi: 10.1016/0741-8329(86)90018-2., https://www.sciencedirect.com/science/article/abs/pii/0741832986900182.
267. Shri SR et al: Role of GSK-3β Inhibitors: New Promises and Opportunities for Alzheimer's Disease. Adv Pharm Bull. 2023, 13:688-700. doi: 10.34172/apb.2023.071.; Fiorentini A et al: Lithium improves hippocampal neurogenesis, neuropathology and cognitive functions in APP mutant mice. PLoS One. 2010, doi: 10.1371/journal.pone.0014382.
268. Alzheimer's disease facts and figures. Alzheimer's Dement. 2024, 20:3708-3821. doi: 10.1002/alz.13809
269. Nehls M. Unified theory of Alzheimer's disease (UTAD): implications for prevention and curative therapy. J Mol Psychiatry. 2016, doi: 10.1186/s40303-016-0018-8.
270. Fenech RK et al: Low-Dose Lithium Supplementation Influences GSK3β Activity in a Brain Region Specific Manner in C57BL6 Male Mice. J Alzheimers Dis. 2023, 91:615-626. doi: 10.3233/JAD-220813.
271. Gherardelli C et al: Lithium Enhances Hippocampal Glucose Metabolism in an In Vitro Mice Model of Alzheimer's Disease. Int J Mol Sci. 2022, doi: 10.3390/ijms23158733.
272. Nunes PV et al: Lithium and risk for Alzheimer's disease in elderly patients with bipolar disorder. Br J Psychiatry. 2007, 190:359-360. doi: 10.1192/bjp.bp.106.029868.
273. Chen S et al: Association between lithium use and the incidence of dementia and its subtypes: A retrospective cohort study. PLoS Med. 2022, doi: 10.1371/journal.pmed.1003941.

274. Yucel K et al: Bilateral Hippocampal Volume Increase in Patients with Bipolar Disorder and Short-term Lithium Treatment. Neuropsychopharmacol. 2008, 33:361-367, https://doi.org/10.1038/sj.npp.1301405
275. Chepenik LG et al: Structure-function associations in hippocampus in bipolar disorder. Biol Psychol. 2012, 90:18-22. doi: 10.1016/j.biopsycho.2012.01.008.
276. Morrison C et al: The use of hippocampal grading as a biomarker for preclinical and prodromal Alzheimer's disease. Hum Brain Mapp. 2023, 44:3147-3157. doi: 10.1002/hbm.26269.
277. Forlenza OV et al: Disease-modifying properties of long-term lithium treatment for amnestic mild cognitive impairment: randomised controlled trial. Br J Psychiatry. 2011, 198:351-356. doi: 10.1192/bjp.bp.110.080044. PMID: 21525519.Forlenza OV et al: Does lithium prevent Alzheimer's disease? Drugs Aging. 2012, 29:335-342. doi: 10.2165/11599180-000000000-00000.
278. Nunes MA et al: Microdose lithium treatment stabilized cognitive impairment in patients with Alzheimer's disease. Curr Alzheimer Res. 2013, 10:104-107. doi: 10.2174/1567205011310010014.
279. Nunes MA et al: Chronic Microdose Lithium Treatment Prevented Memory Loss and Neurohistopathological Changes in a Transgenic Mouse Model of Alzheimer's Disease. PLoS One. 2015, doi: 10.1371/journal.pone.0142267.
280. Fajardo VA et al: Examining the Relationship between Trace Lithium in Drinking Water and the Rising Rates of Age-Adjusted Alzheimer's Disease Mortality in Texas. J Alzheimers Dis. 2018, 61:425-434. doi: 10.3233/JAD-170744.
281. Koike R et al: Memory formation in old age requires GSK-3β. Aging Brain. 2021, doi: 10.1016/j.nbas.2021.100022.
282. Fraiha-Pegado J et al: Trace lithium levels in drinking water and risk of dementia: a systematic review. Int J Bipolar Disord. 2024, doi: 10.1186/s40345-024-00348-5.
283. Müller-Jung J: Alzheimer-Antikörper: Ein großer Hoffnungsträger floppt. FAZ, 23.11.2016, https://www.faz.net/aktuell/wissen/medizin-ernaehrung/ein-schmerzhafter-flop-fuer-die-alzheimer-forschung-14541369.html (zuletzt abgerufen am 19.03.2025)
284. Nehls M. Unified theory of Alzheimer's disease (UTAD): implications for prevention and curative therapy. J Mol Psychiatry. 2016, doi: 10.1186/s40303-016-0018-8.
285. Dawson GR et al: Age-related cognitive deficits, impaired long-term potentiation and reduction in synaptic marker density in mice lacking the beta-amyloid precursor protein. Neuroscience. 1999, 90:1-13. doi: 10.1016/s0306-4522(98)00410-2.
286. Zheng H et al: beta-Amyloid precursor protein-deficient mice show reactive gliosis and decreased locomotor activity. Cell. 1995, 81:525-531. doi: 10.1016/0092-8674(95)90073-x.; Senechal Y et al: Amyloid precursor protein knockout mice show age-dependent deficits in passive avoidance learning. Behav Brain Res. 2008, 186:126-132. doi: 10.1016/j.bbr.2007.08.003.
287. https://www.mayoclinic.org/drugs-supplements/aducanumab-avwa-intravenous-route/description/drg-20516708 (01.02.2025, zuletzt aufgerufen am 09,03.2025)
288. Alves F et al: Accelerated Brain Volume Loss Caused by Anti-β-Amyloid Drugs: A Systematic Review and Meta-analysis. Neurology. 2023, 100:2114-2124. doi: 10.1212/WNL.0000000000207156.
289. Whitehouse P et al: Making the Case for Accelerated Withdrawal of Aducanumab. J Alzheimers Dis. 2022, 87:1003-1007. doi: 10.3233/JAD-220262.
290. Nehls M: Die Alzheimer-Lüge: Die Wahrheit über eine vermeidbare Krankheit. Heyne 2014, S. 160-163; neu überarbeitete Auflage erscheint im Herbst 2025
291. Orgogozo JM et al: Subacute meningoencephalitis in a subset of patients with AD after Abeta42 immunization. Neurology. 2003, 61:46-54. doi: 10.1212/01.wnl.0000073623.84147.a8.

292. Nicoll JA et al: Neuropathology of human Alzheimer disease after immunization with amyloid-beta peptide: a case report. Nat Med. 2003, 9:448-52. doi: 10.1038/nm840.
293. Vollmar P et al: Active immunization with amyloid-beta 1-42 impairs memory performance through TLR2/4-dependent activation of the innate immune system. J Immunol. 2010, 185:6338-6347. doi: 10.4049/jimmunol.1001765.
294. Piller C: Blots on a field? Science. 2022, 377:358-363. doi: 10.1126/science.add9993.; Piller C: Picture imperfect. Scores of papers by Eliezer Masliah, prominent neuroscientist and top NIH official, fall under suspicion. Science. 2024, https://www.science.org/content/article/research-misconduct-finding-neuroscientist-eliezer-masliah-papers-under-suspicion, doi: 10.1126/science.z2o7c3k.
295. Nehls M: Die Alzheimer-Lüge: Die Wahrheit über eine vermeidbare Krankheit. Heyne 2014; neu überarbeitete Auflage erscheint im Herbst 2025
296. Nehls M: Unified theory of Alzheimer's disease (UTAD): implications for prevention and curative therapy. J Mol Psychiatry. 2016, doi: 10.1186/s40303-016-0018-8.
297. https://www.agm-online.de/demenz-und-alzheimer/wissensportal-einblickdemenz/01-2015-ist-alzheimer-eine-luege-eine-stellungnahme (Januar 2015, zuletzt abgerufen am 19.03.2025)
298. Piller C: Picture imperfect. Scores of papers by Eliezer Masliah, prominent neuroscientist and top NIH official, fall under suspicion. Science. 2024, https://www.science.org/content/article/research-misconduct-finding-neuroscientist-eliezer-masliah-papers-under-suspicion, doi: 10.1126/science.z2o7c3k.
299. Terao I et al: Comparative efficacy of lithium and aducanumab for cognitive decline in patients with mild cognitive impairment or Alzheimer's disease: A systematic review and network meta-analysis. Ageing Res Rev. 2022, doi: 10.1016/j.arr.2022.101709.
300. Terao I & Kodama W: Comparative efficacy, tolerability and acceptability of donanemab, lecanemab, aducanumab and lithium on cognitive function in mild cognitive impairment and Alzheimer's disease: A systematic review and network meta-analysis. Ageing Res Rev. doi: 10.1016/j.arr.2024.102203.
301. https://www.ema.europa.eu/en/news/leqembi-recommended-treatment-early-alzheimers-disease (14.11.2024, zuletzt abgerufen am 12.03.2025)
302. Terao I & Kodama W: Comparative Efficacy, Tolerability, and Acceptability of Donanemab, Lecanemab, Aducanumab, Melatonin, and Aerobic Exercise for a Short Time on Cognitive Function in Mild Cognitive Impairment and Mild Alzheimer's Disease: A Systematic Review and Network Meta-Analysis. J Alzheimers Dis. 2024, 98:825-835. doi: 10.3233/JAD-230911.
303. Kang JM & Tanna AP: Glaucoma. Med Clin North Am. 2021, 105:493-510. doi: 10.1016/j.mcna.2021.01.004.
304. DiCesare SM et al: GSK3 inhibition reduces ECM production and prevents age-related macular degeneration-like pathology. JCI Insight. 2024, doi: 10.1172/jci.insight.178050.
305. Singh A et al: The Actions of Lithium on Glaucoma and Other Senile Neurodegenerative Diseases Through GSK-3 Inhibition: A Narrative Review. Cureus. 2022, doi: 10.7759/cureus.28265.
306. Gallagher J et al: Long-Term Dementia Risk in Parkinson Disease. Neurology. 2024, doi: 10.1212/WNL.0000000000209699.
307. Khan SS et al: GSK-3β: An exuberating neuroinflammatory mediator in Parkinson's disease. Biochemical Pharmacology. 2023, doi: 10.1016/j.bcp.2023.115496.
308. Turkistani A et al: Therapeutic Potential Effect of Glycogen Synthase Kinase 3 Beta (GSK-3β) Inhibitors in Parkinson Disease: Exploring an Overlooked Avenue. Mol Neurobiol. 2024, 61:7092-7108. doi: 10.1007/s12035-024-04003-z.

309. Lazzara CA & Kim YH: Potential application of lithium in Parkinson's and other neurodegenerative diseases. Front Neurosci. 2015, doi: 10.3389/fnins.2015.00403.
310. Bright F et al: Neuroinflammation in frontotemporal dementia. Nat Rev Neurol. 2019, 15:540-555. doi: 10.1038/s41582-019-0231-z.
311. Magrath Guimet N et al: Advances in Treatment of Frontotemporal Dementia. J Neuropsychiatry Clin Neurosci. 2022, 34:316-327. doi: 10.1176/appi.neuropsych.21060166.
312. Bright F et al: Neuroinflammation in frontotemporal dementia. Nat Rev Neurol. 2019, 15:540-555. doi: 10.1038/s41582-019-0231-z.
313. Bevan-Jones WR et al: Neuroinflammation and protein aggregation co-localize across the frontotemporal dementia spectrum. Brain. 2020, 143:1010-1026. doi: 10.1093/brain/awaa033.
314. Gianferrara T et al: Glycogen Synthase Kinase 3β Involvement in Neuroinflammation and Neurodegenerative Diseases. Curr Med Chem. 2022, 29:4631-4697. doi: 10. 2174/0929867329666220216113517.
315. Llorca-Bofí V et al: Lithium management of periodic mood fluctuations in behavioural frontotemporal dementia: a case report. Front Psychiatry. 2024, doi: 10.3389/fpsyt.2023.1325145.; Devanand DP et al: Low-dose Lithium Treatment for Agitation and Psychosis in Alzheimer Disease and Frontotemporal Dementia: A Case Series. Alzheimer Dis Assoc Disord. 2017, 31:73-75. doi: 10.1097/WAD.0000000000000161.
316. Ramesh N & Pandey UB: Autophagy Dysregulation in ALS: When Protein Aggregates Get Out of Hand. Front Mol Neurosci. 2017, doi: 10.3389/fnmol.2017.00263.; Fornai F et al: Autophagy and amyotrophic lateral sclerosis: The multiple roles of lithium. Autophagy. 2008, 4:527-530. doi: 10.4161/auto.5923.
317. Manchia M et al: Lithium and its effects: does dose matter? Int J Bipolar Disord. 2024, doi: 10.1186/s40345-024-00345-8.
318. Danivas V et al: Off label use of lithium in the treatment of Huntington's disease: A case series. Indian J Psychiatry. 2013, 55:81-83. doi: 10.4103/0019-5545.105522.
319. Riedl L et al: Frontotemporal lobar degeneration: current perspectives. Neuropsychiatr Dis Treat. 2014, 10:297-310. doi: 10.2147/NDT.S38706.
320. Munteanu C et al: Lithium Biological Action Mechanisms after Ischemic Stroke. Life (Basel). 2022, doi: 10.3390/life12111680.
321. Zhou Q et al: Discovery of novel phosphodiesterase-1 inhibitors for curing vascular dementia: Suppression of neuroinflammation by blocking NF-κB transcription regulation and activating cAMP/CREB axis. Acta Pharm Sin B. 2023, 13:1180-1191. doi: 10.1016/j.apsb.2022.09.023.

Kapitel 5

1. Kieselbach J: Behandlung von Covid-19: Gegen den Sturm. Der Spiegel. https://www.spiegel.de/wissenschaft/medizin/coronavirus-forscher-testen-medikament-gegen-zytokinsturm-a-301dcdb8-85c5-440a-86cf-4a3df22f57b5, (08.06.2020, zuletzt abgerufen am 23.03.2025)
2. Ferrara JL et al: Cytokine storm of graft-versus-host disease: a critical effector role for interleukin-1. Transplant Proc. 1993, 25:1216-1217. https://pubmed.ncbi.nlm.nih.gov/8442093/
3. Yuen KY & Wong SS: Human infection by avian influenza A H5N1. Hong Kong Med J. 2005, 11:189-199.
4. Tisoncik JR et al: Into the eye of the cytokine storm. Microbiol Mol Biol Rev. 2012, 76:16-32. doi: 10.1128/MMBR.05015-11.
5. Huang KJ et al: An interferon-gamma-related cytokine storm in SARS patients. J Med Virol. 2005, 75:185-194. doi: 10.1002/jmv.20255.

6. Schreyer P: Lockdown aus Angst vor der Biowaffe? https://multipolar-magazin.de/artikel/lockdown-aus-angst-vor-der-biowaffe (13.03.2025, zuletzt abgerufen am 14.03.2025); Nehls M: Das indoktrinierte Gehirn: Wie wir den globalen Angriff auf unsere mentale Freiheit erfolgreich abwehren. Mental Enterprises 2023
7. Bindoli S et al: The amount of cytokine-release defines different shades of Sars-Cov2 infection. Exp Biol Med (Maywood). 2020, 245:970-976. doi: 10.1177/1535370220928964.
8. Miossec P: Understanding the cytokine storm during COVID-19: Contribution of preexisting chronic inflammation. Eur J Rheumatol. 2020, 7:97-98. doi: 10.5152/eurjrheum.2020.2062.
9. Nehls M: Herdengesundheit: Der Weg aus der Corona-Krise und die natürliche Alternative zum globalen Impfprogramm. Mental Enterprises 2022
10. Giustina A & Formenti AM: Preventing a covid-19 pandemic. BMJ. 2020, doi: 10.1136/bmj.m810.
11. McCall B: Vitamin D Deficiency in COVID-19 Quadrupled Death Rate. www.medscape.com/viewarticle/942497 (11.12.2020, zuletzt abgerufen am 14.03.2025)
12. Borsche L et al: COVID-19 Mortality Risk Correlates Inversely with Vitamin D3 Status, and a Mortality Rate Close to Zero Could Theoretically Be Achieved at 50 ng/mL 25(OH)D3: Results of a Systematic Review and Meta-Analysis. Nutrients. 2021, doi: 10.3390/nu13103596.
13. Nehls M: Das Corona-Syndrom: Wie das Virus unsere Schwächen offenlegt – und wie wir uns nachhaltig schützen können. Heyne 2021
14. Entrenas Castillo M et al: Effect of calcifediol treatment and best available therapy versus best available therapy on intensive care unit admission and mortality among patients hospitalized for COVID-19: A pilot randomized clinical study. J Steroid Biochem Mol Biol. 2020, doi: 10.1016/j.jsbmb.2020.105751.; Alcala-Diaz JF et al: Calcifediol Treatment and Hospital Mortality Due to COVID-19: A Cohort Study. Nutrients. 2021, doi: 10.3390/nu13061760.
15. Spuch C et al: Does Lithium Deserve a Place in the Treatment Against COVID-19? A Preliminary Observational Study in Six Patients, Case Report. Front Pharmacol 2020, doi: 10.3389/fphar.2020.557629.
16. Bartens W: Corona: Hilflos im Unwetter. Süddeutsche Zeitung. https://www.sueddeutsche.de/gesundheit/corona-covid-19-behandlung-1.5110786, (12.11.2020, zuletzt abgerufen am 23.03.2025)
17. Spuch C et al: Efficacy and Safety of Lithium Treatment in SARS-CoV-2 Infected Patients. Front Pharmacol 2022, doi: 10.3389/fphar.2022.850583.
18. Gómez-Bernal G: Lithium for the 2019 novel coronavirus. Medical Hypotheses 2020, doi: 10.1016/j.mehy.2020.109822.; Qaswal AB et al: The Potential Role of Lithium as an Antiviral Agent against SARS-CoV-2 via Membrane Depolarization: Review and Hypothesis. Sci Pharm. 2021, doi: 10.3390/scipharm89010011.; Snitow ME et al: Lithium and Therapeutic Targeting of GSK-3. Cells 2021, doi: 10.3390/cells10020255.
19. Murru A et al: Lithium's antiviral effects: a potential drug for CoViD-19 disease? Int J Bipolar Disord 2020, doi: 10.1186/s40345-020-00191-4.
20. Amsterdam JD et al: Suppression of herpes simplex virus infections with oral lithium carbonate--a possible antiviral activity. Pharmacotherapy. 1996, 16:1070-1075. https://pubmed.ncbi.nlm.nih.gov/8947995/
21. Harrison SM et al: Lithium chloride inhibits the coronavirus infectious bronchitis virus in cell culture. Avian Pathol 2007, 36:109-114, https://www.tandfonline.com/doi/full/10.1080/03079450601156083
22. Liu X et al: Targeting the coronavirus nucleocapsid protein through GSK-3 inhibition. Proc Natl Acad Sci USA. 2021, doi: 10.1073/pnas.2113401118.

23. Borsini A et al: Neurogenesis is disrupted in human hippocampal progenitor cells upon exposure to serum samples from hospitalized COVID-19 patients with neurological symptoms. Mol Psychiatry. 2022, 27:5049-5061. doi: 10.1038/s41380-022-01741-1.
24. Fontes-Dantas FL et al: SARS-CoV-2 Spike protein induces TLR4-mediated long-term cognitive dysfunction recapitulating post-COVID-19 syndrome in mice. Cell Rep 2023, doi: 10.1016/j.celrep.2023.112189.; Shirato K & Kizaki T: SARS-CoV-2 spike protein S1 subunit induces pro-inflammatory responses via toll-like receptor 4 signaling in murine and human macrophages. Heliyon. 2021, doi: 10.1016/j.heliyon.2021.e06187.
25. Parry PI et al: 'Spikeopathy': COVID-19 Spike Protein Is Pathogenic, from Both Virus and Vaccine mRNA. Biomedicines 2023, https://www.mdpi.com/2227-9059/11/8/2287
26. Spuch C et al: Efficacy and Safety of Lithium Treatment in SARS-CoV-2 Infected Patients. Front Pharmacol 2022, doi: 10.3389/fphar.2022.850583.
27. Guttuso T Jr et al: Lithium Aspartate for Long COVID Fatigue and Cognitive Dysfunction: A Randomized Clinical Trial. JAMA Netw Open. 2024, doi: 10.1001/jamanetworkopen.2024.36874.
28. Mehrbod P et al: The roles of apoptosis, autophagy and unfolded protein response in arbovirus, influenza virus, and HIV infections. Virulence. 2019, 10:376-413. doi: 10.1080/21505594.2019.1605803.
29. Zhou H et al: Bidirectional interplay between SARS-CoV-2 and autophagy. mBio. 2023, doi: 10.1128/mbio.01020-23.
30. Vidoni C et al: Targeting autophagy with natural products to prevent SARS-CoV-2 infection. J Tradit Complement Med. 2022, 12:55-68. doi: 10.1016/j.jtcme.2021.10.003.
31. Matthew TJ et al: Exploring autophagy in treating SARS-CoV-2 spike protein-related pathology. Endocrine and Metabolic Science. 2024, https://doi.org/10.1016/j.endmts.2024.100163.
32. Singer M et al: The Third International Consensus Definitions for Sepsis and Septic Shock (Sepsis-3). JAMA. 2016, 315:801-810. doi: 10.1001/jama.2016.0287.
33. Fleischmann-Struzek C & Rudd K: Challenges of assessing the burden of sepsis. Med Klin Intensivmed Notfmed. 2023, 118:68-74. doi: 10.1007/s00063-023-01088-7.
34. Rudd KE et al: Global, regional, and national sepsis incidence and mortality, 1990-2017: analysis for the Global Burden of Disease Study. Lancet. 2020, 395:200-211. doi: 10.1016/S0140-6736(19)32989-7.
35. Dong H et al: Lithium ameliorates lipopolysaccharide-induced microglial activation via inhibition of toll-like receptor 4 expression by activating the PI3K/Akt/FoxO1 pathway. J Neuroinflammation. 2014, doi: 10.1186/s12974-014-0140-4.
36. Nassar A & Azab AN: Effects of lithium on inflammation. ACS Chem Neurosci. 2014, 5:451-458. doi: 10.1021/cn500038f.
37. Albayrak A et al: Protective effects of lithium: A new look at an old drug with potential antioxidative and anti-inflammatory effects in an animal model of sepsis. International Immunopharmacology. 2013, 16:35-40. https://doi.org/10.1016/j.intimp.2013.03.018.; Lee JH et al: Lithium Chloride Protects against Sepsis-Induced Skeletal Muscle Atrophy and Cancer Cachexia. Cells. 2021, doi: 10.3390/cells10051017.
38. Kim JY et al: Mortality and incidence rate of acute severe trauma patients in the emergency department: a report from the National Emergency Department Information System (NEDIS) of Korea, 2018-2022. Clin Exp Emerg Med. 2023, 10:55-62. doi: 10.15441/ceem.23.147.

39. Li R et al: Traumatic inflammatory response: pathophysiological role and clinical value of cytokines. Eur J Trauma Emerg Surg. 2024, 50:1313-1330. doi: 10.1007/s00068-023-02388-5
40. Xiao MZ et al: Postoperative delirium, neuroinflammation, and influencing factors of postoperative delirium: A review. Medicine (Baltimore). 2023, doi: 10.1097/MD.0000000000032991.
41. Alam A et al: Surgery, neuroinflammation and cognitive impairment. EBioMedicine. 2018, 37:547-556. doi: 10.1016/j.ebiom.2018.10.021.
42. Leeds PR et al: A new avenue for lithium: intervention in traumatic brain injury. ACS Chem Neurosci. 2014, 5:422-433. doi: 10.1021/cn500040g..
43. Dohare P et al: GSK3β Inhibition Restores Impaired Neurogenesis in Preterm Neonates With Intraventricular Hemorrhage. Cereb Cortex. 2019, 29:3482-3495. doi: 10.1093/cercor/bhy217.
44. Marcuzzi A et al: Autoinflammatory Diseases and Cytokine Storms-Imbalances of Innate and Adaptative Immunity. Int J Mol Sci. 2021, doi: 10.3390/ijms222011241.
45. Mobasseri M et al: Prevalence and incidence of type 1 diabetes in the world: a systematic review and meta-analysis. Health Promot Perspect. 2020, 10:98-115. doi: 10.34172/hpp.2020.18.; Norris JM et al: Type 1 diabetes-early life origins and changing epidemiology. Lancet Diabetes Endocrinol. 2020, 8:226-238. doi: 10.1016/S2213-8587(19)30412-7.
46. Miller FW: The increasing prevalence of autoimmunity and autoimmune diseases: an urgent call to action for improved understanding, diagnosis, treatment, and prevention. Curr Opin Immunol. 2023, doi: 10.1016/j.coi.2022.102266.
47. Adebajo AO: Low frequency of autoimmune disease in tropical Africa. Lancet. 1997, 349:361-362. doi: 10.1016/s0140-6736(05)62867-x.
48. Classen JB & Classen DC: Association between type 1 diabetes and hib vaccine. Causal relation is likely. BMJ. 1999, https://pmc.ncbi.nlm.nih.gov/articles/PMC1116914/; Ricke DO: Immediate onset signatures of autoimmune diseases after vaccination. Global Translational Medicine 2023, doi: 10.36922/gtm.1455.
49. Noori T et al: The role of glycogen synthase kinase 3 beta in multiple sclerosis. Biomed Pharmacother. 2020, doi: 10.1016/j.biopha.2020.110874.
50. Link H: The cytokine storm in multiple sclerosis. Mult Scler. 1998, 4:12-15. doi: 10.1177/135245859800400104.
51. Eugster H-P et al: IL-6-deficient mice resist myelin oligodendrocyte glycoprotein-induced autoimmune encephalomyelitis. Eur. J. Immunol. 1998, 28:2178-2187.
52. Stampanoni Bassi M et al: Interleukin-6 Disrupts Synaptic Plasticity and Impairs Tissue Damage Compensation in Multiple Sclerosis. Neurorehabil Neural Repair. 2019, 33:825-835. doi: 10.1177/1545968319868713.
53. De Sarno P et al: Lithium prevents and ameliorates experimental autoimmune encephalomyelitis. J Immunol. 2008, 181:338-345. doi: 10.4049/jimmunol.181.1.338.
54. Ahn M et al: Potential involvement of glycogen synthase kinase (GSK)-3β in a rat model of multiple sclerosis: evidenced by lithium treatment. Anat Cell Biol. 2017, 50:48-59. doi: 10.5115/acb.2017.50.1.48.
55. Rowse AL et al: controls central nervous system autoimmunity through modulation of IFN-γ signaling. PLoS One. 2012, doi: 10.1371/journal.pone.0052658.
56. Ghosouri S et al: Evaluation of in vivo lithium chloride effects as a GSK3-β inhibitor on human adipose derived stem cells differentiation into oligodendrocytes and re-myelination in an animal model of multiple sclerosis. Mol Biol Rep. 2023, 50:1617-1625. doi: 10.1007/s11033-022-08181-8.
57. Turkistani A et al: Therapeutic Potential Effect of Glycogen Synthase Kinase 3 Beta (GSK-3β) Inhibitors in Parkinson Disease: Exploring an Overlooked Avenue. Mol Neurobiol. 2024, 61:7092-7108. doi: 10.1007/s12035-024-04003-z.

58. Silberstein M: Correlation between premorbid IL-6 levels and COVID-19 mortality: potential role for Vitamin D. Int. Immunopharm. 2020;88:106995. doi: 10.1016/j.intimp.2020.106995.; Silberstein M: Vitamin D: a simpler alternative to tocilizumab for trial in COVID-19? Med. Hypotheses. 2020, doi: 10.1016/j.mehy.2020.109767.
59. Miclea A et al: A Brief Review of the Effects of Vitamin D on Multiple Sclerosis. Front Immunol. 2020, doi: 10.3389/fimmu.2020.00781.; Lemke D et al: Vitamin D Resistance as a Possible Cause of Autoimmune Diseases: A Hypothesis Confirmed by a Therapeutic High-Dose Vitamin D Protocol. Front Immunol. 2021, doi: 10.3389/fimmu.2021.655739.
60. Tauil CB et al: Suicidal ideation, anxiety, and depression in patients with multiple sclerosis. Arq Neuropsiquiatr. 2018, 76:296-301. doi: 10.1590/0004-282X20180036.
61. Rossi S et al: Neuroinflammation drives anxiety and depression in relapsing-remitting multiple sclerosis. Neurology. 2017 Sep 26;89(13):1338-1347. doi: 10.1212/WNL.0000000000004411.
62. Rinker JR 2nd et al: Randomized feasibility trial to assess tolerance and clinical effects of lithium in progressive multiple sclerosis. Heliyon. 2020, doi: 10.1016/j.heliyon.2020.e04528.
63. Strawbridge R et al: Identifying the neuropsychiatric health effects of low-dose lithium interventions: A systematic review. Neuroscience & Biobehavioral Reviews. 2023, doi: 10.1016/j.neubiorev.2022.104975.
64. Cano-Cano F et al: IL-1β Implications in Type 1 Diabetes Mellitus Progression: Systematic Review and Meta-Analysis. J Clin Med. 2022, doi: 10.3390/jcm11051303.
65. Alibashe-Ahmed M et al: Toll-like receptor 4 inhibition prevents autoimmune diabetes in NOD mice. Sci Rep. 2019, doi: 10.1038/s41598-019-55521-z.
66. Jung SR et al: Lithium and exercise ameliorate insulin-deficient hyperglycemia by independently attenuating pancreatic α-cell mass and hepatic gluconeogenesis. Korean J Physiol Pharmacol. 2024, 28:31-38. doi: 10.4196/kjpp.2024.28.1.31.
67. Kiran K. et al: Autoimmune activation and cytokine storm: biochemical and physiological mechanisms in rheumatoid arthritis pathology. J Pop Therap Clin Pharm. doi: 10.53555/2vhzx593.
68. Thompson CL et al: Lithium chloride prevents interleukin-1β induced cartilage degradation and loss of mechanical properties. J Orthop Res. 2015, 33:1552-1559. doi: 10.1002/jor.22913.; Minashima T et al: Lithium protects against cartilage degradation in osteoarthritis. Arthritis Rheumatol. 2014, 66:1228-1236. doi: 10.1002/art.38373.
69. Zhang J et al: Microdose lithium protects against pancreatic islet destruction and renal impairment in streptozotocin-elicited diabetes (Type1) Antioxidants, 2021, doi: 10.3390/antiox10010138.
70. Nikolopoulos D et al: Microglia activation in the presence of intact blood-brain barrier and disruption of hippocampal neurogenesis via IL-6 and IL-18 mediate early diffuse neuropsychiatric lupus. Ann Rheum Dis. 2023, 82:646-657. doi: 10.1136/ard-2022-223506.
71. Lenz SP et al: Lithium chloride enhances survival of NZB/W lupus mice: influence of melatonin and timing of treatment. Int J Immunopharmacol. 1995, 17:581-592. doi: 10.1016/0192-0561(95)00032-w.

Kapitel 6

1. Zarse K et al: Low-dose lithium uptake promotes longevity in humans and metazoans. Eur J Nutr. 2011, 50:387-389. doi: 10.1007/s00394-011-0171-x.; Fajardo VA et al: Trace lithium in Texas tap water is negatively associated with all-cause mortality and premature death. Appl Physiol Nutr Metab. 2018, 43:412-414. doi: 10.1139/apnm-2017-0653.

2. Liu X & Yao Z: Chronic over-nutrition and dysregulation of GSK3 in diseases. Nutr Metab (Lond). 2016, doi: 10.1186/s12986-016-0108-8.
3. Rocha LFM et al: Gene Editing for Treatment and Prevention of Human Diseases: A Global Survey of Gene Editing-Related Researchers. Hum Gene Ther. 2020, 31:852-862. doi: 10.1089/hum.2020.136.; van Haasteren J et al: The delivery challenge: fulfilling the promise of therapeutic genome editing. Nat Biotechnol. 2020, 38:845-855. doi: 10.1038/s41587-020-0565-5.
4. Sofola-Adesakin O et al: Lithium suppresses Aβ pathology by inhibiting translation in an adult Drosophila model of Alzheimer's disease. Front Aging Neurosci. 2014, doi: 10.3389/fnagi.2014.00190.
5. Castillo-Quan JI et al: Lithium Promotes Longevity through GSK3/NRF2-Dependent Hormesis. Cell Rep. 2016 Apr 19;15(3):638-650. doi: 10.1016/j.celrep.2016.03.041.
6. Blackburn EH et al: Human telomere biology: A contributory and interactive factor in aging, disease risks, and protection. Science. 2015, 350:1193-1198. doi: 10.1126/science.aab3389.
7. Post RM: The New News about Lithium: An Underutilized Treatment in the United States. Neuropsychopharmacology. 2018, 43:1174-1179. doi: 10.1038/npp.2017.238.
8. Barnes RP et al: The impact of oxidative DNA damage and stress on telomere homeostasis. Mech Ageing Dev. 2019, 177:37-45. doi: 10.1016/j.mad.2018.03.013.
9. Khairova R et al: Effects of lithium on oxidative stress parameters in healthy subjects. Mol Med Rep. 2012, 5:680-682. doi: 10.3892/mmr.2011.732.
10. Coutts F et al: The polygenic nature of telomere length and the anti-ageing properties of lithium. Neuropsychopharmacology. 2019, 44:757-765. doi: 10.1038/s41386-018-0289-0.
11. Castillo-Quan JI et al: A triple drug combination targeting components of the nutrient-sensing network maximizes longevity. Proc Natl Acad Sci USA. 2019 Oct 15;116(42):20817-20819. doi: 10.1073/pnas.1913212116.
12. https://www.pharmazeutische-zeitung.de/kombinationstherapie-verlaengert-das-leben/ (29.10.2019, zuletzt abgerufen am 20.03.2025)
13. Zhao R et al: Fasting promotes acute hypoxic adaptation by suppressing mTOR-mediated pathways. Cell Death Dis. 2021, doi: 10.1038/s41419-021-04351-x.
14. Rejeki PS et al: Combined Aerobic Exercise with Intermittent Fasting Is Effective for Reducing mTOR and Bcl-2 Levels in Obese Females. Sports (Basel). doi: 10.3390/sports12050116.
15. Baik SH et al: Intermittent fasting increases adult hippocampal neurogenesis. Brain Behav. 2020 Jan;10(1):e01444. doi: 10.1002/brb3.1444.
16. Viel T et al: Microdose lithium reduces cellular senescence in human astrocytes – a potential pharmacotherapy for COVID-19? Aging (Albany NY). 2020, 12:10035-10040. doi: 10.18632/aging.103449.
17. Toricelli M et al: Microdose Lithium Treatment Reduced Inflammatory Factors and Neurodegeneration in Organotypic Hippocampal Culture of Old SAMP-8 Mice. Cell Mol Neurobiol. 2021, 41:1509-1520. doi: 10.1007/s10571-020-00916-0.
18. Ahmad FB & Anderson RN: The leading causes of death in the US for 2020. JAMA. 2021, 325:1829–1830. doi: 10.1001/jama.2021.5469.
19. Voors AW: Minerals in the municipal water and atherosclerotic heart death. Am J Epidemiol. 1971, 93:259-266. https://pubmed.ncbi.nlm.nih.gov/5550342/; Voors AW: Lithium depletion and atherosclerotic heart-disease. Lancet. 1970, 2:670. doi: 10.1016/s0140-6736(70)91446-7.; Voors AW: Minerals in the municipal water and atherosclerotic heart death. Am J Epidemiol. 1971, 93:259-266. https://pubmed.ncbi.nlm.nih.gov/5550342/

20. World Health Organization: Trace elements in human nutrition and health. 1996, https://www.who.int/publications/i/item/9241561734, S. 225
21. Parker WF et al: Association Between Groundwater Lithium and the Diagnosis of Bipolar Disorder and Dementia in the United States. JAMA Psychiatry. 2018, 75:751-754. doi: 10.1001/jamapsychiatry.2018.1020.
22. Cheng PW et al: Wnt Signaling Regulates Blood Pressure by Downregulating a GSK-3β-Mediated Pathway to Enhance Insulin Signaling in the Central Nervous System. Diabetes. 2015, 64:3413-3424. doi: 10.2337/db14-1439.
23. Bosche B et al: A differential impact of lithium on endothelium-dependent but not on endothelium-independent vessel relaxation. Prog. Neuropsychopharmacol. Biol. Psychiatry. 2016, 67:98-106. doi: 10.1016/j.pnpbp.2016.02.004.; Bosche B et al: Low-dose lithium stabilizes human endothelial barrier by decreasing MLC phosphorylation and universally augments cholinergic vasorelaxation capacity in a direct manner. Front. Physiol. doi: 10.3389/fphys.2016.00593.
24. Hamstra SI et al: Low-dose lithium feeding increases the SERCA2a-to-phospholamban ratio, improving SERCA function in murine left ventricles. Exp. Physiol. 2020, 105:666-675. doi: 10.1113/EP088061.
25. Mehta N & Vannozzi R: Lithium-induced electrocardiographic changes: A complete review. Clin. Cardiol. 2017, 40:1363-1367. doi: 10.1002/clc.22822.; Moradi S et al: Cardiac chronotropic hypo-responsiveness and atrial fibrosis in rats chronically treated with lithium. Auton. Neurosci. 2019, 216:46-50. doi: 10.1016/j.autneu.2018.09.002.; Bisogni V et al: Antihypertensive therapy in patients on chronic lithium treatment for bipolar disorders. J Hypertens. 2016, 34:20-28. doi: 10.1097/HJH.0000000000000758.
26. Hamstra SI et al: Beyond its Psychiatric Use: The Benefits of Low-dose Lithium Supplementation. Curr Neuropharmacol. 2023, 21:891-910. doi: 10.2174/1570159X20666220302151224.
27. Wang S et al: Glycogen synthase kinase-3β inhibition alleviates activation of the NLRP3 inflammasome in myocardial infarction. J Mol Cell Cardiol. 2020, 149:82-94. doi: 10.1016/j.yjmcc.2020.09.009.
28. Ates N et al: Phosphorylation of PI3K/Akt at Thr308, but not phosphorylation of MAPK kinase, mediates lithium-induced neuroprotection against cerebral ischemia in mice. Exp Neurol. 2022, doi: 10.1016/j.expneurol.2022.113996..
29. Chen B et al: The neuroprotective mechanism of lithium after ischaemic stroke. Commun Biol. 2022, doi: 10.1038/s42003-022-03051-2.
30. Almeida OP et al: Lithium and Stroke Recovery: A Systematic Review and Meta-Analysis of Stroke Models in Rodents and Human Data. Stroke. 2022, 53:2935-2944. doi: 10.1161/STROKEAHA.122.039203.; Wang W et al: Exploring the Neuroprotective Effects of Lithium in Ischemic Stroke: A literature review. Int J Med Sci. 2024, 21:284-298. doi: 10.7150/ijms.88195.
31. Mohammadianinejad SE et al: The effect of lithium in post-stroke motor recovery: a double-blind, placebo-controlled, randomized clinical trial. Clin Neuropharmacol. 2014, 37:73–78. doi: 10.1097/WNF.0000000000000028.
32. Cai W et al: Post-stroke DHA Treatment Protects Against Acute Ischemic Brain Injury by Skewing Macrophage Polarity Toward the M2 Phenotype. Transl Stroke Res. 2018, 9:669-680. doi: 10.1007/s12975-018-0662-7.
33. O'Keefe JH et al: Omega-3 Blood Levels and Stroke Risk: A Pooled and Harmonized Analysis of 183 291 Participants From 29 Prospective Studies. Stroke. 2024, 55:50-58. doi: 10.1161/STROKEAHA.123.044281.
34. Eckardt KU et al: Evolving importance of kidney disease: from subspecialty to global health burden. Lancet. 2013, 382:158-169. doi: 10.1016/S0140-6736(13)60439-0.

35. Hurcombe JA et al: Podocyte GSK3 is an evolutionarily conserved critical regulator of kidney function. Nat Commun. 2019, doi: 10.1038/s41467-018-08235-1.
36. Alsady M et al: Lithium in the Kidney: Friend and Foe? J Am Soc Nephrol. 2016, 27:1587-1595. doi: 10.1681/ASN.2015080907.
37. Post A et al: Dietary lithium intake, graft failure and mortality in kidney transplant recipients. Nephrol Dial Transplant. 2023, 38:1867-1879. doi: 10.1093/ndt/gfac340.
38. Blüher M: Obesity: global epidemiology and pathogenesis. Nat Rev Endocrinol. 2019, 15:288-298. doi: 10.1038/s41574-019-0176-8.
39. Peselow ED et al: Lithium carbonate and weight gain. J. Affect. Disord. 1980, 2:303–310. doi: 10.1016/0165-0327(80)90031-2.; Mangge H et al: Weight gain during treatment of bipolar disorder (BD)-facts and therapeutic options. Front. Nutr. 2019, doi: 10.3389/fnut.2019.00076.
40. Fajardo VA et al: Examining the relationship between trace lithium in drinking water and the rising rates of age-adjusted Alzheimer's disease mortality in texas. J. Alzheimers Dis. 2017, 61:425-434. doi: 10.3233/JAD-170744.
41. Choi SE et al: Atherosclerosis induced by a high-fat diet is alleviated by lithium chloride via reduction of VCAM expression in ApoE-deficient mice. Vascul. Pharmacol. 2010, 53:264–272. doi: 10.1016/j.vph.2010.09.004.
42. Jung S et al: Effect of lithium on the mechanism of glucose transport in skeletal muscles. J. Nutr. Sci. Vitaminol. (Tokyo) 2017, 63:365–371. doi: 10.3177/jnsv.63.365.
43. Ryan RA: Low-Dose Lithium as a Therapy for High-Fat Diet Induced Obesity: A Burning Topic in Metabolic Research and Adipose Tissue Browning. Brock University. 2022, http://hdl.handle.net/10464/15745; Finch MS et al: Creatine and low-dose lithium supplementation separately alter energy expenditure, body mass, and adipose metabolism for the promotion of thermogenesis. iScience. 2024, doi: 10.1016/j.isci.2024.109468.
44. Choi SE et al: Atherosclerosis induced by a high-fat diet is alleviated by lithium chloride via reduction of VCAM expression in ApoE-deficient mice. Vascul. Pharmacol. 2010, 53:264–272. doi: 10.1016/j.vph.2010.09.004.
45. Hamstra SI et al: Beyond its Psychiatric Use: The Benefits of Low-dose Lithium Supplementation. Curr Neuropharmacol. 2023, 21:891-910. doi: 10.2174/1570159X20666220302151224.
46. Köhler-Forsberg O et al: Association of Lithium Treatment With the Risk of Osteoporosis in Patients With Bipolar Disorder. JAMA Psychiatry. 2022, 79:454-463. doi: 10.1001/jamapsychiatry.2022.0337.; Williams LJ et al: Lithium use and bone health in women with bipolar disorder: A cross-sectional study. Acta Psychiatr Scand. 2024 Apr;149(4):332-339. doi: 10.1111/acps.13660.; Ng VWS et al: Lithium and the risk of fractures in patients with bipolar disorder: A population-based cohort study. Psychiatry Res. 2024, doi: 10.1016/j.psychres.2024.116075.
47. Margetts TJ et al: From the Mind to the Spine: The Intersecting World of Alzheimer's and Osteoporosis. Curr Osteoporos Rep. 2024, 22:152-164. doi: 10.1007/s11914-023-00848-w.
48. Kurgan N et al: Low dose lithium supplementation activates Wnt/β-catenin signalling and increases bone OPG/RANKL ratio in mice. Biochem Biophys Res Commun. 2019, 511:394-397. doi: 10.1016/j.bbrc.2019.02.066.
49. Li L et al: Acceleration of bone regeneration by activating Wnt/β-catenin signalling pathway via lithium released from lithium chloride/calcium phosphate cement in osteoporosis. Sci Rep. 2017, doi: 10.1038/srep45204.
50. Clément-Lacroix P et al: Lrp5-independent activation of Wnt signaling by lithium chloride increases bone formation and bone mass in mice. Proc Natl Acad Sci USA. 2005, 102:17406-17411. doi: 10.1073/pnas.0505259102.

51. Vachhani K et al: Low-dose lithium regimen enhances endochondral fracture healing in osteoporotic rodent bone. J Orthop Res. 2018, 36:1783-1789. doi: 10.1002/jor.23799.
52. Woo J: Sarcopenia. Clin. Geriatr. Med. 2017, 33:305-314. doi: 10.1016/j.cger.2017.02.003.
53. Verhees KJP et al: Glycogen synthase kinase-3β is required for the induction of skeletal muscle atrophy. Am. J. Physiol. Cell Physiol. 2011, 301:995–1007. doi: 10.1152/ajpcell.00520.2010.; Mirzoev TM et al: The role of GSK-3β in the regulation of protein turnover, myosin phenotype, and oxidative capacity in skeletal muscle under disuse conditions. Int. J. Mol. Sci. 2021, doi: 10.3390/ijms22105081.
54. Park J et al: Effects of Long-Term Endurance Exercise and Lithium Treatment on Neuroprotective Factors in Hippocampus of Obese Rats. Int J Environ Res Public Health. 2020, doi: 10.3390/ijerph17093317.
55. Baranowski RW et al: Exploring the Effects of Greek Yogurt Supplementation and Exercise Training on Serum Lithium and Its Relationship With Musculoskeletal Outcomes in Men. Front Nutr. 2021, doi: 10.3389/fnut.2021.798036.
56. Sender R & Milo R: The distribution of cellular turnover in the human body. Nat Med. 2021, 27:45-48. doi: 10.1038/s41591-020-01182-9.
57. Paddock C: Immune system kills spontaneous blood cancer cells every day. https://www.medicalnewstoday.com/articles/272092 (03.02.2014): Afshar-Sterle S et al: Fas ligand-mediated immune surveillance by T cells is essential for the control of spontaneous B cell lymphomas. Nat Med. 2014, 20:283-290. doi: 10.1038/nm.3442.
58. Villegas-Vázquez EY et al: Lithium: A Promising Anticancer Agent. Life (Basel). 2023, doi: 10.3390/life13020537.
59. Huang RY et al: Use of lithium and cancer risk in patients with bipolar disorder: population-based cohort study. Br J Psychiatry. 2016, 209:393-399. doi: 10.1192/bjp.bp.116.181362.
60. Parker WF et al: Association Between Groundwater Lithium and the Diagnosis of Bipolar Disorder and Dementia in the United States. JAMA Psychiatry. 2018, 75:751-754. doi: 10.1001/jamapsychiatry.2018.1020.
61. Domoto T et al: Glycogen Synthase Kinase 3β in Cancer Biology and Treatment. Cells. 2020, doi: 10.3390/cells9061388.
62. Villegas-Vázquez EY et al: Lithium: A Promising Anticancer Agent. Life (Basel). 2023, doi: 10.3390/life13020537.
63. Bischoff-Ferrari HA, Vellas B, Rizzoli R, Kressig RW, da Silva JAP, Blauth M, Felson DT, McCloskey EV, Watzl B, Hofbauer LC, Felsenberg D, Willett WC, Dawson-Hughes B, Manson JE, Siebert U, Theiler R, Staehelin HB, de Godoi Rezende Costa Molino C, Chocano-Bedoya PO, Abderhalden LA, Egli A, Kanis JA, Orav EJ; DO-HEALTH Research Group. Effect of Vitamin D Supplementation, Omega-3 Fatty Acid Supplementation, or a Strength-Training Exercise Program on Clinical Outcomes in Older Adults: The DO-HEALTH Randomized Clinical Trial. JAMA. 2020 Nov 10;324(18):1855-1868. doi: 10.1001/jama.2020.16909. PMID: 33170239; PMCID: PMC7656284.
64. Domoto T et al: Glycogen Synthase Kinase 3β in Cancer Biology and Treatment. Cells. 2020, doi: 10.3390/cells9061388.
65. Khasraw M et al: Using lithium as a neuroprotective agent in patients with cancer. BMC Med. 2012, doi: 10.1186/1741-7015-10-131.
66. Mutz J et al: The duration of lithium use and biological ageing: telomere length, frailty, metabolomic age and all-cause mortality. Geroscience. 2024, 46:5981-5994. doi: 10.1007/s11357-024-01142-y.

Kapitel 7

1. Brecht B: Leben des Galilei: Schauspiel, Suhrkamp 1998
2. Cade JF: Lithium salts in the treatment of psychotic excitement. Med J Aust. 1949, 2:349-352. doi: 10.1080/j.1440-1614.1999.06241.x.
3. Schrauzer GN: Lithium: occurrence, dietary intakes, nutritional essentiality. J Am Coll Nutr. 2002, 21:14-21. doi: 10.1080/07315724.2002.10719188.
4. Hart DA: Lithium Ions as Modulators of Complex Biological Processes: The Conundrum of Multiple Targets, Responsiveness and Non-Responsiveness, and the Potential to Prevent or Correct Dysregulation of Systems during Aging and in Disease. Biomolecules. 2024, doi: 10.3390/biom14080905.
5. Calabrese EJ et al: Lithium and hormesis: Enhancement of adaptive responses and biological performance via hormetic mechanisms. J Trace Elem Med Biol. 2023, doi: 10.1016/j.jtemb.2023.127156.
6. Castillo-Quan JI et al: Lithium Promotes Longevity through GSK3/NRF2-Dependent Hormesis. Cell Rep. 2016, 15:638-650. doi: 10.1016/j.celrep.2016.03.041.
7. Hayward JS & Eckerson JD: Physiological responses and survival time prediction for humans in ice-water. Aviat Space Environ Med. 1984, 55:206-211. https://pubmed.ncbi.nlm.nih.gov/6721816/; Knechtle B et al: Water Swimming-Benefits and Risks: A Narrative Review. Int J Environ Res Public Health. 2020, doi: 10.3390/ijerph17238984. PMC7730683.
8. Castillo-Quan JI et al: Lithium Promotes Longevity through GSK3/NRF2-Dependent Hormesis. Cell Rep. 2016, 15:638-650. doi: 10.1016/j.celrep.2016.03.041.
9. Medina M & Wandosell F: Deconstructing GSK-3: The Fine Regulation of Its Activity. Int J Alzheimers Dis. 2011, doi: 10.4061/2011/479249.
10. Duong-Ly KC & Peterson JR: The human kinome and kinase inhibition. Curr Protoc Pharmacol. 2013, doi: 10.1002/0471141755.ph0209s60.
11. Beurel E et al: Glycogen synthase kinase-3 (GSK3): regulation, actions, and diseases. Pharmacol Ther. 2015, 148:114-131. doi: 10.1016/j.pharmthera.2014.11.016.
12. Jope RS et al: Stressed and Inflamed, Can GSK3 Be Blamed? Trends Biochem Sci. 2017, 42:180-192. doi: 10.1016/j.tibs.2016.10.009.; Liu X & Yao Z: Chronic over-nutrition and dysregulation of GSK3 in diseases. Nutr Metab (Lond). 2016, https://doi.org/10.1186/s12986-016-0108-8; Kalkman HO: The GSK3-NRF2 Axis in Suicide. Psychiatry Int. 2021, 2:108-119. https://doi.org/10.3390/psychiatryint2010008
13. Verbraucherzentrale: Lithiumorotat: Welche Wirkung hat dieses Nahrungsergänzungsmittel und weshalb ist es in Deutschland so schwer und teuer zu bekommen? https://www.verbraucherzentrale.de/faq/projekt-klartext-nem/lithiumorotat-40582 (16.10.2024, zuletzt abgerufen am 30.12.2024)
14. https://report24.news/ist-lithium-gut-fuers-gehirn-schadet-fluor-wirklich-bestseller-autor-dr-nehls-im-gespraech/ (28.03.2024, zuletzt aufgerufen am 10.02.2025); Im Gespräch mit Tucker Carlson: How the Government Uses Fear-Mongering to Alter Your Brain, https://www.youtube.com/watch?v=GhFr7WeIeQc (02.04.2024, zuletzt aufgerufen am 10.02.2025)
15. Richtlinie 2002/46/EG des Europäischen Parlaments und des Rates vom 10. Juni 2002 zur Angleichung der Rechtsvorschriften der Mitgliedstaaten über Nahrungsergänzungsmittel. https://eur-lex.europa.eu/legal-content/DE/TXT/PDF/?uri=CELEX:32002L0046
16. www.kanzlei-roehrig.de; https://www.youtube.com/watch?v=1yS5FWgNdV4 (01.11.2024)
17. Pérez-Granados AM & Vaquero MP: Silicon, aluminium, arsenic and lithium: essentiality and human health implications. J Nutr Health Aging. 2002, 6:154-162. https://pubmed.ncbi.nlm.nih.gov/12166372/

18. Grimm H-U: Die Ernährungsfalle: Wie die Lebensmittelindustrie unser Essen manipuliert – Das Lexikon. Heyne 2010, S. 24ff
19. Aluminiumhaltige Lebensmittel, Lebensmittelzusatzstoffe, Kosmetika, Lebensmittelkontaktmaterialien und Spielzeuge. https://www.bundestag.de/resource/blob/928354/6a673927f71e5e93755e0a5987b42d23/WD-5-137-22-pdf.pdf (25.11.2022, zuletzt abgerufen am 29.08.2024)
20. https://www.lgl.bayern.de/lebensmittel/chemie/schwermetalle/aluminium/ue_2015_2016_aluminium.htm (zuletzt abgerufen am 29.08.2024)
21. https://www.efsa.europa.eu/de/glossary/tolerable-weekly-intake (zuletzt abgerufen am 08.02.2025)
22. Bryliński Ł et al: Aluminium in the Human Brain: Routes of Penetration, Toxicity, and Resulting Complications. Int J Mol Sci. 2023, doi: 10.3390/ijms24087228.
23. Evaluations of the Joint FAO/WHO Expert Committee on Food Additives (JECFA): ALUMINIUM-containing food additives. 2011, https://apps.who.int/food-additives-contaminants-jecfa-database/Home/Chemical/6179
24. https://www.efsa.europa.eu/en/efsajournal/pub/1086 (03.06.2009, zuletzt abgerufen am 08.02.2025)
25. Schrauzer GN & de Vroey E: Effects of nutritional lithium supplementation on mood. A placebo-controlled study with former drug users. Biol Trace Elem Res. 1994, 40:89-101. doi: 10.1007/BF02916824.
26. Szklarska D & Rzymski P: Is Lithium a Micronutrient? From Biological Activity and Epidemiological Observation to Food Fortification. Biol Trace Elem Res. 2019, 189:18-27. doi: 10.1007/s12011-018-1455-2.
27. Richardson M: A Search for Genius in Weimar Germany: The Abraham Lincoln Stiftung and American Philanthropy. In: Bulletin of the GHI Washington, Issue 26 (Spring 2000). (= Bulletin of the German Historical Institute Washington, DC). Online unter: https://perspectivia.net/receive/ploneimport3_mods_00003232.
28. Müller-Hill B: Das Blut von Auschwitz und das Schweigen der Gelehrten. In: Doris Kaufmann (Hrsg.): Geschichte der Kaiser-Wilhelm-Gesellschaft im Nationalsozialismus. Wallstein 2020, S. 189-227
29. Schönherr H-P: Erben der Nazi-Forscher. 17.03.2024, https://taz.de/75-Jahre-Max-Planck-Gesellschaft/!5991583/
30. Müller-Wille S: Eugenics: Then and now. Metascience. 2010, 20:347-349. doi:10.1007/s11016-010-9477-1.
31. https://www.cshl.edu/archives/institutional-collections/eugenics-record-office/ (zuletzt abgerufen am 17.02.2025)
32. http://archive.carnegiefoundation.org/publications/pdfs/elibrary/Carnegie_Flexner_Report.pdf, Introduction, S. 10
33. https://corbettreport.com/bigoil/ (06.10.2017, zuletzt aufgerufen am 07.01.2025)
34. Starr D: Ethics. Revisiting a 1930s scandal, AACR to rename a prize. Science. 2003, 300:573-574. doi: 10.1126/science.300.5619.573.
35. https://web.archive.org/web/20210118011339/https://www.reuters.com/article/us-maryland-lawsuit-infections-idUSKCN1OY1N3 (2019); https://journals.library.columbia.edu/index.php/bioethics/article/download/12795/6359/34794 (2024)
36. Nehls M: Das indoktrinierte Gehirn: Wie wir den globalen Angriff auf unsere mentale Freiheit erfolgreich abwehren. Mental Enterprises 2023
37. https://www.who.int/about/funding/contributors/the-rockefeller-foundation (20.04.2022, zuletzt aufgerufen am 10.02.2025)
38. Weindling P: Philanthropy and World Health: The Rockefeller Foundation and the League of Nations Health Organisation. Minerva.1997, 35:269-281. https://www.jstor.org/stable/41821072

39. Tournès L: The Rockefeller Foundation and the Transition from the League of Nations to the UN (1939–1946). Journal of Modern European History. 2014, 12:323-341. doi: 10.17104/1611-8944_2014_3_323.
40. https://www.who.int/about/funding/contributors/the-rockefeller-foundation (20.04.2022, zuletzt aufgerufen am 07.01.2025)
41. Niccoli T & Partridge L: Ageing as a risk factor for disease. Curr Biol. 2012, 22:741-752. doi: 10.1016/j.cub.2012.07.024.
42. Handel S: Volkskrankheit Demenz:Allianz gegen das Vergessen. 13.12.2015, https://www.sueddeutsche.de/muenchen/volkskrankheit-demenz-allianz-gegen-das-vergessen-1.2780522
43. Demay MB et al: Vitamin D for the Prevention of Disease: An Endocrine Society Clinical Practice Guideline, JCEM. 2024, 109:1907-1947. doi: 10.1210/clinem/dgae290.
44. Agyralides G: The future of medicine: an outline attempt using state-of-the-art business and scientific trends. Front Med (Lausanne). 2024, doi: 10.3389/fmed.2024.1391727.
45. https://mx.pinterest.com/pin/394769342186797442/
46. Martelli AM et al: Pathobiology and Therapeutic Relevance of GSK-3 in Chronic Hematological Malignancies. Cells. 2022, doi: 10.3390/cells11111812.
47. Li X & Jope RS: Is glycogen synthase kinase-3 a central modulator in mood regulation? Neuropsychopharmacology. 2010, 35:2143-2154. doi: 10.1038/npp.2010.105.
48. Arciniegas Ruiz SM, Eldar-Finkelman H. Glycogen Synthase Kinase-3 Inhibitors: Preclinical and Clinical Focus on CNS-A Decade Onward. Front Mol Neurosci. 2022, doi: 10.3389/fnmol.2021.792364.
49. Memon A et al: Association between naturally occurring lithium in drinking water and suicide rates: systematic review and meta-analysis of ecological studies. Br J Psychiatry. 2020, 217:667-678. doi: 10.1192/bjp.2020.128.
50. https://www.periodpaper.com/products/1903-ad-londonderry-lithia-spring-drinking-water-health-original-advertising-070234-tin1-041
51. Londonderry Lithia Spring Water Co (1891), https://archive.org/details/39002086471951.med.yale.edu/page/2/mode/2up
52. El-Mallakh RS: Prethymoleptic uses of lithium in the United States. Louisville Med 1996, 56:461-463. doi: 10.1176/ajp.156.1.129.; Hedya SA et al: Lithium Toxicity. StatPearls Publishing 2023, https://www.ncbi.nlm.nih.gov/books/NBK499992/
53. Aita JF et al: 7-Up anti-acid lithiated lemon soda or early medicinal use of lithium. Nebr Med J. 1990, 75:277-279, https://pubmed.ncbi.nlm.nih.gov/2074904/; Seidel U et al: Lithium Content of 160 Beverages and Its Impact on Lithium Status in Drosophila melanogaster. Foods. 2020, doi: 10.3390/foods9060795.
54. Kaufman AC: The Original 7-Up Was A Mind-Altering Substance. https://www.huffpost.com/entry/7up-history_n_5836322 (06.12.2017, zuletzt abgerufen am 24.11.2024)
55. Hanlon LW et al: Lithium chloride as a substitute for sodium chloride in the diet; observations on its toxicity. J Am Med Assoc. 1949, 139:688-692. doi: 10.1001/jama.1949.02900280004002.
56. Time: Medicine: Case of trie Substitute Sal. 28.02.1949, https://time.com/archive/6602227/medicine-case-of-trie-substitute-salt/
57. Hanlon LW et al: Lithium chloride as a substitute for sodium chloride in the diet; observations on its toxicity. J Am Med Assoc. 1949, 139:688-692. doi: 10.1001/jama.1949.02900280004002.
58. Corcoran AC et al: Lithium poisoning from the use of salt substitutes. J Am Med Assoc. 1949, 139:685-688. doi: 10.1001/jama.1949.02900280001001.
59. Stern RL: Severe lithium chloride poisoning with complete recovery; report of case. J

Am Med Assoc. 1949, 139:710-711. doi: 10.1001/jama.1949.72900280001006.
60. Hart DA: Lithium Ions as Modulators of Complex Biological Processes: The Conundrum of Multiple Targets, Responsiveness and Non-Responsiveness, and the Potential to Prevent or Correct Dysregulation of Systems during Aging and in Disease. Biomolecules. 2024, doi: 10.3390/biom14080905.
61. Cade JF: Lithium salts in the treatment of psychotic excitement. Med J Aust. 1949, 2:349-352. doi: 10.1080/j.1440-1614.1999.06241.x.
62. Sissung TM et al: The Dietary Supplement Health And Education Act: are we healthier and better informed after 27 years? Lancet Oncol. 2021, 22:915-916. doi: 10.1016/S1470-2045(21)00084-X.
63. Pauzé DK & Brooks DE: Lithium toxicity from an Internet dietary supplement. J Med Toxicol. 2007, 3:61-62. doi: 10.1007/BF03160910.
64. Dörner K: Gesundheitssystem: In der Fortschrittsfalle. Dtsch Arztebl 2002, 38:2462-2466. https://www.aerzteblatt.de/archiv/32976/Gesundheitssystem-In-der-Fortschrittsfalle
65. Peter C. Gøtzsche PC: Prescription Drugs Are the Leading Cause of Death And psychiatric drugs are the third leading cause of death. Mad in America – Science, Psychiatry and Social Justice. April 16, 2024, https://www.madinamerica.com/2024/04/prescription-drugs-are-the-leading-cause-of-death/
66. Holland MJD & O'Toole Z (Herausgeber), Anonymous (Autor): Schildkröten bis ganz nach unten: Wissenschaft und Mythos des Impfens. The Turtles Team 2023, Kapitel 1: https://alschner-klartext.de/wp-content/uploads/2023/01/Schildkroeten-bis-ganz-nach-unten-Kapitel1-Leseprobe.pdf; Referenzen: https://drive.google.com/file/d/16qHPe0odDOweuCDlwIEjarF4Aiu7oyM9/view Holland MJD & O'Toole Z (Publishers), Anonymous (author): Turtles All The Way Down: Vaccine Science and Myth. The Turtles Team, 2022, Chapter 1: https://www.skepticalraptor.com/blog/wp-content/uploads/2023/05/Turtles-Book-English-Chapter-1.pdf; References: https://drive.google.com/file/d/16qHPe0odDOweuCDlwIEjarF4Aiu7oyM9/view
67. Mawson AR & Binu J: Vaccination and Neurodevelopmental Disorders: A Study of Nine-Year-Old Children Enrolled in Medicaid. Science, Public Health Policy, and the Law. 2025, 6:2019-2025. https://publichealthpolicyjournal.com/vaccination-and-neurodevelopmental-disorders-a-study-of-nine-year-old-children-enrolled-in-medicaid/
68. https://michael-nehls.de/infos/reformprogramm-gesundheitssystem/ (17.12.2024)
69. Nehls M: What does the brain need to think peace? IC Forum 2024, Switzerland: https://www.youtube.com/watch?v=4wtJ22zn2Kg&t=0s; deutsche Version in einem öffentlichen Vortrag am 04.05.2024: https://www.youtube.com/watch?v=3dmIF-wwcNik
70. Nehls M: Das indoktrinierte Gehirn: Wie wir den globalen Angriff auf unsere mentale Freiheit erfolgreich abwehren. Mental Enterprises 2023
71. https://michael-nehls.de/infos/vitamin-d/ (November 2023); https://michael-nehls.de/infos/biowaffe-gegen-das-ungeborene-kind/ (August 2024); https://michael-nehls.de/infos/rsv-amp-anti-vitamin-d-kampagne/ (August 2024)
72. Deruelle F: The pharmaceutical industry is dangerous to health. Further proof with COVID-19. Surg Neurol Int. 2022, doi: 10.25259/SNI_377_2022.
73. Bergman F: Dutch Government Official Admits Covid Pandemic Was 'Military Operation': 'Ministry of Health Obeys NATO'. https://slaynews.com/news/dutch-government-official-admits-covid-pandemic-military-operation-ministry-health-obeys-nato/ (09.11.2024, zuletzt abgerufen am 25.02.2025)
74. Deruelle F: Microwave radiofrequencies, 5G, 6G, graphene nanomaterials: Technologies used in neurological warfare. Surg Neurol Int. 2024, doi: 10.25259/SNI_731_2024.

75. Kennedy JF: Address "The President and the Press" Before the American Newspaper Publishers Association, New York City. 27.04.1961, https://www.presidency.ucsb.edu/documents/address-the-president-and-the-press-before-the-american-newspaper-publishers-association
76. https://www.epochtimes.de/politik/ausland/us-senat-robert-f-kennedy-jr-als-gesundheitsminister-bestaetigt-a5039241.html (13.02.2025, zuletzt abgerufen am 19.02.2025)
77. CDC: Staying Up to Date with COVID-19 Vaccines. https://www.cdc.gov/covid/vaccines/stay-up-to-date.html (07.01.2025, zuletzt abgerufen am 01.03.2025)
78. Goldstein MR & Mascitelli L: Is violence in part a lithium deficiency state? Med Hypotheses. 2016, 89:40-42. doi: 10.1016/j.mehy.2016.02.002.

Danksagung

Die vielen Puzzleteile, die ich in diesem Buch mit dem Ziel des Essentialitätsbeweises für Lithium zu einem Gesamtbild zusammenfügte, wurden von zahlreichen Ärzten und Wissenschaftlern erarbeitet; dafür bin ich ihnen unendlich dankbar, zumal in manchen Fällen beträchtlicher Mut dazu gehörte. Im Falle des Arztes Hans Alfred Niepers (1928–1998) z.B. führte sein Engagement für die (laut Wikipedia "umstrittene") orthomolekulare Medizin – er thematisierte auch Lithium als essentielles Spurenelement – dazu, dass er öffentlich angefeindet wurde. Einflussreiche Kreise wussten zu verhindern, dass das einer artgerechten Medizin zugrunde liegende Gesetz des Minimums auf den Menschen angewendet wird.

Dankbar bin ich auch dem Kinder- und Jugendarzt Dr. med. Christian Schellenberg, der mich mit vielen bewegenden und positiven Fallberichten aus der eigenen Praxis immer wieder in meiner Motivation stärkte, dieses Buchprojekt stetig voranzutreiben. Mein tief empfundener Dank gilt auch Frau Dr. rer. nat. Katrin Huesker und ihrer ärztlichen Kollegin Andrea Thiem vom IMD Berlin. In aufopferungsvoller Weise haben sie viele der Daten zur Pharmakokinetik von Lithiumorotat, die für dieses Buch benötigt wurden, erarbeitet und zur Verfügung gestellt – in der medizinischen Literatur waren diese bislang nicht zu finden.

Dass dieses Buch überhaupt realisiert werden konnte, ohne auf letztlich illegale Lithiumorotat-Quellen verweisen zu müssen, verdanke ich der Apothekerin Sabine Bäumer, die sich als erste bereit erklärte, Rezepte für Lithiumorotat in essentiellen Mengen zu bedienen; damit wurde der Öffentlichkeit auch die Absurdität der derzeitigen Gesetzeslage vor Augen geführt. Meine Aussagen und Einschätzungen zur Rechtslage wurden dankenswerterweise von Frau Dr. jur. Brigitte Röhrig überprüft; mit ihrer Unterstützung wurde mir klar, welchen Weg wir zur Anerkennung von Lithium als essentielles Spurenelement beschreiten müssen. In dieser Hinsicht danke ich auch dem Gesundheitsexperten Patric Heizmann, dessen

Stiftung die initiale juristische Prüfung der Rechtslage finanziell unterstützt hat. Wie sehr viele weitere Freidenker im In- und Ausland hat auch er mir sehr geholfen, dieses wesentliche Wissen zahllosen Menschen über die sozialen Plattformen verfügbar zu machen. Auch all den unerwähnten anderen Unterstützern sei an dieser Stelle herzlich gedankt.

Mein besonderer Dank gilt meinem Lektor Corvin P. Rabenstein, der schon *Das indoktrinierte Gehirn* mit Feingefühl und Verstand lektoriert hat. Er und meine Frau Sabine haben mit viel Hingabe dafür gesorgt, dass die in diesem Buch dargestellten Zusammenhänge auch für den medizinischen Laien möglichst verständlich werden – bei meiner Liebe zum wissenschaftlichen Detail war dies keine leichte Aufgabe. Dass die Schilderungen an manchen Stellen komplex bleiben, ist unvermeidlich, schließlich ist die Funktionsweise des Lithioms eine faszinierend vielschichtige Symphonie physikalischer, physiologischer, biochemischer und psychologischer Prozesse, die in ihrem orchestrierten Zusammenspiel unser Leben auf geradezu wundersame Weise erst möglich machen.

Großer Dank gebührt auch Dipl. Designer Michael Kossowski für seine kreative Covergestaltung und seinen gewissenhaften Buchsatz. Für das Korrekturlesen danke ich der langjährigen Freundin unserer Familie Dipl.-Biol. Bettina Simonis, Patrick Detta, meiner Tochter Sarah und Grit Graefe, die das professionelle End-Korrektorat übernommen hat.

Nicht zuletzt danke ich meiner Familie – für ihre Unterstützung und ihr Verständnis angesichts meiner monatelangen Vertiefung in dieses Projekt, bei dem es mit dem Beweis der Essentialität von Lithium um weit mehr geht als nur um ein weiteres Sachbuch. Ohne sie hätte ich diesen Weg nicht gehen können.